서양 근대철학

서양 근대철학

Modern Western Philosophy

백훈승

전북대학교
출판문화원

머리말

이 책은 필자가 수년간 대학에서 강의한 내용을 토대로 이루어졌다. 강의를 시작할 당시에는 출간할 의도를 갖고 있지 않았고, 다만 학생들로 하여금 서양근대철학에 등장하는 주요 철학자들의 생애와 핵심사상을 개관할 수 있도록 하는 목적으로 강의안을 작성하였기에, 2차 문헌을 중심으로 내용을 정리하여 소개하였다. 시간이 지남에 따라 스스로 원전을 읽고 확인하면서 좀 더 내용에 충실을 기할 수 있게 되었으나 아직도 미진한 점이 많음을 인정하지 않을 수 없다.

서양철학사도 국내에 여러 권이 나와 있고, 서양근대철학만을 다룬 저술도 몇 권 출간되었다. 나는 이 책에서 니콜라우스Nicolaus Cusanus (1401-1464)로부터 헤겔에 이르는 열 한 명의 철학자들의 생애와 사상을 다루었다. 니콜라우스는 보통, 중세철학과 근대철학을 이어주는 가교架橋역할을 한 사상가로, 중세철학사에서 접할 수 있는 인물이었으나, 나는 그를 특별히, 일반적으로 근대철학의 시조始祖로 인정되고 있는 데카르트에 앞서 다루었다. 왜냐하면 니콜라우스에 있어서 이미 근대적인 사상의 씨앗이 많이 발견되기 때문이다. 적어도 그는 블로흐Ernst Bloch (1885-1977)가 말하듯, "중세뿐만 아니라 근대에도 속하는 야누스적인 인물"[1]이라고 할 수 있다. 오토Stephan Otto와 같은 철학자는, 서양의 근대철학이 데카르트R. Descartes (1596-1650)와 더불어 시작된다는 생각은 하나의 "신화"[ein Mythos]라고까지 말한다. 왜냐하면 "데카르트보다 훨씬 이전에 쿠자누스에 있어서 인간의 정신은 세계의 아르키메데스의 점이"[2] 되었기 때문이다. 그는 이미 미적분을 연구했으며, 미적분은 오랜 시간이 흐른 뒤에 뉴튼과 라이프니쯔에 의해 비로소 완전히 정리가 된다. 고대와 중세에는 질적 규정에 치우치는 경향이 있었는데, 그는 이미 측량과 계량이라는 근대적인 방법을 제공했을 뿐 아니라 지구가 회전한다는 혁신적인 이론도 주장했고[3] 코페르니쿠스보다 훨씬 이전에 지구의 운동과 무한한 우주에 관한 천문학 이론을 제시했다는 점은 케플러도 언급하고 있다.[4]

뿐만 아니라 그는 조선의 금속활자 제조기술을 구텐베르크에 전해주어 독일의 인쇄술 발전에 획기적인 공헌을 한 인물로 알려져 있다. 그가 조선에 왔었다는 기록은 아직 발견되지 않았지만, 그는 교황사절단의 일원으로 적어도 당시 사마르칸트(지금의 우즈베키스탄)까지 왔던 것은 분명하며, 아마도 이 시기에 조선의 금속활자 제조기술을 전수받은 것으로 추정된다.[5] 또한 그는 이미 '감성感性'[sensus], '지성知性'[ratio] 그리고 '이성理性'[intellectus]을 구분함으로써, 독일근대철학의 대표자이며 독일철학의 주요개념들을 확립한 칸트I. Kant (1724-1804)의 철학을 예비한 선구적 철학자일 뿐만 아니라 헤겔G.W.F. Hegel (1770-1831)의 변증적 사유에도 큰 영향을 미친 것으로 — 비록 그것이 브루노G. Bruno (1548-1600)를 통해서이긴 하지만 — 알려져 있는 사상가다.

니콜라우스에 대한 소개에 이어, 대륙의 이성주의의 대표자 데카르트의 생애와 사상이 소개되고, 유태계 네덜란드인 철학자인 스피노자, 그리고 뉴튼과의 미적분 최초의 발명에 관한 인정 문제로 논쟁이 되었던 라이프니쯔가 소개된다. 이에 뒤이어 영국의 경험주의자들인 로크, 버클리, 흄이 소개되며, 칸트의 사상이 그의 3대 비판서와 중심저술들을 통해 고찰된다. 이에 뒤따라오는 것은, 독일관념론의 대표적인 세 인물인 피히테, 쉘링, 헤겔이다.

필자의 능력의 한계와 지면의 제한 등으로 각 철학자의 중요사상들을 모두 상세히 다룰 수 없었고, 부득이하게 몇 가지의 항목을 선별하여 서술하였다. 그럼에도 불구하고, 열 한 명의 철학자를 다루다보니 분량이 상당히 늘어나게 되어 단행본으로 간행하기에 부담이 될 정도가 되어버렸다. 그리하여, 원전을 인용할 경우, 가급적 각 철학자의 원전의 번역문만을 싣고 원문은 생략하도록 하였고 특별한 경우에만 병기하였다. 또한 필자가 인용한 2차문헌의 경우, 그 출처를 모두 밝히려고 최대의 노력을 기울였으나 혹 그렇게 되지 않은 곳이 있을지도 모르겠다. 특히, 〈생애와 저작〉을 위해 참고한 자료들은 책의 말미에 언급해 두었다.

아무쪼록 이 한 권의 책이 또 하나의 부담으로 남는 거추장스런 물건이 되지 않고, 그 누구에게라도 얼마간의 도움이 된다면 저자로서는 감사할 따름이다. 편집과 출판은 맡아 준 전북대학교출판문화원 및 담당자에게 감사의 마음을 전한다.

2017년 8월

백 훈 승

차례

서양근대철학이란
무엇을 가리키는가?

Ⅰ. 서양이란?

1. 동양과 서양

—

• 동양 · 서양 개념은 모호한 개념 즉, 정의定義가 제대로 되지 않은 개념이다. 또한 동양 · 서양과 Orient (East) · Occident (West)도 정확히 대응되는 개념이 아니다.

• 〈동양〉과 〈서양〉에 대해 다음과 같은 여러 정의들이 있다.

1) "중국에서 본, 한 지역의 호칭. 14세기 이후의 중국사에서 볼 수 있으나, 시대에 따라서 그 범위가 다르다. 남해를 동양제국과 서양제국으로 나누고, 보르네오섬의 브루나이(홍콩 아래쪽에 있음)를 기준으로, 그 서안에서 남안 및 거기서 서쪽과 남쪽의 여러 나라를 서양, 보르네오의 동안 및 동방의 여러 나라를 동양이라고 불렀다. 이러한 구별은 송나라 때 이후, 해선海船이 자침磁針을 비치해서 서양침로와 동양침로를 사용

했던 데에 근거한다. 즉 화난華南[1]의 항구에서 출발하여 침로를 서쪽으로 잡고 돌아가는 여러 나라를 서양이라고 부르고, 침로를 동쪽으로 잡는 지방들을 동양이라고 불렀다."[2] 중국을 중심으로 동쪽이 동양이고 서쪽이 서양이며, 자신들은 세계의 한 가운데에 있는 중화中華[3]라고 생각함.

2) 아시아의 동부 및 남부, 곧 한국 · 중국 · 일본 · 인도 · 남양 등지를 동양이라고 함.[4] '아시아'(Asia)는, BC 11-BC 7세기 무렵 페니키아인들이 자기들이 사는 땅으로부터 동쪽을 아수(Asu: 해가 뜨는 지방), 서쪽을 에레브(Ereb: 해가 지는 지방)라고 부른 데에서 유래함. '서양西洋'은 유럽과 아메리카의 여러 나라를 일컫는 말. 구미歐美, 태서泰西라고도 함.[5]

3) 터키를 기준으로 동서양을 나누기도 함. 오늘날엔 대체로 유럽과 아메리카 대륙을 가리켜 서양이라 하고, 유럽과 북미대륙만을 지칭하기도 한다.

4) 아프리카는 서양에 넣기도 하고, 동양 · 서양과는 별도로 아프리카라고도 한다.

2. Orient와 Occident

〈Orient〉는 라틴어로 〈해가 뜨는 곳〉을 가리키고 〈Occident〉는 해가 지는 곳을 가리킨다.[6] Orient는 인더스 강에서 서쪽 지중해에 이르는 지역. 현재 이란에서 아라비아 반도, 이집트를 포함한 지방을 말한다. 라틴어의, 태양이 떠오르는 방향 또는 지방을 의미하는 〈오리엔스(oriens)〉가 어원이며, 로마시대에는 이탈리아반도를 중심으로 하여 서쪽은 옥시덴스(occidens), 즉 태양이 지는 지방으로 불렸다. 처음에는 그리스 지방을 의미하였으나, 로마인의 지리적 지식의 증대, 특히 알렉산드로스대왕의 동방원정 이후 오리엔트는 인더스 강까지 확대되었다. 일찍이 이 지역은 메소포타미아문명 · 이집트문명 등 세계의 최고最古 문명을 일으켰으나, 알렉산드로스대왕의 동방원정으로 동방문명의 영향을 받았다. 그 뒤 오리엔트의 문화적 기반은 그리스 문화였으나, 완전히 그리스문화화된 것은 아니었고, 이집트의 콥트문화, 동방의 시리아 문화가 이 지역 특유의 문화로서 오리엔트문화라고 하는 고유의 문화였다.[7] 〈동양〉은 넓게는 아시아, 좁게는 동아시아를 뜻하며, 결코 Orient를 뜻하지 않는다. '동양학'은 영어로 보통 'East Asian Studies'로 표현하며, 주로 한 · 중 · 일 3국의 학문을 뜻하며, 월남이나 북방민족의 학문도 포함된다.[8]

Ⅱ. 근대란?

1. 역사의 시대구분

1) 역사의 시대구분은 역사가들이 임의로 한 것임.

2) 그러나 여기엔 객관성(내지는 보편타당성)이 있어야 함.

3) 시대구분은 시간적인 요소뿐만이 아니라 공간적인 요소, 즉 지역적 특색도 고려하는 것이어야 함. 많은 경우에 역사적 발전의 패턴이 지역마다 다르기 때문에, 예컨대 서양사의 시대구분이 중국사나 한국사에 그대로 적용되리라고 기대하기는 어려움.

4) 3분법과 4분법

① 3분법: 고대 - 중세 - 근대

이것은 르네상스시대 사람들의 방법. 그들은 자신들의 시대를 각별히 각성했으며, 그 문화의 찬란함이 옛 헬라스와 로마에 다음 간다고 자부함. 그리하여 게르만 민족이 유럽으로 이동해 들어온 시대를, 고대와 자기들이 시대의 〈사이에 낀 시대〉, 즉 중세라고 멸시하여 부르고, 스스로의 시대를 〈새 시대〉, 즉 근대라고 명명함.

② 4분법: 3분법에는 많은 문제가 생김. 먼저, 르네상스시대 사람들이 말하는 근대가 언제까지나 새로운 것일 수 없다는 점. 예컨대, 르네상스로부터 4세기 내지 5세기가 지난 19세기나 20세기가 그대로 근대의 연장일 수는 없다. 그러므로 역사가들은, 〈산업혁명〉과 같은, 급격한 산업상의 변화 및 제국주의에 입각한 복잡한 국제관계가 본격적으로 전개되는 〈19세기 중기 이후〉를 따로 분리시켜서 제 4의 시대로 추가하고 〈최근세〉 혹은 〈현대〉라고 부르게 되었는데, 이것이 4분법의 시작이었다. 그리하여 대체로 현대의 시점을 〈1870년대〉로 보는 것이 근래까지의 역사가들의 관습이었다.[9]

2. 역사학에서의 근대

1) 유럽사(서양사): 영국의 산업혁명(1760년에 시작되어 1830년까지 유럽 여러 나라에 파급됨)과 프랑스의 시민혁명(1789)에 의해 근대화가 이루어졌다고 봄. 요즘 유럽사에서는, 산업혁명 이후를 근대라고 하는데 대하여, 그 준비기간인 르네상스 이후의 시기를 근세近世로 명명하려는 견해가 대두되고 있다.

2) 동아시아사: 중국이 아편전쟁으로 난징南京조약을 체결(1842.8), 문호를 개방한 것을 근대화의 실마리로 봄.

중세	→	근세(=근대)	→	현대(=최근세, 최근대)
medieval, mediaeval	↘	modern	↗	modern,[10] contemporary, present
		근세 → 근대		

1) 서양사	르네상스 이후 (15세기 말)	산업혁명 (1760년)	1차 세계대전 이후 (1919년)
2) 동양사	• 아편전쟁(1840-42) • 난징조약체결(1842.8) (영국군 사상자: 520명) (청군 사상자: 2만명)		일청전쟁 이후 (1894년, 고종31년)
3) 한국사	조선조朝 건국 초 (1392년) →	18세기의 실학사상 운동 →	조선 27대 순종4년 조선 멸망 (1910년)

3. 서양철학사에서의 근대

철학사에서의 시대구분에 관해서는 이론異論이 있으나, 대체로 다음과 같이 구분한다.

1) 고대철학: BC 7C (탈레스: BC 640-550)~AD 4C [헬라스철학을 출발점으로 함. 그리고 이것이 고대 말기에 출현한 기독교 사상과 결합함. 이 두 개가 서양정신문화의 2대 지주支柱로 됨].

2) 중세철학: AD 4C (아우구스티누스: 354-430) ~ 17C (수아레즈: 1548-1617)

3) 근대(근세)철학: AD 17C (데카르트: 1596-1650) ~ 19C 말

4) 현대철학: AD 19C 말 ~

중세철학으로부터
근대철학에로의 전환

Ⅰ. 새로운 문제와 새로운 방법

근대철학은 램프레히트S. P. Lamprecht (1890-1973)가 지적하듯이[1], 1) 새로운 문제들을 2) 새로운 연구방법으로 다루었다. 여기서 '새로운 문제들'이라는 것은, 예컨대 '자아'나 '인식'과 같은 문제들을 가리키며, '새로운 연구방법'이라는 것은, '실험과 관찰의 방법', '직관과 연역의 방법', '변증적 방법' 등을 가리킨다. 실로 철학에서 중요한 것은 '문제' 혹은 '대상'과, 그 문제를 해결하거나 대상을 얻기 위한 '방법'이라고 할 수 있다.

근대의 철학자들은 특히, 인식이라는 문제에 몰두했으며, 확실한 인식을 얻기 위한 여러 방법들을 고안해 냈다. 예컨대 베이컨F. Bacon (1561-1626)은, "아는 것이 힘이다"("Scientia est potentia")라고 외치면서 인식의 중요성을 강조했다. 그가 지식을 얻기 위한 방법으로 제시한 것은 실험과 관찰을 통한 '귀납歸納의 방법'인데, 이에 관한 그의 생각은 『새로운 도구』(*Novum Organum*, 1620)[2]에 잘 나타나 있다. 베이컨의 저작의 제목은 아리스토텔레스에 대한 반발에서 유래했다. 즉, 아리스토텔레스는 논리학에 관계된 저작들인 『범주론』, 『명제론』, 『분석론 전 · 후서』, 『토피카』, 『궤변론』 등을 저술했는데, 이 저작들은 후에 〈오르가논〉[Organon, 도구]이라는 제목으로 통칭되게 되었다. 왜냐하면 논리학은 학문을 올바로 다루기 위한 도구로 여겨졌기 때문이다. 그러나 베이컨에 의하면 아리스토텔레스가 사용한 연역演繹[deduction]의 방법으로는 '새로운 정보'를 얻을 수 없고, 따라서 '학문의 진보'도 이룰 수 없기 때문에, 연역은 '낡은 도구'에 불과하며, 자신이 사용하는 '새로운 도구'인 귀납歸納[induction]의 방법을 통하여 학문의 진보를 이룩해야 한다는 것이다. 이와는 달리, 서양근대철학의 아버지로 인정되는 데카르트 R. Descartes (1596-1650)는 절대로 흔들리지 않고 확실한 제1원리를 직관에 의해 파악한 후에 이러한 명증적인 제1원리로부터의 연역을 통하여 자신의 철학체계를 수립하고자 하였다. 그가 말하는 이러한 방법이 상세히 서술되어 있는 대표적인 저술이 바로, 『이성을 잘 인도하여 학문에서 진리를 탐구하기 위한 방법에 관한 논의』(*Discours de la méthode pour bien conduire sa raison, et chercher la verité dans les sciences*)[4]다.

베이컨과 데카르트가 취한 방법론은 현저히 다르며, 어떤 점에서는 반대된다. 그러나 두 사람의 공통점도 있다. 즉, 그들은 옛날의 잘못을 되풀이하지 않고, 믿을 만한 지식에 도달하기 위하여 누구나 따를 수 있는 방법을 가르쳐주고자 했고, 그러한 목표에의 도달을 약속하는 자기들 스스로의 방법에 자신만만히 의존했다는 점, 그리고 그들은 전통과 권위[3]를 믿지 않았다는 점이다.[5]

Ⅱ. 근대철학의 배경

근대철학은 중요한 방면에 있어서, 16세기로부터 18세기에 이르는 새로운 사회적 · 사상적 조류에 의해 결정적인 영향을 받았다. 그러나 근대철학의 발전과정에 가장 중요한 영향을 미친 것은 1. 르네상스와 2. 프로테스탄트의 종교개혁, 그리고 3. 자연과학의 눈부신 발전이다.

1. 르네상스

• 르네상스(Renaissance)란, 어의語義상으로는 '재탄생', '부활', '부흥'을 뜻하는데,[6] 구체적으로는 서양의 고대 사상가들, 특히 헬라스와 로마의 사상가들에 대한 관심의 회복을 의미한다. 그것은 처음에는 하나의 문예운동으로 일어난 후, 다방면으로 확대되었다.

• 르네상스 시대의 휴머니스트들은 고전古典이 간직하고 있는 본래적인 미美와 그 현세적인 지혜를 쌍수雙手로 반겼다. 고전에 대한 그들

의 호소는 실질적으로, (교회의 통제를 벗어나 자유로운) 개인의 존엄성(초월자로부터 독립하여 그 자체의 본연의 모습으로 돌아간)과 자연계, 그리고 (전통에 대한 복종과 대조를 이루는) 개인적 경험에 대한 새로운 태도의 모색이었다. 그들은 중세세계가 부정하거나 소홀히 했던 개인의 능력, 강인함 등을 회복할 필요가 있다고 역설했다.

• 휴머니스트들은 인간이 이성적인 동물[7]이라는 것을 고전을 통해 배웠는데, 그들은 이러한 정의定義를 아리스토텔레스로부터 가져왔던 것이다. 그런데 이성적 존재자라는 것은, 1) 자율적自律的이요, 2) 스스로 선택한 목적을 추구할 특권을 가졌다는 것을 의미한다.

• 그리고 이러한 르네상스의 정신은 1) 인쇄기의 발명과 그에 따른 2) 서적의 급속한 보급에 의해 크게 촉진되었다.[8]

2. 인쇄기와 인쇄술

• 중국에 현존하는 가장 오래된 조판인쇄물은 당나라 함통咸通 9년(868)에 인쇄된 『금강반야바라밀경金剛般若波羅蜜經』. 하지만 조판인쇄는 너무 번잡하고 또 많은 시간과 노력을 기울여야 했기에 활자인쇄로 점차 대치되었다. 중국에서는 이러한 조판인쇄술이 한국과 일본으로 전파되었다고 하지만, 실제로 현존하는 세계 최초의 목판인쇄본인 우리나라의 『무구정광대다라니경』(706~751경)은 이보다 100여 년이나 앞서 있다.

• 구텐베르크Johannes Gutenberg (1397-1468): 1450년경 금속활자 인쇄술 발명(?) / 1452-1455년경: 기독교성서(라틴어) 인쇄.[9]

★ 우리나라의 인쇄

• 목판본: 무구정광대다라니경無垢淨光大陀羅尼經: 704~751년(세계 최초)

• 금속활자(본): ① 1076년(문종 30년): 증도가자證道歌字[10] → ② 1234년(고종 21년): 상정고금예문詳定古今禮文[11] → ③ 1239년(고종 26년): 증도가(목판본)[12] → ④ 1377년(우왕 3년): 백운화상초록불조직지심체요절白雲和尙抄錄佛祖直指心體要節 [직지심체요절直指心體要節 혹은 '직지直指'라고 간단히 부르기도 함][13]: 이것은 현존하는 세계 최고最古의 금속활자본으로 공식 인정됨(구텐베르크 금속활자본에 78년 앞섬).

• 피코 델라 미란돌라Pico della Mirandola (1462-93): 『인간의 존엄성에 관하여』(*Oratio de hominis dignitate*, 1496) / 토마스 모어Thomas More (1477-1535): 『유토피아』(*Utopia*) / 몽테뉴Montaigne (1533-1592): 『수상록』

• 르네상스의 영향으로 인해

① 개인에 대한 존경이 늘어감

② 권위에 대한 굴종이 타파됨(권위)

③ 서슴지 않고 기성旣成의 관습에 도전하게 됨(전통)

④ 인간이성이 지닌 비판력에 대한 신뢰감이 배양됨

3. 종교개혁[Reformation]

1) 종교개혁과 르네상스의 공통된 영향력

① 개인주의

• 예컨대 독일의 종교개혁가 루터Martin Luther (1483-1546)는 『기독교인의 자유에 관하여』(*Von der Freiheit eines Christenmenschen*, 1520)[14]라는 저술에서 다음과 같이 말한다: "기독교인은 만물의 자유로운 주인이어서 누구에게도 예속되지 않는다. 기독교인은 만물의 충실한 종이어서 모든 이에게 예속된다."[15]

일견 '모순'[contradiction]된 표현으로 보이는 이 진술은 논리적인 모순 진술이 아니라, 수사학적 · 역설적 표현이다. 이 두 명제는 사도 바울의 다음과 같은 말에서 명백하게 나타나고 있다. 즉, "나는 어느 누구에게도 얽매이지 않은 자유로운 몸이지만, 많은 사람을 얻으려고, 스스로 모든 사람의 종이 되었습니다"(고린도전서 9:19). 기독교의 기본교리는, 인간은 예수를 통해 자유로운 자가 되었다는 것이다. 그러나 카톨릭교회에서는 개신교와는 달리 신도들의 자유를 많이 제한하고 있다. 예컨대 개신교에서는 모든 신자가 다 같이 성직자라고 주장한다. 이것이 바로 만인사제설萬人司祭說이다. 그래서 신자는 직접 신에게 기도하며 죄의 용서를 빈다. 그러나 카톨릭에서는 고해성사告解聖事 혹은 고백성사告白聖事가 존재한다. 개신교도는 예수를 믿는 모든 자를 '성도'聖徒라고 부른다. 즉, 신자 모두가 saint인 것이다. 이에 반해 카톨릭에서는 순교자가 아니라면, 성인聖人 심사위원회에서 성인칭호 자격심사 후에 교황의 시성諡聖을 거쳐 성인으로 공포되는데, 이를 위해서는 기적奇蹟을 두 번 이상 행했다는 증거가 필요하다.

② 개신교주의는 현세의 세속적인 일을 위한 활동의 중요성을 강조함에 있어서도 르네상스와 비슷하다.

• 루터는 『로마서』의 주장에 따라서, 사람을 의롭게 하는 것은 믿음이요, 행위가 아니라는 교리를 굳게 신봉했다.[16] 그러나 그는 사도 바울이 그랬듯이, 이 교리에 아울러 "참된 신앙은 이웃사람들에 대한 관용과 봉사의 실천을 통하여 가장 생생하고 틀림없이 표현된다"는 주장을 덧붙이기를 잊지 않았다.[17]

• 개신교주의[Protestantism]와 자본주의[Capitalism]의 관계에 대해서는 베버Max Weber (1864-1920)가 『프로테스탄트의 윤리와 자본주의의 정신』(*Die protestantische Ethik und der Geist des Kapitalismus*, 1905)에서 잘 설명한 바 있다. 베버는, 영리욕營利欲이 상업활동을 촉진하였고, 이로 인해 자본주의가 발전하게 되었다는 통설通說에 대해서, 2중 예정설[18]을 내세우면서, 개신교도들이 세상에서 금욕적인 생활을 추구하게 되었고, 이는 직업에 대한 헌신으로 이어지게 되고, 이런 헌신이 바로 자본주의 정신의 토대가 됨으로써 자본주의가 꽃피게 되었다는 주장을 하면서 자본주의 성립의 내적 발생을 추적했다.

• 이러한 사상과 연결되어 있는 사상이 바로 직업소명설職業召命說이다. 즉 직업이란, 하늘이 불러서[소召], 명령한 것[명命]이라는 사상이다.[19] 따라서 기독교에 의하면 인간은 선한 청지기가 되어야 한다(기독교 성서의 달란트 비유: 마태복음 25:14-30). 모든 것은 우리 것이 아닌 신神의 것이므로, 신의 대리인인 인간은 그것을 잘 관리해야 할 책무가 있다는 것이다. 뿐만 아니라, 관리만 하는 정도에 그치지 않고, 그것을

이용하여 더 많은 좋은 것들 · 이득을 남겨야 한다. 이를 위해 최우선적으로 필요한 것은 절약이며, 개신교에서는 이를 특별히 〈금욕禁慾〉이라 표현한다.

2) 개신교사상과 르네상스의 차이점

• 그러나 개신교사상과 르네상스는 차이점을 보이기도 한다. 르네상스의 거성巨星들은 플라톤과 아리스토텔레스의 사상을 따라서, 이성을 훌륭한 인생을 위한 최고의 안내자로 믿었기 때문에 휴머니스트라고 불렸다. 그러나 개신교의 지도자들은, 이성을 신뢰하는 것은 인간의 외람猥濫됨을 나타내는 증거들 중의 하나라고 배척해왔을 뿐 아니라, 때로는 원죄原罪의 형적形迹이라고까지 멸시했다. 루터는, 이성이란 악한 동물과 같아서 잡아서 신의 제단에 바쳐야 한다고까지 말했다.[20]

4. 근대과학의 발전

—

• 근대철학의 발생과 발전을 위해 르네상스나 종교개혁보다도 더욱 결정적인 영향을 미친 것은 16세기와 17세기 초엽에 천문학자 및 물리학자들이 이룩한 획기적인 업적이었다.

• 과학자들이 도달한 결론과 그들의 연구방법—특히 후자—는 근대의 철학적 사고에 큰 영향을 미쳤으며, 또 새로운 문제들을 제기했다.

1) 과학사조에 있어서의 혁명이 최초의 큰 승리를 거둔 것은, 1543년

코페르니쿠스Nicolaus Copernicus (1473-1543)의 『천구天球의 회전에 관하여』(*De Revolutionibus Orbium Coelestium*, 전 4권)가 출간되었을 때였다.

아리스토텔레스를 포함한 대다수의 고대 천문학자들, 특히 프톨레마이오스[21]는 지구를 중심으로 행성들이 회전한다는 지구중심설[geocentricism] 내지 천동설天動說을 주장했는데, 코페르니쿠스는 실험과 관찰, 수학을 이용하여, 14세기 동안 유행한 이 주장을 반박하고, 지구도 여러 행성行星들 가운데 하나이며, 다른 행성들처럼 태양의 주위를 돌고 있다는 태양중심설[heliocentricism] 내지 지동설地動說을 주장했다. 그의 태양중심설은 지구와 인생의 무대를 우주의 중심으로부터 주변으로 전락시켰다.

이러한 코페르니쿠스의 주장은 기독교에도 위협으로 여겨졌다. 왜냐하면 당시의 기독교에서도 지구중심설 내지 천동설을 진리로 받아들이고 있었기 때문이다. 기독교에서는 창조의 하이라이트를 인간의 창조로 보고 있다. 인간은 다른 모든 동물과 마찬가지로 신의 피조물이지만, 그들과는 본질적으로 다른 특별한 피조물이다. 이 점은 바로 다음과 같은 구절에 명시되어 있다: "신이 가라사대, 우리의 형상을 따라 우리의 모양대로 우리가 사람을 만들고 그로 바다의 고기와 공중의 새와 육축과 온 땅과 땅에 기는 모든 것을 다스리게 하자 하시고, 신이 자기 형상 곧 신의 형상대로 사람을 창조하시되 남자와 여자를 창조하시고 (...)"(창세기 1:26-27) 즉, 인간만이 신의 형상대로 지음 받았기 때문에 다른 피조물 보다 우월한 지위를 차지하며, 이런 우월한 지위를 차지하고 있는 인간이 거주하고 있는 지구가 우주의 중심이 되어야 한다고 당시의 종교 지도자들은 생각했다. 더욱이, 인간의 죄를 사하고 인간을 구원하기 위해 신 스스로가 인간의 모습을 지니고 온 곳이 바로 이 지구이기 때문에 그들은 당연히 이 지구가 우주의 중심이 되어야 한다고 생각했을 만도 하다. 그러나 이들의 주장에 부분적으로 수긍할 만한 점이 있긴 하지만, 여기엔 해명되어야 할 문제가 남아있다. 즉, 〈가치의 중심〉이 왜 반드시 〈천체의 회전운동의 중심〉과 동일시되어야 하는가 하는 문제다.[22]

천문학에서의 코페르니쿠스에 의한 입장전환은 사고법의 혁명을 가져다주었다. 즉, 운동은 관찰자의 위치에 따라 상대적이며, 공간 속의 어떠한 점도 중심으로서의 특권을 갖고 있지 않으며, 아무 점이나 하나를 기준점으로 삼는 것이 타당한 것은, 그렇게 함으로써 학설이 간단해지고 그 학설의 덕분으로 계산이 용이하게 되기 때문이라는 것이다.[23]

2) 케플러(Johannes Kepler, 1571-1630)

• 케플러는 코페르니쿠스의 주장에 존재하는 문제점을 지적하고 자신의 결론을 다음 두 법칙으로 요약했다.

제1법칙: 태양의 주위를 도는 행성들은 태양을 두 중심의 하나로 삼는 타원형을 그리며 움직인다.

제2법칙: 행성들이 일정한 시간 동안에 쓸고 지나가는 면적은 항상 같다.

• 그리하여 그는 자연계의 구조를, 모든 자연현상에 보편적으로, 그리고 한 결 같이 적용할 수 있는 조화로운 수학공식으로 요약할 수 있다는 신념에 도달했다. 그는 자연계에서 수학적으로 나타낼 수 있는 관계들을 계속 탐구하여, 다음과 같은 법칙으로 진술했다.

제3법칙: 행성들의 공전주기公轉週期의 제곱은 태양으로부터의 평균 거리의 세제곱에 비례한다.

3) 갈릴레이(Galileo Galilei, 1564-1642)

• 갈릴레이는 자연과학의 혁명을 역학力學의 분야로 이끌어 들여 '운동의 법칙'을 공식화했다. 그는 운동이란, 시간과 거리라는 측정수단에 의해 표현될 수 있다고 주장했다. 그는 서투른 감관感官에게는 혼돈으로밖에 보이지 않는 것 가운데 수학적 제일성齊一性[uniformity]을 발견했다. 그는 낙체落體의 법칙을 발견했으며, 천 배로 확대할 수 있는 망원경을 직접 만들어 목성, 토성의 고리, 달의 표면 등을 관찰하였다.[24]

• 16세기 중엽에서 17세기 중엽에 이르는 동안에 과학혁명은 수 세기를 통해 우세하던 사상, 특히 신플라톤학파의 전통과 중세기적 아리스토텔레스의 전통에 있어서 우세하던 사상을 물리치는 면이 있었다. 예컨대 ① 존재자들은 계층적 체계를 가지고 있다는 생각, ② 천상의 운동과 지상의 운동은 다른 종류의 것이라는 생각, 그리고 ③ 천국은 완전하고 질서정연한데, 지상의 변화는 불완전하고 무질서하다는 생각 등이 점차로 허물어졌다. 새로운 과학에 의하면, 온 자연계는 수학적인 어휘로 정확하게 기술할 수 있는 한 묶음의 공통된 자연법칙의 지배 아래에 있다.[25]

• 근대 자연과학의 발전은, 자연을 신비화하지 않고 자연을 하나의 독자적인 물질로 간주하고 물리적 법칙 내지 수학적 법칙에 의해 해명할 수 있다는 철학적 신념에 의해 촉진되었다. 그리고 인간의 지성은 실험과 관찰이라는 무기를 사용하여 자연을 해석한다는 것이다.[26]

• 그러나 과학혁명이 근대철학사에 가장 깊은 영향을 미친 것은, 이 혁명이 두 가지 오래된 문제를 새로운 각도에서 제기한 것이며, 이미 과학에서 성공적으로 사용하고 있던 방법을 정당화할 해답을 이 두 문제에 대하여 희구하도록 철학자들을 자극했다는 사실에 있어서다. 이 두 개의 문제란,

① 지식을 획득함에 있어서의 이성과 감각의 관계, 그리고 ② 인간의 경험과 자연의 실재와의 관계에 관한 문제다.[27]

그런데 첫 번째 문제는 근대철학에서 이성주의[Rationalism] 대對 경험주의[Empiricism]의 문제로 전개되었고, 두 번째 문제는 관념론[Idealism] 대對 실재론[Realism]의 문제로 전개되었다.

니콜라우스 쿠자누스
(Nicolaus Cusanus, 1401-1464)

니콜라우스 쿠자누스(Nicolaus Cusanus, 1401-1464)

생애와 저작

• 1401년: 니콜라우스는 독일 모젤강변의 베른카스텔Bernkastel의 건너편에 있는 쿠스Kues에서 부유한 선장船長이자 상인인 크립츠[Henne Kryfftz (Cryfftz)=Johann Krebs]의 아들로 태어났는데, 그의 이름은 니콜라우스 크립츠Nikolaus Cryfftz였다. 니콜라우스가 가족명[성姓]인 Cryfftz [Krebs, 갑각류, 가재라는 뜻]로 불린 것은 1430년이 마지막이었다. 이 이름은 나중에 주로 그의 정적政敵들에 의해 계속 사용된 반면에, 니콜라우스 자신은 인문주의자들의 방식에 따라 Nicolaus Treverensis [트리어(Trier)의 니콜라우스] 혹은 Nicolaus de Cusa [쿠사의 니콜라우스]라는 학자명學者名을 지녔다. 쿠사누스는 쿠스인人이라는 뜻의 라틴어다. 그는 세종대왕(1397-1450)과 거의 같은 시기를 살았다.

• 1413년: 네덜란드의 데벤터Deventer에 있는 '공동생활의 형제회'에서 교육을 받고,

• 1416년: 유명론唯名論이 지배적인 철학의 방향이었던 하이델베

르크Heidelberg 대학의 자유학예[artes liberales][1]학부에 등록하고 학사[baccalaureus in artibus]로 공부를 마친 후 다음해에 하이델베르크를 떠남.

• 1417-1423년: 이탈리아의 파두아Padua대학에서 법학을 공부하고 1423년 초 혹은 초여름에 교회법박사[doctor decretorum]로 박사학위과정을 마쳤다. 거기서 그는 주목할 만한 수학자이자 천문학자인 토스카넬리Paolo dal Pozzo Toscanelli와 일평생의 친교를 맺었고, 교회법학자인 카이사리니Giuliano Caesarini, 그리고 휴머니스트인 베로나Guarino da Verona와 펠트레Vittorino da Feltre를 만났다.

• 1425년: 교회법 박사로 쾰른Köln대학에 등록했다. 아마도 그는 그때 거기서 법학부에서 강의했을 텐데 그에 대한 증거는 없다. 그는 6년 연상의 교수인 캄포Heymericus de Campo와 친교를 맺었는데, 하이메리쿠스는 쾰른에서 우선 문예[Artes]학부에서 활동했고 1428년부터 신학을 가르쳤다. 하이메리쿠스는 스콜라철학자이자 스콜라신학자인 알버투스 마그누스Albertus Magnus의 전통노선에 속했는데, 니콜라우스에게 강력한 영향을 미쳤다. 하이메리쿠스는 니콜라우스로 하여금 신플라톤주의에 관심을 갖게 하였고, 고대말기의 신플라톤주의의 사상의 유산을 중세에 소개한 위僞디오니시우스 아레오파기타Pseudo-Dionysius Areopagita의 저술들에 친숙하도록 만들었다. 1425년에 그는 트리어의 관할 대주교인 찌겐하인Otto von Ziegenhain의 일을 도왔고, 그의 위임을 받아 1427년에 처음으로 로마로 여행하게 된다. 코블렌쯔Koblenz의 성聖 플로린 신학교의 학장으로 일한다.

• 1428년: 니콜라우스는 파리로 가서 카탈로니아[2]의 사상가인 라이문두스 룰루스Raimundus Lullus를 집중적으로 연구했다. 이 카탈로니아인

의 많은 저술들을 그는 스스로 발췌하고 베껴 쓰고, 거기에 주를 달았다. 그곳의 대학이 교회법의 교수직을 제공한 루방(Löwen, 오늘날의 벨기에에 있음)에로의 두 번의 초빙을 그는 1428년과 1435년에 거절했다.

• 1430년: 트리어 교구청의 책임을 맡고 있던 울리히스 만더샤이트Ulrichs von Manderscheid의 법적 대리인이 되었고, 코블렌츠의 성 플로린 성당의 사제가 되었다.

• 1434년: 『보편적 합의에 관하여』(*De concordantia catholica I-III*).

• 1436년: 사제서품을 받았고,[3] 1437년에 교황 오이겐Eugen IV세의 위임을 받아, 동로마 황제와 총대주교를 페라라-플로렌츠 공의회에 참석시키기 위해 교황주의자의 대표로 콘스탄티노플로 건너갔다.

• 1440년: 2월 12일에 쿠스에서 『박학한 무지에 관하여』(*De docta ignorantia I-III*) 완성.

• 1442/43년: 하이델베르크대학의 신학자인 벵크Johannes Benck가 니콜라우스에 반대하여 『무지의 책에 대하여』를 저술하였고, 니콜라우스는 『추측에 관하여』(*De coniecturis*)라는 저술을 통해 합치론을 새롭게 파악했다. 교회개혁과 교회일치를 위해 힘썼으며,

• 1445년: 연초: 『감추어진 신에 관하여』(*De Deo abscondito*), 1월-3월: 『신을 추구함에 관하여』(*De quaerendo Deum*), 7월: 『신의 자녀 됨에 관하여』(*De filiatione Dei*)와 『성부께서 베푸신 빛에 관하여』(*De dato Patris luminum*), 9월: 『기하학적 변환에 관하여』(*De geometricis transmutationibus*)와 『산술적 보충설명에 관하여』(*De arithemiticis complementis*).

• 1447년: 3월: 『창조에 관한 대화』(*Dialogus de genesi*).

• 1448년: 교황 니콜라우스Nikolaus V세에 의해 추기경樞機卿에 임명.

• 1449년: 10월에 『박학한 무지에 대한 변명』(*Apologia doctae ignorantiae*).

• 1450년: 브릭센(Brixen[4]의) 후작급주교侯爵級主教[Fürstbischof]로 임명됨. 7월: 『원圓의 구적법求積法에 관하여』(*De circuli quadratura*), 7월-9월: '문외한 저서들'(*Idiota-Schriften*)이라 불리는 『지혜에 관한 문외한』(*Idiota de sapientia*), 『정신에 관한 문외한』(*Idiota de mente*), 9월: 『저울의 실험에 관한 문외한』(*Idiota de staticis experimentis*).

• 1451/52년: 교황의 사절로 (오늘날의 베네룩스 국가들을 포함한) 독일제국을 여행하였고,

• 1453년: 터키가 콘스탄티노플을 점령함. 이슬람과 종교의 다양성에 대한 문제를 천착함. 『신앙의 평화에 관하여』(*De pace fidei*). 9월-11월: 『수학적 보충』(*De mathematicis complementis*) 11월: 『신의 봄에 관하여』(*De visione Dei*).

• 1457년: 『원의 구적법에 관한 대화』(*Dialogus de circuli quadratura*), 『곡선曲線과 현弦에 관하여』(*De sinibus et chordis*). 8월: 『세속국가의 원 구적법에 관하여』(*De caesarea circuli quadratura*).

• 1457/58년: 니콜라우스의 쇄신노력이 저항에 부딪혔다. 티롤의 지기스문트(Sigismund)공작의 격렬한 저항으로 1456년에는 살해위협까지 느낀 나머지 1457년에 브릭센에서 성城으로 피신하여 『안경에 관하여』(*De beryllo*) 집필. 1458년: 티롤의 지기스문트 공작과의 갈등 때문에 니콜라우스는 자신의 주교구[주교의 관구管區, Bistum]를 떠나 로마로 감. 쿠스의 성聖 니콜라우스 병원을 위한 재단[크립츠 가족재단(Stiftung der Familie Kryfftz)]의 정관定款을 제정. 10월: 『수학의 완전성에 관하여』(*De mathematica perfectione*).

• 1459년: 6월: 『동일성에 관하여』(*De aequalitate*), 『원리에 관하여』(*De principio*)[당신은 누구십니까?(Tu quis es?)].

• 1460년: 주교구인 브릭센으로 잠깐 돌아왔다. 지기스문트 공작에 의해 이탈리아의 브루넥[Bruneck, 이태리어: 브루니코(Brunico)]에서 체포되어 위협받은 후에 니콜라우스는 자기의 주교구를 떠나서 죽을 때까지 로마에서 교황청 추기경으로 살았다. 이와는 별도로 그는 브릭센의 후작급주교로 계속 남아있었다. 2월: 『가능성에 관한 세 사람의 대화』(*Trialogus de possest*).

• 1461년: 중병에 걸렸는데, 무엇보다 통풍에 시달렸다.

• 1461/62년: 『사변의 방향 혹은 저 다른 것이 아닌 것에 관하여』(*Directio speculantis seu de li non aliud*).

• 1462년: 『지혜의 사냥에 관하여』(*De venatione sapientiae*).

• 1462/63년: 『공놀이에 관하여』(*De ludo globi I, II*).[5]

• 1464년: 4월에 『관조의 정점頂點에 관하여』(*De apice theoriae*). 여름에 니콜라우스는 비오Pius II세가 추진한 십자군 전쟁계획의 틀 안에서 터키에 맞서서, 로마와 안코나Ancona 사이를 헤매고 있는 5,000 여명의 십자군 전쟁 종군자들을 돌보라는 위임을 받았다. 그는 도중에 이탈리아 움브리엔Umbrien의 토디Todi에서 8월 11일에 사망했다. 그의 시신屍身은 곧바로 로마로 운반되어 성인聖人의 이름을 딴 그의 성당인, '쇠사슬에 묶인 성 베드로 성당'[San Pietro in Vincoli]에 매장되었다. 그러나 그의 심장은 그의 소원에 따라, 그와 그의 누이들이 1458년에 쿠스에 설립한 성 니콜라우스 병원의 예배당에 묻혔다. 그는 병원에 자기의 도서관의 주요부분도 만들 수 있었는데, 그것은 오늘날도 거기에 있다. 이 도서관은 수백 점의 중세의 신학, 철학, 자연과학, 수학의 필사본과 '요람기본搖籃期本들'[6]을 모아놓은 곳으로, 중세로부터 보존된 가장 중요한 개인 도서관으로 간주되고 있다.[7]

사상

• 니콜라우스 쿠자누스Nikolaus Chrypffs (Kryfts) 또는 Krebs, 라틴명 Nicolaus Cusanus [1401-1464][8]는 일반적으로 서양 중세의 철학자 혹은 중세철학으로부터 근대철학으로의 이행과정에서 가교架橋역할을 한 사상가로 알려져 있지만, 이 점에 대해서는 재고할 필요가 있다.[9] 그러나 홉킨스 같은 사람은, 니콜라우스에게 있어서는 근대적인 주제들이 충분히 전개되지 않았다고 하면서 이에 반대한다.[10] 니콜라우스는 콘스탄티노플에서 귀향하는 길에 신의 무한성에 대해 체득하게 되고, 그에게는 무한성의 문제가 가장 중요한 것으로 대두된다. 앞서 말했듯, 그는 이미 '감성感性'[sensus, Sinnlichkeit], '지성知性'[ratio, Verstand], 그리고 '이성理性'[intellectus, Vernunft]을 구분함으로써, 독일근대철학의 대표자이며 독일철학의 주요개념들을 확립한 칸트I. Kant의 철학을 예비한 선구적 철학자일 뿐만 아니라[11] 헤겔G.W.F. Hegel의 변증적 사유에 큰 영향을 미친 것으로 — 비록 그것이 브루노G. Bruno를 통해서이긴 하지만 — 알려져 있는 사상가다. 여기서는 니콜라우스의 『다른 것이 아닌 것에 관하

여』(*De non aliud*, 1461/62), 『박학한 무지』(*De docta ignorantia*, 1440), 『지혜의 사냥에 관하여』(*De venatione sapientiae*, 1462/63) 등의 저술을 중심으로 그의 사상을 살펴본다.

Ⅰ. 다른 것이 아닌 것[12]

—

1. 절대자의 정의와 이름

·

1) 절대자의 정의

니콜라우스는 자신이 죽기 2년 전인 1462년 초, 로마에서 수도원장인 요하네스 안드레아스 비게비우스 아바스(Joannes 혹은 Johannes Andreas Vigevius abbas), 피사 출신의 페트루스 발부스Petrus Balbus, 그리고 포르투갈 출신의 훼르디난두스 마팀Ferdinandus Matim과 4인의 대화를 갖는데,[13] 이 대화를 책으로 펴낸 것이 『다른 것이 아닌 것』(*De non aliud*)[14]이다. 니콜라우스는 이 저술에서, 절대자에 대한 앎을 제공하기 위하여 절대자를 정의하려고 한다. 그 이유를 그는 다음과 같이 말한다: "왜냐하면 정의는 진술 혹은 본질규정이기 때문이다"["(...) nam oratio seu ratio est definitio"].[15] 그는 이 저술의 바탕이 된 4인의 대화가 있었던 다음 해인 1463년 초에 쓴[16] 『지혜의 사냥에 관하여』(*De venatione sapientiae*)의 제14장: 『세 번째 마당: '다른 것이 아닌 것'』에서도 이와 같은 맥락에서, "왜냐하면 정의는 지知를 산출하기 때문이다. 정의는 정의되는 것의 유類와의 일치 및 종種과의 차이를 표현한다"[17]고 말하고 있다.

그러면 우리는 신을 어떻게 정의할 수 있겠는가? 니콜라우스가 아리스토텔레스 식의 정의방식을 고수하는 한, 신은 정의될 수 없다. 왜냐하면 신은 최고의 유개념이기에 그것의 최근류가 존재하지 않기 때문이다. 그렇다면 우리는 "신은 신이다"라고 정의하거나, 신에 대해 내포적인 정의를 시도하는 방법밖에 없을 것이다. 그런데 첫 번째의 방법은 사실은 정의가 아니라 '동어반복'同語反覆[tautology]에 불과하여 아무 것도 정의하는 바가 없다. 후자의 방법 역시 불가능할 것이다. 왜냐하면 절대자 · 무한자인 신은 실로 무한한 속성을 가지고 있을 것이기에, 그것을 다 나열할 수 없을 것이기 때문이다. 그런데 여기서 전자의 정의방식을 좀 더 구체적으로 살펴보기로 하자.

니콜라우스는 "그렇다면 자네는 모든 것을 정의하는 정의는 정의되는 것과 다른 것이 아니라는 사실을 알고 있지?"(*NA*, 446)라고 말한다. 그렇다면 정의(정의항)[definiens]와 정의되는 대상(피정의항)[definiendum] 사이에 차이가 없는 그런 정의란 무엇인가? 그것은 바로 동어반복이다. 그러나 이러한 정의방식이 갖고 있는 결정적인 문제점은, 피정의항의 용어가 정의항에 다시 등장하면 안 됨에도 불구하고, 동일한 용어가 정의항에 그대로 등장하고 있다는 점이다. 따라서 사실, 이러한 동어반복은 정의가 아니고, 글자 그대로, 같은 말을 되풀이하는 것에 불과하다. 따라서 그것은 아무 것도 말하고 있지 않다. 술어가 주어를 '온전히', 남김 없이 그대로 반복하여 진술하고 있음에도 불구하고, 그것은 형식적이고 공허한 동일성에 불과하여, 주어에 관한 어떤 새로운 정보도 우리에게 제공하지 않는다.

그러나 니콜라우스가 제시하는 정의방식은 이런 것이 아니다. 니콜라우스는 신을 '다른 것이 아닌 것'이라고 정의한다. 이 정의의 형식은 "X =

~ (~X)"다. "X=X"라고 말하면 동어반복에 불과하지만, 이중부정을 통한 긍정은 단순한 동어반복과는 다르다. '다른 것이 아닌 것'이라는 신의 정의는, 일자一者의 타자를 매개로 하고 있는 표현이다. 이것을, 이중부정을 포함하지 않은 긍정으로 표현하면, '동일자同一者 자체'[idem ipsum][18]로 된다. 우리는 일상어에서도 사태를 단도직입적으로 표현하기를 꺼려할 경우에 어조사語助辭로, "다름이 아니라~" 혹은 "아닌 게 아니라~" 등의 이중부정의 형태로 말함으로써 좀 더 부드럽게 대화를 이끌어나가려고 한다. '동일자 자체'라고 말하는 것은 단순한 추상적 동일성만을 나타내고 있는 데 반하여, '다른 것이 아닌 것'은 타자를 매개로 한 부정을 통한 긍정을 표현하고 있다는 점에서 〈구체적 동일성〉을 나타낸다. 그는 플라톤처럼 '한정'限定을 통해서 정의하고 있다. 즉, 이것은 "이것이며 다른 것이 아니다"(non aliud quam ~)라고 규정한다.[19] 『지혜의 사냥에 관하여』에서도 니콜라우스는 이와 같은 주장을 제시하고 있다: "자신과 모든 것들을 정의하는 것의 사냥이 일어나는 마당[장(場)]을 나는 '다른 것이 아닌 것'이라 부른다. 이 '다른 것이 아닌 것'은 자신과 모든 것들을 정의한다"(*VS*, 64).

그렇지만 이중부정이 단순한 동어반복으로서의 긍정과는 형식상 다르다고는 하지만, 이러한 정의방식을 통해서도 우리는 어떤 구체적인 내용을 얻을 수는 없다. 예컨대, "하늘은 무엇인가?"라는 질문에 대해, "하늘은 하늘 아닌 것이 아니다"라고 대답한다면, 이러한 대답은, "하늘은 하늘이다"라는 대답과 마찬가지로, 우리에게 하늘에 대한 아무런 정보도 제공해주지 않는다. 그렇다면 "신은 (신과) 다른 것이 아니다"라는 정의도 이와 마찬가지가 아닌가? 이 문제를 논하기 전에 우선 '어떤 것[일자一者]'과 '다른 (어떤) 것[타자他者]'의 관계에 대해 고찰해보자.

예컨대 A, B, C라는 세 유한자가 존재할 경우, A는 다른 것(B, C)이 아닌 것이고, B나 C도 각각 다른 것이 아닌 그 자신들이다. 각각의 유한자는 자기동일성을 지니고 있기에, 각각의 유한자는 그것 외에 다른 것이 아닌 그 어떤 것이다.[20] 이러한 사태는 너무도 명백하고 당연할 뿐만 아니라, 이런 사태를 그저 진술함에 의해서 우리가 각각의 유한자들에 대한 정의를 내리는 것은 아니다. 그렇다면 '다른 것이 아닌 것'이라는 정의가 신에게 적용될 때 이와는 다른 의미를 갖는 것인가? 그렇다. 이 표현이 신에게 적용되면 다음과 같은 의미가 된다. 즉, 신은 일자인 동시에 모든 것(hen kai pan, Ἓν καὶ Πᾶν)[21]이기 때문에 자신의 외부에 아무 것도 존재하지 않는다. 따라서 신의 타자는 존재하지 않는다. 일체의 존재자는 신 안에 존재하므로, 신은 자신自身과 구별되는 다른 것이 아닌 것이다. 다시 말하면, 유한자의 경우에는 일자의 타자들이 존재하고, 일자는 타자가 아닌 일자라는 의미를 가지고 있는데 반하여, 신의 경우에는, 애당초 (신이 전부이기 때문에) 신의 타자가 존재하지 않는다. 그러므로 신은 신일 수밖에 없고 신 이외의 것, 즉 타자가 아닌 것이라는 말이다. 그래서 니콜라우스는 "다른 것이 아닌 것은 다른 것이 아닌 것과 다른 것이 아니다"[22]라고 말한다. 다시 말하면, 유한자의 경우 일자의 타자는 일자와는 별개로, 일자의 외부에 존재하며 서로 구별된다. 그러므로 어떤 일자는 그 자신의 타자와는 다른 것이라고 하는 '배타적 의미'의 구별성을 지니게 된다. 그러나 니콜라우스가 생각하는 신은 자신의 타자인 유한자를 자신의 외부에 가지고 있지 않고 자신 속에 포함하고 있기 때문에 신은 '그 밖의 다른 어떤 것도 아닌' 것인 것이다. 다시 말하면 절대자의 표현은 "X ≡ ~(~X)"인데, 이때, 술어의 X 속에는 [a · b · c · (...) z]에 이르기까지의 모든 유한자가 포함되어 있다. 그러므로 이 진술의 형식은 단순한 2중부정이 아니다. 신을 '다른 것이 아닌 것'이라고 할 때에, 신의 밖에는 아무 것도 없으며, 모든 것은 신 안에 존재한다는 말이다.

2) 절대자의 이름

그런데 신의 명칭에 대하여 훼르디난두스는 다음과 같은 물음을 제기한다: "다른 모든 사람들이 '제1원리'를 신이라고 부르는 데 반해, 당신은 '다른 것이 아닌 것'으로 표현하시려는 것 같습니다"(*NA*, 448). 이러한 문제제기에 대해서 니콜라우스는, 그가 자기를 잘 이해하고 있다는 점을 확인하면서 다음과 같이 대답한다: "비록 제1원리에 여러 이름들이 속한다고 해도, (...) 그것들 가운데 그 어떤 것도 그것에 적합할 수 없다네"(*NA*, 450). 니콜라우스는, 제1원리에 대해서 서술하고 있는 다른 모든 설명은 '다른 것이 아닌 것'이라는 개념의 뒤에 머물러있어서 그것보다 덜 포괄적이라고 말한다(*NA*, 454 참조). 그래서 모든 신학자들은 실로 신 속에서, 모든 개념적 파악을 넘어서 있는 위대한 것을 보았고, 그 때문에 "현실개체를 넘어서 있는[supersubstantialem]"[23], "모든 이름을 넘어서 있는[supra omne nomen]" 등등이라고 신에 관해 말했다고 한다. 그리고 이때에 "~을 넘어서[super]", "~ 없이[sine]", "비非~[in]", "~이 아닌[non]", "~에 앞선[ante]" 등과 함께 쓰인 이 표현들은 그때그때마다 우리에 대해서 신 속에 있는 동일한 특성 내지는 바로 동일자 자체를 가리키며, 이로 말미암아 '다른 것이 아닌 것'이라는 표현이 가지고 있는 우위優位와 더 큰 단순함이 해명되므로, 이 표현은 다른 어떤 단어로도 고쳐 쓰거나 표현될 수 없다고 말한다(*NA*, 454, 456 참조). 여기서 훼르디난두스는 니콜라우스의 주장에 동의하면서도, 다른 한편으로는 어떻게 그것이 가능한지 질문한다. 즉, 그는 어떻게 일자[unum], 존재자[ens], 참된 것[verum], 그리고 선[bonum]이, '다른 것이 아닌 것' 다음에 존재해야 하는지 의아스럽다고 니콜라우스에게 말한다(*NA*, 456 참조). 이 질문에 대하여 니콜라우스는 다음과 같이 답변한다:

> 일자가 '다른 것이 아닌 것'에 상당히 근접해있는 것으로 보이지만, 사람들은 모든 사물을 일자 혹은 타자로 명명(표현)한다네. 그리하여 일자는 마치 '다른 것이 아닌 것'으로 보인다네. 그럼에도 불구하고 일자는 일자이고 일자 외에 다른 것이 아니어서, '다른 것이 아닌 것' 자체와는 다른 것이라네. 따라서 '다른 것이 아닌 것'은, 일자보다 더 단순한 것이지. 일자는 그것이 일자라는 점을 바로 '다른 것이 아닌 것'에 힘입고 있으며, 그 반대는 아니라네. 그런데 몇몇 신학자들은 분명히 일자 개념을 '다른 것이 아닌 것'의 자리에 놓은 다음 그들의 고찰에서 대립에 앞선 자리를 일자에 할당하였네. 그리하여 우리는 그것을 플라톤의 파르메니데스 속에서와 아레오파기타의 디오니시우스에게서 읽을 수 있다네(*NA*, 458).

여기서 니콜라우스는, 일자는 '다른 것이 아닌 것'과 상이하다는 언급과 더불어 자기의 이전以前의 직관들을 수정하지는 않지만 이전의 전문용어를 수정한다. 『박학한 무지』에 나타나는 신 개념은 일자라는 개념이다. 이러한 통일(체)에는 어떠한 대립도 존재하지 않는다. 그래서 "그것은 통일성의 단순함 속에서 모든 것을 포괄하는 최고의 이름이다. 그것은 표현할 수 없는 이름이며 모든 개념파악을 넘어서 있다"(*DI*, 280). 그러나 이제 말기의 저작인 『다른 것이 아닌 것』에서는 일자의 긍정적인 명명은 불충분한 것으로 보이고, 그것은 더 이상 대립자들을 넘어서는 것으로 간주되지 않는다. 일자 대신에 '다른 것이 아닌 것'이 들어선다. '다른 것이 아닌 것'은 신 개념으로서의 일자의 과제를 떠맡으며, 이제 대립자들을 넘어서는 신을 나타내는 적합한 표현으로 나타난다. 니콜라우스가 이전에는 신플라톤주의자들이 근원적 일자에 덧붙였던 기술記述을 일자에로 전이시킨 반면에, 그는 이제 이러한 일자를 신플라톤주의의 일자와 동일한 것으로 정립하며 신플라톤주의자들의 초월적이며 근원적인 일자를 '다른 것이 아닌 것'이라는 개념으로 대치한다.[24]

'다른 것이 아닌 것'은 본질, 이데아, 형상形相[혹은 종種]에 앞서고, 이것들에 뒤이어 '다른 것'이 따른다(*NA*, 482 참조). 그리고 플라톤도 존재자를 이런 순서로 자리매김했다(*Timaios* 28 a ff.)는 점을 니콜라우스는 인정한다. 그래서 '하나[unum]', '본질[esentiam]', '이데아[ideam]', '형상[formam]', '원형[exemplar]', '종[speciem]'은 '다른 것이 아닌 것'에 이르지 못한다고 주장한다(*NA*, 484 참조).

니콜라우스는 이런 주장을 하는 이유에 대해 다음과 같이 말한다: "그러나 하나[일자一者]는 하나가 아닌 것[비일자非一者]과 상이하기 때문에, 결코 모든 것의 제1원리가 될 수 없다네. 제1원리는 다른 것과 혹은 무無와 상이할 수 없으며, 자네가 나중에 보게 되듯이, 어떤 것과도 대립되지 않는다네." 이 주장의 의미는, 제1원리는 자체 내에 모든 것을 포함하고 있어야 하므로, 자신과 대립되는 어떤 것이 존재한다면 그것은 제1원리로서의 자격이 없다는 것이다. 그러므로 '하나'가 아니라, '다른 것이 아닌 것'이 제1원리라고 그는 주장한다. 그리하여 "비록 대립자들이 문제가 된다 할지라도, '다른 것이 아닌 것'의 이후에 보는 것 가운데 그 어떤 것에도 '다른 것이 아닌 것'이 결여될 수 없다"(*NA*, 458)는 훼르디난두스의 언급을 "참된 것"(ebd.)으로 시인하고 있다. 이 말은, '다른 것이 아닌 것'은, 그것 이후에 전개되어 뒤따라오는 모든 것들[대립자들]

을 이미 자신 속에 포함하고 있어서, 그것들은 '다른 것이 아닌 것'이 자기를 전개한 결과물일 뿐이라는 주장이다. 그래서 '다른 것이 아닌 것'은 자기 뒤에 따라 나오는 모든 것에 함께 있다[결여되어 있지 않다]고 니콜라우스는 말하는 것이다. 여기에는 이미 '대립자들의 일치[coincidentia oppositorum]' 사상이 내재되어 있다. 즉, '다른 것이 아닌 것'으로서의 신 속에는 모든 대립자들이 포함되어 있다고 주장하는 것이다. 니콜라우스는, "'다른 것이 아닌 것'은 하늘을 다른 어떤 것으로부터 창조하지 않고, 자신 속에 그것 자체로 존재하는 하늘을 통해 창조하네"(*NA*, 466)라고 말한다. 즉, 창조란, 신 자신 속에 존재하는 어떤 것을 자기의 밖으로 밀어내는 것, 표출하는 것, 혹은 접혀져 있는 주름을 펴는 것[explicatio]이라고 할 수 있다. 모든 존재자의 존재원리로서의 신의 창조는 무無로부터의 창조도 아니고, 데미우르고스가 선재先在하는 이데아를 본 따서 이 세계를 창조한 것과도 달리, 신 자신 속에 존재하는 유한자를 자신의 외부로 펼침에 의한 창조라고 니콜라우스는 주장한다. '다른 것이 아닌 것'은 그 자체로 모든 것이기 때문에 그 속에 모든 대립자들이 포함되어 있고, 이 대립자들은 '다른 것이 아닌 것'으로 말미암아 비로소 존재하는 것들이다. 이렇듯 "신은 자신의 단순성 속에서 만물의 총체성을 포함하고 있다. 그러므로 신은 자기의 고유한 이름에 적합하게 — 이 이름은 우리에 의해 표현될 수 없는데 — '하나이면서 모든 것' 혹은 더 잘 말하면, '모든 것을 통일한 자'로 이해되어야 한다. 그 이름은 네 개의 철자로 이루어진 신명4문자神名四文字[Tetragrammaton]다. (...)"(*DI*, 280).[25]

니콜라우스는 그러나 '다른 것이 아닌 것'이 신의 이름은 아니라고 말한다: "(...) '다른 것이 아닌 것'(이라는 이름)이 하늘과 땅 위에 존재하는 모든 이름들에 앞서 존재하는 신의 이름은 아닐지라도, 그것은 마치 순례자를 도시로 인도하는 길이 그 도시의 이름이 아닌 것과 유사하다네"(*NA*, 450). 이 비유를 통해서 우리가 확인할 수 있는 사항은, '다른 것이 아닌 것'은 신의 이름이 아니라는 것. 그렇지만, '다른 것이 아닌 것'이라는 명칭 내지는 정의를 따라가다 보면 신에게 이를 수 있다는 것이다. 그리하여 니콜라우스는, "'다른 것이 아닌 것'이라는 이름 속에서 신께서는 귀중한(값 비싼) 거울 속에서처럼, 신을 탐구하는 자들을 비춰줄 수 있으실 것이네"[26]라고 말함으로써, '다른 것이 아닌 것'이라는 이름을 통해서 신을 온전히 알 수는 없지만(거울 속에서 보는 것처럼 단지 희미하게만 볼 수 있지만), 대강의 윤곽을 알 수 있을 것이라는 점을 시사하고 있다. 디오니시우스가 말하는 것처럼, "창조주[신]는 명명할 수 없거니와 (...)"[27] '다른 것이 아닌 것'은 신을 가리키는 다른 이름들보다 "더 정확하고[praecisius]" "신에 더 가까운[propinquius]" 이름이라고 주장한다(*NA*, 450). 즉, '다른 것이 아닌 것'이라는 이름이 "모든 이름들을 초월한 명칭"(*NA*, 542)이 아니라 "첫째[primo]를 개념화한 이름"(ebd.), 저 명명 불가능한 것에 대한 니콜라우스의 개념(이해)을 표현하는 가장 정확한 이름이라고 말한다(ebd. 참조). 즉, 절대자는 어떤 이름으로도 포착되거나 온전히 표현될 수 없지만, 니콜라우스가 보기에는 '다른 것이 아닌 것'이라는 이름이 그래도 절대자에 가장 근접한 이름이라는 점을 밝힌다.[28]

2. 존재 및 인식의 원리로서의 '다른 것이 아닌 것'

'다른 것이 아닌 것'은 존재론적으로, 그리고 인식론적으로도 '다른 것'에 선행한다.[29] '다른 것이 아닌 것'은 존재의 원천일 뿐만 아니라 인식의 원천이기도 하다. 그것이 존재의 원천인 까닭은, 모든 것은 '다른 것이 아닌 것'으로서의 신에 의해 존재하고 그로부터 말미암기 때문이며, 그것이 인식의 원천인 까닭은, 모든 것은 '다른 것이 아닌 것'에 근거하여 인식되기 때문이다. 그러나 어떻게 보면 '다른 것'이 '다른 것이 아닌 것'에 선행하는 것으로 생각된다. 왜냐하면 '다른 것이 아닌 것'은 '다른 것'을 이미 전제하고 있는 것으로 생각되기 때문이다. 즉, '다른 것이 아닌 것'은 '다른 것'의 존재를 일단 긍정하고 난 뒤에 그것을 부정함으로써 이루어진 결과이기 때문이다. 그러나 사실은 그와 반대다. '다른 것'이라는 개념 자체가 이미, '동일한 것이 아닌 것', '비동일자'를 의미하는 것으로서, 그것은 이미 '동일한 것[동일자]', 즉 '다른 것이 아닌 것'을 전제하고 있기 때문이다. 그러므로 '다른 것'이 아니라, '다른 것이 아닌 것'이 존재 및 인식의 원리 내지는 원천이 된다.[30]

신은 존재와 인식의 원리가 된다는 사실을 니콜라우스는 빛의 비유로 설명하고 있다: "우리는 감각적인 것을 통하여 정신적으로 인식 가능한 것에로 고양되기 때문에, 신은 빛의 비유 속에서 우리에게 더욱 분명하게 드러난다고 신학자들은 말한다네"(*NA*, 452). 감각적인 빛 없이 우리는 아무 것도 볼 수 없기에, "(...) 감각적인 빛이 가시적 · 감각적인 것들을 존재하게 하고 인식하게 하는 원리"(ebd.)라고 말한다. 우리는 빛으로 인해 감각적인 물物들을 인식할 수 있다. 빛이 없다면 물物들을 분간할 수 없을 것이다. 뿐만 아니라 더 근원적으로 말하면, 빛은 감각적인 것들을 존재하게 한다. 니콜라우스가 여기서 말하려고 하는 것은, 빛이 없으면 "가시적 · 감각적인 색(깔)"이 존재할 수 없다는 점이다. 빛이 없어도 감각적인 물物들은 존재할 수 있다. 그러나 색(깔)은 존재할 수 없다. 그래서 우리는 색깔을 우리말로 '빛깔'이라고 하지 않는가! 빛깔은

빛이 있어야만 존재할 수 있다.[31] 그는 계속 빛의 비유를 이어가고 있다:

> 왜냐하면 원리(시원)는 (...) 마치 순수한 햇빛으로 표현되듯, 그 자체로는 인간의 눈에 보이지 않지만 가시적인 것 속에서 보려고 하는 빛과 같네. 그러므로 가시적인(可視的) 것 속에서 자기 자신을 드러내는 빛 그 자체를 찾는 일 또한 불필요하네. 왜냐하면 빛은 가시적인 것 밖에서는 파악할 수 없을 것이기 때문이네. 오히려 우리는 빛과 더불어 빛을 찾아야 할 것이네. 즉, 빛은 우리가 파악하는 가시적인 것 속에서 탐구되고, 적어도 근접하게 보이는 것이라네"(*NA*, 454).

여기서는 다시 신神과 태양의 유비類比가 등장한다. 태양을 우리가 직접 볼 수 없는 것처럼 신도 직접 파악될 수 없다고 말한다. 우리가 결과를 통해 그것[결과]의 원인을 추론하는 것처럼, (태양)빛 혹은 빛깔[결과]을 통해 태양[원인]을 추론할 수 있다는 것이다. 『다른 것이 아닌 것』의 제11장에서도 니콜라우스는 홍옥紅玉을 예로 들어 '다른 것이 아닌 것'과 '다른 것'의 관계를 설명하고 있다. 즉, 홍옥에서 발하는 '빛'[자체]은 신이요, 감각할 수 있는 여러 가지 것들, 예컨대 홍옥의 모양, 크기, 빛깔 등은 '다른 것'으로서의 유한자로 비유된다(*NA*, 486 ff. 참조).

니콜라우스는 신은 유한자를 초월해 있는 한편, 유한자에 내재한다고 말한다. 신과 유한자의 이러한 관계는 마치 플라톤에서 이데아와 현실개체와의 관계와 유사하다. 이데아는 현실개체를 초월해 있는 한편, 현실개체에 내재[임재, parousia]하기 때문이다. 따라서 니콜라우스는 로마서의 저자가 말하듯,[32] 일종의 목적론적 논증을 통해 신에게로 나아가려고 하는 것이라 할 수 있다. 이것을 그는 "가시적인 것 속에서 비가시적인 것을 봄(videre in visibili invisibile)"(*NA*, 546)이라고 한다. 그러나 가시적인 것을 통해서 신이 존재한다는 결론에 이를 수 있다 하더라도, 그 신이 어떠한 자인지를 정확히 인식할 수 있다는 주장을 하기는 어렵다. 신의 존재에 대한 앎이 그대로 신에 대한 인식을 보장해주지는 못한다. 이 점에 관하여 니콜라우스는 다음과 같이 말하고 있다: "그러므로 신을 파악하는 일은, 우리가 그것을 인식했을 때 그것에 이름을 부여하는 인식 가능한 것을 파악하는 것과는 다르다. 이성적인 사유는 인식되지 않는 것을 파악할 수는 없고 그것을 열망하여 그것에 일자라는 이름을 부여한다."[33] 이러한 니콜라우스의 입장은 결국 그를 '박학한 무지'라는 사상으로 인도한다:

> 그러므로 진리가 아닌 정신은 결코 진리를 무한히, 보다 더 정확하게 파악할 수 있을 정도까지 정확하게 파악하지는 못할 것인즉, 정신과 진리 사이의 관계는 마치 원에 점점 더 가까울수록 더욱 더 많은 각을 갖게 되는 다각형과 원 사이의 관계와도 같다. 그러나 우리가 다각형의 각을 무한히 늘린다 해도, 그것이 원과 동일한 것으로 바뀌지 않는 한, 그것은 결코 원과 동일한 것이 되지 않을 것이다. (...) 우리가 이런 무지 속에서 더 깊이 알게 되고 더 현명하게 될수록 우리는 진리 자체에 더 가까이 다가갈 것이다(*DI*, 202).

니콜라우스는 '다른 것이 아닌 것'이나 '하나'라는 이름(표현)으로도 절대자는 정확하게 파악되지 않는다고 말한다. 이 표현은 절대자에 가장 근접한 이름일 뿐, 절대자는 그 어떤 이름으로도 정확하게 지칭될 수 없다. 니콜라우스에 있어서 인간에 의한 절대자 인식은 불가능하다. 이러한 사태를 그는 『신의 봄에 관하여』(*De Visione dei*)라는 저술의 제9장의 끝에서 '담[murus]'의 비유로 설명한다. 그는 대립자들의 일치는, "신이 거주하는 낙원의 담"이며, 신은 담으로 둘러싸인 낙원 같은 정원에 거주한다고 말한다.[34] 여기서 '담'은, 우리에게 있어서 그 자체로 인식할 수 있는 모든 것과 말할 수 있는 모든 것의 '한계'를 뜻한다.[35] 즉, 절대자는 "인식될 수 있는 것보다 더 위대한 분"(*NA*, 454)이다. 다각형의 각을 아무리 늘린다 해도 원이 될 수 없듯이 유한한 것들을 아무리 부가한다 해도 무한에 이를 수는 없다. 인간의 지성은 진리를 단지 근사치로밖에는 알지 못한다. 그럼에도 불구하고 유한자들은 그것에 관여한다고 니콜라우스는 생각한다. 여기서 등장하는 것이 바로 '추측[coniectura]'이라는 개념이다.[36]

인간은 신을 파악할 수 없다. 부정신학은 신을 '~이 아닌 것'이라고 부정적인 방식으로 이야기할 수밖에 없다고 주장한다. 그러나 우리가 신이 '~이 아닌 것'이라고 말할 수 있으려면, 신이 무엇인지 알고 있어야만 할 것이다. 즉, 우리는 신에 대한 '긍정적인 인식'을 이미 가지고 있어야만 한다. 그래야만 어떤 사람이 "신은 ~이다"라고 규정할 때, "신은 ~이 아니라"고 말할 수 있을 것이기 때문이다. 그런데 이것은 본래의 부정신학의 입장과 배치되는 것이다. 그러나 인간은 신을 "동경憧憬"하면서 그에게 가까워질 수는 있다. 그러나 어떤 방식으로든지 — 철학적 사유로든지 부정신학으로든지 동경에서든지 신비의 관조에서든지 — 신을 파악하려는 니콜라우스의 그 모든 노력은 결국 수포로 돌아간다. 만일 인간 편에서의 모든 능동적인 시도가 실패했다면, 유일하게 남은 것은 신 편에서의 능동적인 관여다. 신과 접촉할 수 있는 가능성은 모두 신의 가장 고유한 계시로부터 생겨난다. "만일 숨어있던 신이 스스로 빛을 밝혀 어둠을 몰아내고 스스로를 드러내지 않는다면, 신은 전혀 알려지지 않은 채 남아있을 것이다." 이것은 믿음이 모든 인식과 관조 자체보다도 우위에 있다는 것을 의미한다. 궁극적으로 철학적 신학은 계시를 위하여 스스로를 포기한다. 신의 인식 가능성에 대한 니콜라우스의 가장 극단적인 예고는 다음과 같다: "신은 그 모든 현자들의 눈에는 가려지고 숨겨져 있지만, 그가 은총을 하사하고 있는 가장 겸손한 자에게는 나타난다."[37]

II. 박학한 무지와 신 인식

• 니콜라우스에 의하면 인간이 진리를 앎에 있어서 정신의 한계를 알고 있는 경우에만 현명하다고 할 수 있다. 우리가 어떤 것을 안다고 말하지만, 엄밀하게 보면 참으로 안다고 자신할 수 있는 것이 얼마나 되는지 회의감을 가질 수밖에 없다. 소크라테스가 아테네에서 가장 현명한 자라는 신탁을 얻게 된 것도 바로, 자신의 무지無知를 알고 있기[지知] 때문이었다. 우리가 진정 앎을 가지고 있다면, 우리는 우리 자신의 무지를 고백해야만 할 것이다. 지혜는 바로 우리 지식의 한계를 깨닫는 데서 성립한다. 우리가 더 많이 배우고 더 많이 알게 될수록, 우리가 알 수 없는 것이 얼마나 많은지를 점차로 깨닫게 된다. 우리 인간은 완전한 지知에 도달할 수는 없고, 단지 그것에 점점 다가갈 수 있을 뿐이다. 그래서 인간의 정신[혹은 지知]와 진리의 관계는 다각형과 원 사이의 관계와 같다:

> "그러므로 진리가 아닌 정신은 결코 진리를 무한히, 보다 더 정확하게 파악할 수 있을 정도까지 정확하게 파악하지는 못한다. 정신과 진리의 관계는, 더 많

은 각을 갖게 될수록 원을 점점 더 닮아가는 다각형과 원의 관계와 같다. 그러나 우리가 다각형의 각을 무한히 증가시킨다 해도, 그것이 원과 동등한 것으로 해소되지 않는 한, 그것은 결코 원과 동등한 것이 될 수 없을 것이다"(*DI*, 202).

• 『박학한 무지』(*De docta ignorantia*)에서 니콜라우스는 신플라톤주의의 부정신학否定神學, 특히 위僞디오니시우스에 의해 강조된 부정신학을 지지하는데, 이 부정신학은 신에 대한 모든 긍정적인 진술을 불충분한 것으로, 그리고 그런 한에서 오도誤導하는 것이라고 비난한다. 니콜라우스는 신에 대한 지知를 요구함으로써 신을 향하지 않고, 자기 자신의 무지에 대한 지에 도달하고 그럼으로써 자기 자신에 대한 "박학한 무지"에 도달함으로써 신을 향한다.

• 대립을 고착시키는 지성과는 달리 이성은 자신 속에 대립자들을 포용할 수 있기는 하지만, 그럼에도 불구하고 이성 역시 인간의 인식능력이기에, 신 자체를 파악할 수는 없다. 그러나 니콜라우스는 여기서 멈추지 않는다. 우리가 신을 앎 속에서 파악할 수 없다면 아마도 무지無知 속에서는 파악할 수 있을지도 모른다는 것이다. "따라서 신을 보기 원한다면 이성은 무지의 상태가 되어야 할 것이다." 그러나 그에 의하면 무지는 "박학한 무지", "아는 무지"가 되어야 한다. 무지는 신에게 가까이 가는 정당한 방식이다. "우리는 오직 이 무지의 지를 통해서만, 파악할 수 없는 신에게 이를 수 있다."[38] "그러므로 우리가 이러한 무지 속에서 더 깊이 박학해질수록, 우리는 진리 자체에 더욱 더 가까이 가게 될 것이다"(*DI*, 202).

니콜라우스는 이성[intellectus]과 지성[ratio]을 구별한다. 그의 전문용어에 의하면 인간의 '지성'으로 그는, 감각인상들을 구별하여 포함시키고 배제함으로써, 즉 부정함으로써 감각인상들을 정돈하는 능력을 뜻하고 있는데, 감각은 이런 일을 할 수 없다. 지성은 자신의 고찰로부터 무한자를 멀리 떼어놓음으로써 이런 일을 할 수 있다. 모든 지성적인 지는 비교에 근거하고 있고, 따라서 상대적인 것에 관계한다. 그러므로 인간의 지성은 최대의 존재자[das Maximum]나 무한자와 같은 절대자를 파악할 수 없다. 지성에 있어서는 유한자와 무한자 사이에 어떤 비례적 관계(비율)[Proportion]도 존재하지 않는다. 지성은 비교의 경험이 결여된 곳에서는 기능을 발휘하지 못한다. 그러나 인간은 지성을 훨씬 넘어서 있는 이성이라는 추가적인 능력을 갖고 있다. 이성은 지성의 구별하는 부정작용을 부정하여, 그 속에서 대립이 합치되는 무한 개념 및 무한한 통일개념에 이를 수 있고, 무한자에게 정신적으로 다가갈 수 있다. 이 합치개념은 이성의 내용으로서, 지성의 활동으로는 얻을 수 없는 것이다. 지성에 있어서 이 개념은 역설[paradox]이다.[39]

• 『박학한 무지』에 의하면 이성은 유한하여 지성과 마찬가지로, 모순된 것들을 능가하여 합치에 이를 수 없기는 하지만, 이성은 동시에 "신적인 것"이기도 하므로 신적인 진리를 "볼 수 있고" 신적인 진리에 "접할 수 있다." 나중에 『추측에 관하여』(*De coniecturis*, 1442년경)에서, 그리고 1445-1447년의 기간에 쓴 짧은 저술들에서 니콜라우스는 이성의 가능성에 대한 더욱 낙관적인 평가에 이르게 된다. 이제 그는 이성이 지성의 저항에 맞서서 모순들을 극복함으로써 역설적인 통찰들을 얻을 수 있다고, 예컨대 가장 큰 것과 가장 작은 것을 동일시할 수 있다고 믿는다. 이를 넘어서서 그는 이제 인간의 "신적神的" 사유의 가능성을 가정한다.

합치라는 이념의 의미로 보면 긍정과 부정의 대립도 초월된다. 니콜라우스는 이러한 신적 사유는 이성 및 모순적 대립에 대한 이성의 이해도 능가하여, 절대적인 통일과 무한에로 향한다고 주장한다. 신은 대립들의 합치가 아니며, 합치사상은 인간의 이성이 신에게 가까이 가기에 적합한 방식일 뿐이라고 한다. 그러므로 니콜라우스는 1453년의 『신의 봄에 관하여』에서 합치를, 신을 찾는 자와 신 사이를 가로막고 있는 "담[Mauer]"이라고 표현한다. 그러나 그는 이 담을 원리적으로 극복할 수 없다고 생각하지 않는다.

그의 마지막 저술인 『관조의 정점에 관하여』(*De apice theoriae*)에서 니콜라우스는, 훨씬 더 큰 인식의 확신을 완성했다고 쓰고 있다. 신 인식에 관한 그의 낙관주의는 인간정신이 신을 닮았다는 확신과 결합되어 있다. 『추측에 관하여』에서 그는 인간을 심지어, 창조된 "제2의 신"이라고 표현하는데, 이 표현은 당시의 상황에서는 대담한 진술이다. 그리하여 신의 이성이 현실세계를 창조하듯이 인간의 이성은 개념의 세계를 창조한다.

III. 대립의 합치

—

• 『박학한 무지』는 니콜라우스의 동시대인들 가운데 첨예한 논쟁들을 야기했다. 니콜라우스는 신과 피조물(유한자)의 관계를 'complicatio'와 'explicatio'라는 용어로 표현하고 있다.[40] 신은 자신 속에 유한자를 주름 잡아 포섭하고 있다가 그것을 펼쳐내서 세계를 만든다. 이런 관점에서 볼 때 니콜라우스는 범신론자[pantheist]가 아니라 범내재신론자[panentheist]라는 것을 알 수 있다. 신과 유한자는 동일하지[범신론] 않고 유한자는 무한자 안에 존재한다. 그러나 니콜라우스의 '대립(자)들의 합

치'론은 범신론이라는 오해를 불러일으켰다. 이는, 그의 주장이 신과 세계 사이의 차이도 부정하는 것으로 보였기 때문이다.

당시 하이델베르크의 신학교수였던 벵크Johannes Wenck는 1442/43에 『알려지지 않은 박학함에 관하여』(*De ignota litteratura*)라는 논쟁하는 저술에서 니콜라우스에게 이단異端, 범신론, 그리고 신학의 파괴라는 책임을 지웠다.[41] 즉, 그는 "모든 것은 신과 일치한다"(omnia cum Deo coincidunt)는 니콜라우스의 주장에 대해, 그것은 "모든 것을 신으로 만들고, 모든 것을 무화함으로써 무화를 신격화神格化로 제시한다"(omnia deificat, omnia annihilat, et annihilationem ponit deificationem)고 하면서 이단異端적인 범신론으로 비판하였다.[42] 이에 대해 니콜라우스는 『박학한 무지에 대한 변명』(*Apologia doctae ignorantiae*, 1449)이라는 대응저술을 써서 강력하게 대응했는데, 그는 신과 피조물의 일치를 주장하는 것이 아니라, 대립되는 것들이 신 속에서 종합된다고 주장한다.[43] 벵크의 비판에 대해 니콜라우스는 "오류를 범하는 사람이 아니라 미친 사람"(*Apologia doctae ignorantiae*, in: *PTS*, Bd. Ⅰ, 552)이 그런 주장을 할 것이라고 응수하고 있다.[44] 그러므로 그의 주장은 범신론이 아니라 범내재신론이다.[45]

• 신플라톤주의의 전통의 의미에서 니콜라우스는, 모든 됨[Werden]의 출발점이자 근원적인 근거[Urgrund]인 신神은, 자신 속에 다양성을 포함하고 있는 단순자라고 생각한다. 왜냐하면 세계의 다양성은 근원적인 근거로부터 나와야 하기 때문이다. 여럿[다자多者]이 하나[일자一者]와 별도로 존재한다면, 일자는 진정으로 포괄적인 존재자가 아니라 다자에 의해 제한될 것이다. 니콜라우스에게 있어서 일자는 그것이 동시에 다자이기도 함으로써만 무한하다. 신은 세계를 접어놓은 것[complicatio]이고, 세계는 신을 펼쳐놓은 것[explicatio]이다. 수학적 유비類比를 가지

고 그가 만드는 표현방식의 의미로 볼 때 중요한 것은, 절대적인 최소[das absolute Minimum]이기도 한 절대적인 최대[ein absolutes Maximum]다. 이러한 최대는 다른 실체들 곁에 존재하는 특수한 실체가 아니라, 실체들의 그리고 모든 개별물들의 구별이 거기에 근거를 두고 있는 그런 것이다. 그것은 모든 것 속에서 현상하고 모든 것을 포괄하며, 또한 철학하고 인식하는 주체를 포함하는 그런 통일체다. 니콜라우스는 자기의 형이상학적 사상을 수학적인 실례들을 가지고 즐겨 상징적으로 예증함으로써, 철학에 대해서 수학적 사유가 지니는 의미를 강조하는 플라톤주의의 전통을 따르고 있다. 그는 무한한 통일을 무한한 직선의 예를 가지고 설명한다. 무한한 직선은 직선일 뿐만 아니라 동시에, 그 밑변이 무한히 길고 그 밑변에 속한 높이가 무한히 짧게 되어버린 삼각형이기도 하다. 그래서 가장 큰 각(180°)은 동시에 가장 작은 각(0°)으로 나타난다. 마찬가지로 직선은 또한 무한히 큰 지름을 가지고 있는 원이기도 하다.[46]

• 대립자들이 하나로 합치된다는 생각은 신플라톤주의의 전통으로부터 등장했다. 고대 말기의 신플라톤주의자인 위-디오니시우스 아레오파기타의 사상과 마이스터 에크하르트의 사상이 동인을 제공했지만, 중요한 것은 니콜라우스에 의해 도입된 갱신更新이다. 니콜라우스가 보기에 대립은 신 속에서는 접혀지고, 세상에서는 펼쳐진다. 그는 역설적으로, 아리스토텔레스의 모순율에 따르면 서로를 배제하는 모순적인 대립도 분명히 대립의 통일 속으로 포함시킨다. 니콜라우스는, 추론적 지성의 영역에서는 아리스토텔레스의 모순율의 지배를 받지만, '직관적 이성'은 이 모순율의 지배영역을 벗어난다고 주장한다.[47] 그러나 니콜라우스가 진실로 모순율이 이성의 영역에서는 적용되지 않는다고 주장한다면, 그

의 주장은 잘못이다. 논리적 모순을 인정해야 한다고 주장하는 것은, 그 어떤 주장도 인정하지 말자는 주장과 동일한 것이다.

• 쿠자누스는 대립의 일치라는 개념을 세계의 여러 종교들에도 적용한다. 그는 대립의 일치라는 이상理想이, 상이한 신앙을 가진 사람들 간의 관계 속에서도 실현되는 것을 보고 싶어 한다. 그러므로 그는 상이한 종교들 내지는 종파들의 진리내용에 대한 물음을 거듭 집중적으로 천착함으로써 종교들 간에는 차이점만이 아니라 공통점이 있다고 생각했다. 그런데 그는 각각의 종교가 정당한 관심사를, 그리고 진리에 이르는 특정한 통로를 가지고 있으나, 이 모든 관심사는 기독교 안에서만 실현되고 부분적인 인식이 통일된다고 말한다. 그리하여 유대교는 신을 절대자로, 감각적으로 지각할 수 있는 모든 것으로부터 벗어난 자로 정당하게 인식하였고 존경하였다고 한다. 이와는 반대로 이교도들은 신의 활동을 그의 다양한 가시적인 업적들 속에서 지각함으로써, 신의 다양한 업적들에 따라 그에게 각각 상이한 이름들을 부여했다. 그런데 이것은 외견상의 다신론일 뿐이다. 기독교에서는 양자가 발견된다. 한편으로 신의 초월성이, 그러나 다른 한편으로는 또한 감각적으로 지각할 수 있는 것의 신적神的인 위상位相이 발견된다. 왜냐하면 인간이자 신인 그리스도는 이 양면을 자신 속에서 통일하였기 때문이다.

『신앙의 평화에 관하여』(*De pace fidei*)에서 니콜라우스는 자기의 견해를 서술하기 위해 문예적 허구를 사용한다. 어떤 사람 – 저자 자신을 가리킨다 – 의 환상이 서술되는데, 그 사람은 하늘에서의 집회를 함께 체험한다. 신의 인도 하에 천사들과 성자들이, 폭력적인 종교 갈등으로 야기된 지상地上의 비참함에 대해 충고한다. 개별적인 민족들의 가장 현명한 대표자들이 – 탈아 상태에 옮겨진 것처럼 – 끌어당겨진다. 신의 말씀과 베드로와 바울 사도 앞에서 그들은 자신들의 입장을 표현하고 그들에 의해 신의 진리가 가르쳐진다. 그 가르침은 권위적으로가 아니라 철학적인 논증을 통해 이루어진다. 현자들은 철학자들로 등장한다. 그들은 자신들의 민족에게 돌아가서, 전세계적인 영원한 신앙의 평화조약이 체결되어야 하는 예루살렘에서 집회를 소집하라는 위임을 받는다. 이 표현에서 니콜라우스는 종교들의 투쟁과 그것의 가능한 종언終焉에 대한 견해를 제시한다. 이 견해에 따르면 신은 개별민족들에게 상이한 시대에 왕과 선지자를 보냈는데, 그들은 조야하고 교양 없는 민족을 가르치고 종교적 규정들과 예배의식을 도입했다. 그러나 인간들은 이런 "습관들"을 절대적인 진리로 혼동했다. 또한 더 나아가, 그들의 종교적 관습이 신의 직접적이고 언어적인 명령을 전환한 것이라는 잘못된 확신을 갖고 있다. 그러므로 그들은 자신들이 습관으로부터 오로지 참된 것으로 생각하는 자신들의 특수한 신앙들을 다른 신앙들에 맞서서 무력武力을 가지고서라도 관철 내지는 옹호해야 한다고 생각한다. 그들은 이로써 신의 뜻을 충족시킨다고 믿는다. 그러나 니콜라우스의 견해에 의하면 사실, 다양한 종교들의 숭배형식들, 그리고 상이한 기독교의 의식儀式들은 전적으로 참된 유일한 보편종교의 특수한 특징들(표현들)에 불과하다. 이 보편종교 속에서는 그리스도에게 신과 인간의 중재자라는 중심기능이 귀속된다. 왜냐하면, 그리스도 안에서 신의 본성과 인간의 본성이 어쨌든 가능한 최고의 방식으로 통일되어 있기 때문이다. 니콜라우스는 그러한 완전한 중재자의 실존은 신의 완전성으로부터 나오는 필연적인 결과라는 점을 보이고자 한다.

종교공동체들[라틴어: sectae] 사이의 통일을 니콜라우스는 기독교 내부에서의 통일을 위한 자신의 노력과 유사하게 추구하는데, 그러나 이러한 통일은 종교공동체들의 모든 가르침들을 동일한 권리를 가진 것으로 병렬시키지 않는다. 오히려 그는, 비기독교인들에게 삼위일체, 신이 인간이 됨, 그리고 성사聖事들을 해명함으로써, 다른 신앙을 가진 자들이, 올바로 이해된 그리스도 경배를 자기 자신들의 신앙의 진정한 기초로 인식하도록 하는 것을 옹호한다. 따라서 다른 종교를 숭배하는 사람들은, 그들이 예컨대 니콜라우스가 용인하는 할례와 같은 의식이나 관례를 고수한다할지라도 실제로 그리스도인이 되어야 한다.

니콜라우스는 심지어 다양한 관례나 의식을 바람직한 것으로 생각한다. 각 민족은 자신들의 특수한 종교적 전통을 가꾸어서 다른 종교적 전통들을 능가해야 한다. 그러한 경쟁은 경건敬虔을 촉진할 수 있을 것이다. 니콜라우스는 심지어 자기의 그리스도로 하여금, 다신론에서 여러 신들을 숭배하는 것은, 만물의 근저에 있는 하나의 신성神性에 타당하다는 점을 함축하고 있으므로 철폐될 필요가 없다는 점을 설명하도록 만든다. 단지 추가적으로, 다신론자의 종교적 실천 속으로 만물의 유일한 원인에 대한 숭배가 명시적으로 수용되기만 하면 된다. 그렇다면 그들은 기독교인들이 자신들의 성자聖者들을 숭배하는 것처럼 계속해서 자신들의 신들을 숭배할 수 있을 것이다. 그러나 그들은 유일한 창조주에 대한 숭배는 보존해야 할 것이다. 그리하여 그들과 일신론자들 사이의 투쟁은 해결될 수 있을 것이다.[48]

• 이 모든 주장을 종합해 보면 니콜라우스는 '종교 포괄주의'[religious inclusivism]의 입장에 서 있는 것으로 보인다. 즉, 사람들은 다양한 종교들을 통해서 다양한 방식으로 신을 만나게 된다고 보는 점에서 그의 입장은 '종교 복수주의'[religious pluralism]과 공통점을 가지고 있다. 그러나 구원은 오직 한 종교 안에서만 이루어질 수 있다고 보는 점에서는 '종교

적 배타주의'[religious exclusivism]와 일치한다. 포괄주의는, 한 종교의 절대적인 진리를 옹호하는 배타주의적인 발언을 하더라도 다른 종교의 신봉자들도 그 참된 종교가 규정한 것들로 인하여 구원될 수 있음을 인정한다.

이런 생각은 예컨대 카톨릭 신학자인 라너Karl Rahner (1904-1984)의 주장과 일맥상통한다. 그는 특정한 구원사건이 일어났기 때문에 사람들은 구원받을 수 있다고 주장한다. 기독교는 절대적인 종교다. 기독교는 신의 유일한 복음, 즉 모든 사람들을 위해서 십자가에서 죽은 예수 안에서 화신化身한 말씀을 우리에게 말하여 줄 뿐만 아니라, 신은 모든 사람이 구원받기를 원한다는 것이다. 그래서 라너는, 예수의 속죄와 구원사역은 객관적이기 때문에 이 구원을 성취하기 위해서 신은 예수의 구원사역의 결과를 모든 인류에게 적용시킬 수 있으며, 심지어 예수와 그의 죽음에 대해서 전혀 들어본 적도 없거나 그의 주권主權을 인정하지 않았던 사람들에게도 적용시킬 수 있다고 한다.[49] 이런 식으로 해서 신은 모든 사람들, 심지어 역사적인 기독교의 맥락 속에 들어있지 않은 사람들조차도 변화되고 신과 화해할 수 있게 해준다고 라너는 생각한다. 기독교의 복음을 듣지 못한 채 아무런 종교도 갖고 있지 않았거나 다른 종교를 가진 사람들이 기독교의 용어로 신의 활동을 깨닫지 못하더라도 신의 정신은 그들의 삶 속에서도 작용한다고 보고, 라너는 이들을 〈익명의 기독교인들〉이라고 불렀다.[50]

대륙의
이성주의

데카르트 | 스피노자 | 라이프니쯔

一

서양 근대철학의 체계적 발단은 17세기의 대륙의 이성주의자들에 의하여 이루어졌다. 이성주의[rationalism]란, 인식의 원천이 인간의 이성[라: ratio, 영: reason]이라고 주장하는 입장을 가리키며, 이에 반하여, 인식의 원천을 감각경험이라고 주장하는 입장을 경험주의[empiricism[1]]라 하는데, 전자의 입장이 주로 유럽대륙을 중심으로 전개되었고 후자는 주로 영국을 중심으로 전개되었기 때문에 이를 '대륙의 이성주의'와 '영국의 경험주의'라고 부르기도 한다.

이성주의는 인간의 인식이 필연성과 보편타당성을 지녀야 한다고 주장한다. 그러나 우리의 감각경험은 단지 사실만을 보여줄 뿐이며, 경험이 반드시 그러해야만 한다는 '필연성'을 제공해주지 않는다. 또한 감각경험은 어떤 특정한 시간과 장소에서 어떤 특정한 사람이 하는 것으로서, 모든 사람의 감각경험이 동일하다는 것을 보증하지 못한다. 그러므로 이성주의자들은 참된 지식은 감각경험이 아니라 오직 이성을 통해서만 성립할 수 있다고 생각한다.

그러므로 이런 입장을 지닌 이성주의자들은 수학(기하학)을 모든 학문의 이상(모범)으로 생각하고, 수학의 방법을 통해 자신들의 철학을 구축하고자 했다. 다음에 우리가 살펴볼 세 철학자 중, 데카르트는 독창적인 수학자로서 해석 기하학을 창시하였고, 스피노자 또한 자신의 철학을 '기하학의 질서에 따라' 서술하였으며, 라이프니쯔 역시 미 · 적분의 발명자라는 것은 주지의 사실이다. 그러면 과연 이들은 무엇을 주장했는지 살펴보도록 하자.

대륙의
이성주의

데카르트 | 스피노자 | 라이프니츠

데카르트(René Descartes, 1596-1650)

생애와 저작

• 데카르트는 근대수학이론을 창시하면서 수학에 큰 발전을 가져왔다. 대수학代數學의 방정식과 공식들을 기하학의 도형과 연결하는 〈해석기하학解析幾何學〉[분석기하학 혹은 좌표기하학]을 창시함으로써 대수학과 기하학을 통합했다. 〈데카르트 좌표계〉는 이런 통합을 위해 창안된 도구인데,[1] 이는 오늘날의 GPS[2]의 아이디어를 제공한 것이다.

• 데카르트는 격동의 시대 한복판에서도 지적知的으로 풍요한 시대를 살았다. 그가 살았던 17세기 전반기는 카톨릭과 프로테스탄트가 서로 반목하며 피비린내 나는 전투를 벌였던 30년 전쟁[3]의 시대였다. 또한 이 시대는 카톨릭교회가 새로운 과학 · 철학적 사고들을 무자비하게 짓밟은 때이기도 하다. 갈릴레이의 종교재판, 코페르니쿠스의 지동설에 대한 교회의 박해, 불태워진 수많은 금서禁書들에 대한 이야기가 잘 알려져 있다. 그러나 이 시대는 다른 한편으로는 위대한 지성의 부흥기이기도 했다. 르네상스는 이 시대에 이르러 과학, 수학, 철학으로 확대

된다. 각 분야의 고전사상古典思想들은 전 유럽의 지성들에 의해 활발히 연구되며 확장되고 있었다. 데카르트의 업적은 바로 이 시대의 결실이었으나, 이와 동시에 오늘날의 수학과 철학 발달의 길을 열어젖힌 선봉이기도 했다.

• 1596년: 데카르트는 3월 31일, 프랑스 중서부의 뚜렌 지방에 있는 라 에La Haye라는 작은 마을에서 출생하였다. 처음에는 군직에 있다가 후에 부르따뉴 지방의 법원의 변호사로 일했던 지주 출신 아버지의 셋째 아들로, 조부와 증조부도 의사였고, 외조부도 법관이자 의사였다. 그가 태어난 지 1년 후 그의 어머니는 네 번째 아이를 낳고 죽었다. 새로 태어난 아이도 겨우 3일을 더 살았다. 데카르트의 아버지 조아캥은 아내가 죽은 후 재혼을 했다. 그는 안 모랭이라는 여성을 아내로 맞이하고, 그녀에게서 아들 하나와 딸 하나를 더 얻었다(아이가 둘 더 있었으나 어려서 죽었다).

• 1607년: 부활절 직후에 라 플레슈의 예수회 학교[4]에 들어갔다. 이 학교는 어린 소년들이 종합대학에 가기 전에 공부하는 교육기관으로서, 사관학교와 비슷한 체제로 운영되었다. 학생들은 교복을 입었는데, 방울술로 여미는 반바지와 큰 퍼프(puff)소매[5]가 달린 화려한 푸른색 블라우스를 착용하고 중절모中折帽를 썼다. 1회 신입생으로 들어온 학생 중에는 그 후로 데카르트의 가장 헌신적이고 의리 있는 친구가 되는 메르센[Marin Mersenne, 1588-1646. 나중에 신부神父가 된다]이 있었다. 그는 여기서 8년간 공부했고 1615년에 졸업했다. 그가 재학할 당시 라 플레슈에는 프랑스 전역에서 온 1,400명의 학생들이 재학하고 있었다.

16세기에 대단히 번창했던 여러 대학들이, 종교전쟁과 이에 잇따른 여러 사건의 여파로 — 교원들의 교직추방 등 — 이 무렵에는 수준이 떨어져서, 창조적이고 지적인 활동은 도저히 불가능한 상태였다. 이를 대신하여 예수회가 학교교육에 적극적으로 나섰고, 단기간 내에 당시의 지배계급의 자녀교육을 사실상 혼자서 떠맡은 세력이 되었다. 예수회는 이그나시우스 로욜라에 의해 창설되어 1540년 로마교황 바오로 3세에 의해 인가된 교단이지만, 근대적인 요소를 다분히 지니고 있었고 신학뿐만 아니라 문예학과 세속적인 각 분야의 학문연구에도 심혈을 기울였다.

데카르트가 들어간 예수회 학교에서는 조직적인 교육을 중시했다. 당시 일반 대학에서는 박학博學, 즉 풍부한 지식을 문제로 삼았지만, 예수회에서는 〈방법〉이라는 관념이 교육실천의 중심으로 되어 있었다. 모두가 〈방법〉을 따르고, 〈방법〉에 기초해서 행동했다. 예컨대 걷는 방법, 후퇴하는 방법, 말하는 방법 등이 평소에 엄하게 가르쳐졌다. 데카르트는 이 예수회의 〈방법〉을 매우 존경해서, 그의 전 생애에 걸쳐 저술한 작품에는 예수회에서 체득한 사상이 짙게 표출되어 있다. 그의 최초 논문은 「펜싱의 법칙」에 관한 것이었지만, 이것은 지금은 전해지지 않는다. 두 번째 논문은 「하모니의 수학적 기초의 음미」였다. 이러한 논문은 예수회의 〈방법〉교육의 성과였다.

데카르트는 여전히 허약했으므로 그의 가족은 학교당국에 아들의 건강을 잘 보살펴달라는 특별요청을 했다. 데카르트가家의 친척이었으며 데카르트가 나중에 '아버지 같은 분'이라고 설명했던 교장 샤를레 신부는 그 부탁을 흔쾌히 들어주었다. 그는 데카르트가 스트레스를 받지 않도록 특권을 베풀었고, 그의 건강을 위한 배려를 아끼지 않았다. 따라서 그는 늦잠을 잘 수 있었고, 수업에 참석할 수 있는 몸 상태가 될 때까지 침대에서 쉴 수 있었다. 다른 모든 학생들은 오전 5시에 학교생활이 시작되었다. 학생들은 오전 5시부터 5시 45분까지 아침기도를 하고, 씻고

옷을 갈아입고 수업준비를 했다. 5시 45분부터 7시 15분까지는 각자 할 일을 하고 아침식사를 했다. 첫 수업은 7시 30분부터 10시까지였다. 그는 이 오전 수업에 참석하지 않아도 되었다. 오전 10시부터 점심시간까지는 미사를 드렸고, 식사 후에는 오락시간이 있었다. 오후수업은 1시30분에 시작되어 계절에 따라 4시30분이나 5시 30분까지 계속되었다. 그리고 9시에 취침하기 전까지 학생들은 저녁을 먹고 놀이를 했다. 9시에 잠자리에 들기 전에는 기독교 성서를 읽었다. 특별한 날에는 승마와 검술 지도를 받기도 했다. 데카르트는 아침수업이 모두 끝난 후에 동급생들과 합류했다. 그리고 침실에서 늦게까지 쉴 수 있는 특혜를, 스스로 공부하는 법을 터득하는 기회로 삼았다.

학생들은 라틴어와 헬라스어 문법, 고전문예, 수사학, 철학을 배웠다. 철학은 중세 스콜라 철학을 대변하는 아리스토텔레스의 철학을 비롯해 논리학, 자연학, 형이상학으로 구성되었다. 예수회는 학생들에게 헬라스 수학의 정수精髓인 유클리드, 피타고라스, 아르키메데스의 수학을 가르쳤다. 1615년에 졸업한 데카르트는 법을 공부하기 위해 푸아티에 대학에 진학했으나 법에 별로 흥미를 느끼지 못했던 그는 무료하게 1년을 보낸 후 1616년에 법학박사학위를 받았다.

• 1617년: 그는 언제나 역동적인 라이프스타일을 즐겼고 펜싱과 승마를 좋아했다. 그는 이제 전투를 보고 싶었다. 그는 네덜란드 오라니에 공국公國의 새로운 왕자이며 종교전쟁에서 프로테스탄트 편에 섰던 낫사우 가문의 마우리츠가 여러 나라로부터 군대를 소집하고 있다는 소식을 들었다. 마우리츠 왕자는 스페인과 오스트리아의 카톨릭 세력과 전쟁을 하기 위해 자신의 진지陣地에서 군사를 훈련시키고 있었다. 데카르트는 카톨릭이었지만 마우리츠 왕자의 군대에 자원하기로 했다. 그는 왕자와

그의 군대를 통해 전쟁의 기술을 배우고 싶었다. 종교는 별로 중요하지 않았다. 아마도 지원병으로 입대하는 것이라서, 원치 않으면 싸우지 않을 수 있었기 때문인 것 같다. 데카르트는 하인들을 렌에 있는 아버지에게 돌려보내고, 시중꾼만 데리고 군에 입대하러 네덜란드 남부의 브레다로 갔다. 그는 무상으로 자원입대했기 때문에 자유시간이 많았다. 따라서 수학과 과학 연구를 마음껏 하면서 그것의 비밀을 캐내기 위해 노력했다. 그는 군대를 여행과 모험의 수단으로 삼았다. 바이예의 말을 빌리면, 그는 군대를 '세계로 가는 여권旅券'으로 이용했다. 그는 2년에 걸친 군복무에서도 전투할 기회가 없었던 데에 불만을 품고, 독일로 건너가 바이에른의 막시밀리안 공의 군대에 입대했다. 그러나 거기에서도 어떤 뛰어난 활동도 할 수 없다는 이유 때문에 1621년경 군대에서 나와 버렸다.

• 1628년: 정신 지도를 위한 규칙들(*Régles pour al direction de l' esprit en la recherche de la vérité*). 연말, 갑자기 네덜란드로 간다. 카톨릭 신자인 그가 프로테스탄트 국가인 네덜란드로 간 것은 묘한 일이다. 8년 후에 출간된 『방법서설』에서 그는, 아무도 모르는 장소, 넉넉하고 활기찬 국민이 달콤한 평화를 누리는 나라에서 살고 싶어서 네덜란드로 갔다고 썼다. 네덜란드는 프랑스나 다른 유럽국가에 비해 인쇄법이 엄격하지 않았다. 그리고 그의 연구가 위험한 방향, 즉 코페르니쿠스의 우주론 쪽으로 향하고 있었는데, 그는 자기의 발견이 카톨릭교회의 교리에 반대하는 것으로 보일까봐 걱정이 되었다. 또한 1623년에서 1629년까지 파리 시내에 데카르트가 장미십자회와 관련이 있다는 소문이 파다하게 퍼졌는데, 이것도 파리를 떠나기로 한 데카르트의 결심에 기여했을 것이다. 그러나 네덜란드 행은 큰 실수였다. 그는 카톨릭교회의 박해와 비교할 수도

없는 고통을 네덜란드의 프로테스탄트 신학자들에게 받는다. 그는 20년 동안 네덜란드 여기저기를 떠돌며 살았고, 유럽의 지성들과 서신교환을 했다. 대개 이 편지들은 데카르트와 수학과 철학문제를 논했던 메르센을 통해 상대방에게 전달되었다. 데카르트는 네덜란드를 여행하는 동안 한 곳에 몇 달 또는 몇 년간 눌러 살다가는, 어느 날 느닷없이 다른 마을로 떠나는 생활을 계속했는데, 그때마다 메르센 외에는 아무에게도 진짜 주소를 알려주지 않았다. 주소란에는 살고 있는 마을의 이웃마을이나 큰 도시의 주소를 썼다.

• 1629년: 『세계』(*De mundo*, 1630년에 완성)라는 제목을 붙인 물리학과 형이상학에 대한 집필을 시작함. 그런데 이 야심찬 작업이 4년째로 접어들어 곧 출판할 준비가 갖춰질 무렵인 1633년, 그는 갈릴레이의 재판(1633년 6월 22일)소식을 들었다. 그 소식은 그의 지적 행보의 바퀴를 수렁에 처박은 어마어마한 충격이었다. 그리고 책을 출판하는 것은 위험하다고 생각했다. 왜냐하면 그의 철학이 갈릴레이와 같고 코페르니쿠스의 지동설에 근거를 두고 있기 때문이었다. 그는 10년 전부터 대수학과 기하학에서 찾아낸 원리들을 물리적 세계의 문제를 해결하는 데 적용하기 시작했다. 그는 기하학을 이용한 분석으로, 선배들이 정립한 개념 대부분을 쉽게 입증해냈고, 또 몇 가지 개념은 반박했다. 그는 태양계의 중심은 태양이고 지구를 포함한 행성들이 태양 주위를 돈다는 코페르니쿠스의 가설과 정확히 일치하는 우주관을 만들어갔다. 그의 물리학 연구—떨어지는 물체와 중력에 대한 연구, 포탄과 총알의 궤적에 관한 관찰—는 전부 지동설과 일치했다. 책이 출판되기 직전인 1633년 11월, 그는 갈릴레이의 소식을 듣고 책의 출판을 즉시 취소했다. 심지어 "모든 원고를 불태우거나 적어도 아무에게도 공개하지 않으려고까지 했다"고 그는

훗날 술회했다.

• 1637년: 『방법서설』(*Discours de la méthode*). 이 책은 프랑스인들이 널리 읽을 수 있도록 프랑스어로 썼다. 이는, 비슷한 이유로 이탈리아어로 집필했던 갈릴레이의 전례를 따른 것이다. 그러나 『방법서설』은 프랑스에서 출판되지 않았다. 1637년 6월 8일에 네덜란드 라이든에서 출판되었고, 초판은 저자의 이름 없이 나왔다. 데카르트가 직접 감수한 라틴어판은 1644년에 출간된다.

• 1641년: 『제1철학에 대한 성찰』(*Meditationes de prima philosophia*)[6]의 라틴어 초판 발표.

• 1647년: 『철학의 원리』(*Principes de Philosophie*).

• 1649년: 『정념론情念論』(*Passions de l'âme*). 스웨덴의 여왕 크리스티나로부터 초청을 받아 그곳으로 이주함. 당시 크리스티나는 23세였다. 데카르트는 네덜란드에서 무신론자라는 비난과 박해로 몸과 마음이 지칠 대로 지쳐있던 터라, 먼 나라 여왕의 보호 아래로 기꺼이 들어갈 마음이었던 것 같다. 1645년 데카르트의 친구인 샤뉴가 스웨덴 주재 프랑스 대사로 스톡홀름[7]에 있을 때, 여왕은 그로부터 데카르트의 평판을 듣고 철학자를 초청하기로 결심했다. 그녀는 데카르트에게 스웨덴 시민권을 제안했고, 귀족의 작위를 내리겠다는 뜻을 밝혔다. 게다가, 베스트팔렌 조약으로 그녀의 것이 된 독일 땅을 그에게 주려고 했다. 그러나 그는 여왕의 너그러운 제안을 정중하게 거절했다.

여왕의 학습계획은 대단히 의욕적이었다. 그녀는 일어난 후 한 시간 안에 데카르트를 만나고 싶어 했다. 여왕은 유달리 많은 공무로 시달렸기 때문에, 춥기만 한 1월에 주 2회로 오전 5시에 데카르트의 강의를 받았는데, 이것은 데카르트에게는 견딜 수 없는 노릇이었다. 이것은 밤늦

게까지 깨어있고 아침 10시 전에는 결코 일어나지 않는 데다, 일어나도 침대에 누워 책을 읽고 생각을 하는 데카르트의 평생 습관에 완전히 위배되는 일이었다. 그러나 그는 여왕에게 그 사실을 결코 말하지 않았다. 이리하여 그는 53세에 느닷없이 새 삶을 시작한다. 그는 1시간짜리 철학 수업을 위해 새벽같이 일어나서 프랑스 대사관에 마련된 따뜻한 침대를 떠나야 했고, 얼어붙을 듯 차가운 스웨덴의 겨울 날씨 속에 궁전의 싸늘한 서재로 새벽 5시까지 가야 했다. 그렇지만 이 생활과 새 나라에 적응할 수 있는 6주간의 시간이 있었다. 그는 프랑스 대사관저에서 샤뉴 가족과 함께 살았다. 궁전은 여기서 300미터쯤 떨어져 있었다.

문법학자들은 여왕이 데카르트를 통해 프랑스와 카톨릭의 영향을 받고 있다는 생각에 분노하여 그를 몰아내려는 음모를 꾸몄다. 데카르트는 사람들의 적대감을 느꼈고, 스웨덴 행을 후회했다. 1650년 1월 15일에 그가 브레지Brégy라는 친구에게 보낸 편지에는 이렇게 적혀있다: "이곳은 겨울이 되면 물뿐만 아니라 사람들의 생각도 얼어붙는 것 같습니다 (...) 나의 사막으로 돌아가고 싶은 소망이 날이 갈수록 점점 간절해집니다."

• 1650년: 스톡홀름에 도착한 지 넉 달이 지난 1650년 2월 3일에 데카르트는 앓아누웠다. 그것은 일찍 일어나는 익숙지 않은 생활과 스웨덴의 심한 추위 때문이었을 것이다. 사실 그해 겨울은 데카르트의 50평생에서 가장 혹독한 겨울이었다. 스톡홀름에서 그를 진찰한 의사는 그의 증상을 폐렴으로 진단했다. 크리스티나 여왕의 시의侍醫, 그러니까 그녀의 1급 의사는 프랑스인으로, 이름은 뒤 리에였는데, 데카르트의 친구이자 데카르트 철학의 숭배자였다. 그러나 데카르트가 앓아눕던 날 뒤 리에 박사는 스톡홀름에 없었다. 그는 여왕의 명령을 수행하러 떠났고, 한

참 후에나 돌아올 예정이었다. 그래서 여왕은 2급 의사를 데카르트에게 보냈다. 뷜레스라는 네덜란드 의사였다. 뷜레스는 위트레흐트와 라이든의 성직자와 신학자들이 데카르트에 대해 전쟁을 선언한 날부터 데카르트를 적으로 간주하고 있었다. 뷜레스는 네덜란드 학계의 반反데카르트 인사들과 영합했고, "데카르트가 죽는 것을 보고야 말겠다는 사람"이었다. 17세기의 의학지식은 보잘 것 없어서 의사들은 감기, 독감, 폐렴조차 구별하지 못했던 것 같다. 병을 효과적으로 치료하려면 정확한 진단이 필수인데, 무슨 병이든 —폐렴이든, 위통이든, 전염병이든—의사들의 처방은 한결같았다. 그것은 피 뽑기였다. 뷜레스는 데카르트의 침대맡에 도착하자마자 환자의 피를 뽑으려 했다. 그러나 지난 몇 십 년 동안 해부학을 연구했던 데카르트는 동시대인들이 잘 모르는 한 가지 사실을 분명히 알고 있었다. 피 뽑기는 전혀 도움이 안 된다는 것이다. 이 방법은 감염만 일으킬 뿐이다. 데카르트는 몇 번에 걸쳐 피 뽑기를 거절했으나, 병이 악화된 후 더 이상 버틸 힘도 붙들 희망도 없는 듯, 결국 고집을 꺾고 피를 뽑도록 했다. 그러나 피가 거의 나오지 않아서 의사는 한 시간 뒤에 다시 시도했다. 대사 부부는 희망을 가졌다. 그러나 피를 뽑고 나서 그는 더욱 나빠졌다. 그는 결국 1650년 2월 11일 새벽 4시에 죽었다(스웨덴에 온 후 약 4개월 만에). 그가 죽고 나서 4년 뒤에 여왕도 몸소 왕위에서 물러났으며, 동시에 신교에서 구교로 개종했다. 데카르트의 죽음도 그녀의 개종에 결정적인 영향을 주었다.

사상

I. 방법적 회의

'방법적 회의懷疑'란 무엇인가? 우선, '방법方法'이란 말은 '수단'과 대동소이한 말인데, '어떤 목적(지)에 도달하기 위해 따라야 할(따를 수 있는) 길'을 말한다. 이러한 의미는 이 용어에 대응하는 헬라스어를 살펴보면 명확하게 드러난다. 방법에 해당하는 영어와 독일어는 method, Methode인데, 이들의 어원은 헬라스어 methodos (μέθοδος)다. 이 용어는 meta와 hodos로 구성된 복합어로서, 'meta (μετα)'는 '~을 따라서'[along]를 뜻하며[8], 'hodos (ὁδός)'는 '길'[way]을 뜻한다. 그리고 '회의'란, '의심'[의疑]을 '품는 것'[회懷]을 말한다. 따라서 '방법적 회의'란, '어떤 목적을 이루기 위해 의심을 품(어보)는 것'을 말한다. 그런데 이때에 데카르트가 염두에 두고 있는 '목적'이란, '더 이상 의심하려야 할 수 없는 흔들리지 않는 지식 내지 진리를 얻는 것'이므로, 결국 데카르트에 있어서의 방법적 회의란, '더 이상 의심하려야 할 수 없는 흔들리지 않는 지식 내지 진리를 얻기 위한 수단으로 의심을 품(어보)는 것'을 가리킨다.

만약에 회의의 상태에서 벗어나게 된다면 우리의 마음은 불안하지 않고 확신에 차게 될 것이다. 의심을 품고 있는 상태는 우리의 마음이 분열된 상태이므로[9], 의혹이 해소될 경우 우리의 마음의 분열은 사라지고 평안한 하나의 상태가 될 것이기 때문이다. 그런데 과연 데카르트는 자신의 목적을 성취했는가? 그래서 '더 이상 의심하려야 할 수 없는 흔들리지 않는 지식 내지 진리', '인식과 존재의 아르키메데스의 점'을 얻었는가? 이것이 우리가 고찰해야 할 문제다.

II. 수학적(기하학적) 방법

• 데카르트는 진리탐구의 방법으로 수학적 방법, 특히 기하학적 방법을 본받았다. 기하학은 그 공리公理[10]를 인정하면 체계의 나머지 부분도 인정해야 하는 필연적인 논증체계 즉, 공리에서 출발하는 연역체계演繹體系다. 그런데 기하학의 공리는 소위 자명自明한[self-evident] 명제라고 할 수 있는데, 자명한 명제란, 다른 모든 명제들은 논증되거나 검증된 명제인 데 대해서, 다른 명제로부터 논증되거나 검증되지 않고 스스로[자自] 명백한[명明] 명제를 말한다. 이러한 명제를 우리는 제1명제 또는 제1원리라 부를 수 있다.

• 기하학에서는 이러한 공리가 자명한 명제로서 주어지지만, 기하학의 체계를 도입하고자 하는 철학에서도 기하학의 공리와 같은 것이 자명한 것으로 주어지는가? 그러나 철학은 특수학인 기하학과는 달라서, 이 제1원리를 스스로 찾아야 한다. 그것은 우리 앞에 주어진 출발점이

아니라 우리가 탐구해야 할 도달점이다. 이 제1원리를 찾는 작업을 데카르트는 〈제1철학〉[prima philosophia]이라 부른다. 그리고 이러한 데카르트의 노력이 서술되어 있는 저술이 바로 <제1철학에 대한 성찰>(*Meditationes de prima philosophia*)[11]이다.

III. 방법적 회의의 내용

• 방법적 회의의 내용은 우선은 1637년에 발표된『방법서설』에 등장한다. 이 책의 원 제목은『이성을 올바로 인도하고, 학문에서 진리를 찾기 위한 방법서설과 그 방법에 관한 에세이들인 굴절광학, 기상학氣象學, 기하학』(*Discours de la méthode pour bien conduire sa raison, et chercher la vérité dans les sciences, plus la Dioptrique, les Météores et la Géométrie qui sont des essais de cette méthode*)이다. 6부로 되어 있는 이 책의 제2부: 〈방법의 주요규칙들〉에서 그는 진리를 탐구하기 위한 규칙을 다음 네 가지로 압축하여 제시한다.

> 첫째, 명증적으로 참이라고 인식한 것 외에는 그 어떤 것도 참된 것으로 받아들이지 말 것, 즉 속단과 편견을 신중하게 피하고, 의심할 여지가 조금도 없을 정도로 명석판명하게 내 정신에 나타나는 것 외에는 그 어떤 것에 대해서도 판단을 내리지 말 것.
> 둘째, 검토할 어려움들을 각각 잘 해결할 수 있도록 가능한 한 작은 부분으로 나눌 것.
> 셋째, 내 생각들을 순서에 따라 이끌어 나갈 것, 즉 가장 단순하고 가장 알기 쉬

운 것에서부터 출발하여 계단을 올라가듯 조금씩 올라가, 가장 복잡한 것의 인식에까지 이를 것, 그리고 본래 전후 순서도 없는 것에서도 순서를 상정하여 나아갈 것.

끝으로, 아무 것도 빠뜨리지 않았다는 확신이 들 정도로 완벽한 열거와 전반적인 검사를 어디서나 행할 것.[12]

이제 이러한 규칙에 따라 데카르트는 1641년에 발표한 『성찰』에서 제1원리를 찾기 위한 걸음을 시작한다. 여기서의 방법적 회의의 구체적인 내용은 〈제1성찰: 의심할 수 있는 것들에 관하여〉에 등장한다. 그는 확실성을 추구하고 있었기 때문에 조금이라도 의심의 여지가 있는 것을 버리는 데서 출발했다. 그는 자신의 『성찰』에 대해 제기된 반론에 대한 일곱 번째 답변에서 이것을 썩은 것과 신선한 것이 섞여있는 사과 한 상자를 갖고서 신선한 것을 골라내는 일에 비유했다.[13] 즉, 먼저 모든 사과를 상자 밖으로 꺼내서 하나하나 살핀 뒤, 의심쩍은 것들을 던져버리고 신선한 것들만 다시 담는다. 따라서 그는 자신의 마음속의 모든 믿음을 비우고, 조금이라도 의심나는 것들은 버리는 일로부터 시작했다.

• 데카르트는 방법적 회의를 아주 요령 있게 시도한다. 그는 우리의 지식을 1) 특수한 것[particular], 2) 일반적인 것[general], 3) 보편적인 것[universal]에 관한 지식의 셋으로 구분하여, 그것들이 제1원리의 자격이 있는지 차례로 음미해 간다.

1. 특수지에 대한 회의

·

• 특수한 것에 관한 지식이란, ① 〈감각으로부터〉[a sensibus] 또는 ② 〈감각을 통해서〉[per sensus] 얻어진 감각적 지식을 말한다. 우리가 갖고 있는 지식은 대부분 시각이나 청각 등 〈감각으로부터〉 직접 얻은 것이거나, 아니면 자기의 기억이나 타인이 감각한 것을 〈통해서〉 간접적으로 받아들인 것이다. 그리고 우리는 일상생활에서 이런 감각적 지식을 그대로 믿고 있다. 그러나 조금만 살펴봐도, 감각이 우리를 기만欺瞞하는 경우가 있음을 우리는 안다.

• 그러나 예컨대 데카르트는, "지금 내가 여기에 있다는 것, 겨울외투를 입고 난롯가에 앉아있다는 것, 이 종이를 손에 쥐고 있다는 것"은 의심할 여지없이 확실한 사실이 아닌가? "이 두 손이 그리고 이 몸통이 내 것이라는 것을 어떻게 부인할 수 있는가?"라고 묻는 동시에, 이에 대해 그는 〈꿈의 가설假說〉을 제기한다. 즉, 그는 살아오면서 많은 꿈을 꾸었는데, 꿈속에서의 감각과 깨어있을 때의 감각을 구별할 수 없다는 것이다. 그래서 사실은 옷을 벗고 침대에 누워 잠을 자면서, 이렇게 난롯가에서 종이를 들고 있는 꿈을 꾸고 있는지도 모르는 일이라는 것이다. 이렇듯, 감각적 지식은 우리를 속일 수 있으므로 제1원리의 자격이 없다고 그는 말한다.

2. 일반지에 대한 회의

• 내가 감각하는 이 손, 이 머리는 환상幻想에 불과할는지도 모르지만, 손 일반, 머리 일반은 존재하는 것이 아닐까? 그러나 데카르트는 다음과 같이 말한다.

> 그렇더라도 잠들어 있을 때 보이는 것은 일종의 상像[imagines]과 같은 것이며, 이것은 참된 것의 견본見本대로만 그려질 수 있는 것이다. 그래서 눈, 머리, 손 및 몸통 등과 같은 일반적인 것[generalia]만은 적어도 단순히 공상적인 것[res quasdam imaginarias]이 아니라 참으로 현존하는 것[veras existere]임을 인정해야 한다. 왜냐하면 사실 화가들이 사이렌[Siren]이나 사티로스(Satyros)를 아주 기이한 모양으로 나타내려고 해 보았자, 그들은 아주 새로운 본성을 그것들에 부여할 수는 없으며, 다만 다양한 동물들의 지체들을 이리저리 뒤섞어놓을 뿐이다. 그렇지만 혹시 그들이 이와 유사한 것을 전혀 본 적도 없는, 그래서 극히 허구적이고[fictitium][14] 거짓된[falsum]어떤 새로운 것을 고안해 낸다고 하더라고, 이것을 구성하고 있는 색깔만은 적어도 참된 것이어야 하지 않겠는가! 이런 이유에서, 눈, 머리, 손 등과 같은 일반적인 것이 공상적인 것이라 하더라도 (...)[15]

• 일반지에 대한 문제점에 관해 데카르트는 정확하게 설명하지 않고 있다. 그러나 그의 서술을 종합하여 결론을 내리자면, 일반적인 것도 공상적인 것일 수 있어서, 의심의 여지가 있으며, 따라서 일반지도 제1원리의 자격이 없다는 것이다. 즉, 예컨대 화가들이 상체는 인간의 남성이고 하체는 양羊의 모습을 하고 있는 사티로스(Satyros)를 그렸다고 해보자. 우리는 사티로스는 신화나 상상 속의 존재자로 생각하고 있다.[16] 그

러나 화가가 사티로스를 그린 경위를 생각해보면, 그는 현실에 존재하는 인간남성의 상체[일반적인 것]와, 또 마찬가지로 현실에 존재하는 양의 하체[일반적인 것]를 인위적으로 결합하여 그러한 가공架空의 존재자를 만들어낸 것이다. 그렇기 때문에 이러한 허구적인 대상의 배후에는 일반적인 것이 존재한다고 주장할 수 있는 것으로 보인다. 그러나 좀 더 생각해보면, 우리가 현실에 존재하지 않는, 전적으로 상상에 의한 가공물架空物을 만들어낼 수 있다는 것을 알 수 있다. 그러므로 일반지도 전혀 의심의 여지가 없는 지식이라고 할 수는 없다.

3. 보편지에 대한 회의

• 끝으로, 이보다 더 단순하고 보편적인 것[magis simplica & universalia]에 관한 지식은 어떤가? 여기서, 〈보편적인 것〉이란, 물체가 물체이기 위해서는 반드시 갖추어야 할 보편적인 성질, 즉 연장延長[17], 연장적 물延長的 物의 형태, 그것의 양, 즉 그것의 크기와 수, 그것이 존재하는 장소(공간), 그것이 지속하는 시간 등이다.

• 그리하여, 가령 수나 공간도형을 다루는 (산)수학이나 기하학은 의심할 수 없는 확실한 지식이 아닌가? "2+3=5"는 어떤가? 이것은 깨어있을 때에는 물론 꿈속에서도 참이 아닌가? 그러나 데카르트는 이에 대해, "어떤 악한 영靈"[genium aliquem malignum]의 가설을 내세운다. 즉, 사실은 "2+3=5"가 아니라 "2+3=7"이 옳은데, 우리가 계산을 할 때마다 '악한 영'이 우리의 머리를 조종하여 전자를 참으로 믿게 할 가능성을 배제할 수 없다는 것이다. 여기서 데카르트의 회의는 정점에 이른다. 그의 의심

대로, 악령이 실재하여 그렇게 할 수도 있을 것이다. 그러나 악령이 우리를 속일 수 있으려면, '속임을 당하고 있는 나', '속임을 당하고 있지 않을까 하고 의심하는 나', '생각하는 나'는 반드시 존재해야 한다. 이것만은 더 이상 의심하려야 할 수 없는 확고불변한 사실이자 진리다.

마침내 데카르트는, "나는 있다. 나는 실존(현존)한다"("ego sum; ego existo", 〈제2성찰〉) 또는 "나는 생각한다. 그러므로 나는 존재한다"("cogito, ergo sum"[18])에 도달한다. 이렇게 두 가지 명제가 나온 것은, '존재하는 나'가 '생각하는 나'라는 것을 명백히 나타내기 위해서다.

• 여기서, '생각한다'[cogito]함은, 좁은 의미에서의 '생각[사유思惟]'이 아니라 '지知 · 정情 · 의意' 모두를 포함하는 넓은 의미의 사유다. 즉, "의심하고 이해하며 긍정하고 부정하며, 의욕하고 의욕하지 않으며, 상상하고 감각"하는 모든 〈의식활동〉을 말한다[19]:

> "사유(사고)라는 용어로 나는, 우리가 우리 안에서 일어나는 작용이라고 의식하는 모든 것을 의미한다. 왜냐하면 이해理解와 의욕意慾, 상상想像뿐만이 아니라 느낌까지도 여기서는 사유(사고)와 같은 것이기 때문이다"[20](『철학의 원리』, 1, 9).

이렇게 넓은 의미에서, '생각하는 나'는 존재한다. 이것은 의심할 여지가 없는, 절대로 확실한 진리다.

★ 생각生覺/사유思惟

1) 지知(적 작용), intellect, intelligence: 개념화[conceptualization] / 판단[judgment] / 추론(추리)[inference, reasoning] / 상상(력) 및 기억 / 학습

능력 → 이론적 사유

2) 정情 [정서情緒 (emotion 〈 e + movere): 지知 · 정情 · 의意 모두가 포함되어 있음

cf. 감정感情(feeling): 예컨대, 한국철학의 〈사칠론四七論〉에서의 칠정七情: "희喜, 로怒, 애哀, 구懼, 애愛, 오惡, 욕欲"(『禮記』) → 정서적 사유

3) 의意 [의지意志] → 실천적 사유

① 지(성)적 사유[지知, intellect]: 개념화, 판단, 추리(추론), 상상 등

② 정서적 사유[정情, emotion]: 정서情緒는 지 · 감정 · 의지 모두를 포함한다.

③ 의지적 사유[의意, will]: 선택 · 결정하는 기능(능력)

※ 넓은 의미의 사유: 1), 2), 3) / 좁은 의미의 사유: ①

IV. "cogito, ergo sum"과 특수형이상학의 수립

—

1. "cogito, ergo sum"은 추론지인가 직관지인가? 이것을 추론지로 보는 사람의 주장에 의하면 그것은 다음과 같이 대전제가 생략된 연역논증이라는 것이다.

·

생각하는 것은 존재한다.

나는 생각한다.

나는 존재한다.

그러나 이러한 반론에 대하여 데카르트는 다음과 같이 답변한다. 즉, 위의 명제는, "생각하는 '내'가 있다" 혹은 "나는 생각으로서 존재한다"다는 명제라는 것이다. 다시 말하면 "cogito, ergo sum"은 어떤 명제에서 도출된 파생적 명제가 아니라, 그 자체로 명백하게 파악된 것이라고 한다. 즉, "생각으로서의 나는 존재한다"고 하는 〈내적 체험〉의 직접적인 자각, 즉 직관[지성적 직관]으로부터 나온 명제다.

이 명제는 분명히 일종의 추론의 형식으로 표현되어 있다. 왜냐하면 여기에는 "그러므로"라고 하는 접속사가 포함되어 있기 때문이다. 그러나 그는 이미, "각각의 개인은 모두 자신이 현존하며 자신이 사고한다는 사실을 하나의 정신적인 직관으로서 지닌다"(『정신지도를 위한 규칙들』, 3)라고 말한다. 데카르트는 『성찰』에 대한 메르센 및 그의 지인들로부터의 반박에 대해 다음과 같이 대답함으로써 이 점을 명백히 밝히고 있다:

> 셋째, (...) 그런데 우리가 사유하는 자라는 사실을 알게 될 때, 이것은 연역논증(삼단논증)[Syllogismus, syllogism]을 통해 도출되지 않는 어떤 근본개념이다. 또한 '나는 생각하고 있다. 그러므로 나는 존재한다 혹은 현존한다'라고 어떤 사람이 말할 때, 그는 연역논증(삼단논증)을 통해 사유로부터 현존을 연역하는 것이 아니라 단순한, 정신의 직관[mentis intuitus]에 의해 그것을 자명한 것으로 받아들이는 것이다. 이 사실은 다음과 같은 사실로부터 분명하다. 즉, 만약 그가 연역논증(삼단논증)을 통해서 그것을 연역하는 것이라면, 그는 '사유하는 모든 것은 존재한다 혹은 현존한다'라는 대전제를 미리 알고 있어야만 할 것이다. 그러나 사실 그는 오히려 이와는 반대로 이 대전제를, 만일 자기가 현존하지 않는다면 사유할 수 없다는 것을 몸소 경험함으로써 비로소 알게 되는 것이다. 왜냐하면 특수한 것을 인식함으로써만 일반적인 명제들을 구성하

는 것이 우리 정신의 본성이기 때문이다.[21]

데카르트는, "모든 사고하는 것은 존재한다"라는 대전제가 선행한다는 점은 분명히 드러나는 명백한 것이 아니라 암시적인 것이라고 설명한다. "왜냐하면 나는 오직 내가 내 자신 안에서 경험한 것, 즉 나는 생각한다. 그러므로 나는 존재한다 라는 것에만 주의를 기울였으며, 모든 사고하는 것은 존재한다 라는 일반적 개념에는 주의를 기울이지 않았기 때문이다.

• 이러한 직관의 특징을 데카르트는 '명석明晳하고'[clara, clear] '판명判明하다'[disctincta, distinct]고 말하며, 이 두 의미를 포함하고 있는 용어로, '명증明證한'[evident]이라는 용어를 제시한다.

'명석하다'는 것은, "주의注意하는 정신에 현전現前하여 분명하다"는 것을 말하며, '판명하다'는 것은, "명석하고, 또 다른 모든 것들로부터 분리·구분되어 있어서 그 속에 명석한 것 이외의 아무 것도 내포하고 있지 않은"(『철학원리』 I, § 45)것을 말한다. 따라서, '명석한'에 대립되는 개념은 '모호模糊한'[vague]이고, '판명한'에 대립되는 개념은 '애매曖昧한'[ambiguos]이다.

2. 특수 형이상학의 수립

• 이처럼 데카르트는, '사유하는 나'[cogito] 내지 "나는 생각으로 존재한다"("cogito, ergo sum")을 명증적인 제1원리로 발견(설정)하고, 이로부터 신의 존재와 외계의 존재를 확립해 나간다. 이 과정을 살펴보자.

'코기토'의 '나'[ego]는, 내가 가지고 있는 지식이 진리인지 아닌지 '회의(의심)하는 나'였다. 그런데 내가 의심하는 한에서 나는 〈불완전한 자〉다. 내가 완전한 자라면 모든 것을 알기에 아무런 의심이 생기지 않을 것이기 때문이다. 이것은 분명한 사실이다. 그러나 데카르트의 다음 추론에서 문제가 발생한다. 즉, '불완전성'이라는 관념은 '완전성'이라는 관념을 전제로 한다. 그러나 '완전성'이라는 관념은 불완전자인 '나'로부터 나올 수가 없다. 그러므로 '완전성' 관념의 원인으로서 '완전자', 곧 '신'이 존재해야 한다는 것이다. 다시 말하면, 그는 불완전한 자인 '나' 속에 〈완전자〉로서의 '신'의 관념이 본유本有관념으로 존재하는데, 불완전한 자인 '나'는 〈완전자〉이라는 관념의 원인이 될 수 없기 때문에 〈완전자〉라는 관념의 원인으로서의 〈완전자〉, 곧 신이 실재해야만 한다는 것이다. 그런데 이러한 추론은, 결과가 원인보다 더 클(위대할) 수 없다는 생각 때문에 발생하는 것이다. 그러나 불완전자인 인간이 완전자가 될 수는 없지만, '완전'이라는 생각 · 관념은 가질 수 있는 것이다. 따라서 데카르트의 추론은 부당하다.

• 어쨌든, 데카르트는 자신의 추론에 의하여 신의 존재를 확립한다. 그리고 이러한 신으로부터 세계의 존재를 추론한다. 즉, 신은 완전하고 신실信實한[faithful] 분이므로, 존재하지도 않는 세계(사물)를 존재하는 것처럼 보이도록 우리를 속일 분이 아니라는 것이다. 『성찰』에서 내세웠던 '악령'은 우리를 속일는지 몰라도 신에게는 이런 속성이 해당하지 않으므로 세계는 존재한다는 결론에 이르게 된다. 이렇게 하여 그는 특수형이상학의 세 분야인 이성적 심리학(자아론)[rational psychology], 이성적 신론[rational theology], 이성적 우주(세계)론[rational cosmology][22]을 자기 나름대로 수립했다고 자부하게 된다.

Ⅴ. 관념 및 지식의 종류

—

1. 관념의 종류

·

• 데카르트는 〈제3성찰〉의 시작부분에서 관념을 세 종류로 구분한다.

> 그런데 이런 관념 가운데 어떤 것은 본유적[innatae]이고, 어떤 것은 외래적[adventitiae]이며(획득한 것이며), 또 다른 것은 내 자신에 의해 만들어진[factae] 것으로 보인다. 왜냐하면 물物이 무엇이고 진리가 무엇이며 사유가 무엇인지를 내가 이해하는 것은 단지 내 자신의 본성으로부터 유래하는 것으로 보이기 때문이다. 그런데 내가 지금 어떤 소리를 듣고, 태양을 바라보며, 불의 열기를 느끼는 것은, 지금까지 내가 판단한 것처럼, 나의 외부에 존재하는 어떤 물物로부터 유래한다. 마지막으로 사이렌이나 히포그리프와 같은 것들은 내 자신에 의해 고안된 것이다.[23]

• 또한 데카르트는 레기우스가 1647년에 쓴 『프로그램』[24]에 대한 주석에서도 이와 같은 구분을 하고 있다:

> 그러나 외적 대상이나 내 의지의 결정에 의해서가 아니라, 내 안에 있는 사유능력에 의해서만 나오는 어떤 생각들이 내 안에 있음을 깨달았기 때문에, 나는 이런 생각들의 형상인 관념 혹은 개념을 다른 관념, 즉 외부에서 유래되거나 만들어진 다른 생각들과 구별할 수 있어서, 그것을 본유적인 것으로 불렀던 것이다. 이와 같은 의미로 우리는, 어떤 가문은 본래 관용적이고, 다른 가문들에서는 본래 통풍이나 결석증과 같은 질병이 있다고 말한다. 그렇지만 우리가 이렇게 말하는 것은, 이런 가문에서 태어난 아이들이 이것 때문에 엄마의 뱃속

에서부터 이런 질병으로 고통 받는다는 것이 아니라, 그들이 이런 병에 걸릴 수 있는 어떤 성향이나 잠재성을 가지고 태어나기 때문이다.[25]

위의 두 인용문을 통해 알 수 있는 것은, 그가 관념을 다음과 같이 세 종류로 구분하고 있다는 사실이다. 순서대로 정리하면 다음과 같다.

1) 본유本有관념[ideae innatae] [innate ideas, congenital idea]: 본유관념을 글자 그대로 새기면, 우리가 '본래부터 가지고 있는 관념'인데, '선천적先天的 관념', '생득生得관념', '생구生具관념'이라고도 할 수 있다. 그러나 데카르트가 본유관념이라는 말로 뜻하는 바는 이것들과는 좀 다르다. 즉 그것은, 출생과 더불어 우리가 가지고 있는 선천적 · 유전적遺傳的 관념이 아니고, 우리에 의해 항상 인지되는 관념을 가리키지도 않는다. '본유관념'은 결코 이런 식으로는 존재하지 않을 것이라고 데카르트는 말한다. 우리가 본유관념을 가지고 있다는 것은, 우리가 우리 자신 속에서 그것을 불러낼 수 있는 능력을 가지고 있다는 것만을 말하는 것이지, 그 관념이 현재에 (활동태로) 작용하고 있다는 것을 말하지 않는다. 이렇게 볼 때, 데카르트가 말하는 본유관념은 마음속에 저절로 생긴 관념 혹은 선험적 관념[a priori ideas]에 가깝다.[26] 위의 인용문에서 데카르트가 본유관념이라고 주장하는 것들은 '물物', '진리', '사유'와 같은 관념들이다. 또한 데카르트는 1641년 메르센에게 보내는 편지에서는 신과 정신, 물체, 삼각형 관념 등을 본유관념이라고 말한다.[27]

• 그러나 데카르트는 1641년 후반에 쓴 다른 편지에서는 어머니의 태안에 있는 태아도 "그 자신이 신 관념과 모든 자명한 진리 관념을 지니고 있으며, 단지 이런 관념들에 주의를 기울이지 않을 뿐이지 어른들이 갖

는 것에 못지않은 관념을 지니고 있다. 그러므로 이런 관념들은 태어난 후 성장하면서 획득하게 되는 것이 아니다"[28]라고 말함으로써, 본유관념이 선천적인 것이라고 주장하고 있는데, 이는 그의 다른 주장들과 배치되는 것이다.

2) 외래外來관념/ 획득관념[ideae adventitiae] [acquired (adventitious) ideas]: 이것은 우리가 감각을 통해 외부로부터 얻는 관념이다. 〈제3성찰〉의 인용문의 예에서는 소리 관념, 태양 관념, 열熱 관념이 여기에 해당된다.

3) 인위人爲관념[ideae factae[29]] [fabricated [30] ideas]: 이것은 (외래관념을 기초로 하여) 우리들 자신이 만들어 낸 관념[ideae a me ipso factae]이다. 인용문의 예에서는 사이렌이나 히포그리프[31]와 같은 관념들이 여기에 해당된다.

2. 지식의 종류

데카르트는 『정신지도를 위한 규칙』의 규칙3에서, 사물의 인식에 이를 수 있는 단 두 가지의 방법을 제시하는데 그것은 바로 〈직관〉과 〈연역〉이다. 그리고 이 두 방법을 통해 얻은 지식이 〈직관지〉와 〈연역지〉(논증지)다. 직관지는 변동이 심한 감각의 믿음이나 그릇되게 그려내는 상상력의 판단이 아니라, 순수하고 주의를 집중하는 정신의 단순하고 판명하고 의심의 여지가 없는 파악이며, 오직 이성의 빛에서 유래하는 것이다. 또한 직관은 연역보다 더 단순하기 때문에 더 확실한 것이다. 예컨대 우리는 우리들 각자가 현존한다는 것, 사유한다는 것, 삼각형은 세 변으로, 원은 단일한 표면으로 둘러싸여 있다는 것 등을 직관할 수 있다. 연역은 "어떤 하나가 확실하게 인식되는 어떤 다른 하나에서 필연적으로 도출된다"는 것을 뜻한다. 이것은 직관을 통해 한 번에 파악되지는 않고, 따라서 그 자체로는 명증적이지 않지만, 참된 것으로 인식된 원리로부터 "연속적이고, 그 어디에서도 단절되지 않은 사유활동을 통해"[per continuum et nullibi interruptum cogitationis motum] 연역될 수 있는 것이다. 또한 데카르트는 직관과는 달리 연역에는 연속[successio]이나 운동[motus]이 있고, 연역의 확실성은 현전하는 명증성이 아니라 기억[memoria]에 의존하는 확실성이라는 점에서 양자의 차이점이 있다고 말한다.[32]

VI. 실체 · 속성 · 양태

—

1. 실체實體[Substance]

·

• 데카르트는 '실체'를 다음과 같이 정의한다: "실체라는 말로 우리는, 그것이 존재하기 위하여 다른 아무 것도 필요로 하지 않는 것이라고 이해할 수밖에 없다."[33] 실체에 대한 데카르트의 정의는 존재론적 정의다. 이 정의에는 존재론적 자립성 · 독립성이라는 의미만 포함되어 있다. 즉 실체란, 스스로 존재하는 자, '자존적自存的' 존재자라는 말이다. 이 정의에 따르면 신만이 실체다. 스콜라철학자들은 이러한 자존성自存性[aseity]

을 실체의 본질로 생각하고, 실체를 "그 자체로 혹은 자신을 통하여 성립하는 것"(res, cui convenit esse in se vel per se)이라고 정의하였다.[34]

그러나 데카르트는 자신의 정의에 충실하지 않고 이 용어의 의미를 약화시켜, 실체라는 용어를 유한자인 정신과 물질에도 사용한다. 그래서 실체를 무한실체와 유한실체 두 종류로 나누어, 신을 무한실체, 물질과 정신을 유한실체라고 부른다. 그러나 그 자신의 정의에 따르면 유한이라는 개념과 실체라는 개념은 양립 불가능하다. 왜냐하면 유한자는 자존자自存者, 독립적 존재자가 아니라, 자기가 존재하기 위하여 그 어떤 타자를 필요로 하기 때문이다(유한자는 스스로 존재하는 자가 아니므로 실체가 될 수 없기 때문이다.) 유한이라는 개념과 실체라는 개념은 양립 불가능하다. 그런데 데카르트는 왜 이렇게 일관적이지 않은 주장을 했을까? 그 이유는, 정신과 물질은 신에 의해 창조된 점에서는 실체가 아니지만, 창조 이후의 시점으로부터 — 신을 고려하지 않고 — 그것들을 고찰하면, 정신과 물질은 서로로부터 '독립적으로' 존재하고 서로에게 아무런 영향을 주지 않으므로 — 따라서 이것은 '상대적인' 독립성이다 — '유한'이라는 수식어를 붙여 '유한 실체'라고 한 것인데, 이러한 견해는 나중에 스피노자의 비판을 받게 된다.

• 그러나 이 문제를 좀 더 확대해서 생각해볼 수 있다. 실체를 '독립적인 존재자'라고 정의한다고 해보자. 그런데 독립성이나 의존성에도 '정도程度'가 존재할 수 있다. '신'은 정의상 전적으로 독립적인 자다. 따라서 신은 완전한 실체, 절대적인 실체라고 할 수 있을 것이다. 그러나 정신과 물질은 절대적인 독립성을 지니고 있지는 못하지만, 서로로부터는 독립적으로 존재하므로 이들은 상대적 독립성을 지닌 상대적 실체라고 부를 수도 있을 것이다. 그러나 물론, 데카르트 자신의 정의에 충실한다

면 오직 신만이 실체라고 해야 할 것이다.

2. 데카르트가 본 신의 속성과 양태의 문제

• 데카르트는 속성을 두 가지 상이한 의미로 사용하였다. 한편으로 그는 철학자들이 일반적으로 말하는 '성질'이나 '양태'와 같은 의미로 '속성'을 사용한다. 그리고 다른 한편으로는 속성을 '본질'('본성')과 같은 의미로 사용하고, 우유적 성질에 대해서는 '양태'라는 용어를 사용하여 구별한다. 『프로그램에 대한 검토』에 서술된 그의 주장을 살펴보자:

> 왜냐하면 제일 먼저 사유를 비물질적 실체의 주요속성[praecipuum attributum]으로, 또 연장을 물질적 실체의 주요속성으로 간주한 사람은 바로 나이기 때문이다. (...) 그리고 주목해야 할 것은, 내가 여기서 사용하고 있는 속성이라는 단어는 철학자들이 일반적으로 양태樣態로 부르고 있는 것과 다른 것이 아니라는 것이다. 변화할 수 있는 양태이든, 불변하는 물物의 본성이든 간에 자연에 의해 물에 부가된 성질을 우리는 물의 속성이라고 부른다(그러나 내가 사유와 연장을, 이것이 속해있는 실체들의 주요속성으로 간주했을 때, 나는 이것을 이렇게 넓은 의미로 사용하지 않았다. 오히려 나는 이때, 속성을 사람들이 일반적으로 사용하는 의미로, 즉 불변하고 또 그 주체의 본질과 분리될 수 없는 것으로, 그래서 주체의 본질을 구성하는 것으로, 따라서 양태와는 대립되는 것으로 사용했다) 그러므로 신 속에는 많은 속성이 있지만, 양태는 없다.[35]

이 인용문에서 데카르트는 "그리고 주목해야 할 것은, 내가 여기서 사용하고 있는 속성이라는 단어는 철학자들이 일반적으로 양태(혹은 방식)로 부르고 있는 것과 다름 아니라는 것이다"라고 분명히 말하고 있다. 그리고 그 이유를, "변하는 양태이든, 불변하는 사물의 본성이든 간에 자연에 의해 사물에 부가된 것은 모두 일반적으로 **속성**이라는 이름으로 불리고 있기 때문"이라고 덧붙인다. 데카르트에 대해 더 언급하기 전에 우리의 언어사용법을 살펴보자. 예컨대 단풍나무를 생각해보자. 단풍나무에는 변치 않는 부분과 변하는 부분이 있다. 시간과 장소가 바뀌어도 우리가 그것을 단풍나무라고 부르는 것은, 그것에 변치 않는 부분이 있기 때문인데, 이것에 해당하는 것이 바로 본질이나 본성이라고 하는 것이다. 이와는 달리 단풍나무는 계절이 변해서 가을이 되면 잎의 색깔도 변하고, 달려 있던 잎도 떨어지게 된다. 이런 것들은 단풍나무의 변화하는 측면이며 모습이다. 이것이 양태樣態 · 양상樣相[modus]이다. 혹은 이때, 단풍나무 잎의 성질이 녹색에서 붉은 색으로 바뀌었다고 말한다.

성질性質과 속성屬性의 관계는 어떠한가? 성질이 속성의 상위개념이다. 왜냐하면 '속성'이란, '~에 속해 있는 성질'이라는 것을 의미하기 때문이다. 엄밀하게 구분하면 이런 의미의 차이가 있으나, 모든 성질은 사실은 '~에 속해 있기' 때문에 양자를 같은 의미로 사용할 수도 있다. 그러나 예컨대 A가 1, 2, 3이라는 속성(성질)을 지니고 있고, B가 4, 5, 6이라는 속성(성질)을 지니고 있다고 해보자. 1, 2, 3, 4, 5, 6은 모두 '성질'인 동시에 '속성'이라고 말할 수 있다. 그러나 다른 한편으로 보면, 1, 2, 3, 4, 5, 6은 모두 '성질'이기는 하지만, '속성'이라고 말할 수는 없을 수도 있다. 왜냐하면, 예컨대 1, 2, 3은 A의 속성이기는 하지만 B의 속성은 아니며, 반대로 4, 5, 6은 B의 속성이기는 하지만 A의 속성은 아니기 때문이다.

• 그러나 데카르트는 다른 한편으로, '속성'을 '본질'('본성')이라는 의미로 사용한다. 바로 위의 인용문의 첫 문장과 뒷 부분에서 그렇게 하고 있다. 이 경우에 그는 '속성'을 '양태'와 대립되는 의미로, 즉 우유적 성질이 아닌 본질이라는 의미로 사용한다. 이 경우, 그는 '주요속성'[praecipuum attributum]이라는 용어만이 아니라 단순히 '속성'이라는 용어도 본질과 같은 의미로 사용하고 있다. 이 경우, '주요속성'이라는 것이 '근본적 속성'이라는 것을 의미하는 한, 그것은 철학자들이 '본질'이라고 부르는 것과 다르지 않다. 그러나 데카르트가 '주요'라는 수식어를 빼고 단지 '속성'이라는 말로 '본질'을 지시하는 경우에는, "철학자들이 일반적으로 양태(혹은 방식)로 부르고 있는 것과"는 다른 것이다.

뿐만 아니라 『철학의 원리』 제1장 제56항에서도 데카르트는 다음과 같이 말한다: "신에 있어서는 어떤 변화도 생각할 수 없으므로 신 속에는 양태나 성질은 없고 오직 속성만이 있다고 말할 수 있다."

위의 두 주장에 의하면 데카르트는 '속성'이라는 말을 '본질(본성)'이라는 뜻으로 사용하고 있다는 것을 알 수 있다. "사물 안에는 변하는 것과 변하지 않는 것이 있다"라고 그가 말할 때에, '변하는 것'은 '양태나 성질'을 가리키고, '변하지 않는 것'은 '속성'을 가리키는 말이다.

• 그러나 『철학의 원리』에서 데카르트는 다음과 같이 말한다: "실체가 각각의 임의의 속성으로부터 인식되기는 하지만, 모든 실체에는 하나의 주요하고 고유한 성질[praecipua proprietas, eine hervorstechende Eigenschaft]이 속해 있는데, 이것은 실체의 본성과 본질[naturam essentiamque]을 이루며 다른 모든 속성들은 그것에 연관되어 있다. 그리하여 길이, 넓이, 깊이를 지닌 연장은 물체적 실체의 본성[substantiae corporae naturam]을 이룬다. (...)"[36]

여기서의 '속성'[attributum]은 존재자의 비본질적 · 우유적 성질을 가리키고, "하나의 주요하고 고유한 성질"이라고 표현한 것이 '본질'을 가리킨다. 그러나 어떤 존재자의 본질이 '하나' 밖에 없다는 주장과 본질이 '고유한 성질'이라는 주장에는 문제가 있다. 이 점에 관해서는 뒤에서 언급할 것이다.

• 혼동을 피하기 위하여, 사람들의 일반적인 용법과 철학에서 사용되는 이 개념들의 용법을 살펴보자. 앞으로도 이 개념들은 자주 사용될 주요개념들이기 때문에 조금 상세하게 살펴보고자 한다.

3. 속성

(헬: ιδιότητα, γνώρισμα, χαρακτηριστικό,

라: attributum, 영: attribute, 독: Attribut)[37]

·

• 속성屬性이란, '~에 속해있는 성질'이라는 뜻인데, 이때 '~ 에'에서의 '~'는 바로 '실체'를 뜻한다. attributum이라는 말은 '~에'(at: 'to'를 의미하는 라틴어 'ad'가 뒤의 t에 동화되어 변형됨) '주어진 것'[tributum ‹ tribure=give]을 말한다. 속성은 그 자체로 존재하는 것이 아니라 어떤 실체에 부속되어 존재할 수 있다. 그렇기 때문에 '속성'이라고 부른다. "저 장미꽃은 붉다"고 말할 때 '붉다'라는 것은 하나의 속성이다. '붉음'이라는 속성을 우리는 논리적으로는 어떤 실체와 분리해서 생각할 수 있지만, '붉음'이라는 속성은 그 자체로는 존재할 수 없고 장미나 립스틱 등과 같은 어떤 실체에 속한 것으로서만 존재할 수 있다.

• 질質, 혹은 성질性質을 뜻하는 'quality'[독: Qualität]라는 말은 라

틴어 'qualitas'에서 차용借用한 말인데, 이것은 'qualis'('어떤 종류의?' 라는 뜻)에서 왔다. 헤겔은 질을 규정성[Bestimmtheit, determinacy, determinateness]과 동일시한다.[38] 우리가 어떤 것을 규정할 때에는 그것을 '양'과 '질'에 따라 그렇게 하는 것이다. 속성에는 본질적 속성[본질, 본성=필수(연)적 속성]과 우유적偶有的 속성[우연적偶然的 속성]이라는 두 종류가 있다.

1) 본질(本質)[39] 혹은 본질적 속성
[헬: 'to ti en einai', ousia , 라: essentia, idea,
영: essential quality, essence, nature, 독: Wesen, Natur]

'본질'이란, 어떤 존재자로부터 그것을 뺄 경우 더 이상 그것을 그러한 이름으로 부를 수 없는 성질을 말한다. 예를 들면, 책상의 본질은 '그 위에 책을 놓고 볼 수 있음'이라는 성질이다. 만약 어떤 존재자가 책상이라는 이름으로 불리기는 하는데, 그 위에 책을 놓고 볼 수 없다면, 그것은 책상이라고 할 수 없다. 소금의 본질(들 중의 하나)은 '짦'[saltiness]이라고 할 수 있다. 이러한 본질은 보편적인 것(보편자)이다. 인간의 본질은 '이성적임'이라고 할 수 있다. 이러한 본질들은 어떤 개체가 지니고 있는 속성들이다. 혹은, 어떤 개체로서의 인간1의 본질은 무엇인가? 앞에서 말한 것처럼, '이성적임'이라고 할 수도 있고, '인간임[인간성, Menschheit, humanity]'이라고도 할 수 있다. 본질은 어떤 개체에 내재해 있는 성질이기도 하지만, 다른 한편으로는 그 개체를 초월하여 다른 개체에게도 내재해 있을 수 있는 그런 보편적인 것이다. "인간은 이성적인 동물이다"라고, '최근류+종차'의 방식으로 정의를 할 경우, '종차'도 인간의 본질에 해당하지만, 최근류 또한 인간의 본질과 관련되어 있다. 즉, 어떤 한 개체가 인간이라고 불릴 수 있으려면, 그것이 '이성적'이어야 할 뿐만 아니라 '동물'이기도 해야 한다. 이때, '동물'은 인간의 유개념(상위개념)이다.

이때의 '본질'이라는 용어는 '근본적인 성질'의 준말이다. 본질과 같은 뜻을 지닌 '본성本性'이라는 용어가 있는데, 이 또한 '근본적인 성질'의 준말이다. '성질'에서 '성'을 가져와 '본本'에 붙이면 '본성'이 되고, '질'을 가져와 붙이면 '본질'이 된다. 본질을 '본질적 속성'이라고도 할 수 있는데, 이때의 '본질'은 '근본적인 성질'의 준말이 아니다. 여기서의 '질質'은 '성질'을 나타내는 용어가 아니라 '바탕'[base 〈 헬라스어: basis (βάσις)]이라는 뜻이다. 따라서 '본질적 속성'이란, '본바탕에 있는 성질'이라는 의미다. 결국 본질과 본질적 속성은 동일한 의미를 지니고 있으므로, 굳이 '본질적 속성'이라는 긴 표현을 고집할 필요는 없을 것이다.

2) 우유적(偶有的) 속성[우연적(偶然的) 속성]

[헬: symbebēkos (συμβεβηκός) 라: accidens, 영: accident, 독: Akzidens]

우유적 속성이란, 본질과는 대비되는 속성으로, 어떤 존재자가 그것이기 위해서 반드시 가져야 할 필요는 없는 성질을 말한다. 예컨대 소크라테스가 '아고라(광장)에서 흰 옷을 입고 샌들을 신고 사람들과 우정友情에 대해 이야기하고 있다'라는 문장을 생각해보자. 이 문장에서 나열된 모든 속성들 내지 양태들은 소크라테스가 소크라테스이기 위하여 반드시 지녀야만 할 속성이나 양태가 아니다. 그것은 소크라테스라는 실체에 부수적(부차적)으로 덧붙여진 것들이다. 우유적 속성이란, 어떤 존재자로부터 본질이나 본성을 제외한 나머지 속성을 가리킨다.

3) 본질은 고유속성인가?

아니다. 어떤 존재자의 본질이 반드시 하나인 것은 아니고 둘 이상일 수도 있다. 그리고 그러한 본질을 반드시 어떤 한 존재자만 가지고 있는 것만은 아니고 둘 이상의 존재자가 가지고 있을 수 있다. 예컨대, 소금의 본질은 '짦'이라고 할 수 있는데, 간장의 본질 역시 '짦'이라고 할 수 있다. 그러므로 소금과 간장은 '짦'이라는 본질을 공유하고 있다. 이에 반해, 고유속성이라고 하는 것은 어떤 존재자에만 있는 속성이다. '고유固有하다'[proper]라는 것은 '어떤 것에만 있는'이라는 의미를 지니고 있기 때문이다.

• 데카르트가 말하고 있는 '실체', '속성', '양태'의 의미를 다음과 같이 정리할 수 있다.

- 실체, 속성, 양태

실체 [substantia]	(주요)속성 [(praecipuum) attribtum] =본성 · 본질[essentia]	양태樣態 [modus]= 우연(우유)적 속성[accidetia]
정신 [mens]	사유[cogitatio]	지知[intellectus], 정情[affectus / emotio], 의意[voluntas]
물체 [corpus]	연장延長[extensio[40]]	위치[locatio], 형상形狀[forma], 운동[motus]

그러나 위와 같은 데카르트의 구분은 잘 들어맞지 않는다. 왜냐하면, 정신의 본성을 사유라고 하고, 정신의 우연적 속성[양태]를 지·정·의라고 해보자. 그러나 사실, 사유(작용)란, 반드시 적어도 지·정·의 가운데 하나의 형태로 나타날 수밖에 없기 때문이다. 그렇다면, 데카르트가 지·정·의를 정신의 우연적 속성이라고 주장하는 것은, 정신이 이들 가운데 반드시 어떤 하나의 양태로만 나타나는 것은 아니고, 그들 중 하나의 형태로 나타나기 때문에, 바로 그것이 우연성이라고 말하는 것이라고 볼 수 있다.

Ⅶ. 2원론의 난점

• 정신과 물체가 2원적 존재자라는 것은, 정신과 물체가 독립적 존재자라는 것, 즉 정신이 물체에서 파생된 것이 아니고 물체도 정신에서 유래하는 것이 아니라는 것을 뜻한다. 이 점은 이미 데카르트의 기본사상에서 확인한 바 있다.

• 정신과 물체를 상호 독립적인 실체로 파악한 데카르트의 2원론적 견해는 철저해서, 자연계의 모든 변화는 물체의 운동법칙에 의해서만 설명된다고 하는 〈기계론적 입장〉을 견지한다.

• 생물의 경우에도 〈목적론적 해석〉을 허용하지 않는다. 그것은 신에 의해 정교하게 만들어지기는 했지만, 역시 기계에 불과하고, 사멸현상은 그것의 신체의 중요부분이 파괴되어 〈운동〉이 불가능하게 된 상태에 놓였을 때 일어난다.

• 동물에게서 간혹 〈정신적 반응〉과 비슷한 것을 관찰할 수 있다 하

여도, 그것은 실은 신체의 〈기계적 반사운동〉에 불과하다고 한다. 이렇게, 동물적 정신의 존재를 인정하지 않음으로써 2원론의 난점을 회피한다. 그러나 그는 인간에게까지 그런 해석을 내릴 수 없었다. 왜냐하면 만약 정신과 물질이 상호 독립적으로 존재하여 상대방에게 아무런 영향을 미칠 수 없다면, 어떻게 하여 인간의 정신이 자기의 육체[물질]에게 — 그리고 육체가 정신에게 — 영향을 미칠 수 있는가? 그는 〈제6성찰〉에서, 정신과 육체의 관계는 선원船員과 그의 배의 관계와 같은 것이 아니라고 말한다. 왜냐하면 우리는 육체의 고통이나 배고픔, 갈증 등과 같은 감각은 정신과 육체의 결합이나 혼합에 의해 생기는데, 선원과 그의 배는 이런 식으로 하나가 된 상태가 아니어서, 선원이 자기의 배의 일부분이 부서졌을 때 시각을 통해 단지 그것을 지각할 뿐, 고통을 느끼지는 않기 때문이라는 것이다.[41]

이처럼 데카르트는 인간의 정신과 육체가 서로 영향을 미친다는 것을 인정한다. 그렇다면 상호작용은 과연 어떤 메카니즘을 통해 이루어지는 것인가? 이에 대해 그는 이렇게 말한다: "(영)혼은 온몸과 결합해 있지만, 몸의 다른 모든 부분들보다 자기의 기능을 특히 더 잘 발휘하는 어떤 부분이 있다는 것을 마찬가지로 알아둘 필요가 있다. (...) 그러나 이 문제를 면밀하게 검토해 본 후 나는, (영)혼이 자기의 기능을 직접 발휘하는 몸의 부분은 결코 심장이나 뇌 전체가 아니라 뇌의 모든 부분들의 가장 안 쪽에 있는 아주 작은 샘[선腺]이라는 것을 분명히 확인했다고 생각한다"[42] 그런데 여기서 그가 말하는 "아주 작은 샘"은 곧 송과선松科腺[43]을 가리킨다. 그러나 데카르트가 이렇게 말함으로써, 그가 처음에 주장했던 정신과 육체의 2원론은 부정된 것이다.

• 그러나 데카르트의 2원론을 끝까지 유지하려고 했던 네덜란

드의 휠링스A. Geulincx (1624-1669)[44]와 프랑스의 말브랑슈Nicolas Malebranche (1638-1715)[45]와 같은 데카르트 추종자들이 있었는데, 이들의 이론을 기회원인론機會原因論 혹은 기회우인론機會偶因論 [Occasionalism][46]이라고 한다. 이 주장에 의하면 신이, 물질적 사건계열과 정신적 사건계열 중의 어느 한 계열에 속하는 사건이 항상 다른 계열에 속하는 일정한 사건이 일어날 때에 일어나도록 우주에 명령하였다는 것이다. 예컨대 내가 내 앞에 있는 컵 속의 커피를 마시고 싶다고 생각할[정신] 경우, 어떻게 하여 나의 손(육체)이 컵을 들어 나의 입 안으로 컵을 기울이고 또 나의 입과 혀 등이 커피를 삼키도록 움직이는가? 그것은 내가 그런 생각을 가질 때, 신이 그 생각에 상응하여 나의 몸을 움직이도록 조종하기 때문이라는 것이다. 그런데 이러한 기회원인론은 기독교의 〈자유의지 교리〉와 상충하게 되고, 죄罪에 대한 인간의 책임을 물을 수 없다는 문제에 봉착하게 된다. 왜냐하면, 이 이론은, 죄를 범하겠다는 악한 생각을 가졌을 때 그것을 행동으로 옮기게 하는 것은 바로 신이라는 주장을 내포하고 있기 때문이다.

대륙의 이성주의

데카르트 | 스피노자 | 라이프니쯔

스피노자(Baruch de Spinoza, 1632-1677)

생애와 저작

• 1632년: 스피노자의 조부와 아버지는 포르투갈인이고 어머니는 포르투갈로 이주해 온 유태인이다. 즉 그는 포르투갈계系 유대인이다. 어머니 데보라[Anna(=Hanna) Debóra]는 아버지 미구엘Miguel의 세 부인 중 두 번째 부인이었다. 스피노자는 11월 24일, 세 아들 중 둘째로 네덜란드의 암스테르담에서 태어났다. 어머니는 스피노자가 6세 때 사망했다. 그의 이름은 바루흐Baruch 데 스피노자 또는 베네딕투스Benedictus 데 스피노자, 그리고 포르투갈어로는 벤토 데 에스피노사Bento de Espinosa다.[1] 유태인 교회로부터 파문을 당한 뒤에 그의 히브리 이름을 라틴어로 옮겨 베네딕투스라고 고쳤으나, '말레딕투스'(Maledictus. 저주받은 자), 또는 '죽은 개'라고 조소嘲笑되었지만, 노발리스Novalis (1772-1801)[2]는 "신에 취한 자"[3]라고 칭송했다.

그의 선조는 브루노[4]를 화형시킨 바 있는 잔인한 이단규문소異端糾問所에서 가하는 이단자 탄압을 두려워하여 표면적으로는 기독교로 개종

했었지만, 내면적인 신앙은 본래 유태교 그대로였다.[5] 16세기 말엽에 스피노자의 양친은 종교적인 박해가 심하던 포르투갈에서 도주하여 네덜란드의 암스테르담으로 이주했다. 당시 네덜란드는 상업 중심의 사회로서 유럽에서 가장 너그러운 땅이었고, 종교적 박해를 피해 오는 사람들의 주요한 피난처로 알려져 있었다. 이 땅은 데카르트가 오랫동안 머물렀던 곳이기도 하며, 자유로운 정신이 약동하는 땅이었기 때문에 유태인과 같은 피난민도 많았고, 렘브란트가 즐겨 그렸던 유태인의 얼굴을 암스테르담에서는 많이 볼 수 있었다.

• 스피노자 집안은 암스테르담의 유태인 사회에서는 비교적 유복하고 지도적인 입장에 있었다. 스피노자의 아버지는 유태교 교회의 주요 인물이자 성공적인 상인이었다. 이와 같은 사정이 있었기 때문에, 후에 청년 스피노자가 유태교를 배신했던 사건은 유태인 사회에서는 커다란 스캔들이었다. 스피노자는 유년기에 전통적인 히브리어 교육을 받으면서, 학교[Talmud Torah School]에서는 스페인어를 사용했지만[6] 그의 가족은 여전히 포르투갈어를 사용했다. 집안에서는 부친으로부터 포르투갈어를 배우고 라틴어는 독일인 학자에게서 배웠으며, 이웃사람들과 사귀면서 네덜란드어를 배웠다. 그의 장서를 보고 알 수 있듯이, 그는 스페인 문예작품을 애독한 것이 분명하다.

• 그의 젊은 시절의 과학교육에 관해선 잘 알려져 있지 않다. 또한 그가 후에 생계의 수단으로 삼았던 렌즈 갈기에 그렇게 능숙하게 된 유래도 알려져 있지 않다. 특히 그는 손재주가 뛰어났기 때문에 이런 렌즈 갈기와 관계있는 일을 모두 혼자서 다루었고, 이 부분의 대가大家로 간주됐다. 그는 안경이나 현미경, 혹은 망원경에 쓰이는 렌즈를 깎아서 생계를 유지했다. 스피노자의 제자이자 루터파 교회의 목사인 요하네스 코

렌스에 의하면, 스피노자는 볼록렌즈, 또는 그 이외의 용도를 가진 렌즈를 만드는 데 뛰어난 재주를 가졌기 때문에 누구나 그의 제품을 사고 싶어 해서, 빈곤할 때에 스피노자는 그것만으로도 충분히 생활을 꾸려나갈 수 있었다. 그가 죽은 뒤에도 그의 유품 중에는 잘 만든 여러 종류의 렌즈가 있었는데, 모조리 상당한 가격으로 팔렸다.

• 1656년: 그는 성인이 되자마자 그의 고향의 유태인 종교공동체와 치열한 논쟁에 휘말리게 된다. 성서전통에 대해 비판적인 소견을 밝힌 것이 도화선이 되었다. 그가 볼 때 구약성서는 모순과 애매모호한 것 투성이었고, 그래서 그는 구약의 모든 부분이 전적으로 진리만을 말하고 있다는 것을 인정하지 않았다. 그 때까지 이 총명한 젊은이에게 희망을 걸었던 유태인 공동체는 이 일로 크게 실망하여 그를 외면한다. 사람들은 밀정을 시켜 그를 염탐하기도 하고 1,000플로린(florin)을 주고 그의 입을 막으려고도 했지만 이 모든 것이 통하지 않자 드디어는 그를 암살할 계획을 단행하려다가 결국은 유태인 교회의 단호한 추방령을 내렸다.[7] 스피노자는 부친이 사망한 2년 후인 1656년에 24세의 나이로 유태인 교회에서 엄청난 저주와 함께 파문당했고, 이것과 관계되어 사회로부터 추방당하는 괴로움을 맛보아야만 했다.

그는 스스로 생계를 꾸려나가지 않으면 안 되었다. 부모형제를 잃었을 뿐더러, 이복누이와 법적으로 상속쟁의가 벌어져 부모의 유산의 대부분을 단념할 수밖에 없었기 때문이다. 이때의 사정에 대해 코렌스는 다음과 같이 쓰고 있다: "스피노자의 부친이 사망한 후 유산 상속금을 분배하는 단계에 이르자, 자매들은 그를 상속대상자에서 제외시켰고 상속금을 주려하지 않았다. 그는 법률의 힘을 빌어서 강력하게 그녀들을 설득했다. 마침내 유산 상속금은 분배되었으나 그는 자매들로부터 자신의 물건, 즉 몸을 가로놓을 수 있는 침대와 그것에 부착된 커튼 외에는 아무 것도 얻지 못했다."[8]

파문당한 후에 그는 1656년부터 1660년까지 암스테르담에서 살면서 렌즈 갈기 작업을 하는 한편, 철학적으로 진보적인 사고를 가진 작은 기독교도 모임과 함께 데카르트의 새로운 철학을 연구하고 논의했다. 이윽고 스피노자는 이 모임의 존경받는 지도가가 되었다. 기독교도 친구 한 사람은 스피노자가 쾌적한 생활을 할 수 있을 정도의 자금을 융통해 주겠다는 뜻을 밝혔다. 그러나 스피노자는 공짜로 금품을 받는 것을 마다하고 의연히 렌즈를 가는 직업으로써 생계를 꾸려나가기로 결심했다.

• 1660년: 암스테르담을 떠나 라이덴 근처의 라인강변의 레인스부르흐Rijnsburg로 이사함(헤르만 호만이라는 의사의 집). 여기서 올덴부르크H. Oldenburg를 알게 되었는데, 그는 나중에 영국 왕립학회의 비서가 되었으며 스피노자에게 런던에 있는 서신자와 정보를 나눌 수 있도록 중개해주었다.

• 1661년: 『지성개선론』(*Tractatus de intellectus emendatione*) 완성.

• 1663년: 레인스부르흐에서 그는 『암스테르담의 베네딕투스 스피노자에 의하여 기하학적으로 논증된 르네 데카르트 철학의 제원리 제1부와 제2부, 형이상학적 사상에 덧붙여』(*Renati Descartes principiorum philosophiae Part* I *et* II. *more geometrico demonstrata, per Benedictum de Spinoza, Amstelodamensem, Accesserunt ejusdem, Cogitata Metaphisica*)라는 긴 제목의 책을 출판했는데, 이것은 그의 이름이 기록된 유일한 책이다. 또한 주요저서 『윤리학』의 일부도 여기서 쓰였다. 헤이그Hague 근처로 이사함.

• 1666년: 『윤리학』을 탈고하고, 1669년까지 보르부르흐Voorburg에서, 그 후로는 헤이그에서 거주했다.

• 1670년: 『신학 · 정치론』(*Tractatus theologico-politicus*)이 암스테르담에서 인쇄되고 익명으로 출간된다. 그러나 『신학 · 정치론』은 1674년에 홉스의 『리바이어던』과 함께 네덜란드 정부에 의해 금서로 공포된다.

• 1673년(41세): 팔쯔Pfalz의 선제후選帝侯인 루드비히Karl Ludwig로부터 하이델베르크대학의 교수직을 제의받았으나 거절했다. 그곳에 있는 어떤 신학자도 자기의 철학을 받아들일만한 관용이 없다는 것을 알고 있었기 때문이다. 독일의 중요한 계몽주의 철학자인 치른하우스W. von Tschirnhaus와 가까이 교제함.

• 1676년: 파리에 있을 때 한 제자로부터 스피노자의 철학에 대해 어느 정도 들어서 알고 있던 라이프니쯔는 11월에 헤이그에서 스피노자와 만난다. 만남은 몇일 동안 계속되었다. 이때, '실체'에 관해 논쟁함. 스피노자는 다른 사람들에게 쓰고 있다고 말하곤 했던 저서 『윤리학』의 초고를 라이프니쯔에게 보여주고(『윤리학』은 이 해에 출간계획이 있었지만, 신학자들과 데카르트주의자들의 모략에 대한 두려움으로 인해 철회되고, 사후에 출판하기로 마음먹고, 익명을 사용했으며, 원고를 암스테르담의 출판업자에게 넘기도록 유언했는데, 결국 그가 사망한 해인 1677년에 출간된다), 라이프니쯔도 스피노자에게 완전한 존재자에 관한 짧은 논문을 보여주었다. 지금의 제목인 '에티카'는 1665년에서야 비로소 나타났으며, 그 전에는 '나의 철학'이나 '신, 인간 및 인간의 행복에 관하여'라는 대략적인 제목으로 불렸다. 『정치론』(*Tractatus politicus*)의 저술은 1675년에 시작되고 사후 1677년에 출간된다.

• 1677년: 유리 먼지를 매일 들이마셔야 했기 때문에 폐병이 악화되어 여러 해 동안 폐결핵을 앓다가 2월, 헤이그의 하숙방에서 다른 하숙인들 대부분이 교회에 간 사이에 평화롭게 숨을 거두었다. 『기하학적 질

서에 따라 논증된 윤리학』(*Ethica, ordine geometrico demonstrata*)은 사후 1677년에 출간된다.

사상

I. 기하학적 방법

—

• 스피노자는 자신의 주저인 『윤리학』을 기하학의 방법에 따라 서술하고 있다. 이 책은 라틴어로 쓰였고, 원제목은 『기하학적 질서에 따라 논증된 윤리학』(*Ethica ordine geometrico demonstrata*)이다. 책은 다섯 부문으로 구성되어 있고, 연역적으로 조직된 기하학의 체계로 구성되어 있는데, 각 부는 정의定義와 공리公理로 시작되고, 그 다음에 나오는 명제들은 정의와 공리, 그리고 앞선 명제들에 의거하여 증명되고 있다: 정의[definition] → 공리[axiom] → 정리定理[proposition] → 증명證明[demonstration] → 계系[corollary[9]] → 주(석)[註(釋)][note (scholium)] → Q.e.d. [Quod erat demonstrandum] ['이상以上이 증명되어야 할 점이었다': 이 표현은 유클리드의 용어를 답습한 것임).

• 『윤리학』은 다음과 같이 5부로 구성되어 있다.

제1부 - 신에 대하여
제2부 - 정신의 본성 및 기원에 대하여
제3부 - 정동情動[affectus[10]]의 기원과 본성에 대하여
제4부 - 인간의 예속 또는 감정의 힘에 대하여
제5부 - 지성의 힘 또는 인간의 자유에 대하여

이 내용을 보면 제1부와 제2부는 형이상학이고, 제4부와 제5부는 형이상학과 윤리학을 함께 포함하고 있다. 비단 스피노자의 윤리학만이 아니라 모든 윤리학의 바탕에는 형이상학 내지 존재론이 자리 잡고 있다고 하겠다. 우리가 어떤 형이상학을 가지고 있는가에 따라 상이한 윤리학을 가질 수 있다.

II. 실체 · 속성 · 양태

스피노자의 신론을 정확하게 이해하기 위해 필요한 세 가지 개념이 있는데 그것은 바로 실체, 속성, 양태라는 개념이다. 스피노자에 의하면 존재하는 것에는 두 종류가 있다. 즉, "존재하는 모든 것은 그 자체로 존재하거나 다른 것 속에 존재한다."[11] 여기서 첫 번째 종류의 존재자 즉, '그 자체로 존재하는' 존재자는 신 혹은 실체를 가리키며 두 번째 종류의 존재자, 즉 '다른 것 속에 존재하는' 존재자는 실체의 변용變容 혹은 양태樣態를 가리킨다. 우선 실체에 대해 스피노자가 무어라고 말하고 있는지 살펴보자.

1. 실체

·

• 스피노자는 실체를 다음과 같이 정의한다: "나는 실체를 그 자체로(즉자적 · 독자적으로) 존재하며, 자신을 통하여 파악되는 자라고 이해한다. 즉, 그 개념이 그것으로부터 자기가 형성되어야만 할 다른 어떤 것의 개념을 필요로 하지 않는 자라고 이해한다."[12] 이를 통해 스피노자는 실체가 '스스로의 원인'[causa sui]일 뿐만 아니라 다른 모든 것의 원인 — 실체는 존재론적으로 독립적이다 — 이라는 점을 말하고 있는 동시에, 개념적으로도 독립적인 자라는 점을 말하고 있다.[13] 실체가 개념적으로 독립적이라는 것은, 그것이 다른 어떤 개체를 언급하지 않고서도 확인될 수 있다는 뜻이며, 실체가 존재론적으로 독립적이라는 것, 즉 실체가 다른 어떤 것 속에 존재하지 않아야 한다는 요구로 스피노자가 말하고 있는 것은, 실체는 술어의 주어이며 다른 어떤 것의 술어가 아니라는 점이다.[14]

• 이들 양태의 주체인 실체는 자족하고 모든 것을 포괄하는 체계로서 유한한 존재자들을 그 안에 소유한다. 동일한 속성을 지닌 실체는 오직 하나만 존재할 수 있다고 스피노자는 말한다.[15] 왜냐하면, 같은 속성을 가진 두 개의 사물은 서로 상대편에 제약을 가할 것이며, 제약을 받는 자는 유한자일 것이기 때문이다. 마찬가지로 이 세상에는 서로 다른 속성을 가진 두 개 이상의 실체도 있을 수 없다. 왜냐하면, 속성이 다른 두 사물은 서로 상대편의 성질을 부정하는 일면을 가지고 있을 것이며, 따라서 그 본질이 무한히 풍부할 수 없을 것이므로, 이들도 역시 실체가 아닐 것이기 때문이다.[16]

• 그런데 스피노자가 말한 실체의 정의는 데카르트의 정의와 결국 일

치하며, 단지 거기에 "자신에 의해 파악되는"이라는 규정이 첨가된 것이다. 그러나 스피노자에 의하면, 데카르트는 그 정의를 실제로 적용할 때 자기 자신의 정의에 충실히 따르지 않았다. 데카르트의 정의에 따르면, 신만이 자존성自存性을 지니므로 신만이 실체의 자격을 지닌다. 물질과 정신은 신의 피조물이므로 신에 의존하는 존재자요, 따라서 실체라고 할 수 없다. 그러나 데카르트는 이들이 창조된 과정을 고려하지 않고, 일단 이들이 창조된 후의 상태에서는 이들 각자가 존재하기 위해서 상대방을 필요로 하지도 않고, 서로에게 아무런 영향을 미치지 않기 때문에, 각각 독립적으로 존재한다고 할 수 있으므로 '실체'라는 용어에 '유한'이라는 수식어를 붙여서 '유한 실체'라고 부르고 있지만, 사실 엄밀하게 말하자면 '유한'이라는 용어와 '실체'라는 용어는 함께 사용될 수 없는 것이다. '실체'라고 불리는 것이 만약 타자에 의존해 있다면 실체라고 할 수 없기 때문이다.

• 스피노자는 데카르트와는 달리 용어사용에 일관성을 유지하고 있다. 즉, 신만이 실체요, 이러한 실체를 그는 '자연'이라고도 말한다["신 또는 자연(Deus seu natura)"].[17] 그리고 물질과 정신은 신 속에 존재하는, 즉 신에 의존하는 존재자들이므로 실체가 아니라 실체의 변용 또는 양태라고 부른다. 그는 결코 모든 것이 신이라고 말하지 않고, 모든 것은 신 속에 있다고 말한다. 신만이 유일한 실체이며, 정신과 물체를 포함한 모든 유한자는 이 유일한 실체의 양태일 뿐이다.

• 그렇다면 스피노자의 실체 개념과 아리스토텔레스의 그것과는 어떤 공통점과 차이점이 있는가? 그것은 아리스토텔레스 실체개념과 전적으로 다른가? 결론적으로 말하면 스피노자의 실체개념은 아리스토텔레스의 그것을 더욱 철저히 극단적으로 밀고 나간 결과로 볼 수 있다. 스

피노자가 말하고 있는, "그 자체로 존재하는 것"과 "다른 것 속에 존재하는 것"이란 과연 무엇을 뜻하는가? 아리스토텔레스의 『범주론』에 의하면 어떤 것은 그것이 주체인 것 속에 존재하지 않을 때에, 즉 그것으로부터 독립하여 존재할 수 있을 때에 바로 이런 의미에서 다른 어떤 것 속에 존재하지 않는 것이다.[18] 아리스토텔레스의 전통에서 우유적遇有的 존재자란, 그 자신에 의해 존재할 수 없고, 그것이 그 안에서 존재하는 주체(주어)로 간주되는 어떤 것을 필요로 하는 존재자다. 그러므로 우유적 속성은 주체 속에 내재한다고 말해지는 반면에 실체는 자존하는 존재자다. 우유적 속성은 그것이 내재하고 있는 실체에 의존해 있지만 실체는 자기의 우유적 속성에 의존하고 있지 않다. 실체는 주체(주어) 속에 존재하지 않는다. 그러므로 실체는 존재론적으로 우월한 지위를 가지고 있다. 예컨대 '노랑'은 우유적 속성이어서 궁극적으로는 어떤 실체 속에서만 존재할 수 있다. 스피노자는 실체[substance]와 우유[accident]에 대한 이러한 고전적인 구별을 따르고 있다.[19]

그런데 스피노자의 입장에서 보면, 우유적 속성의 주체인 개물個物이나 질료 속의 형상들도 진정한 의미에서 그 자체로 존재하는 것이 아니고 신에 의해 존재하는 것이다. 따라서 개물들은 진정한 의미의 실체라고 할 수 없다. 우리는 이렇게 생각할 수 있다. 개물들도 우유적 속성에 대해서는 독립성을 지니고 있다는 점에서는 실체라고 할 수 있지만, 이러한 독립성은 상대적 독립성이다. 개물들의 독립성은 궁극적으로는 신에 의존하고 있으므로 그것은 진정한 독립성, 최고의 독립성은 아니다. 진정한 독립성, 완전한 독립성을 지닌 자는 신 밖에 없다고 스피노자는 생각하고 신만이 진정한 의미의 실체라고 말하는 것이다. 그러므로 우리는 볼프손Wolfson이 말한 대로, 실체에 대한 스피노자의 정의는 중세의 정의와 본질적으로 다르지 않고 다만 그는 "그것의 엄격한 논리적 적용을 완강하게 주장함으로써" 그것의 적용을 "신에게만"[20] 제한하고 있다고 볼 수 있다.

2. 속성

스피노자는, "속성을 나는, 실체의 본질을 구성하는 것으로서 실체에서 지성이 지각하는 것으로 이해한다"[21]고 말한다. 이 정의를 통해서 우리가 알 수 있는 사실은, 그가 여기서 말하는 '속성[attributum][22]'이란, 통상적으로 우리가 어떤 사물이 지니고 있는 것으로 주장하는 모든 성질들이나 그 성질들 가운데 하나나 몇 가지를 가리키는 것이 아니라 '근본적인 성질' 내지는 '근본적인 속성', 즉 '본질'[essentia]을 뜻한다는 점이다.[23]

스피노자는 실체의 속성은 무한하지만, 그 가운데서 인간이 인식할 수 있는 것은 사유[cogitatio]와 연장[extensio]밖에 없다고 주장한다. 왜냐하면 실체는 무한하지만, 인간의 지성은 유한하기 때문이다. 제2부의 처음 두 정리는, 실체는 사유와 연장이라는 두 측면을 지니고 있다는 점을 밝히고 있다:

> 정리1: "사유는 신의 속성이다. 혹은 신은 사유하는 자다."[24]
> 정리2: "연장은 신의 속성이다. 혹은 신은 연장된 자다."[25]

그리고 실체가 지니고 있는 두 속성들이 서로에 대해 갖는 관계는 동일성의 관계라고 스피노자는 말한다: "사유하는 실체와 연장을 가진 실체는 서로 다른 두 가지 속성을 통하여 각각 이해된 동일한 실체다."[26]그리하여 모든 존재자는 관념이라고 볼 수도 있고 물체라고도 볼 수 있다는 것이다. 예컨대, 데카르트는 대수학代數學의 방정식과 공식들을 기하학의 도형과 연결하는 해석기하학[Analytic Geometry, 분석기하학]을 창시하였는데, 이에 의하면 "y=3x"라는 대수식代數式을 x · y축을 이용한 좌표계에 표시할 수 있다. 이때, "선에 어떤 변화가 생기면 반드시 방정식에도 변화가 따르고, 또 방정식에 어떤 변화가 생기면 반드시 선에도 변화가 동반된다."[27] 이런 의미에서 스피노자는 "관념의 질서 및 연결은 사물의 질서 및 연결과 동일하다"[28]고 말한다.

3. 양태

양태에 대해서 스피노자는, "양태를 나는 실체의 변용, 즉 다른 것 속에 존재하며, 그 다른 무엇을 통해서 이해되는 것이라고 파악한다"[29]고 서술하고 있다. 실체는 정신과 물질이라는 두 가지 양태로 나타난다고 그는 말한다. 여기서 우리는 실체와 양태에 대한 스피노자의 분명한 구별을 찾아볼 수 있다. 즉, 실체란 그 자체로 존재하는 것, 자기가 존재하기 위해서 자기 이외의 그 어떤 것도 필요로 하지 않는 것, 즉 — 이 용어의 본래의 의미를 따르자면 — 신神을 가리키는 반면, 양태 혹은 실체의 변용은 자기 스스로 혹은 독자적으로 존재하지 못하고 다른 것 속에, 즉 타자에 의존하여 존재하는 것을 말한다. 이때에 '~ 속에'라는 것은 공간적인 내부內部를 뜻하지 않는다. 그것은 존재론적 '의존依存'을 뜻한다.

즉 낳아진 자연은 독립적인 존재자 즉 실체가 아니라, '신에 의존하여, 신을 통하여' 존재하게 된, 실체의 양태라는 말이다.[30] 따라서 실체인 "신은 만물의 초월적인 원인이 아니라 내재적인 원인"[31]이라고 스피노자는 말한다.

스피노자는『신, 인간 그리고 인간의 행복에 관한 소논문』의 제1부: 〈신에 관하여〉의 제2장: 〈신이란 무엇인가?〉에서 에라스무스Erasmus와 테오필리우스Theophilus의 대화를 통하여 이 점에 관한 자신의 입장을 밝히고 있다. 에라스무스는, 내재적 원인의 결과가 그것의 원인과 통일된 채로 남아있어서 결과가 원인과 더불어 전체를 이룬다면, 신이 내재적 원인일 수 없지 않느냐고 테오필리우스에게 질문을 던진다. 왜냐하면 신과 신이 산출한 것이 함께 전체를 이룬다면, 산출 이전보다 이후에 신에게 더 많은 본질을 부여하는 것이 될 것이기 때문이라는 것이다. 이에 대해 테오필리우스는, 어떤 것의 본질은 어떤 것이 다른 것과 결합됨으로써 증가하지 않으며, 창조된 것들은 속성을 형성할 힘이 없기 때문에 그것들이 얼마나 신과 밀접하게 결합되어 있는지에 관계없이 신의 본질을 증가시키지 못한다고 대답한다.[32]

III. "신 또는 자연"[33]

—

1. 두 종류의 자연

·

스피노자는 '신=자연=실체'라는 등식을 주장하지 않았는가? 그렇다면 이 주장은 자연과 신을 동일시하는 범신론의 입장을 표명하는 것으로 이해해야 하는가? 이 진술이 범신론이 아니라면 과연 이 진술은 어떻게 이해되어야 하는가? 여기서 스피노자가 신 또는 실체와 동일시하고 있는 자연은 과연 무엇인가? 우리는 그가 두 종류의 자연을 말하고 있다는 사실을 잊지 말아야 한다. 그 하나는 "낳는 자연[natura naturans]"이다. 이것은 글자 그대로, 존재하는 것들을 존재하게 하는, 그것들을 산출하는 자연이다. 두 번째 종류의 자연은 "낳아진 자연[natura naturata]"으로서, 피동적이요 일정한 순간에만 존재하는 자연을 말한다. 그것은 잠시 생겼다가 없어지는 것들을 가리킨다.[34] 스피노자는 "즉자적으로 존재하고 자신을 통해서 이해되는 자", 즉 실체로서의 신을 "낳는 자연"이라 부르고, "그것들이 신 속에 존재하고 있어서 신 없이는 존재할 수도 파악될 수도 없는 것들로 간주되는 한에서, 신의 속성들의 모든 양태들"[35]을 뜻하기 위하여 "낳아진 자연"이라는 용어를 사용한다.

1) 낳는 자연[natura naturans]

• 스피노자가 말하는 신 혹은 낳는 자연은 어떤 성격을 지니고 있는가? 우선, 스피노자의 신은 인격적 존재자가 아니다.[36] 이에 대해 스피노자는 다음과 같이 말한다: "더 나아가 나는 이하以下에서 이 정리를 인용하지 않고, 지성도 의지도 신의 본성에 속하지 않는다는 점을 보일 것이다."[37] 그러나 지성도 의지도 신의 본성에 속하지 않는다면, 어떻게 해서 정신이 신의 양태가 될 수 있는가? 스피노자 자신이 여기서 "이 정리를 인용하지 않고 (...)"라고 말하고 있는 것으로부터 알 수 있듯이, 이 진술은 원래는 정리17[38]로부터 나온 진술이다.

• 신이 지성을 지니고 있지 않다는 것은 무슨 뜻인가? 문자 그대로 신

에게는 지성의 작용이 없다는 뜻인가, 아니면 신은 모든 것을 알기 때문에 무엇을 알려고 하는 지성의 작용이 필요하지 않다는 뜻인가? 다시 말하면 신은 자기 본성의 필연성에 의하여 행동하는 것이지 지성에 의한 판단에 의해서 행동하는 것이 아니라는 것인가? 이 점과 관련한 스피노자의 진술을 살펴보자: "활동하는 지성은 유한한 것이든 무한한 것이든 간에, 의지, 욕망, 사랑 등과 마찬가지로 낳는 자연이 아니라 낳아진 자연에 넣지 않으면 안 된다."[39] 활동하는 지성을 신의 본성에 속하지 않는 것으로 보는 이유를 그는 바로 다음에 이어지는 〈증명〉에서 밝히고 있다: "왜냐하면 우리는 지성을 (그 자체로서 명백한 것처럼) 절대적인 사유로 보지 않고 다만 사유의 어떤 양태, 즉 욕망, 사랑 따위와 같은 사유의 다른 양태들과는 다른 어떤 양태라고 보기 때문이다. 따라서 그것은 (정의5에 의해서) 절대적 사유에 의해서 파악되어야 한다. 즉, (정리15 및 정의6에 의해서) 사유의 영원하고 무한한 본질을 표현하는 신의 어떤 속성에 의해서 파악되어야 하며, 더욱이 그 속성이 없이는 존재할 수도 생각할 수도 없는 것으로 고찰되어야 한다. 그러므로 그것은 (정리29 주석에 의하여) 사유의 다른 여러 양태와 똑같이, 낳는 자연이 아니라 낳아진 자연에 포함시키지 않으면 안 된다."[40] 이러한 주장으로 볼 때, 스피노자는 신에게 "절대적 사유"[absolutam Cogitationem]를 귀속시키고, 여러 가지의 현실적인 지知 · 정情 · 의意의 작용들은 실체의 양태에 귀속시키고 있다는 것을 알 수 있다.

• 따라서 신은 아무런 목적이나 의도, 욕망도 갖고 있지 않다. 목적이나 욕망이라는 것은 어떤 존재자에 있어서의 결핍상태를 전제하는데, 신은 실체로서 자존적이며 아무런 결여도 없는 완전한 존재자이기 때문이다.[41] 따라서, 신이 지성을 지니고 있지 않다는 것은, 신은 모든 것

을 알기 때문에 무엇을 알려고 하는 지성의 작용이 필요하지 않다는 의미로 해석되어야 한다. 스피노자는 『데카르트 철학의 원리』의 정리9에서 "(...) 그러므로 신은 최고의 통찰력을 가지고 있다고 할 수 있을 것이다"[42]라고 말하고 있다. 왜냐하면, 아무 것도 인식하지 못하거나 부분적으로 인식하는 것은 불완전성을 뜻하기 때문이다.

2) 낳아진 자연[natura naturata]

• "낳아진 자연"이란, 일정한 순간에만 존재하는, 잠시 생겼다가 사라지는 자연이다. 즉, 물은 항상 어는 것이 아니며 약품이 언제나 동물을 중독시키는 것도 아니다. 우주의 그때그때의 상태는 끊임없이 변화한다.[43] 변화하는 이러한 우주가 바로 신의 양태인데,

• 스피노자는 양태를 무한양태와 유한양태로 나누고, 전자를 다시 직접적이고 무한한 양태와 간접적이고 무한한 양태로 구분한다. 직접적이고 무한한 양태는 실체의 절대적인 본성에 의해 생기는 양태로서, 그 속에는 사유의 속성에 따르는 지성(신의 무한지성)과 연장의 속성에 따르는 운동과 정지가 포함된다. 간접적이고 무한한 양태는 유한한 개물의 전체로서, 그것은 전우주의 얼굴[facies totius universi][44]이며, 유한한 양태는 특수한 각각의 개별적인 사물들이다.[45]

2. 낳는 자연으로부터 낳아진 자연의 발생

• 자연(세계)의 산출은 고전적인 유신론에서 말하는 창조가 아니다. 신은 지성이나 의지를 가지고 있지 않으므로 어떤 특정한 목적을 가지고 세계를 창조하지 않는다. 신으로부터의 만물의 산출은 신의 본성으로부터의 필연적인 유출流出이다. 그것은 마치 "3각형의 기본개념에서 그것에 대한 정리定理들과 계系들이 저절로 도출되는 것"과 같다.[46]

• 그런데 램프레히트를 포함한 많은 사람들은 여기서, 낳아진 자연을 우주 내지는 세계로 이해하고, 낳는 자연을 그러한 우주와 세계가 그것에 따라 존재하고 변화하는 이법理法으로 보고 있다.[47] 그러나 여기서 우리가 생각해야 할 몇 가지 문제가 있다. 첫 번째 문제는, 낳아진 자연을 우주와 세계로 이해하는 경우에도, 그 속에는 '정신'이 포함되어야 한다는 점이다. 또한 낳는 자연, 즉 신을 실체가 아니라 어떤 이치 내지는 법칙으로 간주하는 것은 받아들일 수 없는 입장이라는 점이다. 왜냐하면, 정신이나 물질 혹은 그 어떤 존재자 없이 어떤 법칙만 독립적으로 존재할 수는 없기 때문이다. 법칙이라고 하는 것은 어떤 존재자가 작동하는 원리다. 아무 것(어떤 존재자)도 존재하지 않는데, 그 존재자의 법칙이 존재할 리 만무하다. 법칙은 독립적인 존재자가 아니며, 따라서 실체가 아니다. 실체가 아니므로 신이라고 할 수 없는 것은 당연하다. 우리는 스피노자가 『신학 · 정치학 논고』에서 기적奇蹟에 반대하면서, 신의 섭리는 "영원하고 확정된 불변의 질서" 혹은 "확정되어 있고 불변하는 자연의 질서"로 파악하는 것이 더 좋을 것이라고 말하고 있다는 점에서, 그가 자연의 질서나 자연법칙을 신과 동일시하지 않고, 신의 섭리와 동일시하고 있다는 것을 알 수 있다.[48]

• 실체와 양태의 관계에 대해서, 박삼열은 낳는 자연과 낳아진 자연의 구별을 인정하고, 낳아진 자연을 물결로, 낳는 자연을 잔잔한 물로 비유하면서, 스피노자의 입장을 만유내재신론으로 해석하는 것이 더 정확하다고 말하고 있다.[49] 그러나 이 비유는 적절하지 않다. 왜냐하면 잔잔한 물이나 물결치고 있는 물이나, 모두 물의 양태들이기 때문이다.

• 성회경은 실체와 양태의 관계를 가장 잘 나타내고 있는 것이 바로 원효의 『대승기신론소별기』에 나타난 '바다-파도'유비라고 주장하는데,[50] 이 비유가 위의 비유보다는 설득력이 있지만, 비유가 부분적인 면에 관련된다는 점을 고려하더라도, 이 비유 역시 문제점이 있다. 과연 '바다 자체'라는 것을 생각할 수 있을까? 바다는 파도가 치고 있는 바다이든지, 아니면 파도가 치고 있지 않는 바다이든지 둘 중 하나일 것이다. 바다가 보일 수 있는 양태는 크게 말해서 이 두 가지다. 그렇다면 실체로서의 바다란 과연 무엇을 지칭하는가? 그것은 파도가 치고 있는 바다에서 파도를 제외한 나머지의 바닷물을 가리키는가? 그렇다면 그것은 바닷물의 전체가 아닌 일부분일 것이다. 이 경우에는 바닷물의 일부분이 실체에 해당된다. 그렇다면 잔잔한 바다의 경우는 어떠한가? 이때의 바다는 무엇을 가리키는가? 파도가 없으므로 당연히 바닷물 전체가 될 것이다. 그렇다면 양태가 달라짐에 따라 실체도 달라진다는 말인가? 이것은 성립될 수 없는 주장이다. 다시 말하면, 파도가 바닷물 없이 생길 수는 없다는 것은 맞는 말이다. 그런 면에서 파도는 바닷물에 의존해 있다. 그러나 이때의 바닷물이란 무엇인가? 그것은 파도를 구성하고 있는 물을 포함한 바닷물이지, 결코 파도를 제외한 바닷물이 아니다. 그렇다면 양태(파도) 자체도 실체(바닷물)가 되어버리므로 앞뒤가 맞지 않는다.

• 오히려 동북아시아인들이 어떤 최고의 신을 상정하고, 그 최고의

실재자가 각 시기에 따라서 여러 가지 모습으로 나타나, 어느 때는 지장보살이 되기도 하고, 어느 때는 부동명왕不動明王이 되며, 어느 때는 하치만 신이 되기도 하거나 오이나리 신이 되기도 하는 '본지수적本地垂跡의 사상[51], 그리고 힌두교에서 유래하는 아바타Avatar[52] 사상이 실체와 양태의 관계를 좀 더 적절히 설명해줄 수 있을 것이다.

IV. 스피노자는 범신론자인가?

• 이상의 고찰로 볼 때 스피노자는 범신론자[pantheist]가 아니라 범내재신론자[panentheist]로 분류되어야 한다. 즉, "존재하는 모든 것은 그 자체로 존재하거나 다른 것 속에 존재"하는데, 여기서 전자는 신 혹은 실체이며, 후자는 실체의 변용 혹은 양태다. 정신계와 물질계를 포함하는 세계나 우주는 독자적으로 존재하는 실체나 신이 아니라 신의 양태다. 우주는 신 없이는 존재할 수 없다: "존재하는 모든 것은 신 안에 있으며, 신 없이는 아무 것도 존재할 수도 파악될 수도 없다."[53] 그런데 여기서 '존재하는 모든 것'은 바로 정신과 물질을 가리키며, 정신과 물질은 신에 의존해서 존재할 수밖에 없는 신의 양태라는 점을 말하고 있다: "개물個物들은 신의 속성의 변용 또는 신의 속성을 특정한 방식으로 표현하는 양태들 외에 다른 것이 아니다. 이 증명은 정리15 및 정의5로부터 명백한 일이다."[54]

• 스피노자가 말하는 '낳아진 자연'은 '낳는 자연'과 동일하지 않다. "존재하는 모든 것은 신 안에 있으며, 신 없이는 아무 것도 존재할 수도 파악될 수도 없다"는 이러한 사상이 범신론이 아니냐는 물음에 대하여

스피노자는 올덴버그Henry (Heinrich) Oldenburg (1618-1677)에게 1675년에 보내는 두 번째 편지에서 다음과 같이 대답한다:

> 그런데 『신학 · 정치론』(*Tractatus Theologico-Politicus*)이 신과 자연[이들 중 후자로 그들이 이해하는 것은 일종의 덩어리(질량)나 물체적 물질[55]이다]이 동일한 것이라는 견해로부터 출발하고 있다고 생각하는 사람들이 있다면, 그들은 전적으로 잘못된 것이다.[56]

• 또한 사물들의 총체가 실체일 수도 없다. 이런 관점에서 볼 때 도나간Donagan이 다음과 같이 말하는 것은 옳은 말이다: "유한한 양태들은 스스로의 원인일 수 없기 때문에 그것들의 총체도 스스로의 원인일 수 없다. 스피노자는 범신론자가 아니다."[57] 무상한 것들을 아무리 많이 주워 모은다 할지라도 그것이 영원한 것으로 변하지는 않는 것이다.[58] 그러므로 "Deus seu natura"의 natura는 'natura naturans'를 의미하는 것으로 이해해야 한다.

스피노자가 말하는 실체, 자연, 신, 신의 양태(변용), 신의 속성 등을 정리하면 다음과 같다.

Natura Naturans (낳는 자연) = 실체 = 신

↓

Natura Naturata (낳아진 자연) = 정신+물질 = 실체(신)의 변용[affectio]
혹은 양태[Modi]

↓ ↓

사유 연장 = 실체의 속성

V. 인식의 종류와 단계

• 스피노자는 『지성개선론』[59]에서는 지각 혹은 지식을 네 종류(단계)로 구분하고 『윤리학』에서는 세 종류(단계)로 구분하고 있다. 『지성개선론』에서의 첫 번째 지각은, "소문 혹은 모든 사람이 자기가 좋아하는 대로 명명할 수 있는 어떤 기호로부터 발생하는 지각"인데, 이것은 예컨대 우리가 우리의 생일이 언제인지를 부모나 또 다른 사람들이 나에게 알려주어서 소문으로 안다. 두 번째 단계의 지각은, 정해져 있지 않은 경험[experientia vaga]을 통해서 생긴다. 나는 내가 언젠가는 죽을 것이라는 사실을 안다. 내가 이렇게 아는 까닭은, 죽는 사람들을 내가 주변에서 보았기 때문이다. 세 번째 단계의 지각은 "어떤 물物의 본질을 다른 물의 본질로부터 추론하지만 이 추론이 완전히 타당하지는 않은 단계"다. 예컨대 우리가 원인에 대한 명석 · 판명한 관념이나 원인과 결과 사이의 엄밀한 관계를 알지 못하면서도 결과를 보고 원인을 추론하는 경우에 갖는 지각이다. 마지막 단계는 "물이 그 자신의 본질만을 통해서나 혹은 그것의 가장 가까운 원인(적절한 원인)을 앎으로써 지각되는" 단계다. 예컨대 이런 지식은 기하학이나 수학에서 얻을 수 있다.

• 『윤리학』에서의 구분은 다음과 같다(제2부 정리 40 주석 2)

1) 제1종의 인식, 의견 혹은 상상표상[cognitionem primi generis, opinionem, vel imaginationem[60]][61]: 이러한 지식에는 두 양상이 있다

① 감각을 통하여[per sensus] 손상되고 혼란스럽고 무질서하게 지성에 나타나는 개물들로부터[Ex singularibus] 유래하기 때문에 스피노자

는 이것을 모호한(막연한) 경험으로부터 유래하는 지식[cognitionem ab experientia vaga]라고 부르곤 한다(제2부 정리40 주석2).

② 기호들로부터[ex signis] 생기는 지: "예컨대 우리가 어떤 낱말을 듣거나 읽거나 하는 것과 더불어 사물을 상기想起하며 그것에 대해서 사물 자체가 우리에게 부여하는 관념과 유사한 관념을 형성하는 것으로부터(제2부 정리18 주석 참조)"(제2부 정리40 주석2) 생기는 지식.

> (...) 그리고 이로부터 우리는 왜 정신이 한 사물의 사유에서 곧장 그것과는 전혀 유사성이 없는 다른 사물의 사유로 옮겨가는지를 분명하게 이해한다. 예컨대 로마인은 과일[pomum]이라는 기호(낱말)의 사유에서 곧장 어떤 과일의 사유로 옮겨갈 것이다.[62] 이 과일은 발음된 음성과는 아무런 유사성도 공통점도 없다. 단지 동일한 인간의 신체가 이 둘에서 자극을 자주 받았을 뿐이다. 곧 인간 자신이 과일 자체를 보면서 동시에 과일이라는 낱말을 자주 들었다고 하는 데 지나지 않는다. 그리고 이처럼 모든 사람은 자신의 습관이 사물의 상像을 신체 안에서 질서지어 놓은 데 따라서 하나의 사유에서 다른 사유로 옮겨갈 것이다. 예컨대 군인은 모래밭의 말 발자국을 보고 곧장 말에 대한 사유에서 기사騎士의 사유로, 그리고 이로부터 전쟁과 기타의 사유로 옮겨갈 것이다. 그러나 농부는 말의 사유에서 쟁기와 밭, 기타의 사유로 옮겨갈 것이다. 그리고 이처럼 모든 사람은 각자가 사물의 상을 다양한 방식으로 결합하고 연결하도록 습관화된 것에 의해서 하나의 사유에서 이러저러한 사유로 옮겨갈 것이다(제2부 정리18 주석).

• 제1종의 지식에는 "불완전하고 혼란스러운[inadaequatae et confusai] 모든 관념이 속한다"(제2부 정리41 증명). 혼란스러운 관념들은 "전제 없는 결론"[consequentiae absque praemissis]과 같다(제2부 정리28 증명).

2) 이성, 혹은 제2의 종의 인식[rationem et secundi generis cognitionem]

• 이것은 소위 '이성지'이며, "우리가 사물의 특성에 대하여 공통개념 또는 완전한(충전적인) 관념을 지니고 있다는 사실로부터(제2부 정리38 계; 정리39 및 계, 정리40 주석2 참조)"(제2부 정리40 주석2) 생기는 지식이다. 참된 관념들을 포함하는 과학적 지식(필연적으로 참임)

• 공통개념[notio communis]들이나 사물의 공통성질들의 관념들에 근거한, 이성을 통한 지식이다. 자연 전체에 공통되게 퍼져있는 성질은 올바로 인식되어 우리의 공통관념을 형성하는데, 이 공통관념은 사람이면 누구나 명석판명하게 의식하는 것이다(제2부 정리38 및 계 참조). 이러한 공통관념은 연장, 운동, 정지, 경도硬度, 크기, 모양, 원인, 평면, 선 등인데, 한 마디로 말하면, 수학과 역학의 모든 기본관념이다. 우리가 가진 최초의 적합한 관념인 공통관념을 전제로 하여 연역논증을 통하여, 더욱 많은 적합한 관념들을 도출해 낼 수가 있다. 그러므로 결국 우리에게는 자연계에 관한 지식을 점점 확장할 수 있는 길이 열리게 된다.

3) 제 3종의 지식[aliud tertium]: 직관지[scientiam intuitivam]
(제2부 정리40 주석2) 그리고 제4부 부록 제4항; 제5부 정리36 주석 참조)

이 두 가지 종류의 인식 이외에 내가 다음에 제시하게 될 또 다른 세 번째 것이 있는데, 이것을 우리는 직관지라고 부르게 될 것이다. 이러한 종류의 인식은 신의 어떤 속성들의 본질을 이루는 것에 대한 충전적인 관념으로부터 사물의 본질에 대한 충전적인 인식에로 나아간다(제2부 정리40 주석 2).

• 스피노자는 '직관지'라는 용어를 데카르트로부터 빌렸지만, 그 의미는 크게 다르다. 그것은 모든 존재자의 전 체계에 관한 포괄적 지식을 의미한다. 이것은 인식의 최고단계이며, 모든 사물을 '영원의 관점에서'[63], 즉 절대자와의 관계 속에서 인식하는 것인데, 이를 통해 사물의 본질의 완전한 인식에로 나아간다.

• 스피노자는 우리가 신 관념이 수반된 이러한 직관지를 가질 때 정신의 최고의 만족과 기쁨과 지적인 신 사랑[amor Dei intellectualis]이 생긴다고 한다(제5부 정리32 증명과 계).

• 또한, "첫 번째 종류의 인식은 오류의 유일한 원인이다. 그러나 두 번째와 세 번째 종류의 인식은 필연적으로 참이다"(제2부 정리41). "첫 번째 종류의 인식이 아니라 두 번째와 세 번째 종류의 인식이, 우리들로 하여금 참다운 것을 거짓된 것과 구분하도록 가르친다"(제2부 정리42). 이렇게 볼 때, 스피노자의 지식의 3단계는 플라톤이 말하는 지식의 3단계인 감각지[aikasia (εικασία, 추측, 억측, 짐작)와 pistis (πίστις, 신념)], 이성지[dianoia (διάνοια, 추론적 사고)], 그리고 직관지[noēsis (νόησις, 이성적 사고)]에 대체로 대응한다.

* 사물을 영원의 관점에서 본다는 것은?

• '영원의 관점에서'['sub specie aeternitatis']라는 표현은 제5부 정리29 이하에서 나오는데, 이 표현으로 스피노자는 제3종의 최고인식에 도달한 철학자의 관점을 지시하고 있다. 즉, 사물을 영원한 상 아래에서 파악하는 것은 이성의 본성에 속한다(제5부 정리29 증명; 제2부 정리44 계2 참조). 이러한 파악방식은, 사물을 "특정한 시간과 장소와 연관하여 존

재하는 것으로" 파악하는 것이 아니라, 사물이 "신 속에 포함되어 있고 신의 본성의 필연성에서 생기는 것으로"(제5부 정리29 증명) 파악하는 것이다. 이런 종류의 인식에서 "존재할 수 있는 한 최고의 정신의 만족이 생기며" "신에 대한 지적 사랑이 필연적으로 생긴다"(제5부 정리32 증명과 계)고 그는 말한다.

• 그러나 과연 인간이 이러한 관점에 도달할 수 있는가 하는 것이 우선 문제이며, 또 그런 관점에 도달할 수 있다 하더라도, 만사가 필연적으로 진행된다는 스피노자의 주장에 동의하기도 어렵다는 점이다.

VI. 정동情動 / 예속과 자유

—

• 『윤리학』의 제3부의 제목은 「정동情動[affectus]의 기원과 본성에 대하여」다. 이를 달리 표현하면, '인간이 다른 것으로부터 받는 영향의 방식의 기원과 본성에 대하여'라는 뜻이다. 왜냐하면 'affectus'란, 인간이 자기의 환경 속의 사물들과 교섭하는 동안에 주위로부터 닥쳐오는 자극의 힘에 의하여 영향을 받는 데 대한 반응의 모든 방식을 가리키기 때문이다.[64] 아펙투스는 사람의 몸에 일어난 변화와 마음에 일어난 변화를 모두 포함한다(육체적 현상과 정신적 현상은 표리일체관계에 있다는 스피노자의 이론을 따라서)

• 아펙투스가 사람의 힘을 크게 증대시키며 따라서 그 사람 자신의 본성에 의거하여 우리가 그것을 이해할 수 있을 경우에 그 아펙투스는 〈능동〉[action]이다. 반대로, 아펙투스가 사람의 힘을 감소시키며 따라서 그것을 일으킨 외부의 힘에 의해서만 우리가 그것을 이해할 수 있을 경

우에 그 아펙투스는 〈수동〉[passion]이다. 스피노자가 사용한 다른 표현을 빌린다면, 사람이 자기가 하는 행동의 충분한 원인일 경우에 그의 행동은 능동이요, 사람이 자기가 하는 행동의 불충분하고 부분적인 원인일 경우에 그의 행동은 수동이다. 전자의 경우에 있어서, 사람은 자기 자신의 본성과 힘을 나타낸다. 후자의 경우에 있어서 사람은 적어도 부분적으로 밖으로부터 작용하는 힘의 노예다.

"(…) 정신은 불완전한[inadaequatas] 관념을 더 가질수록 더 수동적이 되기 쉽고, 반대로 완전한 관념을 더 가질수록 더 능동적으로 행동한다"(제3부 정리1 계)고 스피노자는 말한다. 예컨대 내가 눈송이를 보고 감탄할 때, 그러한 감탄이 수증기의 속성, 대기상황, 결정結晶 원리에 대한 나의 적합한 인식으로부터 따라 나온다면, 그때 나의 정신은 능동이다. 반면 나의 감탄이 단지 나의 감각경험에서, 나의 신체가 눈송이를 보거나 만짐으로써 우연히 변용되는 방식에서 파생된 것이라면, 그때 나의 정신은 수동이다. "아는 것이 힘이다"[Scientia est potentia]라는 베이컨의 말은 이 경우에 그대로 적용된다. "아는 만큼 보인다"는 것도 일맥상통하는 말이다. 우리가 대상에 대해 정확하게 더 자세히 알수록 대상을 잘 다룰 수 있는 것이다. "지피지기知彼知己면 백전백승百戰百勝"이라는 말도 이러한 상황을 잘 말해주고 있다. 우리가 영위해야 할 값진 인생은 능동적인 생활, 즉 스스로가 자기 행위의 충분한 원인이 되는 생활이다. 값진 인생을 갖기 위하여 우리가 취할 수 있는 가장 가까운 길은, 될 수 있는 대로 많은 적합한 관념을 획득하는 것이다. 다시 말하면 환경 속에서 작용하는 힘들에 의하여 농락되지 않고, 가능한 한 자기의 문제를 자기 스스로의 뜻에 의해 처리하는 주체적 행위자가 되는 것이다.[65]

다시 말하면, 전자는 주인의식을 가진 상태를, 후자는 노예의식을 가진 상태를 가리킨다. 제4부의 〈서문〉에서 스피노자는 인간의 예속상태에 관해 다음과 같이 말하고 있다: "나는 정동을 완화하고(잘 조절하고) 억제할 수 없는 인간의 무능(력)을 예속(상태)이라고 부른다. 왜냐하면 정동에 종속된 사람은 자기 자신의 주인이 아니라 눈먼 운運[운명, fortunae]에 종속되며, 그런 사람은 그러한 운의 위력 속에 있어서, 자기가 더 나은 것을 알고 있는 경우에도 더 나쁜 것을 따르도록 흔히 강제되기 때문이다."

Ⅶ. 기쁨과 슬픔

—

• 라에티티아(laetitia)는, "정신이 보다 큰 완전성에로 이행하는 수동受動[정념, passionem]"이고, 트리스티티아(tristitia)는, 라에티티아와 반대되는 감정으로, "정신이 보다 작은 완전성에로 이행하는 수동受動[정열, passionem]"이다(제3부 명제11 및 그 주석, 명제 19-26, 제4부 명제41 참조). 라에티티아는 인간의 정신이 지적 · 도덕적으로 성장할 때 갖게 되는 기쁨의 감정 내지 행복감이요, 트리스티티아는 인간의 정신이 지적 · 도덕적으로 퇴보 내지 타락할 때에 갖게 되는 슬픔의 감정이다. 예컨대 "내가 원하는 선은 행하지않고, 원하지 않는 악을 행합니다"(로마서 7:19)라는 사도 바울의 고백에서 나타나는 자괴감自愧感을 가리킨다.

그리고 기쁨의 감정이 "정신과 신체에 동시에 관계하는" 경우에 그것을 "쾌감[titillationem]" 혹은 "쾌활"[hilaritatem]이라고 부르고, 슬픔의 감정이 정신과 신체에 동시에 관계하는 경우에는 "고통"[dolorem] 혹은 "우울"[melancholiam]이라고 부른다. 쾌활이나 우울이라는 표현은, 인간의 모든 부분이 고르게 자극되는 경우에 사용되는 반면에, 쾌감과 고통이라는 말은 그렇지 않은 경우에 사용된다는 점이 다르다.

Ⅷ. 선과 악

• 스피노자는 선과 악에 대해서 다음과 같이 말한다: "여기서 나는 선/좋은 것[bonum]이라는 말을, 모든 종류의 기쁨과, 그리고 기쁨을 가져오는 모든 것, 그리고 특히 원망願望을 — 그것이 무엇이든 간에 — 만족시키는 것으로 이해한다. 그리고 악/나쁜 것[malum]은 모든 종류의 슬픔, 특히 이러한 원망의 만족을 좌절시키는 모든 것으로 이해한다"(제3부 정리39의 주석)

> "우리는 어떤 것을 선이라고 판단하는 까닭에 그것을 추구하고 의지하고 갈망하고 욕망하는 것이 아니라, 반대로 무엇을 추구하고 의지하고 갈망하고 욕망하기 때문에 그것을 선이라고 판단한다"(제3부 정리9 주석)

• 이런 스피노자의 생각에 의하면 절대적인 선악[좋고 나쁨]은 존재하지 않고, 각자의 욕망과 의지에 따라 수많은 선악이 존재하게 된다. 우리는 각자가 원하는 것, 그것을 행하면 우리에게 기쁨을 줄 것이라고 생각하는 것을 행한다. 선악의 절대적인 가치가 존재하고, 이 기준에 합치하는가의 여부에 따라 우리의 욕망이나 의지가 선하거나 악한 것으로 판정되는 것이 아니라, 개인의 주관적인 욕망과 의지에 따라 선악이 결정된다는 말이다.[66]

즉, 우리는 우리에게 기쁨이나 이익을 줄 것이라고 생각되는 것을 행하려고 노력하는 반면에, 해가 될 것이라고 생각되는 것은 피하려고 노력한다: "우리는 기쁨을 가져올 것이라고 상상하는[imaginamur] 모든 것을 초래하려고 노력한다. 그러나 그것과 반대된다고, 즉 슬픔을 가져올 것이라고 상상하는 모든 것은 제거하거나 파괴하려고 노력한다"(제3부 정리28).

결국 우리는 "우리가 혐오하는 것을 악이라고 부른다. 그러므로 각자는 자기 자신의 정동情動으로부터[ex suo affectu], 무엇이 좋고 나쁜지를, 무엇이 더 좋고 무엇이 더 나쁜지를 그리고 마지막으로 무엇이 가장 좋고 무엇이 가장 나쁜지를 판단하거나 평가한다"(제3부 정리39 주석).

• 그러니까 그 어떤 것은 그 자체로는 좋은 것도 나쁜 것도 아니다. 그것이 우리가 이루고자 하는 욕망이나 목적을 이루는 수단이 되고 우리의 행복을 증진하는 경우 좋은 것이고, 만약에 그것이 반대의 경우라면 좋지 않은 것이다. 따라서 어떤 한 사람에게는 좋은 것이 다른 사람에게는 좋지 않은 것(나쁜 것, 악한 것)일 수도 있고 좋지도 나쁘지도 않은 것일 수도 있는 것이다.

> 선/좋음과 악/나쁨에 관해서 말하자면, 또한 이러한 표현들은 적어도 우리가 그것들을 그것들 자체로 고찰할 경우, 물物 속에 있는 어떤 적극적인 것을 지시하지 않는다. 이러한 표현들은 사유의 양태들 외에 다른 것이 아니다. 즉, 그것은 우리가 물들을 서로 비교하기 때문에 만드는 개념들 외에 다른 것이 아니다. 왜냐하면 동일한 물이 동시에 좋은 것일 수도 나쁜 것일 수도 있고 또한 둘 다 아닐 수도 있기 때문이다. 예컨대 음악은 우울한 사람에게는 좋은 것이고, 슬픔에 빠져있는 사람에게는 나쁜 것이며, 귀먹은 사람에게는 좋은 것도 나쁜 것도 아니다(제4부 서문).

예컨대 산 속에는 우리의 건강에 도움이 되는 버섯도 있고, 먹게 되면 치명적인 독버섯도 있다. 우리는 전자를 '좋은 버섯'이라고 하고 음식물로 이용하는 반면, 후자는 '나쁜 버섯'으로 분류하여 먹지 않으려고 한다. 그러나 그 어떤 버섯도 그 자체로는 좋은 것도 나쁜 것도 아니다. 그것들은 단지 그것들대로 존재하고 있을 뿐이다. 인간이 그것을 음식물로 섭취하려고 할 경우에 '좋다'거나 '나쁘다'고 하는 가치판단이 생기게 되는 것이다.

IX. 코나투스

• 스피노자는 또 〈자기보존〉[conservatio sui]이라는 개념에 대해서도 상당히 길게 논하고 있다. 사람뿐만이 아니라 자연계의 모든 유한한 개물個物은 자기 자신의 보존을 희구한다.

"각각의 물物은 자기 안에 존재하는 한에서 자기의 존재 속에 남아 있으려고 애쓴다"(제3부 정리6). "각 물이 자기의 존재 속에 남아 있으려고 애쓰는 노력[Conatus]은 바로 이 물物의 현실적인 본질 외에 다른 것이 아니다"(제3부 정리7).

• 스피노자의 이러한 주장에 의하면 만물은 자기동일성을 유지하려는 지향성志向性을 지니고 있다. 즉, 자기의 존재를 고수固守하려고 한다는 말이다. 위의 인용문 가운데, "자기의 존재 속에 남아 있으려고 애쓴다"고 번역한 표현의 원문은 "in suo esse perseverare conatur"인데, 이

때의 'perseverare'라는 용어는 바로 뉴튼이 1687년에 발표한 물리학의 운동법칙 중 첫 번째 법칙인 '관성'慣性[inertia]의 법칙을 기술할 때에 사용한 용어이기도 하다. 이 법칙에 의하면, "모든 물체는 가해진 힘에 의해 자신의 상태가 변하도록 강제되지 않는 한, 정지해 있는 상태나 등속의 직선운동을 고수한다."[67] 그런데 여기서 "고수한다, 고집한다"를 뜻하기 위해서 뉴튼이 사용한 용어가 바로 "perseverare"다. 그리고 이 용어의 명사형태의 의미에 해당하는 것을 스피노자는 conatus라고 부른다.

예컨대 인체에 세균이나 바이러스가 침투하여 우리의 평형상태를 깨뜨리려고 할 때, 인체는 이에 저항하여 자기의 안정성을 유지하려고 한다. 생명체인 인체에는 이런 능력이 내재해 있다. 이것은 다른 말로 하면 '자기보존 욕구' 혹은 '항상성'[homeostatis]을 유지하려는 충동이라고 부를 수도 있을 것인데, 또 다른 각도에서 말하면, '자기동일성'을 고수하려는 욕망이라고 할 수도 있다. 그런데 스피노자는 이러한 노력[conatus]은 단지 생명체에만 있는 것이 아니라 모든 개물에 존재한다고 말한다. 코나투스는 물의 본질을 이루고 있는 것이기 때문에, 이것 없이는 물이 존재할 수 없다. 자립적인 존재자일수록 더 큰 코나투스를 가진다. 따라서 손상을 당하거나 침해를 입었을 때 스스로를 복구할 수 있는 생명체는, 그렇지 않은 무생물에 비해 더 큰 코나투스를 가지고 있는 것이다.

그런데 스피노자는, 코나투스conatus가 ① 정신에만 관계될 때에는 〈의지〉[voluntas]라고 부르고, 그것이 ② 정신과 신체에 동시에 관계될 때에는 〈충동〉[appetitus]이라고 부르고, ③ 인간이 이 충동을 의식하고 있을 때, 이를 가리켜 〈욕망〉[cupiditas]이라고 부른다(즉, 욕망이란, 의식을 동반한 충동이다)(제3부 정리9 주석 참조).[68]

X. 결정론과 의지의 자유

• 그리고 『윤리학』 제1부 정의7은 다음과 같다: "오로지 자기의 본성의 필연성에 의해서만 존재하며, 자기 자신에 의해서만 행위하도록 규정되는 물物은 자유롭다고 한다. 그러나 타자에 의해 특정하게 규정된 방식으로 존재하고 작용하도록 규정되는 것은 필연적이라거나 강제되었다고 한다." 한편 『윤리학』 제1부 정리29에서는 이렇게 말한다: "자연에는 우연한 것은 없으며, 모든 것은 특정한 방식으로 존재하고 작용하도록 신적 본성의 필연성으로부터 규정되어 있다." 그리고 제1부 정리33 주석1에서는 이렇게 말한다: "물들 안에는 그것들이 우연적이라고 불릴 수 있을 어떤 것도 존재하지 않는다는 점을 이 정리들로 햇빛보다 더 분명히 보여주었기 때문에 (...)" 즉, 스피노자에 있어서 자유라는 것은 〈결정되지 않음〉(to be undetermined)이 아니라 〈스스로 규정됨〉(to be self-determined)을 말한다. 그리고 신은, 자기 자신의 본성의 필연성으로부터 행위한다는 바로 그 사실로 인해, 전적으로 자유롭다.

• 스피노자에 의하면 인간은 의지의 자유를 갖고 있지 않다. 그러나 우리가 의지의 자유를 가지고 있다고 생각하는 이유는, 우리가 우리의 욕망 및 행위의 원인을 이해하지 못하기 때문이라고 말한다. 스피노자는 슐러G.H. Schuller에게 보내는 편지에서(1674년 가을에 보낸 것으로 추정됨) 다음과 같이 말하고 있다:

> 그리하여 나는 당신이 나에게 귀속시키고 있는 자유에 대한 정의로 넘어가겠습니다. 그런데 나는 당신이 자유에 대한 정의를 어디에서 취했는지 알지 못합니다. 요컨대 나는 물物이 오로지 자기의 본성의 필연성에 의해서만 존재하

며 행위할 때에만 자유롭다고 합니다. 그러나 타자에 의해 특정한 · 규정된 방식으로 존재하고 행위하도록 규정될 때에는 강제되었다고 합니다. 예컨대 신은 필연적이기는 하지만 그럼에도 불구하고 자유롭게 존재합니다. 왜냐하면 신은 자기의 본성의 필연성으로부터만 존재하기 때문입니다. (...) 그래서 당신께서는 내가 자유를 자유로운 의지 속에가 아니라 자유로운 필연성 속에 둔다는 것을 아십니다. (...) 하나의 돌멩이는 자기에게 부딪히는 외부의 원인으로 인하여 특정한 운동량을 얻게 되고, 그 운동량으로 인하여, 외부의 원인의 충격이 중지되더라도 필연적으로 계속해서 움직입니다. 그런데 돌멩이의 운동의 지속이 강제되는 것은, 운동의 지속이 필연적이기 때문이 아니라, 그것이 외부의 원인의 충격에 의해 정의되어야만 하기 때문입니다. (...) 이제 다음과 같이 한 번 생각해보십시오. 즉, 돌멩이가 계속해서 움직이면서, 자기가 가능한 한 운동을 지속하려고 노력하고 있다고 생각하고 또 그렇게 알고 있다고 말입니다. 그러나 이 돌멩이는 자기의 노력만을 의식하고 있고 전적으로 무관심하지 않기 때문에, 자기가 완전히 자유로우며, 자기가 운동을 지속하는 것은 단지 자기가 그렇게 하고자 하기 때문이라고 분명히 생각할 것입니다. 그리고 이것이 바로 모든 이가 가지고 있다고 그렇게 자부심을 가지고 있는 인간의 자유입니다. 그러나 그러한 자유는, 인간이 자기의 욕망은 알고 있지만 자기가 그것에 의해 규정되는 원인은 알지 못하는 데에서만 존립합니다.[69]

이 편지에 표명된 스피노자의 견해는 그가 이미 『윤리학』 제2부 정리 35 주석에서 밝힌 내용과 대동소이하다. 즉, 인간은 사실은 자유롭지 않은데, 자기의 행위를 규정하고 있는 원인을 알지 못하기 때문에 자유롭다고 착각하고 있다는 주장이다. 그러나 스피노자야말로 사태를 잘못 파악하고 있다. 이 세상에 원인 없는 결과는 없다. 모든 결과는 어떤 원인에 의해 규정되고 결정된다. 그러나 그렇다고 해서, 어떤 결과를 초래한 원인이 반드시 하나인 것은 아니며, 또한 어떤 하나의 원인이 존재한다고 해서 반드시 어떤 하나의 결과가 초래되는 것도 아니기 때문이다.

• 스피노자의 견해에 따르면, 인간을 포함한 모든 유한자는 자기의 본성의 필연성에 따라서가 아니라 타자에 의해 특정하게 규정된 방식으로 존재하고 작용하기 때문에 자유롭지 않다. 그러나 사실은 그렇지 않다. 물론 인간이 자신의 내부・외부의 원인에 의하여 크고 작은 영향을 받는 것은 사실이다. 그러나 그렇다고 해서 그러한 원인들에 의해 인간이 전적으로 규정되고 인간의 모든 행위가 결정되는 것은 아니다. 영향을 미치는 것과 전적으로 결정되는 것은 전혀 다른 것이다. 인간은 많은 경우, 동일한 조건에서도 동일한 행동을 하지 않는다. 인간에게는 자유가 없다는 스피노자의 주장은 그의 잘못된 가정으로부터 나온 잘못된 결론이다.

그는 제1부 정리17에서 다음과 같이 말한다: "신은 자기 본성의 단순한 법칙으로부터만 행위하고 어떠한 것에 의해서도 강제되지 않는다." 그리고 슐러에게 보낸 위의 편지에서도 "컨대 신은 필연적이기는 하지만 그럼에도 불구하고 자유롭게 존재합니다. 왜냐하면 신은 자기의 본성의 필연성으로부터만 존재하기 때문입니다. (...) 그래서 당신께서는 내가 자유를 자유로운 의지 속에가 아니라 자유로운 필연성 속에 둔다는 것을 아십니다"라고 말한다.

그러나 스피노자가 정의한 것처럼, '타자에 의해 강제되는 것'을 '필연적이라거나 강제되었다고' 한다면, 자기 자신에 의해서만 강제된 것은 필연적인 것이라고 할 수 없을 것이다. 따라서, 자립적으로, 자기 자신에 의해서만 존재하는 것으로 정의되는 '신'에게 있어서 자유는 필연과 같은 것이 될 수도 있을 것이다. 그러나 이것은 어디까지나 정의에 의한[by definition] 것이고, 현실의 경우는 이와 같지 않다. 다시 그의 말을 들어보자: "인간이 자신을 자유롭다고[추가: 즉, 그들은 어떤 일을 자의적으로 하거나 아니면 하지 않을 수 있다고] 생각하는 것은 착각이다. 그런데 이러한 의견은, 단지 그들이 자신들의 행동은 의식하지만, 그것에 의해 그들의 행위가 규정되는 원인은 알지 못하는 데 근거하고 있다. 그러므로 그들이 자신들의 행동의 원인을 모른다는 것이 그들의 자유 관념이다"(제2부 정리35 주석).

위의 편지에서 스피노자는 다시 말한다: "모든 사람이 가지고 있다고 자랑하는 자유는 (...) 단지 이것, 곧 인간은 자기의 욕망은 의식하고 그것에 의해 욕망이 규정되는 원인은 알지 못한다는 점에 있을 뿐입니다." 그리하여 "어린아이는 우유를 욕망할 때, 자기를 자유롭다고 생각한다. (...) 또한 마치 술에 취한 사람이, 정작 나중에 술이 깬 상태에서는 오히려 숨기고 싶어 했을 것을 자신은 정신의 자유로운 결정을 통해 말한다고 믿는다"는 것이다.

대륙의
이성주의

데카르트 | 스피노자 | 라이프니쯔

라이프니쯔(Gottfried Wilhelm Leibniz[1], 1646-1716)

생애와 저작

• 1646년: 30년 전쟁(1618-1648)이 끝나기 2년 전 6월 21일, 라이프찌히Leipzig에서 태어남. 그의 아버지는 법률가이자 도덕철학 교수였고 어머니는 명망 있는 법학자의 딸이었다. 아버니는 아들이 천재라는 사실을 알았지만, 불행히도 아들이 이룬 위대한 업적을 보지 못하고 아들이 겨우 여섯 살 때(1652년) 일흔의 나이로 죽는다. 아버지는 많은 장서를 갖춘 서재를 남겨놓아 라이프니쯔는 고대 헬라스와 라틴의 고전들을 읽었고, 몇 년 만에 역사, 예술, 정치, 논리학 서적을 두루 섭렵하였다. 그는 여러 분야에 관심을 보였지만 특히 수학에 두각을 나타냈다. 그리고 수학 중에서도 아주 특별한 분야인 암호풀기에 재주를 갖고 있었다.

• 1653년: 어머니는 아들의 다재다능함을 알고 그를 영재학교인 라이프찌히의 니콜라이 학교에 보냈다. 12세 때부터 논리학의 문제들에 대해 숙고하기 시작하였다.

• 1661년: 15살에 니콜라이 학교를 졸업하고 철학을 공부하기 위해

라이프찌히 대학에 등록하였다. 아리스토텔레스의 저작들을 읽었고, 퀸 Johann Kühn 교수에게 유클리드 수학 강의를 들었다. 이 과목은 너무 어려워서 수강생 중 내용을 제대로 이해하는 학생은 라이프니쯔 하나뿐이었다. 또한 토마시우스Jacob Thomasius의 지도하에 철학공부에 몰두했는데, 특히 그는 데카르트의 철학에 매혹되었다. 라이프니쯔의 사고는 스콜라철학의 전통 속에서 형성되었으며, 그는 아리스토텔레스 · 스콜라철학의 우주관에 물들어 있었다. 그는 인생의 후반기에 이르러 수학 연구를 통해서 비로소 과거의 철학과 결별했다. 이미 뿌리박힌 관념들 때문에 그는 데카르트의 철학을 받아들이는 것을 주저했다.

• 1663년: 『개체의 원리에 관하여』(*De principio individui*)라는 논문으로 학사학위를 취득함. 이 논문에서 다룬 문제들, 즉 존재, 개체 그리고 단일성의 관계는 후에 그의 철학의 근본문제가 된다.

• 1664년: 그는 데카르트에 대해 최대한 많이 알고 싶었기 때문에, 이미 출간된 저술 외의 다른 원고들을 찾았다. 그는 철학과 법의 관계라는 주제로 철학 석사학위 논문을 썼고 1664년(18세)에 학위[Magister]를 받았다. 그리고 9일 후 어머니가 세상을 떠났다.

• 1666년: 남은 부모마저 잃었다는 슬픔에 젖은 채 졸업식을 마친 후, 그는 다시 대학으로 돌아가 법을 공부하여 알트도르프Altdorf대학에서 법학박사학위를 받았다. 새로운 관심 때문에 한 학기 동안 예나Jena대학에 가서, 수학자이며 천문학자 그리고 물리학자인 바이겔Erhard Weigel에게서 수학했다.

• 1667년: 라이프찌히로 돌아 온 후 법학공부에 관심 가졌다. 라이프찌히대학에서는 나이가 어려서 박사과정 입학이 허락되지 않았기 때문에 뉘른베르크Nürnberg 근처에 있는 알트도르프대학으로 옮겼고, 그 곳

교수들의 경탄을 받으며 뛰어난 성적으로 시험에 통과했다. 21세에 교수직을 제안받을 만큼 탁월한 성적으로 박사학위를 받았다.[2] 그러나 그는 대학교수직에 뒤따르는 속박을 원치 않았기에 이를 거절했다.

• 1670년: 신성로마제국에서 가장 중요한 재판소의 하나였던 마인쯔Mainz 선제후국 상고심 법원의 고문관으로 임명됨.

• 1672년: 외교관으로 파리에 파견되었는데, 파리에 체류한 4년은 큰 결실의 시기였다. 이때 그는 호이헨스Huygens의 지도 아래, 과학 아카데미 회원들과의 교제를 통하여, 그리고 파스칼과 데카르트의 미 출판 수고를 읽음으로써 근대 수학과 물리학에 대한 자신의 무지를 보충할 수 있었을 뿐만 아니라, 얀센교의 주도적 인물인 아르노Arnauld 등 당대의 대표적 인물들과 교우관계를 맺을 수 있었다.

• 1673년: 모든 사칙연산을 할 수 있는 계산기를 개발함. 잠수함의 설계에 성공. 그가 1673년에 외교적인 일로 런던을 방문한 자리에서 이 계산기를 왕립협회에 제시하자, 이 협회는 그를 회원으로 받아들인다.

• 1676년: 파리에 머물던 마지막 해인 이 해에 파리에서 미분법을 발명하고 논문을 발표함. 그는 뉴튼이 이미 미적분학을 창안했다는 사실을 모른 채, 무한수열의 합에 관한 연구를 통하여 뉴튼과는 독자적으로 미분법과 적분법을 창안하였다. 라이프니쯔는 뉴튼보다 3년 앞선 1684년에 연구결과들을 출판했다. 실제로 우리가 오늘 날 사용하는 것은 그의 개념이지 뉴튼의 것이 아니다. 이로 인해 1690년에 뉴튼 추종자들로부터 표절시비와 함께 라이프니쯔의 말년을 그늘지게 한, 우선권에 대한 분쟁의 불이 붙게 되었다. 이것은 1712년 왕립협회가 뉴튼을 미적분법의 창시자로 인정함으로써 끝났다.

프랑스에서 독일로 돌아오는 길에 네덜란드 헤이그로 가서 스피노자를 만난다. 그는 이미 스피노자와 편지를 주고받았으며 스피노자의 철학에 대해 큰 관심을 갖고 있었다. 두 위대한 철학자가 서로 만나서 직접 토론한 경우는 흔한 일이 아니다.

1676년부터 하노버의 선제후選帝侯인 요한 프리드리히Johann Friedrich 공작公爵의 궁정사서司書 및 고문관으로 하노버의 궁정에서 일하게 되는데, 이때부터 수 십년 간 그는 특히 베를린, 비엔나, 로마 등 광범한 지역으로 여행을 떠난 이외에는 이 도시를 떠난 일이 없었다. 프리드리히가 죽은 뒤(1679년)에는 그의 동생인 아우구스트Ernst August를 섬기고, 1698년부터는 루드비히Georg Ludwig를 섬겼다.

• 1686년: 『형이상학론』(*Discours de Métaphysique*) 저술.

• 1695년: 『자연의 신체계』(*Neues System der Natur*) 저술.

• 1700년: 자신의 착상으로 베를린 학술원을 창립하여 초대 원장이 됨. 이 학술원은 나중에 프러시아 학술원으로 발전하게 된다.

• 1704년: 로크의 『인간지성론』의 비판서인 『신新인간지성론』(*Nouveaux Essais sur L'entendement humain*)의 출간을 준비했으나, 로크가 세상을 떠나자 원고를 보류해두었는데, 1765년에 이르러 비로소 간행됨.

• 1710년: 『변신론辯神論. 신의 선, 인간의 자유, 그리고 악의 기원에 관하여』(*Essais de Theodicee sur la bonté de Dieu, la liberté de l'homme et l'origine du mal*) 출간. 이 책은 그의 생전에 출간된 유일한 책임.

• 1714년: 『단자론』(*La Monadologie*)과 『이성에 입각한 자연과 은총의 원리』(*Principes de la nature et de la Grâce fondés en raison*)저술. 자신의 고용주이던 루드비히Georg I. Ludwig공작이 영국 국왕 조지 1세로 등극하였으나 라이프니쯔는 그를 수행하여 런던으로 가지 못하고 하노버에 남겨진 채 잊히고 만다.

• 라이프니쯔의 유고遺稿는 약 5만건[Stücke] 즉, 15만-20만장에 달한다. 여기에는 학술계에서 지위와 명성을 지닌 거의 모든 학자들인 약 1,100명들과 주고받은 약 15,000통의 편지가 포함된다(50년간 썼다고 가정할 때, 1년에 300통, 즉 거의 매일 1통씩 편지를 쓴 셈). 그 중 약 40%는 라틴어로 쓰였고 약 35%는 프랑스어로, 그리고 나머지는 대부분 독일어로 쓰였다. 유고는 라이프니쯔 도서관[Gottfried Wilhelm Leibniz Bibliothek]의 수고부서手稿部署[Handschriftenabteilung]에서 관리하고 있다.

• 『변신론』에서 신의 섭리를 듣기 민망할 정도로 역설했음에도 불구하고 그는 무신론자로 간주되기도 한다. 그의 이름 라이프니쯔Leibniz는 '글라웁트 니히츠'(glaubt nichts)라는 이름으로 풍자되는 경우가 흔한데, 이것은 '믿지 않는 자'라는 뜻이다.

• 1716년: 일생을 독신으로 지내다 홀로 외로이 죽었는데, 단 한 명의 친구만이 참석한 가운데 밤중에 묻혔고, 그 자신이 창립한 베를린의 학술원조차도 그의 죽음에 대해 아무런 언급도 하지 않았다. 다만 프랑스 학술원이 그를 추도하는 글을 발표했을 뿐이다. 그는 독일제 버터쿠키의 이름으로 다시 태어나 영생을 누리고 있다. 독일의 식품회사 발센사社에서는 1891년부터 'Leibniz Butterkeks'라는 과자를 생산하고 있다.

사상

Ⅰ. 단자론

—

1. 단자의 본성과 작용

·

• 스피노자는 데카르트의 실체개념을 문제점을 지적하여 무한자인 신만이 실체라고 했지만, 이 무한한 실체로부터 어떻게 유한한 존재자인 정신과 물질이 발생하는지를 적절히 설명하지 못하였다.

• 라이프니쯔는 분할 불가능성을 실체의 조건으로 보았다. 따라서, 연장물延長物[res extensa]인 물질은 분할 가능하므로 실체가 될 수 없다. 이로써 그는 데카르트와 스피노자의 주장을 비판하고 있는 것이다. 그런데 라이프니쯔가 실체의 자격조건으로 내세운 분할 불가능성은, 실체의 고전적인 정의定義의 핵심내용인 '자기동일성' 내지 '불변성'과 일맥상통한다. 즉, 그 어떤 내외의 상황변화에도 불구하고 변치 않고 동일하게 존속하는 존재자를 실체로 본 것이다.

• 그는, "실체란 활동할 수 있는 존재자다"("La *Substance* est un Etre capable d'Action")[3] 라고 말하며, 이러한 실체는 하나가 아니라 다수가 존재한다고 말한다. 이러한 실체를 그는 〈실체적 형상〉[forme substantielle][4], 〈실체적 통일체〉[unité substantielle] 또는 가장 일반적인 명칭으로는 〈단자單子〉[la monade[5]]라고 명명하였다. '모나드'는 '1'을 뜻하는 헬라스어 monas (μονάς)에서 유래하는데, 이로써 그는 실체란 궁극적으로 분할되지 않는 단순한 정신적 통일체라는 점을 지시하고 있다.

• 그는 우주를 무수한 정신적 실체인 단자들의 계층적 체계로 보았다. 최고의 단자는 신이고, 신의 밑에 이성적인 단자들, 그 밑에는 감각과 욕망을 동반하는 동물의 단자들, 그리고 그 밑에는 식물의 단자들이 존재한다. 이들 단자들은 모두 자기 자신 속에 완전의 가능성을 내포하고 있는 까닭에 〈엔텔레케이아〉(entelecheia, ἐντελέχεια)[6]라고 부를 수 있을 것이다.

• 단자 하나하나는 전 우주를 반영하며 — 각 단자는 '우주의 살아 있는 거울'[un miroir vivant de l'univers]이라 불리며, '소우주'小宇宙[microcosmos]를 이루고 있다 — 우주에 존재하고 발생하는 모든 사상事象[7]에 관한 관념들을 — 그 관념이 혹은 분명하고 혹은 희미한 차이는 있지만 — 그 자체 안에 가지고 있다. 모든 단자들의 모든 경험은 "그 단자 자체에 관하여는 완전한 자발성으로 인하여, 그러나 단자 외부의 사물들과는 완전히 일치하도록 모든 것이 그 자신의 근거로부터 발생하는 것이 분명하다."[8]

• "그리고 단자는 자연의 진정한 원자이며, 한 마디로 말하면 물物들의 원소元素다"(*La monadolgie*, § 3)라고 라이프니츠는 말하며, 이러한 원

소로서의 단자는 다음과 같은 특징들을 지니고 있다.

① 이들은 아무런 형태가 없다. 왜냐하면 형태란 〈분할가능성〉을 함축할 것이기 때문이다.

② 이들은 실체로서, 자연적으로 산출되거나 절멸될 수 없다(*La monadologie*, § 4, § 5).

③ 이들은 (신이 행하는) 창조에 의해서만 생기고 절멸에 의해서만 멸한다 (*La monadologie*, § 6).

④ 단자에는 물物들이 출입할 수 있는 창窓이 없다. 어떤 실체나 어떤 규정도 이들로부터 나와서 밖으로 영향을 미치거나 이들 속으로 영향을 미칠 수 없다(*La monadologie*, § 7).

⑤ 실로 모든 개별적인 모나드들은 다른 모든 모나드들과 다른 것이 분명하다(*La monadologie*, § 9).

⑥ 그럼에도 불구하고 이들은 영속적으로, 그리고 내적으로 변화한다. 단자의 모든 변화는 오직 내적 원리로부터만 생겨난다. 즉, 완전에의 충동, 소위 욕망欲望[appétition]이, 한 상태로부터 다른 상태에로 연속적으로 이행하도록 작용한다. 이러한 상태들을 그는 '지각'知覺[perception)이라고 부른다.

• 그런데 여기서 라이프니츠가 단자를 "물物들의 원소元素"[les Elemens des choses]라고 말할 때, 이 원소를 물질적인 것으로 보면 안 된다. 예컨대 고대 헬라스의 자연철학자들 가운데 데모크리토스와 에피쿠로스는 만물이 원자原子[atom][9]들로 구성되어 있다고 주장한 바 있다.[10] 그러나 그들이 말하는 '원자'는 — 그 당시 그들의 생각으로는 '더 이상 분할될 수 없다고 본' — 물질이므로 라이프니츠가 보기에는 실체로서

의 자격이 없는 것이다. 그러나 단자는 원자와 달리, 비물질적 실체로서의 불가분의 '형이상학적인 점'[point métaphysique][11]이며, 원자들이 양적인 차이를 가지고는 있지만 질적으로는 같은 것임에 반하여, 단자는 서로 질적인 차이를 가지므로 동일한 두 개의 단자는 존재하지 않는다는 점이 다르다.

• 이러한 단자는 '지각'[perception]과 '욕망'[appétition][12]이라는 두 가지 작용을 한다.

① 지각: 지각이란, "단일성[하나] 혹은 단순한 실체 안에서 다수성[여럿]을 포함하고 그것을 표현하는 일시적인 상태"(*La monadologie*, § 14)다. 지각작용은 어떤 상태의 정적靜的인 재현再現으로 이해되어서는 안 된다. 단자는 새로운 지각들을 늘 만들어내며 지각으로부터 늘 새로운 지각들에로 전진한다. 지각으로부터 새로운 지각들에로의 전진은, 라이프니츠가 'appétition'(라틴어: appetitus)라고 부르는 '추구'를 통해 이루어진다.[13] 마치 원의 중심은 점이면서도 무한한 다多의 직경을 포함하는 것처럼, 정신은 그 자신이 하나이면서 과거, 현재, 미래에 걸친 무한다無限多의 표상을 내포할 수 있다. 정신은 바로 다多를 '표현'[représentation], '표출'[express]하는 하나인 것이다. 단자는 이처럼 그 단일성 속에서 다多를 표현하는 '우주의 살아 있는 거울'이다.[14]

② 욕망: 욕망이란, "변화 또는 어떤 지각으로부터 다른 지각으로의 이행을 야기하는 내부원리의 활동"(*La monadologie*, § 15)이다.

2. 단자와 자연의 연속성

• 실체의 지각적 표현은 무의식적으로 나타날 수도 있고 의식의 단계에서 일어날 수도 있다. 그런데 라이프니쯔의 '무의식적 지각' 혹은 '미세한 지각' 이론은 '연속의 법칙'[loi de la continuité]를 요청함으로써 유지된다. 이 법칙에 의하면 자연의 체계에는 단절이나 비약이 존재하지 않는다: "자연은 비약하지 않는다"(natura non facit saltus).

• 이 이론에 대한 모범적인 설명은 『신新인간지성론』[15]에 나온다. 무의식적인 지각에 의해서 마음은 끊임없이 작용하고 있다는 것은, 마음이 백지白紙와 같다는 이론이 옳지 않다는 것을 드러내고, 개별적인 마음은 세계의 나머지 부분과 객관적으로 연관되어 있음을 확증해 준다.

• 의식되는 지각 보다 더 낮은 단계의 지각들도 존재하지 않으면 안 된다. 왜냐하면 모든 자연운행의 과정이 연속적이라는 가정 하에서는, 만일 무의식적인 지각들이 없다면 인간은 깊은 잠에서 결코 완전한 의식상태로 돌아올 수 없기 때문이다(*La monadologie*, §§ 22-24). 그런데 '무의식적 지각'에 관한 주장은 프로이트S. Freud의 이론을 선취先取한 것이다. 즉, 의식상태가 0에서 1이나 2로 돌아올 수는 없고, 0.1이나 0.2에서 1이나 2로 돌아올 수 있다는 것이다.

• 무의식적인 지각의 도입함으로써 라이프니쯔는 데카르트의 실체론이 가지고 있는 두 가지 난점을 해결한 것으로 보인다. 즉, 데카르트에서는 수면睡眠 중인 인간은 더 이상 사유하는 실체로 존재하지 않기 때문에 존재하지 않는 것으로 간주되고, 개는 단지 짖는 기계로 간주된다. 그러나 라이프니쯔는, 잠자고 있는 인간도 통각을 가진 모나드로 간주하고, 기억을 가지고 있는 개에게 동물적 혼을 부여할 수 있게 되었다.[16]

• 단자는 자신의 활동이 없이는 존재할 수 없기 때문에, 그 활동은 의식적인 상태에서 벗어나 있을 때조차도 끊임없이 현존해야 한다. 내적인 경험을 살펴보면, 우리의 지각 들 중 어떤 것은 상대적으로 모호하고 또 다른 것들은 한층 명료하다. 따라서 지각들 사이에는 분명히 어떤 등급이 있다. 지각활동은 명료한 의식이 사라지는 곳에서 갑자기 중단되는 것이 아니라 무의식의 깊숙한 곳까지 진행된다. 지각활동은 반성의 상태에서부터 무의식적인 상태, 그러나 이 세계를 진실로 표현하는 무의식적인 상태까지 중단 없이 연속된다. 잠, 꿈, 그 외에도 의식을 방해하는 여러 가지 것들에 둘러싸여 있음에도 불구하고 영혼의 지속성은, 의식적인 지각이 광범위한 무의식적 지각활동이라는 토대에 의존하고 있음을 말해준다.

• 예컨대 우리가 계속 줄을 잡아당길 때, 그 줄은 잡아당기는 힘이 어떤 특정한 강도에 이르렀을 때 끊어진다. 그런데 잡아당기는 힘은 줄이 끊어지기 전에도 이미 작용하고 있었던 것인데, 다만 그 힘이 미미했기 때문에 줄이 끊어지는 결과에 이르지는 못했던 것이다: "우리가 아무리 깊이 잠자고 있다 해도 우리는 반드시 약하고 혼란한 감각을 여전히 갖고 있다. 그리고 하나의 끈이 아주 작은 노력에 의해, 비록 이 작은 늘어남이 눈에 띄지 않는다 해도, 조금이라도 잡아당겨지거나 늘어나지 않는다면, 아무리 더 큰 힘으로 줄을 잡아당긴다고 해도 줄을 끊어버릴 수 없다."[17]

우리가 의식하고 있는 지각은, 주목되지 않은 수많은 무의식적이고 미세한 지각을 통해서 만들어질 수 있다. 결국 라이프니쯔는, 우리의 정신세계의 많은 부분이 무의식의 심연에서 솟아 나온다는 근대의 심리학적 신념에 철학적인 토대를 놓았다.[18]

3. 단자의 계층

• 이와 같이 지각작용과 욕망을 가지고 활동하는 무한한 단자들로 세계는 구성되어 있는데, '동일자 무구별 원리'[principium identitatis indiscernibilium]에 따르면 전적으로 동일한 두 개의 단자는 존재하지 않는다. 왜냐하면 구별되지 않는 것들(물들)은 이 원리에 따르면 동일하기 때문이다. 단자들은 하나의 연쇄를 이루고 있다. 맨 꼭대기에 단자들의 단자[monas monadum]인 신이 있다. 신은 명석판명한 지각들만을 갖고 있다. 맨 아래에는 불명석하고 불판명한 지각들만을 갖고 있는 단자들이 존재한다. 라이프니쯔는 이들을, 벌거벗은 단자들이라고 부른다. 이들 양극兩極 사이에 다른 존재자들이 자리 잡고 있다. 인간도 사슬의 한 부분을 이루고 있다. 인간이 자기 밑에 있는 단자들과 구별되는 것은 의식과 자기의식을 통해서다. 즉 인간은 지각할 뿐만이 아니라 자기가 무엇을 지각하는지도 안다. 그리고 그는 자기가 지각하는 자라는 사실도 안다. 다시 말하면, 그는 의미심장한 단어인 〈나〉를 말할 수 있다.[19]

• 식물로부터 인간에 이르는 각 개체는 해당 단자(엔텔레케이아)에, 개체화의 매개체인 물질이 결합됨으로써 이루어진다. 가장 저차적인 수준의 개체인 무생물은 단자를 소유하고 있지 않고, 가장 높은 위치에 있는 신은 순수단자로서, 물질적 요소를 지니고 있지 않다. 이를 정리하면 다음과 같다.

존재자	단자의 종류 및 특성	개체화의 매개체(물질)
무생물	단자가 없음	물질
식물	모호한 상태의 지각을 가진다. "지각만을 가진 단순실체=단자들 및 완성태들"(*La monadologie*, §19) / "마치 기절했을 때처럼 또는 꿈조차 꾸지 않는 깊은 잠에 떨어졌을 때처럼, 아무 것도 기억하지 못하는, 또 어떤 분명한 지각도 하지 못하는 내면상태"(*La monadologie*, §20) / "굉장히 많은 미세지각微細知覺[petites perceptions]"(*La monadologie*, §21) / "나체裸體단자"[Monade toutes nues] (*La monadologie*, §24)	식물의 신체
동물	"보다 더 분명한 지각을 갖는 동시에 기억[mémoire]을 동반하고 있는" "감정感情[le sentiment[20]]"을 가짐(*La monadologie,* §19). 이것을 라이프니쯔는 혼魂[Ames][21]이라고 부른다. 그러나 지각과 욕망을 가진 모든 것을 혼이라고 부른다면, 모든 단순실체들이나 창조된 단자들을 온이라고 부를 수 있을 것이라고 말한다(*La monadologie*, §19 참조).	동물의 신체
인간	"이성적 혼理性的 魂(Ame Raisonnable) 혹은 정신精神[Esprit]"(*La monadologie,* §29) / 필연적이고 영원한 진리들을 인식함. 이성과 과학들을 가질 수 있게 해줌. 우리 자신과 신을 인식함(*La monadologie*, §29 참조). 인간은 "통각統覺[apperception][22]"(*La monadologie*, §14)을 지니고 있는데, 이것은 '지각知覺의 지각知覺'이자 자기의식自己意識이다. 그런데 인간은 동물이 지니고 있는 "감정[sentiment]" 외에 이러한 의식의 기능들을 가지고 있다.	인간의 신체
신	항상 전적으로 명석판명한 지각을 가진 유일한 단자. 단자들의 단자. "모든 것의 원천인 잠재력, 관념들의 세부사항들을 포함하는 인식, 그리고 최선의 원리에 따라 변화들이나 생산물들을 만드는 의지"(*La monadologie*, §48)를 가지고 있다.	없음 (*La monadologie*, §72)

• 라이프니쯔에 있어서의 사유물[res cogitans]은 데카르트가 말하는 그것과는 본질적으로 다르다. 즉, 라이프니쯔는 res cogitans를, 의식意識뿐만 아니라 무의식적인 것에까지 적용하고, res cogitans를 무한한 수數의, 서로 다른 개체들인 단자들로 나눈다. 단자는 부분을 갖지 않는 통일체, 단순한 실체인데(*La monadologie*, §1), 단자는 생물 — 식물, 동물, 인간 — 에 의해서만 물체화되고, 무기체(비유기체)에 의해서는 결코 물체화되지 않는다.[23] 이때 단자는 유기체를 통일시키는 그런 것이다.[24]

II. 추론의 진리와 사실의 진리

—

• "우리들의 숙고는 두 개의 큰 원리에 근거해 있다. 그 하나는 모순율로서, 이 원리에 의하여 우리들은 모순을 포함하고 있는 것을 거짓이라고 판단하고, 거짓과 반대되거나 모순되는 것을 참이라고 판단한다"(*Théodicée*, § 44, § 169)"(*La monadologie*, § 31).

• "다른 하나는 충분한 이유의 원리로서, 이 원리에 의하여 우리들은 어떤 사실도 왜 이렇게 되고, 저렇게는 되지 않는가 하는 충분한 이유가 없다면 참일 수도 존재할 수도 없고, 어떠한 명제도 참일 수 없다고 생각한다. 비록 이런 이유들이 우리에게 대부분 알려질 수 없다 하더라도"(*La monadologie*, § 32).

• "진리에도 두 종류가 있다. 추론의 진리와 사실의 진리가 그것이다. 추론의 진리는 필연적이며 그 반대는 불가능하다. 그리고 사실의 진리는 우연적이며 그 반대가 가능하다. 진리가 필연적인 경우는, 그 진리를 원초적인 관념이나 진리에 이르기까지 더욱 단순한 관념과 진리로 분해

함으로써 그 이유를 분석적으로 발견할 수 있다"(*La monadologie*, § 33).

여기서 라이프니쯔는 우리들의 숙고의 두 원리인 모순율矛盾律[principle of contradiction]과 충족이유율充足理由律[principle of sufficient reason], 그리고 이 각 원리에 근거한 두 종류의 진리인 추론의 진리[vérité de raisonnement]와 사실의 진리[vérité de fait]에 관해 말하고 있다.

우선 모순율은 '~ (p · ~p)'로 표시할 수 있는데, '어떤 것은 그것인 동시에 그것이 아닐 수 없다'는 원리다. 모순관계에 있는 진술들은 그들 중 반드시 어느 하나는 옳고 다른 하나는 그르다[~ (p · ~p) ≡ p∨~p]. 이것은 편의상 '모순율'이라고 부르지만, 그 내용을 보면 '무모순율'이다. 이 원리와 동전의 다른 면을 이루는 원리가 바로 동일률同一律[principle of identity]인데, 이것은 'p=p'로 표현된다. 또한 모순율의 괄호를 풀면 배중률排中律[principle of excluded middle]로 나타나는데, 이것은 'p ∨ ~p'로 표현된다. 그러면 라이프니쯔가 구분한 두 종류의 진리인 추론의 진리와 사실의 진리를 살펴보자.

1. 추론의 진리

[vérité de raisonnement, truths of reasoning, Vernunftwahrheiten][25]

·

• 추론의 진리는 모순율에 따른다. 우리는 추론의 진리를 〈논리〉에 의해 인식한다. 추론의 진리는 필연적 진리이며, 그것을 부정하면 모순에 빠지게 된다. 추론의 진리가 필연적인 이유는, 사용된 용어의 의미 자체와 인간의 지성의 양상은 어떤 사물들이 참임을 요구하기 때문이다.

'A는 A다', 'A는 A가 아닌 것이 아니다'와 같은 모든 명제는 참이다. 왜냐하면, 그것을 부정하면 모순이 되기 때문이다. 추론의 진리는 동어반복이다. 왜냐하면, 그러한 명제 속의 주어가 이미 포함하고 있는 내용을 술어는 단지 반복하는 것에 지나지 않기 때문이다. 추론의 진리는 자명한 진리이며 분석명제이어서, 그 명제의 술어가 이미 주어 속에 포함되어 있으며 술어를 부정하는 것은 모순에 빠지는 결과를 초래한다. 라이프니쯔는 이것을 〈영원한 진리〉[vérité eternelle](*La monadologie*, § 45, § 46 참조) 혹은 〈필연적 진리〉[vérité nécessaire](*La monadologie*, § 46 참조)라고도 한다.

2. **사실의 진리**[vérité de fait, truths of fact, Tatsachenwahrheiten]

·

• 사실의 진리는 충족이유율에 따른다. 충족이유율은, 어떠한 사물도 충분한 이유 없이는 존재할 수 없다고 하는 원리로서, 우리는 이 원리에 의거하여 경험적인 사물의 원인을 구명해 갈 수가 있다. 그러나 사실의 진리는 경험적 인식의 소산이기 때문에 필연적이지 않으며, 이것을 부정하는 명제를 생각할 수 있기 때문에, 이것을 〈우연적 진리〉[vérité de contingente](*La monadologie*, § 46 참조)라고도 한다. 예컨대 스피노자가 헤이그Hague에서가 아니라 라이덴Leyden에서 죽었을 것이라는 가정에는 아무런 모순도 없다. 또한 "전북대학교는 전주시 덕진동에 있다"는 것은 사실의 진리요 경험적 진리다. 그러나 "전북대학교는 (전주시 덕진동에 있지 않고) 효자동에 있다"고 말해도 양 진술은 모순관계에 있지 않고 논리적 반대관계에 있다. 즉, 전북대학교가 반드시 덕진동에 있

어야만 했던 것은 아니기 때문에 — 이것은 우연한 진리다 — 예컨대 이것을 부정하는 "전북대학교는 호성동에 있다"는 진술은 단지 '그른' 진술일 뿐이지, 이것과 모순관계에 있는 진술이 되지는 않는다. 다시 말하면, "전북대학교는 전주시 덕진동에 있다"는 진술 자체가 모든 경우에 있어서 참인 것은 아니기 때문에, 이 진술도 거짓일 수 있는 가능성이 존재하고, 이 진술을 부정하는 진술도 거짓일 수 있기 때문에 이 두 진술은 모순관계에 있지 않게 된다는 말이다. 그러나 사실의 진리의 경우, 그것이 그렇게 된 충분한 이유가 있다.

* 가능성의 종류

1) 인식론적 가능성: '~을 알 수 있다'
2) 논리적 가능성: 모순이 없으면 무엇이든 가능하다.
3) 사유가능성 혹은 상상 가능성: 생각(상상)할 수 있는 것은 모두 가능하다.
4) 현실적 (발생) 가능성: 현실에서 어떤 일이 일어날 수 있는 가능성. 많은 경우, '물 리적 가능성'이라고도 부른다.[26]
5) 법적 · 도덕적 허용 가능성
   예) "여기에 주차할 수 있습니다.": 법적인 허용 가능성
   "어떤 경우에도 거짓말을 해서는 안 된다.": 도덕적으로 허용되지 않는다는 뜻.

III. 예정조화설

＊ "이러한 원리들에 의하여 나는 혼과 유기적인 신체의 결합[l'union], 또는 더 잘 말하면 부합[la conformité]을 자연적으로 설명하는 방법을 마련하였다. 혼은 자기 자신의 법칙을 따르고, 신체도 자기 자신의 법칙을 따른다. 그렇지만 혼과 신체는, 모든 실체들 사이에 존재하는 예정조화[*l'harmonie préétablie*] 덕분에 일치한다. 왜냐하면 혼과 신체는 실로 동일한 우주의 표상들이기 때문이다(『변신론』, 서문, § 340, 352, 353, 358)"(*La monadologie*, § 78).

＊ "혼은 목적인[causa finalis]의 법칙에 따라서, 욕구, 목적과 수단을 통해서 작용한다. 물체(신체)는 동력인[causa effeciens][27]의 법칙 곧 운동법칙에 따라서 작용한다. 그런데 이 두 영역, 곧 동력인의 영역과 목적인의 영역은 서로 조화를 이루고 있다"(*La monadologie*, § 79).

• 라이프니쯔에 의하면, 혼은 목적을 의식하기 때문에 목적인에 의해 움직이고, 물체(신체)는 동력인에 의해 움직인다. 그러나 혼과 신체는 각자 자기 자신의 법칙에 따르면서도 완전한 조화와 통일이 이루어지도록 미리 정해져 있다고 그는 말한다. 그는 이러한 사태를 휠링스가 든 바 있는 시계의 비유로 설명하고 있다. 즉, 혼이라는 시계와 신체라는 시계는 조금도 어김없이 꼭 같은 상태에서 시계바늘을 움직여 가는데, 이는 두 개의 시계가 그렇게 움직이도록 애당초 신에 의해 만들어졌다는 것이다. 이것이 바로 그의 예정조화豫定調和[28]설이다. 이처럼 그는 예정조화설을 통하여 기계론적 필연성과 종교적 목적론을 융화시킴으로써 기독교적 신을 옹호할 수 있는 바탕을 마련하였다.[29] 이와 같은 조화는 혼

과 신체 사이에만 존재하는 것이 아니라, 단자들 상호간에도 존재한다. 단자에는 창窓이 없기 때문에 단자들은 서로 교섭할 수 없다. 그럼에도 불구하고 이들 간에 소통이 가능한 것은, 신이 단자를 창조할 때 각각의 단자가 자기 나름대로 우주를 반영하도록 예정해 놓았고, 예정해 놓은 이 법칙에 따라서 단자가 움직이기 때문에, 단자들은 서로 교섭하지 않아도 조화를 이룰 수가 있다는 것이다. 이러한 예정조화설로 미루어볼 때 라이프니쯔는 신이 우주 창조 후에 인간사에 직접 관여하지 않는다고 보는 이신론理神論[deism]의 입장을 견지하고 있다고 할 수 있다.

• 이렇게 볼 때 현실세계는 자연의 최고의 설계자인 동시에 도덕의 최고의 입법자인 신의 의지가 실현된 〈최선最善〉[optimus[30]]의 세계다. 그런데 이 결과는, 신의 본성 자체로부터 유래하는 것이다. 만약 이 지상地上세계가 최선의 것이 아니고 이보다 양호良好한 세계의 창조가 가능했다면, 이것은 절대자인 신이 그 양호한 세계가 어떤 것인가를 알지 못하였거나(이것은 전지全知한 신성神性에 위배된다), 아니면 이것을 알면서도 창조해 낼만한 능력이 없었거나(다시 이것은 전능한 신성에 위배된다), 또 아니면 어떤 이유에서든 그런 세계를 원치 않았다(이것도 역시 자비로운 신성에 위배된다)고 할 수밖에 없기 때문이다. 그러나 문제는, 바로 이 완전한 최선의 세계에 어떻게 그렇게도 많은 고난과 불완전함과 죄악이 들끓고 있는가 하는 것이다.[31] 그러나 라이프니쯔에 의하면, 비록 현실에 악惡[malum]이 존재하더라도 어디까지나 그것은 악곡에 있어서의 불협화음不協和音과 같은 것으로서, 이 세계의 질서나 조화와 완전성을 유지시키기 위하여 존재하는 데 지나지 않는 것이다. 여기서 '필요악'[necessary evil]이라는 개념이 생기며, 이는 그의 변신론辯神論의 구상에로 인도한다.

IV. 변신론

• 예정조화설과 함께 낙관론적인 그의 신관은, 세계 안에 존재하는 악과 고통과 불행이라는 사실과 양립할 수 없는 것처럼 보인다. 완전자로서의 신이 최상의 세계를 창조했다면 어떻게 이 세계에 악과 고통과 불행이 존재하는지를 설명하기 어렵기 때문이다. 이 물음에 대해 대답하기 위해 라이프니쯔는 자신의 변신론辯神論[32]을 제시하며, 다음과 같이 악을 형이상학적 악, 도덕적 악, 물리적 혹은 자연적 악으로 구별하면서[33] 자신의 논의를 전개한다.

1. 형이상학적 악[le mal métaphysique, malum metaphysicum]

• "형이상학적 악은 단순한 불완전성 속에 있다"(*Théodicée*, Première Partie § 21)고 라이프니쯔는 말한다. 이 말의 의미는, 모든 피조물은 불완전한 것들인데, 피조물의 불완전성 자체가 '좋지 않은' 것이라는 것이다. 이때의 '악'이라는 말에는 도덕적인 의미는 포함되어 있지 않다. 이것은 예컨대 우리가 바둑을 둘 때 '악수惡手'를 두었다고 할 때의 '악'이나, "그것은 좋은 기타가 아니다"라고 말할 때의 '좋지 않은'이라는 의미를 지닌다. '형이상학적 악'은 피조물이라는 존재자 자체의 결함이 '좋지 않다'는 것을 가리키므로, '존재론적 악'이라고 할 수 있다. 그렇다면 신은 왜 완전한 피조물을 창조했는가 라고 묻는 사람이 있을지도 모르지만, '완전한 피조물'은 존재할 수 없다. 만약 그것이 완전한 자라면 피조물이 아니라 신일 것이기 때문이다.

• 아우구스티누스 전통에 서 있는 라이프니쯔에게 있어서 형이상학적 악은 근원적인 것이어서 다른 종류의 악은 이것으로부터 흘러나온다.[34]

비판〉

• 일단, '형이상학적 악'에 대한 라이프니쯔의 주장을 우리가 받아들이려면 신에 의한 우주창조를 인정해야 하고, 두 번째로는, '유한성'을 '좋지 않은 것'으로 인정해야 한다. 그러나 이 두 가지 사항을 인정하지 않는 입장도 얼마든지 가능하므로 '형이상학적 악'은 당연한 것으로 받아들일 수 있는 것이 아니다.

2. 물리적 악[le mal physique, malum physicum]

• "물리적 악은 고통(괴로움) 속에 있다"(*Théodicée*, Première Partie § 21)고 라이프니쯔는 말한다. 이때의 'physicum'[physical]이라는 말은 헬라스어 physis의 형용사인데, physis는 원래 '자연'을 뜻한다. 그러나 'malum physicum'이라고 할 때의 'physicum'은 '인간이 아닌 자연', '인공물이 아닌 자연(물)', '사회가 아닌 자연', 그리고 '초자연이 아닌 자연'이라는 의미의 형용사형태가 아니라, '정신이 아닌 자연'이라는 의미의 형용사 형태로 사용되고 있다. 그런데 '정신이 아닌 자연'은 다른 말로 하면 '물질'이다. 그런데 '물질'의 형용사 형태는 '물질적' 혹은 '물리적'이다. 나는 여기서 후자의 형태를 취했다. 그리고 이때의 '물리적'이라는 말은, '물질과 관계된'이라는 의미로 사용되고 있는 것이지, '생물학적'이나 '화학적'이라는 표현과 대비되는 의미로 사용되고 있는 것은 아니다.

• '물리적 악'은 예컨대 홍수, 해일, 지진 등, 자연에서 일어나는 여러 가지 자연재해自然災害들로 인한 고통이나 고난 등을 가리킨다. 이것들은 물질(물리)적인 것들로 인해 초래되는 고통으로서의 '악'이다. 또한 질병, 굶주림, 사고事故로 인해 초래되는 인간의 신체[physique]의 고통도 물리적 악에 속한다. 왜냐하면 인간이 아닌 물질에는 '자연(물)', '인공물'이 있고, 인간이 지니고 있는 물질(적인 측면)은 '인간의 신체'이기 때문이다. 그래서 인간에 있어서의 자연적인 측면을 가리킬 때에 많은 경우에 있어서 'physical'이라는 단어를 사용한다.

• 그런데 라이프니쯔는, "신이 계시다면, 악은 어디서 오는가?"(Si deus est, unde malum?[35] (*Théodicée*, Première Partie § 20)라는 물음을 제기하면서 이에 대해 두 가지 대답을 하고 있다. 즉

① "그런데 악에 관해서 말하자면 신은 도덕적 악을 전혀 원하지 않고 물리적 악이나 고통도 무조건 원하지는 않는다. 이런 이유로 (...) 우리는 물리적(자연적) 악에 관하여, 신은 때로는 죄에 대한 벌로서, 또 때로는 어떤 목적을 달성하기 위한 수단으로서, 즉 보다 더 큰 악을 저지하거나 보다 더 큰 선을 실현하기 위해 물리적 악(자연의 악)을 원한다고 말할 수 있다. 벌은 개선改善과 경고警告에 쓸모가 있고, 악은 선이 한층 더 강하게 나타나게 하는 데 이바지하는 때가 자주 있다"(*Théodicée*, Première Partie § 23). 그리고

② 우주의 풍부함과 조화가 필요하기 때문에 자연의 악이 〈허용된다〉: "영원한 진리의 거대한 영역은 모든 가능성을 포괄하고 있기 때문에, 무한히 많은 가능세계들이 있어야만 하고, 악이 이 세계들의 여러 개 안에 들어가지 않으면 안 된다. 따라서 모든 세계 중에서 가장 선한 세계도 악을 내포하게 된다"(*Théodicée*, Première Partie § 21).

비판〉

• 헤겔이 라이프니쯔의 『변신론』을 "철학체계"라기보다는 "세계의 본성"에 대한 하나의 "가설假說"이며 "자의적인 생각들이자 형이상학적 소설"[36]이라고 평가하듯, 설득력이 부족하다. 문제점을 구체적으로 지적하면,

① '죄'나 '선', '악'의 의미가 대다수의 사람들이 인정할 수 있도록 명확히 정의되지 않고, 기독교적 의미로 사용되고 있다. 그러나 이 개념들의 의미를 좀 느슨하게 받아들이고 문제점을 생각해 보면,

② 어떤 선들은 악이 있어야 가능한 것이 분명하다. 예컨대 측은히 여기는 마음은 고통을 봄으로써 생기며, 불굴의 정신은 역경 속에서 가능해진다. 그런데 부모가 괴한에게 살해되어 고아가 된 아이가 자라면서 자신이 처한 어려운 상황을 극복하려고 굳은 의지로 노력하여 훌륭한 법관이 되었다고 생각해보자. 그러나 자기 부모가 비참하게 살해되어야만 어떤 사람이 훌륭한 사람이 될 수 있는 것인가? 그렇지 않을 것이다. 만일 그렇다 하더라도, 그들의 죽음이 도덕적으로 정당화될 수는 없다.

③ 가장 크다고 할 수 있는 양陽의 정수를 확정할 수 없듯이, 가능한 (모든 세계들 가운데) 최선의 세계도 결정할 수 없다. 음陰의 정수를 포함한 정수의 체계는 완결되지 않는다. 따라서 신이 창조한 세계가 최선의 세계라고 주장할 수 없고, 신은 현재의 세계보다 더 나은 세계를 창조할 수도 있었고, 이런 과정은 끝없이 계속될 수 있는 것이라는 반론이 가능하다. 그러나 이런 반론에 대해서 유신론자는 다음과 같이 변호할는지도 모른다. '가능한'이라는 개념은 애매曖昧한 개념이므로 '가능한 최선의 세계'도 애매한 개념이라는 것이다. 즉 그것은, '논리적으로 상상할 수 있는 최선의 세계'[the best world logically conceivable]일 수도 있고, '실

제로 획득할 수 있는 최선의 세계'[the best world actually achievable]일 수도 있다. 이렇게 보면, 분명히 이 세계는 상상할 수 있는 최선의 세계는 아니고 궁극적으로 성취할 수 있는 최선의 세계도 아니지만, 그것은 오늘날 성취할 수 있는 최선의 세계[the best world achievable today]일 수 있다는 것이다.

④ 창조된 세계는 가능한 (모든 세계들 가운데) 최선의 세계라면 우리의 세계는 발전할 수 없을 것인데, 이는 우리의 상식과도 맞지 않는다.

⑤ 위에서 라이프니쯔가 제시한 두 가지 대답 가운데 첫 번째 대답을 인정하더라도, 여전히 다음과 같은 의문은 남는다. 즉, 천재지변이나 (인간의 실수나 의도에 의한) 사고事故로 인해, 악한 사람들만이 아니라 선한 사람들도 고통을 받고, 또 죽기도 하는데, 왜 이런 일이 일어나는가를 설명할 수 없다는 것이다.

⑥ 세계에 이처럼 많은 고통이 있어야만 한다면, 전지 · 전능 · 전선한 신은 아예(애당초) 어떤 세계도 창조하지 않았어도 될 텐데 도대체 왜 이런 세계를 창조했는가 라는 물음을 제기할 수 있다.[37]

3. 도덕적 악[le mal moral, malum morale]

• 라이프니쯔는 "도덕적 악은 죄 안에서 성립한다"(*Théodicée*, Première Partie § 21)고 말한다. 도덕적 악은 우리가 '악'이라고 말할 때 가장 많이 염두에 두고 있는 것이다. 이것은 인간의 행위로 말미암은 죄를 가리키는 표현이다.

• 라이프니쯔가, "영원한 진리의 거대한 영역은 모든 가능성을 포괄

하고 있기 때문에, 무한히 많은 가능세계들이 있어야만 하고, 악이 이 세계들의 여러 개 안에 들어가지 않으면 안 된다. 따라서 모든 세계 중에서 가장 선한 세계도 악을 내포하게 된다"(*Théodicée*, Première Partie § 21)고 말하고 있듯이, 신은 좀 더 좋은 세계를 위해 죄와 악을 허용한다는 것이다. 라이프니쯔는, 도덕적 악이나 죄가 전혀 없는 세계보다 현재의 세계처럼 죄가 있는 세계가 더 나은 세계라고 말한다.

• 그래서 신은 "도덕적 악을 단지, 그것을 최선과 결합시키는 필요조건이나 가언적 필연성으로서만 허용하고자 한다"(*Théodicée*, Première Partie § 25)고 말한다. 즉, 신은 인간을 윤리적인 행위를 할 수 있는 자유로운 자로 만들었는데, 이러한 자유의 대가代價로서 도덕적 악을 허용하지 않을 수 없다는 것이다. 그러므로 악에 대해 책임이 있는 자는 신이 아니라, 선을 행하도록 얻은 자기의 자유를 남용하는 선택을 한 자에게 있다고 그는 주장한다.

• 그러나 이러한 주장에 대하여 우리는 다음과 같은 물음을 던질 수 있다. 즉, 신은 다음과 같이 할 수 있었다.

① 세계를 전혀 만들지 않을 수 있었다.
② 자유로운 피조물이 없는 세계를 만들 수 있었다.
③ 자유로운 피조물이 범죄하지 않을 세계를 만들 수 있었다.
④ 자유로운 피조물이 범죄할 세계를 만들 수 있었다.

(다섯 번 째 대안, 즉 피조물이 자유롭지만 반드시 범죄할 세계를 신이 창조할 수도 있다는 것은 불가능하다. 왜냐하면, 자유는 필연적으로, 죄를 짓지 않을 가능성을 포함하기 때문이다).

그런데, 신에게 가능한 네 가지 선택 중에서 ①부터 ③까지의 선택이, 지금 우리가 처해 있는 ④보다는 도덕적으로 더 나은 것으로 보인다. 그러나 신이 최선을 다하지 못하도록 한 것은 악이다. 그러므로 신이 ④ 죄가 발생할 세계를 창조한 것은 악이다.

• 이 반론에 대한 응답으로 유신론자들은,

a) ①부터 ③까지의 세계들은 ④보다 도덕적으로 좋지 않으며, ④의 세계가 도덕적으로 가장 좋은 세계라고 주장한다.

첫째로, 존재하지 않는 세계①과 자유롭지 않은 세계②는 현세④ 보다 도덕적으로 더 좋다고 말할 수 없다. ①과 ②의 세계는 도덕적인 세계일 수 도 없는데, 왜냐하면 그것들 둘 다 도덕적으로 자유로운 피조물이 없기 때문이다. 그것들이 도덕의 세계일 수조차 없기 때문에, 확실히 그것들은 도덕적으로 더 좋을 수 없다. 도덕판단은 도덕기준이 적용되는 곳에서만 가능하다. 그러나 존재하지 않는 세계①이나 도덕적인 자유가 없는 세계②에는 도덕적인 기준이 적용될 수 없다. 이러한 세계는 '도덕과 관계없는'[nonmoral] 세계 혹은 '도덕감이 없는'[amoral] 세계다.[38]

둘째로, 결코 죄가 발생하지 않는 세계③은 죄가 발생하는 우리의 세계보다 더욱 바람직한 것으로 보인다. 그러나 논리적으로 가능하거나 상상할 수 있고 그리고 도덕적으로도 바람직하다고 생각된다는 사실이, 현실적으로 그것이 성취될 수 있다는 점을 의미하는 것은 결코 아니다. 즉, 자유로운 세계에서는, 논리적으로 가능한 모든 일이 실제로 다 실현되지는 않는다. 그것은 전적으로 인간들이, 자신들의 자유로운 결정으로 무엇을 행하는가에 달려있다. 다시 말하면, 문제는 논리적인 문제가 아니라, 사람들이 죄를 선택하는지 아닌지에 달려있는 사실적인 문제다. 그리고 이렇게 주장될 수 있으므로, 신이 실제로 죄가 결코 발생하지 않을 것을 보장하는 세계를 창조하는 것은 불가능한 일이다. 그리고 절대 완전한 신의 본성 자체가 신이 가능한 한 최선을 다하리라고 보증하기 때문에, 우리는 ⓐ 죄가 결코 발생하지 않는 세계는 죄가 발생하는 세계보다 좋지 않거나 ⓑ 죄가 없는 세계는 항상 없었다고 확신할 수 있다.

b) 유신론자들이 취할 수 있는 두 번째 반론은 다음과 같이 묻는 것이다: "죄가 결코 허용되지 않은 세계가 가장 좋은 세계나 유일한 좋은 세계일 수 있겠는가? 아니면 악을 퇴치하기 위해서 그것을 허용하는 것이 더 좋지 않겠는가? 보다 더 큰 선을 획득하기 위해, 어느 정도의 악을 허용하는 것이 더 좋지 않겠는가? 어느 정도의 덕과 쾌락은 몇몇 고통과 악을 허용하지 않고는 획득될 수 없다. 예컨대, 측은지심惻隱之心은 고통을 목격함으로써 생기며[39], 불굴의 정신은 역경 속에서 가능하다. 신은 최대의 선을 산출하기 위한 수단으로서 악한 세계를 허용했을 수도 있다.[40]

즉, 신은 ① 항상 선만을 선택하는 자동기계[innocent automata]와 같은 사람, 혹은 ② 자유롭게 행동하면서 가끔 죄를 지을 수 있는 자, 둘 중에 하나를 선택하여 인간을 창조해야만 하는 것은 아니었다. 자유롭게 행동하면서도, 언제나 옳게 행동하는 자를 만들 수 있는 더 좋은 가능성을 가지고 있었다. 혹은 선악(의 구별)이 없는 세계를 창조할 수도 있었을 것이다. 그런데 이런 가능성을 신이 선택하지 못했다(않았다)는 것은 그가 전능하고 전적으로 선하다는 개념에 상반되는 일이다.[41]

영국의 경험주의
[Empiricism]

로크 | 버클리 | 흄

—

이성주의가 필연적이고 보편타당한 인식을 추구하였다면 경험주의는 우리의 〈감각경험〉으로부터 모든 지식을 도출하고, 그로부터 학문의 토대를 수립하려고 한다. 경험주의자들은 "이미 감각 속에 존재하지 않은 것은 지성 속에 존재하지 않는다"("Nihil est in intellectu, quod prius non fuerit in sensu)"는 중세의 경험주의의 신조에 따라, 감각적 인식을 자신들의 철학의 토대로 삼는다. 그러나 감각경험은 개인에 따라 상이한 것, 즉 주관적이고 상대적인 것이어서 이로부터는 필연적이고 보편타당한 지식을 확립할 수 없다는 문제가 발생한다.

이성주의자들이 수학 내지 기하학의 방법을 자신들의 학문의 방법으로 사용했다면, 경험주의자들은 실험과 관찰을 통하여 인식을 수립하고자 했다.

경험주의 철학의 입장은 이미 고대의 소피스트들이나 스토아학파 및 에피쿠로스학파에 있어서도 발견되지만, 경험주의를 체계적으로 확립한 것은, 베이컨Francis Bacon (1561-1626)을 거쳐 로크John Locke (1632-1704) 에 이르러 비로소 가능하게 된다.

로크에 와서야 비로소 경험주의 인식론이 체계화될 뿐만 아니라, 이에 입각한 실천철학도 수립되기에 이르는데, 그는 물론 자신에 앞선 베이컨과 홉스Thomas Hobbes (1588-1679)의 경험주의를 한편으로 계승하면서 자신의 독자적인 이론을 수립해나갔다. 그에 뒤이어 아일랜드의 버클리George Berkeley (1685-1753)는 관념론 및 유신론의 입장에서 경험주의 철학을 천착했고, 스코틀랜드의 흄David Hume (1711-1776)에 이르러 영국경험주의는 더욱 철저화 되었다. 현대의 경험주의는 20세기에 미국과 영국을 중심으로 성립한 철학사조이지만, 우리가 여기서 살펴보려고 하는 경험주의는 17~18세기에 영국에서 이루어진 근대의 소위 '고전적 경험주의'를 가리킨다.

영국의 경험주의
[Empiricism]

로크 | 버클리 | 흄

로크(John Locke, 1632-1704)

생애와 저작

• 1632년: 로크는 1688년의 '명예혁명[1]'을 대표하는 철학자인 동시에 영국[2]을 대표하는 철학자라고 할 수 있다. 로크 이후의 경험주의 철학의 계보로 볼 때, 버클리가 아일랜드 사람이고 흄이 스코틀랜드 사람인데 반하여, 그는 잉글랜드 사람으로 브리스틀Bristol에 가까운 링튼Wrington 출신이니까, 영국을 대표하는 철학자라고 불러도 무리가 없을 것이다. 그의 아버지는 변호사였다.

• 1646년: 웨스트민스터 학교에 입학하여 1652년까지 다님.

• 1652년: 옥스퍼드대학교의 크라이스트처치에 장학생으로 입학. 이후 문학사 학위와 석사학위 취득.

• 1659년: 크라이스트처치에서 일생동안 보유할 수 있는 자격을 지닌 장학연구생으로 선발됨.

• 1660년: 헬라스어 강사가 되었고, 그 후에는 수사학 강사와 도덕철학의 학생감으로 임명됨. 옥스퍼드에서는 철학만이 아니라 화학, 물리

학, 그리고 의학공부에도 열중했고, 식물연구나 약물학 연구를 의학과 결부시켰다. 당시에는 토마스 시드남이 가장 유명한 의사였는데, 1667년 이래 로크도 이 사람의 연구에 협력했다. 로크가 의학을 택했던 이유는 첫째로는 의학이 당시 신흥학문이기 때문이기도 했지만, 직접적으로는 성직자가 되지 않으면서도 크라이스트 처치의 특별장학금을 타기 위해서는 의학이 최적이라고 판단했기 때문이었을 것이다.

로크는 다섯 살 위였던 보일Robert Boyle을 옥스퍼드 대학 선배로서 알게 되었고, 그의 실험을 도와주기도 하면서 입자물리학의 세계에 눈떴다. 로크가 물질의 본성적이며 객관적인 제1성질과 주관적인 제2성질을 구별하게 된 것은 그의 영향이었다.

• 1665년: 월터 베인 경Sir Walter Vane이 이끄는 외교사절단의 서기관으로 영국을 떠나 브란덴부르크[3] 선거후選擧侯[4]에게 감. 그러나 그는 외교관이 될 생각은 없었다. 따라서 직업으로는 성직자의 길이 아니면 의사의 길이 그에게 남아있는 유일한 길인 듯 했다.

• 1667년: 2년 후 브란덴부르크에서 영국으로 돌아온 후, 나중에 초대 쉐입스베리Shaftesberry 백작이 된 애슐리 경Lord Ashley과의 만남이 그를 새로운 궤도로 이끌었다. 그는 휘그당의 당수인 애슐리 경의 가정의家庭醫 겸 비서, 그리고 그 아들의 가정교사로, 런던에 있는 애슐리 경의 저택의 사람이 되고, 이후에 휘그당 당원이 된다. 크롬웰Olver Cromwell(1599-1651)[5]이 청교도혁명에서 했던 역할을 명예혁명에서 해 낸 사람은 애슐리 경이었다. 로크가 애슐리 경을 만나게 된 것도 의사로서였으며, 런던에서 애슐리 가의 사람이 된 것도 의사로서였다. 다음 해에는 애슐리 경의 간장肝腸 농양膿瘍(고름집) 수술에 성공했다. 그것은 상당한 성과였던 모양이다.

• 1672년: 애슐리 경이 대법관이 되었을 때, 로크는 성직 임면국장 [secretary for the presentation of ecclesiastical benefices]에 임명됨.

• 1673년: 무역 및 식민지 문제 심의회의 사무관이 됨.

• 1674년: 옥스퍼드로부터 석사학위를 받고 정식으로 의사 허가를 얻었다. 그의 의학논문 중에는 시드남 등이 높이 평가한 것도 있었던 것 같다. 그러나 그는 의료업을 본업으로 삼지 않았고, 옥스퍼드에서 학자생활을 계속하지도 않았다. 그 대신 공적인 일에 연루되게 되었다.

• 1675년: 건강이 나빠져 프랑스로 가서 1680년까지 머묾. 이때에 데카르트주의자들과 반데카르트주의자들을 만났고, 가상디(1592-1655)의 사상에 영향을 받음.

• 1680년: 영국으로 돌아오자마자 다시 쉐입스베리 가로 들어갔다. 그러나 쉐입스베리는 당시 요크 공작이었던 제임스2세에 반대하는 음모에 관여하여 네덜란드로 피신하게 되었고, 1683년 1월에 그곳에서 죽는다.

• 1683년: 자신의 안전도 마찬가지로 위협당하고 있다고 믿은 로크는 가을에 네덜란드로 도피함. 1685년에 찰스2세가 죽었고, 로크의 이름은 새 정부에 의해 만머스의 반란[Monmouth's rebellion]과 관련하여 수배 명단에 올라있었다. 그리하여 그는 익명으로 살았고, 자기 이름이 그 명단에서 빠지게 되었을 때에도 영국으로 돌아가지 않았다. 하지만 그는 오렌지 공을 영국의 왕으로 추대하려는 계획이 진행되고 있다는 것을 알았기 때문에 1688년의 혁명 직후 조국으로 돌아왔다.

• 1689년: 『관용에 관한 서한』(*A Letter on Toleration*)

• 1690년: 『인간 지성론』(*An Essay concerning Human Understanding*)과 『정부론(통치론)』(*Two Treatise of Government*). 『통치론』의 서문에는, "우리들의 위대한 왕인 윌리엄의 왕좌를 확립하고, 인민의 동의에 의하여 그 칭

호에 광채를 더하는 데" 이 저술의 의도가 있다고 쓰여 있다. 윌리엄 왕은 네덜란드의 '오렌지 공 윌리암 3세[6]'이며, 그 부인은 제임스 2세의 장녀 메리로서, 그 부처夫妻는 다 같이 휘그당에 의해 왕좌에 받아들여졌다. 이렇게 하여 제임스 왕을 왕좌에서 물러나게 하고 무혈혁명이 실현되었다.

로크는 네덜란드 망명 중 윌리엄 왕과 그 측근들을 접촉했으며, 귀국할 때에는 메리 부인과 일행이 되어 바다를 건넜다. 따라서 『통치론』은 우선 명예혁명의 정당성을 논증하려고 한 것이었으나, 그것은 시민적 민주사회 일반에 타당한 정치원리였기 때문에 1688년의 영국체제에도 타당할 것이라고 생각하여 출판했던 것이다. 로크는 『통치론』에서 윌리엄 왕의 제한군주제, 즉 의회주의적 군주제는 국민의 동의에 의한 것이기 때문에 정당하며, 이후 국민의 신탁에 응하지 않는 정부는 성립근거를 가지지 않는다고 하였다. 이 원리와 함께 확실히 튜더 왕조[7] 식의 절대주의는 소멸했다. 그러나 청교도 혁명[8]기의 공화주의 사상도 동시에 자취를 감추었다. 혁명 후 그는 런던에서 윌리엄 왕의 중용으로 '소원국장 소원訴願[9]국장局長'의 직위로 연 200파운드를 지급받으며, 정계의 유력자를 그늘에서 도우면서 차례차례로 저작을 출판했다. 그리고 '통상식민국'通商植民局이 생기자 연 1,000파운드를 받는 중요임원이 되었다. 그러나 병약을 이유로 택한 이 한직閒職까지도 그에게는 부담스러웠으며, 만성 기관지염으로 인한 천식 때문에 그는 런던의 안개를 견딜 수 없었던 것 같다.

• 1691년: 런던의 하숙집을 나와 오츠Oates로 옮겼으며 거기서 이따금 런던으로 출근했다. 그러나 1697-98년에는 중병으로 쓰러진 일도 있었으며, 1700년(68세)을 끝으로 모든 공직을 떠나 은거생활에 들어가서

조용히 4년 후의 죽음을 기다리는 사람이 됨.

오츠는 런던의 동북으로 25마일 떨어져 있는 에섹스 구에 있는 조그마한 장원莊園[10]이다. 그 장원에 있었던 거친 고딕양식의 붉은 벽돌집이 마샴Francis Masham 경의 저택이었다. 그 집의 객이 된 로크는 자신과 자신의 급사의 숙식비로 일주일에 1파운드, 그리고 말을 먹이기 위해 일주일에 1실링을 지불하면서 이 집 2층의 두 방, 입구 홀에 이어지는 서재와 침실을 사용함. 이 두 방에 그는 탁자, 의자, 책상 등의 가구를 들여 놓음. 그는 실험기구도 상당히 가지고 있었고, 게다가 책도 5천 권이었다 하니 아마 다른 방에도 그의 물건을 두었을 것이다. 서재에는 동향과 남향의 창문이 있었는데, 거기에서는 푸른 잔디로 덮인 정원이 내려다 보였다. 맑은 날이면 로크는 이 정원에 나와서 독서하는 것을 즐거워했고 정원 가꾸기나 원예도 좋아했다. 그는 하숙인이라기보다는 마치 가족의 일원으로 기거하고 있는 듯했다. 그를 이 집으로 부른 사람은 바로 마샴 부인이었으며, 이 부인의 옛 이름은 다마리스 커드워스Damaris Cudworth로, 로크에게는 오랜 지인知人이자 왕년의 연인이었다. 그녀는 캐임브리지 대학의 플라톤주의 철학교수인 커드워스Ralph Cudworth(1617-1688)의 딸이었다. 그녀는 처녀 시절부터 '캐임브리지 플라톤주의자'들 사이에서 지내 온 터라, 그 철학파의 영향을 크게 받은 재원이었다. 로크서간집(*The Correspondence of John Locke*)에는 1682년 1월 6일자를 시발로 하여 그녀가 로크에게 보낸 많은 편지가 남아있다. 이 편지들에 대해서 분명 로크의 회신이 있었을 텐데 그 편지를 파기했는지 어쨌는지 의외로 남아있는 회신은 적다. 그녀는 로크가 병상에 있을 때 간호에 정성을 다했으며, 그의 임종을 한 유일한 여성이었다.

- 1693년: 『교육에 관한 몇 가지 생각』(*Some Thoughts concerning*

Education)

• 1695년: 『기독교의 합리성』(*The Reasonableness of Christianity*)은 톨런드 등의 '이신론理神論'의 초석이 되었다.

• 1704년 10월이 되니 로크의 생명력도 다한 듯 했다. 10월 27일 금요일에는 상태가 위독했으나 다음날인 토요일 아침에 로크는 기분이 좋아져서 오후에는 급사의 도움을 받아 침대에서 내려와 서재의 팔걸이의자에 앉았다. 맥주를 조금 마신 후 복장을 바로 하고 죽음의 방문을 기다렸다. 마샴부인이 옆에 앉아 시편을 읽어주고 있었는데, 오후 3시 경에 갑자기 일어서서 의자를 바꾼 로크는 양손을 들어 얼굴을 가리며 눈을 감고 조용히 숨을 거두었다. 마샴부인은, "그의 죽음은 그의 생애와 같았습니다. 참으로 경건하고 더구나 정말 자연스럽고 안락한, 꾸밈없는 죽음이었습니다"라고 증언했다. 유해는 유언에 따라 하이 레이버의 교회에 묻힘. 묘 위에는 로크 자신이 준비한 묘비명이 새겨졌다. 그 묘비명은 라틴어로 씌어졌는데, "지나가는 사람들이여! 발을 멈추어라. 여기에 존 로크가 잠들어있다"라는 말로 시작하여, "도대체 그 사람은 어떤 사람이었는가 하고 묻는 사람이 만약에 있다면, 그는 풍족한 생활에 만족했으며, 보통 이상으로 진리를 위해 힘썼다고 말하고 그에 대한 다른 궁금한 것들은 그의 저작을 통해 아시기 바란다"고 했고, "만약 그에게 조그마한 덕이 있었다 하더라도 그것들은 그의 죄악과 함께 묻어주기 바라노라"는 등의 내용으로 이루어져 있다.

• 그는 경험주의 철학의 아버지이자 '휘그당의 아리스토텔레스'로서 『통치론』에 의해 근대 시민사회 성립의 원리를 확립했다. 미국 독립선언은 이 책을 전거로 하여 쓰인 것이며 프랑스혁명도 그가 프랑스인에게 준 자극을 밑거름으로 해서 일어났다.

사상

Ⅰ. 인식의 원천

• 그는 베이컨 이후의 영국경험주의의 전통을 계승하면서 데카르트를 비롯한 이성주의의 주장과, 동시대의 뉴튼 물리학에 대한 깊은 이해를 기초로 하여 경험주의의 체계를 확립하였다. 경험주의 철학은 사실상 로크에 의해 창시되었다고 할 수 있다. 그는 주저인 『인간지성론』(*An Essay concerning Human Understanding*, 1690)의 집필동기를 그 서론에서 다음과 같이 말하고 있다.

> 이 글의 내력을 말해도 좋다면, 나는 여러분에게 말할 것이다. 대여섯 명의 친구가 나의 방에 모여서 이 문제와는 거리가 먼 주제를 토론하다가 모든 면에서 일어난 난점들로 인해 곧 궁지에 몰렸다고 말해야만 하겠다. 우리를 당황하게 한 저 의문들을 해결하는 데 조금도 진척 없이 잠시 당황한 후에, 우리가 잘못된 경로를 택했다는 생각이 나의 머리에 떠올랐다. 그래서 그러한 성질에 대한 탐구를 시작하기에 앞서 우리 자신의 능력을 검토할 필요가 있고, 우리의

지성이 다루기에 적합한 대상과 적합하지 않은 대상이 무엇인지를 알 필요가 있다는 것을 생각하게 되었다.[11]

• 이때에 토론된 주제는 도덕원리와 계시종교에 관한 것이었다. 로크의 최초의 관심은 인간지성을 검토하는 것이었다. 그럼으로써 자연과학과 같은 성공적인 방법이 도덕이나 종교분야에 있어서 채택될 수 있는지를 검토하려는 것이다. 다시 말하면, 로크는 그 이전의 철학과 같이 인간이성에 대한 무조건적인 신뢰를 일단 보류하고, 우리의 인식능력이 과연 어느 정도까지 진리를 인식할 수 있는지에 대하여 반성하는 것을 중요한 과제로 삼았다. 이런 의미에서, 현대의 인식론은 로크에서부터 시작되었다고 말할 수 있다.[12]

• 로크는 『인간지성론』에서 인간의 인식능력을 검토한다. 그는 인간이 "어떻게, 무엇을, 어느 정도 알 수 있는가?"하는 문제를 자신의 인식론의 과제로 생각하였는데 이는 곧, 인식의 원천('어떻게')과 인식의 대상('무엇을') 및 인식의 확실성 내지 범위('어느 정도')와 관련된 문제다. 그는, 대상을 사유하는 능력인 지성知性[understanding]을 탐구해야 하지만, 이 지성은 "눈과 같아서, 우리로 하여금 다른 모든 사물을 보게 하고 지각하게 하면서 자기 자신은 전혀 깨달아 알지"[제1권 제1장 서론] 못하므로, 사유의 직접적인 대상이자, 인식의 원천 혹은 소재인 '관념'을 탐구한다.

1. 생득관념(본유관념)의 부정

• 그는 플라톤으로부터 아우구스티누스, 데카르트, 라이프니쯔에 이르기까지 여러 사상가들이 인정한 생득관념[innate ideas]을 부정한다. 그런데 이성주의자들은 두 가지 영역에서 관념의 생득성(본유성)을 주장한다.

1) 이론의 영역[(지성의) 이론적 원리]

• 여기에는 논리학의 최상의 원칙들, 곧 동일률[principium identitatis]과 모순율[principium contradictionis]과 같은 원칙들과 신 관념 등이 속한다.

• 로크는 이러한 주장에 대해 로크는 "타고난 이론적 원리는 없다"(제1권 제2장)고 말하면서 다음과 같이 비판한다. 즉, "존재하는 것은 존재한다"(What is, is)와 "동일한 사물이 존재하는 동시에 존재하지 않는 것은 불가능하다"(It is impossible for the same thing to be and not to be)[제1권 제2장 § 4와 § 5]라고 하는, "널리 받아들여진 공준公準(maxim)"은 "널리 동의되기는커녕 인류에게 거의 알려져 있지도 않다"(Book I . Ch. II , § 4)고 하면서, 아이들이나 백치白癡는 이들 원리를 알고 있지 못하므로, 그들의 마음에 진리가 생득적으로 각인되어 있다고 말하는 것은 모순이라고 주장한다. "어떤 생각이 마음에 각인되어 있는데 마음이 이 생각을 알지 못하고 지금껏 지각한 일이 없다는 것은, 이 각인은 없다는 사실을 잘 보여준다"(Book I . Ch. II , § 5)는 것이다.

• 신 관념 역시 생득관념이 아니라고 로크는 반박한다. 즉 솔다니아만灣[the bay of Saldania]이나 브라질, 보랜디나 카리브 제도諸島 등에는

신 개념도 종교도 찾아볼 수 없을 것 같은 민족이 존재한다는 것이다. 로크는 또한 니콜라우스 데 테쵸의 「카이구아족族의 개종에 관한 파라과이로부터의 편지」를 인용하면서, 이 종족에게는 신이나 인간의 영혼을 뜻하는 이름이 없고, 신성한 것도 우상도 없다는 점을 제시한다. 뿐만 아니라 중국의 오랜 종교를 지키는 유파流派의 학자나 중국의 지배층은 모두 무신론자라는 것이며(Book Ⅰ. Ch.Ⅳ, § 8 참조), 만약에 전 인류가 신에 대한 생각을 가지고 있다고 하더라도(그러나 기록은 그 반대를 말하고 있다), 이러한 사실이 신 관념이 본유적인 것으로 인간의 마음에 각인되어 있다는 점을 입증하지는 못한다고 로크는 주장한다. 그러나 신 관념이 본유적인 것이 아니라는 점이 신의 존재를 부정하는 근거는 될 수 없다는 점 또한 로크는 강조한다(Book Ⅰ. Ch.Ⅳ. § 9, § 10, § 11). 더욱이, '신'이라는 동일한 단어를 사용한다 하더라도 사람에 따라 상이한 신 관념을 갖고 있다는 점을 로크는 덧붙인다(Book Ⅰ. Ch.Ⅳ. § 13, § 14, § 15]. 이 모든 주장을 종합해 볼 때, 로크가 보기엔 인간에게는 〈인식능력〉만이 본유적으로 주어지고 〈인식의 내용〉은 경험에 의해 획득되는 것이다.

2) 실천의 영역[(도덕의) 실천적 원리]

• 이에 대해서도, 로크는 "타고난 실천적 원리는 없다"(제1권 제3장)고 말하면서, 동일률이나 모순율처럼 명확하고 일반적으로 받아들여지는 도덕원리는 없다고 주장한다. 그에 의하면 보편적으로 받아들여지는 도덕원리는 없다는 것이다. 그런데 만약에 예컨대 신의信義와 정의正義와 계약준수와 같은 실천적 원리가 무법자들이나 극악무도한 도당에게

도 퍼져 있는 원리라고 하더라도, 그들은 그러한 원리들을 타고난 자연법으로 받아들여서가 아니라 자신의 공동체 내부의 편리한 규칙[rules of convenience]으로서 실천하는 것이라고 비판한다(제1권 제3장 § 2 참조). 그리하여 도덕규칙은 타고난 것이 아니라 입증이 필요하며(Book Ⅰ. Ch.Ⅲ. § 4 참조), 사람들이 약속을 지키는 이유도, 타고난 것이 아니라고 주장한다. 예컨대 기독교인은 영원한 삶과 죽음의 능력을 가진 신이 우리에게 요구하기 때문이라고 할 것이고, 홉스주의자들은 약속을 지키지 않으면 국가가 벌을 내리기 때문이라고 대답할 것이고, 스토아철학자에게 물으면, 그렇게 하지 않는 것은 불성실하고, 인간의 존엄성을 결여하는 것이고, 덕德에 위배되기 때문이라고 각각 다르게 대답할 것이라는 것이다(Book Ⅰ. Ch.Ⅲ. § 5 참조). 그러나 실천적 원리가 타고난 것이고, 신의 손에 의해 우리의 마음에 각인되었다면 이런 일은 없었을 것이라는 것이다(Book Ⅰ. Ch.Ⅲ. § 6 참조).

• 실제로 시대(시간)와 지역(공간)에 따라 도덕관념과 실천의 원리는 상이하다는 것을 알 수 있다. 보통, 윤리로 번역되는 ethics [Ethik]라는 용어는 헬라스어의 ἔθος (ethos: 개인적인 습관, 사회적인 습관 · 풍습)와 ἦθος (ēthos: 품성, 성격, 성향)로부터 유래한다. ἔθος (ethos)는 습관, 풍습, 관습을 뜻한다. 그리고 ἦθος (ēthos)는, 전승된 행위규칙과 가치척도를 아무 의심 없이 따르지 않고 그때그때마다 요구되는 선善을 통찰과 숙고를 통해 자기의 습관으로 만들며, 사회에서 통용되고 알맞은 풍습에 자기의 행위를 지향하도록 하는 데 익숙한 윤리적인 인간의 마음에 형성된 품성이나 성향을 가리킨다. 아리스토텔레스는 탁월함에는 지적인 탁월함과 품성의 탁월함이라는 두 종류가 있는데, 품성의 탁월함[ἡ δ‘ ἠθικὴ (ἀρετή: 필자 첨가)]은 습관으로부터[ἐζ ἔθους] 생겨난다고 하

면서, '품성의'[ἠθικὴ]라고 하는 말은 '습관'을 뜻하는 ἔθος라는 말에서[ἀπὸ τοῦ ἔθους] 조금만 변형하여 얻어진 것이라고 말하고 있다. 이렇게 볼 때, 'ethics [Ethik]'는 1차적으로는, 개인적 · 사회적인 습관 · 풍습, 그리고 개인의 품성(성격, 성향)을 뜻한다.

또한 통상적으로 '도덕'으로 번역되는 영어 'moral '은 프랑스어 'moral '과 라틴어 'morale'로부터 왔고, 다시 라틴어 'morale'는 라틴어 'mos'(복수는 'mores')에서 나왔다. 그런데 'mos'는 헬라스어 'ethos'와 'ēthos'의 번역어다. 따라서 'mos' 역시 '풍습'과 '품성' 모두를 의미한다.[13] 어원적으로 살펴보면 로크의 주장이 설득력을 가진 것으로 보인다.

• 로크에 의하면 관념이란, 본래 마음속에 있는 것이 아니고 또 마음에 의해서 만들어지는 것도 아니다. 우리의 마음은 어떠한 생득관념[14]도 갖고 있지 않는 〈백지상태〉[tabula rasa]라고 할 수 밖에 없다. 경험주의자들은 인간이 본유관념을 가지고 있다는 것을 부인한다. "이미 감각 속에 존재하지 않은 것은 지성 속에 존재하지 않는다"(Nihil est in intellectu, quod prius non fuerit in sensu)는 것이, 경험주의자들이 오래 전부터 가지고 있는 주장이다. 우리가 어떤 것을 경험하기 전의 우리의 의식의 상태는 '아무 것도 쓰여 있지 않은 지워진 서판書板'과도 같다. 그런데 일반적으로 '빈 서판'으로 번역되고 있는 라틴어 tabula rasa는, 글자 그대로는, '(글이나 그림 등이) 지워진 서판' [erased tablet]이라는 뜻을 지니고 있다. rasa 는, '지우다'를 뜻하는 'radere'의 여성 과거분사형이며, tabula는 tablet이라는 의미인데, 고대에는 밀랍이 입혀져서, 글을 쓴 다음에 완전히 지워질 수 있는 서판을 가리켰다.[15] 예컨대 유대 · 기독교의 성서에서 말하고 있는 모세가 시내산에 올라가 신으로부터 십계명을 받기 전에 '아무 것도 쓰여 있지 않은 돌판'이 tabula rasa다. 이런 것을 헬라스

어로는 'pinax agraphos'(πίναξ ἄγραφος, unbeschriebene Tafel)라고 한다. 그것은 '아무 것도 쓰여 있지 않은'[agraphos] '판板'[pinax]이다. 이것을 라틴어로 번역한 것이 바로 tabula rasa다. 그런데 헬라스어로 된 표현은 경험주의가 주장하는 사태를 올바로 나타내고 있다. 즉, 우리가 감각경험을 하기 전의 우리의 의식의 상태는 마치 포맷(format)만 되어 있고 아무런 자료도 저장되어 있지 않은 디스크와도 같다. 그러나 라틴어 번역은 '이미 무언가가 쓰였다가 지워진 서판'을 가리키고 있기에, 본래의 경험주의의 취지를 제대로 나타내고 있지 못하다. 로크는 『인간지성론』(*An Essay concerning Human Understanding*, 1689) 제2권 제1장: '관념 일반 및 그 기원에 관하여'에서 이 상태를 "아무런 문자도 적혀있지 않은 백지白紙"[16]라고 표현하고 있다.[17]

2. 관념의 기원과 종류

1) 관념의 기원

• 그렇다면 백지상태의 마음에 어떻게 하여 관념이 생기게 되는가? 관념은 오직 감각경험으로부터만 생겨난다. 이에 대해 로크는 다음과 같이 말한다:

> 그렇다면 마음이, 말하자면, 아무런 문자도 적혀있지 않고 어떤 관념도 없는 백지라고 생각해보자. 어떻게 해서 마음은 관념을 갖추게 되는가? (...) 마음은 이성과 지식의 모든 재료를 어디에서[whence] 갖는가? 이 물음에 대해 나는

경험으로부터라는 한 단어로 대답한다. 즉 우리의 모든 지식은 경험에 근거해 있어서 우리의 지식은 궁극적으로 경험으로부터 유래한다. 우리의 관찰은 외적 · 감각적 대상에 관해서 이루어지든, 아니면 혼자서 지각하고 반성하는 우리 마음의 내적 작용에 관해서 이루어지든 간에 우리의 지성에 대하여 생각할 모든 자료를 제공하는 것이다"이 두 가지가 지식의 원천으로서, 우리가 갖고 있는 관념, 혹은 우리가 자연스럽게 가질 수 있는 관념은 모두 이 원천으로부터 흘러나온다(Book II. Ch. I. §2).

• 그런데 그는 경험을 ① 외적 경험과 ② 내적 경험으로 나누고, 전자를 〈감각感覺〉[sensation], 후자를 〈반성反省〉[내성內省, reflection[18]]이라고 부른다. 감각과 반성은 암실暗室에 광선을 들어오게 하는 두 개의 창窓과 같은 것이다. 예외 없이 우리의 관념들은 감관感官[sense organ]을 통해 우리에게 들어오게 되며, 우리는 감관에 의해서 우리 외부의 세계를 경험하게 되고 이 관념들에 대한 반성을 통해 우리 내부의 경험에 이른다. 로크가 명확히 하고자 했던 것은, 우리가 감각경험을 얻을 때까지는 반성경험을 이룰 수 없다는 점이었다. 왜냐하면, 반성은 단순히 정신이 그 자신의 작품들을 이해함을 의미하기 때문이다. 그런데 정신작용은 관념들이 공급되었을 때 시작하며, 이 관념들은 감관을 통해 외부에서 온다. 이것은 곧 각 개인의 정신이 처음에는 백지와 같아서, 경험만이 그 위에다 지식을 써 넣을 수 있다는 것을 말한다.

* 감각感覺: 감각대상인 외적인 물物이 우리의 감관을 촉발함으로써 우리의 마음에 전해진 것
* 반성反省: 우리 자신의 마음의 작용을 지각하는 것. 따라서 반성을 우리는 〈내적 감각〉[internal sensation]이라고 할 수도 있는 것이다.

• 관념은 우리가 아는 것이며, 우리가 직접 알 수 있는 모든 것이다. 이에 대해 로크는 이렇게 말한다: "우리의 정신은 모든 사유와 추리에 있어서, 자기가 홀로 숙고하거나 숙고할 수 있는 자기 자신의 관념들 외에는 다른 직접적인 대상을 갖고 있지 않기 때문에, 우리의 지식은 관념들에만 관련된다는(친숙하다는)(관념들만을 잘 안다는) 것은 분명하다."(BookⅣ. Ch. Ⅰ. § 1). 즉, "구름 위로 솟아 하늘 자체만큼 높이 이르는 저 숭고한 생각"도 결국 "감각이나 반성이 그것의 숙고를 위해 제공한 저 관념들을 조금도 벗어나지 않는다"(BookⅡ. Ch. Ⅰ. § 24).

2) 관념의 종류

로크는 지식의 원천을 감각과 반성이라고 말하는데, 이들을 통해 얻은 관념들에는 단순한 것과 복합적인 것이 있다고 한다.

① 단순관념[simple ideas]

• 감각과 반성에 의해 우리의 정신에 수동적으로 얻어지는 단순한 원시적 관념으로서, 이에는

① 하나의 감관으로만 얻어지는 것: 색깔色, 소리聲, 냄새香, 맛味, 감촉觸 등[19]

② 둘 이상의 감관을 통해 얻어지는 것: 크기, 모양, 정지, 운동 등[20]

③ 반성에 의해서만 얻어지는 것: 사고하는 능력[지성]과 의욕하는 능력[의지], 예컨대 기억, 구별, 추리, 판단, 앎, 믿음 등에 의해 얻어지는 관념들

④ 감각과 반성의 협동에 의해 얻어지는 것: 쾌감, 고통, 힘, 존재, 단일, 계속 등이 있다

• 예컨대, 장미꽃이 〈붉고〉 〈향기롭다〉는 것은 감각기관을 통해 얻어지는 관념이다. 이렇게 외부에서 들어온 관념이 우리의 반성작용에 의하여 〈쾌 · 불쾌〉의 관념을 주는 경우, 이것이 반성에 의한 단순관념이다.

• 그는 관념과 그 관념이 지시하는 대상적 실재를 명확히 구분했다. 관념은 우리의 마음 안에 있으며, 실재물은 우리의 외부에 있어서 우리들의 관념을 야기하는 힘 내지 성질을 소지하고 있다고 했는데, 그는 뉴튼Isaac Newton (1642-1727)의 물리학의 가정假定에 따라서, 물리적 대상의 성질을 제1성질과 제2성질로 나누었다.

㉠ 제 1성질[original or primary qualities]

• 제1성질은 근원적 성질 혹은 본질적 성질로서, "물체가 어떤 상태이건, 물체에서 전적으로 분리할 수 없는 것, 물체가 어떤 변경이나 변화를 겪더라도, 그 어떤 힘이 물체에 가해지더라도, 물체가 지속적으로 유지하는 그런 것"[제2권: 관념에 대하여, 제8장 § 9]이다. 여기에 해당하는 성질들은 "견고성, 연장, 모양, 그리고 운동성"[Solidity, Extension, Figure, and Mobility]이고, 이것들은 우리 속에 "견고성, 연장, 모양, 운동, 혹은 정지, 그리고 수數"[Solidity, Extension, Figure, Motion, or Rest, and Number]와 같은 단순관념들을 산출한다(Book II. Ch.Ⅷ. § 9).

• 제1성질은 연장, 형상形狀, 운동, 정지와 같이, 둘 이상의 감관에 의해 지각될 수 있기 때문에 아리스토텔레스가 〈공통감각성질〉[common sensible]이라고 불렀던 성질들을 포함한다. 로크는 그와 동시대의 과학자들과 마찬가지로, 제1성질들만이 '객관적으로'[21] 존재한다고 주장했다.

• 물체의 제1성질에 관한 우리의 관념은 실재하는 "물체와 유사한 것[Resemblances]이며, 그 관념의 범형範形[patterns]은 물체 자체 속에 실재한다"(Book II. Ch.Ⅷ. § 159). 이 객관적 성질은 기하학적 또는 물리학적 성질이다. 예컨대, 야구공은 둥글게 보일 뿐만 아니라 실제로 둥글며, 그리고 움직이는 것으로 보이는 데 그치지 않고 실제로 움직이는 것이다.

ⓛ 제 2성질[secondary qualities]

• 제2성질은 "대상 자체 속에서는 실제로는 아무 것도 아닌 성질들이지만, 대상의 제1성질들, 즉 대상의 감각할 수 없는 부분들의 크기(부피), 모양, 조직, 그리고 운동에 의해 우리 속에 다양한 감각들을 산출하는 능력인 성질들로서, 예컨대 색, 소리, 맛 등의 성질이다"(Book II. Ch.Ⅷ. § 10)이다.

• 이러한 제2성질은 〈개별감각성질〉[proper sensible]로서, 오직 하나의 감관에 의해서만 지각될 수 있는 대상의 속성들이다.

• 색, 소리, 맛과 같은 제2성질들은 오직 지각자의 주관에만 존재할 뿐이다. 그것들은 전적으로 외부의 대상들과 감관들의 접촉에 의해서 우리들의 내부에 만들어진 결과들이다. 색깔은 일정한 크기의 파장을 가진 광파光波가 인간의 시감관視感官을 자극할 때 일어난다. 색감각은 이 시감관의 흥분상태에 대한 우리의 느낌이고 빨강, 파랑, 노랑이라는 관념은 이 느낌에 대한 인간 나름의 표현이다. 예컨대 붉은 사과의 '붉음'은 사과 자체 속에 있는 것이 아니라 빛이 사과에 반사되어 우리의 시감관視感官을 자극할 때 우리가 얻게 되는 감각성질인 것이다. 따라서 색色감각의 주요원인 중 하나는 빛이다. 그러므로 우리말로는 색깔을 '빛깔'이라고 한다. 맛 성질도 마찬가지다. '설탕이 달다'고 할 때, 설탕의

'닮'은 설탕이라는 객관적 대상 속에 있는 것이 아니다. 설탕의 '단 맛'은 설탕의 입자가 우리의 미각기관을 자극할 때 우리의 미각기관인 혀가 느끼는 맛이며, 따라서 그것은 '주관적인' 성질이다. 여기서 색깔이나 맛이 주관적이라고 하는 것은, 사람마다 제각기 다르다는 의미에서의 개인적 · 주관적이라는 뜻이 아니라, 인간적 · 주관적이라는 뜻이다.[22]

• 제2성질들에 의해서 우리 속에 산출된 관념들은 "물체와 전혀 유사하지 않다. (제2성질의 경우: 필자 첨가) 물체 자체 속에는 우리의 관념들과 유사한 것은 아무 것도 없다"(Book II. Ch.VIII. § 15).

※ 로크가 제 1성질과 제 2성질을 구분했을 때 중요시할 점은, 그가 그 구별을 통해서 〈현상〉과 〈실재〉를 구별하고자 했다는 것이다. 로크가 이러한 구별을 처음으로 한 것은 아니었다. 데모크리토스는 오래 전에, 무색의 원자들이 근본실재물이며, 색이나 맛, 향기는 이들 원자들의 특별한 조직[Organizations]의 결과라고 말하고 있는 점으로 보아, 유사한 구별을 제시했다고 볼 수 있다.

② 복합관념[complex ideas]

• 이상과 같은 단순관념은 우리들의 감각과 반성을 통하여 수동적으로 받아들여서 얻어지는 것이다. 그러나 우리의 마음은 이렇게 수동적으로 들어온 단순관념을 토대로 해서 ① 능동적으로 결합하고 ② 비교하고 ③ 공통성을 추상해 내서 다양한 복합관념을 형성한다. 이에는 양상, 실체, 관계라는 세 가지 관념이 있다. 예컨대, 〈달고, 희고 견고하다〉는 관념을 결합하여 설탕이라는 복합관념을 형성하는 것은 〈관념의 결합〉에 의한 것이다. "풀은 나무보다 더 푸르다"고 말할 때와 같이 관념과

관념을 연결하여 관계를 표시하는 것은 〈관념의 비교〉의 기능이다. 김 모某씨 또는 이 모某씨에서 〈인간〉이라는 관념을 도출하는 것은 〈관념의 추상〉이다.[23]

복합관념은 양상, 실체, 관계라는 세 개의 항목으로 환원될 수 있다 (Book II. Ch.XII. § 3).

㉠ 양상[Modes]: 실체의 상태를 나타내는 관념으로서,
연장관념으로부터 얻어지는, 거리, 양, 모양[24] 등 일체의 공간의 양상과
지속, 순간, 영원 등을 포함한 시간의 양상과
지각, 상기, 추상 등을 포함한 사유의 양상,
그리고 수의 양상, 힘의 양상[능동적(정신적) 힘과 수동적(물질적) 힘],
운동의 양상 등이 있다.

㉡ 실체[Substances]

• 실체라는 관념은 "스스로 존속하는 구별된 특수한 것들을 표시하는 것으로 생각되는 단순관념들의 결합"으로서, 여기에는 "한 사람이나 한 마리의 양처럼 개별적으로 존재하는 단순실체라는 관념"과 "인간의 집단이라든가 양떼처럼 모아진 여러 실체들의 관념으로, 이것들은 여러 실체들의 집합관념"이다(Book II. Ch.XII. § 5).

여러 성질들의 담지자로 상정된, "무한하고 불가해한 신, 유한한 정신, 그리고 물체"Book II. Ch.XII. § 18)가 그것이다.

예컨대, 지식, 힘, 영원성 등의 단순관념들이 반복 · 중첩 · 확대되어 전지 · 전능 · 무한의 관념으로서의 신에 도달하는 것처럼, 우리는 여

러 감관으로부터 들어오는 일정수의 단순관념을 하나의 사물에 속하는 것이라고 추정하고, 이러한 여러 성질의 근저에 독립적인 기체基體[support[25]]를 상정하여 이를 실체라고 부른다. 이와 같이 그는 실체의 존재를 의심치 않았지만, 그러한 기체의 본질이 무엇인가 하는 물음에 대해서는 '무엇인지 알 수 없는 어떤 것'(something I know not what)이라 하고, 실체의 원형은 불분명하지만 그 속성만은 — 단순관념을 통해서 — 알 수 있다고 한다. 우리는 실체 자체는 알 수 없고 단지 실체의 양상(상태)만을 알 수 있다.

ⓒ 관계[Relations]

• 관계는 "하나의 관념을 다른 관념과 함께 고려하고 비교하는 데에 존재한다"(Book II. Ch.XII. § 7). 가장 중요한 것은 〈인과관념〉이다. 일체의 대상은 모두 이 관계 속에 있다. 여기에는 〈동일과 차이〉, 〈원인과 결과〉, 〈공간과 시간의 관계〉, 〈성질의 정도의 관계〉, 〈생물학적 관계〉, 그리고 〈인간의 행위와 도덕적 판단의 기준과의 관계〉 등의 관념이 있다. 만물은 무한한 관계로써 비교 · 고찰된다. 이를테면 한 개인이 동시에 부父, 자子, 형제兄弟, 조부祖父, 손자孫子, 친구親舊, 적敵, 등의 많은 관계를 가지고 있다.

※ 로크가 이 세 가지 중에서 특히 상세하게 다루고 있는 것은 실체관념이다. 실체란 바로 우리들 마음에 단순관념을 낳게 하는 바 제 성질의 지지체支持體[support]다. 우리는 갖가지 감관으로부터 들어오는 일정수一定數의 근저에 독립적 기체基體[substratum]를 상정하여 이것을 실체라고 부른다. 로크는 이런 의미에서의 실체의 존재를 의

심하지 않았지만, 과연 그러한 기체로서의 실체의 본질이 무엇인가 라는 물음에 대해서는 "내가 알지 못하는 어떤 것"[something-I-know-not-what]이라고 밖에는 대답할 수가 없었다.

II. 확실성의 정도에 따른 지식의 단계

—

• 로크는 지식을 〈관념의 일치 또는 불일치의 지각〉이라고 했다. 따라서 지식의 명확성의 차이는 일치 또는 불일치를 지각하는 방식의 차이에 있다.

1. 직각적直覺的 [직관적直觀的 지식(intuitive knowledge)]: 우리가 우리의 정신의 존재를 직접 지각하는 것처럼, 우리의 마음이 두 관념의 일치 · 불일치를 다른 관념의 매개 없이 직접 지각하는 직접지가 가장 확실한 것이다. 이 직각적 인식은 조금도 다른 관념을 개재시킬 필요가 없으며, 귀찮게 입증하거나 검토할 필요가 없다. 마치 눈眼이 빛을 지각하는 것과 같이, 진리를 지각하는 것이다. 이를테면 백白은 흑黑이 아니며, 원圓은 삼각형이 아니라는 것 따위는, 직각에 의한 인식이다.

2. 논증적 지식[demonstrative[26] knowledge]: 논증에 의하여 신의 존재를 아는 것처럼, 다른 관념을 매개시킴으로써 관념의 일치와 불일치를 지각하는 지식이다. 때에 따라서는 길게 연관되어 있는 관념들을 필요로 하기도 한다. 정신은 이런 관념들 하나하나를 서로 비교해야 하며, 이런 추리의 길을 거쳐서야 비로소 찾고 있는 관계를 인식하게 된다. 예컨

대 로크는 데카르트의 '생득관념'을 거부한 후, 예부터 내려오는 우주론적 · 목적론적 사고과정을 통해 신에 관한 증명을 해나간다. 논증적 지식은 증명에 의존하며, 직각적 인식만큼 쉽지도 않고 명료하지도 않으며 불완전하다.

3. 감각적 지식[sensitive knowledge]: 물질적 대상을 감관에 의해 지각하는 인식. 이것은 우리들의 감관에 현실적으로 나타나는 물을 지각하는 데 그치기 때문에, 협소하며 가장 불확실한 지식이다.

그의 감각 제일주의적 견지에서는 감각적 지식이 가장 확실한 것 같지만, 지식론의 입장에서는 직접적 지식과 논증적 지식이 더 확실하다고 로크는 말한다. 감각적 지각은 촉발된 감각이 눈앞에 나타나 있음을 보증할 뿐, 보편적 지식이 되지 못하며 개연적 확실성에만을 지니고 있다고 말한다.

III. 세 가지 윤리법칙

• 로크는 인식론에 있어서와 마찬가지로 윤리학에 있어서도 생득적인 실천원리를 부정한다. 그에 의하면, 약속을 지킨다는 것은 보편적으로 인정받을 만한 도덕적 의무의 하나다. 그러나 약속을 지켜야 하는 이유를 따진다면, ① 기독교도는 신이 명령하기 때문이라고 할 것이고, ② 고대철학자들은 덕에 부합하기 때문이라고 할 것이고, ③ 홉스학도는 국법이 벌을 명하기 때문이라고 할 것이다. 이처럼, 이유에 대한 설명이

서로 다른 것을 보더라도 생득적 도덕원리가 없는 것이 명백하다는 것이다.

• 그에 의하면 행위는 세 가지 발전단계로 나뉜다. 즉, 행위는 처음에 쾌 · 불쾌를 동반하는 욕망[하나의 감정]에서 출발한다. 그 다음에는 자유로운 반성, 즉 사려思慮[지知]가 행해진다. 최후로는 〈이성의 판단〉에 의해 결심을 하게 되고[의지意志], 결심이 외적 행위로 나타나기에 이른다. 이 경우에 우리의 의식을 지배하는 세 가지 윤리법칙이 있는데, 첫째로

1. 의무관념의 근거로서의 〈신법神法〉[divine law]이 있다. 신의 법은 〈죄악과 의무의 척도〉[measure of sin[27] and duty]로서, 신이 인간의 행위에 부과하는 것이다. 이 법칙을 알게 하는 수단으로서 〈성서〉와 〈자연의 빛(=이성)〉이 있고, 특히 〈자연의 빛〉에 의해서 알려진 신의 법칙이 〈자연법〉이다. 둘째로

2. 〈시민법〉[civil law]은 국가가 시민에게 부과하는 법으로서, 〈유죄와 무죄의 척도〉[measure of crime and innocence]가 되는 것이다. 국가는 법을 준수하는 자에게는 생명, 재산, 자유를 보호해 주고 법을 위반하는 자로부터는 이를 박탈함으로써 상벌로 삼는다. 셋째로

3. 〈여론輿論의 법〉[law of opinion or reputation]은 〈유덕과 부덕의 척도〉[measure of virtue and vice]로서, 신망과 불신으로써 상벌을 삼는다. 그러나 이러한 모든 법칙은 궁극적으로 신에 근거를 두고 있다. 무신론자는 신에 대한 신앙을 가지지 못하고 있기 때문에 도덕적 원리를 가지지 못하는 것이다(Book II. Ch. XXVIII. § 8). 이 세 가지 법칙을 지키려는 것이 〈선善〉이요, 따라서 그것은 쾌락을 증진시키게 된다. 이 법칙을 지키지 않는 것이 〈악惡〉이요, 그것은 인간에게 불쾌를 가져온다. 사람을 윤

리적 인간이 되도록 하자면 위와 같은 법칙 외에 제재制裁[28]가 필요하다. 신법에는 내세來世에서의 제재가 있어야 하고, 시민법에는 그 위반자에 대한 형벌의 제재가 있어야 하며, 여론의 법칙에는 사회의 칭찬, 비난, 배척 등의 제재가 있어야 한다. 그리고 이 세 종류의 제재 중에서도 셋째의 것이 가장 두려운 것이라고 하였다.

IV. 자연상태와 자연법

• 그는 『정부론』(*Two Treatises of Government*, 1690) 제2권에서 〈자연상태〉를 다룬다. 정치권력이 생기기 이전의 상태를 로크는 〈자연상태[29]〉라고 부른다. 그러나 그에 있어서 자연상태란, 홉스가 말하는 것처럼 〈만인에 대한 만인의 투쟁〉[bellum omnium contra omnes]상태가 아니다. 그것은 "그 어떤 타인의 허락을 구하거나 타인의 의지[Will]에 의존하지 않고, 자연법의 테두리 안에서 자신들이 적당하다고 생각하는 대로 자신의 행동을 규율하고[order their Actions] 자신들의 소유물[Possessions]과 인신人身[Persons]을 처분할 수 있는 완전한 자유의 상태"[30]다. 자연상태는 자연법이 지배하는 상태며, 자연법은 모든 사람의 자유와 평등을 인정하여, 어떠한 사람도 타인의 생명·건강·자유·재산을 침해할 수 없다는 법이다. 왜냐하면, 인간은 모두 하나의 전지전능한 창조주의 피조물이기 때문이다. 이로 미루어 볼 때 자연법이 인간에게 부여한 권리는, 생명[life]·자유[liberty]·재산財産[자산資産(estate)][31]에 대한 권리다. 즉, 자연상태의 인간은 생명권, 자유권, 재산권이라는 자연권을 가지고 있다['천부인권天賦人權'이라고도 부른다]. 결국, 자연상태는 모든 사람

이 자신을 보존하면서 타인의 자기보존도 침해하지 않는 개인들이 조화 속에 있는 상태다.[32]

• 그러나 이러한 자연상태는 "**자유의 상태**[*a State of Liberty*]이지, **방종의 상태**[*a State of Licence*]는 아니다"(Ch. II. § 4). "자유란, 로버트 휠머 경이 우리에게 말하는 것처럼 "사람마다 각자 하고 싶은 대로 행동하며, 기분 내키는 대로 살며, 어떠한 법에도 구속되지 않는 자유"(Ch.IV. § 22)가 아니다. 자연상태에는 그것을 지배하는 자연법이 있어서 모든 사람을 구속한다. 자연법은 모든 인류에게 인간은 모두 평등하고 독립적인 존재자이므로 그 누구도 타인의 생명, 건강, 자유 또는 소유물[Possessions]에 위해를 가해서는 안 된다고 가르친다. 그런데 그렇게 해서는 안 되는 이유를 로크는, 모든 인간은 유일하고 전능하고 무한히 현명한 조물주의 작품이기 때문이라고 한다. 신의 피조물인 인간들 사이에서는 어떠한 복종관계도 성립하지 않으며, 모든 사람은 자신을 보존해야 할 뿐만 아니라, 자신의 보존이 위태롭지 않은 경우에는 할 수 있는 한, 나머지 사람들을 보존해야 하며, 공격자에 대한 정당한 반격이 아니라면 타인의 생명, 혹은 생명을 보존하는 경향이 있는[tends to] 자유, 건강, 신체 혹은 재물을 빼앗거나 손상시켜서는 안 된다(Ch. II. § 6 참조).

V. 전쟁상태

—

• 그러나 이성이라는 공통의 법의 구속 하에 있지 않고 힘과 폭력의 규칙 이외에는 그 어떤 규칙에도 복종하지 않는 사람이 있는데, 이런 사람은 다른 사람을 자기의 절대적인 권력 밑에 복종시키려 하기 때문에

다른 사람과의 〈전쟁상태〉[the state of war]에 들어간다. 나의 동의 없이 나를 자기의 권력 속으로 장악하고자 하는 자는 나를 노예로 삼으려 하고 마음만 먹으면 나의 목숨을 빼앗으려고 할 것이기 때문에, 나는 나의 보존을 위해 싸우지 않을 수 없다. 이런 사람은 늑대나 사자 등의 맹수처럼 위험하고 해로운 자다(Ch.Ⅲ. §§ 16-17).

• 이러한 전쟁상태를 피하기 위해 사람들은 사회를 이루려고 한다: "하늘을 제외하고는 호소할 데가 없고, 다투는 사람들 사이에서 결정해 줄 권위가 없어 조그마한 차이에도 도달하기 쉬운 상태인 전쟁상태를 피하려는 것이, 사람들이 자연상태를 끝내고 사회로 들어가려고 하는 큰 이유 가운데 하나다. 왜냐하면 호소를 통해 구제[relief]가 이루어질 수 있는 권위, 곧 지상地上의 권력자가 있는 곳에서는 전쟁상태의 지속이 배제되고 분쟁이 그 권력자에 의해 해결되기 때문이다(Ch.Ⅲ. § 21).

Ⅵ. 정치사회와 사회계약

• 인간은 자연상태에서 자유로우며, 자기의 인신과 소유물의 절대적인 주인이며 가장 위대한 사람과도 평등하여 어떤 사람에게도 종속되지 않는다. 그러나 인간은 무엇 때문에 그러한 자유와 지배권을 포기하고 다른 권력의 지배와 통제를 받으려고 하는가? 그것은 자연상태에서 그가 누리는 권리는 매우 불확실하고 타인에 의해 침해당할 위험이 있기 때문이다. 그렇기 때문에 인간은 자유롭기는 하지만 두려움과 지속적인 위험으로 가득 찬 이런 상황을 기꺼이 끝내려고 한다. 그리하여 자연상태에 있는 인간은 다른 사람들과 더불어 자기의 생명[Lives] ·

자유[Liberties]·재산財産[자산(資産, Estates)] — 이것들을 로크는 '소유'[Property]라는 일반적인 이름으로 부른다 — 의 상호보존을 위해 사회를 추구하거나 기꺼이 사회에 소속되려고 한다(Ch.IX. § 123 참조). 자연상태에 있는 인간이 자신들의 합의, 즉 사회계약[social contract]을 통해 국가[Commonwealths]에 자발적으로 결합하고 정부의 지배하에 들어가려고 하는 크고 주된 목적은 소유의 보호다.

• 이에 반해, 자연상태에는 많은 것들이 결여되어 있다. 그렇기 때문에 정치사회를 만들어야 한다. 자연상태에 없는 것은 다음의 세 가지다.

첫째, 자연상태에는 옳고 그름을 판별할 수 있는 기준이자 사람들 사이의 분쟁을 해결하는 공통의 척도가 되는 법률이 없다. 사람들은 비록 자연법이 명백하고 이해 가능한 것임에도 불구하고 연구가 부족하여 자연법에 대해 무지할 뿐만 아니라 자신들의 이해관계로 인해 편파적이기 때문에, 자연법을 자신들이 관련된 특정사건에 적용할 실정법이 필요하다[입법立法의 필요].

둘째로, 자연상태에는 확립된 실정법에 따라 모든 분쟁을 해결할 수 있는 권위를 가진 공정한 재판관이 없다. 자연상태에는 모든 사람이 자연법의 재판관이자 집행자이지만, 인간은 자신에게 편파적이므로 다른 사람들의 사건에는 게으름이나 무관심으로 인해 태만하기 쉬운 반면, 자신들이 관련된 사건에 있어서는 격정이나 복수심으로 인해 극단으로 치닫거나 너무 흥분하기 쉽다[사법司法의 필요].

셋째로, 자연상태에는, 비록 올바른 판결이 내려지더라도 이를 뒷받침해서 지원하고 적절하게 집행할 권력이 없는 경우가 많다. 불의를 저지른 자들은 할 수만 있으면 자신들의 불의를 관철하려고 하는데, 많은 경우 그들의 이러한 저항으로 인해 처벌이 어렵게 되고, 처벌하려고 하는 자들이 파멸되기도 한다[행정行政의 필요](Ch.IX. §§ 124-126 참조).

이런 이유들로 인해 사람들은 기꺼이 자신의 처벌권을 포기하고, 그들 중에서 권위를 위임받는 사람들이 합의한 규칙에 따라 처벌권이 행사되도록 한다. 이것이 바로 정부와 사회, 그리고 입법권과 행정권(집행권)의 본래적인 권리와 기원이다(Ch.IX. § 127).

• 정치사회로 들어서면서 인간은 자연상태에서 가졌던 평등 · 자유 및 집행권을 사회의 수중에 양도한다. 사회의 권력, 혹은 사회에 의해 구성된 입법부의 권력은 공정한 재판관을 임명하여 그로 하여금, 국민에게 공포되어 널리 알려진 법률에 따라 분쟁을 해결하도록 해야 한다(Ch.IX. § 131 참조). 권리의 이러한 양도 및 정치사회의 성립은 자발적인 사회계약에 의해 이루어진다. 정부와 정치체[Polities]는 국민(인민)[People]의 동의 외에 다른 어떤 토대도 가질 수 없다. 그러나 많은 사람들은 무기武器의 위력을 국민의 동의로 오해하고 정복征服을 정부의 기원起源들 가운데 하나로 생각하지만, 정복은 정부를 수립하는 것과는 전혀 다른 것이다. 정복은 이전以前의 국가를 파괴함으로서 국가의 새로운 틀을 짜기 위한 여지를 종종 마련하기는 하지만, 국민의 동의가 없으면 새로운 국가를 결코 수립할 수 없는 것이다(Ch. X V. § 175 참조).[33]

1. 정치사회의 목적

• 정치사회의 목적은 소유의 보호다: "사람들이 국가로 결합해 스스로 정부 아래에서 사는 가장 큰 목적은 자신의 소유를 보호하는 것이다." 정치권력은 부권父權이나 독재권력(전제적 권력)과 다르다. 첫째로, 부

권[Paternal Power] 혹은 친권[Parental Power]은 자식들의 복지를 목적으로 하는 권력으로, 부모가 자식들을 다스리기 위해서 그들에 대해 가지는 권력일 뿐이다. 그것은 부모가 자식들이 이성을 사용하게 될 때까지 혹은 그들이 자연법이든 그들의 나라의 국내법이든 자신들을 다스릴 규칙을 이해할 수 있다고 생각되는 지식의 상태에 이를 때까지 가지는 권력이다(Ch. XV. §§ 170, 173 참조).

둘째로, 정치권력은 모든 사람이 자연상태에서 가지고 있다가 사회의 수중에 양도한 것이며, 사회에서는 사회가 명시적 혹은 암묵적 신탁 — 그 권력이 구성원들의 복지(이익)[good]를 위해, 그리고 그들의 소유의 보존을 위해 사용되어야 한다는 — 과 함께, 스스로 정한 통치자에게 양도한 권력이다. 정치권력의 목적과 척도는 사회구성원들의 생명 · 자유 · 소유물을 보존하는 것이다(Ch. XV. §§ 171, 173 참조).

셋째로, 독재권력은 한 사람이 마음대로 다른 사람의 생명을 빼앗을 수 있을 정도로 절대적이고 자의적인 권력이다. 이것은 자연이 부여하는 권력이 아니다. 왜냐하면 자연은 사람들 사이에 어떤 차별도 하지 않았기 때문이다. 그리고 또 독재권력은 협정을 통해 양도될 수 없다. 왜냐하면 인간은 자기 자신의 생명에 대해서 그러한 자의적인 권력을 가지고 있지 않으므로 타인에게 자기의 생명에 대한 그런 권력을 부여할 수 없기 때문이다(Ch. XV. §§ 172, 173 참조).

부권은 자식이 자기의 소유[property]를 관리할 수 없는 미성년의 상태에서만 존재하며, 정치적 권력은 인간이 자기 자신이 처분할 수 있는 소유를 가지고 있는 곳에서 존재하며, 독재권력은 아무런 소유도 갖고 있지 않은 사람에 대해서 존재한다(Ch. XV. § 174 참조).

2. 권력분립

• 로크는 군주가 국가권력을 지나치게 남용하는 것을 막기 위해 국가 권력을 나눌 것을 주장한다. 로크는 국가의 권력분립이 바람직하다는 것을 강조했다. 법을 만드는 사람이 그것을 집행하기까지 하는 것은 바람직하지 않다. 왜냐하면 인간에게는 권력을 잡고 싶어 하는 연약함 때문에, 법률을 제정하는 권력을 가진 동일한 사람들이 그 법률을 집행할 권력까지 자신들의 수중에 넣으려는 것은 너무도 큰 유혹이 될 수 있을 것이기 때문이다(Ch.XII. § 143 참조). 그러므로 행정부는 입법부와 별개의 것이어야 한다.

로크는 입법부를 국가의 "최고권력"(Ch.XII. §§ 134, 150 참조)이라고 말한다. 그리고 "사회의 어떠한 구성원들이나 부분들이 가지는 다른 모든 권력들은 입법권으로부터 나오고 그것에 종속된다"(Ch. XIII. § 150. 또한 § 149도 참조). 입법권과 행정권은 한 나라 안의 구성원, 즉 내국민에 대한 것이다. 그렇다면 다른 나라에 대한 일들은 어떤 권력이 담당하는가? 그것이 바로 연합권(동맹권)[federative power]이다.

우리가 권력분립을 말할 때 우리는 일반적으로 몽테스키외Montesquieu (1689-1755)의 구분에 따라 입법 · 행정 · 사법권을 이야기한다. 그러나 로크는 입법권, 행정권, 연합권이라는 세 가지 권력을 말한다. 이 연합권은 "전쟁권과 강화권講和權, 연맹[Leagues]권과 동맹[Alliances]권, 그리고 국가 밖의 모든 사람들이나 공동체들과 온갖 거래[교섭, Transactions]를 할 수 있는 권력"(Ch.XII. § 146)을 포함하고 있다. 로크는 그것을 별개의 권력으로 여겼다. 그렇지만 그는 그것이 다른 명령권자들 수중에 맡겨지면 언젠가는 무질서와 파멸에 이를 것이기 때문에 행정권과 연합권은 분리되기 어렵다고 말한다. 연합권은 국내정치와 외교의 일관성을 위해 행정권자(집행권자)에게 맡겨져야 한다. 즉, 행정권과 연합권은 이론적으로는 구별되는 것이기는 하지만 현실적으로는 분리되지 않고 행정권이라는 하나의 권력에 맡겨져야 하는 것으로 보았다(Ch. XII. § 148 참조). 이 권력은 변화하는 국제정세에 좌우되므로, 입법권이 정하는 일반규범에 구속되지 않는다. 이렇게 보면 로크는 3권 분립을 주장한 몽테스키외와는 달리, 크게 입법권과 집행권이라는 2권 분립을 주장했다고 하겠다. 사법권에 관해서 로크는 그것을 행정부의 부분으로 여겼던 것 같다.[34]

① 입법부는 입법권[Legislative Power (실정법에 종속)]을 가지며
② 행정부는 행정(집행)권[Executive Power]을 갖는다. 행정부에는 사법권[Judicial Power]을 갖는 사법부와 연합권(동맹권)을 갖는 연방부가 속한다.

광의의 정부는 ①과 ② 전부를 가리키며, 협의의 정부는 ②의 행정부만을 가리킨다.

3. 군주에 대한 혁명권 및 저항권과 정부의 해체

• 만약에 입법부가 공동체의 보존이라는 자신의 목적을 위해 활동해야 함에도 불구하고 자신이 신탁信託된 권력이라는 사실을 망각하고 자기가 위임받은 신탁에 위배되는 행동을 하게 될 경우, 입법부를 제거하거나 변경시킬 수 있는 최고의 권력이 여전히 국민들에게 남아있다(Ch.

XIII. § 149 참조). 이처럼 입법부의 권력도 절대적인 것이 아니다. 국민의 자연권을 침해하는 군주적 권력에 대해서 국민은 〈혁명권 · 저항권〉[35]을 갖는다. 그리고 이러한 저항에는 폭력을 사용한 저항도 포함된다(Ch. XIII. § 155, 그리고 XIX. § 235 참조). 그러나 입법부라는 〈정부〉의 해체가 곧 〈사회〉 내지 〈국가〉가 해체되어 인간이 다시 자연상태로 돌아가는 것을 의미하는 것은 아니다. 그것은 단지 사회 속에 존재하는 〈특정한〉 정부의 해체를 가리킬 뿐이다. 사회의 해체는 사회가 외국의 군대에 의해 정복당하는 경우에 발생한다. 그리고 사회의 해체는 정부의 해체를 수반한다(Ch. XIX. § 211 참조). "사회가 해체될 때마다 그 사회의 정부가 존속할 수 없다는 것은 확실하다"(Ch. XIX. § 211).

통치자들이 폭군이 되거나 국민의 의지와 관심에 반대되는 방식으로 행동할 때 우리는 그들을 반역자들이라고 말할 수 있다. 이러한 통치자들에 대해서 국민은 혁명의 권리를 갖는다. 그러나 정당화될 수 없는 반란과 혁명도 일어날 수 있는데, 이것은 범죄다. 만약 상황이 혁명을 정당화할 때 누가 심판을 할 것인지 묻는다면 로크는, "국민이 재판관이 될 것이다"(Ch. XIX. § 240)라고 대답한다. 왜냐하면 피신탁자들이 그들의 신탁을 남용했는지 안 했는지를 결정할 수 있는 사람은 신 말고는 오직 그들이기 때문이다.

영국의 경험주의
[Empiricism]

로크 | 버클리 | 흄

버클리(George Berkeley, 1685-1753)

생애와 저작

• 1685년: 남부 아일랜드[애란愛蘭[1], 오랫동안 영국의 지배받음]의 킬케니Kilkenny에서 세무서원인 윌리엄 버클리의 6남매 중 장남으로 출생.

• 1700년: 더블린의 트리니티 대학에 입학하여 수학, 어학, 철학 등을 공부함. 여기서 그는 로크, 뉴튼, 데카르트, 홉스, 말브랑슈 등을 읽었는데, 특히 로크의 『인간지성론』, 뉴튼의 『수학원리』를 통해서 철학에 눈뜨게 되었다.

• 1707년: 『산술』(*Arithmetica*)과 『수학잡록』(*Miscellanea mathematica*) 출간. 대학의 특별연구원으로 17년 간 근무.

• 1709년: 성공회에 들어가 성직생활을 함. 이듬해에 신부가 됨. 『신新 시각론』(*An Essay towards a New Theory of Vision*).

• 1710: 『인간지식의 원리론』(*A Treatise concerning the Principles of Human Knowledge*). 원 제목은 『회의주의, 무신론, 무종교의 근거와 함께 학문에서의 오류와 난점의 주요원인들이 탐구되는 인간지식의 원리들에 관

한 논문』(*A Treatise concerning the Principles of Human Knowledge, wherin the Chief Causes of Error and Difficulty in the Sciences, with the Grounds of Scepticism, Atheism and Irreliigion, are inquired into*)이다.[2]

• 1712년: 『무저항적 복종』(*Passive Obedience*). 여기서 그는 폭정의 극단적인 경우에 혁명의 권리를 인정함으로써, 제한적이기는 하지만 무저항적인 복종의 이론을 주장했다.

• 1713년: 『하일라스와 휠로누스의 세 대화』(*Three Dialogues between Hylas and Philonous*). 이 책의 부제副題는 "회의주의자와 무신론자에 대해서 인간지식의 실재와 완전성, 영혼의 영적 본성과 신의 직접적인 섭리를 명백히 증명하려는 것"이다. 런던으로 가서 에디슨[3], 스틸[4], 포우프[5], 스위프트[6]Jonathan Swift (1667-1745) 등 당시 탁월한 지식인들과 사귐. 이때, 스위프트의 한 여자친구는 스위프트에게 그녀의 재산을 물려주려했으나, 스위프트가 그의 제자와 결혼했다는 소식을 듣고, 로버트 마르셀과 버클리를 상속인으로 한 새로운 유언장을 만들었다고 함. 그리하여 그는 상당한 재산을 상속받게 됨. 그는 런던에서 고향으로 돌아왔다가 곧 유럽여행 길에 오름. 버클리가 트리니티 대학의 선배인 스위프트를 런던 궁정에서 만났을 때는, 그가 아일랜드의 더블린 종교회의 주임사제로 있었던 1713년임. 스위프트는 당대의 동향動向에 상당한 혐오감을 품고 있었고, 버클리는 시대의 신사상新思想이 신을 모독하는 데 대한 증거를 내세우고 있었다. 버클리가 『인간지식의 원리론』에서 피력한 뉴튼 역학 비판은 『걸리버 여행기』(1726년)의 저자 스위프트에게는 "뉴튼도 역시 나타났다가 사라져 가는 갖가지 새로운 사상의 하나에 불과하다"라는 생각을 갖게 하기에 충분했던 것이다. 역학에 관한 학식으로는 스위프트가 버클리보다 우위에 있었을 지도 모르지만,

신神에 대한 버클리의 투철한 사상은 볼테르의 『철학서한』, 라메뜨리의 『인간기계론』, 돌바흐의 『자연의 체계』라는 일련의 무신론적 저술들로부터 유신론적 저술에로의 흐름을 예견하였고, 뉴튼의 자연관으로부터는 반드시 두려워할 만한 무신론이 내포되어 있을 것이라고 확신하고 있었다. 무신론의 근거는, "자연물은 신에게서 벗어나 실체로서 자립 자존한다"라고 하는 유물론에 있는 것이다. 파리에서는 말브랑슈와 철학적 논쟁을 벌이기도 함.

• 1721년: 트리니티 대학에서 신학박사 학위를 받음. 『운동론』(*De Motu*)(라틴어로 됨).

• 1725년: 미국 방문. 그 후 곧 영국 이민 자녀들과 토착민인 인디언들의 자녀들을 가르치기 위하여 버뮤다 섬에 신학교를 세울 것을 정부에 호소함. 그리하여 정부로부터 지원 약속을 받고 의회의 승인까지 얻어 냄.

• 1728년: 아일랜드의 하원의장이며 대법원장인 존 포스터의 딸 앤과 결혼. 그 해 9월에는 버뮤다 섬에 신학교를 세우려던 당초의 계획을 변경하여 로드 아일랜드[미국의 주州: 주도州都는 Providence]에 학교를 세우려고 약간의 동료들과 미국의 로드 아일랜드의 뉴 포트New Port로 감. 그는 땅을 사고 집을 짓고 정부로부터의 지원을 기다렸으나, 정부의 지원 약속은 이행되지 않았고, 그의 웅대한 포부는 산산조각 나고 말았다. 그러나 이러한 그의 교육열은 미국인들에게 자극을 주었다. 뉴 헤븐New Haven의 버클리 신학교는 물론, 캘리포니아 주립대학교[7]는 버클리의 영향으로 세워졌으며, 컬럼비아 대학교의 전신인 킹스 대학도 그의 친구에 의해 세워졌다. 그리고 캘리포니아 주에는 그의 이름을 딴 버클리라는 도시가 있다. 펜실베니아 대학교의 전신인 필라델피아 대학교도 그의 권고에 의해 세워졌다.

• 1731년: 부동산과 서적들을 뉴 헤븐 대학(지금의 예일 대학)에 기증하고 귀국함.

• 1733년: 『시각론』의 신문비평에 대한 대답으로서의 『신의 직접적인 현전과 섭리가 입증되고 설명된다는 것을 보여주는 시각론 또는 시각언어』(*The Theory of Vision or Visual Language showing the immediate Presence and Providence of a Deity Vindicated and Explained*).

• 1734년: 북 아일랜드의 클로인Cloyne의 주교主教로 임명되어, 죽을 때까지 18년간 봉직함. 『분석가 또는 신을 믿지 않는 수학자에게 주는 말』(*The Analyst or a Discourse addressed to an Infidel Mathmatician*). 여기서 그는 뉴튼의 미분이론을 공격하고, 만약 수학에 신비가 있다면 그것은 종교 안에서 기대하는 것만이 사리에 맞다고 주장함.

• 1735년: 쥬린Jurin 박사가 위의 주장에 대해 반론을 펴자, 버클리는 『수학에서의 자유사상의 옹호』(*A Defence of Free-thinking in Mathematics*)로써 그것을 반박했다.

• 1753년: 1월 14일 뇌일혈腦溢血로 사망함. 유해는 옥스퍼드 대성당에 묻힘. 그의 아내는 그에 대해 다음과 같이 말했다: "그는 결코 보수報酬에 의하여 움직이는 사람은 아니었다. 그는 하나님과 인간을 사랑했으며, 수학자나 훌륭한 신사로 위장한 무신론자들을 침묵시켰다. 겸손하고 상냥하고 참을성 있고, 너그럽고 어진 사람이었다. 또한 한없이 부지런한 사람이었다."

사상

I. 상식의 철학과 비물질주의

—

• 많은 사람들은 버클리가 우리의 외부에 존재하는 물질 및 물체의 존재를 부정한 철학자로 오해하고 있다. 만일 버클리가 그런 주장을 했다면 그는 비상식적인 사람에 속할 것이다. 그러나 분명히 버클리는 자신을 교수들, 그리고 자기가 생각하기에 이상하고 기괴한 학설들을 내세운 오도된 형이상학자들과는 다른 '통속적인 사람'으로 분류했다. 그의 공책에서 우리는 중요한 구절을 읽을 수 있다. "메모: 형이상학 등을 영원히 추방함. 그리고 사람들을 상식으로 소환함."[8] 우리는, 일견해서는 상식을 무시하고 있는 것으로 보이는 버클리 철학이 과연 어떤 점에서 상식에 가까운 것인지를 살펴볼 것이다. 그러나 물론 그렇다고 해서 버클리가 형이상학 전체를 부정한 것은 아니고, 예컨대 로크가 말한, '무엇인지 알 수 없는 물질적 실체'의 형이상학을 거부한 것이다.

• 그는 로크를 다음의 세 가지 점에서 비판했다. 즉, 첫째, 로크가 제

1성질과 제2성질을 구별한 점. 둘째, 우리가 지각할 수 없으므로 마땅히 부정되어야 할 물질적 실체[material substance]의 존재를 로크가 명확한 근거 없이 인정한 점. 그리고 마지막으로 로크가 주장한 추상적 일반관념이 그것이다. 그러면 먼저 이 세 가지 문제에 대해 살펴보자.

1. 제1성질의 부정: 감각지각을 통해 얻은 성질은 모두 제2성질이다
[『신(新)시각론』, *Essay towards a New Theory of Vision*, 1709]

•

• 로크에 의하면, 물체의 크기나 모양과 같은 성질은 물체 자체 즉, 객관 자체가 지니고 있는 〈객관적 성질〉(제1성질)이지만, 물체의 색이나 맛과 같은 성질은 객관 자체에 있는 성질이 아니라 감각주관 내지 인식주관 쪽에 있는 〈주관적 성질〉(제2성질)이었다. 그러나 버클리에 의하면 물체의 성질은 모두 주관적인 것, 즉 로크의 구분에 따르면 제2성질이라고 한다. 이 점을 그는 그의 『신 시각론』에서 시각과 관련해서 주장한다.

버클리에 의하면, 시각에 의해 우리는 색깔만을 본다: "(...) 우리가 직접 그리고 적절하게(제대로)[properly] 보는 것은 (...) 빛과 색 뿐이다."[9] 그러나 상식에 의하면, 시각에 의해 우리는 색깔만이 아니라 크기나 모양도 볼 수 있다. 그러면 그는 이것을 어떻게 설명하고 있는가? 이것은 색깔이 퍼져있는 넓이에 따라서 우리가 눈알을 돌릴 때 갖는 운동감각이나 또는 그 전에 내가 손으로 만져 본 기억, 또는 물체가 있는 곳에까지 걸어갈 때 갖는 다리의 운동감각 등이 지금 연상됨으로써 알게 되는 것이다. 즉, 물체의 크기나 모양과 같은 성질(제1성질)은 색깔 같이 시각이 직접 파악하는 것이 아니라, 이 색깔(제2성질)에, 다른 운동감각이나 촉감각 등의 기억이 부가되어 성립하는 것이다. 따라서 로크가 말한 제1성질은 제2성질에 관한 감각들 상호간의 관계에 불과한 것이다. 그리하여 버클리는 감각경험을 통해서 얻은 성질은 모두 제2성질, 즉 주관적 성질이라고 주장한다.[10]

• 이러한 버클리의 입장을 더 밀고 나가면, 우리는 우리의 외부에 있는 물질적 존재자의 객관성을 인정할 수 없게 된다. 우리가 알고 있는 것은 모두 우리의 정신 속에 있는 것이지, 있는 그대로의 물物이라고 할 수 없기 때문이다. 제2성질들과 별도로 제1성질들을 생각하는 것은 불가능하다. "다른 모든 성질들로부터 추상된 연장, 형태, 운동은 생각할 수 없다."[11] 만약 제2성질들이 대상 자체에 존재하는 객관적인 것이 아니라면, 로크가 말하는 제1성질들도 대상 자체에 존재하는 것이 아니라 주관에 의해 규정되는 것으로 버클리는 보았다.[12] 예컨대 어떤 물체의 모양은 지각자의 위치에 의존해 있다. 동일한 물체도 멀리서는 작게 보이고 가까이 가면 크게 보인다. 원통형의 물체는 위에서 보면 원형이고, 정면에서 보면 직사각형이고, 또 다른 위치에서 보면 다른 모양으로 나타난다. 그러나 버클리는 로크의 주장을 올바로 이해하지 못한 것으로 보인다. 왜냐하면 물체의 크기나 모양은 위치에 따라 다르게 보일 수 있지만 우리는 그것을 어느 정도 객관적으로 규정할 수 있기 때문이다. 예컨대 지름 10센티미터, 높이 1미터의 원통형의 물체는 위치에 따라 여러 가지 다른 모습과 크기로 주관(우리)에게 보일 수 있다. 그러나 우리는 이 물체를 지름 10센티미터, 높이 1미터의 원통형의 물체라고 규정할 수 있는 것이다. 우리가 이 물체의 높이를 1미터로 '보기 때문에' 그것이 1미터의 높이를 가지고 있는 것이 아니라, 크기라는 성질은 객관 자체가 가지고 있는 성질이라는 점을 로크는 말하고 있는 것이다.

2. 버클리의 관념론[idealism] 혹은 비물질주의[immaterialism]

• 로크는 지성이 단순관념을 여러 가지로 결합해서 만들어낸 추상관념으로서 복합관념을 인정하고, 그 복합관념들로서 신, 정신, 물체와 같은 실체의 존재를 인정했으나, 버클리는 그 가운데 〈물질적 실체〉[13]의 존재를 부정했다. 이것은 그가, 우리에게 지각된 관념으로서의 산이나 나무의 존재를 부정했다는 것이 아니고, 산이나 나무의 실체, 즉 우리의 감각에 지각되는 것 이상의 존재 — 알 수 없는 그 무엇 — 는 가상假象에 불과하다고 하여, (칸트가 말하는 '물 자체'와도 같은) 물체 자체의 존재를 부정했다는 것이다.

• 버클리는 그의 주저인 『인간 지식의 원리론』(1710)에서 바로 이런 문제를 다루고 있다. 집, 산山, 강江 등은 우리의 정신이 파악한 내용과 관계없이, 바꾸어 말하면 우리의 주관을 떠나서 그 자체로 존재한다고 보는 것이 통념이다. 즉 사물들은 우리가 그것이 있음을 알고 있거나 없거나 관계없이 그 자체로 독립적으로 존재한다고 생각한다.[14] 그러나 버클리에 의하면, 우리가 존재하는 것으로 알고 있는 것은 모두 우리의 관념 속에 지각된 내용으로서 있는 것이며, 우리의 관념을 떠나서 어떤 다른 존재자가 있는지는 알 수 없는 일이다. 그러므로 버클리는 다음과 같이 말한다: "존재는 **지각됨** 혹은 **지각함**이다. 전과 마찬가지로 말은 마구간에 있고, 책들은 서재에 있다."[15] 이때, "존재는 지각됨이다"("Esse est percipi" = "Existence is to be perceived")라고 할 때의 '존재'는 관념의 존재를 가리키며, "존재는 지각함이다"("Esse est percipere" = "Existence is to perceive")라고 할 때의 '존재'는 정신의 존재를 가리킨다. "내가 그 위에서 글을 쓰는 탁자는 존재한다. 즉, 나는 탁자를 보고

느낀다. 그리고 만약 내가 서재에서 나간다 하더라도 나는 그것이 존재한다고 말해야 하는데, 그것은 만약 내가 서재 안에 있다면 그것을 지각할 수 있을 것이라거나, 또는 다른 어떤 정신이 실제로 그것을 지각한다는 것을 의미한다"(*PHK*, § 3). 이렇게 버클리는 독자에게, "탁자는 존재한다"는 진술에 관하여 "탁자는 지각되거나 지각 가능하다"는 것 이외의 다른 의미를 찾아보라고 감히 요구한다. 여느 일상인이 말하는 것처럼 방에 아무도 없을 때에도 탁자는 존재한다고 말하는 것은 더할 나위 없이 참이다. 그러나 버클리는, 이것은 만약 내가 방에 들어서면 탁자를 지각할 것이다, 또는 만약 다른 사람이 방에 들어선다면 그 사람이 탁자를 지각하거나 지각할 수 있을 것이라는 것을 제외한다면 무엇을 의미할 수 있느냐고 묻는다. 결국 버클리는 다음과 같이 말한다: "지각되는 것과 아무 관계도 없는 사유하지 않는 물物들의 절대적 존재에 관해서 말하는 것에 대해 말하자면, 그것은 내가 완전히 이해할 수 없는 것이다. 그것들의 존재[*esse*]는 지각됨[*percipi*]이다. 그것들이 그것들을 지각하는 마음이나 사유하는 물物의 외부에 어떤 존재를 갖는 것은 불가능하다"(*PHK*, § 3).

버클리는 감각적 사물들에 관한 존재 진술들에 대한 자신의 분석은, 그 마음이 형이상학적인 추상작용에 의해 오도되지 않은 보통 사람들의 사고방식과 일치한다고 생각한다. 버클리의 입장은 몇몇 현대 신실증주의자들이, 경험적 진술의 의미는 그것의 검증방법과 일치한다고 주장했을 때의 그들의 입장에 매우 가까이 접근한 것으로 보인다. 마구간에 들어가서 말을 지각하는 것은 마구간에 말이 있다는 진술을 검증하는 하나의 방식이다.[16] 그러면 내가 그것을 보지 않을 때는 어떤가? 버클리는, 내가 보지 않을 때에는 나 아닌 다른 사람의 마음속에 관념으로서 존재한다고 한다. 그러나 이 방에 나도, 다른 어느 사람도 없을 때는 어떻게 될까? 그 때는 신神의 마음속에 존재한다고 한다.

• "무한히 다양한 그러한 모든 관념들 혹은 인식의 대상들[17] 이외에, 마찬가지로 그것들을 인식하거나 지각하는 어떤 것이 존재한다. 이 '어떤 것'은 그것들에 관해서 의욕하고 상상하고 기억하는 등의 다양한 작용을 한다. 나는, 이 지각하는 능동적 존재자가, 내가 마음, 정신, 혼 혹은 나 자신[*mind, spirit, soul or myself*]이라고 부르는 것이다. 이 말들로 나는, 나의 관념들 중의 어느 하나도 가리키지 않는다. 이 말들로 나는 나의 관념들과는 전적으로 구별되는 어떤 것, 즉 그 속에 관념들이 들어있는 어떤 것[18]을 가리킨다"(*PHK*, § 2)

따라서 존재자에는 정신과 정신 속에 있는 관념이라는 두 가지가 있는데, 이 둘은 "전적으로 구별되고 이종적異種的[heterogeneous]이다. 즉, 정신은 능동적이요 분할할 수 없는 실체이며, 관념은 타성적이며(무력하며)[inert] 부동浮動하며[fleeting], 의존적인 존재자다. 즉, 관념은 스스로 존립할 수 없고 정신적 실체에 의해 지지되거나 정신적 실체 속에서 존재한다"(*PHK*, § 89). 버클리는 물질적 실체는 부정하고 정신적 실체는 인정하고 있다. 이 세상에 실재한다고 할 수 있는 것은 오직 관념들과, 그것들을 가지고 있는 정신, 즉 주관뿐이다. 그러므로 그의 관념론은 주관적 관념론 혹은 정신주의[spiritualism]라고 불린다. 버클리의 비물질주의 내지는 관념론을 많은 사람들이 오해하고 있으므로 직접 그의 주저의 핵심부분을 살펴보고 내용을 정리해보자.

§ 34. (...) 첫째, 위의 원리들에 의해, 자연에 현존하는 실체적인 것 모두가[all that is real and substantial in Nature] 세상에서 사라져 버리고, 그 대신에 관념의 공상적인 틀이 발생하는 것이 아니냐는 반론이 제기될 것이다. 존재하는

모든 것은 마음속에만 존재한다. 즉 그것들은 순전히 개념적[notional]이다. 그러면 해, 달, 별은 다 어떻게 되는 것일까? 집, 강, 산, 나무, 돌, 아니 우리 자신의 몸에 관해서 우리는 어떻게 생각해야 하는 것일까? 이 모두가 공상에 의해 생긴 그렇게 많은 공상물이나 착각에 지나지 않는 것일까? 그러나 이런 반론 또는 이와 비슷한 모든 반론에 대하여, 전제된 원리들로 인하여 우리는 자연에서 어느 하나도 빼앗기지 않는다고 나는 대답한다. 우리가 보고 느끼고 듣거나, 어떤 식으로든 지각하고 이해하는 것은 전처럼 안전하게 남아있으며, 전처럼 현존한다[as real as ever]. 물物들의 자연自然[a rerum natura]이 존재한다. (...)

§ 35. 나는, 우리가 감각이나 반성反省에 의해 파악할 수 있는 그 어떤 물의 실존에 대해서도 반대하는 논증을 제기하지 않는다. 내 눈으로 보고 내 손으로 만지는 물物들이 존재하고 있으며, 현실적으로 존재한다[exist, really exist]는 점에는 조금도 의문을 품지 않는다. 우리가 그것의 존재를 부정하는 유일한 것은 철학자들이 물질[Matter] 혹은 물체적 실체[corpoearl Substance]라고 부르는 것이다. 이런 것을 부정할 때에, 인류의 나머지 인간들은 아무런 손해도 입지 않으며, 감히 말하건대, 그것을 섭섭하게 생각하지도 않는다. (...)

§ 36. 만일 이런 주장으로 인해 물의 존재나 현실성[the exitence or reality of things]이 줄어든다고 생각하는 사람이 있다면, 그는 내가 생각할 수 있는 가장 쉬운 용어로 전제한 것을 전혀 이해하지 못하고 있는 것이다. 지금까지 말한 것을 여기서 요약해보자. 영적(정신적) 실체들, 마음들 혹은 인간의 혼[spiritual substances, minds, or human souls]이 존재하는데, 이들은 자신 속에서 뜻대로 관념들을 의지하거나 야기한다. 그러나 이 관념들은 그들이 감각에 의해 지각하는 관념들과 비교하면 희미하고 약하고 불안정하다. 그들이 감각에 의해 지각하는 관념들은 어떤 자연의 규칙이나 법칙에 따라 그들에게 각인된 것[인상 지워진, which, being impressed upon them]으로서, 인간의 정신[영, spirits]보다 강하고 현명한 어떤 마음[a Mind]이 작용한 결과라는 것을 그

들 자신에게 보여준다. 이 후자의 관념들은 전자의 관념들보다 더 많은 현실성[more reality]을 가지고 있다고 말해지는데, 이 말의 의미는, 그것들이 더 영향력 있고 질서 있고 분명하다는 것이고, 그것들을 지각하는 마음이 만들어 낸 허구가 아니라는 것이다. 그리고 이런 의미에서, 내가 낮에 보는 해는 현실적으로 존재하는 해이고, 내가 밤에 상상하는 해는 전자의 관념이다. 현실성[reality]에 관해서 여기서 부여된 의미로 보자면, 모든 식물, 별, 광물, 그리고 일반적으로 우주 체계의 각 부분은 우리의 원리들에 의해서나 다른 어떤 원리들에 의해서 볼 때에도 현실적인 존재자다. 다른 사람들이 현실적 존재라는 용어로, 내가 의미하는 것과 다른 것을 의미하는지의 여부를, 그들 자신의 생각을 살펴보아 알기를 그들에게 간청한다.

§37. 적어도 이 정도까지는 사실이라고, 즉 우리가 모든 물체적 실체[corporeal substances]를 제거해 버렸다고 주장하게 될 것이다. 이에 대한 나의 대답은 다음과 같다: 만약에 실체라는 단어가 범속한 의미로 쓰인다면 — 즉 연장, 견고성, 무게 등과 같은 감각적 성질들의 결합체[a combination]를 의미한다면 — 우리가 이것을 제거했다고 비난받을 수는 없다. 그러나 만일 그 단어가 철학적인 의미로 쓰인다면 — 즉, 마음이 없는 우유적 속성들이나 성질들의 담지자[the support of accidents or qualities without the mind]를 의미한다면 — 우리가 그것을 제거한다는 사실을 실로 인정한다. 상상 속에서조차도 존재하지 않고 결코 아무런 실존도 가지고 있지 않은 것을 제거해 버렸다는 말을 듣게 될 수 있다면 말이다.

§38. 그러나 결국 우리가 관념을 먹고, 마시고, 입고 다닌다는 것은 아주 이상하게 들리지 않겠느냐고 말할 수 있겠다. 이것이 아주 이상하게 들린다는 것을 나는 인정한다. 그 이유는 관념이라는 말이 일상회화에서는 물[things]이라고 불리는, 감각적 성질들 몇 개가 결합된 것을 가리키기 위해 사용되지는 않기 때문이다. 그리고 익숙한 언어용법과는 다른 어떤 표현은 이상하고 우스꽝

스럽게 보일 것은 분명하다. 그러나 이러한 점은 명제의 진리와는 관계가 없다. 그 명제는 다른 말로 바꾸어 표현하자면, 우리는 우리가 우리의 감각에 의해 직접 지각하는 물들을 먹고 입고 있다는 것을 의미할 뿐인 것이다. 서로 모여서 여러 종류의 음식물과 의상류를 구성하는 딱딱함이나 부드러움, 색, 맛, 따스함, 형태 등등의 성질은, 그들을 지각하는 마음(정신) 속에서만 존재하는 것임은 이미 보였거니와, 이것이 이들을 관념이라고 부를 때 의미하는 전부인 것이다. 이 단어가 만약에 물이라는 단어처럼, 일상적으로 사용된다면 물이라는 단어보다 더 이상하거나 더 우스꽝스럽게 들리지도 않을 것이다. 나는 표현의 적절성에 관해서가 아니라 표현의 진리에 관해서 논의하려고 하는 것이다. 그러므로 여러분이, 우리는 감각의 직접적인 대상들을 먹고 마시고 입으며, 이 대상들은 지각되지 않은 채로 혹은 마음이 없이는 존재할 수 없다는 점에 대해 나와 의견을 같이 한다면, 그 대상들이 관념보다는 물이라고 불려야 하는 것이 더 적절하거나 관습에 적합하다는 것을 기꺼이 시인할 것이다.

§ 39. 만일 내게 왜 언어습관에 맞추어서 그들을 물이라 부르지 않고 관념이라는 단어를 사용하는 이유를 묻는다면, 다음 두 가지 이유를 들어 답변하겠다. 첫째, 일반적으로 물이라는 용어는 관념과는 반대로, 마음 없이도 존재하는 어떤 것을 가리킨다고 생각되기 때문이다. 둘째, 물은 관념보다 더 포괄적인 의미를 지니고 있어서, 관념 이외에 정신[영, spirits]이나 사유물[thinking things]까지도 포함하기 때문이다. 그래서 감각의 대상은 마음속에서만 존재하고, 게다가 사유할 수 없고 비능동적이기[thoughtless and inactive] 때문에, 나는 그러한 속성들을 함축하고 있는 관념이라는 용어를 선택하여 그 대상들을 구별한 것이다(*PHK*, 74-76, 41-128).

• 여기서 버클리가 말하는 혹은 부정하고 있는 〈물질〉이란 무엇인가? 그는, 단지 철학자들이 물질이니 물체적 실체니 하는 이름으로 부르

는 것을 부정하는 것이라고 말한다(제35절). 이 말은, 일상인이 생각하는 외계의 물체를 부정한 것이 아니라, 일부의 철학자들(예컨대 로크)이 생각하는 물체, 즉 어떤 성질들의 밑에서 그 성질들을 떠받치고 있다고 생각되는, 기체로서의 물체, 그리고 그것이 무엇인지 알 수 없는 그러한 기체로서의 물체만을 부정했다는 말이다. 그러므로 버클리는 〈관념론자〉다.

즉, 이 주장은 우리가 감각하는 대상은 우리가 감각하는 내용에 대응한 어떤 요소를 가지고, 우리의 외부에 존재한다는 주장으로 이해될 수 있다. 예컨대, 우리는 사과를 통해, 둥긂과 붉음과 닮 등의 관념을 갖게 되는데, 이때에 버클리는 이러한 관념이 바로 사과라는 물이라고 말하는 것이 아니라, 이러한 관념은 외계에 있는 사과가 우리에게 존재하는 방식이라는 것(Their esse is percipi)을 말하는 한 편, 외계의 사과는 이러한 관념을 우리에게 제공할 수 있는 어떤 성질을 — 우리가 지각하는 것과 동일한 성질이 아니라 — 지니고 있는 물체임에 틀림없고, 이것 외에 별도로 그것 — 우리에게 이러한 관념을 일으킬 수 있는 요소 — 을 지탱하고 있는, 아무런 속성도 지니지 않은 입자로서의 물체[즉, 미립자微粒子]의 존재는 부정한 것이다.

• 버클리는 1713년에 『하일라스와 휠로누스의 세 대화』(*Three Dialogues between Hylas and Philonous*)를 출간한다. 이 책에서 그는, 휠로누스[정신(nous)을 사랑하는(philos) 사람]가 논증에서 승리하여, 물질주의자인 하일라스(hyle, 물질)를 자신의 견해로 전향시킨다는 이야기를 통하여 자신의 견해를 더욱 대중적으로 전개한다.

여기서 휠로누스는 다음과 같이 말한다: "물질적 실체라는 말이 단지 〈지각 가능한 물체〉를 의미하는 것이라면 (...) 나는 당신이나 어떤 다른 철학자보다도 물질의 존재를 더욱 확신할 것이다."[19] 그러나 물질이 본래적으로 지각 불가능한 무엇이라고 간주된다면, "철학자들이 주장하는 물질이란, 파악할 수 없는 무엇이다."[20] 여기서도 마찬가지로 버클리가 부정한 것은, 아무런 성질도 지니고 있지 않고 불가해한, 기체 내지는 실체로서의 물체 — 즉 미립자론 철학자들이 말하는 물物 — 이지, 우리가 일상적으로 말하는 물체가 아니다. 그러므로 예컨대, 누구든지 돌을 발로 참으로써 버클리의 학설을 논파할 수 있다고 생각한 존슨Samuel Johnson박사는 버클리의 주장을 오해한 것이다. 그는, 돌을 차는 사람은 누구든지 돌이 하나의 관념 이상의 것임을 알게 되기 때문이라고 빈정대면서 말했다.

이렇게 볼 때 버클리는 관념론자다. 그는 또, "결국 물체들이 나에 의해 실제로 지각되지 않거나, 나의 마음속에나 다른 어떤 피조물인 정신의 마음속에도 존재하지 않는 한, 그 물체들은 전혀 존재하지 않는 것이거나 어떤 영원한 정신의 마음속에 존속해야 한다"[21]라고 말함으로써, 관념론의 입장을 표명하고 있다.

II. 추상적 일반관념에 대한 비판

—

• 로크는 물체의 제1성질과 제2성질은 지각할 수 있지만, 이러한 성질들을 떠받치고 있는 기체로서의 실체는 지각할 수 없다고 주장했다. 그런데 로크는 왜 우리가 지각하지 못하는 것까지 존재한다고 생각하는 것일까? 버클리에 의하면, 이러한 그릇된 생각은 〈추상적 관념〉[abstract ideal]에 기초를 두고 있다고 말한다. 예컨대, 사과에 대하여 우리가 알고

있는 것은, 그것의 크기, 모양, 빛깔, 향기, 맛 등 성질들뿐이다. 그런데 우리는 이러한 성질들을 지니고 있는 어떤 것을 예상한다. 예컨대 로크의 실체개념이 그런 것이다. 실체와 같은 추상개념들은 경험에서 나온 것이 아니라 지성의 추상작용의 산물이다. 집, 산, 강, 한마디로 모든 감각적 대상들이 지각과 관계없이 그 자체로 존재할 수 있다는 생각은 아마도 근본적으로 추상관념 이론에 의존하고 있다는 것이 발견될 것이다. 왜냐하면 감각적 대상들의 존재를 그것들의 지각됨과 구별함으로써 그것들이 지각되지 않은 채로 존재한다고 생각하는 것보다 더 훌륭한 추상작용의 종류[strain]은 있을 수 없기 때문이다(*PHK* § 5 참조). 그리고 로크의 제1성질과 제2성질의 구별에 있어서도 그러한 추상이 개재되고 있다. 모든 성질은 우리의 지각내용에 불과한 것인데, 로크는 사물이 객관적으로 지니는 제1성질을 추상한다. 그러나 이것은 버클리의 입장에서 보면, 객관적 사물에 도달할 수 없는 우리에게는 비약이 아닐 수 없다. 우리가 우리의 주관을 떠나서 객관적 사물이 되어 볼 수 없는 이상, 어떤 성질을 객관적으로 사물 자체가 지니고 있는 것이라고 단정할 수 없는 것이다. 사물의 성질을 지각하고 거기에서 얻은 단순관념, 즉 제2성질만이 있고, 제1성질과 같은 객관적 성질은 부당한 추상의 결과이며, 존재하지 않는다는 것이다.

• 추상적 일반관념에 대해 버클리는 다음과 같이 비판한다: "나는 손, 눈, 코를 몸의 나머지 부분들로부터 추상하거나 분리해서 각각 그것들 자체로 생각할 수 있다. 그러나 그때에 내가 어ㄸㄴ너 손이나 눈을 상상하더라도, 그것은 어떤 특정한 모양과 색깔을 가지고 있어야만 한다. 이와 마찬가지로, 내가 내 자신에게 형성하는 사람의 관념은 희거나 검거나 황갈색인 사람, 또는 허리가 곧거나 구부러진 사람, 또는 크거나 작거나

중간 크기인 사람이어야 한다. 나는 어떻게 생각해도 위에 기술한 추상관념[22]을 마음에 품을 수 없다"(*PHK* Introduction, § 10). 즉, 나는 실재하는 개인들의 모든 개별적 특성들을 생략하는 동시에 포함하는 사람의 심상心象을 형성할 수 없다. 마찬가지로, "누군가가 자신의 관념들을 약간 조사해 보고, 삼각형의 일반관념에 주어진 기술(빗각 삼각형도, 직각삼각형도, 등변삼각형도, 등각삼각형도, 부등변삼각형도 아니면서, 이 모든 것임과 동시에 아무 것도 아닌)과 부합될 관념을 자신이 가지는지 혹은 가지게 될 수 있는지를 시험하는 것보다 더 쉬운 일이 어디 있겠는가?"(*PHK* Introduction, § 13). 우리는 3각형이 있다고 생각한다. 그러나 실제로 존재하는 것은 3각형 일반이 아니라, 어떤 특정한 정삼각형, 직각3각형 등이다. 정3각형도 직각3각형도 사각斜角3각형도 아니고 등변3각형도 부등변3각형도 아닌 막연한 3각형(삼각형의 이데아, 삼각형 일반)은 없는 것이다. 구체적이고 개별적인 사물을 떠나 어떤 일반개념은 실재하지 않는다[유명론唯名論]. 이 두 번째 예증은 로크로부터 직접 취한 것이다. 로크는 "빗각삼각형도 직각삼각형도, 등변삼각형도 등각삼각형도, 부등변삼각형도 아니어야 하며, 이 모든 것인 동시에 아무 것도 아닌"(*An Essay concerning Human Understanding*, 4, 7, 9) 삼각형의 일반관념의 형성에 관하여 말한다.[23] 그러나 우리가 개념[concept]과 관념[idea]을 구별하여 생각해보자. 버클리가 비판하고 있는 지점은, 우리가 가지는 삼각형 관념, 곧 삼각형의 이미지(image)는 어떤 특정한 모양의 삼각형이지, 삼각형 일반, 삼각형 자체, 혹은 삼각형의 이데아의 이미지는 떠올릴 수 없다는 것이다. 왜냐하면 그것은 비물질적인 것이어서 개별화되지 않기 때문이다. 그러나 만약에 〈관념〉이라는 용어를 〈개념〉과 같은 의미로 사용할 경우에 이 비판은 들어맞지 않게 된다.

III. 유신론

• 버클리는 다음과 같이 말한다: "그러므로 혼이나 정신에 관해 형성된 관념은 존재할 수 없다"(*PHK*, § 27). 그러나 우리가 정신 관념은 가지고 있지 않지만 정신 개념은 가지고 있다고 그는 말한다. 우리는 비물질적인 정신, 마음, 혼 등에 관해서는 관념을 가질 수는 없지만 개념은 가질 수 있다는 것이다. 즉, 우리는 물체에 대해서는 관념을 가지고, 정신, 마음, 혼 등에 대해서는 개념을 가진다는 것이다.[24]

• 버클리는 자기의 철학을 〈회의론, 무신론 및 무종교의 근거〉를 논파하는 것으로, 그리고 또 〈회의론자들과 무신론자들에 맞서서 신의 직접적인 섭리〉를 명확하게 증명하는 것으로 간주했다.[25] 그는 자기의 철학이 기독교의 유신론을 증명하는 것으로 생각했다. 그가 생각하기에, '집, 산, 강'과 같은 물체들이나 우리의 신체는 우리가 그것들을 감각할 때 존재하다가, 우리가 그것들을 감각하지 않으면 존재하지 않게 되는 그런 것들이 아니다. 광대한 자연계는 우리가 우리의 관념으로 그것을 품지 않을 때에도 계속하여 존재한다. 그러나 만약에 우리가 지각할 수도 있고 지각하지 않을 수도 있는 이 자연계가 정말 관념들의 체계라고 한다면, 어느 때에나 그것을 관찰하는 인간의 정신이 아닌 어떤 정신이 있어야만 한다. 즉, 그의 지각이 바로 이 자연계인 어떤 무한한 정신이 존재해야만 한다. 이 무한한 정신이야말로 바로 신이며, 세계는 그의 관념의 체계다. 이렇게 세계의 객관성은 전지전능한 신의 정신에 의해서 보증되어 있다.[27]

• "우리가 주의 깊게 자연물의 항구적 규칙성과 질서, 그리고 연속을 생각해 보고 피조물의 보다 큰 부분들의 놀라운 장엄성, 아름다움, 완전

성과 작은 부분들의 정교한 짜임새와 더불어 전체의 정밀한 조화와 일치를 생각하면, 그러나 무엇보다도 쾌락과 고통의 더할 나위 없이 훌륭한 법칙과 동물의 본능 중 자연충동과 식욕, 그리고 정념들, 정말 이런 모든 것이 하나이면서, 영원하고 무한히 지혜롭고 선하며 완전하게 전개되는 의미와 중요성을 생각하면, 우리는 앞에서 말한 바와 같이 〈모든 것 속에서 모든 것을 작용하게 하고〉 〈모든 것이 그로 말미암아 있게 되는〉 신의 정신에 모든 것이 속하는 것임을 명백하게 알게 될 것이다"(*PHK* § 146).

• 요컨대 버클리는 경험주의를 철저히 밀고나가, 지각하는 정신과 지각에 나타난 관념만이 존재한다고 함으로써 주관적 관념론을 수립하였지만, 유한한 정신의 존재 외에 무한한 정신으로서 신의 존재를 내세우고 있는 점에서 철저한 경험주의자가 되지는 못하였다. 경험주의를 더욱 철저하게 관철한 사람이 바로 흄이다.

영국의 경험주의
[Empiricism]

로크 | 버클리 | 흄

흄(David Hume, 1711-1776)

생애와 저작

• 1711년: 스코틀랜드 에딘버러Edinburgh에서, 소지주 조셉 흄의 차남으로 출생. 그의 아버지는 변호사 자격을 가졌으나 시골에서 은둔생활을 하다가 흄이 세 살 때 세상을 떴다. 그리하여 그는 어머니 캐서린의 세심한 교육을 받고 자란다. 어머니는 스코틀랜드 고등법원장의 딸로서, 아들이 훌륭한 법관이 되기를 기대하고

• 1723년: 아들을 에딘버러 대학에 입학시켜 법률공부를 하도록 했지만 흄은 법률보다는 문예에 열중했다. 얼마 후에는 다시 철학에 관심을 갖게 되어 문예는 점차 잊어버리게 되었다.

• 1725년: 가정형편이 어려워 학업을 중단하고 브리스틀에 있는 회사에 취직했지만 공부하고 싶은 열망에 부풀어 틈만 있으면 책과 도서관을 찾음. 공부에 지나치게 열중한 나머지 19세 때에는 건강이 나빠져 일년 반 동안이나 휴양을 계속 함. 그 때 그는 학자병에 걸렸었다고 후에 말했는데, 그 이후 죽을 때까지 학문적 명성을 얻고자 하는 열렬한 욕망

으로 불탔고, 직장생활을 하면서도 직장일 보다 글을 쓰는 데 더 정열을 쏟았다. 브리스틀의 직장을 수개월 만에 그만 두고, 얼마 안 되는 재산을 처분하여 1734년(23세)에는 프랑스의 라플레쉬(데카르트가 다녔던 왕립예수회학교가 있던 곳)로 감. 거기서 3년 간 조용히 지내면서 야심만만한 저술 『인성론』(*A Treatise of Human Nature*)[1]을 집필하여 완성된 원고를 가지고 1737년에 의기양양하게 귀국함. 그러나 출판해 주는 곳이 없어서 기다리다가 2년 후에야 겨우 1 · 2권만 런던에서 출판하게 됨. 그러나 그의 기대와는 달리 아무런 반응이 없자 크게 실망하고 고향으로 돌아가서 어머니와 형제들과 함께 삶. 그 후 그는 친구의 격려를 받아 다시 글을 쓰기 시작함.

• 1738-40년: 『인성론』 전 3권을 익명으로 출판함. 역시 아무런 반응이 없으므로 그는 철학책 쓰는 것을 단념하고, 정치, 사회문제에 관한 글을 쓰기로 작정함.

• 1741년: 이듬해까지 『도덕 및 정치론집』(*Essays, Moral and Political*) 제 1 · 2편을 출간함. 이것으로 그는 좋은 평을 받음으로써, 새로운 희망과 용기를 갖게 됨.

• 1745년: 에딘버러 대학의 윤리학과 정신철학 교수직에 지원했으나, 이단자, 회의론자, 무신론자 등의 낙인이 찍혀있었기 때문에 뜻을 이룰 수가 없었다. 그 후 글래스고우 대학에도 강의시간을 얻어 보려고 했으나 역시 같은 이유로 거절당함. 정신착란에 빠진 어떤 후작 집에 가정교사로 들어감. 그러나 그 가족과 사이가 벌어져 이듬해에 그 집을 나옴. 그 후 클레어 중장의 부르타뉴 원정에 종군함. 1747년에는 원정을 마치고 귀향함.

• 1748년: 클레어의 부관으로서 비인, 토리노 등지를 순방하고 연말

에 귀국. 그 해 4월에는 『인간지성에 관한 철학적 엣세이』(*Philosophical Essays concerning Human Understanding*)[『인성론』 제1권을 고쳐서 간결 · 명료하게 쓴 것임. 이것은 1751년에 재판이 나왔는데, 그는 이 책에 현재의 제목인 『인간지성에 관한 탐구』(*An Enquiry concerning Human Understanding*)라는 제목을 붙였다]를 출판. 이어서 『도덕 · 정치론』 제3편을 출간. 이듬해에 어머니 사망.

• 1751년: 『도덕원리에 관한 탐구』(*An Enquiry concerning the Principles of Morals*)(『인성론』 제3권을 고쳐 쓴 것이며, 저자가 자신의 저작들 중에서 최고로 여기는 것)를 출간. 그 해에 애덤 스미스의 후임으로 글래스고우대학에 교수로 추천되었으나 그의 종교사상 때문에 임명을 받지 못함.

• 1752년: 『정치론』(*Political Discourses*)을 출간하여 큰 명성 얻음. 에딘버러 변호사협회의 도서관장으로 취임하여 5년 간 종사함. 이 때 도서관의 자료를 이용하여 『영국사』 6권을 써서 명성을 떨치게 됨. 1752년 이전에 쓴 『자연종교에 관한 대화』(*Dialogues concerning Natural Religion*)은 1779년에 유고집으로 출간됨.

• 1754년: 제임스 1세의 즉위로부터 찰스 1세의 죽음에 이르기까지의 영국사를 출판

• 1756년: 1688년 혁명에 이르기까지의 영국사를 담은 제 2권을 출판(1761년까지, 여러 해에 걸쳐 『영국사』를 연달아 간행하였고, 이 책들은 흄에게 엄청난 부를 안겨 줌). 그는 또 1천 파운드의 연봉을 받게 되어 그 후 줄곧 부유하게 살 수 있었다.

• 1757년: 종교의 자연사에 관한 논문을 포함한 철학논문 4편(Four Dissertations)을 출판. 『인성론』 제2권을 고쳐서 『정념론情念論』(*Dissertation on the Passion*) 출간.

• 1763년: 하아드포드 경의 아우인 콘웨이 대사의 비서관으로 파리로 갔는데, 거기서 그는 프랑스 지식인들로부터 환영을 받음. 그 후 룻소, 디드로 등 당시 계몽주의 철학자들과 교류하게 됨. 그들 중에서 특히 룻소를 좋아하여 깊이 사귐.

• 1765년: 대사가 귀국했는데, 그는 그 동안 대사의 임무를 수행함. 이 때 그는 수완을 발휘하여 임무를 잘 수행했기 때문에 좋은 평을 받음. 이듬해 1월에는 프랑스 정부의 박해를 받고 있는 룻소를 비밀리에 데리고 귀국함. 국왕을 설득하여 룻소에게 연금을 지급하도록 해 주는 등, 그를 보호하려고 애썼으나, 피해망상증에 사로잡혀 있었던 룻소로부터 오해를 받아 6월에는 두 사람이 절교함.

• 1767년: 북부 담당 국무위원이 된 콘웨이의 추천으로 국무차관 [Undersecretary of State]이 됨. 이듬해에 콘웨이 장관이 해임되자 흄도 사임함.

• 1769년: 8월에는 에딘버러로 귀향함. 그 후 줄곳 그 곳에서 여생을 보냄. 에딘버러 대학과 글래스고우 대학으로부터 철학교수로 초빙받았으나 거절함. 그는 자가용 마차를 두고 최상의 생활을 즐기며 프랭클린[2] 등 많은 저명인사들의 방문을 받았고, 특이 이 때 기번[3]으로 하여금 역사 연구와 저술에 전념하도록 격려하고 지도하여 세계적인 역사학자가 되게 함.

• 1776년: 8월 25일 고독한 생(평생을 독신으로 삶)을 마침. 사후에, 1750년경부터 착수하여 죽을 때까지 쓰고 다듬었던 그의 유고 『자연종교에 관한 대화』가 출간됨. 그리고 그의 『자서전』은 그의 친구 에덤 스미스가 편집해서 1777년에 출판함. 여기서 그는 자신에 대하여, "나는 온화한 성격과 자유로운 기질의 성품과 개방적이고 사교적이며 유쾌한

해학을 지니고 있어서 누구나 가까이하기 쉽고 증오심이 거의 없으며 모든 정열에 있어서 중용을 지킬 수 있는 사람이다. 심지어 나의 지배적인 열정인 문예적 명성에 대한 애착조차도, 비록 그것이 번번이 나를 실망시켰음에도 불구하고 결코 나의 기질을 뒤틀리게 하지는 못했다"라고 했다. 그는 유머를 사용할 줄 알았으며, 겸손하면서 소탈한 태도, 그리고 관용으로 인해서 널리 많은 사람들의 존경과 사랑을 받았다.

흄은 철저하지 못한 로크와 버클리의 경험주의를 철저히 밀고 나가서 그것이 도달할 수 있는 마지막에까지 도달함으로써 종래의 형이상학과 자연과학의 학으로서의 가능성을 부정하는 회의론에 빠지고 말았다. 그러나 그의 회의론은 칸트로 하여금 독단의 선잠에서 깨어나게 하였을 뿐만 아니라 그의 철저한 방법론은 근대 실증주의의 선구적 면모를 보여주기도 하였다. 그리고 그가 제시한 공리주의 윤리사상은 영국 공리주의 — 벤담과 밀 등 — 에 큰 영향을 미쳤다.

사상

• 로크와 버클리는 우리의 지식과 학문이 감각경험의 토대 위에 수립되는 것으로 보았다. 흄도 이들과 마찬가지로, 우리가 이러한 학문에 제공할 수 있는 유일하고 확고한 토대는 경험과 관찰 위에 존재해야만 한다고 주장한다. 그런데 이렇게 감각경험을 통해 수립된 학문은 인간의 본성과 관련되어 있다고 흄은 생각한다.[4] 그에 의하면,

> 모든 학문은 인간의 본성과 크든 적든 관계되어 있다는 것이 분명하다. 그리고 학문들 가운데 어떤 것이 인간의 본성으로부터 아무리 멀리 떨어져 있는 것처럼 보인다고 해도 그것들은 여전히 이런 저런 경로를 거쳐서 인간의 본성으로 되돌아온다. 심지어 수학, 자연철학, 그리고 자연종교도 어느 정도 인간에 관한 학문에 의존해 있다. 왜냐하면 그러한 학문들은 인간의 인식능력 아래 있으며, 또 인간의 능력이나 그 기능에 의해 판단되기 때문이다. (...) 논리학의 유일한 목적은 우리의 추리기능의 원리와 작용을, 그리고 우리의 관념의 본질을 설명하는 것이다. 도덕과 비판은 우리의 취미와 감정에 관계되는 것이며, 정치학은 사회 속에 결합되어 있어서 서로 의존하는 인간들을 고찰한다.[5]

이렇듯 그는 '인간에 관한 학문' 혹은 '인성에 관한 학문'이 기타의 학문들의 기초가 된다고 생각했으며, 이 기초를 확립하기 위하여 그는 이러한 학문들의 수도首都이며 중추中樞인 인간의 본성에 대한 연구를, 경험과 관찰에 입각한 실험적 방법에 의해 수행하려고 했던 것이다.[6]

Ⅰ. 인상과 관념

• 흄은 우리의 정신에 나타나는 모든 내용을 총칭하여 〈지각知覺〉[perception][7]이라고 부른다.[8] 그리고 지각은 〈인상印象〉[impression][9]과 〈관념〉[idea]으로 분류된다. 인상과 관념의 차이는 "지각들이 정신을 자극하며 사유 또는 의식에 들어오는 힘과 생동성의 정도"에 있다. "최고의 힘과 생동성을 가지고 들어오는 지각"을 인상이라고 부르며, "감각[sensations], 정념[passions], 그리고 정서[emotions] 등이 우리의 영혼에 최초로 나타나므로" 이것들을 모두 인상이라는 이름에 포함시킨다. 관념은 "사유와 추론에 있어서 인상의 희미한 심상心象[faint images]"(*Treatise*, 1)[10]이다.

관념은 간접적이고도 약한, 인상의 모사模寫[copies]다. 관념은 인상이 기억이나 상상력에 의해 마음속에 재현된 것이므로, "어떤 의미에서 관념은 인상의 반영"이다. 내가 내 방을 볼 때 나는 그것의 인상을 얻을 것이다. 그런데 "내가 눈을 감고 나의 방을 생각할 때 내가 형성한 관념은 내가 느낀 인상의 정확한 재현[reprsesentation, 표상]이다. 인상에서 발견될 수 없는 관념의 상황[circumstance, 여건]은 결코 있을 수 없다. (...) 관념과 인상은 항상 서로 대응하는 것으로 나타난다"(*Treatise*, 2와 3). 인상과 관념은 그 강도强度와 생생함[force and liveliness]에서 서로 다를 뿐이며, 모든 단순관념은 그에 선행하는 단순인상의 모사다. 따라서 신 관념도 지성이, '경험된' 지혜와 선이라는 인간적 성질을 무한에로 고양시킴으로써 얻어진다.[11] 이것은 인식론적으로, 모든 관념이 인상에로 되돌아갈 경우에만 정당성을 갖게 된다는 것을 뜻한다.

이처럼, 모든 관념이 인상의 재현再現이라고 한다면, 모든 관념은 확실한 것이어야 할 텐데, 실제로 인상이 관념으로 바뀌는 경우 그릇된 관념이 나타날 가능성이 있다. 그것은, 기억[memory]이 원래의 인상에 구속拘束되어 있고 변형시킬 힘이 거의 없는 데 반하여,[12]상상想像[구상력構想力, imagination]은 원래의 인상이 가지고 있는 순서와 형태에 전혀 구속되어 있지 않기 때문이다.[13] 이 인상들의 궁극적 원인이 무엇인지 우리는 알 수가 없다. 우리는 인상과 관념 이외의 어떤 것도 정당하게 인정할 수 없다.

perception
1) impression
2) idea: memory나 imagination에 의해 impression이 재현된 것.
impression의 모사模寫[copy]

• 흄은 『인성론』 제1절에서 단순인상과 복합인상, 그것들의 표상인 단순관념과 복합관념을 구별한다. 빨간색에 대한 나의 지각은 단순인상이요, 이 빨간색에 대한 나의 기억에 의해 재현된 것은 단순관념이다. 흄은 이 점에서 예외 없이 "모든 단순관념은 그것을 닮은 단순인상을 가지고, 모든 단순인상은 그것에 대응하는 관념을 가진다"(*Treatise*, 3)고 말한

다. 그러나 흄은 우리의 복합관념 가운데 많은 것이 그것에 대응하는 인상을 갖고 있지 않는다는 것, 그리고 우리의 복합인상 가운데 많은 것이 관념에 정확하게 모사되지 않는다는 것을 인정한다. 흄은 다음과 같이 말한다. "나는 마음속으로 새 예루살렘과 같은 도시를 상상할 수 있는데, 그 도시를 직접 본 적이 없어도, 도로는 금으로 되어있고 성벽은 루비로 되어 있다고 상상할 수 있을 것이다. 나는 파리를 본 적이 있지만, 내가 모든 거리와 건축물을 실제적이고도 정확한 비율로 완전히 재현하는 그 도시의 관념을 형성할 수 있다고 단언할 수 있을까?"(*Treatise*, 3)[14] 새 예루살렘에 대한 관념에 대응하는 인상은 존재하지 않는다. 그럼에도 불구하고 새 예루살렘에 대한 복합관념이 존재한다. 이런 일은 어떻게 일어나는 것인가? 사실, 새 예루살렘에 대한 복합관념은 여러 단순관념들 — 도로, 금, 성벽, 루비 등 — 이 합쳐져서 이루어진 것인데, 이러한 단순관념들은 그것을 닮은 단순인상으로부터 나온 것이다. 우리의 상상력은 이러한 단순관념들을 결합하여 가공(架空)의 복합관념을 만들어내는 것이다.[15] 두 번째 예의 경우에서 흄은, 일반적으로는 복합인상과 복합관념 사이에 큰 유사성이 존재한다고 할지라도, 후자가 전자를 정확하게 모사한다는 주장은 반드시 옳은 것이 아니라는 점을 밝힌다(*Treatise*, 3 참조).

II. 관념연합의 법칙

—

• 우리의 지식은 관념들의 연합에 의해 생기는데, 단순관념이 결합하여 복합관념을 이루고, 이것들이 또 모여서 여러 지식이 이루어진다. 그

런데 관념들의 결합은 로크에 있어서는 인간의 지성이 능동적으로 할 수 있었지만, 흄에서는 관념들 상호간에 서로 '응집凝集[cohesion]의 원리' 내지는 '인력引力[Attraction](*Treatise*, 12)과 같은 힘이 작용함으로써 이루어진다. 여기에는 일정한 규칙이 있으며, 그것은 결국 세 가지 '관념 연합의 법칙'[관념연상聯想의 법칙][law of association of ideas]으로 귀착된다. 그것은 ① 유사類似[resemblance]의 법칙, ② 시간이나 공간에서의 인접隣接[contiguity in time or space]의 법칙, 그리고 ③ 인과因果[cause and effect = causation, causality]의 법칙이다(*Treatise*, 11 참조). 즉, ① 그림이나 사진이 그 실물實物을 연상하게 하듯이 서로 유사한 관념들끼리, 또 ② 어떤 방(房)이 그 옆방을 연상하게 하듯이 서로 인접해 있는 관념들끼리, 그리고 ③ 상처가 고통을 연상하게 하듯이 서로 인과관계에 있는 관념들끼리 서로 불러일으켜 결합한다는 것이다. 우리의 지식, 그리고 학문은 결국 이러한 연합의 법칙에 따라서 형성된 관념들의 연합의 성과라고 할 수 있다.

III. 학문의 대상

• 흄은 인간의 사고 및 학문의 대상을 두 가지 종류로 나눈다. 하나는 〈관념 상호간의 관계〉[relations of ideas][16]를 따지는 것(수학)이고, 둘째는 사실[matters of fact]을 다루는 것이다. 그는 『인간지성에 관한 탐구』(*An Enquiry concerning Human Understanding*, 1748)[17]에서 다음과 같이 말한다.

1. 인간의 이성이나 탐구의 모든 대상은 자연스럽게 두 가지 종류, 즉 관념들의

관계[relations of ideas]와 사실의 문제[Matters of Fact]로 나누어질 수 있다. 첫 번째 종류에 속하는 것들은 기하학, 대수학, 산수 등의 학문, 간단히 말해서 직관적으로 혹은 논증에 의해서 확실한 모든 주장들이다. 직각삼각형에서 빗변의 제곱은 나머지 두 변의 제곱의 합과 같다는 것은 이 꼴들 사이의 관계를 표현하는 명제다. 5 곱하기 3은 30의 절반과 같다는 것은 이 숫자들 사이의 관계를 표현한다. 이런 종류의 명제는 세계의 어디엔가 존재하는 것에 의존하지 않고 단순한 사유작용에 의해 발견할 수 있다. 자연 속에는 삼각형이나 원이 존재한 적이 한 번도 없지만 유클리드에 의해 논증된 진리들은 그것들의 확실성과 명증성을 영원히 유지할 것이다.

2. 인간 이성의 두 번째 대상인 사실의 문제는 이와 같은 방식으로 확인되지도 않고, 또 그것의 진리에 대해 우리가 갖는 증거는 비록 아무리 크다고 하더라도 앞에 것과 같은 성질의 것은 아니다. 모든 사실의 문제의 반대(contrary)는 여전히 가능하다. 왜냐하면 반대는 결코 모순을 함축할 수 없고, 마치 원래의 것과 마찬가지로 실재에 잘 들어맞는 것인 양 꼭 같은 용이함과 분명함을 가지고 마음에 의해서 생각되기 때문이다. 태양은 내일 뜨지 않을 것이라는 것은 태양이 내일 뜰 것이라는 진술과 꼭 같이 이해할 수 있는 명제일 뿐만 아니라, 둘 다 모순을 함축하고 있지 않다. 그러므로 그것이 거짓임을 논증하려는 것은 헛된 일이다. 그것이 만약에 논증적으로 볼 때 거짓이라면, 모순을 함축하고 있을 것이고, 결코 마음에 의해서 명료하게 생각되지 않을 것이다.[18]

또한 『인간지성 및 도덕의 원리들에 관한 연구』에서도 이와 유사한 발언을 한다. "인간의 이성 또는 연구의 모든 대상은 자연히 두 종류, 즉 관념들의 관계와 사실의 문제로 나누어질 수 있다. 첫 번째 종류에 속하는 것들은 기하학, 대수학, 그리고 산술학이다. 그리고 간단히 말해서 직관적으로나 논증적으로 확실한 모든 주장이다. (...) 인간이성의 두 번째 대상들인 사실의 문제들은 동일한 방식으로 확인되지는 않는다. 또한 그것들이 진리라는 것에 관한 우리의 증거가 아무리 훌륭하다 해도 그것은 전자와 비슷한 성격의 것이 아니다."[19]

1) 첫째 부류에 속하는 학문을 살펴보자. 예컨대 수학의 명제는 어떤 객관적 사실에 관계하는 것이 아니라 관념 상호간의 관계만을 다루기 때문에 그 명제는 모두 직관적으로 확실하거나[공리公理] 논증적으로 확실하다[정리定理, 계系 …)]. '관념'에 해당하는 외국어인 'idea'라는 용어는 원래 플라톤의 〈이데아〉(ἰδέα)에서 나온 것이다. 수학, 기하학은 이데아에 관계한다. 원이나 삼각형 개념에 합치하는 대상이 존재하느냐 아니냐 하는 것은 여기에서 전혀 문제가 안 되는 것이다. 이데아에 대해 인간이 사유할 때에 인간의 머릿속에 형성되는 것이 바로 '아이디어', 곧 관념이다. 관념 상호간의 관계에 대한 지식은 절대적 필연성을 갖는다. 이에 반하여,

2) 사실에 관한 인식은 사정이 다르다. 이것은 관념에만 의존하지 않고, 사실의 경험에 의존하고, 개념 자체가 경험에 의하여 수정될 가능성이 항상 존재하기 때문에, 그러한 것에 관한 인식의 확실성은 수학의 경우처럼 절대적일 수 없다. 그런데 사실의 인식에는,

① 사실에 관한 감각적 경험을 그대로 서술할 때와
② 우리의 감각이나 기억을 넘어서 다른 사실로 추리해 갈 때의 두 가지가 있다.

이 가운데,

③ 감각에 직접적으로 나타난 것 이상으로 넘어가는 추리는 〈인과관계〉를 토대로 한다. 흄은 특히 이런 인과적 지식의 확실성을 세밀하게 음미한다.[20]

• 인과적 지식이란 어떤 것인가? 가령 뜰에서 나무에 불이 붙고 있는 것을 보고 두 사람이 각각 다음과 같이 주장한다고 하자

1) 불이 붙고, 연기가 난다

2) 불이 붙으면 연기가 난다

이 두 주장은 아주 비슷하게 보이나, 내용상으로는 엄청나게 다르다. 즉 1)은 '불이 붙는다'와 '연기가 난다'는 두 사실이 시간 · 공간적으로 잇달아서 일어나는 것을 경험되는 그대로 서술한 것이다[즉, A와 B의 연접連接[conjunction[21]] · 계기繼起[succession]만을 주장함]. 그러나 2)는, 불이 붙으면 '반드시' 연기가 나지 않으면 안 된다는 뜻이다. 즉, 불이 붙는 것이 원인이고, 연기가 나는 것이 결과로서, 불과 연기의 필연적인 인과관계를 주장하고 있다. 즉, A와 B가 결합되어 있다[connected]는 것, 결합[connexion, connection[22]]을 주장한다. 이것이 인과적 지식이다.

• 우리는 인과관계에 있어서, 우리의 감각을 넘어서, 보지도 못한 사상事象을 추정한다. "어떤 대상의 존재나 행위로부터 다른 어떤 대상의 존재나 행위가 뒤따르거나 앞설 것이라는 확신을 주게 되는 그러한 결합을 산출하는 것은 오직 인과관계 뿐이다"(*Treatise*, 73). 그런데 이러한 인과관계 속에 있는 두 대상 사이에는 '연접'[conjunction]과 시간적 '계기'[succession]의 관계가 있다는 것을 우리는 인정하고 있다. 그러나 두 대상 사이에 접근과 계기의 관계가 있다고 해서 바로 그들이 인과관계 속에 있다고 말할 수는 없는 것이다. 왜냐하면 인과관계란, 이 두 가지 관계 외에 〈필연적 결합〉[necessary connection or connexion]이라는 관계를 포함하고 있기 때문이다.[23] 이 점에 관해 흄은 이렇게 말한다. "그렇다면 우리는 인접과 계기라는 이 두 관계가 완전한 인과 관념을 제공하

는 것으로만족한 채로 있겠는가? 결코 그렇지 않다. 하나의 대상은 다른 것의 원인으로 고려되지 않고서도 그것에 인접해 있고 선행할 수도 있다.[24] 고려되어야 할 것은 **필연적 결합**이다. 그리고 그 관계가 앞서 언급된 다른 두 가지 중의 어느 것보다 훨씬 더 중요한 것이다"(*Treatise*, 77).

• 우리는 "하늘에 돌을 던지면 떨어진다"라든가 "돌에 해가 쪼이면 돌이 따뜻해진다"든가 하는 〈초경험적인[25] 인과적 주장〉을 일상생활에서나 학문적 활동에서 많이 하고 있다. 그러나 경험에만 의존하는 우리가 어떻게 이런 초경험적인 주장을 할 수 있는가? 이것은 경험주의자에게는 중대한 문제다. 흄은 이 문제에 답하기 위하여 경험주의의 입장을 벗어나지 않는다. 그는, 인과적 지식은 〈인접의 연합법칙〉에서 나온 것이라고 한다. 즉, 우리가 계기하는 두 가지 사건의 인상을 반복하여 받을 때, 우리는 인접의 원리에 의하여 한 쪽으로부터 다른 쪽으로의 〈이행移行〉[transition]이라는 인상을 받게 된다. 그리고 이 이행의 인상이 인과성의 관념에 대응하는 인상이라는 것이다. 즉 내가 이제까지 불과 연기가 잇달아 일어나는 것을 몇 번이나 되풀이하여 경험한 결과, 내 마음속에서 그 두 관념이 결합되어 나중에는 불의 관념을 가지면 자연히 연기의 관념을 연상하게 되고, 연기의 관념을 가지면 불의 관념을 연상하는 〈습관〉[custom or habit]이 생기고, 이러한 습관이 결국 주관적인 〈신념〉[belief]으로 변한다. 그러면 우리는 지금 불이 붙고 연기가 나는 것을 보고서도 서슴지 않고 "불이 붙으면 연기가 난다"는 인과적 주장을 할 수 있게 된다. 이와 같이 인과의 지식은 흄에 의하면, 원인과 결과 사이의 필연적 관계가 경험 속에 직접 주어지는 것이 아니라 두 개의 관념이 시간·공간적으로 인접해서 되풀이하여 나타남으로서 생긴 마음의 습관을 토대로, 미래에 있어서도 그럴 것을 기대하고 예상하는 경험적 신념이다.

이러한 흄의 경험주의적 해결이 옳다면, 인과성은 필연적이 아닌 개연적인 관념에 불과하다. 즉, 자연적 사실에 관한 인과적 지식은 필연적 · 보편타당한 지식이 아니다.

• 우리는 사건A와 사건B 사이에 인과관계가 존재하지 않음에도 불구하고 양자 사이에 인과관계가 성립하는 것으로 생각하거나 주장하는 경우가 많다. "까마귀 날자 배 떨어진다[오비이락烏飛梨落]"라는 속담은 인과관계가 성립하지 않는 우발적인 사건들에 관한 것이다. 만약 이 경우에 '배가 떨어진 사건'의 원인이 '까마귀가 난 것'이라고 판단하게 되면, 〈궤변적 인과관계〉를 주장하는 것이다. 다음 예를 살펴보자.

"낮이 지나고 밤이 온다."

이 경우, '낮이 지난다'는 선행사건이, '밤이 온다'는 후행사건의 원인인가? 얼핏 생각하면 그런 것 같지만, 사실은 이 두 사건은 모두 어떤 '하나의' 사건으로 말미암은 '두' 결과인데, 그것은 바로 〈지구의 자전〉이다. 그리고 '낮이 지나는 것'과 '밤이 오는 것'이라는 두 사건은 시간적으로 잇달아 일어나는 사건일 뿐이다.

IV. 물질적 실체 및 정신적 실체의 부정

—

1. 물질적 실체의 부정

·

• 『인성론』 제4부 제2절 〈감관들에 관련된 회의론에 관하여〉라는 항목에서 흄은 왜 우리가 물체가 우리의 정신과 지각으로부터 독립하여 지속적으로 존재한다고 가정하는지를 묻는다. 그리고 그는 이런 가정 내지 신념을 초래하는 것이 감관[sense]인지 이성[reason]인지 아니면 상상력[imagination]인지를 살펴본 후, 그것은 감관이나 이성에 의거할 수 없으며 상상력에 의한 것이라고 결론 내린다. 예컨대 우리가 우리의 신체의 일부인 손발을 바라볼 경우, 우리가 지각하는 것은 우리의 손발이 아니라 감관을 통해 들어온 '인상'이라는 말이다. 그런데 감관은 우리에게 지속적이고 독립적인 실체의 인상이 아니라 물체의 성질들에 대한 인상을 우리에게 제공한다. 우리는 실체에 대응하는 인상을 가질 수 없다. 버찌를 생각해보자. 버찌와 같은 물체에 대해 우리가 가지고 있는 관념은 〈특수한 맛, 빛깔, 모양, 크기 그리고 견고성〉과 같은 것들뿐인데, 이것들은 〈지각의 묶음〉[a bundle of perceptions]일 뿐이며, 이러한 성질들을 담지하고 있는 것으로 상정되는 '실체'에 대한 인상을 그 어디에서도 얻을 수 없다. 그러나 우리의 인상들의 일부가 〈정합성〉[coherence]과 〈항상성〉[constancy]을 갖기 때문에 우리는 물체가 지속적 · 독립적으로 존재한다는 신념을 갖게 되는 것이다(*Treatise*, 187 ff. 참조). 그리하여 우리는 물질적 실체들에 대한 어떤 인상도 가질 수 없기 때문에, 실체들이 존재한다고 말할 수 없다는 것이 흄의 주장이다.

2. 정신적 실체의 부정

• 우리는 매순간 우리의 자아를 내면적으로 의식하고 있고, 자아의 존재를 그리고 자아가 지속적으로 존재하고 있다는 것을 느끼고 자아의 동일성과 단순성을 확신하고 있다. 그러나 이러한 주장은 그러한 주장을 옹호하는 실제 경험과 배치되며, 이렇게 설명된 방식을 따라서는 자아 관념을 가질 수 없다고 흄은 말한다.

실제의 모든 관념을 야기하는 어떤 하나의 인상이 있는 것이 틀림없다. 그러나 자아 혹은 인격은 어떤 하나의 인상이 아니라, 그것에 대해 우리의 여러 인상들과 관념들이 관계하고 있다고 상정되는 그러한 것이다. 만약 어떤 인상이 자아 관념을 야기한다면, 그 인상은 우리 삶의 전 과정을 통하여 변치 않고 동일하게 지속되어야 한다. 자아는 그런 방식으로 존재한다고 여겨지기 때문이다. 그러나 항상적이고 불변하는 인상은 존재하지 않는다. 고통과 쾌락, 슬픔과 기쁨, 정념과 감각은 서로 계기하며, 결코 모두가 동일한 시간에 존재하지 않는다. 그러므로 이러한 인상들 가운데 그 어떤 것으로부터, 또는 다른 어떤 것으로부터도 자아 관념이 유래하지 않는다. 그리고 결국 그런 관념은 존재하지 않는다.[26]

어떤 사람이 '자기 자신'[himself]이라고 부르는 것은, 마치 우리가 극장에서 여러 배우들이 나와서 연출하는 여러 가지 모습일 뿐이라고 흄은 말한다. 거기서는 한 시점에서의 단일성(단순성)[simplicity]도 없으며, 다른 시점에서의 동일성[identity]도 없다. 우리는 여러 장면들을 연속적으로 지각할 뿐이며, 이 장면들이 나타나는 장소 혹은 그 장소를 구성하고 있는 재료들에 관한 개념은 갖고 있지 않다.[27] 결론적으로 말하면, 자아나 인격이라는 관념은 그것에 대응하는 어떤 인상으로부터 나온 것이 아니라 여러 가지 다양한 인상들의 근저에 존재하는 것으로 우리가 상정하는 것에 불과하다는 것이다. 이리하여 흄은 물질적 실체는 물론, 버클리가 인정한 정신적 실체까지도 부정하여 모든 것을 인상과 관념으로 해소해 버린다.

흄은 인과율과 실체를 우리의 주관적 신념으로부터 가정된 것에 불과하다고 주장함으로써 종래에 인정되고 있던 자연과학과 형이상학의, 학으로서의 가능성을 부정하는 회의론에 이르게 되었다. 그러나 이러한 그의 회의론은 칸트I. Kant를 〈독단의 선잠〉으로부터[28] 깨어나게 하여 새로운 형이상학의 길을 개척하는 계기를 마련해 주었을 뿐만 아니라, '양量 및 수에 관한 추상적 추리'와 '사실 및 존재에 관한 실험적 추리'만을 참다운 학문의 방법으로 인정하는 그의 엄격한 방법론은 현대의 논리실증주의의 선구적인 면모를 보여주고 있다.[29]

	Locke	Berkeley	Hume
물질적 실체	○	×	×
정신적 실체	○	○	×

V. 윤리학

—

• 흄의 윤리학은 소크라테스와 플라톤으로 대표되는 모든 이성주의적 윤리학에 대한 정교한 공격이라 할 수 있다. 소크라테스와 플라톤은 둘 다, 이성이 도덕적 행위에 우선권을 가지며 도덕생활에 가장 중요한

결정요소라는, 윤리학에 있어서의 근본적으로 이성주의적인 견해를 견지하고 있다.

• 예컨대 플라톤이 이성을 말의 주인인 마차 몰이꾼[마부馬夫]으로 비유한 것에 의도적으로 맞서, 흄은 그 비유를 역전시켜 다음과 같이 말한다. "이성은 정열의 노예이며, 그리고 단지 정열의 노예이어야만 하며, 이성은 정열에 봉사하고 복종하는 일 이외에 다른 어떤 일이 있다고 결코 주장할 수 없다"(*Treatise*, 415) 이렇게 보면 거꾸로 정열이 마부馬夫이고, 이성은 말이다.

• 플라톤은 『화이드로스』(*Phaidros*)에서, 전차戰車를 타고 기개氣槪와 욕망欲望이라는 날개 달린 두 마리의 말을 부리는 마부의 비유를 가지고 이성을 설명하고 있다(246, 253 이하). 예컨대, 목이 마르기는 하지만 물을 마시지 않는 사람이 있을 수 있는데, 그 이유는 그의 정신에는 그가 물을 마시라고 명하는 부분도 있지만, 그와 동시에 그것을 금지하는 부분도 있어서 그것이 물을 마시라고 하는 부분을 압도하고 있기 때문이다. 플라톤은 앞의 부분을 욕망[to epithymetikon, desire][30]이라고 하고 뒤의 부분을 이성[to logistikon, logos, reason]이라 부른다. 그는 또 〈기개氣槪〉[to thymoeides, spirit][31]라 부르는 세 번째 부분을 덧붙이는데, 그것은 노여움을 느끼는 부분으로서 보통, 이성의 편에 서서 욕망을 억제하는 역할을 한다. 우리의 인생을 잘 조절해서 덕을 발휘하는가 또는 그렇지 않는가는, 이 두 가지 저급한 부분을 올바르게 길들여서 이성을 따르게 하든지 또는 그렇지 않은지에 달려있는데, 그것은 마치 통치자의 승패가, 낮은 계급이 현명한 지배계급에 복종하는가 또는 그렇게 하지 않는가에 달려있는 것과 마찬가지다.[32]

• 흄은, "철학에서 그리고 일상생활에서조차도, 정열과 이성의 싸움

에 관해서 이야기하고 이성을 선호하고, 사람은 이성의 명령에 따르는 만큼만 유덕하다고 주장하는 것 보다 더 흔한 일은 없다"(*Treatise*, 413)고 말한다. 그리고 이성을 정념(정열)의 우위에 두고 이성의 영원성 및 불변성을 주장하며, 이성이 신적인 기원을 가지고 있는 반면에 정념은 맹목적이고 항상적이지 않고 기만적이라는 철학적 전제의 오류를 보여주기 위해 다음 두 가지 점을 입증하려고 한다. 첫째, "이성만으로는 결코 의지의 행위의 동기가 될 수 없다." 둘째, "이성은 의지의 방향(지시, 지도)[direction]에 있어서 정열과 결코 대립할 수 없다"(*Treatise*, 413).

흄의 관점은, 이성은 우리 행위의 동기가 될 수도 없고 정열과 맞서 싸울 수도 없다는 것이다. 우리로 하여금 행위하게 하는 것은 우리의 욕망, 정열, 그리고 무엇이 우리에게 즐거움 또는 괴로움을 줄 것인가에 대한 기대 등이다. 수학과 인과관계에 대한 인식은 우리의 행위를 유발하는 데 소용이 없고, 단지 우리가 욕망과 정열에 따라 얻고자 하는 것을 얻을 수 있는 일을 돕는 데 유용할 뿐이다. 이성은 정열이 원하는 것을 얻는 데 필요한 수단, 도구, 지혜 등을 제공해 준다.

• 이처럼 흄은 도덕이 '도덕감'[moral sentiment]에 바탕을 두고 있다고 주장하며, 덕을 "보는 이에게 시인하는 즐거운 느낌을 주는 정신작용이나 성질"(*Enquiries*, 289)이라고 정의했다. 그리하여 각 사회가 시인하는[approve] 것은 도덕적인 것이고 그 사회가 비난하는[disapprove] 것은 비도덕적인 것이다. 그런데 흄에 의하면 모든 인간은 '동정심'[sympathy]과 '인애仁愛'[humanity]를 공통적으로 가지고 있기 때문에 이러한 도덕감은 보편성을 지니고 있다고 말한다. 따라서 사회가 승인하는 것, 즉 정의로움, 진실함, 인간적임, 이타적임, 협동적임 등과 같은 특성들을 추구하라고 말한다. 이러한 모든 특성들은 우리들의 자비심을 만족시키고, 우리

들과 다른 사람들에게 유익한 것이다.

• 그러나 우리는 당연히 다음과 같이 물을 수 있을 것이다. 즉, 흄의 경험주의적 윤리학은 사람들이 현실적으로 선이라고 승인하는 것이 무엇인가에 대해서는 말해 주지만, 우리가 알고자 하는 것, 즉 실제로 선이란 무엇인가에 대해서 과연 말해 줄 수 있는가 하는 점이다. 이것은, 사회가 바라는[desire] 것이 바로 바람직한[desirable] 것이라고 추론하는, 즉 사실로부터 당위를 추론하는 '자연주의의 오류'[naturalistic fallacy]다.

VI. 종교철학

—

1. 이성주의적 신 존재 증명에 대한 흄의 공격

·

• 이성에 의한 고전적인 신 존재증명과 관련하여 흄은 그 일체를 거부한다. 이성은 존재, 사실 등에 관해 어떤 것도 증명할 수 없다. 이성은 단지 논리적 · 수학적 증명들을 할 수 있을 뿐이며, 관념들의 관계에 대해서만 말할 수 있다. 신의 존재는 ① 어떤 자명한 관념도 아니요, ② 논증 가능한 진리도 아니다. 우리는 신이 존재한다는 주장을 자기모순 없이 부정할 수 있다. 예를 들면 우리는 원인으로서의 신에 대한 어떠한 감각적 인상도 갖고 있지 않고, 그 결과로서의 사유하는 실체에 대한 어떤 인상도 갖고 있지 않다. 우리는 '초자연적 존재자'에 대한 감각적 인상들을 전혀 가질 수 없고, 따라서 신 관념은 경험적 검사에 합격할 수 없다.

흄은 존재론적 증명을 사용함으로써 신이 존재한다는 점을 증명하고자 시도한 사람들을 무자비하게 공격한다. 신이 그러한 속성들[전지全知,

전능全能, 전선全善 등]을 가지고 있다는 점을 우리는 어떻게 아는가? 그러한 속성들에 대한 개별적 감각인상은 어디에 있는가? 흄은 다음과 같이 말한다: "우리의 관념들은 결코 경험을 넘어설 수 없다. 우리는 신의 속성들을 경험할 수 없다. 나는 내 추론을 결론지을 필요가 없다. 당신들 스스로 추론할 수 있다." 그리하여, 본유적이고 자명한 것으로 주장하는 우리의 신 관념으로부터 신이 존재한다는 것을 이성에 의해 증명하고자 하는 고전적인 존재론적 증명은 논박당한다.

2. 목적론적 증명 비판

•

• 패일리William Paley (1743-1805)[33]는 『자연신학, 혹은 자연현상으로부터 모은 신의 존재 및 속성들에 대한 증거』(1805)에서 다음과 같이 말한다.

> 황야를 가로질러 가다가 내 발이 돌에 걸려 넘어졌는데, 그 돌은 어떻게 해서 거기에 있게 된 것일까 하는 질문을 받게 되었다고 생각해보자. 나는 아마도 이처럼 대답할 것 같다. 아무튼 이와는 반대로, 그것은 훨씬 이전부터 거기에 있었다고 대답할 것이고, 아마 이 대답이 불합리하다는 것을 보이기는 아주 쉽지 않을 것이다. 그런데 시계 하나가 땅에 떨어져있는 것을 발견하고, 어떻게 시계가 그곳에 있게 되었을까 라는 질문을 받아야 한다고 하면, 내가 앞에서 한 대답 즉, 아무튼 그 시계는 원래부터 거기에 계속 있었다는 대답에 관해서는 거의 생각할 수 없을 것이다. 그러나 왜 이 대답은 돌에 대해서와 같이 시계에 대해서도 사용되어서는 안 되는가? 왜 이 대답은 첫 번째 경우에서처럼 두 번째의 경우에도 수용될 수 없는 것인가? 다른 어떤 이유에서가 아니라 이런

이유로 그러하다. 즉 우리가 시계를 살펴보게 될 때 우리는 그것의 여러 부분들이 목적에 맞게 짜여서 함께 배치되어 있다는 것을 지각한다(그런데 이러한 점은 돌에서는 발견할 수 없을 것이다). 예컨대 그 부품들은 운동을 일으키도록 구성되고 조정되었고, 하루의 시각을 알리도록 운동이 조절되었다. 그리고 만약에 그것들과는 다른 모양으로 다른 부품들이 만들어졌다면, 예컨대 그것들과는 다른 크기로, 혹은 다른 어떤 방식이나 다른 순서로 부품들이 배치되었다면 (시계라는: 백훈승 첨가) 기계 속에서 전혀 운동이 일어나지 않거나 시계에 의해 지금 제공되는 유용성에 들어맞는 운동이 일어나지 않을 것이다.[34]

• 패일리에 의하면, 황야의 돌멩이처럼 원래 아득히 오래 전부터 시계가 거기 있었다고 생각할 수 없다는 것이다. 왜냐하면 시계는 어떤 목적을 가지고 설계된 부품들로 이루어졌기 때문이라는 것이다. 즉, 시계는 매우 복잡하고 정교한 기계로서, 지성을 가진 누군가에 의해서 설계되고 만들어진 것이라고 밖에는 생각할 수 없다는 말이다. 그런데 우주는 시계와는 비교도 되지 않을 만큼 복잡하고도 정교한 기계다. 태양계에 속한 행성들의 회전, 지상에서 규칙적으로 찾아오는 계절, 살아있는 유기체가 복잡한 구조를 가지고 그 부분들이 서로 순응하는 일, 이 모든 것은 설계를 시사示唆하고 있다. 예컨대 인간의 두뇌 속에서는 수십억 개의 세포들이 협동하는 체계를 이루며 함께 작용하고 있다. 인간의 눈은 고도의 정확성과 색色 감지력을 지닌 자동 조절 렌즈를 가지고 있는, 그리고 한 번에 여러 시간 동안 계속해서 작동할 수 있는 능력을 지닌 최고의 촬영기다. 그러므로 이렇게 복잡하고 유능한 장치들을 가진 우주가 우연히 발생했다고 생각하기는 어렵다.[35] 따라서 우주도 뛰어난 지성을 가진 누군가에 의해서 설계되었다고 보는 것이 합당하다. 이 논증은

귀납 논증 가운데 하나인 유비類比논증[argument from analogy]이다.

• 흄은 패일리가 위의 저술을 출판하기 전에 이미 『자연 종교에 관한 대화』(*Dialogues Concerning Natural Religion*, 1779)[36]에서 지적 설계론의 유추를 문제 삼고 있다. 등장인물들 중의 한사람인 필로Philo[37]는, "우주가 인간의 기예의 작품보다는 동물의 몸이나 식물과 더 큰 유사성을 지니고 있다면 그것의 원인은 전자보다는 후자의 원인과 유사할 것이고 따라서 우주의 기원은 당연히 이성이나 설계보다는 생식[generation]이나 생장[vegetation]에 돌려져야 하네. (...) 세계는 분명, 시계나 편물기編物機보다는 동물이나 식물과 더 유사하지. 그러므로 세계의 원인이 후자의 원인과 유사하다고 하는 것이 좀 더 그럴듯할 것이네. 이들의 원인은 생식과 생장이네. 그러므로 우리는 세계의 원인이 생식이나 생장과 유사한 어떤 것이라고 추론할 수 있을 것이네"[38]라고 말하고 있다. 그런데 흄의 비판도, 우주는 기계보다 오히려 동식물과 유사하다는 점을 지적하고 있다는 점에서는 참작할 점이 있지만, 우주가 시계나 편물기보다 동물과 식물과 더 유사하다 하더라도, 그것들이 존재하는 한, 그것들의 생식[generation]이나 생장[vegetation]을 의도한 어떤 존재자의 상정을 폐기하기는 어려울 것으로 보인다.

그러나 흄은 또한, 우리가 이 세계가 신의 설계에 의해 창조되었다고 추론할 경우에도, 그가 아무런 실수도 하지 않는 완전한 존재자라고 단정할 수 없고, 이 세계를 고안하고 만드는 데 하나의 신이 아니라 여러 신들이 함께 참여하지 않았다고 주장할 수도 없다는 것이다. 즉, 우리가 결과로부터 원인을 추론해 낼 때, 원인과 결과를 어울리게 해야 한다. 예컨대 저울에 10온스의 물체가 올려져 있는데 그것이 기울어져 위로 올라가 있다면 평형추의 무게가 10온스를 넘는다는 것을 알 수 있다. 그러나 그것이 100온스를 넘는다고 주장할 수는 없다. 이와 마찬가지로 세계를 설계하고 제작한 자가 있다 하더라도, 그가 전지 · 전능 · 전선한 유일신이라는 주장이 정당화되는 것은 아니라고 비판한다.[39]

- 패일리의 논증에 대한 흄의 비판을 요약하면 다음과 같다.

① 왜 우주를 이성적인 설계자의 산물이라고 하는 대신에 식물 생장 과정의 결과라고 생각하지 않는가?

② 설사 우주의 원인이 지성과 유사한 그 무엇이라 해도, 도덕적인 특성이 어떻게 그러한 존재자로부터 연유될 수 있는가?

③ 집이나 배는 보통 일군의 설계자들에 의해 설계된다. 그러면 우리는 신이 많다고 말해야 되지 않겠는가?

④ 때로는 마지막 형태가 어떻게 될 것인지도 모르는 상태에서 실험적인 모델이 설정된다. 그렇다면 우주는 시험모델인가 아니면 최종적인 설계인가?

이러한 일련의 탐구에 의해 흄은, 우주의 질서는 단순히 경험적인 사실이며, 우리는 그것으로부터 신의 존재를 증명할 수 없다는 것을 강조하고자 했다. 그러나 이것은 흄이 무신론자라는 의미는 아니다.

3. 기적을 믿는 것에 대한 흄의 공격

- 흄에 의하면 기적이란, "자연법칙의 파괴(위반)[a violation of the laws of nature]"(Enquiries, 114), 더욱 정확히 말하면, "신의 특수한 의욕

이나 어떤 보이지 않는 행위자의 간섭에 의한 자연법칙의 위배"(*Enquiries*, 114)다. 요컨대 기적은 '자연법칙을 위반하는 신의 직접적인 행위'라고 할 수 있다.

• 그런데 신이 세속사에 개입할 수 있으며, 자연법칙들이 위반될 수 있는가? 어떤 사건이 기적이 되려면, 그것은 단순히 희귀한 사건일 뿐만 아니라 지금까지의 모든 경험과정에 위배되는 것이어야 한다. 그런데 이런 의미의 기적은 존재할 수 없다고 흄은 단정한다. 그 이유는, 어떤 기적도 그것이 엉터리가 아니라는 것을 확인할 수 있을 정도로 공개적으로 수행된 적이 없기 때문이다. 그리고 기적을 증언하는 사람들이 그들 스스로 속지 않을 정도로 완벽한 교육을 받았다는 보장도 없으며, 그들이 다른 사람들을 절대로 속이지 않을 정도로 정직한 사람들이라는 보장도 없기 때문이다.[40]

• 기적에 대한 신념은, 경이로움을 사랑하는 인간의 자연적 성향에 토대를 두고 있는 반면에, 자연법칙에 대한 신념은 인과율에 대한 신념과 같이, 경험에 기초한 하나의 자연적인 신념이라고 생각한다.[41] 흄에 의하면 "경험이야말로 거의 대부분의 인간지식을 형성하며 인간의 활동과 행위의 근거가 되는 도덕적 추론의 토대가 된다"(*Enquiries*, 113 f.). 따라서 확고한 경험적 증거를 토대로 하여 세워진 자연법칙에 대한 신념을 거부한다는 것은 우리의 삶의 유일한 안내자인 경험을 거부하는 것이다.

자연법칙들은 확고한 경험에 의해 세워지는 것들이기에 기적을 입증하는 증거보다는 기적을 부인하는 증거들이 늘 압도적으로 많을 수밖에 없다: "그러므로 모든 기적적인 사건에 맞서는 변함없는 경험이 반드시 존재하며, 그렇지 않다면 그 사건은 기적이라 불릴 수 없을 것이다. 또한 이러한 변함없는 경험은 하나의 증거가 되며, 사실의 성질로 볼 때, 그 어떤 기적의 존재도 반증하는 직접적이고도 충분한 증거가 여기에 존재한다"(*Enquiries*, 115).

• 흄은, 자연법칙의 위배로서의 기적과 자연법칙 중에 어느 하나를 선택해야 한다면 우리는 항상 확고하고 불변적인 경험에 기초한 자연법칙을 선택할 수밖에 없으며, 만약 계속하여 기적을 선택한다면 이는 우리의 삶의 건전한 토대가 되는 관습과 경험을 혼란시킨다고 주장한다.

• 그러나 기적이 경험을 통해 입증될 수 없다는 사실에도 불구하고 우리에게는 기적을 바라는 자연적인 성향이 있다: "점차로 계몽되어 가면서 우리는 신비로운 것이나 초자연적인 것이란 있을 수 없다는 것을 깨닫게 된다. 그러나 이들은 모두 불가사의한 것을 바라는 인간의 일상적인 성향에서 나온 것으로서, 이러한 성향은 간간이 경험과 배움을 통해 저지되기는 하나 철저히 인간본성으로부터 제거될 수는 없다"(*Enquiries*, 119). 신비로운 것, 경이로운 것을 갈망하는 인간의 일상적인 성향은 인간경험과 지식의 한계로 인해 생기는 것이므로 인간의 지적인 발달과 더불어 어느 정도 약화되는 것이 사실이다. 그러나 인간이 결코 해결할 수 없는 「삶과 죽음, 건강과 질병, 풍부와 빈곤 같은 영원한 긴장」이 존재하는 한, 기적을 바라는 마음은 근본적으로 제거해 버릴 수 없는 인간의 자연적인 성향이라는 것이 흄의 주장이다.

• 흄은, 기적이 유신론적인 종교의 견고한 토대가 된다는 호교론자護敎論者들의 주장을 반박하고, 기적이란 종교를 지지하는 합리적인 토대라기보다는 오히려 신앙의 표현임을 주장한다. 즉, 종교의 참된 토대는 영국의 이신론자들이 신뢰하였던 경험과 이성이라는 인간의 자연적인 인식능력이 아니라 신앙이라는 사실을 일깨운다.

• 흄은 종교에 관한 두 개의 주저인 『종교의 자연사』와 『자연종교에 관한 대화』의 결론부분에서, 우주의 질서의 원인이 되는 지적인 창조자로서의 신의 존재를 인정하고 있다.[42] 그러나 그에게 있어서 신은 우주질서의 원인으로서 가정된 것이기에 '이신론理神論적 존재자'[a deistic Being]며, 따라서 자연의 질서를 깨뜨리며 자연법칙에 위배되는 기적을 인정하고 있지 않다: "신의 섭리는 어떤 작용 가운데서 직접적으로 나타나지 않으며, 태초부터 확립되어 있는 저 일반적이며 불변하는 법칙들을 통해 모든 것을 통제한다. 이런 점에서 모든 사건은 전능자의 행위라고 선언될 수 있다. 그것들 모두는 전능자가 자기의 피조물에 부여한 저 힘으로부터 나온다.[43] (...) 그리고 만약 신의 특수한 의욕에 의해 일반법칙들이 깨진다 해도, 그것은 인간이 전혀 알아챌 수 없는 방식으로 이루어진다."[44]

• 『인간지성에 관한 탐구』에서 기적에 관한 논의를 마무리하면서 흄은 다음과 같이 결론을 내리고 있다: "이성의 힘만으로 기적이 사실임을 우리에게 확신시키기에는 부족하다. 즉, 신앙에 의해 기적을 시인하는 사람들은 누구나 그 자신 안에, 자기의 지성의 모든 원리를 전복시키며 관습과 경험에 가장 대립되는 것을 믿도록 결정하게 하는 어떤 지속적인 기적을 의식하고 있다"(*Enquiries*, 131).

VII. 논리실증주의에 미친 영향

—

• 흄은 현대의 논리실증주의 성립에 큰 영향을 미친 사상가들 가운데 한 사람이다. 이들 가운데 나머지 두 사람은, 추론(이성)의 진리와 사

실의 진리를 구분한 라이프니쯔, 그리고 이성주의와 경험주의의 대립된 두 입장을 종합한 칸트라고 할 수 있다. 라이프니쯔는 추론(이성)의 진리와 사실의 진리의 구별을 강조하는 한 편, 전자, 즉 분석판단이 필연적 · 형식적 진리임을 주장하였다. 칸트 역시 — 문제가 있기는 하지만 — 판단(진술)을 분석판단과 종합판단으로 구분하였고, 흄 역시, 어떤 진술이 말도 안 되는 것이 아니려면, 분석적이거나 검증 가능한 것이어야 한다는 점을 다음과 같이 암시하고 있다. "이 원리들을 확신한 후 우리의 장서藏書들을 대충 훑어볼 때, 무엇을 파괴해야 하는가? 예컨대 신이나 강단 형이상학에 관한 책을 우리 손에 쥐게 된다면, 이렇게 물어보라. 그것이 양量이나 수數에 관한 어떤 추상적인 추론을 포함하고 있는가? 아니다. 그 책이 사실 및 존재문제에 관한 경험적 추론을 포함하고 있는가? 아니다. 그렇다면 그 책을 불 속에 던져버려라. 왜냐하면 그것은 궤변詭辯과 망상妄想만을 포함할 수 있기 때문이다"(*Enquiries*, 165).

• 그런데 논리실증주의자가 생각하는 세 종류의 진술은 다음과 같다.[45]

1) 의미 있는[meaningful, sinnvoll] 진술: 경험적 진술[검증(檢證) 가능함][verifiable)]
2) 의미 없는 진술
   ① 의미 없는[meaningless, sinnlos] 진술: 논리학 · 수학의 진술[논증(論證) 가능함][demonstrable]. 혹은 직관적으로 명증함[동어반복][tautology]
   ② 말도 안 되는[얼토당토않은, nonsensical, unsinnig] 진술
      ⓐ 형이상학적 진술: 신의 존재, 영혼의 불멸, 우주의 목적 등에

관한 진술

ⓑ 윤리(학)적 진술: "약속은 지켜야 한다", "도둑질하는 것은 옳지 않다."

ⓒ 미(학)적 진술: "저 여인은 미인이다."

칸트와 독일관념론

칸트 | 피히테 | 셸링 | 헤겔

一

'칸트와 독일관념론'[Kant and German Idealism]이라는 표현의 의미에 대해 이견異見이 존재하는 것이 사실이다.[1] 이것은, 독일관념론 전체를 말하면서 그 대표자로서 칸트를 앞세운 표현인가? 즉, 이것은 '칸트를 위시한 독일관념론'이라는 표현인가, 아니면 칸트와 독일관념론을 구별해서 사용한 표현, 즉 '칸트, 그리고 독일관념론'이라는 표현인가? 대부분의 사람들은 칸트를 관념론자라 말하고, 또 약간의 사람들은 관념론자가 아닌 것으로 말하는데, 과연 칸트는 관념론자인가 아니면 실재론자인가? 한 사람이 동시에 이 두 입장을 지지할 수는 없다. 왜냐하면 이 양자의 입장 사이에는 모순관계가 성립하기 때문이다. 이 물음에 답하기 위해서 우리는 먼저 관념론과 실재론이 과연 어떤 주장을 하고 있는지를 알아야 한다.

존재론적인 관점에서 '정신주의'[spiritualism]와 유사한 의미로 사용되는 관념론에 대한 논의는 제외하고, 인식론적인 관점에서 말하는 관념론은 실재론과 대비되는 개념이다. 그런데 이때의 관념론이나 실재론의 주장을 보면, '~이 관념적으로 존재한다' 든가 아니면 '~이 실재한다'라는 주장이므로, 여기서의 '관념적 존재'와 '실재'의 주어 내지는 주체를 무엇으로 설정하느냐에 따라 관념론과 실재론의 종류와 성격이 나뉜다. 그 중 한 종류의 관념론 · 실재론은 인식주관의 외부의 물리적 대상을 중심으로 전개되는 이론으로서, 이때의 관념론은, 외계의 물리적 대상에 관하여 우리가 알 수 있는 것은 오직 우리의 관념일 뿐이며, 우리의 관념으로부터 독립적으로 존재하는 실재물을 인정하지 않는 입장을 말한다. 그렇다고 해서 관념론자가 우리 외부에 대상이 존재하지 않는다고 주장하는 것은 결코 아니다. 우리 외부에 대상이 존재한다는 것을 인정하지만, 그 대상은 어디까지나 우리의 관념에 상응 내지 대응하는 한에서의 대상이라고 주장한다. 예컨대 버클리의 관념론을 생각해보자. 그는 『인간 지식의 원리론』(*A Treatise concerning the Principles of Human Knowledge*, 1710)에서 자기가 외계의 물체의 존재를 부정하지 않는다는 점을 자세히 설명하고 있다. 요컨대 그는, 일상인이 생각하는 외계의 물체를 부정한 것이 아니라, 단지 철학자들이 물질이니 물체적 실체니 하는 이름으로 부르는 것을 부정하는 것이라고 말한다(§ 35). 예컨대 로크가 생각하는 물체, 즉 어떤 성질들의 밑에서 그 성질들을 떠받치고 있다고 생각되는 기체[substratum], 실체[substance], 혹은 지지체[support]로서의 물체만을 부정한다고 말한다. 예를 들면 우리는 사과를 통해, 둥긂과 붉음과 닮 등의 관념을 갖게 되는데, 이때에 버클리는 이러한 관념이 바로 사과라는 물이라고 말하는 것이 아니라, 이러한 관념은 외계에 있는 사과가 우리에게 존재하는 방식이라는 것("Their esse is percipi")을 말하는 한 편, 외계의 사과는 이러한 관념을 우리에게 제공할 수 있는 어떤 성질을(우리가 지각하는 것과 동일한 성질이 아니라) 지니고 있는 물체임에 틀림없고, 이것 외에 별도로 그것(우리에게 이러한 관념을 일으킬 수 있는 요소)을 지탱하고 있는, 아무런 속성도 지니지 않은 입자粒子로서의 물체의 존재는 부정한 것이다. 버클리가 부정한 것은, 아무런 성질도 지니고 있지 않고 파악할 수도 없는, 기체 내지는 실체로서의 물체 ― 즉 미립자론微粒子論 철학자들이 말하는 물 ― 이지, 우리가 일상적으로 말하는 물체가 아니다. 다시 말하면 우리는, 관념으로서의 예배당에서 예배를 드릴 수 없으며, 관념으로서의 사과와 빵을 먹을 수도 또 그것으로 배부를 수도 없다. 단지 버클리가 부정한 것은, 예컨대 로크가 물物을 이야기하면서, "내가 무엇인지 알지 못하는 어떤 것"("something I know not what")이라고 표현한 것, 우리의 인식의 배후에 있으면서 도저히 인식되지 않는 어떤 실체로서의 물의 존재를 부정한 것이다. 이렇게 볼 때 칸트는 실재론자다. 즉, 칸트에 의하면 우리가 인식하는 것은 물 자체가 우리에게 나타난 현상에 불과하며, 우리의 인식의 범위를 벗어나 독립적으로 존재하는 물, 즉 물 자체의 존재를 인정한다. 그러므로 그의 입장은 실재론인 것이다.

두 번째 종류의 관념론 · 실재론은, 외계의 물리적 대상이 아닌, 보편자 혹은 이데아가 관념적으로 존재하느냐 아니면 실재하느냐 하는 문제를 둘러싸고 발생하는 이론이다. 이 경우에는, 보편자 혹은 이데아가 우리의 머릿속에 관념으로만 존재한다고 보면, 보편자(이데아) 관념론 — 즉 보편자는 개체를 떠나 독립적으로 존재하는 것이 아니라 개체 속에 본질로서 내재해 있는 것 혹은 이름에 불과하다고 주장하는 유명론唯名論[nominalism] — 이 되는 것이고, 보편자(이데아)가 우리의 관념으로부터 독립적으로 존재한다고 주장하면 보편자(이데아) 실재론 — 보편론普遍論[universalism] — 이 되는 것이다. 이를 둘러싸고 벌어진 논쟁이 바로 중세의 보편자 논쟁이었음은 주지의 사실이다.

칸트의 실재론에 이어 독일관념론의 본격적인 출발을 알린 철학자가 바로 피히테다. 27세가 되던 1789년까지 저술가로 지내려고 생각했으나 그러한 계획마저 성공하지 못하고 라이프찌히에서 가정교사로 지내게 된 그에게 인생의 전환점을 맞게 된 사건이 발생하게 되는데, 그것은 바로 자기의 학생이 칸트철학을 가르쳐달라고 부탁하게 된 일이다. 그렇게 하여 칸트의 책을 읽게 된 그는 의지의 자유를 강조하는 칸트의 사상에 완전히 매료되어 마침내 칸트철학 연구에 몰두하게 된다. 그는 칸트철학과의 만남을 "혁명"이라고 편지에 쓰고 있다. 그의 철학은 다른 어떤 철학보다도 칸트철학과 깊은 관계를 맺고 있으며 그로부터 가장 큰 영향을 받았음을 부인할 수 없다. 그는 이 점에 관해서, 자기는 "이미 칸트가 직 · 간접적으로, 명석하거나 모호하게 지시하지 않은 것은 결코 말할 수 없을 것"이라고 고백하고 있다. 그러나 그는 칸트철학을 그대로 수용한 것이 아니라 자기 자신의 이념에 따라 그것을 변형시켰다. 그리고 이러한 그의 노력은 바로 독일관념론의 시작을 알리는 것이었다.

셸링은 초기에 피히테의 영향을 많이 받고 그와 교류하면서 자시의 사상을 발전시켜 나갔다. 그러나 결국 그는 자신의 독자적인 길을 걷게 된다. 피히테에 있어서 평가절하된 비아非我로서의 자연의 지위는 그에 있어서 격상되어 〈자연철학〉으로 성립하게 된다. 뿐만 아니라, 그에게 있어서는 예술이나 종교, 신화, 계시 등의 문제가 철학의 핵심문제로 등장하게 된다. 일부 철학자들에게 있어서는 셸링이 독일관념론의 완성자로 평가되고 있기는 하지만, 대부분의 학자들은 헤겔G.W.F. Hegel을 독일관념론의 정점에 있는 사상가로 인정하고 있다. 헤겔은 철학의 거의 모든 분야를 망라하여 자신의 체계 속으로 편입한 '체계사상가'[Systemdenker]의 면모를 보여준 철학자로서, 그의 사후에도 언어철학, 실존철학, 사회철학, 예술철학, 생철학, 맑스주의 등, 실로 많은 분야에서 엄청난 영향을 미쳤다. 그로부터 서양 현대철학의 출발점이 마련되었다고 해도 과언이 아닐 정도로, 긍정적이든 부정적이든 헤겔은 서양철학을 공부하는 사람은 반드시 거쳐 가야 할 산山임이 분명하다.

칸트와 독일관념론

칸트 | 피히테 | 셸링 | 헤겔

칸트(Immanuel Kant, 1724-1804)

생애와 저작

• 1724년: 4월 22일, 동프로이센의 수도 쾨니히스베르크[1] 근교 출신의 가난한 마구馬具 제조업자[2] 요한 게오르크 칸트와 뉘른베르크 출신의 안나 레기나 도로테아 사이에 아홉 자녀 가운데 넷째로 태어남. 그의 본명은 에마누엘[3]로, 어머니는 그를 〈꼬마 마넬〉이라는 애칭으로 불렀다. 나중에 그는 자신의 이름을 이마누엘이라고 바꾸었는데, 그 이유는 알려져 있지 않다. 그리 좋지 않은 건강상태에도 불구하고 그는 다른 형제들 보다 오래 살았다. 그들은 모두 같은 지역에서 살았는데, 칸트는 25년 동안 자신의 형제들과 아무런 교류를 갖지 않았다. 칸트는 13세 때 어머니를, 22세 때 아버지를 잃었다.

• 1732년: 프리드리히 학원[Collegium Fridericianum]에 입학. 원장은 어머니 안나 레기나가 신봉하던 경건주의 목사인 슐츠Franz Albert Schultz.

• 1737년: 어머니 사망.

• 1740년: 16세에 쾨니히스베르크 대학 진학. 철학부에서 공부함. 논리학과 형이상학의 원외교수 크누첸Martin Knutzen (1713-1751)의 지도를 받는다. 수학, 수사학, 자연과학 등을 배움. 시간이 지남에 따라 철학을 가장 선호하게 됨. 신학강의에는 단 한 번 참석했는데, 아마도 강의를 개설한 슐츠Franz Albert Schultz(1692-1763)에 대한 예의 때문이었을 것이다. 그는 칸트가 다녔던 프리드리히 학원의 원장으로서 칸트를 처음으로 지원했던 스승이었다. "크누첸은 모든 선생들 중에서도 칸트에게 가장 가치가 있으며 중요한 인물이었다. 그는 칸트에게 그리고 많은 이들에게, 남의 말을 흉내내는 사람이 아니라 스스로 사유할 수 있는 사람이 되도록 길을 제시해주었다"[4] 크누첸은 칸트가 특히 의지했던, 그리고 그의 철학강의와 수학강의에 부단히 참석했던 학문적인 선생일 뿐만 아니라, 그의 천재성에 영향을 미칠 수 있었던 유일한 선생이었다.[5] 크누첸은 우선 칸트에게 1687년에 출간된 뉴튼의 『자연철학의 수학적 원리』(*Philosophiae Naturalis Principia Mathematica*)를 빌려주었다.

• 1746년: 아버지 사망. 『활력의 참된 측정에 관한 사상들』(*Gedanken von der wahren Schätzung der lebendigen Kräfte*)으로 대학 졸업(출간은 1949년). 22세인 이 해부터 31세까지 가정교사. 처음에는 인스터부르크[6] 근교에서. 나중에는 동프러시아의 아른스도르프에서. 처음에 일한 곳은 모룽엔 지역이었는데, 쾨니히스베르크에서 남서쪽으로 약 120킬로미터쯤 떨어진 곳. 칸트가 일생동안 가본 곳 중 그의 고향에서 가장 멀리 떨어진 곳이었음.

• 1755년: 4월에 마기스터 논문 『불에 관하여』를 쓰고, 9월에 교수자격논문인 『형이상학적 인식의 제1원리의 새로운 해명』으로 교수자격 취득. 겨울학기에 쾨니히스베르크대학 사강사私講師[Privatdozent] 취임.

그와 함께 시간강사로서의 고된 시기가 시작됨. 빈번하게 틀리는 발음과 작은 목소리에도 불구하고 그의 강의엔 많은 사람들이 몰려옴. 15년을 사강사로 생활함. 그는 오늘날의 교수보다 훨씬 더 광범한 내용을 가르쳤다(철학 외에도 수학, 물리학, 지리학, 자연법, 역학, 광물학 등을 1주일에 20시간씩 강의함).

• 1758년: 1월에 러시아군이 쾨니히스베르크(동프로이센) 점령(1762년 7월까지).

• 교수직을 얻고자 두 번 시도했으나 모두 실패함. 40세에 시문예학 교수직을 제안 받았으나 거절하고 도서관에서 일함. 이 교수직은 학술 축제와 국가축제 때 시를 짓는 것이 의무였다. 에어랑엔 대학과 예나 대학이 칸트를 초빙했으나 계속 거절하고 기다리다가 46세 되던 해 칸트는 쾨니히스베르크 대학에서 철학교수직을 얻었고, 자신이 바라던 삶의 위치를 획득함. 왕의 교수 임명서에는 "그의 근면함과 탁월함 때문에, 그리고 또 무엇보다도 그가 철학에서 이룬 학문적인 성과 때문에" 그를 교수로 초빙한다고 씌어있었다.

• 1770년: 46세가 되던 해 3월 31일에 쾨니히스베르크대학의 논리학·형이상학의 정교수로 임명됨.

• 1781년: 『순수이성비판』(*Kritik der reinen Vernunft*).

• 1783년: 『학으로 등장할 수 있을 장래의 모든 형이상학을 위한 서론』(*Prolegomena zu einer jeden künftigen Metaphysik, die als Wissenschaft wird auftreten können*).

• 1785년: 『윤리형이상학의 정초』(*Grundlegung zur Metaphysik der Sitten*).

• 1788년: 『실천이성비판』(*Kritik der praktischen Vernunft*).

• 1790년: 『판단력비판』(*Kritik der Urteilskraft*).

• 1793년: 『단순한 이성의 한계 안에서의 종교』(*Religion innerhalb der bloßen Vernunft*).

• 1795년: 『영원한 평화를 위하여』(*Zum ewigen Frieden*).

• 1797년: 『윤리형이상학』(*Die Metaphysik der Sitten*).

• 1804년: 2월 12일, 막내누이 카타리나와 바지안스키Wasianski가 지켜보는 가운데, 포도주를 물로 묽게 하고 사탕을 섞은 것을 입에 넣고 "좋다"(es ist gut)는 말을 남기고 숨을 거둠. 대학 묘지에 매장됨.

* 칸트는 자신의 일과를 철두철미한 계획 아래 보냈다. 그의 일과표는 생애의 중반부터 수십 년 동안 조금의 변화도 없었는데, 이를 대략 살펴보면,

• 4시 55분: "일어나실 시간입니다"라는 말로 제대除隊한 군인軍人인 하인 람페가 그를 잠에서 깨움.

• 5시: 기상. 식사는 하루에 한 번만 함. 아침식사 대신에 두 잔의 홍차를 마시고 파이프 담배를 한 대 피움.[7] 칸트는 커피를 아주 좋아했지만, 커피에서 나오는 기름성분은 몸에 나쁘다고 하여, 될 수 있으면 마시지 않으려고 노력함. 잠옷, 덧신, 수면용 모자를 쓴 채 작업을 시작. 강의 준비였을 것으로 짐작됨. 오전 7시까지 연구.

• 7시-9시: 정장을 한 채 강의.

• 9시-오후 1시: 주요한 연구시간(이 시간 동안 학문적 저술이 쓰임)

• 오후 1시: 점심식사. 초기에는 레스토랑에서 했으나, 유명인이 되자 식사 도중에 그를 찾아와서 철학에 관한 문제를 묻는 사람이 많아지는 등 귀찮은 일들이 많이 생기자 이에 진력이 나, 자기 집으로 친구들을 초

대하여 점심식사를 하게 됨. 보통은 두 사람, 때로는 다섯 사람을 초대함(대개 3-5시간 계속 됨).

그가 앉아있는 식탁 위에는 스프가 담긴 그릇을 포함하여 세 개의 그릇이 놓여있고, 첨가물로 버터와 치즈가 나왔다. 또한 여름에는 과일이 나왔다. 스프는 보통 쇠고기 스프이고, 쌀과 밀가루와 국수종류가 들어있었다. 칸트는 자신의 스프그릇에 흰 빵을 쪼개 넣고, 일석이조의 식사를 했다. 결국 스프와 빵을 한꺼번에 위 속에 집어넣는 식사를 했다. 두 번째 그릇에는 말린 과일과 껍질째 튀긴 콩, 그리고 생선과 고기도 있었다. 계속해서 주요 식사인 세 번째 접시에는 구운 고기가 풍성하게 담겨져 있었다. 그는 구운 고기는 씹어서 즙만 빨아먹고 뱉음. 그런데 이 찌꺼기를 빵으로 덮어씌워놓았지만, 다른 사람들은 역겨워서 도저히 그것을 바라볼 수가 없었다. 철학자로서의 칸트를 알고 있는 사람들의 눈에 이런 그의 식사습관이 좋게 보였을 리는 없다.

그는 영국산 치즈, 그것도 흰 치즈를 좋아하고 생선을 즐겨 먹었는데, 대구를 좋아함. 배가 부를 때에도 대구요리만 있으면 마다하지 않고 식사를 했다고 함. 알코올음료로는 포도주를 좋아했다. 언제나 붉은 포도주 '메독' 한 잔을 마심. 때로는 백포도주를 마시기도 함. 그는, 맥주를 식량의 일부라고 생각했는데, 그 이유는, 맥주에는 많은 영양분이 들어있어서, 미식가가 이것을 마시면 배가 불러 식욕이 없어져 버리기 때문이라고 함.[8] 그는 이런 점심식사를 보통 1시부터 4시까지 계속했다. 손님이 많으면 6시까지 식탁에 계속 앉아있었다.

• 점심식사 후 1시간 정도 산보함. 혼자만의 산책을 가장 좋아함(룻소의 『에밀』을 숙독하느라고 몇 일간 규칙적인 산책을 중단함).

• 산보 후 저녁에 독서에 몰두. 가벼운 책들, 주로 여행기를 읽음. 그

러나 이 때 사람들이 방문해도 거절하지 않고 맞이함.

• 10시에는 반드시 잠자리에 듦. 사교모임에 나갔다 하더라도 그의 생활규칙은 조금도 변하지 않았다. 취침 전에는 아무 것도 먹지 않았다.

• 그는 생활여건이 안정된 후에 결혼을 해 볼까 생각했다. 그러나 두 번의 시도는 결국 실패했다. 그는 쾨니히스베르크라는 작은 마을에서 평생을 살았지만, 마을 안에서는 여러 번 이사를 했는데 그것은, 사색을 하려면 숨소리도 들리지 않아야 하므로 용서할 수 없는 소음으로부터 탈출하려고 했기 때문이다.

사상

• 칸트는 철학의 근본영역을 다음의 네 가지 물음으로 요약하고 있다.[9]

1. 나는 무엇을 알 수 있는가? [Was kann ich wissen?]
2. 나는 무엇을 해야 하는가? [Was soll ich tun?]
3. 나는 무엇을 바랄 수 있는가? [Was darf ich hoffen?]
4. 인간이란 무엇인가? [Was ist der Mensch?]

첫 번째 물음은 인식에 관련된 것으로, 이에 대답하는 주요저술이 『순수이성 비판』(*Kritik der reinen Vernunft*)이고, 두 번째 물음은 실천과 윤리(도덕)에 관련된 것으로, 이에 대답하는 주요저술은 『실천이성 비판』, 『윤리형이상학의 정초』, 『윤리형이상학』 등이고, 세 번째 물음은 인간의 희망에 관련된 것으로, 이에 대답하는 주요저술은 『판단력 비판』, 『단순한 이성의 한계 내에서의 종교』 등의 종교철학과 역사철학 관련

저술이며, 마지막 물음은 앞의 세 물음을 총괄한 것으로, 이에 해당하는 저술은 『실용적 관점에서 본 인간학』이라고 하겠다.

Ⅰ. 인식론: 『순수이성 비판』을 중심으로

1. 『순수이성 비판』의 목표: 수학과 자연과학의 정초 및 새로운 형이상학의 수립

• 칸트가 『순수이성 비판』을 통해 의도하는 것은, 수학과 자연과학적 인식의 토대를 수립하는 일이다. 그리고 수학과 자연과학적 인식이 확실성을 지닐 수 있는 근거를 탐구함으로써, 그것을 본받아, 독단적 형이상학[dogmatische Metaphysik]을 폐기하고 새로운 형이상학[윤리형이상학]을 수립하는 것이다.

• 칸트를 독단적인 선잠에서 깨어나게 한 흄의 경험주의에 의하면, 인과성은 필연적이 아닌 개연적인 관념에 불과하다. 즉, 자연적 사실에 관한 인과적 지식은 필연적이고 보편타당한 지식이 아니다. 그리하여 그는 인과율은 주관적 신념에 불과하다고 단정함으로써 종래의 자연과학 및 형이상학의 학으로서의 가능성을 부정하는 회의주의에 빠지고 말았다. 그러나 칸트는 흄의 입장에 전적으로 동의하지는 않고, 그의 입장을 부분적으로 받아들였다.

즉, 칸트의 생각으로는, 우리의 인식은 경험과 더불어[mit der Erfahrung] 시작하지만, 그것이 모두 반드시 경험**으로부터**[*aus der* Erfahrung] 발생하는 것은 아니다(*KrV* B 1[10]). 그는 인식이 성립하기 위해서는 감각경험뿐만 아니라 지성의 작용도 필요하다고 생각했다.

• 또한 칸트는, 인식이 필연성[Notwendigkeit]과 보편타당성[Allgemeingültigkeit]을 지녀야 한다고 생각한다. 그런데 종래의 경험주의자들에 있어서의 인식은 경험적 실재성은 지니고 있으나 필연성과 보편타당성은 확보될 수 없는 것으로 칸트에게 보였다. 이에 반해 이성주의자들에 있어서 인식이란, 필연성과 보편타당성은 가지고 있지만, 경험적 실재성의 확보가 문제가 되었다. 그런데 진정한 인식이 성립하기 위해서는 이 양자의 요소를 모두 갖추어야 한다는 것이 칸트의 생각이다. 그러므로 인식은 한편으로는 경험적 실재성을 지녀야 하므로 우리의 인식을 확장시켜주는 '종합판단[synthetisches Urteil]'이 되어야 하고, 또 다른 한편으로는 필연성과 보편타당성을 지녀야 하므로 '선험적 판단[Urteil a priori]'이어야 한다고 칸트는 생각했다. 따라서 결국 칸트에 있어서 인식론의 핵심물음은 "선험적 종합판단은 어떻게 가능한가?"("Wie sind synthetische Urteile a priori möglich?")가 된다.

2. 분석판단과 종합판단

• 『순수이성비판』에서 칸트는 먼저, "선험적 종합판단은 어떻게 가능한가?"라는 물음을 제기한다. 칸트에 의하면, 모든 판단은 분석판단과 종합판단의 두 종류로 분류된다(B 10 f.).[11]

1) 분석판단[analytisches Urteil] 혹은 해명판단[Erläuterungsurteil]

술어개념이 이미 주어개념 속에 포함되어 있는 판단. 칸트는 그 예로서 "물체는 모두 연장을 가진다"라는 판단을 들고 있다. 그에 의하면, 물체라는 개념은 원래, 연장을 가진다는 의미를 가지며, 술어는 다만 주어개념 속에 이미 포함되어 있는 규정을 이끌어 내 온 것에 지나지 않는 것이다. 따라서 분석판단은 경험의 도움을 빌릴 필요가 전혀 없이 선험적으로 이루어질 수 있다. 그러나 이것으로는 우리의 인식은 조금도 확장되지 않는다.

2) 종합판단[synthetisches Urteil] 혹은 확장판단[Erweiterungsurteil]

술어개념이 주어 속에 포함되어 있지 않은 판단이며, 이 판단이야말로 우리의 지식을 확장하는 것이다. 경험적 판단은 모두 종합판단인데, 경험적 판단은 필연성과 보편성을 가질 수 없다. 따라서, 종합판단이면서도 또한 필연성을 가진 판단이란, 〈선험적 종합판단〉이어야 한다고 칸트는 생각한다.

• 그러나 칸트가 범한 잘못은, 필연성[Notwendigkeit]과 선험성[Apriorität]을 혼동한 것이다. 필연성이나 우연성과 같은 개념은 존재론에 관계된 개념이고, 선험성이나 경험성과 같은 개념은 인식론에 관계된 개념이다. 즉, 어떤 진술이 '필연적으로 참'이라고 해서, 그 진술이 참이라는 것을 반드시 '선험적으로' 알아야 하는 것은 아니다.[12] 그렇다면 칸트의 인식론에 결정적인 결함이 존재하는 것이 아닌가? 어쨌든 이 문제는 일단 그대로 놓아두고 그의 사유를 계속 좇아가 보도록 하자.

칸트는 계속하여, 선험적 종합판단이 과연 성립하는지를 검토한다. 그에 의하면 선험적 종합판단은 우선 수학이나 기하학에서 발견된다. 예컨대 "7+5=12"라는 판단이나 "직선은 두 점 간의 최단선最短線이다"라는 판단은 모두 필연적으로 옳으며, 따라서 선험적인 것이라고 생각하지 않으면 안 된다고 한다. 그러나 위의 두 경우에, 술어개념은 주어개념 속에 포함되어 있지 않으므로 종합판단이라고 하지 않을 수 없다. 뿐만 아니라 자연과학의 경우에도, "물체계의 모든 변화에 있어서 물질의 양은 불변한 것으로 존속한다"라든가, "운동의 모든 전달에 있어서 작용과 반작용은 항상 서로 동일해야 한다"[13]라는 원리는 선험적 종합판단이라고 하지 않을 수 없다는 것이다.[14]

• 이처럼 칸트는 수학과 자연과학에서 선험적 종합판단이 존재한다는 것을 인정하고, 그 까닭을 묻고자 한다. 이 문제에 대해 그가 제시한 해답은 말할 것도 없이, 우리의 지성 속에 '선험적인 인식형식'이 존재한다는 것이었다. 칸트에 의하면 인식이 성립하기 위해서는 우선 감성[15]에 의하여 대상이 직관으로서 주어지고, 지성이 그것을 사유하는 일이 필요하다. 감성에 의한 직관이 없다면 인식이 성립하지 않는 것은 당연하지만, 그렇다고 해서 순전히 직관만으로는 인식이 성립하지 않는다. 직관에 의해 주어진 대상을 지성이 개념적으로 사유함으로써 비로소 인식이 성립된다. 이러한 사태를 칸트는 다음과 같이 표현한다: "(...) 인간의 인식의 두 줄기幹, — 그것은 아마 하나의 공통적인, 그러나 우리에게는 알려지지 않는 뿌리[16]로부터 생겼을 것인데 — 즉 **감성**感性과 **지성**知性이 있다. 전자에 의해 대상이 우리에게 주어지고, 후자에 의해 그것이 사유된다"(A 15, B 29). 또는 "감성 없이는 우리에게 어떠한 대상도 주어지지 않을 것이며, 지성 없이는 어떠한 대상도 사유되지 않을 것이다. 내용 없

는 사유는 공허하며, 개념 없는 직관은 맹목盲目이다."[17] 이처럼 칸트는 인식이 성립하기 위해서는 감성과 지성 양자兩者의 작용이 필요하다고 주장한다. 그리고 선험적 종합판단이 성립하기 위해서는 감성과 지성 모두에 각각 선험적인 형식이 존재해야 한다고 생각하게 된다. 만약 감성적 직관 속에 선험적 형식이 존재하지 않아서 모든 직관이 경험적인 것이라고 한다면, 우리의 종합판단은 경험적 종합판단이 될 것이고, 지성 속에 선험적 형식이 존재하지 않아도 사정은 마찬가지일 것이다. 칸트는 감성의 선험적 형식을 직관형식이라고 부르고, 여기에 〈시간〉과 〈공간〉이라는 두 개의 직관형식을 배정했고, 지성의 선험적인 인식형식 내지 개념을 범주範疇[Kategorie][18]라 부르고, 여기에 열두 개의 개념을 배정했다.

※ 구별해야 할 중요개념들

• a priori [선험적先驗的] ↔ a posteriori [경험적經驗的]

• angeboren [innate, congenital, 선천적先天的, 생득적生得的, 생구적生具的, 본유적本有的] ↔ a posteriori [acquired, aus Erfahrung gewonnen, erlernt, 후천적後天的]

• transzendental [transcendental, 정험적定驗的]

• transzendent [초월적超越的] ↔ immanent [내재적內在的]

3. 순수이성비판의 구조

•

• 칸트는 『순수이성비판』을 크게는 〈정험적 원리론〉과 〈정험적 방법론〉으로 나누고, 다시 또 전자를 정험적[19] 감성론, 정험적 분석론, 선험적 변증론이라는 세 부분으로 나누고, 후자를 ① 순수이성의 훈련, ② 순수이성의 규준, ③ 순수이성의 건축술, ④ 순수이성의 역사라는 네 부분으로 구성했는데, 여기서는 〈정험적 원리론〉만을 살펴본다. 그런데 그가 이 부분을 세 가지고 나눈 것은, 그가 세계에 대한 인식적 관계에 있어서의 인간의 능력을, 감성, 지성, 그리고 이성이라는 세 가지로 보았기 때문이다. 정험적 감성론에서는 감성의 형식들을 논하고, 정험적 분석론에서는 정신이 모든 경험에 대해 만족시키기를 요구하는 지성의 범주들을 논하며, 선험적 변증론에서는 이성의 이념을 논한다.

4. 감성의 직관형식으로서의 공간과 시간

•

• 칸트는 공간과 시간이라는 두 직관형식이, 지각하는 정신에 의해 경험에 부과되어진다는 것을 증명하고자 한다. 이 증명을 위해 그는 형이상학적 구명과 선험적 구명을 제시하는데, 형이상학적 구명은 각각 네 개의 논증으로 되어있다(B 38). 공간에 관한 논증은 시간에 관한 논증과 동일하므로 공간에 관한 논증만을 요약하면,

1) 공간은 외적 경험, 즉 우리의 외부의 사물에 대한 경험으로부터 추상되어 이끌어 내 온 경험적 개념이 아니다. 왜냐하면, 모든 외적 경험은

앞서 공간 없이는 성립하지 못하기 때문이다.

2) 공간은 모든 외적 직관의 근저에 있는 필연적 · 선험적 표상이다. 왜냐하면, 우리는 그 속에 어떠한 대상도 찾아볼 수 없는 공허한 공간이라는 것을 사유할 수는 있지만, 공간 자체가 존재하지 않는다는 표상을 만들 수는 없기 때문이다.

이상의 두 가지 논증 중에서

1)은 공간이 경험에서 추상된 것이 아니라는 것을 말하는 것이며, 그것은 또한 소극적이다.

2)는 적극적으로 공간이 선험적 표상임을 말하고 있다.

따라서 1)과 2)에서는 공간이 선험적이라는 것을 증명했을 뿐이지, 그것이 직관형식이라는 이유는 말하고 있지 않다. 그러나 3)과 4)의 논증은, 공간이 개념이 아니고 직관형식임을 말하고 있다. 즉,

3) 공간은 개념이 아니고 순수 직관형식이다. 왜냐하면 개념이란, 많은 표상에서 그 공통된 징표를 추상하여 구성하는 것이기에, 개념이 성립하기 위해서는 그 구성요소인 많은 표상이 먼저 존재하지 않으면 안 된다. 그런데, 공간의 경우에는 이것과 달라서, 공간표상은 원래 하나이며, 많은 공간으로부터 추상된 것이 아니다. 왜냐하면, 우리가 많은 공간이라고 하는 경우에도 실은 그것은 동일한 공간의 부분을 의미함에 불과하기 때문이다.[20]

4) 공간은 무한한 양으로 생각된다. 즉, 그것은 무한한 부분을 자기 속에 포함하고 있는 것이다. 그런데 개념이란, 결코 무한한 부분을 자기 속에 포함하고 있는 것이 아니다. 그것은 몇 개의 표상의 공통된 징표를 끌어 내 온 것이므로, 이러한 표상을 자기 밑에 포함함에 불과한 것이다. 따라서 공간은 개념이 아니고 직관형식이다.

이리하여 1)과 2)에서 공간의 선험성을, 3)과 4)에서 공간이 직관형식인 까닭을 논증했다고 한다면, 이 형이상학적 구명에 의하여 공간이 선험적 직관이라는 것이 보여졌다고 생각할 수 있을 것이다. 그러나 칸트의 논증이 과연 성공했는가의 여부에 대해서는 주석자들 간에서도 많은 의견이 있다.

공간이 직관이며, 개념이 아니라는 것에 관한 칸트의 논의[3)과 4)]는 문제를 거의 포함하고 있지 않다. 또한, 공간이 결코 외적 경험에서 추상한 경험적 개념이 아니라는 것[1)], 그리고 오히려 그것은 모든 외적 직관의 근거에 있는 표상이라는 것[2)]에 관한 칸트의 논의도 그대로 인정할 수 있을 것이다. 그러나, 이와 같이 공간이 모든 외적 경험의 근저에 있는 표상이라는 것이, 곧 공간이 감성의 선험적 형식이라는 것을 증명하고 있는가 어떤가 하는 점이 문제다. 칸트는 이 점에 대해 아무런 증명도 하고 있지 않으며, 이것을 자명한 것으로 생각하고 있는 것 같다. 그러나 이 양자는 분명히 다른 것이라 하겠다. 공간이 외적 경험의 근저에 있는 표상이라는 것은, 공간이 외적 대상이 갖는 근본적 성질인 경우에도 성립할 것이다. 그것은 결코 공간이 감성의 형식이어야만 한다는 것을 보여주는 것은 아니다.[21]

5. 물 자체, 현상現象, 가상假象

• 칸트는 『정험적 감성론』에서, 시간과 공간이 선험적 직관형식이며, 우리는 감각소여를 이 직관형식에 의하여 질서지어서 현상으로의 대상을 구성한다고 함으로써, 그의 철학 속에 극히 곤란한 문제를 이끌어 들

였는데, 그것은 곧 물 자체의 문제다.

우리가 알 수 있는 것은 단지 직관형식에 의해 질서 지어진 대상의 모습이며, 대상이 그 자체에 있어서, 즉 우리의 감성의 직관형식에서 떠나서 어떠한 것인가는 우리는 결코 알 수 없다. 우리가 알 수 있는 것은, 현상으로서의 대상, 즉 이미 시간적 · 공간적 규정을 거친 대상에 한한다고 한다면, 우리는 이 현상으로서의 대상의 근저에 그 자체에 있어서의 대상이 있다는 것조차 주장하지 못할 것이기 때문이다.

• 그런데, 칸트가 〈감성론〉에서, 감성을 촉발하는 것으로서의 물 자체를 생각하지 않으면 안 되었던 것은 현상과 가상을 구별하기 위해서였다고 생각됨. 우리가 어떤 환각[22]을 가졌다고 생각해 보자. 환각은 가상의 전형적인 것이라고 하겠다. 환각의 대상은 우리에게는 단지 우리의 밖에 있는 것처럼 보임에 불과하기 때문이다. 그러나 이것은 환각일지라도 공간적 규정을 가지고 있다.[23] 즉, 우리의 감성의 직관형식에 의하여 질서 지어져 있다. 그렇다면 우리는 어떻게 현상과 가상을 구별할 것인가? 현상과 가상을 구별하기 위해서는, 현상은 우리 밖에 있는 물 자체에 의해 촉발되어서 생긴 감각을 직관형식에 의해 질서지운 것이라고 생각할 수밖에 없을 것이다.[24]

• 칸트는 현상과 가상을 같은 것으로 간주해서는 안 된다고 말한다(B 350). 현상이란 감관의 표상들이 지성의 규칙에 따라 결합될 때 성립하는 것이다. 그러나 가상은 감성이 지성의 작용에 영향을 주어서 지성의 판단에 간섭할 때 생긴다(B 351). 칸트는 현상과 가상의 구분을 진리와 오류의 구분과 동일시하고 있다. 칸트는 가상, 즉 오류를 세 종류로 나누어 설명한다(B 352-354 참조). 즉 경험적 · 논리적 · 선험적 가상이다.

1) 경험적 가상: 지성의 규칙을 감각적으로 사용할 때 판단력이 상상

작용의 영향을 받아서 범하게 되는 오류. 예) 유리컵 속의 물에 반 정도 담긴 곧은 막대기가 물 표면에서 굽어보이는 것 → 이러한 오류는 감성이 지성에 종속되어 있지 않고, 오히려 지성의 작용에 영향을 주어 지성의 판단에 간섭하기 때문에 일어난다.

2) 논리적 가상: 일반논리학의 규칙을 준수하지 않기 때문에 일어나는 가상.

3) 경험적 가상과 논리적 가상은 문제될 것이 없다. 왜냐하면 경험적 오류와 논리적 오류는 시정될 수 있기 때문. 문제는 선험적 가상이다. 이것은 인간 이성에 고착되어 있는 것이기에 이성의 자기비판을 통해서 그것이 가상이라는 사실을 통찰했다 하더라도 소멸되지 않는 가상이다. 예컨대 세계는 시간상 시초를 가져야 한다고 할 때의 가상이 그것이다. 이러한 선험적 가상은 불가피한 것이기에 우리가 이성비판을 통하여 그러한 가상에 기만당하지 않도록 하게 할 수는 있어도 가상을 소멸시킬 수는 없다.[25]

6. 정험적 분석론: 개념의 분석론

• 이상에서 살펴 본 것처럼 칸트는 『정험적 감성론』에서, 우리의 감성 속에 공간과 시간이라는 선험적인 직관형식이 존재한다는 것을 논증했는데, 그러나 선험적 종합판단이 성립하기 위해서는 또한 지성 속에 선험적인 개념, 즉 카테고리가 존재하지 않으면 안 된다고 생각했다. 이 카테고리에 관해서 논하는 것이 『정험적 분석론』이다. 칸트에 의하면, "우리의 인식은 마음의 두 원천으로부터 우러나온다. 그 첫째 원천은 표

상을 받아들이는 능력[인상印象의 수용성]이며, 둘째 원천은 이들 표상을 통해서 대상을 인식하는 능력(개념의 자발성)이다. 전자에 의하여 우리에게 대상이 주어지고, 후자에 의하여 이 대상이 (마음의 순전한 규정으로서의) 표상과의 관계에 있어서 사유된다. 그러기에 직관과 개념은 우리의 모든 인식의 요소를 구성하는 것이며, 어떤 방식으로든 대응하는 직관을 갖지 않는 개념도, 개념을 갖지 않는 직관도 다 같이 인식으론 될 수 없다"(A 50, B 74). 따라서, 이와 같이 사유하는 능력 즉, 개념의 능력이 지성이라 불리는 것이므로, 인식은 감성과 지성의 공동작업에 의하여 비로소 성립되는 것이며, 선험적 종합판단이 성립하기 위해서는 감성 속에 선험적 직관형식이 있을 뿐만이 아니라, 지성 속에도 선험적인 개념이 없어서는 안 된다고 생각했던 것이다. 만일, 지성 속에 선험적 개념이 존재하지 않고, 단지 선험적 직관에 의하여 주어진 대상을 기초로 하여 지성이 개념을 만들어 낸다면, 거기에서도 분명히 선험적 종합판단은 성립하지만, 그 선험적 종합판단은 결코 객관적 타당성을 가질 수 없을 것이다. 칸트가 지성 속에 카테고리를 생각하게 된 것은 선험적 종합판단의 객관적 타당성을 정초하기 위해서였다고 생각된다. 칸트가 흄의 생각에 반대하여 인과율개념을 정초하고, 자연과학적 인식에 대한 흄의 회의론을 부정하려는 이상, 그는 인과율이라는 개념이 지성 속에 선험적 개념으로서 존재하고, 이 선험적 지성개념에 의하여 객관적인 선험적 종합판단이 성립한다고 생각하지 않으면 안 되었을 것이다.[26]

• 경험적인 판단[empirisches Urteil]은 다음의 두 가지로 나누어진다.

1) 주관적 · 경험적 판단, 즉 지각판단[Wahrnehmungsurteil]: 이 판단은 주관적인 타당성을 지닌다. 이것은 순수 지성개념을 필요로 하지 않고, 다만 사유하는 주관에 있어서의 논리적 결합만을 필요로 한다.

2) 객관적 · 경험적 판단, 즉 경험판단[Erfahrungsurteil]: 이 판단에는 지성의 범주들이 개입된다. 이것은 "p → q"라는 〈법칙적 판단〉이다. 예) "공기는 팽창력을 가지고 있다."

즉, 1)과 2)의 차이점은, 지각이 〈정험적 지성개념〉 밑에 포섭되느냐의 여부에 있다(*Prolegomena* §§ 18-20).

7. 범주의 연역

1) 범주의 형이상학적 연역[27]

• 순수지성개념으로서의 범주에는 어떤 것들이 있는가? 이 범주를 찾아내려는 칸트의 수속을 보통 〈범주의 형이상학적 연역〉이라고 부른다. 칸트는 〈판단표〉를 손잡이로 하여 범주를 찾아내려 했다. 그에 의하면 직관에 의해 주어지는 다양을 종합 · 통일하여 판단을 성립시키는 것이 지성의 작용인데, 범주가 선험적 개념으로서 지성 속에 구비되어 있다고 한다면, 그것은 이 다양을 종합 · 통일할 때의 지성작용의 기준으로 되어야만 하는 것이다. 여러 가지 판단형태의 상위相違는 각기 상위한 범주에 의하여 생기는 것일 것이다. 이렇게 하여 판단에 있어서의 지성의 논리적 기능을 완전히 셀 수 있다면, 우리는 거기에서 범주를 찾아낼 수가 있을 것이다. 칸트에 의하면, "우리가 일반적으로 판단의 내용을 모두 사상捨象하고 그 속에 있는 한갓된 지성형식에만 주목한다면, 판단에 있어서의 사유의 기능은 네 가지의 항목으로 나누어지고, 그 각각은 세 가지의 계기를 그 속에 포함한 것으로 찾아내어 진다"(A 70, B 95). 이리

하여 판단에 있어서의 지성의 논리적 기능은 다음과 같은 표로 나타낼 수 있다.

① 분량

- 전칭판단(모든 S는 P다: "모든 사람은 죽는다.") universal, allgemein
- 특칭판단(약간의 S는 P다: "약간의 사람은 의사다.") particular, besonder
- 단칭판단(이 S는 P다: "이 사람은 학생이다.") singular, einzeln

② 성질

- 긍정판단(실재성: S는 P다: "이것은 장미다.") affirmative, bejahend
- 부정판단(부정성: S는 P가 아니다: "이것은 장미가 아니다.") negative, verneinend
- 무한판단[제한성: S는 비非P다: "이것은 비非장미다", "이것은 장미는 아니다."] infinite, unendlich[28]

③ 관계

- 정언판단(S는 P다: "소크라테스는 사람이다.") categorical, kategorisch
- 가언판단(만일 X라면 S는 P다: "성공하려면 노력해야 한다.") hypothetical, hypothetisch
- 선언판단(S는 P이든가 Q이든가다: "세계는 맹목적인 우연에 의해서 움직이든지 아니면 필연적으로 움직인다.") disjunctive, disjunktiv

④ 양상

- 개연蓋然판단 (S는 P일 것이다) problematic, problematisch
- 실연實然판단[단정적斷定的 판단, S는 P다] assertory/assertive, assertorisch
- 필연必然판단[확연確然판단] (S는 반드시 P이어야 한다) apodictic, apodiktisch

그리고 칸트는 이 판단표에 대응하여 범주표를 다음과 같이 제시한다.

1) 분량: 단일성[Einheit] / 다수성[Vielheit] / 전체성[Allheit]
2) 성질: 실재성[Realität] / 부정성(Negation] / 제한성[Limitation[29]]
3) 관계: 속성[Inhärenz]과 실체성(Subsistenz][30](실체와 우유성)
원인성[Kausalität] 의존성(Dependenz][31](원인과 결과)
상호성[Gemeinschaft](능동자와 수동자의 교호작용)
4) 양상: 가능성[Möglichkeit]과 불가능성[Unmöglichkeit]
현존[Dasein]과 비존재(Nichtsein]
필연성[Notwendigkeit]과 우연성[Zufälligkeit]

• 판단표의 전칭판단과 대응하는 범주는 단일성이며, 단칭판단과 대응하는 범주는 전체성이다. 이것은 상식과 상반된다. 상식적으로는 전칭판단에는 전체성이, 단칭판단에는 단일성이 대응한다. 그런데 칸트는 『프롤레고메나』에서도 이렇게 대응시키고 있는 경우도 있고, 단칭판단에 단일성을 대응시키고 있는 곳도 있다.[32]

• 각 범주에서 셋째의 것은 첫째와 둘째 것의 결합에서 생긴다. 예컨

대 전체성은 단일성으로 보는 다수성이며, 제한성은 부정성과 결부된 실재성이며, 상호성은 상호간 한정하는 실체의 인과성이며, 필연성은 가능성 그 자체에 의해 주어진 실재성이다. 그러나 칸트에 의하면, 그럼에도 불구하고 셋째 것은 첫째와 둘째 것에서 파생한 것이 아니고, 첫째와 둘째 것과 더불어 근원적인 개념이라고 생각해야 한다고 한다.

• 칸트가 전통적인 논리학에서 행하는 판단의 분류 — 칸트는 여기에 약간의 수정을 하고 있지만 — 를 기초로 하여 거기에서 범주들을 이끌어냈다는 것은 많은 사람들에 의해 비판받고 있다. 칸트는, 판단의 기능이 어떻게 해서 이와 같이 분류되지 않으면 안 되는가 하는 필연적인 이유를 보여주었어야만 할 것이라고 생각된다.

그러나 칸트의 범주표가 완전한가, 또는 완전하지 않다면 어떻게 수정되어야 하는가 하는 문제는 그리 중요한 문제는 아닐 것이다. 그것은 칸트의 지성의 선험적 개념으로서의 범주라는 사고방식의 정당성을 인정한 후에 비로소 의미를 갖게 되는 문제에 불과하다. 범주라는 사고방식이 과연 성립할 수 있는가, 즉 지성의 선험적 개념인 범주가 과연 대상에 대하여 객관적 타당성을 가질 수 있는가가 근본적인 문제이며, 이것이 바로 다음의 정험적 연역에서 다루어지는 것이다.[33]

2) 범주의 정험적 연역

• 지금까지 논한 『정험적 감성론』과 『범주의 형이상학적 연역』에 있어서 칸트의 사상은 감성과 지성의 이원적 입장에 서 있었다. 즉 거기에서는, 직관에 의해 대상이 주어지고 지성이 그것을 사유한다고 생각되었으며, 직관 없는 사유, 사유 없는 직관은 다 같이 인식을 성립시킬 수

없다고 되어있었다. 그리고 칸트는 이 입장에 서서 감성 속에 시간과 공간이라는 선험적 직관형식이 있으며, 지성 속에 선험적 개념으로서의 범주가 있다는 것을 주장했던 것이다.

칸트가 〈정험적 연역〉이라고 부르는 것은 "선험적 개념이 어떻게 하여 대상과 관계할 수 있는가의 방식의 설명"(A 85, B 117)이며, 칸트는 이것을, "개념이 경험과 경험에 대한 반성에 의해서 어떻게 하여 얻어졌는가의 방식을 설명해 보이는"(같은 곳) 경험적 연역과는 엄밀하게 구별하고 있다. 즉, 경험적 연역이란, 사실문제[quid facti]에 관한 것인데, 이에 대해 정험적 연역은 권리문제[quid juris]에 관한 것이다.

"공간 · 시간개념이 선험적 인식임에도 불구하고 어떻게 하여 필연적으로 대상과 관계하지 않으면 안 되는가, 그리고 모든 경험으로부터 독립하여 대상의 종합적 인식을 가능케 하는가는 비교적 용이하게 밝힐 수 있었다. 왜냐하면, 공간 · 시간이라는 감성의 순수형식을 통해서만 대상은 우리에게 나타나며, 경험적 직관의 대상으로 될 수 있는 것이므로, 공간 · 시간은 현상으로서의 대상의 가능성의 선험적 제약을 포함하는 순수직관이며, 공간 · 시간에 있어서의 종합은 객관적 타당성을 갖고 있기 때문이다"(A 89, B 121f.). "그런데 이에 반하여 지성의 범주는 대상이 직관에서 주어지는 제약을 우리에게 보여주는 것이 아니다. 따라서 대상은 지성의 기능과 필연적으로 관계하지 않아도 우리에게 나타날 수 있는 것은 말할 것도 없기 때문에, 지성은 대상의 선험적 제약을 포함하지 않는다. 이 점에서 감성의 영역에서는 부딪히지 않았던 곤란이 생긴다. 그것은 사유의 주체적 제약이 어떻게 하여 객관적 타당성을 가지는가, 즉 대상의 모든 인식의 가능성의 제약으로 되는가 하는 것이다. 왜냐하면, 지성의 기능이 없이도 현상은 물론 직관에서 주어질 수 있기 때문이다"(A 89 f. B 122).

• 직관에 의해 우리에게 대상이 주어지고, 그런 후에 지성에 의해 이 대상에 관한 사유가 이루어진다고 한다면, 지성의 선험적 개념이 어떻게 지성 자신으로서 밖에서 주어지는 대상에 대하여 적합할 수 있을 것인가? 이것은 절대로 불가능하다 하겠다. 직관에 의해 주어진 대상이, 전적으로 직관과 독립하여 있는 지성의 선험적 개념에 의하여 종합될 만한 성질을 갖지 않으면 안 된다는 필연성을 우리는 이해할 수가 없다. 이 문제의 해결은 원리적으로 불가능한지도 모른다.

그러기에 칸트는 이 문제에 직면하여 그 해결을 꾀하였을 때, 지금까지의 생각을 수정하게 되었다. 그것은 즉, 지금까지의 생각인, 직관에 의해 대상이 주어지고 지성이 그것을 사유한다는 방식을 버리고, 오히려 지성의 선험적 개념에 의하여 비로소 대상 그 자체가 성립한다고 생각을 수정한 것이다. 직관 만에 의하여 대상이 주어지는 것이 아니라, 범주의 작용과 더불어 비로소 대상이 성립하는 것이다. 다시 말하면, 대상이 주어지는 장면에 이미 직관뿐만이 아니라 지성의 작용이 포함되어 있는 것이다. 칸트는 『순수이성비판』에서, 감성과 지성을 전혀 별개의 인식능력이라고 생각하는 이원론적 입장에서 출발했다. 감성은 대상을 직관하는 것이며, 지성은 이 대상을 사유한다는 이원론은 아마 가장 상식적인 입장이라고 할 수 있을 것이다. 칸트는 이 상식적인 입장에서 출발하면서, 점차 이 입장을 수정하여 가고 있는 것이다.[34]

* 초판의 정험적 연역

칸트는 순수지성개념의 연역이라는 제목을 지니고 있는 부분에 자신의 대부분의 노력을 기울였다.[35] 직관의 대상이 성립할 때 이미 지성의 작용이 들어있다고 할지라도, 실제로 지성이 어떤 방식으로 작용하는가, 그리고 지성의 선험적 개념은 그 때 어떤 역할을 하는가는 구체적으로 밝혀져 있지 않으므로, 이러한 문제를 탐구하는 것을 칸트는 주관적 연역이라 불렀으며, 초판의 연역에서 칸트는 이 주관적 연역의 부분을 상세히 서술함으로써 객관적 연역의 부분을 구체적으로 납득시키려 한다.[36] 주관적 연역은 "심리학적으로 정향定向된 설명"[37]인데, 그는 여기서 '포착[이해, 파악, Apprehension]'의 종합, '재생再生[재산출, Reproduktion]'의 종합, '재인(식)'[再認(識), Rekognition]'의 종합을 구별하여 제시하고 있다.

1) 직관에 있어서의 포착捕捉의 종합
[Synthesis der Apprehension in der Anschauung]

직관에 의해 다양이 주어진다. 그러나 "이 다양으로부터 직관의 통일이 생기려면, (예컨대 공간표상에 있어서처럼) 먼저 다양이 개관槪觀되고[durchlaufen], 다음에 이 다양이 총괄總括되는 일[Zusammennehmung]이 필요하다. 나는 이 행위를 포착의 종합이라고 부른다. 왜냐하면 이 행위는 바로 직관을 향해 있기 때문이다. 직관은 물론 다양성을 띠는 것이지만, 여기서 등장하는 종합이 없으면 그것이 결코 다양으로서, 그리고 하나의 표상 속에 포함된 것으로서 일어날 수 없다"(A 99). 왜냐하면, 직관에 의해 다양이 주어질지라도, 어떠한 표상도 순간적인 것으로 생각하면 어느 것이건 모두 단일적인 것이어서, 그 다양은 결코 다양으로서 표상되는 일이 없기 때문이다(ebd. 참조). 직관에 의해 주어지는 다양이 곧 표상에 있어서의 다양으로서 의식되어지려면, 계기하는 직관의 다양을 마음속에 통일하는 것이 필요하다. 즉, 다양을 개관하고 결합하는 일이 이루어져야만 한다. 이렇게 함으로써 비로소 이른 바 직관의 대상이 성립하는 것이다. 이와 같은 종합작용을 칸트는 포착의 종합이라고 부른다.

직관의 다양인 a, b, c를 의식하기 위해서 처음에 a를, 다음에 b를, 그 다음에 c를 생각하는 것은 불충분함. 우리는 a, b, c를 개괄概括해서 〈함께〉 의식해야 한다. 이것이 직관에서의 파악의 종합이다. 즉, 다양한 것을 훑어본 다음에, 훑어본 것을 결합하는 것이 각지의 종합이다.

2) 구상력에 의한 재생(재현)의 종합
[Synthesis der Reproduktion in der Einbildung]

포착의 종합이란, 계시적繼時的인 인상을 개관하여 이것을 결합하는 작용이었다. 그런데 이와 같은 종합이 가능하려면 계시적인 인상을 잊지 않고 마음속에 보지保持하고, 인상 그 자체는 다음에 오는 것에로 계속 옮아가 사라져 감에도 불구하고, 그것을 마음속에서 재생하는 작용이 있어야만 한다. 이 재생의 작용이 이루어지지 않으면, 계속 주어지는 인상은 또 계속 사라져가서 거기에는 아무런 통일적 표상도 생길 수 없기 때문이다. 상이한 감각인상들이 결합되지 않으면, 하나이며 동일한 대상에 관해서 말할 수 있는 조건은 존재하지 않을 것이다. 그 대신, 우리는 단지 계기하는 상이한 감각인상들에 관해서만 말할 수 있을 것이다. 그런데 이 재생의 작용이란 말할 것도 없이 구상력構想力[Einbildungskraft]의 작용이다.

3) 개념에 의한 재인(식)의 종합[Synthesis der Rekognition im Begriff]

그러면 구상력에 의한 재생의 종합은 어떻게 하여 가능한 것인가? 칸트는 여기서 구상력의 재현의 종합을 가능케 하는 것으로서, 개념에 의한 재인식의 종합이 있어야만 한다는 것을 찾아낸다:

> 우리가 지금 사유하고 있는 것이 일순간 이전에 우리가 사유한 것과 전적으로 동일하다는 의식이 없으면, 표상의 계열에 있어서 재생이라는 것은 모두 무의미하게 될 것이다. 왜냐하면, 그 경우에 우리가 지금 사유하고 있는 것은 현재의 상태에 있어서의 새로운 표상이며, 그 표상을 순차적으로 만들어냈을 작용에는 전혀 속하지 않는 것으로 되어버려서 표상의 다양은 언제나 전체를 구성하지 않을 것이기 때문이다. 왜냐하면, 거기에는 동일성의 의식만이 줄 수 있는 통일이 없기 때문이다. 가령 내가 계산을 할 때 지금 내 마음에 떠오른 여러 단위가 순차적으로 나에 의하여 상호 부가되어진 것이라는 것을 망각해 버린다면, 나는 단위를 하나씩 순차적으로 더하여 감으로써 다수多數가 나온다는 것을, 따라서 또 수를 인식한다는 것을 알지 못할 것이다. 왜냐하면, 수 개념은 이와 같은 종합과 통일의 의식에 있어서만 성립하기 때문이다(A 103).

즉, 재생의 종합이란, 이미 사라진 인상을 마음속에서 재생하는 작용인데, 이 경우에 재생된 표상이 이전의 표상과 동일하다는 것을 재인식하는 작용이 없어서는 안 된다. 그리고 이 재인식의 작용에 의하여 처음으로 재생된 것이 현재의 표상과 결합되어 하나의 직관적 표상으로 통일되는 것이다.[38]

그런데 종합을 ― 첫 번째 위상位相이 '포착'이고, 그 다음 위상이 '재생'이며, 마지막 위상이 '재인'인 ― 세 단계로 발생하는 과정으로 보아서는 안 된다. 이들은 하나의 동일한 과정의 세 국면들 — 대상의 직관이, 계기繼起하는 감각인상들을 수용하는 일이라면 필연적으로 존재해야 하는 국면들 — 일 뿐이다. 대상의 직관은 그러한 계기繼起를 수용하는 것이라는 사실, 그러므로 다양을 결합하는 일이라는 사실을 칸트는 필연적인 것으로 생각한다. 왜냐하면 직관은 시간 속에서 발생할 수밖에 없기 때문이다. 그러므로 대상의 직관은 결합된 감각인상들의 다양의 직관이라는 사실은 경험의 문제가 아니다. 그것은 선험적인 주장이다. 종합(작용)은 경험적인 것이 아니라 선험적인 것이다. 그것은 의식의 통일을 표현하는 종합작용이다. 종합작용의 세 위상인 '포착', '재생', '재인'은 대상을 인식하기 위한 필요조건이다. 이것들은 의식을 전제하고 있는 개념들이다. 의식은 통일체이어야 한다. 그리고 의식은 하나이며 동일한 의식이어야 한다. 왜냐하면 재인(식)이란, 바로 의식의 통일을 구성하는 것이기 때문이다.[39]

• 마침내 칸트는 다음과 같은 방식으로 정험적 통각定驗的 統覺[40]에 도달한다. '결합'이라는 개념은 '다양'이라는 개념을 전제하고 있다. 그로부터 종합을 만드는 다양이 존재하지 않는다면 '종합'이나 '결합'이라는 개념은 의미가 없을 것이다. 그러나 '결합'이라는 개념은 '통일' 개념이 이미 존재하고 있다는 것을 전제로 했을 때에만 의미가 있다. 그러나 칸트는 통일 개념에 관해서만 말하지 않고 의식의 통일에 관해서도 말한다.[41] 그런데 이 재인식의 종합이 성립하기 위해서는 의식의 동일성이 없어서는 안 된다는 것은 너무나도 당연한 것이다. 만일 의식이 순간순간 전적으로 다른 것이어서 동일성이 없다면, 재현된 표상이 이미 사라진 표상과 동일하다는 것은 재인식될 수 없기 때문이다: "하나의 의식이란, 다양 즉 순차적으로 직관된 것과 다음에 또 재현된 것을 하나의 표

상으로 결합한 것이다"(A 103). 이 의식의 동일성이 전제되지 않으면 대상의 인식은 전적으로 불가능하다. 물론 이것은 우리가 경험적으로 이 의식의 동일성을 의식하고 있는가의 여부와는 관계없다. "이 의식은 때때로 극히 미약한 것일 수도 있다."(같은 곳). 그렇지만, 이 의식의 동일성은 경험의 모든 대상이 성립하기 위한 선험적 이유로서 존재하지 않으면 안 되는 것이다. 칸트는 이 "근원적이고 정험적인 제약"(A 106)을 "정험적 통각"[*die transzendentale Apperzeption*](A 107) 또는 "순수통각"[*die reine Apperzeption*](A 117)이라고 명명했다. 칸트에 의하면 순수통각 혹은 정험적 통각은 "모든 경험에 선행하면서 경험을 가능케 하는 조건"이고, "직관의 모든 소여에 선행하면서 그것과 관계함으로써만 대상의 모든 표상이 가능한 의식의 통일"이며, "순수하고 근원적이며 불변하는 의식"이다.

그리하여 칸트는 다음과 같이 말할 수 있게 된다: "그러므로 나의 인식 속에서 모든 의식은 (나 자신에 관한) 하나의 의식에 속한다는 것은 전적으로 필연적이다. (...) 상이한 모든 경험적 의식이 유일한 자기의식 속에서 결합되어야만 한다는 종합진술은 우리 사유 일반의 전적으로 첫 번째이며 종합적인 원칙이다"(A 117 Anm.). 그런데 이 정험적 통각이야말로 바로 지성 이외의 다른 것이 아니다. 직관의 다양을 종합 · 통일하는 자발성의 작용이 결국 정험적 통각에 근거하고 있는 이상, 그것은 곧 자발성의 능력으로서의 지성 그 자체이어야만 할 것이다. 범주란, 지성 속에 있는 선험적 개념이었다. 따라서 정험적 통각의 규칙에 따른 종합 · 통일의 작용은 범주에 의해 이루어지는 것은 말할 것도 없다. 지성의 선험적 개념인 범주는 이렇게 지성의 대상에 대하여 객관적 타당성을 갖는 것이다. 이른바 직관의 대상은 범주에 의한 구상력의 작용에 의하여 비로소 성립하는 것이다.[42]

* 재판의 정험적 연역

칸트는 초판의 〈정험적 연역〉의 내용의 "불명료함을 제거"(KrV BXXXVIII)하기 위하여 재판에서 내용을 새롭게 서술한다. 초판과 재판은 우선, 서술방식에서부터 차이점을 보이고 있다. 즉, 초판은 포착의 종합에서 출발하여 재생의 종합, 그리고 재인식의 종합에로 점차 대상이 성립하기 위한 조건을 찾아가서 마침내 정험적 통각에 도달한 데 대하여, 재판에서는 반대로 정험적 통각에서 출발하여 점차 구체적인 직관적 형상의 성립에 이르는 방식을 취하고 있다. 즉, 초판에서는 감성적인 것으로부터 지성적인 것에로의 방향을 취한 데 대하여, 재판에서는 지성으로부터 감성적인 것에로 이르는 방향을 취하고 있다.[43]

재판에서 칸트는 먼저 정험적 통각 — 이것을 칸트는 재판에서 순수통각[reine Apperzeption] 또는 근원적 통각[ursprüngliche Apperzeption]이라고 부른다(B 132 참조) — 이 모든 인식의 근저에 존재해야 한다는 데에서 출발한다. 정험적 통각이란, '나는 생각한다[ich denke]'라는 표상을 낳게 하는 자기의식[Selbstbewußtsein]인데, 이 "'나는 생각한다'는 것은 나의 모든 표상에 동반되지 않으면 안 된다. 왜냐하면 만일 그렇지 않으면 전혀 생각될 수 없는 그 무엇이 나에게서 표상되겠기 때문이다. 그것은 표상이 불가능하거나, 또는 적어도 나에게는 아무 것도 아니라는 말과 같은 것이다"(B 132). 즉, "어떤 직관에 주어지는 다양한 표상은, 만일 그것이 모두 하나의 자기의식에 속하지 않는다면 그것은 모두 나의 표상일 수 없기 때문이다"(B 132). 이처럼, "'나는 생각한다'라는 개념 또는 판단은 모든 개념 일반을 운반하는 도구"(A 341, B 399)이어서, "경험 일반이 가능하기 위한 조건들은 동시에 경험의 대상들이 가능하기 위한 조건들이기도 하며, 이 때문에 그 조건들은 선험적 종합판단에 있어서 객관적 타당성을 갖는다(A 158, B 197). 칸트는, "우리는 (경험적인 의미에서) 자연을, 그 현존재에 있어서 필연적 규칙들, 즉 법칙들에 따른 현상들의 연관으로 이해한다. 그러므로 어떤 법칙들, 그것도 선험적인 법칙들이 비로소 자연을 가능케 한다"(A 216, B 263)고 말함으로써 대상인식[대상의식]의 비밀은 바로 자기인식[자기의식] 속에 있다는 것을 밝히고 있다.

이때의 '나'는 정험적인 '나'다. 그리고 내가 그 순간에 가지고 있는 의식내용을 소유하고 있는 이 정험적인 '나'는 어제 나의 의식내용을 소유했던 그 정험적인 '나'와 동일하다. 이 정험적인 '나'는 모든 사유, 모든 판단, 모든 주장, 모든 관념 — 그리고 그러므로 또한 의식 자체의 — 필요조건이다. 이 '나'가 바로 칸트가 (초판에서처럼) '정험적 통각' 혹은 '근원적 통각' 혹은 '순수통각'이라고 부르는 것이다. 모든 지식의 토대가 되는 조건은 바로 이 정험적 통각이다.[44] 즉, '나는 생각한다'는 표상을 산출하는 것은 바로 자기의식인데, 이 표상은 다른 모든 표상에 동반될 수 있어야만 하고, 모든 의식 속에서 동일한 자이며 다른 어떤 추가적인 표상이 그것에 동반될 수는 없다고 칸트는 말한다(B 132; A 116 f.도 참조).[45] 그런데

감성과의 관계에서 모든 직관의 가능성의 최상의 원칙은, 정험적 감성론에 의하면 직관의 모든 다양이 시간과 공간이라는 형식적 제약 하에 있다는 것이었다. 그러나 지성과의 관계에서는 모든 직관의 가능성의 최상의 원칙은, 직관의 모든 다양이 통각의 근원적 · 종합적 통일의 제약 하에 있다는 것이다. 직관의 모든 다양한 표상은 그것이 우리에게 주어지는 한에서는 앞의 원칙에 따른다. 그러나 그것이 하나의 의식에서 결합될 수 있어야만 하는 한에서는 두 번째 원칙에 따른다. 왜냐하면 의식에서 결합되지 않고서는 그 표상들에 의하

여 아무 것도 사유되지 못하고 인식되지 못하기 때문이다. 그 까닭은, 주어진 표상들은 '나는 생각한다'는 통각의 작용을 공유하지 못하고, 따라서 그로 말미암아 하나의 자기의식 속에 총괄되지 못하는 점에 있는 것이다(B 136 f.).

따라서 칸트에 의하면 직관이 가능하기 위해서는 지성의 최상의 원칙이 필요하므로, 직관은 지성의 순수개념인 범주에 따라야만 한다. 왜냐하면 범주란 지성이 그것을 통해 판단을 이루어내는 틀이며, 판단은 "(...) 주어진 인식을 통각의 객관적 통일에로 가져오는 방식 이외의 다른 것이 아니기"(B 141. 그리고 B 143도 참조) 때문이다. 이같이 하여 칸트는, 직관의 다양이 통각의 종합에 따르며, 통각의 종합은 범주에 따라 이루어지기 때문에 직관의 다양은 결국 범주에 따른다는 점을 밝혔다고 생각한다(B 143 참조). 그리하여 범주는 직관의 대상에 대해 타당한 것으로 입증되었다고 생각한다.

8. 선험적 변증론과 선험적 가상假象[transzendentaler Schein[46]]

• 칸트에 의하면 우리의 인식은 언제나 감성과 지성의 결합에 의해 성립되는 것이며, 감성적 직관 없이는 어떠한 인식도 성립할 수 없는 것이었다. 여기에 인간의 인식이 갖는 유한성이 존재한다. 인간은 현상만을 인식할 수 있을 뿐이지, 결코 물 자체를 인식할 수 없다. 인간이 자기의 제한을 망각하고 감성적 직관의 영역, 즉 현상의 영역 밖에까지 그 인식을 확장하려고 하면 과오에 빠지게 된다.

• 그런데 종래의 형이상학은 바로 이와 같은 과오를 범했다. 그것은

예컨대 영혼[Seele]이라든가 세계[Welt] 전체의 본질이라든가, 신[Gott] 등의 초감각적인 사물을 인식하려고 했는데, 이러한 초감각적인 것들은 경험적으로 인식할 수 없기 때문에 형이상학은 오직 지성에 의하여 선험적으로 초감각적인 것에 대해 인식하려고 한다. 종래의 형이상학은, 현상계에만 타당한 범주를 초감각적인 것에까지 적용하려고 하기 때문에 오류에 빠진 것이다.

• 그러나 칸트에 의하면 예로부터 이와 같은 형이상학이 존재해 온 것은 결코 우연한 일이 아니며, 그것은 곧 인간의 인식의 본성에서 우러나오는 불가피한 현상이다. 본래 인간의 인식은 결코 단순한 지성적 인식에 만족하지 않으며, 더 나아가 이 지성적 인식에 통일을 주려는 작용력이 있다. 이것이 바로 이성理性의 작용이다. "지성이 규칙에 의하여 현상을 통일하는 능력이라면, 이성은 지성의 규칙을 원리의 밑에 통일하는 능력이다"(B 359). 즉, 지성은 직관의 다양을 통일하여 경험(인식)을 성립시키는 것인데, 이성은 이 지성적 인식을 간접적으로 통일하고 체계화해 가는 추리의 능력이다. 그런데 인식의 체계적 통일이 성립되기 위해서는 무엇보다도 먼저, 그 자체가 그 어떤 것에 의해서도 제약되지 않은 무제약자[das Unbedingte]를 구하지 않으면 안 된다.[47] 왜냐하면, 무엇인가에 의해 제약된 것에 대해서는 우리는 그것을 제약하고 있는 것을 묻지 않으면 안 되며, 따라서 무제약자가 찾아질 때까지 우리는 탐구를 멈출 수 없고, 체계적 통일은 완성되지 않기 때문이다.

• 그래서 이성은 무제약자를 탐구하지 않을 수 없다. 그러나 이것은 실제로 이성이 이 무제약자를 찾아낼 수 있다는 것을 결코 의미하지 않는다. 무제약자는 단지 이성에 대해 부과賦課되어[aufgegeben] 있을 뿐이고, 실제로 주어져[gegeben] 있는 것이 결코 아니다. 그런데 우리는 자칫

하면 이 무제약자가 실제로 존재한다고 생각하고, 그것에 의하여 체계적 통일을 완성하려는 경향을 갖게 된다. 그런데 이와 같이 무제약자가 실재한다고 생각하게 되면, 무제약자는 물론 결코 경험의 범위 내에서는 찾아낼 수 없는 것이므로 이성은 여기서 인간의 인식이 갖는 한계를 망각하고, 초경험적인 것을 인식할 수 있다고 잘못 생각하게 되는 것이다. 이것이 바로 선험적 가상이다.[48]

• 칸트는 이에 대하여 이성의 '통제적 사용'[regulativer Gebrauch]과 '구성적 사용'[konstitutiver Gebrauch]이라는 개념을 사용하여 설명하고 있다(B 672). 통제적 사용이란, 지성의 작용을 통일하고 통제하기 위한 사용이며, 이것은 물론 이성의 올바르고 정당한 사용이다. 이에 대하여 구성적 사용이란, 이성 자신自身만에 의하여 대상을 구성하려 하는 것이며, 이것은 이성의 그릇된 사용이다. 형이상학이 빠진 오류는, 본래 통제적으로 사용해야 할 이성을 구성적으로 사용하려는 데에서 생긴 것이다.

• 칸트에 의하면 이성이 찾는 무제약자에는 세 가지가 있는데, 그것은 사유하는 주관의 절대적 통일, 즉 영혼, 그리고 현상의 제약의 계열의 절대적 통일, 즉 세계, 그리고 사유일반의 모든 대상의 제약의 절대적 통일, 즉 신이다. 칸트는 이런 것들을 이성의 선험적인 개념, 즉 선험적 이념 — 이 경우의 'transzendental'은 '경험을 구성한다'는 의미는 없다 — 이라고 부르고 있다. 영혼, 세계, 신은 종래의 형이상학에서는 극히 중요한 위치를 차지하고 있었으나, 이것은 이성이 필연적으로 무제약자를 구하는 데서 생기는 당연한 귀결이며, 우리의 인식이 필연적으로 저지르게 되는 오류다. 칸트는 이것을 '선험적 가상'(B 352)이라고 부른다. 가상이란, 오류이면서도 보기에 그럴듯한 이유를 갖기 때문에 진리라고

생각하게 되는 오류다. 선험적 변증론은 이러한 선험적 가상이 가상인 이유를 폭로하는 '가상의 논리'[Logik des Scheins]다.[49] 그러면 선험적 가상의 각각에 대한 오류추리에는 어떤 것들이 있는지 살펴보자.

1) 선험적 오류추리[transzendentaler Paralogismus[50]]
: 영혼[Seele]에 관계됨

세 가지의 선험적 가상 중, 영혼에 관한 것을 칸트는 '선험적 오류추리'라고 명명한다. 칸트에 의하면, 이 선험적 오류추리는 한갓된 "나는 생각한다"라는 판단에서 출발하여, 사유체思惟體로서의 자아, 즉 영혼이라는 실체를 상정하고, 이에 대하여 전적으로 경험을 무시하여 선험적으로 여러 규정을 주려는 데에서 생기는 것이다. 물론 "나는 생각한다"라는 것은 결코 경험적 성격이 아닌 선험적인 것이며, 그런 한에서 가장 확실한 것이다. 그러나 이 경우의 〈나〉라는 것은 사유에 있어서 〈논리적인 판단주체〉이며, 결코 이 〈나〉를 실체로서의 자아라고 생각할 수는 없다는 것이다. 이른바 〈이성적 심리학〉은 단지 "나는 생각한다"라는 명제만을 근거로 하여, 자아에 범주를 적용하고 있는 것이다. 이 때 자아에 대해 먼저 적용되는 범주는 〈실체〉라는 범주다. 그러나 범주가 적용되려면 감성적 직관이 없어서는 안 된다. 그러기에 〈나〉를 실체라고 주장하려면 〈나〉에 대한 감성적 직관이 있어야 한다. 그러나 "나는 생각한다"는 단지 〈의식의 가능성의 논리적 제약〉일 뿐이지 결코 〈직관의 대상〉은 아닌데, 이러한 것에 실체라는 범주를 적용하는 것은 전적인 오류다.[51]

2) 순수이성의 이율배반[Antinomie][52]: 세계[Welt]에 관계됨

순수이성의 이율배반이란, 세계에 관한 선험적 가상, 즉 가언추리에 의하여 이성이 그 이상 아무 것도 전제하지 않는 전제를 구하여, 현상계열의 제약의 절대적 통일을 구하려 할 때 생기는 선험적 가상을 말한다. 선험적 오류추리가 주관의 절대적 통일을 구하려는 데 대하여, 이것은 현상으로서의 객관의 절대적 통일을 구하려 하는 것이다. 그리하여 칸트에 의하면, 이 경우에 이성은 스스로 "자기의 요구를 포기하지 않을 수 없는 그러한 모순에 말려들고 만다"(A 407, B 433)는 특색을 갖게 된다. 즉, 현상의 객관적 종합에 이성을 적용하려고 할 때는, 상호 대립하는 두 주장이 동등한 권리를 가지고 성립하게 되고, 이성은 불가피하게 이율배반에 빠지게 된다.[53]

* 네 가지의 이율배반

① 첫 번째 이율배반

- 정립: 세계는 시간상의 시초가 있고, 공간상의 한계 내에 있다.[54]
- 반정립: 세계는 시초와 공간상의 한계가 없고, 시간에 관해서나 공간에 관해서나 무한하다.[55]

② 두 번째 이율배반

- 정립: 세계 내의 합성된 모든 실체는 단순한 부분들로 구성되어 있고, 단순체와 단순체 로 합성된 것 이외에는 아무 것도 없다.[56]
- 반정립: 세계 내의 합성물은 단순한 부분들로 구성된 것이 아니며,

세계에는 단순한 것이 전혀 없다.

③ 세 번째 이율배반

- 정립: 자연법칙들에 따른 인과성은, 세계의 현상이 모두 거기서 도출될 수 있는 유일한 인과성이 아니다. 그러나 현상을 설명하기 위해서는 자유로 말미암은 인과성을 인정할 필요가 있다.[57]
- 반정립: 자유는 없고, 세계 내의 모든 것은 오직 자연법칙들에 따라서 일어난다.

④ 네 번째 이율배반

- 정립: 세계에는 그 부분으로서나 혹은 그 원인으로서 절대적으로 필연적인 존재자인 그 무엇이 있다.[58]
- 반정립: 절대 필연적인 존재자[59]는 세계 내에 있어서나 세계의 밖에 있어서나 그 원인으로서 존재하지 않는다.[60]

* 정립의 측: 계열의 제1항을 무제약자로 보는 입장. 계열 속에 무제약적인 제1항이 있다고 생각하므로, 제약의 계열은 완결적이다.
* 반정립의 측: 계열 전체가 무제약자이며, 그 계열 속에 무제약적인 제1항이 있는 것이 아니기 때문에, 그 계열은 아무런 시초도 갖지 않으며, 무한하여 결코 완성되지 않는다.

• 칸트는 정립을 증명하기 위해 반정립을 참이라고 가정하고 논증하여 모순을 도출함으로써 반정립이 거짓임을 입증하려고 하며, 반정립을 증명하기 위해서도 이와 마찬가지 절차를 밟아나간다. 소위 간접증명 방

식, 즉 귀류법[reductio ad absurdum = reduction to absurdity[61])]을 사용한다.

• 첫 번째와 두 번째의 이율배반을 간단히, 공간적 · 시간적인 세계의 유한성이나 무한성에 관한 이율배반이라고 말할 수 있다. 중요한 것은 물체계의 시간적 · 공간적인 연장延長이라고 하는 이런 자연철학적인 문제다. 그래서 칸트는 이 문제를 〈수학적인 문제〉라고 한다(수학적 이율배반). 세 번째와 네 번째의 이율배반은 〈역학적力學的인〉 물음이다(역학적 이율배반).

• 칸트는 첫 번째와 두 번째의 이율배반을 정립과 반정립 모두 잘못되었다고 한다. 왜 잘못인가? 시공간적으로 무한한 세계가 있다고 주장하는 사람은, 자기가 아직 보지 못한 어떤 것을 주장하고 있다. 왜냐하면, 이러한 직관은 불가능하기 때문이다. 또한 세계가 시공간적으로 유한하다고 주장하는 사람 역시 어떤 불가능한 것을 주장하고 있다. 왜냐하면, 우리는 시간과 공간을 한계 지을 수 없기 때문이다. 첫 번째 이율배반의 정립과 반정립이 저지르고 있는 근본적인 잘못은, 우리들이 전체로서의 세계를 마치 우리들의 직관에 주어져 있는 하나의 대상처럼 생각하는 것이다. 전체로서의 세계는, 세계 안에 있는 직관적인 대상처럼 우리들의 직관에 주어지지 않는다. 세계는 우리에게 과제로서 주어져 있을 뿐이다[aufgegeben].

두 번째의 이율배반에 대해서도 마찬가지로, 정립이나 반정립이 모두 부정되어야 한다. 우리는 물질이 그 이상 분할될 수 없는 단순한 부분으로 성립하는가의 여부를 결정하기 못한다. 우리가 할 수 있는 것은 오직 물질을 한발 한발 작은 부분으로 분할해 가는 것뿐이다.

• 이처럼 칸트는 첫 번째와 두 번째의 이율배반의 정립과 반정립이

모두 틀렸다고 한다. 즉, 세계는 한정되어 있지도 않고, 한정되어 있지 않은 것도 아니라고 한다. 세계는 단순한 부분으로 이루어져 있는 것도 아니고, 또 합성된 부분으로 이루어져 있는 것도 아니다. 세계는 현존하는 물物을 의미하지 않고, 이성이 우리의 지성에 부여하는 단순한 규칙(이념)에 불과하다고 한다. 그러나 칸트의 주장이 과연 옳은가? 좀 더 분석해보자.

모순관계에 있는 진술들은 그들 중 반드시 어느 하나는 옳고 다른 하나는 그르다[~ (p · ~p) ≡ p∨~p]. 따라서, 첫 번째와 두 번째의 이율배반에서 정립과 반정립 모두가 옳을 수도 없지만, 그렇다고 또 모두가 틀릴 수도 없다고 할 수 있다. 그런데 서로를 부정하는 관계에 있는 두 진술 모두가 그른 몇 가지 경우가 있다.

㉮ 주어가 지시하고 있는 대상이 존재하지 않는 경우
예) "현재의 한국의 왕은 대머리다"(The present king of Korea is bald.) vs.
"현재의 한국의 왕은 대머리가 아니다"(The present king of Korea is not bald.)

㉯ 술어가 주어의 속성으로 언급될 수 없는 경우
예) "나의 치통은 빨갛다"(My toothache is red.) vs.
"나의 치통은 빨갛지 않다"(My toothache is not red.)

㉮의 경우, 현재 한국에는 왕이 존재하지 않으므로 '대머리인 왕'이나 '대머리가 아닌 왕'도 당연히 존재할 수 없다. 따라서 긍정진술과 부정진술 모두 그르다.

㉯의 경우, 치통에는 '빨갛다'라든가 '(빨간색이 아닌 다른 색을 가지고 있어서) 빨갛지 않다'든가 하는 술어를 사용할 수 없다. 애당초 '빨갛다', '빨갛지 않다'라고 하는, '색깔에 관한 주장'은 '치통'이라고 하는 통증에는 사용될 수 없는 것이기 때문이다. 이런 술어를 주어에 대해 사용하는 경우 〈범주오류〉[category mistake]를 범하게 된다.

그러나 위의 예문들 가운데, 부정진술은 '옳은 진술'의 의미를 지닌 진술로 사용될 수도 있다. 그러한 경우는 ㉠ "'현재의 한국의 왕은 대머리다'라는 진술은 그르다"(It is not true that the present king of Korea is bald)라는 의미로 사용된 경우, 그리고 ㉡ "'나의 치통은 빨갛다'라는 진술은 그르다"(It is false that my toothache is red)라는 의미로 사용된 경우다. 이 각각의 경우 '현재의 한국의 왕'이나 '나의 치통'은 primary occurrence가 아니라 sencondary occurrence로 사용되고 있기 때문에 옳은 진술이 될 수 있는 것이다.

다시 말하면, 어떤 사람에 대하여 "저 사람은 학생이다"라는 진술과 "저 사람은 학생이 아니다"라는 모순된 진술이 이루어질 수 있는데, 그것은 사람이라는 주어에 학생임 혹은 학생 아님이라는 술어가 적용될 수 있기 때문이다. 이러한 경우에는 두 진술들 가운데 반드시 하나의 진술은 옳아야 한다. 그러나 위의 1)과 2) 각각에 있어서의 긍정진술과 부정진술 모두는 그른 진술이며, 따라서 서로를 부정하는 관계에 있는 두 진술 사이에 〈모순관계〉는 성립하지 않는다.

칸트는 두 개의 이율배반에 대해서도 이런 생각을 한 것 같다. 즉, 무한하다거나 유한하다는 주장, 그리고 단순하다거나 합성체라는 주장들은 〈세계〉라는 주어에 적용될 수 없는 것들이기 때문에, 비록 이들 주장들이 서로를 전면적으로 부정하는 관계에 있기는 하지만 둘 다 틀리다고 한 것으로 생각된다. 즉, 세계는 현상의 전체이고, 그 누구도 현상의 전체를 직관에서 파악할 수는 없기 때문이다.

ⓐ 그러나 현상의 전체로서의 세계를 우리가 인식할 수 없다는 사실로부터, 세계는 유한하지도 무한하지도 않으며, 단순한 부분으로 되어 있지도 합성된 부분으로 되어 있지도 않다고 말해야만 한다는 결론이 도출되는 것은 아니다.

ⓑ 즉, ㉮ 우리가 그것의 일부분을 지각하고 경험하는 그러한 현상의 전체로서의 세계가 존재하는 것이 분명하고, ㉯ 그러한 세계에 '무한'이나 '유한', 그리고 '단순한'이나 '복합적인'이라는 술어가 적용될 수 있다면, 세계는 유한하든지 무한하든지 둘 중의 하나이고, 단순한 것으로 구성되어 있든지 아니면 복합적인 것들로 구성되어 있든지 둘 중의 하나이어서, 이들 각 주장들 간에는 모순관계가 성립하고 이율배반은 성립하지 않는다.

ⓒ 칸트는 제1이율배반과 제2이율배반이 해소되는 이유를, 각각의 정립과 반정립은, 우리가 인식할 수 없는 대상에 관련되어 있고, 인식할 수 없는 대상에 대해 왈가왈부하는 것 모두가 그르기 때문이라고 주장하고 있다. 그러나 어떤 대상을 우리가 인식할 수 없는 경우에, 그 대상을 인식하지 못하기 때문에 그 대상에 대해 진술하는 정립과 반정립 중 어떤 것이 옳은지 인식할 수 없다고 말하는 것과, 정립과 반정립 모두 그르다고 말하는 것은 전혀 다르다.

이들 이율배반은, 사실은 각각의 정립과 반정립 모두가 그르기에 해소되는 것이 아니라, 각각의 정립과 반정립이 모순관계에 있기 때문에 해소되는 것이다.

ⓓ 칸트는 제3이율배반과 제4이율배반의 경우에는, 정립을 물자체계에 대한 주장으로, 반정립을 현상계에 관한 주장으로 생각하면 정립과 반정립 모두 옳을 수 있으므로 이율배반이 해소된다고 주장한다. 그러나 본래의 이율배반이 제기된 취지로 보면, 정립과 반정립 모두 현상으로서의 세계에 관한 진술이므로, 정립과 반정립 둘 중 하나는 옳고 하나는 그르다. 뿐만 아니라, 정립을 물자체계에 대한 주장으로 볼 경우, 우리가 인식할 수 없는 물자체계에 대한 주장이 옳은지 그른지를 어떻게 알 수 있겠는가? 제3이율배반과 제4이율배반은 각각의 정립과 반정립에서의 주어를 '물자체계'와 '현상계'로 달리 설정함으로써 해소되는 것이 아니라, 제1이율배반과 제2이율배반의 경우와 마찬가지로 정립과 반정립이 모순관계에 있는 진술이기 때문에 해소되는 것이다.

ⓔ 근본적인 문제점은 칸트가 세계를 현상계와 물자체계로 구분한 것이다. 인과성이나 자유 모두, 우리가 살고 있는 세계 속에 존재하는 것이지, 이 세계 속에는 인과성만 존재하고 자유는 이 세계를 초월한 어떤 다른 곳에 존재하는 것이 아니다. 또한 우리는 어떤 초월적인 세계에서만이 아니라, 이 세계 속에 신神이 존재한다고 혹은 존재하지 않는다고 말할 수 있는 것이다.

3) 순수이성의 이상理想

신에 대한 선험적 가상을 칸트는 〈순수이성의 이상〉이라고 부른다. 그러나 이러한 이상은 단지 이념으로서만 생각된 것일 뿐, 결코 신이 실재한다고 말할 수는 없다. 그러나 우리는 이렇게 이념으로 설정된 '신'을 〈최고의 존재자〉[ens summum], 〈근원적 존재자〉[ens originarium], 〈모든 존재자들의 존재자〉[ens entium], 로 간주하고, 최고의 실재성이라는 개념을 통하여 이 근원적 존재자를 "유일하고, 단순하고, 자족적이고 영원한 자"고 규정하여 이것을 '신'으로 실체화한다[hypostasieren](A 579-580, B 607-608). 이것은, 인식의 완전성을 위하여 생각하게 된 이념을 실체적인 존재자와 동일시한 것으로서, 통제적이어야 할 이성을 구성적으로 사용해 버린 것이다. 이때 이성이 하게 되는 신 존재 증명에는 세 가지가 있다. 목적론적 증명, 우주론적 증명, 그리고 존재론적 증명이 그것이다.[62]

① 목적론적 증명

이것은 인간의 기술技術의 경우로부터의 유비추론이라고 하겠다. 만약 성공한다 해도 이 추론에 의해서는 겨우, 세계의 질료에 질서를 주는, 즉 그 목적에 의해서 세계의 질료를 사용하여 세계를 형성하는 세계건설자[Weltbaumeister]에 도달할 뿐이지, 결코 세계의 질료까지도 스스로 창조하는 신, 즉 세계창조자[Weltschöpfer]에는 이르지 못한다고 칸트는 보았다.

② 우주론적 증명

칸트는 다음의 오류를 제시하고 있다. 우연적인 것으로부터 원인에로 추론하여 가는 것은 오직 감성계에서만 의미를 갖고 있는 것이며, 감성계의 밖에서는 아무런 의미도 갖지 않는다. 왜냐하면 인과율이라는 원칙은 오직 감성계에서만 타당하기 때문이다. 그런데 이 증명에 있어서는 인과율이 감성계를 초월하여 사용되고 있다.

③ 존재론적 증명[63]

존재론적 증명에 관한 비판에서 칸트는, 안셀무스나 그의 저작인 *Proslogion*을 직접 언급하고 있지는 않다. 그러나 데카르트의 존재론적 논증에 관련해서는 삼각형의 예를 들어 논박하고 있다.[64] '삼각형은 세 각을 갖고 있다'라는 진술을 살펴보자. 이 경우에, 분명히 주어와 술어 사이에는 필연적 관계가 있다. 그러나 이것은 삼각형이 현실에 존재한다는 것을 뜻하지 않는다. 즉, '세 개의 각을 갖고 있다'는 술어가 삼각형이라는 주어와 필연적으로 연결되어 있다는 사실로부터 그러한 술어를 가진 주어에 해당하는 존재자가 이 세상에 실재한다고 추론할 수는 없다. 만일 삼각형이 실제로 존재한다면 그것은 반드시 세 각을 가지고 있을 것이다. 즉 삼각형이 있다고 가정해 놓고 그 삼각형에 세 개의 각이 없다고 말하는 것은 모순이다. 그러나 삼각형이 없는 경우에, 세 개의 각이 없다고 주장하는 것은 모순이 아니다. 즉, "삼각형을 정립해 놓고도 이 삼각형의 세 각을 제거하는 것은 모순이다. 그러나 삼각형과 그 세 각을 모조리 제거하는 것은 하등의 모순도 아니다"(B 622-3). 마찬가지로, 절대적으로 필연적인 자가 실재한다고 가정해 놓고 그런 자가 존재하지 않는다고 말하는 것은 모순이다. 그러나 그런 필연적 존재자는 없기 때문에 '실재'라는 속성도 없다고 주장하는 것은 모순이 아니다(B 621-624 참조). 존재론적 논증을 옹호하는 사람들이 무기로 내세우는 개념은 바로 이러한, '절대 필연적인 존재자'[das absolut notwendige Wesen, B 620 참조]라는 개념이며, 그들은 "그것의 비존재는 불가능하다"(ebd.)고 주장한다. 그러나 칸트에 의하면 '절대 필연적인 존재자'라는 개념은 순수이성의 개념 혹은 이념에 불과하며, 이 개념이나 이념에 대응하는 존재자가 실재 혹은 현존한다는 것을 보증할 수는 없는 개념인 것이다. 즉, 이러한 이념은 우리의 이성에 부과되어 있는[aufgegeben] 것이지, 우리 앞에 현실적으로 주어져 있는[gegeben] 것이 아니다.[65] 다시 말하자면, 안셀무스의 논증의 첫 번째 전제에서, 주어와 술어의 필연적 관계는 전적으로 논리적인 관계다. 그것은 결코, 주어개념이 언표하는 것이 현실에 존재한다는 것을 뜻하지 않는다. 즉, 이러한 필연성은 판단의 필연성에 불과하며, 사실 그 자체의 필연적 관계를 뜻하지 않는다.[66]

2) 칸트가 들고 있는 또 하나의 예는 100탈러에 관한 것이다.[67] 가능적인(혹은 생각 속의) 100탈러와 현실적인 100탈러는 개념상으로는 조금도 다를 바가 없다. 생각 속의 100탈러는 실제의 100탈러와 동일한 수의 탈러로 구성되어 있다(B 627 참조). 그러나 양자가 그 개념에 있어서는 동일하다 해도, "나의 재산상태에 있어서는 현실적인 100탈러가 단지 100탈러라는 개념(즉, 100탈러의 가능성) 보다 더 많이 포함하는"(같은 곳) 것이다. 즉, 현실적인 100탈러를 가지고는 여러 가지 물건을 구입할 수 있지만, 생각 속의 100탈러로는 아무 것도 살 수 없다는 큰 차이점이 존재한다. "'~이다'는 분명히 실재에 관련된 술어가 아니다."(Sein ist offenbar kein reales Prädikat. A 598, B 626). 그것은 단지 "판단判斷의 계사繫辭"(같은 곳)에 불과할 뿐이며 결코 "술어가 아니라, 술어를 주어와 관련시켜서 정립하는 것"(A 599, B 627)이다. 따라서 개념[Begriff]과 실재[reales Sein]의 동일시同一視는 잘못이라는 주장이다. 즉, 우리가 신이라는 관념 내지는 개념을 갖고 있다고 해서, 이렇게 주관적으로 사유된 신 관념에 해당하는 객관적 실재자가 존재한다고 주장할 수는 없다. 선험적 이상으로서, 즉 모든 실재나 규정들의 총괄[omnitudo realitatis]로서 사유된 신이라는 사상思想은 "이성의 사유가 스스로 만들어낸 것에

불과한 것"[ein bloßes Selbstgeschöpf ihres Denkens. B 612]이다.

칸트에 의하면, 만약에 신이 존재한다면 현상계가 아닌 예지계睿智界 혹은 가상계可想界, 초감성계에 존재할 것이므로, 우리는 신이 존재한다 해도 인식할 수 없으며, 그의 존재를 지성으로 증명하거나 부인할 수 없다(B 664 참조).

* 'Sein'은 속성이나 술어인가?

1) '~이다'라는 의미를 지닌 Sein은 속성이나 술어가 아니라 주어와 술어를 결합하는 계사繫辭[Kopula[68]]다: "Diese Rose ist rot"이라고 할 때의 'ist'는 계사로서, 주어인 Rose와 술어인 rot을 결합하는 역할을 한다. 그것은 속성이 아니다.

2) 그러나 '있다'라는 의미의 Sein은 술어이며, 그 앞에 어떤 부사가 오느냐에 따라 다양한 의미의 존재방식을 나타낸다: "Es ist eine Rose." 여기서의 'ist'는 '존재한다'라는 뜻, 즉 Existenz의 뜻으로 사용됨. 이 경우에 ist는 술어, 즉 실재를 나타내는 술어[reales Prädikat]다.

* '있는 어떤 것'은

① 관념적觀念的 혹은 이념적理念的으로 있을 수도 있고[관념적 존재, ideell zu sein: 예컨대, 수數의 경우]

② 현실적으로 있을 수도 있고(물리적 시공간의 제약을 받고 존재하는 것들)

③ 진정하게 있을 수도 있다(독립적으로 존재함. real zu sein)

즉, '있는데' '어떤 방식으로 있느냐'하는 것, 존재방식이 문제다. 안셀무스가 말하는 신은 〈실재하지〉는 않더라도 〈이념적 · 관념적 · 개념적〉으로 존재한다고 말할 수는 있다. 마이농Meinong의 대상론에 의하면, 관념적 대상은 실재하지[existiert, real ist] 않고, 존립한다[bestehen].

II. 윤리학: 『실천이성비판』과 『윤리형이상학의 정초』를 중심으로

—

• 인간의 행위에 관한 탐구에는 ① 경험적 탐구분야[69] 이외에도 ② 순수한 비경험적 분야[70]가 있을 것이 분명하다고 칸트는 생각한다.

• 그리고 이와 같은 영역에서 절대적 구속성을 가진 도덕법칙이 발견되어야 한다면, 그것은 순수이성에 의해 근거 지어져야 하며, 나의 경험이나 인간의 본성 내지는 우리 세계의 주변여건 등에 의해 근거 지어져서는 안 된다. 예컨대, 내가 타인과의 관계에 있어서 진실성을 가지려고 노력하는 이유가, 그렇게 함으로써 이전에 좋은 경험들을 가졌기 때문이라고 생각해보자. 이 경우, 진실성이라고 하는 나의 행동 원리는 언제고 다른 상황이 내게 정반대의 경험을 가져온다면 쉽사리 동요되고 말 것이다. 이 경우의 진실성이란, 칸트가 말하듯 우리가 언제고 바꾸어 버릴 수 있는 하나의 실천규칙 — 즉, 주관적인 준칙準則이나 격률格率[Maxime] — 일 뿐이다. 그것은 결코 도덕의 최상원리가 아니다. **도덕의 최상원리**를 발견하는 것, 그것이 칸트의 연구목표다: "지금의 이 정초작업은 도덕의 최상원리의 탐색과 확립 이외의 다른 어떤 것도 아니다. 그런데 이 최상원리의 탐색과 확립은 그 자체로[allein] 그 의도에서 온전한[ganzes], 그리고 다른 모든 윤리적 연구와 구별되는 과업을 이룬다"(AA 392/8).[71]

• 최상원리가 발견되지 않는 한, 우리는 아무 것도 할 수 없다. 최상원리의 발견의 중요성을 칸트는 다음과 같이 말하고 있다: "그러므로 윤리형이상학은 불가결하게 필요하다. 왜냐하면 우리의 이성 안에 선험적으로 존재하는 실천적 원칙들의 근원을 탐구하려는 사변思辨의 동인動因[72] 때문만이 아니라, 윤리를 이끄는 실마리와 윤리를 올바르게 판단할 수 있는 최상의 규범이 결여되어 있는 한, 윤리 자체가 온갖 타락에 종속된 채로 머물러있을 것이기 때문이다[73]"(AA 389-390/6).

이러한 연구계획은 특정한 연구방향의 설정으로 이어졌고, 궁극적으로 정언명법定言命法[74]으로 귀착되었다. 칸트는 정언명법에로 나아가는 길 위에 두 개의 중요한 정거장을 만들었는데, 그것은 정언명법을 이해하기 위해 필수불가결한 것으로서, 바로 〈선의지〉와 〈의무〉다.[75]

1. 선의지[der gute Wille]

• 칸트가 말하는 선의지는, 일상적으로 말하는 '선의善意'와는 다른 의미를 가진다.[76] 그것은 '도덕법칙이 우리에게 준수遵守를 명령하기 때문에 도덕법칙을 준수하려는 의지, 즉 도덕법칙을, 그것이 도덕법칙이라는 이유 때문에 준수하려는 의지'를 말한다. 다시 말해 선의지란, 어떤 행동을 할 때 그 행동이 우리에게 얼마나 이익을 가져다주는지를 전혀 고려하지 않고, 오로지 그 행위가 옳다고 생각하기 때문에 하고자 하는 의지다. 만약 결과에 대한 고려나, 인간이 본래 타고나는 자연적 경향傾向[77](본능적 욕구)에 좌우되어 선택하는 행위라면, 그것이 비록 겉으로 보기에 도덕적 행위와 똑같아 보인다 하더라도 선의지가 아니다. 무조

건적으로 선한 의지는 오직 선의지 밖에 없다.

• 『윤리형이상학의 정초』 제1장의 첫 번째 진술로써 바로 칸트는 자기의 윤리학의 기초가 되는 주장을 제시한다:

> 세계 안에서나 실로 도대체 세계 밖에서도 무제한적으로 선한 것으로 간주될 수 있을 것이라고 생각할 수 있는 것은 오로지 **선의지** 외에는 없다. 지성, 유머감각, 판단력, 그밖에 정신의 **재능들**이라고 불릴 수 있는 것들 또는 용기, 결단력, 끈기 등과 같은 **기질**의 특성들이 여러 의도에 있어서[in mancher Absicht][78] 선하고 바람직하다는 사실에는 의심의 여지가 없다. 그러나 만일 의지가 선하지 않다면, 이 모든 것들은 극도로 악하고 해로운 것이 될 수도 있다. (...) 이른바 **행운의 선물**에 있어서도 사정은 마찬가지다. 권력, 재산, 명예, 심지어 건강도, 그리고 **행복**이라는 이름으로 불릴만한 온전한 평안과 자기의 상태에 대한 만족도, 만일 선의지가 그것들에 동반되지 않는다면 우리를 우쭐하게 만들며, 그럼으로써 종종 오만하게 만든다. 선의지는 그런 것들이 심성에 미치는 영향을, 그리고 이와 더불어 행위의 전체원리를 바로잡아 보편적 · 합목적적인 것이 되도록 만든다(AA 393/11).

예컨대 지성을 사용하여 범죄를 실행할 수도 있고, 유머를 통해 타인에게 불쾌감을 줄 수도 있으며, 살인강도나 악덕 사채업자(고리대금업자)가 〈용기, 결단력, 끈기〉를 가지고 있다면 극도로 해로운 것이 될 수 있으며, 권력이나 재산도 악용될 수 있고, 심지어 건강한 몸을 가지고 폭력을 행사할 수도 있다. 그러므로 무제한적으로 선하다고 할 수 있는 것은 선의지 밖에 없다고 칸트는 말한다.

• 그러면 〈선의지〉는 도대체 어떤 경우에 선한 것인가? 선의지는 오직 의욕 자체만으로 선하다고 칸트는 말한다. "선의지는 그것이 생기게

하는 것이나 성취하는 것으로 말미암아 선한 것이 아니다. 또한 선의지는 그것이 그 어떤 설정된 목적을 달성하는 데 쓸모가 있기 때문에 선한 것도 아니다. 선의지는 오직 의욕 자체만으로, 즉 그 자체로 선한 것이다"(AA 394/12).

2. 의무[Pflicht]

• 칸트는 『윤리형이상학의 정초』에서 다음과 같이 말한다:

(...) 의무 개념은, 비록 어떤 주관적인 제한들과 방해들을 받기는 하지만, 선의지 개념을 포함하고 있다. 그러나 이 제한들과 방해들은 대조를 통해 오히려 의무 개념을 더욱 분명히 드러나게 하고 더욱 밝게 빛나도록 만들지, 결코 의무 개념을 은폐하거나 알아볼 수 없게 만들지 않는다.
나는 여기서, 분명히[schon] 1) 의무에 위배되는[pflichtwidrig] 것으로 인정되는 모든 행위가, 비록 이러저러한 의도에서 유용할 수 있다고 할지라도 고려하지 않는다. 왜냐하면, 이러한 행위들은 의무에 배치背馳되기까지 하므로, 그 행위들이 **의무로부터**[*aus Pflicht*] 발생할 수 있었는가 하는 물음이 전혀 존재할 수 없기 때문이다. 또한 나는 2) 비록 직접적으로 그 행위들에 대한 **경향성**을 갖고 있지 **않지만** 다른 경향성으로 인해 추동되기 때문에 행하는, 실제로 의무에 적합한[pflichtmässig] 행위도 역시 제쳐놓는다. 왜냐하면 우리는 이 경우 의무에 적합한 행위가 **의무로부터** 발생했는지, 아니면 이기적인 의도에서 발생했는지를 쉽게 구별할 수 있기 때문이다. 이와 같은 구별이 훨씬 더 어려운 경우는, 3) 행위가 의무에 적합할 뿐만 아니라 행위의 주체가 그 행위에 대한 **직접적인** 경향성을 갖고 있는 경우다. 예컨대보자. 2-1) 상인이 경험 없는 손님에게 바가지를 씌우지 않는 것은 물론 의무에 적합한 행위다. 그리고 거래가 빈번한 곳에서는 잔꾀 많은[타산적打算的인, der kluge] 상인도 이런 짓을 하지 않고 모든 사람에게 고정된 일반가격을 정해 둠으로써 어린이도 다른 모든 사람과 꼭 같이 그에게서 물건을 구입할 수 있다. 그래서 사람들은 정직한 봉사를 받는다. 그러나 그것만으로는 그 상인이 의무와 정직의 원칙에서 그렇게 행동했다고 믿기에는 너무 불충분하다. 그의 이익이 그런 행위를 요구한 것이다. 그러나 여기서 더 나아가 상인이, 말하자면 사랑 때문에[aus Liebe] 아무에게도 가격적인 편의를 제공하지 않겠다는 손님에의 어떤 직접적인 경향성을 가지고 있다고 생각하기는 어렵다. 따라서 이 행위는 의무로부터도 아니고 직접적인 경향성에서도 아니라, 다만 자기 이익을 추구하려는 의도에서 발생한 것이다. (...)

3-1) 이에 반해, 자기의 생명을 보존하는 것은 의무이고, 게다가 누구나 그러려는 직접적인 경향성을 가지고 있다. (...)

3-2) 할 수 있는 한, 선행을 하는 것은 의무다. 그 밖에도 천성적으로 동정심이 많은 사람들도 많아서, 그들은 허영이나 사익私益과 같은 어떤 다른 동인動因 없이도, 자기 주위에 기쁨을 확대하는 데서 내적 만족을 발견하고, 그것이 자기의 작품인 한에서 타인의 만족을 기뻐할 수 있다. (...) (AA 397 f./397 f. 번호는 백훈승이 붙인 것임).

칸트는 자기가 여기서 제시하는 세 종류의 행위에는 모두 "도덕적인 내용"[einen moralischen Gehalt, AA 398]이나 "윤리적인 내용"[der sittliche Gehalt, AA 398]이 결여되어 있다고 주장한다.

1) 첫 번째의 행위: 칸트는 이 행위들이 분명히 의무에 위배되는[pflichtwidrig] 것으로 생각하므로 여기서 무시하고 더 이상의 논의 없이 지나간다. 예) 살인, 거짓말 등의 행위.

그러나 칸트는 이런 행위들이 "비록 이러저러한 의도에서 유용할 수 있다고 할지라도 (...)"라고 말함으로써 '의무에 위배되는 비도덕적인 행위'라 할지라도 어떤 유용성을 지닐 수 있다는 점을 인정하고 있다. 그러나 예컨대, 일제 통치하의 조선에서 일본군이 한 가정에 찾아와, 숨어있는 독립군이 있느냐고 물을 때, 거짓말하는 것이 "비록 이러저러한 의도에서 유용할 수 있다고 할지라도", 그 행위는 "의무에 배치背馳되기까지 하므로" 비도덕적인 행위라고 쉽게 결론지을 수 있는가!?

2) 두 번째의 행위는 의무로부터 유래한[aus Pflicht] 행위가 아니고 "이기적인 의도에서"["aus selbstsüchtiger Absicht", AA 397] 일어난 행위이므로 칭찬받을 일은 못된다. 이 행위는 정직을 도덕적 의무로 생각하고, 그 의무를 이행하고자 하는 마음에서 행위하는 것이 아니라, "정직이 최선의 방책이다"("Honesty is the best policy")라는 생각을 가지고, 정직하게 물건을 판매함으로써 많은 고객을 확보할 수 있고, 따라서 더 많은 경제적 이득을 얻으려는 경향성에 따라 행위하는 것이므로 도덕적 내용 및 가치를 지니고 있지 않은 것으로 칸트는 본다.

만약 이 상인이 정직하게 장사를 해도 수입이 늘어나지 않는다거나, 아니면 비양심적으로 장사해도 더 많은 수익을 얻을 수 있는 경우에도 계속 '정직의 원칙'을 지킬 것인가를 생각해보면 이 상인의 진정한 동기動機를 알 수 있을 것이다.

그런데 칸트는 이런 행위에 대하여, "비록 직접적으로 그 행위들에 대한 경향성을 갖고 있지 않지만 **다른 경향성**으로 인해 추동되기 때문에 행하는, 실제로 의무에 적합한[pflichtmässig] 행위"라고 말한다.

그런데 "우리는 이 경우 의무에 적합한 행위가 **의무로부터** 발생했는

는 이성을 필요로 한다. 이성에 의해 필연적 행위로 인정된 행위가 선택되는 경우, 칸트는 그것을 〈의지〉[86] 내지는 〈실천이성〉이라고 불렀다.

• 이성이 우리의 행위를 전적으로 지배할 수 있다는 생각은 환상에 불과하며 실제는 그와 다르다. 인간과 이성 사이에는 많은 경우 〈어떤 동기들〉 및 〈주관적 조건들(쾌락, 기분, 성향 …)〉등이 가로놓여 있다. 바로 이런 이유 때문에 의지는 이성의 근거들에 의해 강제되어야만 한다. 의지를 강제하는 것은 하나의 지시指示이며, 지시를 〈정식화한 것〉이 명령이다.[87]

> 모든 명령은 가언적으로[*hypothetisch*] 명령하거나 정언적으로[*kategorisch*] 명령한다. 가언명령은 하나의 가능적 행위의 실천적 필연성을 우리가 원하는(또는 원할 수 있는) 다른 어떤 것에 도달하기 위한 수단으로서 제시한다. 정언명법은 하나의 행위를 다른 어떤 목적과 관계시키는 일 없이 그 자체를 객관적 · 필연적인 행위로 제시한다. (…) 만일 하나의 행위가 단순히 다른 어떤 것을 위한 수단으로서만 선하다면, 이 경우 명령은 가언적이다. 반면에 하나의 행위가 그 자체로 선하다고 생각되면, 따라서 이성적 의지 안에 그 자체에 필연적으로 존재하는 것으로, 즉 의지의 원리라고 생각되면, 그 경우 명령은 정언적이다(AA 414/36 f.).

* 『윤리형이상학의 정초』는 정언명법을 다섯 개의 정칙定則[Formel][88]으로 제시하고 있다. 이 다섯 개의 정칙 가운데, 비교적 많은 사람들이 오해하고 있는 제3정칙에 대해서만 조금 자세한 설명을 덧붙이려고 한다.

제1정칙: "네가 그에 따라서 행할 수 있는 의지의 준칙이 동시에 마치 보편적인 법칙이 되는 것처럼 그렇게 행위하라."[89]

제2정칙: "마치 너의 행위의 준칙이 너의 의지를 통하여 보편적 자연법칙이 되어야 하는 것처럼 그렇게 행위하라."[90]

칸트는 제2정칙과 관련하여, ① 자살, ② 약속, ③ 자기계발, 그리고 ④ 타인을 돕는 것이라는 네 가지 예를 들고 있다.

제3정칙: "너는 너의 인격뿐만이 아니라 다른 모든 사람의 인격 속의 인간성을 언제나 동시에 목적으로 간주하여야 하며, 결코 단순한 수단으로 간주하도록 행위해서는 안 된다"(*"Handle so, daß du die Menschheit, sowohl in deiner Person als in der Person eines jeden anderen, jederzeit zugleich*[91] *als Zweck, niemals bloß als Mittel brauchst"* AA 429/54 f.).

• 제3정칙은, 나 자신뿐만이 아니라 다른 사람들 역시, 즉 모든 사람들이 〈목적 그 자체〉임을 말하고 있다. 칸트는 이 정칙을 네 개의 사례에서 일관되게 제시하고 있다(AA 429 ff./55 f.).

• 이 정칙에서의 목적어는 〈인간성〉[die Menschheit]이다. 이것은 〈인간〉[der Mensch], 그리고 〈인격〉[die Person]과 구별된다. 칸트는 모든 사람은 인격을 지니고 있으며, 인격의 핵심을 이루는 것이 인간성이라고 말한다. 이 인간성은 결코 그 어떤 경우에도 〈수단〉으로 사용되어서는 안 된다는 것이다. 그리고 그것은 모든 사람에게 해당된다고 말한다. 즉, 나는 나의 인간성을 언제나 목적으로 간주해야 할 뿐만 아니라, 이와 동시에 다른 모든 사람의 인간성도 언제나 목적으로 간주해야 한다. 이 명령은, 인간성을 단순한 수단만이 아니라 동시에 목적으로도 대해야 한다는 것을 가리키지 않는다. 칸트는 『실천이성 비판』에서도 "인간은 충분히 신성神聖하지 않기는 하지만, 그의 인격 속에 있는 인간성은

그에게 신성한 것이 분명하다”(*KpV A* 155)이라고 말한다.

• 우리는 우리 자신을 포함한 인간을 수단으로 삼지 않고서는 하루도 살아갈 수 없다. 내가가 오늘 먹고 마신 음식과 물은 누군가의 노동에 의해 만들어진 것이고, 내가 입고 있는 옷도 타인의 수고에 의해 이루어진 것이며, 택배물도 타인을 수단으로 하여 내게 배달된 것이다. 칸트가 말한 것은, 모든 일을 타인의 도움 없이 스스로 하라는 것이 아니다. 인간은 사회적 동물이기에 그렇게 살아갈 수는 없는 것이다. 우리가 타인의 도움으로, 타인을 수단으로 하여 어떤 일을 하더라도, 그 어떤 경우에도 우리와 타인 모두에 내재해 있는 보편적인 요소인 〈인간성〉은 결코 수단으로 삼아서는 안 된다는 것이다. 이렇게, 이성적인 존재자인 인간이 각자 타인을 목적으로 대할 때 〈목적들의 왕국〉[das Reich der Zwecke]이 이루어지는 것이다. ‘나’만이 목적으로 대우받는 것이 아니라 ‘타인’ 모두도 마찬가지로 동시에 목적으로 대우받는 사회, 그리하여 모두가 〈목적〉으로 존재하는 〈목적들의 사회〉가 이루어지는 것이다.

※ 제4정칙과 제5정칙 - 이 두 공식은 새로운 내용을 거의 포함하고 있지 않다. 이들의 핵심은 의지의 〈자기입법〉[Selbstgesetzgebung]이라고 하겠는데, 그것은 다름아닌 〈의지의 자율〉[Autonomie des Willens]이다.

제4정칙: “(...) 의지가 자기의 준칙에 의해 자기 자신을 동시에 보편적으로 입법하는 자로 간주할 수 있는, 그런 준칙 이외의 것에 따라서는 행위하지 말라 (...)”[92]

• 이 정칙은 새로운 내용을 거의 포함하고 있지 않은데, 왜냐하면 이

공식은 제1공식과 매우 밀접하게 연관되어 있기 때문이다. 제4정칙은 제1정칙에 포함되어 있는 것, 즉 강요와 강제는 피강제자 자신의 의지에서 유래해야 한다는 점을 보다 강조하고 있을 뿐이다. 이 명령은 또한 『실천이성 비판』에서 오직 한 번 정식화된 다음의 정언명법과 가장 유사하기도 하다. "§ 7. 순수한 실천이성의 근본법칙: 너는 너의 의지의 준칙이 언제나 동시에 보편적 입법의 원리로서 타당할 수 있도록 그렇게 행위해야 한다."[93]

제5정칙: "따라서 모든 이성적 존재자는 자신의 준칙들에 의거하여 자신이 언제나 목적들의 보편적 왕국의 한 입법자(입법하는 성원)인 것처럼 행위해야 한다."[94]

• 여기서 우리는 칸트가 생각하고 있는 도덕적 이상의 모습을 분명하게 볼 수 있다. 이성적 존재자들의 공동체, 어느 누구도 타인을 수단으로 간주하지 않으며 모든 사람은 자기 목적이라는 존엄성을 가지는 공동체, 도덕적 인간이 이성적 의지공동체의 구성원인 곳, 개인들의 목적이 내용적으로는 전혀 고려되지 않지만(그것이 보편적 도덕법칙과 일치할 수 있는 경우) 목적의 체계적 왕국이라는 전체의 틀 안에 자신의 자리를 가질 수 있는 그런 곳, 그것이 바로 칸트의 도덕적 이상이다.

* 자율과 자유

• 자유는 자기에게 자기의 법칙을 스스로 부여하는 의지의 조건이다. 칸트는 순수 실천이성의 자율自律로서의 의지의 자유에 관해 말한다.

• 의지의 자유는 "윤리의 원리요, 따라서 자유로운 의지와 윤리법칙 아래에 있는 의지는 한 가지다"(AA 447/75). 따라서 칸트에 있어서는,

자유로운 의지 내지 자율은 도덕률에 따르는 의지다. 우리가 일반적으로 말하는 '자유'[Freiheit]는 칸트에 있어서는 '자의恣意'[Willkür]다.

* **최상선**最上善[das oberste Gut]**과 최고선**最高善[das höchste Gut]

• 칸트에 의하면, 실천이성은 〈최고선〉의 실현을 끊임없이 구한다. 〈최고〉라는 개념은 〈최상〉이라는 것과 〈완전〉이라는 것을 뜻하는데, 〈최상선最上善〉[das oberste Gut]이란, 도덕률을 무조건 준봉遵奉하는 덕, 의지가 도덕률과 완전히 일치하는 것이다. 그러나 이 〈최상선〉은 아직, 〈완전〉이라는 의미에서의 〈최고선〉이 아니다. 최고선은 물론 최상선 없이는 성립되지 못한다. 그러나 최고선은 최상선뿐만 아니라 그에 의거하여 행복[Glückseligkeit][95]이 실현되기를 요구하는 것이다.[96] 그런데 덕과 행복의 일치가 현실에서는 언제나 실현되는 것이 아니다. 그리하여 칸트는 『실천이성 비판』에서, 최고선의 실현의 당위성에 근거하여 '영혼의 불멸'을 요청하기에 이르며, 이 요청과 더불어 '신의 존재'도 함께 요청된다. 이 두 논증을 다음과 같이 구성할 수 있다:

논증1): 영혼불멸의 요청에 관한 논증

최고선은 최상선과 행복의 일치다.
최고선은 반드시 실현되어야 한다.
그런데 최고선은 현세에서는 실현되지 않는다.

최고선이 이루어지기 위해서는 영혼이 불멸해야 한다.

논증2): 신의 존재 요청에 관한 논증

> 최고선은 이루어져야 한다.
> 최고선이 이루어지기 위해서는 영혼이 불멸해야 한다.
> 그리고 이 영혼에 행복이 주어져야 한다.
> ---
> (그러기 위해선) 이 영혼에게 행복을 보장해 줄 분(절대자)이 존재해야 한다.

※ 두 논증의 전제가 모두 〈사실판단〉이 아니라 〈당위〉 내지는 〈요청판단〉이므로, 결론에서도 〈사실판단〉이 나오지 않고 〈요청〉이 나오게 된다. 즉, 칸트는 〈영혼불멸〉과 〈신의 존재〉를 요청한[postulieren, ① 가정假定, ② 요구要求] 것이다.

III. 미와 목적론: 『판단력 비판』을 중심으로[97]

칸트는 『실천이성 비판』의 도덕적 세계를 물 자체의 세계로 보았기 때문에 대단히 곤란한 문제가 발생하게 되었는데, 그것은 곧 물 자체계와 현상계 혹은 초감성적 세계와 감성적 세계가 어떻게 통일될 수 있는가 하는 것이었다.

칸트는 "감각적인 것으로서의 자연개념의 영역과 초감각적인 것으로서의 자유개념의 영역 사이에는 간과할 수 없는 균열[Kluft]이 있다"[98]고 말한다. 그러나 이 두 세계는 전혀 별개의 세계임에도 불구하고, 그 사이에는 어떤 관계가 있어야만 한다. 왜냐하면 자유에 근거한 도덕은 감성계 속에서 그 목적을 실현해야 하기 때문이다. 칸트는 감성계가 초감성계에 대하여, 혹은 자연이 자유에 대해 영향을 줄 수는 없다고 한다. 그러나 자유는 어떤 방식으로든 자연에 대해 영향을 줄 수 있어야 한다. 그렇다면 이것은 어떻게 가능한 것이며 또 감성계와 초감성계의 통일은 어떻게 이루어질 수 있는가? 『판단력 비판』은 이 문제를 다룬다.

• 칸트가 이 문제를 해결하기 위해 제시하는 개념이 〈자연의 합목적성〉[Zweckmässigkeit der Natur]이라는 개념이다. 자연계가 그 초감성적인 근원에 있어서 자유의 법칙과 조화될 수 있는 합목적성을 가지고 있다면 자연계의 법칙이 자유의 법칙과 모순되지 않을 수 있다는 것이다. 이렇게 인과법칙에 지배되는 자연을 넘어서 자연의 합목적성을 생각하는 능력을 칸트는 〈판단력〉[Urteilskraft]이라고 부른다. 판단력은 "특수한 것을 보편적인 것에 포함되어 있는 것으로 사고하는 능력"(*KU*, Einleitung ⅩⅩⅤ)인데, 여기에는 다음의 두 종류가 있다.

1) 규정적 판단력[bestimmende Urteilskraft]: 이미 보편이 주어져 있는 경우에, 특수를 보편 아래에 포섭하는 능력.

2) 반성적 판단력[reflektierende Urteilskraft]: 단지 특수만이 주어져 있는 경우에, 특수에 대한 보편을 찾아내는 능력(*KU*, Einleitung, ⅩⅩⅤ-ⅩⅩⅥ).

1)의 경우에는 이미 〈지성의 규칙〉이라는 보편이 주어져 있다. 그러나 2)의 경우에는 특수만이 주어져 있고 보편이 존재하지 않기 때문에, 스스로 보편을 찾아야 한다. 반성적 판단력의 선험적 원리가 바로 〈자연의 합목적성〉이라고 칸트는 말한다. 그러나 이때 주의할 것은, 반성적

판단력은 자연이 〈마치 합목적성을 가지고 있는 것처럼〉[als ob] 자연을 고찰하는 것에 불과하다. 즉, 반성적 판단력은 "오직 자기 자신에게 법칙을 줄 뿐이며, 자연에 법칙을 주는 것은 아닌"(*KU*, Einleitung, XXVIII) 것이다.

이렇게 해서, 반성적 판단력의 선험적 원리가 자연의 합목적성이며, 우리는 자연에 합목적성이 있는 것처럼 생각함으로써 초감성계와 감성계가 조화 · 통일될 수 있다고 생각할 수 있다. 칸트는, 우리가 자연의 대상에서 합목적성을 두 가지 방식으로 찾아낼 수 있다고 한다. 하나는 〈아름다운 것〉의 경우고, 다른 하나는 〈유기체〉의 경우다. 즉, 반성적 판단력에는 〈미적 판단력〉과 〈목적론적 판단력〉이 있는데, 미적 판단력으로는 자연의 아름다움에서 〈미적 합목적성〉을 느낄 수 있고, 목적론적 판단력으로는 자연의 유기체에서 〈객관적 합목적성〉을 느낄 수 있다고 말한다.

① 미적 판단력[ästhetische Urteilskraft]

㉠ 아름다운 것[das Schöne]의 경우

아름다운 것은 우리 속에서 '쾌快'의 감정을 일으키는 것인데, 이 쾌의 감정은 욕망의 만족에 의해서가 아니라, 단지 대상의 형식을 지각함으로써 갖게 되는 것이다. 아름다운 대상이 우리에게 쾌감을 주는 것은, 대상의 형식이 주관적인 인식능력에 대하여 〈합목적적〉이기 때문이다.[99] 이 쾌의 근거는 "대상과 모든 경험적 인식에 필요한 인식능력(구상력과 지성) 상호간의 관계가 합목적적으로 합치해 있는 데"(*KU*, Einleitung, XLVII) 있는 것이다. 아름다운 대상을 아름답다고 판단하는 것은, 반성적 판단력이, 그 대상의 형식이 인식능력에 대하여 조화를 이루고, 그리고 거기에 합목적성이 있다고 판단하기 때문이다.

㉡ 숭고崇高[das Erhabene]의 경우

미美에 대한 미적 쾌감 외에도, 숭고 혹은 장엄한 것에서 느낄 수 있는 제2의 미적 감정(숭고의 감정)에서도 자연과 목적의 조화를 느낄 수 있다. 칸트에 의하면 미美가, 짜임새 있는 정형적인 자연에서 느끼는 취미감정이라면, 숭고는 무정형의 거대한 혹은 위압적인 자연, 예컨대 밤하늘, 대양, 큰 산 등에서 느껴지는 것이다. 숭고는 자연의 끝없는 크기와 무한한 위력이 우리에 대해 무력함을 느끼게 함에도 불구하고 오히려 그러한 자연으로부터 우리가 절대적으로 독립해있다고 하는 자유의식을 품게 한다. 그런가 하면 다른 한편으로 그것은 우리의 마음을 긴장시켜 근엄하게 하고 깊이 감동하게 한다.

칸트는 숭고한 것을, 〈수학적으로 숭고한 것〉[das Mathematisch-Erhabene]과 〈역학적力學的으로 숭고한 것〉[das Dynamisch-Erhabene]으로 나눈다. 수학적으로 숭고한 것이란, "절대적으로 큰 것"(*KU*, 80 § 25), 혹은 "그것과 비교하면 다른 모든 것이 작은 것"(*KU*, 84 § 25)이다. 바로 이와 같이 비교를 넘어서서 절대적으로 큰 것은 우리에게 숭고의 감정을 일으킨다. 역학적으로 숭고한 것으로 판단되는 것은, 그것이 무한한 힘을 갖고 있는 것이라고 판단되는 경우다. 예컨대 무서운 파괴력으로 솟아오르는 화산이라든가, 미친 듯이 솟구치는 노도怒濤의 바다 등은 역학적으로 숭고한 것이라고 판단될 뿐만 아니라, 이러한 대상은 우리로서는 대항할 수 없는 무한한 히믈 지닌 무서운 것이라고 느껴진다.

② 목적론적 판단력[teleologische Urteilskraft]: 유기체의 경우

• 이 경우에는 앞의 미美의 경우와는 달라서, 주관적인 합목적성이 아니라 객관적인 대상 그 자체의 합목적성이 문제가 된다. 유기체의 경우에는 쓸모없는 것은 하나도 없으며, 전체와 부분이 서로 완전한 통일을 이루고 있다. 유기체에서는 "그 각 부분은 다른 모든 부분에 의해서만 존재함과 동시에, 또 다른 부분 및 전체를 위해서 존재하는 것, 즉 그 도구(기관)로서 생각될" 뿐만 아니라, 또한 각 부분은 "다른 부분을 생산하는 기관"으로 생각하지 않으면 안 된다(*KU*, 291 § 65). 즉, 생명체의 각 부분은 전체의 목적을 위해 존재하고 있으며, 각 부분과 전체가 조화되어 있음을 느낄 수 있다. 이것이 생명체의 합목적성이다. 그리고 이러한 생명체의 합목적성은 미美의 합목적성과는 달라서 주관적인 것이 아니고, 부분과 전체의 관계가 생명체 자신의 목적에 의존해있기 때문에, 객관적 합목적성이라고 한다. 이 객관적 합목적성의 지각도 역시 쾌감을 낳게 하지만, 그것은 미적 쾌감이 아니라 합목적성의 인식에서 생기는 논리적 만족감이다. 예컨대 시계의 각 부분은 다른 부분 및 전체를 위해 존재한다고 말할 수 있으나, 시계이 한 부분이 다른 부분을 생산한다고는 말할 수 없다. 따라서 시계가 고장 났을 경우, 시계는 스스로 그 고장을 고칠 수는 없다. 그런데 유기체는 그 내부에 형성력을 가지고 있어서 각 부분은 다른 부분을 생산할 수 있는 것이다. 따라서 유기체는 "그 속에서는 모든 것이 목적임과 동시에 또한 서로 수단이기도 한 것"(*KU*, 296 § 66)인데, 이와 같은 유기체는 결코 기계론적인 자연법칙만으로 이해되는 것은 아니다. 거기에는, 자연 속에 목적이 존재한다는 목적론적 원리를 생각하는 것이 요구된다.

칸트와
독일관념론

칸트 | 피히테 | 셸링 | 헤겔

피히테(Johann Gottlieb Fichte, 1762[1]-1814)

생애와 저작

• 1762년: 피히테는 5월 19일에 오버라우짓즈Oberlausitz[2] 지역에 속한 작센Sachsen주州의 라메나우Rammenau에서 리본제조공인 크리스티안 피히테Christian Fichte (1737-1812)와 그의 부인인 요한나 마리아 도로테아 피히테Johanna Maria Dorothea Fichte (1739-1813)의 맏아들로 태어났다.[3] 라메나우는 서쪽으로는 드레스덴Dresden과 동쪽으로는 바웃쩬Bautzen 사이, 그리고 북서쪽으로는 풀스닛쯔Pulsnitz와 남동쪽으로는 비숍스베르다Bischofswerda 사이에 있는 작은 마을이다.[4] 그는 개신교인 루터교에서 유아침례를 받았다. 그 후 여덟 명의 동생이 태어남[아홉 번째 아이는 사산死産됨].

• 1770년: 아버지, 목사님, 그리고 주변의 귀족이자 지주地主(봉건영주, Gutsherr)인 밀팃쯔Ernst Haubold von Miltitz[5] (1739-1774) 남작男爵은 목사님의 설교를 정확하게 외는 것으로 마을에 알려진 재능 있는 피히테를 후원하였다. 밀팃쯔는 예배를 드리러 라메나우의 교회에 종종 왔

는데, 한 번은 너무 늦어서 설교를 더 이상 들을 수 없었다. 사람들은, 거위를 치고 훌륭한 기억력을 가진 것으로 유명한 피히테를 소개했는데, 피히테는 설교의 전 내용을 정확하게 반복하여 밀팃쯔를 놀라게 함.

밀팃즈는 그를 먼저, 자기의 가족이 살고 있는, 마이쎈 근처에 있는 지벤아잇헨Siebeneichen이라는 고성古城[6]으로 데리고 갔다. 피히테는 거기서 약 1년을 보냈다. 그러나 생활환경이 너무 갑작스럽게 변해서, 선량한 남작은, 피히테가 그곳에서 집처럼 편하게 지내기 어려울 것이라는 것을 곧바로 알게 되었다. 밀팃즈는 피히테를 "밀팃즈가家의 영지領地"인 니더라우Niederau에 있는 크레벨Krebel 목사에게로 보냈다. 크레벨과 그의 부인은 밀팃쯔의 재정지원을 받아서 피히테의 교육을 떠맡았다. 그리고 피히테는 거기서 몇 년간 행복하게 살았다. 니더라우의 교회 옆에는 피히테가 살았던 목사관이 있었고, 묘지에 있는 두 그루의 보리수菩提樹는 피히테가 심은 것으로, 오늘날까지도 그를 생각나게 한다.

• 1774년: 12세가 되어 피히테는 마이쎈의 시립학교[Stadtschule]에 잠시 다닌다. 그리고 10월 4일에 나움부르크Naumburg에 있는 제후諸侯학교인 포르타학교(Schulpforta)[7]에 입학하여 기숙사로 들어간다. 피히테의 재정적 후원자인 밀팃쯔가 35세의 젊은 나이로 사망함.

• 1780년: 예나에서 신학 및 법학공부를 시작함.

• 1781년-84년: 라이프찌히(Leipzig)대학에서 수학.

• 1784년: 마지막으로 밀팃쯔의 부인으로부터의 재정적 후원이 끝남. 피히테는 낙담함. 학업을 중단하고 라이프찌히의 가정교사로 근근이 살아감.

• 1786년: 피히테는 목사시험을 준비함.

• 1789년: 피히테는 가정교사 자리를 찾아 쮜리히로 가서, 존경받는

여관주인인 오트Ott씨 집의 가정교사가 됨. 거기서 라바터Lavater를 알게 됨.

• 1790년: 피히테는 란Marie Johanne Rahn[8]과 약혼함. 그녀는 쮜리히의 명망 있는 관리이자 상인인 하르트만 란과, 클롭스톡의 이미 사망한 누이의 딸이자 가정부(가사 관리인)였다. 피히테는 무직상태에서 오트가家와 불화한 후에 라이프찌히로 여행을 떠났다. 거기서 어떤 학생에게 칸트철학을 가르쳐주기 위해 칸트를 연구했는데, 칸트철학을 발견하고 나서 곧 바로 그의 추종자가 되었다. 1788년에 출간된 『실천이성 비판』을 읽음으로 인해 그는 자기가 갖고 있던 예정신앙에서 벗어나게 된다. 왜냐하면 칸트는, 자유가 불가능하지 않다는 것을, 그리고 자유는 순수이성의 의지규정을 통해 현실화된다는 것을 보여주고 있기 때문이다. 피히테: "실천이성 비판을 읽은 이후로 나는 새로운 세계에 살고 있다."

• 1791년: 『두 편의 설교』(*Zwei Predigten*). 1791년에 자기의 장인丈人이 파산한 후 피히테는 늘 재정적으로 어려워서 소득원을 찾아서, 3월에 약혼을 파혼하고 바르샤바로 가서 플라텐 백작의 아들의 가정교사가 됨. 그의 자유로운 종교적 견해로 인해, 목사직이 허락되지 않음. 쾨니히스베르크로 가서(7월), 거기서 4주 동안에 『모든 계시에 대한 비판의 시도』(*Versuch einer Kritik aller Offenbarung*)를 써서 원고를 칸트에게 보냄. 마침내 그는 서면으로 칸트에게 지원을 요청함. 칸트는 단지 하르퉁(Hartung) 출판사에 원고의 출판을 소개해 줌. 칸트의 친구들은 서 프로이센의 크로코프 백작 집의 가정교사 직을 제공함.

• 1792년: 『모든 계시에 대한 비판의 시도』(*Versuch einer Kritik aller Offenbarung*). 피히테의 저술이 라이프찌히와 쾨니히스베르크에서 간행됨. 그러나 라이프찌히에서는 저자의 이름이 없이 출간됨. 이것은 출판

사의 의도이기도 했음. 이 책은 종교칙령 때문에 알기 쉽게 익명으로 출간하는, 사람들이 오래 고대했던 칸트의 종교저술로 여겨진다. 칸트가 피히테가 저자라고 공식적으로 지명함으로써, 지금까지 무명이었던 피히테는 갑자기 유명하게 됨. 인세수입이 생김. 요한나 란의 편지를 받고 관계를 회복함.

• 1793년: 『지금까지 그들을 억압한 유럽의 군주들로부터 사상의 자유의 반환을 청구함』(*Zurückforderung der Denkfreiheit von den Fürsten Europas, die sie bisher unterdrückt haben*). 『프랑스혁명에 대한 대중의 판단을 바로잡기 위한 기고』(*Beitrag zur Berichtigung der Urteile des Publikums über die französiche Revolution*). 『기초철학에 대한 몇몇 성찰』(*Einige Meditationen über Elementarphilosophie*). 다시 쮜리히로 가서 10월 22일에 란과 결혼함. 피히테는 작가로 쮜리히에서 살 계획을 함. 결혼 및 신혼여행 후에 피히테는 자유의 자아[Freiheits-Ich]라는 '전격적電擊的인 생각'을 갖게 됨.

• 1794년: 『전 학문론의 기초』(*Grundlage der gesamten Wissenschaftslehre*, 1794/95). 『학자의 의무에 관하여』(*Von den Pflichten des Gelehrten*). 피히테는 라인홀트(Kiel대학으로 옮김)의 후임으로 예나Jena대학[9]에로의 초빙을 받아들임. 바이마르Weimar[10]에서 괴테Goethe장관과 빌란트Wieland) 시인을 방문한 뒤에 피히테는 자기의 생일 전날인 5월 18일에 예나로 옴. 예나에는 쉴러, 훔볼트Wilhelm von Humboldt 부부, 그리고 횔더린 Friedrich Hölderlin (1770-1843)과 그의 친구들이 살고 있었다. 피히테의 일요일 강의로 인해 당국과 충돌이 일어남. 바이마르의 교구감독인 헤르더는 거기서 '주州의 공적 예배에 반대하는 의도적인 행보'를 봄.[11] 칸트의 『단순한 이성의 한계 속의 종교』(*Die Religion innerhalb der Grenzen der blossen Vernunft*, 1793년)가 출간되고, 프러시아에서 금지됨. 요한나 피히

테와 그녀의 아버지가 8월 말에 예나에 도착함. 횔더린은 11월에, "이제 피히테는 예나의 혼[die Seele]이다"라고 말함.

• 1795년: 『언어능력 및 언어의 기원에 관하여』(*Von der Sprachfähigkeit und dem Ursprung der Sprache*). 『학문론의 특징의 개요』(*Grundriss des Eigentümlichen der Wissenschaftslehre*). 피히테는 학생 비밀결사에 항거함. 소란을 피우는 학생들이 그의 집 유리창을 깸(Hier ist Nicht-Ich!!) 이 때문에 그는 여름학기에 바이마르 근처의 오스만슈테트에 거주함.

• 1796년: 『도덕에 관한 강의』(*Vorlesung über die Moral*). 『자연법의 기초』(*Grundlage des Naturrechts*, 1796/97). 『새로운 방법에 의한 학문론』(*Wissenschaftslehre nova methodo*). 『학문론의 첫 번째 서론』(*Erste Einleitung in die Wissenschaftslehre*). 『학문론의 두 번째 서론』(*Zweite Einleitung in die Wissenschaftslehre*). 『학문론의 새로운 서술의 시도』(*Versuch einer neuen Darstellung der Wissenschaftslehre*). 피히테의 아들 이마누엘 하르트만(나중에는 헤르만으로 이름을 바꿈) 피히테가 태어남. 아우구스트 빌헬름 슐레겔과 카롤리네 슐레겔, 그리고 프리드리히 슐레겔이 예나로 이사 옴.

• 1797년: 아우구스트 빌헬름 슐레겔과 이제 23세인 셸링이 예나에서 교수직을 얻음. 피히테와 니이트하머에 의해 편집된 『철학잡지』(*Philosophisches Journal*) 속의 두 편의 논문으로 출간된, 피히테의 신 관념을 둘러싼 소위 무신론 논쟁이 사람들의 마음과 당국을 자극함. 헤겔이 프랑크푸르트에서 가정교사가 됨.

• 1798년: 『윤리학의 체계』(*Das System der Sittenlehre*). 『신의 세계통치에 대한 우리의 믿음에 대하여』(*Über den Grund unseres Glaubens an eine göttliche Weltregierung*). 피히테는 학교교장인 포어베르크Forberg가 쓴 「종교 개념의 발전」("Entwicklung des Begriffes der Religion")이라는 논문

을 그의 『철학잡지』에 발표하고, 『신의 세계통치에 대한 우리의 믿음의 근거에 대하여』라는, 이 논문에 대한 서론을 썼다. 이 글로 인해 피히테는 무신론자라고 비난받으며, 이에 대해 그는 「대중들을 향한 호소」("Appellation an das Publikum")를 써서 답변함. 이 글의 서론에는 다음과 같이 쓰여 있다: "몰수하기 전에 우선 읽기를 요구하는 저술"(Eine Schrift, die man erst zu lesen bittet, bewor man sie konfisziert)

• 1799년: 『대중을 향한 호소』(*Appellation an das Publikum*). 작센의 대중들에게 무신론 논쟁에 대해 호소함. 피히테에 대한 사임의 위협. 4월에 피히테는 대학교수직에서 파면됨. 이에 대해 괴테는 다음과 같이 말함: "우리가 피히테를 잃어버려야만 한다는 것, 그리고 그의 어리석은 월권행위로 인해 그가 생활토대를 잃어버리게 된 것은 유감이다." 피히테는 운을 하늘에 맡기고 베를린에 있는 자기의 친구인 슐레겔Friedrich Schlegel과 슐레겔의 여자 친구인 화이트Dorothea Veit에게로 떠난다. 그는 거기에서 슐라이어마허Friedrich Schleiermacher, 티익Ludwig Tieck과 헤어쯔Henriette Herz와 친교를 맺고 체류허가도 얻는다.

• 1800년: 『인간의 사명』(*Die Bestimmung des Menschen*). 『폐쇄 상업국가』(*Der geschlossene Handelsstaat*). 예나와 바이마르에 있는 친구들과 지인들을 작별인사차 방문함. 피히테의 부인과 아들이 베를린으로 이사함. 베를린에서 피히테는 베를린 프리메이슨Free Mason단의 회원으로 활동하다가 지부의 대표자인 훼슬러Fessler 및 다른 회원들과의 불화로 인하여 지부를 탈퇴함. 『인간의 사명』(*Die Bestimmung des Menschen*).

• 1801년: 『학문론의 서술』(*Darstellung der Wissenschaftslehre*, 1801/2).

• 1803년: 피히테는 예나의 집을 팔려고 내 놓음. 쉘링은 카롤리네 슐레겔Karoline Schlegel(1809년에 죽음)과 결혼하고 뷔르쯔부르크Würzburg

에서 교수가 됨.

• 1804년: 『학문론 강연(Ⅰ)』[*Vortrag der Wissenschaftslehre* (*I*)]. 『학문론 강연 (II)』[*Vortrag der Wissenschaftslehre* (*II*)]. 『학문론 강연 (III)』[*Vortrag der Wissenschaftslehre* (*III*)]. 피히테는 베를린의 집과 학술원 복도에서 강의를 함. 나폴레옹(1769~1821) 황제가 스스로에게, 그리고 나서는 부인[Josephine Beauharnais]에게도 왕관을 씌움. 칸트 사망. 훔볼트는 오랜 기간의 중앙아메리카의 연구여행을 마치고 베를린으로 돌아옴. 『현대의 특징들』(*Die Grundzüge des gegenwärtigen Zeitalters*, 1804/5).

• 1805년: 『신론 · 윤리학 · 법론의 원리들』(*Die Prinzipien der Gottes-, Sitten- und Rechtslehre*). 『학자의 본질에 대하여』(*Über das Wesen des Gelehrten*). 『학문론 강연』(*Vortrag der Wissenschaftslehre*). 피히테는 프러시아의 에어랑엔에서 교수직을 얻고 한 학기 가르침. 헤겔은 예나에서 철학을 가르침. 쉴러 사망. 베토벤은 나폴레옹의 정복정책에 실망하여 자기의 제3번 교향곡(영웅교향곡, Eroica)의 헌정獻呈을 취소함.

• 1806년: 『복된 삶에로의 안내』(*Die Anweisung zum seligen Leben*). "세계정신"(헤겔은 나폴레옹을 이렇게 부름)이 예나로 와서 프러시아를 점령함. 헤겔은 『정신현상학』(*Phänomenologie des Geistes*)을 주머니에 넣고 예나를 떠남. 나폴레옹이 베를린을 점령함. 피히테는 프로이센 정부 및 패한 군주와 함께 쾨니히스베르크로 도피함. 그는 거기에서 철학교수가 되고, 프랑스인에 의해 통제되지 않는 유일한 신문의 정치적 검열관이 됨. 괴테(57세)는 불피우스(Christiane Vulpius, 41세)와 결혼함. 셸링은 뮌헨의 조형예술 아카데미의 소장이 됨.

• 1807년: 『독일민족에게 고함』(*Reden an die Deutsche Nation*, 1807/8). 러시아가 쾨니히스베르크를 점령함. 피히테는 프로이센 정부와 함께 메멜

Memel로 피함. 코펜하겐에 머문 후에 피히테는 가족을 찾아, 점령당한 베를린으로 돌아가서 거기서 머묾. 프랑스의 점령을 목도하면서, 죽을 각오를 하고 베를린 학술원 건물에서 애국적인, 『독일국민에게 고함』(*Reden an die Deutsche Nation*)이라는 연설을 함. 바로 나폴레옹은 프랑스에 반대하는 전단傳單을 유포시켰다는 이유로 한 서적 상인을 총살토록 함. 프러시아의 재건. 제국의 군주인 슈타인의 개혁. 피히테는 베를린 대학을 설립하도록 훔볼트에게 강의함. 통조림의 발명.

• 1808년: 피히테는 심하게 아픔. 그는 팔과 다리에 경미한 마비를 얻음.

• 1811년: 나폴레옹은 죠세핀과 이혼하고 마리 루이제Marie Louise와 결혼한 후 권력의 정상에 오름. 피히테는 자기의 계획이 아니라 훔볼트의 계획에 따라 1810년에 설립된 베를린 대학의 초대 선출 총장이 됨. 피히테는 부당한 취급을 받는 학생인 브로기Brogi를 위해 거듭 개입함. "그가 제공하는 본래의 충돌은 아마도, 그가 유대인이라는 사실에 있을 것입니다"라고 피히테는 말함. 그의 경직된 직무수행 및 학생들의 훈육에 대한 엄격한 요구로 인해 대학 평의회와의 의견 차이에 이름. 피히테는 총장직을 사임함.

• 1812년: 나폴레옹은 불타는 모스크바에 있음. 피히테는 팔다리가 마비됨에도 불구하고 예비군 교육에 참가함. 그는 자주 완전군장 차림으로 자기의 강의에 나옴. 쇼펜하우어는 학문론에 대한 강의를 듣는 34명 가운데 속함.

• 1813년: 『동물의 자기磁氣에 대한 일기』(*Tagebuch über den animalischen Magnetismus*) 출간. 군대에 들어가기 위하여 자기의 책상을 깨끗하게 청소하면서 일기의 마지막 줄을 다음과 같이 끝맺음: "그리고 이제 모든 것

이 깨끗하게 되었다. 그리고 거룩하게 되었다!"(Und nun alles gereinigt, — geheiligt!) 국왕 지휘부의 철학 종군 설교자로 일하려는 그의 소원이 이루어지지 않음. 그러나 그는 군사훈련에 참여함. 뤼첸에서의 나폴레옹의 승리. 베를린에서의 예비군 설립. 바웃쩬에서의 나폴레옹의 승리. 나폴레옹에 대항하는 해방전쟁의 발발로 인해 강의가 중단됨. 진정한 전쟁에 대한 강의. 나폴레옹이 라이프찌히에서 패함. 피히테는 다시 강의를 시작함.

• 1814년: 피히테는 어머니의 죽음을 경험함. 병원에서 봉사하는 피히테의 부인은 티푸스를 심하게 앓음. 피히테는 학문론에 대해 강의함. 그녀가 건강을 회복한 반면에, 이제 그 자신이 병에 걸림. 아픈 예비군인 피히테는, 블뤼허가 라인강을 건넜다는 소식을 들음: "내가 그것을 체험해야만 한다는 것. 새로운 과제들이 우리 앞에 놓여있다. 나의 학문론을 전적으로 새롭게, 이해할 수 있도록, 명약관화하게 서술하는 것! 머릿속에서는 이미 모든 것이 다 생각되었고 백 번이나(완전히) 숙고되었다. 실천적인 행위를 위한 안내!" 피히테는 1월 29일에 사망함. 그의 부인은 그 보다 5년을 더 삶. 나폴레옹은 폐위되고 황제의 자리가 취소되는 대신에 엘바Elba를 얻음. 그가 엘바 섬에서 돌아온 후 1815년 3월, 다시 파리로 들어가 황제에 즉위하였으나, 블뤼허와 웰링튼에 의해 1815년 6월 Waterloo전투에서 최종적으로 패하여 St. Hellena섬으로 추방됨.[12] 1818년에 헤겔은 베를린 대학의 피히테의 후임이 됨. 쉘링은 헤겔이 죽은 지 10년 후인 1841년에야 철학교수로 뮌헨에서 베를린으로 오지만, 성과가 부족하여 5년 후에 거기서 자기의 강의활동을 종결함. 피히테의 아들 이마누엘 헤어만 피히테는 1836년에 본Bonn에서 철학교수가 되고, 나중에 튀빙엔에서 교수가 됨. 그는 루돌프 슈타이너Rudolf Steiner[13]

에 의해 높이 평가된, 슈트트가르트의 사변적 유신론의 중요한 대표자로서 1879년에 사망함(83세에 사망. 1796-1879)

사상[14]

I. 학문론의 과제: 모든 지식의 정초

—

• 피히테는 철학을 〈학문론〉[Wissenschaftslehre]으로 규정한다. 철학은 다른 학문들처럼 대상을 다루는 것이 아니라 지식 자체를 다루는 학문이다. 그러므로 철학의 과제는, 스스로는 더 이상 근거지어질 수 없지만 모든 지식을 근거지울 수 있는 원리를 제시하는 것이다(최종정초: Letztbegründung).

• 피히테는 『전 학문론의 기초』(*Grundlage der gesamten Wissenschaftslehre*, 1794/95)에서 정립, 반정립, 종합의 도식에 상응하는 세 가지 원리를 제시한다.

1) 제 1원칙(정립):

"자아는 근원적이고 전적으로 자기 자신의 존재를 정립한다."[15]

① 절대적 자기의식, 선험적 자기의식. 즉, 절대자아의 자기정립

피히테는 이 제 1원칙이 칸트에 있어서 지성사용의 최상의 원리로서의 '통각의 종합적 통일의 원칙'에 연관됨을 알고 있었다.[16] 그러나 칸트가 이 원칙을 선험적 원칙들의 체계 내지는 범주들 — 이것에 의해 소여가 정돈되어 경험이 산출된다 — 의 체계의 정점에 두었던 것에 비하여, 피히테는 자아로부터 독립된 소여가 전제됨을 거부했고, 그리하여 경험의 내용적 측면 또한 자아로부터, 주관의 순수한 활동으로부터 도출되지 않으면 안 된다고 했다. 그러므로 그는 대상(비아)이 자아에 대하여 근원적인 활동 안에서 자아에 의해 반정립된다고 주장한 것이다. 이 제 1원칙은 직접성의 단계로서, 자아는 규정 속에서 아직 완전히 공허한 상태로 있으며[17], 즉자적으로는 최초로 충만함을 나타낸다. 그것은 아직 추상적인 단계에 머물러 있어서, 구체성 속에서 자신을 드러내야 한다.

여기에 나타난, "자아는 자아다"라는 원리에서, 주어의 자아는 활동적 자아요, 술어의 자아는 발견(자각)된 자아다. 이것은 추상적인 자기의식의 원리이며, 논리적으로는 동일률[A=A]을 나타내고 있다. 이때의 자아는 사물처럼 그저 존재하는 것이 아니라, 자기를 정립하려고 활동함으로써 비로소 자아로서 존재하는 것이다. 따라서 자아에 있어서는 정립하는 행위[Handlung]와 정립행위의 결과[Tat]는 동일한 것이다. 그리하여 그는 이것을 '실행'實行[Tathandlung]이라고 불렀다. 이러한 선험적 자아, 절대적 자아의 실행은 "우리의 의식의 경험적 규정 하에 출현하거나, 출현할 수 있는 것이 아니라 오히려 모든 의식의 근저에 있어 그것을 가

능케 하는 것"(*GdgWL*, in: *GA I* /2, 255; *SW I* , 91)으로서, 이러한 실행을 우리는 절대적 자기의식, 선험적 자기의식, 추상적 자기의식이라 부를 수 있을 것이다.

"나는 나다"라는 절대적 자기의식을 전제하고 나서야, 자아에 의한 비아의 (반)정립도 가능하다: "따라서 절대적 자아는, 그것이 모든 표상의 최종근거이고 비아가 그런 한에서 절대적 자아에 의해 야기된 것인 한, 비아의 원인이어야 한다"(*GdgWL*, in: *GA I* /2, 388; *SW I* , 250). 다시 말하면, 절대적 자아는 경험적 자아, 즉 비아에 매개된 자아를 가능케 하는 원인이다.

② "나는 나다"라는 것은 절대적 자기의식의 표현이다

"나는 나다"라는 것은 대자존재 혹은 자기의식을 나타낸다. 그런데 이것은 절대적인 자기의식이다. 왜 절대적이냐 하면, 이 경우 나 혹은 자아 외에는 아무것도 존재하지 않기 때문이다. 즉 여기에는 나만 있고 나의 타자인 너, 그것이 존재하지 않는다. 그러므로 자아에 대립해 있는 것이 없으므로 이 자아는 대립이 없는(절대: 絶對, 대립이 끊어진, 대립으로부터 해방된) 자아요, 따라서 이때의 자기의식은 절대적인 자기의식이다. 자기의식은 반성적인 성격 내지는 구조를 가지고 있다. 아니, 자기의식은 반성적인 활동이다. 그러므로 그것은 주객관계, 주관과 객관이라는 구조를 가질 수밖에 없다. 그렇다면 자기의식은 이미 상대적인 의식이 아닌가? 즉, 자기의식은 주관 혹은 주체로서의 나와 객관 혹은 객체로서의 나라는 두 개의 나로 분리되지 않는가? 그러나 그렇지 않다. 이것은 형식적으로만 그렇게 구분될 뿐, 주관으로서의 '나'와 객관으로서의 '나'는 동일한 '나'인 것이다. 그러므로 제 1원칙에 등장하는 정립하는 자아와 정립된 자아는 동일한 자아이고, 이러한 자기의식은 절대적 자기의식이다.

③ "나는 나다"라는 것은 자유의 표현이다.

"그런데 자기의 외부에 존재하는 모든 것으로부터의 자신의 자립성 및 독립성을 의식하게 되는 자 — 그리고 우리는 자기를 모든 것으로부터 독립적인 자로 만들고, 자기 자신을 통해 자기를 어떤 것으로 만듦으로써만 이렇게 된다 — 는 자기 자신을 지탱하기 위해 물物을 필요로 하지 않고 그것을 필요로 할 수도 없다. 왜냐하면 그것은 저 자립성을 폐기하고, 공허한 가상으로 변화시키기 때문이다."[18]

2) 제 2원칙(반정립):

"(…) 자아에 대하여 비아가 전적으로 반정립된다"[19]

① 자아에 의한 비아의 정립: 대상의식의 발생

이 두 번째의 단계는 매개 혹은 부정의 단계로서, 자아가 주체와 객체의 대립으로, 내적으로 나누어지는 것을 나타내며, 자아가 비아를 자신에 맞세워 정립한다는 것을 뜻한다. 모든 비아는 자아에 대해서만 존재하는 것이다. 비아는 자아의 활동에 의해서만 존재하므로, 자아가 없는 비아는 없다. 비아는 독립해 있는 것이 아니라 자아에 의해 정립된 것이요, 그런 한에서 자아(주관) 속에 있는 것이다.

피히테는 자아의 이러한 외부관계 혹은 존재관계[Seinsbeziehung]가 두 번째의 근본적인 활동 속에서, 즉 '반정립' 속에서 보증되는 것을 본다. 따라서 자아는 자신에게 '비아'를 필연적으로 반정립한다. 자아는 자기를 자기 자신으로부터 구별하고, 그럼으로써 대상세계가 열리고 주제화

되는 공간을 연다. 이와는 반대로 자아는 비아로부터의 이러한 구별 속에서 비로소 자기[Selbst]로서의 자신에 관계할 수 있다. 따라서 두 번째 원칙은, 서로 함축하고 전제하는, 주체[Subjektivität]의 자기연관과 타자연관의 내적 관계를 지시한다. 즉, 자기 없이는 세계가 없고 세계 없이는 자기도 없다.[20]

② 자아와 비아

선험적 관점에서 보면 다음과 같이 말할 수 있다: "비아는 (...) 자아의 다른 모습에 불과하다."[21] 즉, 정지[Ruhe], 저지됨[Gehemmteseins]이라는 성격을 띤 자아의 다른 모습에 불과하다. 피히테에 있어서는 여기에, 존재[Sein]를 도출할 논리적인 장소가 있다.[22]: "Sein은 직접적인 개념이 아니라(...), 활동이 최초의 것이고 직접적인 것이다. 이것(활동: 필자 주)은 설명될 수 없다; 이에 반해서 Sein은 도출해 낼 수 있다."[23]

그런데 여기서 피히테가 말하는 '존재[Sein]'는 과연 무엇인가? 앞에서도 말했듯이 Sein이라는 용어는 다양한 의미로 사용된다. 그런데 여기에서는 '활동'[Tätigkeit][24]이라는 용어와 대비되어 사용되고 있다. 활동이란 물론 자아의 활동을 뜻한다. 그러면 Sein이란 무엇이겠는가? 그것은 바로 대상의 존재, 비아의 존재를 말한다. 독일철학에서 흔히 '사유와 존재'[Denken und Sein], 이렇게 말할 때의 존재가 바로 여기에 해당된다. 이것을 '주관과 객관', '주체와 객체', '사유와 대상', 혹은 '자아와 타자', 혹은 피히테처럼 '자아와 비아'로 표현해도 마찬가지다. 위의 문장은, 자아에 의한 자아의 정립이 1차적 · 근원적이고, 자아에 의한 비아의 정립 내지는 반정립은 이에 비해 볼 때 2차적이라는 사실을 말하고 있다. 그러므로 비아는 직접적인 개념이 아닌 것이다. 피히테는 그러므로 다음과

같이 말한다: "존재는 그러므로 비아의 성격이며," 하나의 "부정적인 개념이다."[25] 그렇다. 존재는 자아의 성격이 아닌 비아의 성격이다. 자아는 그저 존재하는 것이 아니라 부단한 활동으로서만 존재한다. 그러므로 피히테는 자아가 활동 혹은 행위[Handlung]라는 것을 강조해서 말한다. 또한 존재는 긍정적인 개념이 아니라 부정적인 개념이다. 즉 비아라는 표현은 '자아가 아닌 것'이라는 부정적인 형태의 표현이다. 자아가 있고 나서 비아가 있는 것이지 비아가 있고 난 후에 자아가 있는 것이 아니다.

3) 제 3원칙(종합):

"나는 내 속에, 가분적 자아에 대립해서 가분적 비아를 반정립한다."[26]

• 여기에는 대상의식이 매개된 구체적 자기의식이 표현되고 있다. 첫째 원칙과 둘째 원칙은 서로 대립한다. 즉 자아와 비아는 서로 대립한다. 이 셋째 원칙은 두 원칙의 종합이다. 세 번째의 원칙은 자아와 비아, 자기와 대상의 종합을, 그리고 관계의 상관자들로부터 분석적으로 도출될 수 없는 통일을 떠맡아야 하는 논리적 형태를 규정한다. 피히테는 '제한적'[limitativ]이라는, 양量 범주[27]들 가운데 하나의 범주를 다시 수용하면서 이 형태를 규정한다. 즉, 자아와 비아는 가분적이고 상호 제한하는, 관계연속체의 계기들로서 정립된다.[28] 그는 이렇게 말하고 있다: "나는 내 속에 가분적인 자아에 대하여 가분적인 비아를 반정립한다. 이 인식을 어떤 철학도 넘어서지 못한다. 그런데 모든 철저한 철학은 이러한 인식에까지 되돌아가야 한다. 그리고 모든 철저한 철학이 그렇게 하는 대로, 그것은 학문론으로 된다. 지금부터 인간정신의 체계 속에 등장해야 하는 모든 것은, 제시된 내용으로부터 도출되어야 한다"(*GdgWL*, in:

GA I /2, 272; *SW* I , 110).

• 이렇게, 유한한 자아와 유한한 비아는 상호 제한하며 규정한다. 즉 피히테에 의하면, 자아에 의한 비아의 반정립을 통해 성립된 가분적 자아와 가분적 비아가 상호 관계하는 두 가지 방식이 있는데, 그 하나는 ① "(...) 자아는 자기 자신을, 비아에 의해 제한된 것으로 정립한다"[29]고 하는 이론적 방식이고(이 명제는 이론적 학문론의 기초를 이룬다. 그리고 초기 학문론의 제 2부 전체는, '이론지의 기초'라는 제목으로 이 분석에 바쳐진다), 다른 하나는 ② "자아는 비아를, 자아에 의해 제한된 것으로 정립한다"[30]고 하는 실천적 방식이다(이 명제는 실천적 학문론의 기초를 이룬다). 전자의 경우는 자아가 비아에 의해서 수동적으로 활동하는 인식의 면이요, 둘째는 자아가 비아에 대해서 능동적으로 활동하는 실천의 면이다. 여기에, 전자를 다루는 이론적 학문론과, 후자를 다루는 실천적 학문론의 구별이 생긴다. 이론적인 부분에서는 자아가 어떻게 자신의 표상들에 이르는지가 설명되어야 한다. 우리가 자아를, 비아로 인해 규정되는 것으로 생각하면, 자아는 수동적으로 무엇을 수용하면서 존재하며, 비아는 능동적인 것으로 생각된다. 이것이 소위 실재론의 입장이다. 이와는 반대로 비판적 관념론은 다음과 같은 것을 타당하게 만든다. 즉, 자아는 비아에 의해 제한된 것으로서 자기 자신을 정립하며, 그러므로 자아는 자기제한 속에서 활동하는 부분이다. 자아가 자기를 비아에 의해 제한하면서, 그를 통해 자아에 표상들이 발생하게 하는 활동을 피히테는 구상력[Einbildungskraft]이라고 부른다. 실천적인 부분은, 절대적 자아의 무한한 활동과 비아에 의해 제한된 유한한 자아 사이에 존재하는 대립으로부터 출발한다. 『전 학문론의 기초』의 제 3부는 실천적 자아의 근본계기들, 즉 추구[Streben][31]와 감정[Gefühl]을 설명한다. 이들은 연

역의 순서에 있어서는 마지막에 있지만, 정초이론적인 지위로 볼 때에는 절대적인 우위를 점하고 있다. 즉, 이들이 없으면 이론이성의 수행들이 가능하지도 않을 것이고 이해될 수도 없을 것이다.[32]

• 피히테에 의하면, 추구의 필연성이 정초되는 것은, 자아의 정립활동은 저지를 기초로 하여 필연적으로 자신 속으로 되돌아오는 역방향의 상보적 활동이어야 한다는 사실로부터다.[33] 대상세계는, 자아 · 활동이 거듭 극복하려고 노력하는 저항들을 만나는 곳에서만 일관적으로 생각될 수 있다. "무한히 뻗어나가는 이 무한한 추구는, 모든 객관이 가능하기 위한 조건이다. 즉 추구가 없다면 객관도 없다"(*GdgWL*, in: *GA I /2*, 397; *SW I* , 261 f.)고까지 피히테는 말한다. 세계는 우리에게 늘 실천적인 관점 및 관계지평 하에서만 열린다. 이와 동시에, 추구의 무한성은 그것이 실현될 수 있는 유한한 조건들을 통해서 필연적으로 방해되는 것으로 발견된다. 무한한 과제와 유한한 조건 사이의 이러한 차이로부터, 행위를 법적 및 도덕적으로 규제해야 할 필요성이 발생하는 것이다.[34]

자아는 무엇 때문에 제한되는가? 이에 대한 대답은, 무한한 추구로서의 절대적 자아라는 규정 속에 들어 있다. 이것은, 모든 현실이 자아로 인해 전적으로 정립되어야 한다는 요구를 포함하고 있다. 객관(대상) 없이는 추구도 없으므로, 자아가 비아를 극복하면서 실천적으로 되기 위해서는 비아의 저항을 필요로 한다. 이와 동시에, 유한한 자아는 자신 속에서 모든 현실을 진정으로 파악하고 있는지를 반성해야만 한다. 객관의 저지[Anstoß][35]는, 추구가 반성되고 자아가 자기 자신을 알고 자신을 그렇게 규정할 수 있는 조건이다.

II. 실행

실행[Tathandlung]이란 무엇인가? 국내 학계에서는 지금까지 피히테의 이 전문용어를 '사행'事行이라고 번역해 오고 있다. 사행이라는 번역어는 '사실행위'事實行爲의 준말이다. 이렇게 번역한 이유는 다음과 같다. 의식은 정립하는 행위로서만 존재한다. 따라서 의식의 경우에는 자아가 자아 및 비아를 정립한다는 사실[Tat]과 정립의 행위[Handlung]는 동일한 것이다. 그러므로 이 양자를 결합하여 피히테가 Tathandlung이라는 용어를 사용했다고 주장하면서 이것을 사행이라고 번역하고 있다. 그러나 이것은 잘못된 번역이다. 왜냐하면 피히테는 Tathandlung을 이런 의미로 사용하고 있지 않기 때문이다. 피히테에 있어서 중요한 것 그리고 그가 강조하는 것은, 무제한적으로 확장하고 제한 내지 비아마저도 정립하는 힘으로서의 자아 혹은 의식이다. 피히테가 말하는 Tathandlung은, 자아는 자아의 정립작용, 정립행위[Handlung]인 동시에 이 정립행위의 결과(성과, 산물, Tat)이기도 하다는 것이다. 이것은 바로 자기의식의 구조이며, 우리가 소위 신에게서 그 전형典型을 발견할 수 있는 '사유의 사유'[noēsis noēseōs]이며, 자기가 자기의 원인이자 결과인 '자기원인'[causa sui]이라는 사태를 표현하고 있다. 앞서 말한 번역의 오류는 어디에서 발생했는가 하면 독일어 Tat이 지니고 있는 여러 의미를 정확히 파악하지 못한 데에 원인이 있다. 즉, 독일어 Tat은 첫째로, 사실事實[fact]이라는 의미를 지니고 있다. 예를 들면 'in der Tat'이라고 말하면, '실로 혹은 사실'이라는 뜻이다. 그러므로 이때의 Tat은 Tatsache와 같은 뜻이다. 두 번째로 Tat은 행위, 활동이라는 뜻을 지니고 있다. 주지하듯이 괴테가 자기의 작품 『파우스트』(*Faust*)에서, 요한복음 제 1장 1절의 "태초에 로고스가 있었는데, 이 로고스는 하나님 곁에 있었고 하나님은 로고스였다”(Ἐν ἀρχῇ ἦν ὁ λόγος, καί ὁ λόγος ἦν πρὸς τὸν θεόν, καί θεὸς ἦν ὁ λόγος)라는 첫 부분을 “태초에 행동이 있었다”(Am Anfang war die Tat)라는 표현으로 변형시켰는데, 이때의 Tat는 행동, 행위라는 뜻이다. 그리고 세 번째로는 어떤 행위의 결과, 성과, 업적이라는 뜻이다. 그런데 피히테의 Tathandlung에서 사용된 Tat의 의미는 바로 이 세 번째에 해당한다. 즉, 그것은 Handlung의 성과, 결과, 산물이라는 뜻이다. 그러면 이에 대해 피히테가 무어라고 말하고 있는지 직접 살펴보기로 하자:

> 따라서 절대적으로 정립되고 자기 자신에 근거한 것은, 어떤 확실한(그리고 전 학문론을 통해 발생하게 될 모든) 인간정신의 행위의 근거이며, 따라서 인간정신의 순수한 성격이다. 즉 그것은 활동의 특수한 경험적 조건들과는 관계없는, 활동 자체의 순수한 성격이다. 요컨대 자기 자신을 통한 자아의 정립은 자아의 순수한 활동이다. 자아는 자기 자신을 정립한다. 그리고 자아는 자기 자신을 통한 이러한 단순한 정립으로 인하여 존재한다. 그리고 그 반대도 마찬가지다. 즉 자아는 존재한다. 그리고 자아는 자기의 단순한 존재로 인하여 자기의 존재를 정립한다. 자아는 행위하는 자인 동시에 행위의 산물이기도 하다. 즉, 활동하는 자이며, 활동에 의해 산출되는 자다. 다시 말하면 행위와 행위의 성과는 하나이며 전적으로 동일하다. 그러므로 나는 존재한다라는 것은 실행의 표현이다. 그리고 전 학문론으로부터 발생해야만 하는, 유일하게 가능한 실행의 표현이다(*GdgW*, in: *GA I/2*, 258 f.; *SW I*, 95 f.).

여기서 피히테는 “자아는 행위하는 자인 동시에 행위의 산물이기도 하다. 즉, 활동하는 자이며, 활동에 의해 산출되는 자다. 다시 말하면 행위와 행위의 성과는 하나이며 전적으로 동일하다”라고 분명히 말하고 있다. 여기서 '행위자'[das Handelnde]와 '활동자'[das Thätige]는 동일한 내용을 말하고 있고, '행위의 산물'[das Produkt der Handlung]과 '활동을 통해 산출되는 것'[das, was durch die Thätigkeit hervorgebracht wird]도 동일한 내용을 가리키고 있다. 그러므로 피히테가 말한 Tathandlung의 'Tat'은 '행위의 산물', '활동을 통해 산출되는 것'을 말한다는 것이 분명하다. 이렇게 볼 때, 이때의 Tat이 '사실'이나 '활동'을 뜻하는 것으로 해석해서는 안될 것이다. 그리하여 필자는 이 용어를 행위와 그 결과를 뜻하는 '실행'(實行: 실제로 행한다는 의미의 '실행'이 아님)으로 부르고자 한다.

실행이라는 표현은 이중적인 것을 목표로 하고 있다. 첫째로 그것은, 그것에 대해 우리가 존재자들 가운데 있는 존재자로서 우리의 경험적 · 심리적인 자기지각 속에서 우리에게 주어지는 "경험적 의식의 사실들"에 맞서서 주체 자체의 비 대상성을 뚜렷하게 구분하려고 한다. 이에 반해 우리는 오직 비 감각적이고 직접적인 예지적 직관[intellektuelle Anschauung[36]]을 통해서만 실행을 의식할 수 있다. 다른 한 편으로 이 개념은, 자아 · 활동 속에서 결과[Tat]와 행위[Handlung] 산물과 산출자의 과정상의 동일성을 강조하는 것으로 생각된다.[37] "자기 자신을 정립하는 것과 존재는, 자아에 관해 사용되는 경우에는 전적으로 동일하다"(*GdgWL*, in: *GA I/2*, 260; *SW I*, 98).

III. 실천적 자아 · 저지 · 추구

—

만약에 자아만 존재하고 비아는 존재하지 않는다면, 혹은 주관만 존재하고 주관에 대립해 있는 자[Gegen-stand], 즉 대상은 존재하지 않는다면,

자아나 주관은 전적으로 자유로운 자, 절대적 자아, 절대적 주관으로 존재할 것이다. 이러한 자아는 자신의 무제한적 힘을 행사할 수 있을 것이다. 그러나 현실 속에서 이러한 일은 일어나지 않는다. 현실 속에는 자아만이 아니라 비아도 존재하기 때문이다. 비아는 자아의 활동에 대한 제한으로서 작용한다. 바로 이러한 제한을 피히테는 '저지'[Anstoß]라고 부른다. 또는 이렇게도 말할 수 있다. 실천적 자아의 활동은 추구[Streben]인데, 이러한 추구는 추구할 대상을 지향한다. 다시 말하면, 마치 의식이 '어떤 것에 대한 의식' 내지는 '어떤 것-의식'이듯이,[38] 추구도 '어떤 것'에 대한 추구다. 아무런 대상 없는 추구는 있을 수 없다. 따라서, 자아의 추구작용은 비아를 전제하며, 비아는 자아의 추구작용에 대해 반대추구[Gegenstreben] 내지는 저지로서 작용한다. 또는 이렇게도 말할 수 있다. 무한한 추구로서의 절대자아는 극복이라는 작용을 포함하고 있으며, 이러한 극복작용은 극복해야 할 장애나 저항을 필요로 한다고. 그러므로 대립, 저항, 저지, 장애는 실천적 자아가 활동하기 위한 조건이다.[39] 자유는 자기로부터 유래하는 행위를 할 수 있는 능력이지만, 자기를 발생시키는 능력은 아니다. 학문론에 의하면 자아는 자유로운 행위에 대한 자극으로서 외부에 존재하는 어떤 것으로부터 오는 충격 혹은 반발인, 저지에 의존해 있다. 그러나 『학문론의 원리들에 의한 자연법의 기초』에서 저지는, 자유롭고 책임 있는 행위에 대한 촉구促求[Aufforderung][40]라고 해석된다.[41]

그런데 이때의 대립, 저항, 장애, 저지로서의 비아는 자아에 의해 극복되고 부정되어야할 대상으로 나타난다. 그러나 결론적으로 말하면, 자아에 의한 비아의 이러한 극복은 완전히 성취될 수는 없다. 자아는 단지 비아를 극복하기 위하여 노력할 뿐이다. 자아가 완전히 비아를 극복하여 자아가 단지 자기 자신과만의 통일을 이루는 것은 현실에서는 불가능한 하나의 이상[Ideal]이다.[42] — 피히테는 이것을 "결코 도달할 수 없는 끝없는 목표"(*SW IV*, 131)라고 말한다 — 비아는 자아의 존재를 위해 필요하기 때문이다. 그리하여 자아는 단지 자기 앞에 있는 비아를 그때그때마다 극복하기 위해 노력할 뿐이다. 이때, 비아가 부정되어 자아가 자기동일성과 독립성을 유지하는 차원과, 비아가 부정되지 않아 자아가 의존성으로부터 벗어나지 못하고 있는 또 하나의 차원이 존재하는데, 이 두 차원의 분리와 통일은 자아가 존속하는 한 끝없이 반복된다. 그런데 피히테는 추구가 궁극적으로 목표하는 바를, "저 통일: 자기의 자기규정을 통해 동시에 모든 비아도 규정하는 자아[신성神性]의 이념"(*Rezension Aenesidemus*, in: *GA I/2*, 65)으로 보고 있다.[43] 피히테는 추구를 '경향[Tendenz]'이라고도 부르며, 그리고 이것이 의식되는 경우에 '충동[Trieb]'이라고 부른다.[44]

IV. 저지와 촉구

앞서 보았듯이, 『자연권의 기초』에서 등장하는 촉구 개념은, 『전 학문론의 기초』의 저지 개념에 대응한다. 현실 속의 자아는 유한성을 지니고 있으며, 자신의 외부에 존재하는 자신의 타자, 즉 비아와 대면한다. 『전 학문론의 기초』에서 순수자아는 비아에 의한 저지에 의해 현실적인 자기의식에 이르게 된다. 저지는, 자아를 행위하도록 만드는 "그러한 제1원동자"(*GA I/2*, 411; *SW I*, 279)이며, "(…) 자아는 자기의 외부에 있는 그러한 제1원동자 없이는 결코 행위하지 못했을 것이다. 그리고 그것의 존재는 전적으로 행위 속에 있기 때문에, 자아는 결코 존재할 수도 없었을 것이다"(*GA I/2*, 411; *SW I*, 279)라고까지 피히테는 말한다.

비아로서의 사물이 자아의 인식의 대상이나 의욕의 대상이 될 경우에는 자아의 추구가 비아로 나아가 거기에 부딪히고[anstoßen], 자기 자신과 비아의 구별(차이)을 인지하고 비아를 인식하든지 혹은 비아를 부정하여 자기 것으로 삼음으로써 자기의 충동이나 욕망을 충족시킨다. 그러나 비아가 사물이 아닌 다른 하나의 자아일 경우에 사정은 이와 다르게 된다.[45] 타아 혹은 타인으로서의 비아는 자아에 의해 부정되거나 절멸되어야 할 대상이 아니라 함께 공동체를 이루어나가야 할 협력자요 공동체의 구성원인 것이다. 이러한 사유의 변화에 따라, 학문론에서 '저지', '충돌' 혹은 '반대추구'로 표현된 용어가 『자연권의 기초』에서는 (자유롭고 책임 있는 행위에 대한) '촉구'라는 개념으로 바뀌게 된다.[46] 이러한 타인으로서의 비아는 자아에 의해 부정되어야 할 대상이 아니라 승인[47]되어야 할 존재자다.[48]

『자연권의 기초』에서 나타나는 저지는 자기의식을 지닌 이성적이고 인격적인 타아를 통한 촉구다. 타아의 촉구를 통하여 주체는 자기 자신을 자유롭게 활동할 수 있는 능력으로 파악하는 동시에, 규정된 어떤 것을 하기로 구체적으로 결단한다. 이로써 촉구는 그 주체에게 순전히 그에게 속한 자유로운 활동에 대한 전망을 열어준다.[49] 자기의식과 자유는 상호주관적으로 매개되어 있다. 그리고 자유에 대한 명백한 자기의식은 자아가 자기 자신에게 줄 수 있는 것이 아니라, 나에 대한 타인의 주장(촉구)으로부터 발생한다. 나를 자유롭고 책임 있는 자가 되라고 촉구하는 타인은 또한 나로 하여금 그를 자유로운 자로 승인할 것을 요구한다.[50]

V. 촉구 · 승인 · 상호주관성

하나의 자아를 향한 다른 하나의 자아(타아=타인)의 촉구는 물리적인 힘이나 강제가 아니며, 반드시 복종해야 할 명령도 아니다.[51] 이 점과 관련하여 피히테는, 촉구를 받는 사람은 "마치 인과 개념에서 결과가 원인을 통해 발생하듯이, 결코 촉구로 인하여 행위하도록 규정되거나 강요되어서는 안 된다"[52]고 말한다. 촉구는 오히려 결단하기 위한 하나의 계기다. 즉, 자아는 촉구에 동의할 수도 있고 그것을 부인하거나 무시할 수도 있다.[53] 그러나 촉구에 어떻게 응답하기로 선택하는가에 관계없이, — 이 선택에 의하여 — 주체는 자기의식을 획득한다. 즉, 자신에게 자유로운 영향력을 귀속시킨다. 그러므로 촉구와 촉구에 의해 야기된 응답은 주체가 자기의식을 얻을 수 있는 조건들이다(SW Ill, 34 참조)[54] 한 개인을 향한 타인의 촉구는, 그 개인이 자유의 능력을 지니고 있다는 것을 전제하고 있을 뿐만 아니라 이러한 촉구를 수행하는 타인 자신도 자유로운 자라는 것을 전제하고 있다:

> (촉구의: 필자 주) 원인은 그러므로 이성 및 자유 개념을 필연적으로 가져야 한다. 요컨대 그것 자체가 개념적 사유의 능력이 있는 존재자, 즉 지성이어야만 한다. 그리고 이러한 일은 바로 입증된 것처럼, 자유 없이는 불가능하기 때문에, 그것은 또한 자유로운 존재자이어야 한다. (...)"(*GN. GA I/3*, 345; *SWIII*, 36).

이렇게 볼 때 촉구는, 다른 이성적 존재자를 향한 어떤 이성적 존재자의 지성적 의사소통이라고 할 수 있다.[55] 칸트의 『윤리형이상학』(*Die*

Metaphysik der Sitten, 1797)에 앞서서 출간된 피히테의 『자연권의 기초』[56]는, 자유로운 개인은 개별자로서는 존재할 수 없고, 자기 외에 다른 자유로운 개인들을 가져야만 한다는 지적과 더불어 시작한다:

> 유한한 이성적 존재자는 감각계 속에서의 자유로운 영향력을 타인에게도 귀속시키지 않고서는, 따라서 자기의 외부에 다른 유한한 이성적 존재자를 가정하지 않고서는 감각계 속에서의 자유로운 영향력을 자기 자신에게 귀속시킬 수 없다(*GN*. *GA I /3*, 340; *SW III*, 30)[57]

뿐만 아니라, 나에 대해 촉구하는 사람도 자기 자신을, 기꺼이 자신에 대한 자기제한을 취하는 하나의 이성적 존재자로 간주해야 할 뿐만 아니라, 또한 나를 촉구에 부응하거나 그것을 거부할 수 있는 이성적 존재자로 평가해야만 한다. 즉, 촉구 속에서는 항상, 자신들을 자유로운 자로 이해하고 서로를 자유롭게 승인하는 개인들로 승인하는 다수의 개인들이 존재한다고 생각된다. 다시 말하면, 피히테에 의하면 우리는 타인을 자유로운 자로 경험하지 않고서는, 그리고 동시에 타인을 자유로운 자로 대하지 않고서는 우리 자신을 자유로운 자로 경험할 수 없다. 피히테는 이 점을 다음과 같이 말하고 있다:[58]

> 그러므로 자유로운 자들의 상호관계는 지성과 자유를 통해 상호 작용하는 관계다. 서로가 서로를 승인하지 않는다면 아무도 다른 존재자를 승인할 수 없다. 그리고 서로가 서로를 그렇게 대하지 않는다면 아무도 다른 존재자를 자유로운 존재자로 대할 수 없다. 제시된 이 개념은 우리의 기획에 대해 극도로 중요하다. 왜냐하면 바로 이 개념에 우리의 법이론 전체가 (...) 근거해 있기 때문이다. 나는 나 자신이 어떤 특정한 존재자를 이성적 존재자로 대하는 한에서만,

나를 이성적 존재자로 승인해 줄 것을 그에게 요구할 수 있다(*GN*. *GA* I /3, 351; *SW* III, 44).[59]

피히테가 말하는 것처럼, 이러한 사태 위에 전체의 법이론이 기초해 있고, 이로부터 다음과 같은 기초적인 "법의 명제"가 발생한다: "나는 나의 외부의 자유로운 존재자를 자유로운 존재자로 모든 경우에 승인해야 한다. 즉, 나는 나의 자유를 나의 외부의 자유로운 존재자의 자유의 가능성이라는 개념을 통해 제한해야 한다"(*GN*. *GA* I /3, 358; *SW* III, 52) 또는 이렇게도 말한다: "(...) 너 이외의 다른 모든 사람들도 자유로울 수 있도록 너의 자유를 제한하라"(*GN*. *GA* I /3, 387; *SW* III, 89)[60] "네가 관계를 맺는 다른 모든 사람들의 자유 개념을 통해 너의 자유를 제한하라"(*GN*. *GA* I /3, 320; *SW* III, 10). 이렇듯 피히테가 근원적인 상호주관성 내지 상호개인성으로부터 도출해 냈다고 믿는 권리(법)의 요구는, 훼어바이엔H. Verweyen도 말하듯이[61] 윤리학의 역사에서 아주 다양한 형태를 띠고 '황금률'로 표현된 원리와 본질적으로 동일한 것으로 볼 수 있다.

이처럼 촉구 개념과 승인 개념은 밀접하게 연관되어 있다. 하나의 개인이 다른 하나의 개인을 승인한다는 것은, 타인을 "자유로운 자로" 승인한다는 것을 의미한다. 그러나 이러한 '자유'는 무제한적 자유가 아니다. 그것은 제한되어야 한다. 그렇다면 과연 개인의 자유는 어디까지 허용될 수 있는가? 피히테는 이에 대해, "나의 외부의 자유로운 존재자의 자유의 가능성"이라는 대답을 제시한다. 즉, 나는 나의 자유를 마음껏 누릴 수 있다. 그러나 그것은 나의 자유로 인해 타인의 자유의 가능성이 침해당하지 않는 한에서 가능하다. 실제로 피히테는 이렇게 말하고 있다: "타인의 자유와 인격을 불가능하게 만드는 행위를 할 수 있는 권리는 아무에게도 없다. 그 밖의 모든 자유로운 행위를 할 수 있는 권리는 모두가 가지고 있다"(*GN. GA I /3*, 390; *SWIII*, 93 f.). 이런 점에서 피히테의 사상은 밀J.S. Mill의 "해악害惡의 원리[he Harm Principle]"의 사상을 선취하고 있다고 하겠다. 다시 말하면, 이는, "타인에게 해를 입히지 않는 범위 내에서 당신이 하고 싶은 일을 마음대로 하시오"라고 바꿔 말할 수 있을 것이다. 이처럼, 법(권리)관계는 자유의 영역을 상호 대칭적으로 제한하는 데에 존립하는 것이다. 그리고 서로를 자유로운 자로 승인하는 자아로서의 개인들이 자기의식을 지닌 인간의 공동체가 성립할 수 있는 조건을 이룬다. 그리고 그것 아래에서만, 유한한 이성적 존재자가 자기와 같은 종류의 타인과 더불어 생각될 수 있는 관계가 법관계[Rechtsverhältnis]다.[62]

인간은 "창窓 없는" 단자單子들로서 다른 단자들과 교섭하지 않고 독립적으로 존재하는 고독한 자아가 아니다. 인간은 다른 인간들과의 관계 속에서 비로소 인간으로 존재한다. 이 점에 관해 피히테는 다음과 같이 말한다: "인간(모든 유한자 일반도 그러한데)은 오직 인간들 사이에서만 인간으로 된다; 그리고 인간은 인간 이외의 그 어떤 것이 될 수도 없고 전혀 그렇게 되지도 않을 것이기 때문에, 어쨌든 인간이 존재해야 한다면, 다수의 인간이 존재해야만 한다"(*GN. GA I /3*, 347; *SWIII*, 39) 그리고 "이성적 존재자는 자신을 개인으로, 즉 다수의 이성적 존재자 가운데 있는 일자로 정립하지 않고서는 자신을 자기의식을 지닌 그런 자로 정립할 수 없다"(*GN. GA I /*319; *SWIII*, 8). 그리하여 피히테는 '나'는 다른 이성적 존재자로부터 촉구라는 영향을 받기 전에는 "전혀 자아가 아니다"(*GN. GA I /3*, 375; *SWIII*, 74)라고 말하기까지 한다.[63] 한 개인의 개인성은 "나의 인격과 타인의 인격의 대립을 통하여, 그리고 단지 나만이 지배하는 나의 영향력 및 자유의 영역을 타인의 영향력 및 자유의 영역으로부터 한정함으로써"[64] 획득된다. 이처럼, 대립된 개인들은 "동시에 정립되고, 서로 관계하며 서로 비교된다"(*GA I* /3, 350; *SW III*, 42). 이렇게 하여 『자연권의 기초』 § 3에서의 촉구에 관한 논의에서 피히테는 상호주관성과 상호승인 개념을 확립한다. 승인은 상호적이어야 한다. 일방적인 승인은 진정한 승인이 아니다.[65]

인간이 사회적인 존재자로 실현되는 것은 상호승인을 통해서 가능하며, 개인성[Individualitä] 개념은 상호승인 개념으로부터 구성된다.[66] 그러므로 개인성 개념은 상호승인을 사회적으로 실천함으로써 발생하는, 사회적으로 제약되고 매개된 개념이다. 즉, 인간이 사회 속에서 존재하기 위해서는 자유의 제한이 반드시 요구된다.[67] 구체적이고 현실적인 인간의 자유의식은 스토아주의적인 고립적인 자기와의 연관 속에서 누리는 폐쇄적이고 자기만족적인 의식 속에서는 성취될 수 없다. 그것은 인간이 공동체 속에서 타인과 맺는 상호주관적인 관계 속에서만 얻을 수 있는 것이다.

VI. 촉구와 교육

앞서 살펴본 것처럼 촉구는 다른 이성적 존재자를 향한 어떤 이성적 존재자의 지성적 의사소통이라고 할 수 있다. 이런 이유 때문에 피히테는 촉구를 교육[Erziehung]과 동일시한다.[68] 즉, 촉구의 궁극적인 목적은 이성적 존재자의 자유로운 영향력이다. 피히테는 인간(성)을, '스스로 활동함[Selbsttätigkeit]'이라는 관점에서, 즉 자기를 활동하게 하고 규정할 수 있는 의식적인 능력의 관점에서 보고 있는 것이다. 그는, 근본적으로 교육은 아이들이 혼자 힘으로 할 수 없는 방식으로 자신들의 능력들을 발견하고 행사하도록 그들의 교사들에 의해 아이들을 촉구하는 일이라고 논증한다(*SW III*, 358-9, 365 참조). 그러나 교육은 교사들이 그들의 학생들로 하여금 스스로를 발견하고 잘 자랄 수 있는 자유를 허락할 때에만 이 목적을 성취할 수 있다.[69] 이 점과 관련하여 피히테는 다음과 같이 말한다: "자유롭게 스스로 활동하라는 촉구는, 우리가 교육이라고 부르는 것이다. 모든 개인은 인간으로 교육되어야 하며, 그렇지 않으면 개인은 인간이 되지 못할 것이다"(*GN. GA I* /3, 347; *SW III*, 39; *M II*, 43) 인간으로 되고 인간으로 존속하는 것은, 다수의 인간들이 공동체 속에 존재하며 그들 중 적어도 한 사람은 이미 완전히 교육되어 있어야 한다는 사실에 결합되어 있다: "그러므로 하나의 이성적 존재자는 고립된 상태에서는 이성적으로 되지 못하며 자기를 자유에로 고양시키는, 적어도 자기 외에 하나의 개인이 가정되어야 한다는 사실이 엄밀하게 선험적으로 입증된다"(*SSL. SW IV*, 221).

인간은 자기와 같은 인간들 사이에서만 진정으로 인간으로 될 수 있다는 사실에 대한 저 교육적인 강조와 병행되는 진술이 『새로운 방법에 의한 학문론』에서 발견된다: "(...) 개인은 자기 자신을 발전시킬 수 없다. 한 개인은 다른 개인을 통해서만 발전되며, 최초의 개인의 발전은 고차적인 절대이성을 가정함으로써만 설명된다"(*GA IV*/2, 177 f.). 개인의 자유로운 자립성 및 소질은, 이미 자유로운 자립성에 이른 다른 개인의 현전現前과 그의 편으로부터의 승인을 통해서만 발전된다.

『자연권의 기초』 § 43에서 피히테는 위상位相으로 파악된 그러한 촉구 개념을 시사하고 있다: "부모는 자기의 자녀를 (...) 자유로운 활동을 하

도록 촉구할 것이다: 그리고 그렇게 되면 점차로 이성과 자유가 그들에게 드러날 것이다"(*GN*. *GA I* /4, 140; *SW III*, 358). 피히테는 여기서 그것을 통해 자녀들이 자신들의 자유를 의식하게 되고 그것을 바르게 사용하는 상태로 "점차로" 변화하는, 다양한 형태를 띤 지속적인 촉구의 필요성을 고찰하고 있다.[70] 이러한 피히테의 사상, 즉 촉구로서의 교육이라는 사상은, 필자가 최선의 교육방식이라고 여기고 있는 "물망물조장"(勿忘勿助長, 『孟子』)의 사상과 일맥상통한다고 생각한다. 타인을 자유로운 자로 인정하고, 그로 하여금 책임 있고 자유로운 행위를 할 것을 요구하는 것, 바로 이것은 피히테가 '촉구'라는 개념으로 전개했던 사상과 대동소이한 것이다. '촉구'는 상대방으로 하여금 무엇을 하도록 강요하는 것이 아니다. 이러한 교육관과 관련하여 언급할 사항은, 독일어에는 '교육'을 가리키는 두 가지 용어, 즉 Bildung과 Erziehung이 있다는 점이다. 전자는 경험주의적인 입장의 교육관이 반영되어 있는 용어로서, '교육'이란, 경험을 통해 지식이나 인격을 하나하나 쌓아 나가고 형성해 간다는 의미를 지니고 있는데 반하여, 후자는 인간의 내면에 있는 잠재력을 '밖으로[Er=Ex=out]' '끌어낸다[ziehen=pull]'는 의미를 지니고 있다. '촉구' 역시, 상대방으로 하여금 자유롭고 책임 있는 행위를 하도록 그의 내면에 호소함으로써 그의 자발적인 행위를 이끌어 내는 일이라는 점에서 후자의 교육관과 공통점을 발견할 수 있다.

VII. 무신론 논쟁

1. 무신론 논쟁의 발단

피히테는 1794년에 라인홀트의 후임으로 예나대학의 원외교수가 되기 전에, 대학 강단에 등단하기 전까지 당시의 대부분의 철학자들이 그랬듯이 가정교사의 길을 걸었다. 예나대학에 부임하기 전에 이미 스위스에서 란과 약혼한 피히테는 재정적인 문제로 1791년 3월에 파혼하고, 바르샤바로 가서 플라텐 백작의 아들의 가정교사가 되었다. 그런데 그가 가르치던 학생이 칸트철학에 대해 물었기 때문에 그는 칸트철학을 공부해야만 했다. 칸트철학에 입문한 피히테는 비로소 자유라는 사상에 눈뜨게 되었다. 그는 "이미 칸트가 직 · 간접적으로, 더 명석하거나 더 모호하게 지시하지 않은 것은 결코 말할 수 없을 것"[71]이라고 고백하며 칸트에 대한 존경심을 표명하였다. 마침내 피히테는 1791년 여름에 쾨니히스베르크로 가고, 도착한 지 며칠 후인 7월 4일에 처음으로 칸트와 만나게 되었는데, 이 첫 만남은 그리 성공적이지 못했다. 왜냐하면 자기를 알릴만한 특별한 무엇이 없었기 때문이다. 그래서 피히테는 칸트의 비판철학의 원리와 방법을 사용하여, 칸트 자신이 아직까지 다루지 않은 계시와 종교의 문제에 관한 저술을 쓸 작정을 하고 자기 숙소에 들어박혀 온 힘을 쏟아 부어,[72] 4주 동안에 『모든 계시에 대한 비판의 시도』(*Versuch einer Kritik aller Offenbarung*)[73]를 써서 칸트에게 보냈는데 칸트는 이 글에 관심을 가지고 하르퉁Hartung 출판사에 원고의 출판을 부탁함으로써 피히테의 글은 쾨니히스베르크와 라이프찌히에서 1792년에 출간된다. 그러나 이 저술은 출간은 출판사의 계략에 의해 준비되었다. 즉, 출판사는 두 개의 표제지標題紙를 인쇄했다. 하나는 쾨니히스베르크 및 그 주변에서 판매되는 책들을 위한 것이고, 다른 하나는 그 이외의 지역에서 판매되는 책들을 위한 것이었다. 첫 번째 종류의 책에는 피히테의 이름이 저자로 명기되어 있었고, 두 번째 종류의 책 — 즉, 라이프찌히에서 출간된 책 — 에는 저자의 이름이 없었다. 게다가, 서문에는 "쾨니히스베르크, 1791년 12월에"라고 서명이 되어 있고 여기에도 이름은 없었다.[74] 그래서 사람들은 이 저술을, 종교칙령 때문에 익명으로 출간된 칸트의 종교저술로 생각하였다. 그러나 이 저술의 저자는 자기가 아니라 피히테라고 칸트가 밝힘으로써, 당시까지 무명이었던 피히테는 갑자기 유명하게 되었다.[75] 그러나 이때만 해도 피히테는 무신론 논쟁에 휘말리지는 않았다. 이 논쟁을 야기한 정황은 다음과 같다.

예나대학에 취임한 4년 후인 1798년에 피히테는 자알펠트Saalfeld의 학교교장인 포어베르크Wilhelm Karl Forberg (1770-1848)가 쓴 「종교 개념의 발전」("Entwicklung des Begriffes der Religion")[76]이라는 논문을, 자신과 니이트하머Friedrich Philipp Immanuel Ritter von Niethammer (1766-1848)가 편집하고 있던 『철학잡지』(*Philosophisches Journal*)에 실었다. 포어베르크의 논문은, 종교의 역할은 오로지 선한 행위를 하게 하는, 전적으로 실천적인 성격의 것이며, 그러기 위해서는 신에 대한 신앙조차도 필요하지 않다는 주장을 담고 있었다.[77] 피히테는 포어베르크의 논문이 지나치게 대담하여 자기의 취향에 맞지 않는다고 생각하여, 포어베르크에게 우정 어린 편지를 보내, 논문을 발표하지 않은 채로 가지고 있기를 권했다. 그러나 포어베르크는 이에 동의하지 않았다. 물론 피히테는 이 논문을 자기가 편집하고 있는 잡지에 싣기를 거부할 수도 있었을 것이다. 그러나 그렇게 하는 것이 마음에 걸렸다. 그래서 피히테는 이 논문에 주해를 달아 출간하겠다고 그에게 편지를 보냈다. 그러나 포어베르크는 이에 대해서도 이의를 제기했다. 이번에도 피히테는 자신의 주장을 양보했다. 그 대신 스스로 「신의 세계통치에 대한 우리의 믿음의 근거에 대하여」("Über den Grund unseres Glaubens an eine göttliche Weltregierung," 1798)[78]라는, 이 논문에 대한 서론 격의 글을 써서 그것을 포어베르크의 논문과 함께 실었다.[79]이 논문에서 피히테는, 자연과학의 입장에서 보면 절대적 존재[das abolute Sein]는 세계와 동일하고,[80] 선험적 관점에서 보면, "독립적으로 존재하는 세계는 없으며, 우리는 우리가 통찰하는 모든 것 속에서, 우리 자신의 내면적인 활동의 반영[Wiederschein]만을 통찰한다"(*GG*, 180)고 말함으로써, 자아 외에 따로 세계의 원인을 찾을 수는 없다는 주장을 제시하였다. 그러나 피히테는 자연과학의 입장과 선험적 입장이라는 두 입장 외에 제3의 입장, 즉 도덕의 입장을 내세운다. 이 입장에서 보면, "세계는 우리의 의무를 수행하기 위한 감각적 재료"(*GG*, 185)이고, 자아는 초감각적 도덕적 질서에 속해 있다. 그리고 바로 이와 같은 도덕적 질서가 신이다. 결국 피히테는, "살아서 작용하고 있는 저 도덕적 질서 자체가 신이다. 우리는 다른 어떤 신도 필요로 하지 않으며, 다른 어떤 신도 파악할 수 없다"(*GG*, 186)고 주장한다. 이러한 그의 진술 속에서 당시의 종교지도자들은 '무신론'의 혐의를 발견하였다.

이렇게 볼 때, 포어베르크의 「종교 개념의 발전」이라는 논문이 무신론 논쟁의 최초의 동기를 제공한 셈이다. 피히테는 바로 이 글에 대한 서론격의 논문을 씀으로써 이 논쟁에 휘말렸기 때문이다. 즉, 칸트는 자기의 요청이론에서 실천이성 개념인 '최고선' 개념에 의하여 윤리와 행복의 조화를 생각하였고, 최고선의 실현이라는 요구가 우리에게 부과되어 있다는 주장으로부터 영혼의 불멸과 신의 현존의 요청을 도출하였다. 포어베르크의 논문이 출간된 것은 1798년 11월 초였다. 피히테는 포어베르크의 논문에서 칸트의 진정한 회의적 무신론이 확실해진다는 견해를 갖고 있었다[81]. 드레스덴의 종교회의는 우선 포어베르크의 논문만을 무신론적이라고 단죄하고 『철학잡지』의 해당권의 몰수를 요구했지만, 포어베르크의 논문만이 아니라 피히테의 논문의 몰수도 시행되었다. 이로써 1798년에서 1799년에 이르는 '무신론 논쟁'이 시작된다.[82] 그리하여 「신의 세계통치에 대한 우리의 믿음의 근거에 대하여」라는 글로 인해 피히테는 무신론자라고 비난받으며, 이에 맞서 그는 「대중을 향한 호소」("Appellation an das Publikum," 1799)[83]와 「무신론이라는 고발에 대한 법정 변호문」("Gerichtliche Verantwortungsschriften gegen die Anklage des Atheismus," 1799)[84]을 써서 답변하였지만 그의 주장은 받아들여지지 않고 결국 피히테는 1799년 4월에 예나대학에서 파면당하고 만다. 그런데 과연 피히테는 무신론자였는가? 이 물음에 답하기 위하여 먼저 우리는 무신론과 유신론을 판별할 기준을 가지고 있어야만 할 것이다.

'유신론'[theism]은 넓게는 '신神이 존재한다[유有]는 믿음'을 가리키지만, 좁은 의미로는 종종 유일신론[monotheism]과 동의어로 사용되기도 한다. 이런 좁은 의미의 유신론은 소위 '고전적 유신론'[classical theism] 내지 '표준적 유신론'[standard theism]이라고 부를 수 있다. 이러한 유신론에서의 신은 유일하고 인격적이고 전지전능하고 전적으로 선한 초월적인 영적 존재자로서, 세계의 창조자 · 보존자이자 세계의 질서를 유지하며 세계를 통치하는 자로 이해된다.[85] 그러나 넓은 의미의 유신론은 대체로 다음과 같은 몇 가지 입장들로 구분할 수 있다.[86] 1) 다신론[polythesim]은 원시사회에서 흔히 볼 수 있으며 고대 헬라스와 로마시대에 절정을 이루었던 것으로, 다수의 인격적인 신이 존재하며 한 분야에 저마다 전문적인 신이 존재한다는 신앙을 가리킨다. 2) 단일신론[henothesim]은, 다수의 신이 존재하지만 주로 자기가 속해 있는 부족이나 민족의 신과 같은 하나의 신에게만 충성을 바쳐야 한다는 신앙을 가리킨다.[87] 3) 범신론[pantheism]은 자연 혹은 우주 전체가 바로 신이라는 신앙으로서, 시인들이 종종 이런 표현을 즐겨 사용한다. 4) 범내재신론[panentheism]은, 모든 것이 신 속에 존재한다는 입장으로, 예컨대 니콜라우스Nicolaus Cusanus, 스피노자, 헤겔 등의 입장이다. 5) 유일신론[monotheism]은 인격적 및 도덕적으로 지고至高한 자는 단 하나뿐이며, 그는 자기의 피조물인 인간으로부터 전체적이고 절대적인 복종을 요구한다고 믿는 신앙이다. 그리고 6) 이신론理神論[deism]은, 신은 우주를 창조하기는 하였지만, 창조 후에는 우주(세상)의 일에는 관여하지 않고, 우주를 구성하고 있는 자연(물질) 및 정신의 법칙에 따라 우주가 존재하고 변화해나가도록 설정해 놓은 그런 신에 대한 믿음이다.

이러한 구분에 따르면, 피히테의 신관神觀은 고전적 유신론의 입장과는 분명히 다르다. 예컨대 고전적 유신론에서는 신이 인격人格을 가지고 있는 것으로 보는 데 반하여, 피히테는 신의 인격성人格性을 인정하지 않는다. 따라서 피히테는 좁은 의미로 보면 무신론자라고 할 수 있다. 그러나 넓은 의미로 보면 그 역시 유신론자의 범주 속에 포함된다. 그러면 이제 피히테의 신관을 살펴보자.

2. 피히테의 신론 및 종교론

1) 인격신의 부정否定

「무신론이라는 고발에 대한 법정 변호문」에서 피히테는 신을 인격체라고 말할 수 없다고 한다. 왜냐하면 피히테가 보기에 인격이란 본질적으로 유한한 것이기 때문이다(*GV*, 261 참조). 또한 상식적으로 생각해볼 때에도, 만약 신이 존재한다면 신은 '신격神格'을 지니고 있어야 하지, '인격'을 지니고 있어서는 안 될 것이다. '인격(체)'이라는 개념 자체가 유한성을 포함하고 있는 표현이다. 인간은 무한자, 절대자가 아니라 유한한 존재자이기 때문이다. 그러면 우리가 '인격(체)'이라는 표현으로 구체적으로 뜻하는 바는 과연 무엇인가? 우리가 인간이라고 할 때에는 보통, 지知 · 정情 · 의意라는 작용(기능)을 갖추고 있는 것으로 본다. 그런데 이 모든 작용은 한계를 지니고 있다. 그래서 예컨대 인간의 지知에는 한계가 있어서 모든 것을 다 알 수는 없다. 그런데 만약 신이 인격체라고 한다면 어떻겠는가? 신이 전지全知하지 않다는 말이 되므로 모순에 빠지게 될 것이다. 그런데 우리는 이러한 예들을 많이 발견할 수 있다. 비단 헬라스 · 로마의 신들뿐만이 아니라 유대 · 기독교의 신 또한 이런 모습을 보이고 있다. 신이 모든 것을 아는 자라면, 인간이 범죄할 것을 알고도 왜 선악과를 만들고 금지명령을 내렸나? 아니면, 신은 전지하지만, 인간의 자유의지가 어떤 것을 선택할런지에 관해서는 무지한가? 유대 · 기독교 경전에는 신이 '후회했다'는 등의 표현이 등장한다. 신이 인간을 만들었지만, 죄악이 세상에 퍼져있는 것을 보고, 인간 만든 것을 후회하고 물로 세상을 심판하기로 결심한다. 후회라는 것은 신이 전지한 자가 아니라 유한한 자라는 것을 가리킨다. 진정 전지하다면 후회하지 않도록 행위할 수 있을 것이기 때문이다. 이러한 표현은 엘로힘 역시 헬라스 · 로마의 신화에 나오는 신들과 마찬가지로 '의인화擬人化된 신', 즉 '유한한 신' — 그러나 '유한한 신'이라는 표현 자체가 모순된 표현일 수도 있다 — 이라는 것을 말해주는 것이다. 신을 인격체로 보는 사람들에게 피히테는 다음과 같이 말한다:

> 이러한 존재자는 그대들 및 세계와 구별되어야만 한다. 후자들에 있어서는 신의 말씀이 개념들에 따라 작용해야만 한다. 그리하여 그것은 인격과 의식意識을 지닐 수 있어야 한다. 그렇다면 그대들은 이제 인격과 의식을 무어라고 부르는가? 즉, 그대들이 그대들 자신 속에서 발견하고 그대들 자신에 있어서 알게 되고 이런 이름으로 기술한 그것을 말이다. 그런데 그대들은 이것을 아무런 제한이나 유한성 없이 단적으로 생각하지도 않고 생각할 수도 없다는 사실은, 그대들이 이 개념을 어떻게 구성했는지를 조금만 주의해서 살펴보면 알 수 있다. 그러므로 그대들은 이러한 술어를 유한자에, 즉 그대들과 같은 존재자에 부가함으로써 이러한 존재자를 만드는 것이며, 그리하여 그대들은 그대들이 원하는 것처럼 신을 생각한 것이 아니라, 단지 사유 속에서 그대들 자신을 다양화한 것이다(*GG*, 187).

이 인용문은 마치, 유신론적 신학의 비밀은 인간학 속에 있다는 포이어바흐의 명제처럼 들린다. 이미 스피노자가 철저하게 비판한 의인화된 신 개념에 맞서서 피히테의 추가적인 논증이 제시된다.[88] "현자賢者가 비웃을 수 있는" 의인화된(신인동형론적) 신은 그러나 이제 동시에, "운명의 주인", 그리고 "행복을 부여하는 자"로 기술된다. "그대들의 신은 모든 향락(기쁨)을 주는 자요, 유한자에게 모든 행복과 불행을 나누어주는 자다. 즉 이것만이 그러한 신의 근본성격이다"(*APP*, 218). 피히테에 의하면 이런 행복주의적인 신관은 종교를 파괴한다. "향락을 누리려는 자는 종교가 없고 종교를 가질 수도 없는 감각적 · 육체적인 인간이다. 욕망[Begierde]은 우리 안에 있는 최초의 참된 종교적 감정을 영원히 말살한다"(*APP*, 219). 그리고 계속해서 말한다: "그러한 신은, 이미 오래전부터 진리의 입을 통해 (...) 심판받고 유죄판결이 내려진, 전적으로 진정 '세계의 군주'[Fürst der Welt]다. 그대들의 예배는 이러한 군주에 대한 예배다. 그들은 진정한 무신론자들이며, 그들에게는 전적으로 신이 존재하지 않으며, 구원할 수 없는 우상을 자신들을 위해 만들었다"(ebd.). 피히테가 보기에 유신론의 체계는, 강력한 힘을 가진 존재자로부터 행복을 기대하는 모든 곳에서 만날 수 있는 "우상숭배"[Abgötterei]의 체계요, "우상에 대한 예배"[Götzendienst]의 체계다(ebd.).

그러나 신이 인격을 지니고 있다고 말하는 경우, 이것을 기독교의 관점에서 이해할 수 있는 여지가 하나 있기는 하다. 그것은 바로 신을 삼위일체로 보는 기독교의 입장에서다. 즉, 라틴어 trinitas에서 유래한 Trinity, Trinität 또는 Dreieinigkeit를 번역한 '삼위일체' 라는 용어는, 한 분인 신이 세 위격位格[Personalität]을 가지고 있음을 나타내고 있다. 만약 이러한 상황이 존재한다면, 이것은 하나의 신비神秘이기에 우리가 이해하기 어렵지만, 굳이 이해하려고 한다면 아마도, '한 분인 신이 상황에 따라 세 가지의 다른 모습으로 또는 다른 기능을 지니고 나타나 활동한다'고 이해할 수 있을 것이다. 그런데 이 경우 Person이라는 용어를 인격(체)이라고 번역하고 사용하고 있고, 우리가 소위 '인격신'이라고 할 때의 '인격'도 바로 이 Person을 번역해 쓰는 말이다. 그런데, 신에 대해 '신격'이라는 표현을 쓰지 않고 '인격'이라는 표현을 사용하는 것이 한 편으로는 부적절하게 보이기도 하지만, 영어의 person이나 독일어 Person이라는 용어는 라틴어 persona에서 온 것으로서, persona는 'per'(~을 통해서), 'sona'(소리가 나다)는 뜻인데, 연극을 할 때 배우가 가면을 쓰고 말을 하면, 배우의 말이 '직접 울리지' 않고 가면을 '통해서' 청중에게 전달되므로 persona는 첫째로, 가면을 뜻하고, 두 번째로는, 연극배우가 어떤 가면을 쓰느냐에 따라 무대에서의 그의 역할이 달라지므로, 그것은 '역할 · 기능'을 뜻하게 된다. 이러한 의미를 지닌 person이라는 용어가 '인격'으로 번역된 것은 아마도 인격이 지니고 있는 여러 측면과 기능들 때문인 것 같은데, 신에 대해 person이라는 용어가 사용되는 경우에도 이러한 번역어를 그냥 사용하기 때문에 부적절하게 보일 수도 있다.[89] 그러나 피히테가 신을 인격체라고 말해서는 안 된다고 주장하는 것은 삼위일체와 관련된 이런 상황과는 무관한 것이다. 즉, 신을 인간화해서는 안 된다는 것이다.

인격적이고, 개념들에 따라 행위하는 존재자라는 의미의 유신론은, 그것이 신을 사유하는 대신에 단지 인간만을 이중화하는 한, 자기모순에 이르게 된다. 그리하여 피히테에 의하면 신의 인격성은 신을 유한화하고 폐기하는 바로 그것이다. 만약에 신이 사유되고, 훌륭하게 사유되어야 한다면 그는 비인격적이고, 의식이 없는 것으로 사유되어야만 한다. 스피노자는 바로 이것을 요구하였다.[90] 그는 이렇게 말한다: "활동하는 지성은 유한한 것이든 무한한 것이든 간에, 의지, 욕망, 사랑 등과 마찬가지로 낳는 자연이 아니라 낳아진 자연에 넣지 않으면 안 된다."[91] 활동하는 지성을 신의 본성에 속하지 않는 것으로 보는 이유를 그는 바로 다음에 이어지는 〈증명〉에서 밝히고 있다: "왜냐하면 우리는 지성을 (그 자체로서 명백한 것처럼) 절대적인 사유로 보지 않고 다만 사유의 어떤 양태, 즉 욕망, 사랑 따위와 같은 사유의 다른 양태들과는 다른 어떤 양태라고 보기 때문이다. 따라서 그것은 (정의5에 의해서) 절대적 사유에 의해서 파악되어야 한다. 즉, (정리15 및 정의6에 의해서) 사유의 영원하고 무한한 본질을 표현하는 신의 어떤 속성에 의해서 파악되어야 하며, 더욱이 그 속성이 없이는 존재할 수도 생각할 수도 없는 것으로 고찰되어야 한다. 그러므로 그것은 (정리29의 주석에 의하여) 사유의 다른 여러 양태와 똑같이, 낳는 자연이 아니라 낳아진 자연에 포함시키지 않으면 안 된다"(*Ethik*, 정리 31의 증명). 이러한 주장으로 볼 때, 스피노자는 신에게 "절대적 사유"[absolutam Cogitationem]를 귀속시키고, 여러 가지의 현실적인 지 · 정 · 의라는 작용들은 실체의 양태에 귀속시키고 있다는 것을 알 수 있다. 따라서 신은 아무런 목적이나 의도 · 욕망도 갖고 있지 않다. 목적이나 욕망이라는 것은 어떤 존재자에 있어서의 결핍상태를 전제하는데, 신은 자존적이며 아무 것도 결여하고 있지 않은 완전한 존재자이기 때문이다.[92]

피히테가 위와 같은 논증을 제시한다는 사실은 이런 배경 없이는 이해할 수 없다. 그럼에도 불구하고 피히테는 스피노자의 길을 걸어가지 않는다. 그는 선험적 관념론자로 남으며, 칸트가 신 개념과 윤리학 사이에 만든 결합도 해체하지 않는다. 그러나 이 결합이 윤리학으로부터 특별한 존재자로서의 신에 대한 사상에로의 (실천적인) 추론을 통해 더 이상 산출되지 않는다면, 신에 대한 사유와 도덕적 세계질서의 동일성만이 남게 된다. 도덕적 세계질서로부터 신의 현존에로의 추론이 비로소 이루어지는 것이 아니라 신이 도덕적 세계질서다. 그리고 오히려 이에 비해, 신에 대한 전통적인 믿음, 즉 고전적 유신론은 진정한 신에 대한 믿음이 아니라 본래적인 무신론으로 나타난다.[93]

2) 도덕적 세계질서로서의 신과 도덕종교

「신의 세계통치에 대한 우리의 믿음의 근거에 대하여」에서 피히테는 다음과 같이 말한다: “저 생동적이고 작용하는 도덕적 질서 자체가 신이다. 우리는 다른 어떤 신도 필요로 하지 않으며, 다른 어떤 신도 파악할 수 없다”(*GG*, 186). 이러한 피히테의 생각은 예나대학에서 파면된 다음 해인 1800년에 쓴 글에서도 그대로 나타난다: “이러한 도덕적 질서라는 개념보다 더 많은 것을 포함하는, 신적인 것에 대한 신앙은 이런 한에서 허구이고 미신이다.”[94]

신을 도덕적 질서로(만) 이해하는 이러한 주장 또한 피히테를 무신론자로 판단하게 하는 중요한 근거가 되었다. 그러나 이러한 비판에 대해 피히테는 그의 비판자들이 그가 도덕적 세계질서라는 것으로 뜻하는 바를 오해했다고 주장한다. 그들은 ‘신은 도덕적 세계질서’라는 말을, 주부가 방 안에 있는 가구들을 정돈할 때 만들어지는 질서와 유사한 의미로 해석하고 말았다는 것이다.[95] 그러나 피히테가 진정으로 말하고자 한 것은, 신은 인간의 노력에 의해 단순히 구성된 것인, “질서 지어진 질서”[ordo ordinatus][96]가 아니라, “활동적으로 질서 짓는 행위”[ein thätiges Ordnen (ordo ordinans)][97]라는 것이다. 이러한 사태를 스피노자와 연관하여 말하자면, 피히테가 말하는 ”질서 짓는 행위“로서의 신은, 낳아진 자연[natura naturata]으로서의 정신과 물질이라는 신의 양태들[modi]이 아니라, 낳는 자연[naturar naturans]으로서의 자연[natura]이자 신[deus]인 것이다.

신을 도덕적 세계질서로 파악함에 따라 피히테에 있어서는 도덕종교가 등장한다. 칸트가 신의 현존을 이론적으로 증명하는 것은 불가능하다고 확언한 것처럼, 피히테는 다음과 같이 말하면서 칸트를 따르고 있다: "이론적인 근거를 가지고 계시를 인정하는 것은 불가능하다"[98]고 말하며, 계시라고 주장되는 것도 만약 그것이 도덕법칙에 모순된다면 결코 계시일 수 없다고 말하면서 도덕법칙의 우선성을 주장한다. 피히테는 칸트가 말하는 최고선을, 인간의 이성으로부터 나오는 인간의 궁극적 목적으로 인정한다. 그리고 이러한 최고선이 최고의 행복과 하나라고, 『모든 계시에 대한 비판의 시도』의 '§ 2. 종교일반의 연역'에서 주장한다: "이성의 입법을 통하여, 단적으로 선험적으로, 그리고 그 어떤 목적에 관계하지 않고, 하나의 궁극적인 목적이 부과되어 있다. 그런데 이 궁극적인 목적은 최고선, 즉 최고의 윤리적 완전성으로서, 최고의 행복과 하나다. 우리는 이 궁극적인 목적을 의욕하도록 명령을 통해 필연적으로 규정되어 있다."[99] 그리고 우리에게는, 우리로 하여금 이 궁극적인 목적을 가능한 것으로 생각할 수 있는 조건들 역시 가정해야 하는데(VKOM, 8 참조), 피히테는 이 조건들 가운데 "신의 실존"[die Existenz Gottes](*VKOM*, 106/*VKO*, 148)을 포함시킨다.

그런데 피히테가 생각하기에 인간의 궁극적인 목적은, 최고의 행복과 합일된 최고의 윤리성[Sittlichkeit]이다. 그러나 최고의 윤리성의 실현은 인간으로서는 성취할 수 없는 하나의 이상理想이며, 이러한 이상은 "단지 자신의 실천적 능력이 전적으로, 그리고 오로지 도덕률에 의해 현실적으로 규정되는 자 안에서만"(*VKOM*, 9) 존재하는데, 이러한 존재자가 곧, "우리 안에서 도덕률을 통해 입법하는 자인 신"(*VKOM*, 24/*VKO*, 56)이라는 것이다. 아울러 피히테는 신을, "도덕률에 따른 최고의 세계통치자, 모든 이성적 정신들의 재판관(심판자)"(*VKOM*, 11/*VKO*, 42)으로 간주한다. 최고의 도덕성을 최고의 행복과 결합하는 창조자로서, 그리고 자연의 주인으로서의 신은 "전적으로 거룩하고, 전적으로 복된 전능자"이며, "전적으로 의롭고" "전지全知한 자"다. 신은 "자신의 본성을 규정하는 영원한 도덕률에 상응하기 위해"(*VKOM*, 11) "영원한 신"(*VKOM*, 11/*VKO*, 39 ff.)이어야 한다. 이러한 신에 대한 신앙은 도덕적 신앙이며 "순수한 이성신앙"(*VKOM*, 112/*VKO*, 154)이다.

이로 보건대, 피히테의 신관은 칸트가 『실천이성 비판』에서 최고선의 실현의 요청으로부터 신의 존재를 요청한 것과 대동소이하며, 그의 신앙 역시 칸트에 있어서와 마찬가지로 도덕신앙 내지 이성신앙이라 할 수 있다. 따라서 피히테에게 있어서 종교는 도덕적 세계질서에 대한, 늘 행위를 포함하는 신앙인데, 그것은 "올바른 일을 기쁘게 행함"[freudigen Rechttuns](*GG*, 188)의 종교다. 그리고 신앙공동체인 교회는 도덕적으로 행위하는 자들의 공동체, 즉 윤리공동체다. 따라서 피히테에 있어서, 계시에 근거하고 있는 실정종교, 그리고 가시적인 교회는, 그들의 신화가 이러한 "올바른 일을 기쁘게 행하는 것"을 장려할 수 있는 경우에만 의미를 지니게 된다.[100]

3) 활동으로서의 신: 신은 실체가 아니다.

피히테는 신을 인격체라고 부를 수 없을 뿐만 아니라 실체라고 말할 수도 없다고 한다. 왜냐하면 그가 우선 이해하고 있는 실체란, 시간과 공간에서 연장을 갖는 것, 곧 물질적인 것을 뜻하기 때문이다(*GV*, 261 참조). 이러한 물질적인 속성을 신에게 돌릴 수는 없을 것이다. 그래서 그는 이렇게 말한다: "순수하게 철학적으로 말하자면, 신에 대하여 이렇게 말하지 않으면 안 될 것이다. 곧, 신은 존재[Sein](논리적 계사)가 아니고 순수한 행위[reines Handeln]이며 초감각적 세계질서의 생生이요 원리다"(*GV*, 261). 이와는 반대로, "특별한 실체로서의 신 개념은 불가능하며, 모순된 것"(*GV*, 261 f.) 것이다. 이로써, 족히 십년 동안 존재했던 '범신론 논쟁' 이후에 문제가 폭발적으로 첨예화되었다.

'신은 실체가 아니다'라는 주장으로 피히테가 말하고자 하는 바는, 신은 고정된 것으로 존재하는 자가 아니라는 점이다. 전통적인 의미의 '실체'란, 독립적으로 존재하면서 여러 변화 속에서도 변치 않고 자기동일성을 유지하는 존재자를 가리킨다. 피히테의 생각으로는, 이런 의미에서 신은 실체가 아니라 활동하는 자다. 따라서 '존재'라는 개념도 신에게는 적합하지 않다. 피히테는 인간의 자아의 특성을 가리켜 말할 때에도 '활동'[Tätigkeit]이라는 용어를 사용하며, 이와 대립되는 용어로 사용하는 것이 바로 '존재'[Sein]라는 개념이다. 즉, 자아는 그저 존재하는 것이 아니라 부단한 활동으로서만 존재한다. 그러므로 피히테는 자아가 활동 혹은 행위[Handlung]라고 말한다: "자아의 본질은 그것의 활동에 있다."[101] 심지어 피히테는 인간의 자아나 지성을 "행동하는 자"라고 불러서도 안 될 것이라고 말하는데, 그 이유를 "왜냐하면 이러한 표현을 통하여, 그러한 활동이 머물러있는 어떤 존립자가 지시될 수 있기 때문이다"(*EEWL*, in: *SW I* , 440)라고 말한다. 그러므로 피히테가 말하는 자아는 실체로서 존재하는 자아가 아니다. 피히테에 있어서 자아는 오로지 활동으로서만 존재할 뿐이다. 자아는 곧 활동이다. 활동 외에 자아가 따로 실체로 존재하는 것이 아니다. 이런 점에서 보면 피히테가 말하는 활동으로서의 자아는 라일Gilbert Ryle (1900-1976)이 그의 『마음 개념』(*The Concept of Mind*)에서 주장하는 자아론과 유사하다고 하겠다. 라일에 의하면 마음 혹은 정신이라고 하는 것은 '마음 작용' 내지는 '정신작용'을 말하는 것이며, 이것을 떠나서 마음이 별도로 실체로 존재한다고 주장하는 것은 바로 '범주오류'[category mistake]라는 것이다.[102] 이와 마찬가지로 피히테는 신을 실체로 생각해서는 안 되며 활동으로 생각해야 한다고 주장한다: "(...) 내가 철학이라고 부르는 것의 영역 안으로는 어떠한 고정적인 것, 정지해 있는 것, 죽은 것은 전혀 들어올 수 없다. 철학 안에서 모든 것은 행동[103]이고, 운동이며, 생명이다."[104] "우리는 여기서 단지 작용들, 사건들, 진행되는 것만이 사유될 뿐이며, 존재나 경직되어 존립하는 것이 사유되지는 않는다는 것을 안다. 즉 결코 창조주·보존자·지배자가 아니라 창조작용, 보존하는 작용, 지배하는 작용이 사유될 뿐이다."[105] 그런데 (고전적) 유신론이 신을 초월적 존재자로 파악한다면, 유신론은 신에게 특수한 실체성을 귀속시켜야만 한다. 그러나 피히테에 의하면 이것은 "불가능하고 모순된" 확신이다.

그런데 여기서 우리는 피히테가 사용하고 있는 'Sein'이 지니고 있는 이중적인 의미에 유의해야 한다. 그렇지 않으면 우리는 잘못된 길로 들어서게 된다. 첫째로, 그가 말하는 Sein은 활동[Tätigkeit], 생(삶)[Leben]과 대립되는 의미, 즉, 아무런 움직임도 없이 정지해 있는 상태를 가리킨다. 그것은 즉, '~으로 됨'[Werden]이나 운동·변화하는 것이 아니라, 그저 존재하고 있는 것을 뜻한다. 이런 의미에서 신은 Sein이 아니다. 그러나 두 번째로, Sein은 — 독일철학에서 자주 그렇게 사용하듯 — '신' 혹은 '절대자'[106]를 지시하는 용어다.[107] 왜냐하면 Sein은 문법적·논리적으로는 주어와 술어를 결합하는 계사의 역할을 하는데, 이러한 의미가 존재론적으로 적용되면, 이제는 주어와 술어가 아닌 주관(주체)과 객관(객체)을 결합하는 자로서의 절대자를 가리킬 수 있기 때문이다.[108] 그러나 피히테는 무신론 논쟁이 일단락 된 후 인 1806년에 간행된, 그의 후기의 종교론이 집약되어 있는 『복된 삶에로의 안내 혹은 또한 종교론』(*Die Anweisung zum seligen Leben oder auch die Religionslehre*, 1806)에서, 신이 영원불변하는 존재자인 동시에 자유로운 활동이라고 말함으로써, 모순된 주장을 하고 있는 것으로 보인다. "더 나아가 우리는 이렇게 말한다: 이러한 Sein은 단순하며 자기 자신과 동일하고, 변화할 수 없고 변화하지 않는다. 즉, 그 안에는 생성도 소멸도 없고, 형태의 변화와 작용도 없으며, 그것은 항상 동일하고 정지해 있는 Sein이며 존립이다"(*ASL*, 405). 또 다른 곳에서도, "또한 이러한 Sein 속에서는 새로운 것이 생성될 수 없고 그 어떤 것도 다르게 형성될 수 없으며, 변화할 수 없다. 본래 그러하듯, Sein은 영원으로부터 존재하며 영원토록 변치 않고 존속한다"(*ASL*, 439). 이런 구절들을 보면 피히테는 신이 영원불변자로서, 아무런 움직임 없이 점처럼 고착되어있는 자라고 주장하는 것으로 보인다. 그러나 이와는 대조적으로 피히테는, "Sein — Sein과 생은 하나이며 동일하다고 나는 재차 말한다"(*ASL*, 403)라고 언급하고 있다. 여기서 피히테는 신이 절대자인 동시에 무한한 생生이라고 말한다. 이렇게 상반되는 것으로 보이는 주장은 다른 곳에서도 발견된다: "우리는 전자를 절대적인 존립, 정지해 있는 Sein, 등으로 부를 수 있고, 후자를 절대적인 변화나 자유라고 부를 수 있다."[109] 그런데 이 두 측면은 "독자인 우리들에게 전제되어 있는, 절대자의 두 특징들에 대한 직관 속에 실제로 존재하는 것"[110]이라고 피히테는 말한다. 그렇다면 과연 우리는 상반되는 것으로 보이는 피히테의 진술들을 어떻게 이해해야 하겠는가!? 다시 말하면, 피히테가 생각하는 절대자로서의 신은 영원한 자기동일자로서의 Sein인가, 아니면 순수한 활동인가?

피히테의 주장을 종합하면, 위와 같은 주장들은 서로 모순된 것이 아니라, 절대자의 성격을 각각 부분적으로 표현한 것으로 보아야 한다. 즉, 절대자는 불변적으로 존재하는 자기동일성을 지니고 있을 뿐만 아니라, 스스로 활동하는 자유로운 존재자라는 두 측면을 지니고 있음을 피히테는 말하고 있는 것으로 보아야 한다. 이는 마치, 헤겔이 "참된 것은 실체로서만이 아니라 주체로서도 이해되고 표현되어야 한다"[111]고 말하고 있는 것과 마찬가지라 하겠다. 실체는 자기동일적으로 존재하는 불변성의 측면을 나타내는 용어이고, 주체는 자유로운 활동을 가리키는 용어다. 그리고 헤겔에 있어서는 실체와 주체의 두 측면을 지니고 있는 존재자를 "자기自己[das Selbst]"[112]로 부르고 있음을 알 수 있다. 활동의 기체基體로서의 실체 없이 활동만 존재할 수 있는가? 그것은 불가능하다. 속성屬性은, 그것이 속해 있는 기체基體 없이 홀로 존재할 수 없다. 실체와 속성의 분리는 다만 논리적인 영역에서만 가능한 것이다. 예컨대 '빨강'[redness]이라는 색깔이 저 홀로 존재할 수 있는가? 아니다. 그것은 반드시 어떤 물질 내지 물체에 속함으로써만 존재할 수 있다. 그래서 빨간 우산, 빨간 장갑, 빨간 모자의 '빨강'으로서만 존재할 수 있는 것이다. 현실세계에서 이理만 유령처럼 홀로 활동할 수는 없는 것이다. 이理는 정신과 물질이 작용하는 원리로서, 반드시 그것들과 함께, 그것들을 통해서 작용한다.

3. 도덕을 종교로 고양함: 참된 종교성과 사랑

피히테의 최초의 종교철학 저술이라고 할 수 있는 『모든 계시에 대한 비판의 시도』에서 피히테가 제시하는 신은 도덕신앙 내지 이성신앙의 대상인 동시에, 전적으로 거룩하고 의롭고 전지하며 전능한 영원자이자 세계의 창조자로 나타난다. 이 저술로 그를 무신론자라고 단정할 수는 없다. 이 저술에는 고전적 유신론의 신관이 포함되어 있다. 그런데 이로부터 6년 후에 발표된, 무신론 논쟁을 야기한 저술인 「신의 세계통치에 대한 우리의 믿음의 근거에 대하여」에 나타나는 신관은 정통기독교의 옹호자들과 군주들로 하여금 피히테를 무신론자로 낙인찍게 만든 표현들을 포함하고 있다. 왜냐하면 이 저술에서 피히테는 신을 도덕적 질서 내지 도덕적 세계질서라고 규정하고 있기 때문이다. 그러나 이 또한, 피히테 자신의 해명에 의하면 납득할 수 있는 여지가 있는 주장이라는 점을 앞에서 살펴보았다. 이렇게 보면 피히테는 정통교회의 옹호자들과 군주들의 희생양이라고 할 수 있다. 그들에게 피히테의 철학적 근본입장과 신관은 눈에 가시였을 것이다. 독단주의자들은 자신들의 도그마를 문제 삼는 모든 사람에 대해 관용을 베풀지 않고 증오하는 경향을 늘 가지고 있다. 그리하여 피히테에게도 무신론자라는 딱지가 붙여졌다. 그러나 이 글에서 살펴보았듯, 피히테가 무신론자라는 비난은 전적으로 정당하지 않은 것이다. 피히테는 특정한 신 개념을 비판한 것이지, 신적인 것 일반을 부정한 것이 아니다. 그는 칸트를 따라서 종교를 도덕성에로 환원했다. 그러나 이로써 동시에 도덕을 종교로 고양한 것이다.[113] 그는 "이것이 참된 신앙이다. 즉 이 도덕적 질서가 바로 우리가 가정하는[annehmen] 신적인 것"(*GG*, 185)이라고 말한다.

종교는 사람을 살리는 역할을 해야 한다. 그러나 역사 속에서, 그리고 오늘날도 여전히 종교라는 이름으로 많은 폭력과 파괴와 살상행위가 자행되고 있다. 신의 이름을 부르면서 자신과 타인을 해친다. 과연 이들에게 신은 존재하는 것일까? 악을 행하면서 신의 이름을 부르고 기도하는 것은 이율배반이 아닐까? 일찍이 예수는 위선자들을 꾸짖으며 올바른 삶을 살 것을 요구했다.[114] 악을 행하면서 자신을 신의 자녀라고 말하는 것은 어불성설이다. 오히려 예수는 자기를 둘러싼 사람들이, 자기의 어머니와 형제들이 찾아왔다고 말할 때에, "누가 내 어머니이며 내 형제들이냐? (...) 누구든지 하나님의 뜻을 행하는 사람이 곧 내 형제요 자매요 어머니다"(마가복음 3:33-35)라고 그들에게 말했다. 신의 뜻이란, 신을 사랑하고, 또 이웃을 사랑하는 것이다. 교회나 성당이나 절에 다닌다고 해서, 그리고 종교를 가지고 있다고 해서 진정한 종교인은 아닌 것이다. 특정한 종교를 가지고 있지 않더라도 사랑을 실천하는 사람, 그러한 자가 곧 신의 뜻을 행하는 사람이며, 그 사람이 바로 참된 종교인이요, 유신론자다.

이런 관점에서 볼 때, 자신들의 종교가 참된 종교라고 서로 주장하면서 살인까지도 서슴지 않는 유신론자들 — 이들은 실은 무신론자라고 해야 할 것이다 — 에게 이미 오래 전에 렛싱(Gotthold Ephraim Lessing)이 전하는 메시지를 우리의 마음에 새겨야 할 것이다.[115] 자신들이 가진 반지가 진짜라고 떠드는 것은 아무런 소용이 없고, 삶과 실천으로 그것을 보여야 할 것이다. 진짜 반지를 가지고 있는 사람의 삶은 '신과 인간의 사랑을 받게 되고', 많은 선한 결과들을 산출할 것이다. 기독교 신약성서에서 "그 열매로 나무를 알 것"(마태복음 7:20; 그리고 누가복음 6:44 참조)이라고 한 것과 같은 말이다. 즉, 종교의 본질들 가운데 하나, 혹은 종교의 핵심은 '사랑'이라는 말이다.

그렇다면 피히테의 신론 및 종교론의 문제점은 어디에 있을까? 그것은 바로 다음과 같은 점이 아닐까 생각한다. 『신의 세계통치에 대한 우리의 믿음의 근거에 대하여』에서 피히테는 신을 인격체로 보아서는 안

된다고 주장한다. 그러나 『모든 계시에 대한 비판의 시도』에서는 고전적 유신론에서 주장하는 속성들을 신에게 부여하고 있다. 그런데 이런 속성들은 바로 신을 인격체로 만드는 것들이다. 예컨대 신을 세계의 '창조자'[Schöpfer]로 인정하게 되면, 신을 인격체로 인정하는 것이다. 창조에는 목적이 있을 것이고, 신은 창조행위를 통해서 어떤 목적을 이루려고 했을 것이며, 또한 신이 어떤 목적을 가지고 있다는 것은 신에게도 '결핍' 내지 '결여'가 있음을 전제하게 된다. 따라서 피히테가 자신의 신관을 일관적으로 전개하고자 했다면 신의 세계창조와 같은 사상은 제거되었어야 마땅하다고 생각된다. 그리고 이 대신에, 플로티노스나 스피노자에게서 발견되는 '유출'流出[Emanation]과 같은 관념으로 대치되었어야 할 것이다. 그러나 피히테가 신에게 부여하는 여러 속성들로 보건대, 그가 여전히 기독교의 신 관념으로부터 완전히 벗어나지 못했음을 알 수 있다.

덧붙여 언급해둘 점은, 피히테의 후기 철학의 시작으로 간주되는 1800년경에 신에 대한 사유의 변화가 생긴다는 사실이다. 그리하여 그는 학문론의 후기원고들에서는, 자아와 비아의 분열을 넘어서 (신적인) 절대자 속에 있는 통일의 원리에 이르고자 한다.[116] 이때의 절대적 자아는 곧 절대자, 신을 뜻하기도 한다. 즉, 피히테는 학문론에서와 같이, 모든 경험적 의식의 근저에 있으면서 경험을 가능케 하는 선험적 의식으로서의 절대적 자아를 이야기하고 있는 것이 분명하지만, 다른 한편으로는 절대자, 신이라는 의미로 '절대적 자아'를 사용하고 있다. 왜냐하면, 절대적 자아는 유한한 자아, 경험적 자아에게 있어서 하나의 이념이 될 수 있기 때문이다. 즉, "나는 나"라고 하는 절대적인 통일에 이를 수 있는 것은 오직 신적인 경지에서만 가능한 것이고, 유한한 인간에게 있어서 그것은 도달할 수 없는 하나의 이상理想에 불과한 것이다. 다시 말하면, 유한자인 인간의 자아에 있어서 비아는 궁극적으로는 부정될 수 없는 한계로서 남게 된다. 그러므로 엄밀한 의미에서의 절대적 자아는 신의 자아일 수밖에 없다. 그리하여 피히테는 자신의 후기철학에서, 비아의 절멸을 향한 무한한 추구라는 사상을 지양하여, 추구의 방향을 절대자와의 합일이라는 곳으로 돌린다. 그리하여 피히테는 1806년에 베를린에서 행한 열 한편의 강의에 기초한 『복된 삶에로의 안내 혹은 또한 종교론』에서 다음과 같이 말한다: "불변자와 하나가 되고자 하고 융해되고자 하는 이 충동은 모든 유한한 현존재자의 가장 내밀한 뿌리다"(*ASL* 1. Vorlesung. *SW V*, 407). 그리고 이러한 절대자와의 합일에 의하여 복된 삶[seliges Leben]을 얻을 수 있다고 그는 말한다. 이 삶의 특징은, 신에 대한 사랑에 있다. 왜냐하면 사랑이야말로 삶의 핵심이기 때문이다. 종교적 입장에서 보면, 도덕적 행위는 신에 대한 사랑이며, 신의 의지를 수행하는 것으로, 그 행위는 신에 대한 신앙과 신뢰에 의해 지탱되고 있는 것이다. 피히테는 인간이 그 속에서 신적인 것과 합일될 수 있는 사랑이 무엇보다도 중요하며, 사랑 속에서 이성의 한계가 극복된다고 말한다. 일찍이 신을 도덕질서와 동일시함으로써 '무신론 논쟁'에 휘말리게 되어 예나 대학 교수직을 사임할 수밖에 없었던 피히테는 이제 신을, 우리가 우리의 지知와 추구에 있어서 향해야 하는 절대자로 파악하게 된다.

칸트와 독일관념론

칸트 | 피히테 | 쉘링 | 헤겔

쉘링(Friedrich Wilhelm Joseph Schelling, 1775-1854)

생애와 저작

• 1775년: 뷔르템베르크 주의 슈투트가르트Stuttgart에 인접한 레온베르크Leonberg에서 출생. 쉘링의 가정은 칸트나 피히테와는 달리 지식계급에 속함. 아버지는 1770년 초반에 레온베르크의 루터파 목사직 획득. 그는 구약성서 학자로서 특히 근동의 언어를 좋아했고, 동양어학에 정통했으며, 신학적으로는 슈바벤Schwaben의 경건주의 전통 속에 있었다. 어머니는 슈투트가르트 시市를 관장하는 목사의 딸이었고, 그녀의 할아버지는 슈투트가르트의 지방감독이었다.

• 1790년: 조숙하여, 5세 연상인 헤겔 · 횔더린과 함께 튀빙엔 신학교에서 수학하며 같은 방에서 생활. 니체는 "내가 독일철학이 신학자들의 피로 더러워졌다고 말할 때, 독일인들은 당장 이 말을 알아듣는다. 튀빙엔 신학교라는 말만 하면 충분하다"고 욕함.

• 1792년: 「창세기」 제3장에 관한 학위논문을 씀.

• 1793년: 「신화에 대하여」("Über Mythen")라는 논문 출간.

• 1794년: 『철학일반의 형식의 가능성에 대하여』(*Über die Möglichkeit einer Form der Philosophie überhaupt*).

• 1795년: 『철학의 원리로서의 자아에 관하여, 혹은 인간의 지식 속의 무제약자에 대하여』(*Vom Ich als Prinzip der Philosophie oder über das Unbedingte im menschlichen Wissen*). 『독단주의 및 비판주의에 대한 철학적 서한들』(*Philosophische Briefe über Dogmatismus und Kritizismus*). 슈투트가르트에서 졸업시험을 마친 후 리데젤Riedesel의 바로네 남작 가정에서 가정교사 자리를 얻음. 그는 제자와 함께 프랑스와 영국으로 여행할 수 있다는 희망으로 이 자리를 받아들임. 그러나 그는 외국으로 나가는 여행계획이 수포水泡로 돌아갔다는 통보를 들음. 어린 바로네의 여행 목적지는 라이프찌히였다.

• 1796년: 라이프찌히에서 이 아이의 학업을 동반하고 감독했으며, 자신은 라이프찌히 대학에서 자연과학과 수학을 배우고, 자신의 시간을 자연과학 연구를 위해 사용함. 이 연구에서 그는 자신의 자연철학 기획에 포함되어 있는 과학이론 비판을 위한 기초를 획득하게 됨. 후일에 그가 피히테와 단교하기에 이른 것은 주로, 그가 장기간에 걸쳐 라이프찌히에 체류한 데서 발단된다. 왜냐하면 여기서 그는 이미 장족長足의 발전을 거둔 당대의 자연과학이론 — 피히테는 자연과학적 사상과는 끝내 소원疎遠한 관계에 있었다 — 에 직접 접할 수 있었기 때문. 즉, 화학, 전기학, 생물학, 의학에 관한 새로운 지식을 재빨리 받아들일 수 있었던 쉘링은 『자연철학의 이념』(1799)이나 『세계혼』(1798)과 같은 논저에서 그 지식을 바탕으로 한 자연철학적 체계의 수립을 시도했다.

• 1796/97년: 『학문론에 나타난 관념론을 해명하기 위한 논문들』(*Abhandlungen zur Erläuterung des Idealismus in der Wissenschaftslehre*).

• 1797년: 『자연철학을 위한 이념들』(*Ideen zu einer Philosophie der Natur*). 이 저술을 필두로 하여 자연철학 기획은 아주 빨리 성취됨.

• 1798년: 『세계혼에 관하여: 일반유기체를 설명하기 위한 고차적 물리학의 가설』(*Von der Weltseele: eine Hypothese der höheren Physik zur Erklärung des allgemeinen Organismus*). 괴테의 추천으로 예나대학 원외교수員外教授[außerordentlicher Professor]로 초빙됨. 예나대학에 취임하기 전 몇 주 동안 드레스덴에 머무름. 여기서 그는 Friedrich 및 August Wilhelm Schlegel 형제를 위시하여, 티익Tieck, 노발리스Novalis와 같은 일군의 낭만주의 시인 및 사상가들과 밀접한 교우관계를 맺게 되었고, 아우구스트 빌헬름 슐레겔의 아내인 카롤리네를 알게 된다. 그녀는 슐레겔과 이혼한 후 1803년에 쉘링과 결혼한다. 그녀는 쉘링보다 12년 연상이었다. 시혜자施惠者인 동시에 수혜자受惠者의 입장에서 그들 여러 인물들과 활발한 정신적 교류를 하던 쉘링은 낭만주의 정신세계에 전적으로 공명共鳴하고 있었으므로, 우리는 그를 가장 대표적인 독일 낭만주의 사상가라고 부를 수 있다.

• 1799년: 피히테가 '무신론 논쟁' 사건으로 예나대학을 떠나게 되자, 그 후임으로 철학과 주임교수가 됨. 『자연철학체계의 최초의 기획』(*Erster Entwurf eines Systems der Naturphilosophie*), 『자연철학 체계기획 서론 혹은 사변적 자연학 개념에 대하여』(*Einleitung zu dem Entwurf eines Systems der Naturphilosophie oder über den Begriff der spekulativen Physik*).

• 1800년: 『정험적 관념론의 체계』(*System des transzendentalen Idealismus*). 『역동적 과정 및 물리학의 범주들의 보편적 연역』(*Allemeine Deduktion des dynamischen Prozesses oder der Kategorien der Physik*).

• 1801년: 『나의 철학체계의 서술』(*Darstellung meines Systems der*

Philosophie). 『진정한 자연철학 개념 및 그것의 문제들을 해소하는 올바른 방식에 대하여』(*Über den wahren Begriff der naturphilosophie und die richtige Art, ihre Probleme aufzulösen*).

• 1802년: 『브루노, 혹은 사물의 자연적 · 신적 원리에 대하여』(*Bruno, oder über das natürliche und göttliche Prinzip der Dinge*)

• 1803년: 슐레겔과 이혼한 카롤리네 슐레겔과 결혼하고 뷔르쯔부르크 대학 교수가 됨. 『학문연구의 방법에 대한 강의』(*Vorlesungen über die Methode des akademischen Studiums*, 1803).

• 1804년: 『철학과 종교』(*Philosophie und Religion*, 1804).

• 1806년: 학술원 회원의 자격으로 뮌헨으로 갔으며, 1년 뒤에는 조형예술대학의 사무총장으로 지명됨.

• 1809년: 『인간의 자유의 본질 및 그에 관련된 대상들에 대한 철학적 탐구』(*Philosophische Untersuchungen über das Wesen der menschlichen Freiheit und die damit zusammenhängenden Gegenständen*). 이 저술을 막 끝낸 1809년, 쉘링의 부모 집에 머물던 카롤리네가 마울브론에서 사망함. 3년 뒤 쉘링은 카롤리네의 가장 친한 친구의 여동생 파울리너 고터와 재혼함. 쉘링은 출판업자 코타를 통해 약혼자의 건강상태에 대해 뒷조사를 의뢰함.

• 1811/1813년: 『세계의 시대들』(*Die Weltalter*)

• 1821년에서 1826년까지 에어랑엔대학에서 강의.

• 1827년: 『뮌헨 강의들』(*Münchner Vorlesungen*, 1827). 창설된 뮌헨대학 교수와 미술대학 학장이 됨. 뮌헨대학의 강의를 통해 쉘링은 헤겔과 자주 논쟁을 벌임. 그는 헤겔을, 자신의 독자적인 시작始作을 모방한 사람, 즉 자신이 『정험적 관념론의 체계』에서 고안한 방법의 생명을 논리적 체계의 고통으로 끌어간 모방자로 묘사함.

• 1829년: 1807년 『정신현상학』의 출간 이래 서로간의 유대가 끊어졌던 쉘링과 헤겔은 1829년 칼스바트에서 우연히 만나게 된다. 여행 중이던 헤겔이 쉘링이 있음을 알고 여러 차례 그를 방문했던 것임. 그들은 튀빙엔 신학교와 예나에서 보낸 옛 시간을 회상하면서 우정을 나누었지만 당시의 철학적 주제에 대해서는 전혀 언급하지 않았다. 『정신현상학』의 출간은 이들의 공동적인 철학작업의 종말이었다. 그들의 결별은, 헤겔이 그의 책 서문에서 쉘링에 관해 비판적으로 언급한 것으로부터 비롯되었으며, 그는 쉘링이 나중에 보낸 반박비판의 편지에 대해서도 침묵했다. 칼스바트에서의 조우가 있은 지 2년 후(1831년) 헤겔은 베를린에서 사망함.

• 1841년: 베를린 대학 교수가 됨. 수강생 가운데는 교수, 정치가, 그리고 키에르케고르, 부르크하르트Jakob Burkhardt, 엥엘스F. Engels, 바쿠닌 등도 있었다. 그러나 강의는 쉘링이 기대한 것만큼 성공적이지 못하였고 수강생들 사이에 그에 대한 실망이 확산되어 갔다. 그는 시대의 진리에 대해서보다는 사물의 근원에 대해 점점 더 비교적秘教的[esoterisch]으로 되어가는 사변思辨[Spekulation]을 말했기 때문이다. 이 무렵인 1843년 신학자 파울루스는 계시철학을 다룬 베를린 강의노트를 쉘링 몰래 편집 · 출판했다. 쉘링은 당시 82세였던 파울루스에 대해 저작권 소송을 냈지만 재판에서 패했다. 이 일로 쉘링은 교수직을 영구히 그만두게 되었다.

• 1854: 스위스의 휴양지 바트 라가츠Bad Ragatz에서 사망. 쉘링의 아들 프릿쯔의 편지는 그가 어떻게 생애를 마쳤는지 알려주고 있다. 죽기 몇 분 전 그는 머리를 들고 그 이전까지 감겨있기만 하던 커다란 푸른 눈을 뜨고 마치 세계를 다시 한 번 보려는 듯이 맞은편의 산을 바라보았다.

그리고는 깊은 잠을 청하려는 사람과도 같이 베개를 귀 밑으로 끌어당겼으며, 이윽고 미동도 없이 고요히 영면했다. 셸링의 친구인 바이에른의 막시밀리안 왕은 그의 묘비에 "독일 제1의 사상가"라는 말을 새기게 함. 그러나 4년 전 그의 가장 격렬한 반대자인 쇼펜하우어는 "셸링은 인류를 위한 존경할 만한 사상가의 부류에 포함될 수 없다"고 말함. 그리고 그의 사상을, "겉핥기식 철학", "경박하게 되는 대로 지껄이는 것", "뻔뻔스럽고 거드름이나 피우는 호언장담"이라고 함. 훔볼트는, "조국 독일에서 가장 재기발랄한 사람"이라고 평함. 괴테는, 셸링의 사상에는 "굉장한 깊이에 뛰어난 명석함이 언제나 만족스럽게" 기술되어 있다고 칭송함.

사상[1]

Ⅰ. 사상의 발전단계

쉘링은 대단히 독창적이며 사고력이 풍부한 철학자였다. 사람들이 그를 "관념론의 프로테우스[2]"[Proteus des Idealismus]라고 일컬을 만큼 사상의 변천을 많이 겪었다.[3] 그러나 관념론적 견해만은 평생 고수하였다. 하르트만Nicolai Hartmann은 그의 사상발전을 1) 1799년까지의 자연철학 시기, 2) 1800년 경의 정험적 관념론 시기, 3) 1801-04년의 동일철학 시기, 4) 1809년경의 자유의 철학 시기, 그리고 5) 1815년경부터의 후기 쉘링의 종교철학적 체계의 시기로 구분했으나[4], 다음과 같이 3기로 대별할 수도 있다.

1. 1797-1800: 자연철학 및 정험철학의 시기

·

피히테의 사상권 내에서 피히테와 협동하는 동시에 자연철학을 연구한 시기로서, 이 시기에 그는 자연전체를 스스로 성장하고 진화하는 하나의 거대한 유기체로 보았다. 『자연철학을 위한 이념들』(1797), 『세계혼에 관하여』(1798), 『자연철학체계의 최초의 기획』(1799) 등 자연철학의 저서가 있었고, 또 정험철학으로는 『정험적 관념론의 체계』(1800)가 있다.

2. 1801-03: 동일철학의 시기

·

피히테의 사상권 내에서 벗어나서 동일철학을 제창한 시기로서, 이탈리아의 자연철학자 브루노Giordano Bruno (1548-1600)와 스피노자의 영향으로, 자연과 정신을 절대자 안에 있는 무차별적 동일자로 보았다. 『나의 철학체계의 서술』(1801), 『브루노, 혹은 사물의 자연적 · 신적 원리에 대하여』(1802), 『학문연구의 방법에 대한 강의』(1803)가 있다. 있으며, 그 밖에도 미학, 예술에 관한 저서가 있다.

3. 1804년 이후: 종교철학[신지학神智學 [Theosophie] 혹은 영지靈知주의 Gnosis]의 시기

·

이 시기에 쉘링은 외팅어F. Ch. Oetinger와 바아더Franz Xaver Baader (1765-1841), 그리고 독일의 신비주의자 뵈메Jakob Böhme (1575-1624)의

영향을 많이 받았고, 이로 인해 다분히 신비주의적인 색채를 띤 우주론과 신관을 발전시켰다. 그리하여 신지학적 · 영지주의적[theosophisch-gnostisch] 방향으로 나아갔다. 의지의 자유의 연구에 몰두하고, 예지적 직관을 존중한 적극(비합리적) 철학과 계시적인 종교철학의 시기. 자유에 대한 저술에는 『인간의 자유의 본질 및 그에 관련된 대상들에 대한 철학적 탐구』(1809), 『세계의 시대들』(1811/1813), 그리고 소위 『뮌헨 강의들』(1827) 등이 있다. 그리고 신화의 철학에 대한 강의들 및 계시의 철학에 대한 강의들이 있다.[5] 『계시의 철학』(*Philosophie der Offenbarung*)(1831/1832 이후 수차례 강의함). 『신화의 철학』(*Philosophie der Mythologie*)(1828/29 이후 수차례 강의함).

II. 절대자 안의 동일성: 동일철학

• 쉘링에 의하면 주관적인 것(정신)과 객관적인 것(자연), 관념적인 것과 실재적인 것은 절대자 안에서는 하나다. 정신과 자연은 모두 절대자로부터 유래하므로, 양자의 질적 차이는 존재하지 않고 다만 양적 차이만 존재한다. 쉘링은 이렇게 말한다: "철학에로 나아가는 첫 걸음, 그리고 그것 없이는 우리가 결코 철학 속으로 들어갈 수 없는 조건은, 전적으로 관념적인 것이 전적으로 실재적인 것이기도 하다는 통찰이다."[6] 즉, 쉘링에게 있어서 자연은 "눈에 보이는 정신"이며, 정신은 "눈에 보이지 않는 자연"(II, 56)이다.

결국, 자연과 정신은 무차별[Indifferenz] 내지 절대적 동일성[absolute Identität]을 지니는 것이며, 그래서 그의 철학을 동일철학[Identitätsphilosophie]이라고 부른다. 셸링은 『사변적 자연학 잡지』(*Zeitschrift für spekulative Physik*, 1800/01)를 발행하는데, 이 잡지에서 『나의 철학체계의 서술』(1801)이 출간된다(또한 IV, 105-212에 인쇄되었다). 이것이 그의 동일철학의 최초의 원고다.[7]

• 그러나 절대자가 이와 같이 완전한 무차별자라고 한다면, 어떻게 차별을 지니고 있어 서로 대립하는 유한자인 정신과 자연이 거기로부터 생겨날 수 있는 것인가? 그래서 셸링은 유한자가 가지고 있는 차별은 질적인 것이 아니라 양적 차별에 불과한 것으로 생각한다. 즉, 정신 속에도 자연적 요소가 존재하지만 단지 정신적 요소가 우세할 뿐이고, 자연 속에도 정신적 요소가 존재하지만 단지 자연적 요소가 우세할 뿐이라는 것이다. 그러나 절대자는 주관과 객관의 순수한 동일성이기 때문에, 양적인 차별은 이 동일성의 외부, 즉 유한자에게만 속하는 것이다. 만일 우리가 존재하는 것 일체를 한꺼번에 직관할 수만 있다면, 우리는 '주관-객관의 총체적 무차별' 또는 '관념적인 것과 실재적인 것의 절대적 동일성'을 인정하게 될 것이다. 그러나 개개의 유한자를 놓고 볼 때는 어느 한 쪽이 우세하여 양적 차별을 낳게 되는 것이다. 이렇게 볼 때 절대자의 근본형식은 A=A가 되며, 유한한 것의 도식은 A=B (A=주관, B=객관)로 표현할 수가 있으며, 정신은 +A=B, 즉 주관적인 것의 우세로, 자연은 A=+B, 즉 객관적인 것의 우세로 각각 표현될 수가 있는 것이다.[8]

• 물 자체의 존재를 전적으로 제거한 피히테에 의하면, '자연'이란 독립적인 존재자가 아니라 활동적 자아의 산물로서, 자아가 자기 자신에게 가해지는 저지沮止[장애]를 극복함으로써 자기 자신을 실현하는 과정의 결과로 나타난다. 그러나 셸링은 관계를 반전시켜, 자연이 정신의 산물이 아니라 정신이 자연의 산물이라고 말한다. 그리하여 피히테에 있

어서 과소평가되었던 자연 및 자연과학에 대한 관심이 셸링에게서는 두드러지게 나타난다. 그리하여 셸링은, 어떻게 해서 자연으로부터 혹은 자연 속에서 자아나 정신의 존재가 성립하는가를 묻는다. 이에 대한 해답은, 자연 자체도 근원에 있어서는 정신이어서 우리의 정신을 낳는다는 것이다. 자연과 정신, 실재하는 것과 관념적인 것은 근본에 있어서 '동일'하다. 절대자가 자기의 모습을 드러내는 모든 개개의 현상에는, 객관적이며 실재적인 것이 우위를 점하는 하나의 계열(즉 협의의 자연)과 주관적이며 관념적인 것이 우위를 점하는 또 하나의 계열(정신과 역사)이 형성되어 있어, 이 두 계열의 한 쪽 끝에는 무생명체로서의 물질이 있고, 이와 반대되는 계열의 끝에는 철학과 예술을 통한 정신의 완벽한 자기 현현顯現이 이루어져 있다. 그러나 이 모든 개별현상 중의 어디에도 이 두 계열 중의 한 편만이 존재할 수는 없다. 왜냐하면 이 양자는 대립적인 근거 위에 있는 것이 아니라 동일성을 지니고 있기 때문이다. 그러므로 여기서는 오직 양의 많고 적음만이 문제가 된다.

이와 같이 정신을 전적으로 자연으로부터 발생하게 하며 자연 속에서 정신의 무의식적 행위를, 그리고 정신 속에서 자연의 자기의식화 작용을 포착하려 한 셸링의 사상은 자연과학만이 아닌 예술분야에까지 큰 영향을 미쳤다.[9]

III. 자연과 정신: 자연철학과 정신철학

• 절대자는 자연과 정신으로 발현한다. 자연은 정신 발생의 조건이기 때문에, 그 자체로 정신적인 것이 아닐 수 없다. 자연은 최하의 단계

로부터 상승함에 따라서 정신에 접근해 가는 과정에 있다. 그것은 무의식적이면서 여기서 정신적 목적에로 향하고 있는 것이다. 전술자연과정의 최고목표는 정신의 단계다. 이런 의미에서 자연은 실로, '되어 가는 중에 있는 정신'[das Werden des Geistes]이요, 또는 '볼 수 있게 된 이성'[die sichbar gewordene Vernunft]다.[10] 여기에, 피히테가 본 것 같은 양자의 대립 내지 자연에 대한 정신의 멸시는 사라진다.[11]

1. 자연철학

•

•『정험적 관념론의 체계』의 서론에서 셸링은 철학체계가 "두개의 근본학문들"[*zwei* Grundwissenschaften](Ⅲ, 340)로 이루어진다고 생각했다. 그것은 당시의 셸링에게는 단 두 개의 가능한 철학의 방향이었는데, 그것은 곧 "객관적인 것이 처음의 것으로 되든가"(Ⅲ, 340), "아니면 주관적인 것이 처음의 것으로 되든가"(Ⅲ, 341)이다. 전자의 경우에는 객관적인 것으로부터 주관적인 것에로 이행하는 자연철학이 성립하고, 후자의 경우에는 주관적인 것으로부터 객관적인 것에로 이행하는 정험철학이 성립한다. 자연철학이 의식적인 자아의 발생에 이르기까지의 세계의 전개를 모사해야 한다면, 정험철학은 어떻게 해서 의식적인 자아가 세계의 인식에 이르게 되는지를 설명해야 한다. 이 두 철학은 서로 전적으로 대립해 있긴 하지만 서로를 찾고 상호 보완한다.

좀 더 구체적으로 말하면, 셸링은 철학의 두 근본학인 자연철학과 정험철학의 과제들을 지知[Wissen] 개념으로부터 시작하면서 규정한다(Ⅲ, 339 ff. 참조). 지 속에 존재하는, "주관적인 것"과 "객관적인 것"의 일치

(Ⅲ, 339)라는 관점에서 볼 때 자연철학의 과제는, 자연이라 불리는 순전히 객관적인 것에서 시작하여 그것으로부터 주관적인 것, 지성을 도출하는 것이다(Ⅲ, 342). 정험철학은 이와는 반대의 절차를 밟아야 한다. 즉, 그것은 주관적인 것으로부터 객관적인 것이 성립하도록 해야 한다(Ⅲ, 342). 이때에 정험철학은 "자기의식의 역사"(Ⅲ, 331, 399 등)로 수행된 정험적 관념론이며, 이 정험적 관념론은 "모든 지가 자아로부터 도출되어야만 한다"는 것을 증명할 뿐만 아니라, "어떻게 지의 전 체계가(즉, 자기의 모든 규정들을 지닌 객관세계, 역사 등이) 자아를 통해 정립되는가"(Ⅲ, 378) 하는 물음에 대답해야 한다.[12]

• 쉘링의 자연철학의 토대가 되는 것은 바로 그의 동일철학이다. 쉘링의 자연철학은 '사변적 자연철학'이다. 그는 자연을 하나의 거대한 유기체로 간주한다.[13] 자연에는 비생명체(무생물)는 존재하지 않는다. 생명이 없는 것처럼 보이는 물질도 사실은 '잠자는 정신'이요, 목적을 향해 활동하는 활력을 갖추고 있다. 그리고 이 유기체에는 단계가 있어서, 자연은 정신적 요소가 아주 약한 단계로부터 점점 더 강해져가는 단계로 상승해가는 계열을 이루고 있는 통일체다. 자연은 생동하는 원초적인 세위勢位[Potenz][14]를 지니고 있다. 모든 단계에는 활력이 발현되는데, 각 단계에서 나타나는 활력의 세위의 양量에서 차이를 보인다. 세위는 자연과 정신의 전 세계에 통하는 특성이다. 주관(관념)과 객관(실재)의 양극 중에서 어느 것이 우세하냐 하는 것은, 오로지 저 세위의 차이에 기인하는 것이다. 일반적으로 정신계에는 주관(정신의 성질)이, 자연계에는 객관(자연의 성질)이 우세를 차지한다. 주관을 A, 객관을 B로 표시한다면, 절대자는 무차별이기 때문에 A=B라는 식이 성립한다. 그리고 정신에 있어서는 주관이 우세하기에 A+=B, 자연에 있어서는 객관이 우세하

기에 A=B+라고 표시될 것이다(+는 우세의 부호다).

그는 자연계를 세 세위로 대별한다. 첫째로 하세下勢는 가장 약한 것으로, 중력重力이요, 이것은 물질로 발현한다. 둘째는 중세中勢로서의 빛이요, 이것은 자기磁氣·전기·화학작용으로 발현한다. 여기서 빛이란 눈에 보이는 것이 아니라 전기의 일종이다. 셋째가 상세上勢로서의 유기체(빛과 중력의 공동의 산물)다. 이러한 자연은 두 개의 상반된 힘, 즉 확장력과 견인력의 산물이며, 이 상반된 두 개의 힘의 작용이 지양되어 하나의 높은 차원에서 통합된다. 이것은 하나의 변증적 진전이다. 그리고 자연의 이러한 발전은 시간적인 것이 아니라 단지 이념적인 관계에 불과하다.

셸링은 정신철학에서도 정신의 세위를 세 가지로 구별한다. 즉 이론적 활동, 실천적 활동, 그리고 미적 활동이 그것이다. 여기서 이론적 활동과 실천적 활동에 관한 이론은 피히테의 학문론의 입장을 거의 그대로 받아들인 것이지만, 미적 활동을 정신발전의 최상위에 놓은 것은 낭만주의철학자로서의 셸링의 특징을 잘 나타내주는 것이라고 하겠다.[15] 그러면 이제 정험철학을 살펴보자.

2. 정험철학

셸링의 자연철학은 그가 피히테로부터 벗어나 있다는 것을 보여주지만, 그는 1794년의 『철학 일반의 형식의 가능성에 대하여』로부터 1800년의 『정험적 관념론의 체계』에 이르기까지, 자연철학에 대비되는 정신철학을 본격적으로 전개하고 있다. 여기서 중점적으로 다루어지는 것이 바로 의식, 자아, 자기의식 등의 문제다.

1) 자아와 자기의식

• 셸링은 자아를 자기의식이라고도 표현한다. 즉, 자아는 "자기의식과 다르지 않다"(Ⅲ, 392) "자아의 사유와 자아 자체는 전적으로 하나다"(Ⅲ, 367 f). 그런데 피히테에 있어서와 마찬가지로 셸링에 있어서도 자아는 고정된 점으로 존재하는 것이 아니라 활동 내지 작용으로 존재한다.

자기의식으로서의 이러한 자아는 모든 구체적인 의식, 즉 대상의식의 근원이 된다. 우리가 대상을 의식할 때에 생기는 표상들이 아무리 다양하고 상이하다 할지라도, 그것들은 하나의 동일한 주체에 속한 것으로서 나타날 것이고, 표상들 속에서의 주체의 이러한 동일성을 반성해 보면 나에게는 "나는 생각한다"(Ⅲ, 367)라는 명제가 발생한다. 이 명제는, 나의 모든 표상에 동반될 수 있어야 하며 모든 표상들 가운데에서 의식의 연속성을 보존하는, '나는 생각한다'라는 칸트의 말을 반영하고 있다.[16] 셸링에 의하면 우리의 세계는 우리 자신의 자아의 구성물이다. 우리의 체험세계는 단지 우리의 의식 속에만 존재하고 있다. 셸링은 자신의 체계를, "철학의 객체를 관통해 나가서 자기의식의 전全건물을 만드는"(Ⅲ, 480) 발전의 역사로 구축하며, 이 발전의 역사를 세 개의 시기 속에 있는 세 개의 주요부분으로 나눈다("제 3부: 정험적 관념론의 원칙들에 따른 이론철학의 체계").[17]

그리고 세계를 구성하는 이러한 자아에 절대성이 부여되는데, 그것은 우선, 이 자아는 다른 어떤 것에도 종속되어 있지 않는 실재성實在性을 지니고 있다는 것을 뜻한다. 따라서 "전체의 객관세계"는 "그 자체로 실재하는 것이 아니다"(Ⅰ, 396). 세계는 단지 자아 속에서 표상된 것일 뿐이다. "존재하는 모든 것"은 "자아 속에" 존재하며, "자아 외에는 아무 것도 없다"(I , 192). "자아는 자기 자신을 단적으로 정립하며 모든 실재성을 자신 속에 정립한다"(I , 216).

• 만약 자아 외에는 아무 것도 실재하지 않는다면, 자아는 자기의 인식에서 단지 자기 자신과만 관계하는 것이며, 따라서 "정신이 어쨌든 객관을 직관할 때 단지 자기 자신만을 직관한다"(*I* , 366) 또는 자기의식으로서의 자아에 있어서 "직관된 것과 직관하는 자는 동일하다"(*I* , 366). 자아는 "스스로를 사유된 것과 사유하는 것으로 구분하고, 이러한 구분 속에서 다시 스스로를 동일한 것으로 (...)"(Ⅲ, 365) 인정한다. 그러므로 근본적으로 모든 의식은 자기의식으로, 이것은 "우리 지知의 (...) 전체 지평을 한계 짓는다"(Ⅲ, 357). "근원적으로 (...) 우리는 단지 우리 자신만을 이해한다"(Ⅲ, 373). 따라서 자기의식은 절대적 존재자이며, 이러한 방식으로 "모든 철학의 원리"(I , 383)가 된다.

• 쉘링은 이러한 자아는 "근원적으로 자기 자신의 구성이다"(I , 449)라고 말함으로써, 결국, '자아는 자유롭다'는 것을 뜻하고 있다: "(...) 절대적 자아에 절대적 자유가 함께 주어졌다"(I , 234). 그러나 근원적인 자유는 '자의성恣意性'이라는 의미로 이해되어서는 안 된다. 자유는 동시에 자아의 본질의 가장 내적인 필연성이다: "절대적인 자유는 (...) 절대적인 필연성과 동일하다." 그것은 전적인 필연성이다. 왜냐하면 그것은 자아의 본성의 내적 필연성으로부터 산출되기 때문이다"(Ⅲ, 395). 그러나 이렇게 필연성과 연결된 근원적인 자유는 경험적 자아에게가 아니라 단지 절대적 자아에게, 즉 모든 구체적인 의식을 근거 짓는 근원적인 자기의식에게만 부여될 수 있다.

• 절대적 자아의 근원적인 자유는 자기 자신에로 향한다. 만약에 자

아가 근원적으로 자기 자신 외에 다른 것을 향한다면, 그것은 추구된 것에 의존하게 되고, 그 안에서 자신의 자유를 상실하게 되기 때문이다. 정신으로서의 자아의 모든 추구의 목표는 자기의식이다(Ⅰ, 383 참조). 바로 이러한 "절대적 자아의 근원적인 자유"(Ⅰ, 205)는 "우리 철학함의 원리"(Ⅰ, 395)다: "인간의 정신이 전적으로 자유롭다는 사실은 모든 철학의 제1원리로 전제되어야 한다"(Ⅰ, 428). "모든 철학의 시작과 마지막은 — 자유다"(Ⅰ, 177). 1795년 2월 4일 쉘링은 헤겔에게 다음과 같이 쓰고 있다: "나에게 있어 모든 철학의 최고원리는 순수자아, 절대적 자아, 즉 그것이 단적인 자아인 한에서 객관을 통해 전혀 제약되지 않고 자유를 통해 정립된 자아다. 모든 철학의 시작과 마지막은 자유다."[18]

2) 예지적 직관[intellektuelle Anschauung[19]]과 자기의식

자아는 실제로는 "영속적인 예지적 직관"(Ⅲ, 370)이다. 왜냐하면 자아는 자기 자신을 앎으로써 존재하며, 이러한 자기지自己知는 예지적 직관의 활동이기 때문이다. 그리고 이 예지적 직관은 "모든 정험적 사유의 도구"(Ⅲ, 369)이어서, 그것 없이는 어떤 대상도 아닌 것을 자기의 대상으로 자유롭게 산출한다. 예지적 직관, 그리고 정험적 사유의 대상의 산출은 전적으로 동일한 것이다. 따라서 정험적 관념론의 체계는 자기의식의 산출 혹은 구성이라는 형식(형태)을 취해야만 한다.[20]

• 쉘링은 예지적 직관을 말하지만 칸트는 그것을 단호히 거부한다.[21] 쉘링의 예지적 직관은 니콜라우스Nicolaus Cusanus의 '예지적인 봄'[visio intellectualis]이나 에리우게나Eriugena의 '영지주의적 직관'[intuitus gnosticus]이라는 표현들로 이미 암시되었다고 할 수 있고, 당시의 슈바

벤Schwaben의 경건주의에 있어서 핵심적인 통찰이었다. 셸링에게 있어서 이 개념은 우선, 모든 지식에는 그것의 조건으로서의 주체가, 즉 자기를 그 자체로 직관하는 자아가 전제되어 있다는, 전적으로 형식적으로 생각될 수 있는 사태를 가리킨다: "자기의식의 작용을 통하여 자아는 자기 자신에게 객체가 된다"(III, 380). 예지적 직관(내지는 예지적 직관을 전제하는 일)이 자아의 구성을 가능케 한다. 그것은 철학의 "도구"(III, 351)다.

자아가 본질적으로 어떤 대상에 관한 의식으로서 파악될 수 없고 자기지自己知의 근원적인 작용을 목표로 한다면, 예지적 직관만이 자기의식을 성립시키는 매개체일 수 있다. 예지적 직관은 비논증적[nicht-diskursiv]이고, 감성적 직관처럼 직접적이다. 셸링에 의하면 자기의식의 근원적 지知는 직접적일 뿐만 아니라 소급될 수 없는 지知이어야만 한다. 직접지는 개념을 거쳐 매개되어서는 안 되기 때문에 '직관'의 형태를 띠어야 한다. 그런데 소급될 수 없는 지知는 또한 감각적 객체를 거쳐서 매개될 수도 없다. 마침내 셸링은 직접지를 "예지적 직관"으로 파악한다. 예지적 직관 속에서 자아는 자기 자신을 직접 의식하게 된다.

• 예지적 직관은 자기의식의 작용으로서, 정험철학의 원리다. 셸링은 그것을 철학의 불가피한 도구와 기체基體로 규정한다: "요컨대 정험적으로 철학함에는 예지적 직관이 영속적으로 동반되어야 한다. (...) 이러한 직관이 없다면, 철학함 자체는 사유를 유지하고 지탱할 기체를 갖지 못한다. 그러므로 저 직관은 정험적 사유에서 객관세계의 자리에 들어서서, 말하자면 사변思辨의 날개를 지니는 그런 것이다"(III, 369 f.). 피히테와의 분명한 유사성에도 불구하고, 우리가 셸링철학의 본래 목표를 분명히 기억한다면, 셸링의 구상 속에 있는 거리距離는 다시금 곧바

로 분명하게 된다. 왜냐하면 주체의 자기의식에 머물러 있는 예지적 직관은 시작이기는 하지만, 셸링 정험철학의 목표는 결코 아니기 때문이다. 철학의 과제는 예지적 직관의 객체적인 나타남에 대한 추구에 있으며, 이러한 나타남의 장소는 셸링에 의하면 예술이다.

예지적 직관이 감성적 직관과 구별되는 점은, 예지적 직관은 자기의 객체를 산출한다는 점이다. 자기의식의 산출적 · 예지적 직관은 한편으로는, 그것이 자기의 대상을 산출한다는 점으로 인해, 주어진 대상에 관계하는 감성적 직관과 구별되고, 다른 한편으로는 『정험적 관념론의 체계』가 그것과 더불어 자기의 시작으로 되돌아가는 심미적 직관審美的 直觀과 구별된다. 심미적 직관은 예지적 직관처럼 자기의 대상을 산출한다. 그러나 자기의 대상이 감성적 대상으로 산출되는 한에 있어서 심미적 직관은 예지적 직관과 감성적 직관을 매개한다.[22]

3) 예지적 직관과 절대적 자아

• 예지적 직관은, 그 속에서 직관하는 자와 직관된 것이 전적으로 동일한 직관이다(III, 367 ff. 참조). 칸트는 우리 인간에게 예지적 직관의 능력을 인정하지 않았다. 신적神的인 지성만이 순수하게 정신적인 직관을 할 수 있고 우리 인간의 직관은 단지 감성적인 직관에 불과하다고 칸트는 생각했다. 셸링은 칸트의 생각을 알고 있었다: "나는 칸트가 모든 예지적 직관을 부정했다는 것을 잘 알고 있다"(I , 181). 그럼에도 불구하고 셸링은, 절대적 자아는 "예지적으로 직관될"(I , 202) 수 있고 또 직관되어야만 한다는 점을 고수했다. 이런 맥락에 있어서도 셸링은 피히테와 일치하고 있다. 자기의식이 예지적 직관인 한, 자기의식은 산출하

는 자와 산출된 것의 통일, 원인과 결과의 통일이다(III, 368 ff. 참조).

• 쉘링은 철학을 정초하는 최고원리를 절대적 자아로 본다. 절대적 자아란 자기의식과 구별되며, 감성적 직관이나 자기의식을 통해서가 아니라 오직 예지적 직관을 통해서 파악된다는 쉘링의 주장은 칸트의 비판철학과 분명히 충돌한다. 칸트에 있어서 철학의 '최고의 점'은 순수통각 혹은 자기의식이지만, 쉘링은 여기서 한 걸음 더 나아가 자기의식조차도 근거 지을 수 있는 절대적 자아를 내세운다. 쉘링이 칸트철학의 문제점으로 생각하고 있는 것은, 이론이성과 실천이성 그리고 반성적 판단력을 하나로 묶는 최종적인 통합근거를 칸트가 해명하지 못했고 자기의식을 철학의 최고의 점으로 생각하면서도 그것의 인식 불가능성을 주장한 점이다. 이러한 칸트의 주장과는 달리 쉘링은 인식[주관]과 존재자[객관]를 동시에 근거 짓는 것은 '절대자', '무제약자' 혹은 절대적 자아이어야 한다고 주장한다. 그가 절대적 자아를 무제약자로 내세우는 것은 칸트가 제시한 '근원적[정험적] 통각'을 일관되게 철저하게 밀고나간 결과라 하겠다.[23]

이미 『철학일반의 형식의 가능성에 대하여』(1794)라는 저술처럼 『철학의 원리로서의 자아에 관하여, 혹은 인간의 지식 속의 무제약자에 대하여』(1795)라는 논문도 절대적 자아와 자기의식을 구별한다. 왜냐하면 절대적 자아는 "모든 사유 및 표상에 앞서는 존재"(I , 167)이기 때문이다. 이 논문에서도 쉘링은 자기의식을 절대적 자아로부터 연역하지 않는다. 그 대신에 그는 절대적 자아를 구축驅逐하는 자기의식의 경향을 분명히 드러낸다.[24]

IV. 정신과 예술: 예술철학

• 셸링은 칸트의 판단력 비판과 쉴러의 미美교육론에 연결하여, 이론적 계열과 실천적 계열의 높은 종합으로서 정신의 미적 작용 특히 창조적인 천재의 미적 작용을 인정했다. 그에 의하면 예술은 미적 자아의 산물이요 미적 자아의 가장 완전한 본질적 활동이며, 인간성의 최고완성을 의미하는 것이었다. 자연계에 있어서 세 세위勢位를 대별했듯이, 그는 정신계에 있어서도 인식, 행위, 예술의 세 세위를 대별했다.[25]

• 미美의 경우에는 무한자가 유한자 속에서 표현되고 심미적 창조는 감각적 현상들 속에서 드러나기 때문에, 실재적인 것과 관념적인 것의 동일성이라는 철학의 문제의 해결은 심미적 창조행위 및 그 창조행위의 산물 속에서 명백히 드러난다. 예술은 세계와 자아, 실재적인 것과 관념적인 것이 완전한 조화를 이루며 나타나는 영역이다.[26] 이런 의미로 볼 때, 예술은 철학의 진정한 도구이자 진정한 도구의 기록記錄이다. 예술은 가장 거룩한 실재를 철학에게 드러낸다. 그러므로 셸링은 시詩와 철학은 서로 가장 닮았다고 주장한다. 예술가의 심미적 직관과 철학자의 예지적 직관은 서로 가장 많이 닮았다. 고대의 신화에서는 시와 철학은 실로 전적으로 동일한 것이었다.

• 셸링이『정험적 관념론의 체계』에서 전개하는 자기의식의 역사에서의 최고이념은 진리나 자유가 아니라 오히려 아름다움[미美]이다. 이런 이유로 미학과 예술은 철학체계의 완결을 이룬다. 셸링이 개념적인 계열로 전개하고 있는 정험철학은, 예술가적 천재天才와 그의 작품 속에서 비로소 자기의 참된 목표점과 정점에 도달한다. 정험철학의 길은 무의식적 정신으로부터 의식적 정신에 이르고, 그리고 계속하여 윤리학과

역사 속에서 그 실현에 이르기까지 계속 진행하여, 모든 대립을 자신 속에서 통일하고 서로를 화해시키는 예술 속에서 마침내 끝나게 된다. 시詩와 미美는 학문들과 철학보다 오래 지속될 것이며, 철학은 심지어 시와 미 속에서 완성된다고 말한다.

• 그러므로 예술작품은, "그것이 의식을 가지고 산출된 것이라는 점에서 자유의 산물과 공통점을 갖고 있고, 그것이 무의식적으로 산출된 것이라는 점에서 자연산물과 공통점을 갖고 있다"(III, 612). 다시 말하면, 진정한 예술가가 아무리 충만한 의도를 가지고 창조를 한다 하더라도, 그때에 자신의 작품으로 형성되는 것은 그것만큼 의도되지는 않는다. 따라서, 예술작품은 한편으로는 자유로운 활동의 성과이며, 다른 한편으로는 더욱 고차적이고 무의식적인 작용의 성과다. 그런데 이 무의식적인 작용의 성과는, 예술가 자신이 자기의 작품으로 인해 놀라는 때인, 예술가의 생산활동의 끝에서야 드러난다.

예술가는 예술작품을 충분한 의도를 가지고 산출한다. 그러나 그 예술작품은 "그의 관여 없이[ohne sein Zutun]"(III, 617) 성립한 것이다. 모든 창조행위에 내재해 있는 무의식적인 힘은 예술에 존재하는 것인 바, 그것은 "예술에서 배울 수 있거나 연습이나 다른 방식으로 획득될 수 있는 것이 아니라 자연의 자유로운 은총을 통해서만 타고날 수 있는"(III, 618) 것이고 예술가를 "천재[Genie]"(III, 616)로 만드는 것이다. 그래서 쉘링 당대의 사람들은, 자기가 의도를 가지고 창조한 것 속에서 의도하지 않은 것을 동시에 완전히 드러내는 저 모든 창조적인 사람들을 그렇게 불렀다. 심미적 직관은 철학이 가시적으로 보여줄 수 없는 것을, "즉 행위 및 산출작용 속의 무의식적인 것을, 그리고 그것과 의식의 근원적 동일성을"(III, 627) 예술작품 속에서 인식한다.

• 사람들은 예술이 『정험적 관념론의 체계』에서, 철학자가 최고존재자의 인식에로 고양되는 수단이나 도구로 타당하다는 것을 안다. 그리고 바로 그 때문에 예술은 "철학의 진정한 도구"(III, 351)라고 불릴 수 있다. 예술은 순수한 이성인식에는 거부된 채로 머물러있는 것, 즉 무의식적 활동과 의식적 활동의 절대적 동일을 현시하는 일에 성공하기 때문에, 예술은 쉘링에 의해 철학보다 높이 평가된다:

> 예술은 가장 신성한 것을 철학자에게 개방한다는 바로 그 이유 때문에 철학자에게는 최고의 것이다. 그런데 자연과 역사 속에서 분리되어 있는 것, 그리고 사유에 있어서나 삶과 행위에 있어서나 마찬가지로 영원히 멀리해야만 하는 것은 가장 신성한 것 속에서 영원하고 근원적으로 통일되어 하나의 불꽃 속에서 타오른다(III, 627).

• 쉘링이 심미적 경험이 철학보다 탁월하다고 주장하는 이유는, 예술작품은 절대자를 경험할 수 있는 가능성을 심미적 직관에 제공한다고 그가 믿고 있기 때문이다. 심미적 직관 속에서는, 사유작용에서 분리되어 있을 수밖에 없는 주체적인 것과 객체적인 것의 측면이 지양되어 있다. 심미적 직관은 예지적 직관을 능가하는 것으로 입증된다. 왜냐하면 심미적 직관 속에서는 절대자가 단지 주체적으로만이 아니라 예술작품의 형태로 객체적으로도 드러나기 때문이다. 예술은 절대자의 매개체라는 이런 탁월한 의미를 지니고 있다. 왜냐하면 예술가, 즉 천재라는 개인[Person] 속에서는 자연과 정신, 자유와 필연, 유한자와 무한자는 동일하기 때문이다. 즉, 예술가의 천재적 작품 속에서는 의식된 자유로운 구성과 무의식적인 '자연적' 영감靈感은 일치한다. 자연의 창조충동은 예술가 속에서 정신적인 것으로 된다.[27]

V. 신의 세계창조

1. 무차별로부터 차별에로의 이행. 범신론의 혐의로부터 벗어나기 위한 시도

• 쉘링이 해결해야만 했던 근본적인 문제들 가운데 하나는, 절대적인 무차별로부터 어떻게 차별이 발생하는가 하는 것, 달리 말하면 절대자로부터 어떻게 유한자가 나올 수 있는가 하는 것이다. 그런데 이 물음은 바로 헤겔이 1807년 그의 첫 번째 주저인 『정신현상학』 〈서문〉에서 "모든 암소가 까맣게 보이는 밤"이라는 표현으로 비판한 절대적 동일성으로부터의 구별의 발생에 대한 물음이기도 한데, 쉘링은 바로 『인간의 자유의 본질 및 그와 연관된 대상들에 대한 철학적 탐구』(1809)[『자유론』으로 줄임]와 『세계의 시대들』(*Die Weltalter*, 1813)에서 이 물음에 대답하고자 했다. 이러한 대답은 다른 한편으로는, 1801년 이래로 자신에게 가해진 범신론의 혐의에서 벗어나고자 하는 시도이기도 했다. 왜냐하면 범신론은 만물이 신이라고 주장함으로써 악의 문제를 해결하지 못하기 때문이다.

• 절대자로부터의 유한자의 발생은 절대자로부터의 유한자의 타락에 의한 것이거나(『철학과 종교』) 절대자의 자기실현(『자유론』 등)이라고 쉘링은 설명한다. 따라서 쉘링에게 있어서 절대자로부터의 유한자의 발생은 절대자의 세계창조 및 〈악〉과 〈죄〉의 발생의 문제와 밀접하게 연관되어 있다. 그리하여 우리는 먼저 위의 두 저술을 통해서 쉘링이 절대자(신), 절대자의 세계창조, 그리고 인간의 자유와 악에 대해 어떻게 말하고 있는지를 살펴보고자 한다.

2. 절대자(신)

1) 실존하는 것, 그리고 실존의 근거

• 셸링은 신에 대해 말하면서, 실존하는 신[신의 실존]과 신의 실존의 근거를 구별한다. 이러한 구별은 "실존하는 한에서의 존재자와 단지 실존의 근거인 한에서의 존재자의 구별"[28]이다. 여기서, '실존하는 신'은 정신으로서의 신을 가리키고, (신의) 실존의 근거는 정신으로서의 신의 토대를 이루고 있는 물질적인 요소를 가리킨다. 이 경우에 셸링은 '근거'라는 표현을 논리적인 것이 아니라 존재론적인 바탕이라는 의미로 사용하고 있다. 이러한 토대를 그는 "신 속에 있는 자연"이라고 부르며, 이것은 "신 속에 있으면서도 신 자체는 아닌, 즉 신의 실존의 근거"(VII, 359)라고 말한다. '실존자로서의 신 자신은 아니면서 신 안에 있는 자연'이라는 생각은 뵈메로부터 유래하는 생각이다. 이러한 셸링의 주장에 의하면 신은 본래 '정신적인' 존재자인데, 이런 정신적인 존재자로서의 신은 물질적인 것을 자기의 토대(바탕)로 삼는다는 것이다. 그렇기 때문에 그는 신의 실존의 근거로서의 물질적인 것을 '신 속에 있으면서도 신 자체는 아닌' 것이라고 말하는 것이다. "신 속에 있는 자연"이라고 할 때의 '자연'은 물론 '물질적인 것'을 가리킨다. 좀 더 구체적으로 살펴보자.

• 셸링은 신 안에 "두 가지 동시적인 시원들"을 전제하기에 이른다(VII, 408). "신 안에 있는 하나의 가장 깊고 가장 은폐된 것"(VIII, 62)은 "어두운 근거"이지만(VII, 360) — 근거는 '토대'(VIII, 25)의 의미로 이해된다 — 그러나 "의식적이고 예지적인 것이 아닌 신 자신," 즉 신 안에 있는 "사실적이고 비의식적인 것"(VII, 435), 이러한 것을 셸링은 "신 안에 있는

— 자연, 즉 신으로부터 비록 분리될 수는 없지만 그럼에도 구분되는 본체”(Ⅶ, 358)라고도 불렀다.

또 다른 시원인 “엄밀한 의미에서의 신”(Ⅶ, 436)은 자신의 “살아있는 현존재”(Ⅷ, 61) 안에 있는 신이며, “존재하는 신”(Ⅶ, 435) — 말하자면 의식이라는 의미에서 존재하는 — 이다. 따라서 그 신은 “주체로서의 신”(Ⅷ, 25)이며, “의식하는 신”(Ⅷ, 62)이다. 그러나 양 시원은 현실적으로 분리된 것이 아니라 “하나이며 동일한 본체”다(Ⅶ, 409). 그것들은 하나의 공통적인 “원-근거 혹은 비근거”(Ⅶ, 406)로부터 발생한다. 이러한 원-근거나 비근거는 “전적으로 간주된 절대자”(Ⅶ, 408)다. 따라서 이 안으로 이제 셸링은 “모든 대립이 사라진 것”(Ⅶ, 406)으로서의 “절대적 무차별성”을 전이시킨다.[29]

• 그러나 우리는 이러한 셸링의 생각을 문제 삼을 수 있다. ‘신 속에 있다’는 것은 신이 그것을 자신의 일부로 포함하고 있다는 뜻인데, 그러면서도 ‘신 자체는 아닌 것’이라는 표현에서 알 수 있는 것은, 결국 그것은 ‘신의 타자’라는 점이다. 이와 유사한 관계를 지닌 경우를 예로 들면, 우리의 정신(의식)과, 정신이 지니고 있는 ‘관념’의 관계라 하겠다. 관념은 우리의 정신 속에 있는 것이지만, 우리의 정신과는 구별되는 어떤 것이라고 할 수 있기 때문이다. 그러나 이와 다른 관계의 예를 들면, 우리의 정신과 육체의 관계를 들 수 있을 것이다. 왜냐하면 우리는 정신이 육체를 가지고 있다거나(그래서 육체가 정신 속에 존재한다거나), 아니면 육체가 정신을 소유하고 있다고(그래서 정신이 육체 속에 존재한다고) 말할 수 없기 때문이다. 양자의 관계는 일방이 타방을 소유하는 관계가 아니라, ‘나’라고 하는 전인적全人的 통일체의 두 측면일 뿐이기 때문이다. 즉, 정신도 ‘나’이고 ‘육체’도 ‘나’인 것이다.

그런데 '신 속에 있으면서도 신 자체는 아닌' 것이라고 하는 '그것'은 신의 타자일 것이다. 그렇다면 신과는 이질적인 이 타자는 어떻게 해서 신 속에 존재하면서 신의 토대로 작용하는 것인가? 이러한 문제는, 이후에 계속되는 쉘링의 해명에도 불구하고 해결되지 않은 채로 남게 된다.

2) 무근거[비근거, 무차별]

• 그런데 이렇게 정신으로서의 신[실존하는 신]과 물질적인 것[신의 실존의 근거]의 근원은 무엇인가? 통상적으로는 신의 근원은 존재할 수 없다. 만약 그런 것이 존재한다면 바로 그것이 신이고, 그로부터 유래하는 것은 신이라고 할 수 없을 것이기 때문이다. 그러나 물질을 자기의 토대로 삼고 있는 정신으로서의 신, 그리고 토대로서의 물질 모두는 그보다 더욱 근원적인 다른 어떤 것으로부터 파생된 것이라고 쉘링은 생각한다. "모든 근거와 모든 실존자에 앞서서, 그러니까 어쨌든 모든 이원성에 앞서서, 하나의 존재자가 존재해야만 한다"(VII, 406). 이것을 그는 "근원근거"[Urgrund] 혹은 "비근거"[Ungrund](VII, 406)라고 부른다. 이는, 신을 '근거'로 볼 때, 다시 그것의 근원·원천이 되는 것, 그래서 더 이상 그것의 근원을 물을 수 없는 것이라는 의미다. 이러한 근원근거 내지 비근거에는 아무런 구별이나 차별이 존재하지 않으므로 그것을 "무차별"[Indifferenz](VII, 406)이라고도 부른다[30]: "무차별이 없다면, 즉 비근거가 없다면, 원리들의 이원성도 존재하지 않을 것이다"(VII, 407). 이러한 '무차별자로부터의 신의 발생'은 우리가 받아들이기 어려운 생각임이 분명하다. 왜냐하면 신은 그 어떤 것으로부터 생성되는 것이 아니기 때문이다. 그러나 쉘링이 생각하는 신은 전통적인 유신론의 신이 아니다.

그것은 '되어가는 중에 있는 신'이며, 소위 과정신론에서 말하는 신이라고 할 수 있다. 신 안에서는 "영원한 존재만이 아니라 영원한 됨[Werden]도"(VII, 432) 발견된다. 신은 "그것으로부터 신이 비로소 전개되는, 그러한 근거"를 스스로 안에 전제한다(VIII, 62). 그리하여 "전개되지 않은 신"은 비로소 "전개된 신"(VIII, 81)이 된다. 다시 말하면, "신은 자기 스스로를 만든다"(VII, 432).

동양사상과 비교해서 설명하자면 다음과 같다. 무차별자로부터 실존자로서의 신과 그것의 바탕인 물질이 이루어지는 사태는, 무극無極[태극(太極)]으로부터 음양陰陽이 생성되는 것과 유사하다. 양 사태의 동일성은, 원초적인 하나의 상태로부터 둘로의 분할이 이루어진다는 점이다. 차이점은, 음양은 유한자로서의 물物들, 그리고 그러한 물物들이 지니고 있는 성질인 데 반하여, 쉘링이 말하는 실존하는 신은 세계로서의 유한자를 창조하는 자요, 신의 토대로서의 물질(질료)도 우리가 통상적으로 말하는 물物이 아니라, 헬라스인들이 생각하는, 영원한 존재자로서의 물物이라는 점이다.

그러나 쉘링의 주장의 문제점은, 비근거로부터 실존과 근거라는 두 원리가 어떻게 도출되는지를 제대로 해명하고 있지 못하다는 것,[31] 즉 무차별로부터 어떻게 해서 차별이 발생하는가에 대해서, 단지 그것이 신의 실존과 신의 근거로 분열되었다고 주장할 뿐이지, 왜 그렇게 될 수밖에 없는지를 설득력 있게 말하고 있지 못하다는 점이라 하겠다.

3. 신으로부터의 세계의 출현

·

• 쉘링은 『철학과 종교』(1804)에서도 이미, 절대자로부터의 유한한 물物의 출현을 해명하려고 하여, 유한한 물은 신으로부터의 타락에 의해 발생한다고 주장했다.[32] 그러나 어떻게 해서 이러한 타락이 일어나는가 하는 것은 또 다시 해결해야 할 문제로 남아있었다. 이제 쉘링은 『자유론』에서 절대자로부터의 유한자[세계]의 발생의 문제, 그리고 신으로부터 세계 속의 악이 어떻게 발생하게 되는가 하는 문제를 더욱 구체적으로 다룬다.[33]

• 우리가 궁금해 하는 문제는, 신은 무엇으로 세계를 창조하는가 하는 것이다. 이러한 물음은 고대 헬라스인들에게는 낯선 것이었다. 왜냐하면 그들은 세계[우주]를 자족적이고, 발생하지 않았고, 사라지지 않는 것으로 생각했기 때문이다. 그들은 무無에서는 아무 것도 발생할 수 없다는 견해를 옹호했고, 따라서 만물의 토대를 이루는 질료(물질)[Materie]는 이미 항상 존재했음이 분명하다는 견해를 옹호했다. 이와는 달리 기독교의 창조론에 의하면 신이 물질을 포함한 온 우주를 무에서 창조했다. 쉘링에 의하면, 신은 자신 속에 이 세계를 창조하기 위해 필요한 물질들(질료들)을 이미 지니고 있었다. 이런 생각은, 만물을 구성하기 위한 근원적인 재료는 생성된 것이 아니라는 고대 헬라스인의 견해와 일치하지만, 다른 한편으로는 이 견해와 구별된다. 왜냐하면 쉘링은 세계를 형성하기 위한 재료가 신 자신 속에 있다고 주장하기 때문이다. 그래서 1810년경의 슈투트가르트 개인강의에서는, "이 개념을 오해해서 무로부터의 창조라는 생각이 생겼다"(Ⅶ, 436)고 한다. 이리하여 "무로부터의 창조"[creatio ex nihilo]는 "신으로부터의 창조"[creatio ex Deo]로 바뀐다.

• 쉘링에게 있어서 신은 충동적인 것과 물질적인 것으로부터 해방된 정신이 아니라 우리 인간처럼 어두운 충동층衝動層을 가진 생명체다. 신은 단지 이성에 의해서만이 아니라 정열에 의해서도 움직이는 힘이다. 즉 신은 〈이성적인 동시에 비이성적인 동물〉이다. 우리 속에 무의식적이고 어두운 원리와, 의식적인 원리라는 두 원리가 존재하듯이 신도 자신 속에 이와 동일한 두 원리를 지니고 있다(VII, 433 참조). 이러한 주장은 본래 뵈메의 주장인데, 바더[Franz von Baader], 슐레겔[Friedrich Schlegel], 그리고 괴레스[Joseph Görres]처럼 쉘링도 뵈메의 이런 사상을 받아들인다. 뵈메는 그의 신화적 · 종교적 자연철학에서 신을 처음으로, 이성에 의해서만이 아니라 강한 비이성적 계기들에 의해서도 규정되는 존재자로 서술하였다. 뵈메는 신에게 밝은 힘들만이 아니라 어두운 힘들도 귀속시켰고, 깨어있는 정신만이 아니라 무의식적인 자연도 귀속시켰다. 쉘링보다 몇 년 앞서 슐레겔은, 순수한 정신철학은 물질적인 것 및 충동적인 것의 유래를 결코 설명할 수 없다는 점을 이미 지시한 바 있다.

왜냐하면 완전한 정신은 그런 종류의 것을 창조하지 않을 것이기 때문이다. 완전한 지성은 심지어 지성 없는 질료들이나 맹목적인 충동들을 산출할 수 없을 것이다. 다시 말하면 정신으로서의 신은 단지 정신을 다시 산출할 수 있을 것이다. 만약에 정신이 단지 다시 정신적인 것만을 산출할 수 있다면, 물질세계는, 신 속에는 밝고 깨어있는 정신 외에 마찬가지로 어둡고 충동적인 자연도 존재한다는 조건 하에서만 신으로부터 발생할 수 있다. 신이 단순한 표상의 상像들[Vorstellungsbildern] 이상의 것으로 구성된 세계를 창조한 것은 이런 전제하에서만 생각할 수 있을 것이다. 신은 분명히 그 본래적인 존재에 있어서는 정신이다. 그런데 정신은 뵈메처럼 쉘링이 "신 속에 있는 자연"이라고 불렀던 어둡고 조야粗野

한[wilden] 근거, 하나의 충동층에 토대를 가지고 있다. 후기 낭만주의자들의 영향을 받은 이러한 신神이해를 만들어낼 때 인간은, 전통적인 견해에 의하면 무의식적 · 충동적일뿐만 아니라 의식적으로 인도되는 힘에 의해 규정되는 모범(본보기)으로 사용된다는 것을 쉽게 알 수 있다. 전자는 실존의 자연적 · 실재적 측면을 나타내고, 전자는 실존의 정신적 · 이념적 부분을 나타낸다. 인간은 한편으로는 자기의 충동적 본성에 얽혀 있고, 다른 한편으로는 그로부터 해방된 상태에 있어서, 만약에 절대적인 혼란 속에서 끝나고자 하지 않는다면, 자기의 정열을 재갈 물리고 이성에 종속시켜야만 하는 그러한 생명체로 간주된다. 플라톤과 아리스토텔레스는 인간을 충동적 존재자와 이성적 존재자로 서술했고, 우리들 각자에는 현명하게 숙고하는 혼魂 외에도 조야하고 무법적인 욕망들도 내재해있다고 확신했다.[34]

• 쉘링은 신이 자기를 실현하는 과정을, 신이 세계가 되는 사건으로 본다. 신의 자기실현과정은 곧 "세계창조의 전 과정"(VII, 433)이다. 그리고 창조에 대해 이렇게 말한다: "그런데 수축은 실재성[Realität]의 시작이다. 그럼에도 불구하고 물론 창조의 시작은 신의 낮아짐[Herablassung]이다. 즉 신은 애초에 자기를 실재하는 것으로 낮추고, 실재하는 것 속으로 전적으로 수축한다. 그러나 이 속에는 신의 자격이 없다고 할 수 있는 그 어떤 것도 존재하지 않는다. 바로 이러한, 신의 낮아짐이 또한 기독교에서 나타나는 가장 위대한 것이다. 형이상학적으로 높이 올려진 신은 우리의 머리에도 우리의 마음에도 쓸모가 없다"(VII, 429)고 쉘링은 말한다. 또한 "자기를 제한하고 낮추는 신의 이러한 행위[Akt]는 자발적인 것이다"(VII, 429)라고 덧붙인다. 『세계의 시대들』에서는 다음과 같이 말한다: "모든 발전[펼쳐짐, Entwicklung]은 안으로의 위축[접혀짐, Einwickeln]

을 전제로 한다. 인력引力 속에 시작이 있고, 끌어당기는 힘은 모든 생명의 진정한 기원起源이자 근원의 힘이다. 모든 생명은 수축과 더불어 시작된다. 모든 생명이 작은 것으로부터 큰 것으로, 협소한 곳으로부터 넓은 곳으로 확장되고 전개되는 것은 그 때문이다"(Ⅷ, 311). 그런데 '수축'은 이 두 인용문에서 상이한 의미로 사용되고 있다. 즉, 전자에서는 신이 세계로 수축한다는 의미인 반면에, 후자의 경우에는 신이 자기를 펼쳐서 세계로 드러내기 전에 자신 속으로 웅크리면서 힘을 축적하는 것을 가리킨다. 마치 용수철이 밖으로 펼쳐나가기 전에 수축하는 것과 마찬가지다.

• 물들은 신과는 전적으로 그리고 무한히 다른 것이므로 신 속에서 생성될 수 없다(Ⅶ, 359 참조). "물들이 신으로부터 구별되기 위해서는 신과는 다른 근거 속에서 생성되어야 한다. 그러나 신 바깥에는 아무 것도 존재할 수 없으므로 이 모순은, 물들이 자신들의 근거를 신 자신 속에서 신 자신이 아닌 것 속에서, 즉 신의 실존의 근거인 것 속에서 갖는다는 사실을 통해서만 해소될 수 있다"(Ⅶ, 359). 인간도 그의 자연적 현존재에 따라 신 안의 어두운 근거로부터 발생한다. 그런데 그는 "절대자로부터의 타락"(Ⅵ, 38) 안에서, "자기성自己性과 아욕我慾(이기심)"[Eigenheit und Selbstsucht]에 사로잡혀(Ⅶ, 388) 신을 외면하게 된다. 그러나 인간 안에서는 동시에 전회가 준비된다. "행성운동에서 중심으로부터 가장 멀어지는 것이 곧바로 다시 중심에로의 접근을 뜻하듯이, 신으로부터 극단적으로 멀어지는 지점인 자기성[Ichheit]은 또 다시 절대자에게 돌아가는 계기가 된다"(Ⅵ, 42). 왜냐하면 인간 안에서 "더 높은 것, 즉 정신이 나타나기" 때문이다. 이렇게 그는 깊이 분열된 존재자다. 인간 속에는 "어두운 원리의 온 위력이 존재하는 동시에 빛의 온 힘이 존재한다. 인간

속에는 가장 깊은 심연과 가장 높은 하늘이 존재하며, 혹은 이 둘이 중심을 이룬다"(VII, 363). "근거의 원리가 빛 속에서 변용됨으로써, 인간 속에 있는 고차적인 것인 정신이 등장한다"(VII, 363). 바로 이러한 자신의 내적인 대립 안에서 인간은 전회점을 형성한다. 왜냐하면 신의 낮아짐과 그의 세계에로의 외화는, 단지 그가 다시 자기 자신에게로 되돌아오기 위해 일어나는 것이기 때문이다.[35]

VI. 인간의 자유의지와 악

• 쉘링은 이렇게 말한다: "인간 속에는 어두운 원리의 온 위력이 존재하는 동시에 빛의 온 힘이 존재한다. 인간 속에는 가장 깊은 심연과 가장 높은 하늘이 존재하며, 혹은 이 둘이 중심을 이룬다. 인간의 의지는, 여전히 근거 안에만 존재하고 있는 신의, 영원한 동경 속에 감춰져있는 씨앗이다"(VII, 363).

모든 물物 속에는 빛의 원리와 어둠의 원리라는 두 원리가 존재하기는 하지만, 이 두 원리는 근거로부터 고양된 것이 지니고 있는 결여 때문에 완전히 조화를 이루지 못한다. 신에게는 이 두 원리가 분리되지 않고 통일되어 있지만 인간 속에서는 분리될 수 있는데, 바로 이것이 선 및 악의 가능성인 것이다(VII, 363-4 참조).[36] 악은 인간 속에 존재하는 어둠의 원리가 빛의 원리를 지배하는 것이다. 쉘링은 어둠의 원리에는 인간의 '자기성'[die Eigenheit; die Selbstheit](VII, 375, VII, 377 등), '개별의지'[Eigenwille](이기적 의지, 고유의지)(VII, 363, VII, 365, VII, 376 등), '눈먼 의지'[blinder Wille](VII, 363), '특수의지'[besonderer Wille; ein Partikularwille](VII, 375, VII,

381, VII, 363, VII, 365 등), 근거의 의지[der Wille des Grundes](VII, 375, VII, 378 등) 등을 대응시키고, 빛의 원리에는 보편의지[Universalwille](VII, 363, VII, 365, VII, 381 등), '근원의지'[Urwill(e)](VII, 364) 혹은 '지성'[der Verstand](VII, 363) 등을 대응시킨다. 그리하여 인간은 "선과 악을 향해 스스로 움직일 수 있는 원천을 똑같이 자신 속에 가지고"(VII, 374) 있기 때문에 선을 택할 수도 악을 택할 수도 있는 것이다. 그런데 이때, "이기적인 의지를 높이는 것"(VII, 365)이 바로 악이다.

쉘링은 의지를 "근거로부터 나오며 그 자체가 어두운 것인" 피조물의 "이기적 의지"(고유한 의지, 고집)이고, 다른 하나는 "보편의지"인 "지성"으로 나눈다(VII, 363).

> 이기적 의지는 그것이 아직 (지성의 원리인) 빛과의 완전한 통일로 고양되지 않는 한(그것이 빛을 파악하지 않는 한), 욕망의 단순한 성벽性癖[Sucht], 즉 눈먼 의지다. 피조물의 이런 이기적 의지에는 보편의지인 지성이 대립하는데, 지성은 이기적 의지를 사용하고 그것을 단순한 도구로 자기에게 종속시킨다. (...) 인간 속에는 "어두운 원리의 온 위력이 존재하는 동시에 빛의 온 힘이 존재한다. 인간 속에는 가장 깊은 심연과 가장 높은 하늘이 존재하며, 혹은 이 둘이 중심을 이룬다(VII, 363).

그런데 "창조 때 근거가 계시에 대해 반응함으로서 일단 악이 일반적으로 야기된 이후, 인간은 영원히 자기성과 아욕(이기심)에 사로잡히게"(VII, 388) 되었는데, 쉘링은 이것을 "인간 속에 있는 이 근원적인 악"(VII, 388) 혹은 "근원적인 죄"(VII, 388)라고 부른다.

칸트와 독일관념론

칸트 | 피히테 | 셸링 | 헤겔

헤겔(Georg Wilhelm Friedrich Hegel, 1770-1831)

생애와 저작

• 1770년: 8월 27일 뷔르템베르크 주의 슈투트가르트에서 궁정 세관의 사무원의 아들로 출생. 부친은 튀빙엔 대학에서 법학을 전공했으며 후에 운송 참사관이 됨. 헤겔은 여섯 남매 중 맏이였는데, 형제들 중 성인이 될 때까지 살아남은 사람은 여동생인 루이제Christiane Luise와 남동생인 루드비히Georg Ludwig를 포함해서 셋뿐이었다.

• 1773년: 세 살 때 이미 독일어 학교에 들어가 쓰기, 읽기, 셈하기를 익혔는데, 기억력이 하도 좋아서 늘 부모의 자랑거리가 되었다.

• 1775년: 라틴어 학교에 입학.

• 1780년: 슈투트가르트에 있는 김나지움Gymnasium[1]에 입학. 헤겔의 누이동생은 그 때 일을 이렇게 회상함: "매년 무슨 상인가를 받아왔습니다. 오빠는 다섯 째 이하로 떨어져 본 일이 없었으니까요. 김나지움에서는 열 살에서 열여덟 살까지 줄곧 수석을 했습니다." 김나지움 졸업식에서는 동급생을 대표해서 헤겔이 졸업연설을 함. 연설제목은 〈터키

의 예술과 학문의 침체상황〉이라는 묘한 것이었음. 헤겔은 비정상적인 학교 밖에 없는 터키 같은 곳에서 살아야 하는 그 곳 청년들을 생각하면, 슈투트가르트 김나지움에서 공부할 수 있는 자신들이 얼마나 행복한지 모른다고 말하고, 마지막으로 선생님과 동급생들을 향해서 슈투트가르트에서 교육받게 된 행복을, "우리들은 카알(Karl) 대공을 위시해서 존경해 마지않는 국가 및 학교 당국 선생님께 심심한 사의를 표하는 바입니다"라고 끝을 맺음. 실은 이와 같은 국가나 학교에 대한 치사는 단순한 예의에서가 아니라 그 나름의 목적이 숨겨져 있었던 것이다. 즉, 튀빙엔 대학에서 공부를 계속하기 위해 장학금이 필요했던 것이다. 그는 대학에 가서 신학을 전공할 참이었다. 그리하여 장학금 신청서에는 다음과 같은 글을 적어 놓았다: "온 힘을 다해 오로지 신학만을 전공하여 신학과 관계없는 직업에 종사하지 않을 것을 굳게 맹세합니다." 이 신청서가 접수되어 헤겔은 장학생으로 튀빙엔 신학교에 입학함.

• 1788-93년: 튀빙엔대학교 신학부에서 수학하였다. 헤겔과 시인 횔더린(헤겔과 동갑), 쉘링(헤겔의 5년 연하), 이 세 사람은 모두 슈바벤 출신으로, 튀빙엔 신학교에서 신학을 공부하고 1790/1791 겨울학기에 기숙사의 한 방에서 생활함. 모두가 철학을 전공하고 헬라스고전에 심취했으며 프랑스혁명에 열광함. 5세 연하인 쉘링과는 달리 헤겔은 처음부터 두드러지게 재질을 나타낸 일은 없다. 완만하게, 그러면서도 끈질기게 깊숙이 파고드는 형型의 헤겔의 사상이 널리 세상에 알려질 정도로 원숙하기까지에는 오랜 세월이 필요했다. 그러나 일단 원숙기에 도달한 다음부터는 그의 모든 저술에서 그의 근본사상의 전체적 통일성이 드러난다. 이것은 많은 독자들에게 끊임없이 새로운 변화를 낳는 인상을 주던 쉘링과는 좋은 대조를 이룬다.

이 세 사람 중에서 자기 내부의 열광을 가장 잘 숨긴 사람은 헤겔이었으며, 그래서 친구들은 그에게 '노인'이라는 별명을 붙여주었다. 대학교에서도 성적은 좋았다. 그러나 다른 면에서는 비판의 대상이 되기도 했다. 사소한 일이긴 하지만, 감시가 심한 규율을 걸핏하면 어기곤 했다. 외출했다가 늦게 돌아오기 일쑤였고, 늦잠 자느라고 아침예배를 거르기도 했다. 이년 간 철학을 연구한 후에 마기스터(Magister) 논문을 썼다[마기스터란, 다른 대학의 철학박사[Dr. Phil]에 해당하는 것이었다]. 거기다가 신학 삼년 과정을 첨가하고 종교시험후보학위논문으로 연구를 끝냈다. 헤겔은 1790년, 두 개의 작은 자작自作 학술론[specimina]으로써 마기스터 시험을 신청했다. 그 시험은 매년 9월에 실시되었다. 철학과 교수들의 주재 하에, 한 교수가 쓴 학위논문을 변호해야 했다. 헤겔은 자기와 같이 졸업하는 동기생들인 횡크, 아우텐리히트, 횔더린과 함께 뵈크Bök 교수의 도덕철학논문 「의무의 한계에 관하여」(De limite officiorum)를 토론했다. 그리고 1790년 9월 27일, 아울라 노바(Aula Nova)라는 대강당에서 마기스터 학위를 받았다. 신학시험은 1793년 6월에 치렀으며, 거기서 헤겔은 여덟 명의 다른 후보들과 함께 레브레트Kanzler Lebret가 쓴 뷔르템베르크의 교회사에 관한 학위논문을 가지고 변호했다. 헤겔의 졸업증명서에는 다음과 같이 쓰여 있다: "신학연구는 소홀하지 않고, 설교를 시도함에 있어 열심이 없지는 않으나, 물론 훌륭한 웅변가는 아니다. 훌륭한 문헌학 지식을 가지고 있고, 철학에 많은 노력을 기울였다." 시험에 합격한 후 그는 1793년 가을, 그 당시 견디고 있던 열병熱病을 치료하기 위해서 슈투트가르트로 돌아갔다. 헤겔은 스물세 살을 눈앞에 두고 일단 신학 연구에 종지부를 찍었다. 신학자가 되지 않겠다고 방침을 바꾸었던 것.

• 1793년: 스위스 베른에서 가정교사[귀족 Staiger가家, 1796년 가을까지].

• 1797년: 1월 10일, 횔더린의 소개로 프랑크푸르트에서 상인 고겔 Johann Noë Gogel 가家의 가정교사(1800년 말까지).

• 1799년: 1월, 아버지의 죽음으로 6,000마르크의 유산을 물려받게 되자 가정교사를 그만 두고 철학에 전념하기로 결심함. 쉘링의 권고에 따라 헤겔은 바이마르 근처의 예나대학에서 사강사 취임논문을 제출하기로 뜻을 굳힘. 이 당시 쉴러는 그곳의 역사학 교수였고 피히테와 쉘링은 철학강의를 담당하고 있었으며, 낭만주의 작가 티이크와 노발리스와 슐레겔 형제도 예나를 활동무대로 삼고 있었다. 이와 같이 당대의 사상적 구심점을 이룬 예나대학은 뒤에 새로운 상승기운을 탄 베를린대학에 의하여 점차 명성을 상실하게 되었다.

• 1801년: 1월, 쉘링의 초청으로 예나로 옮김. 7월: 『피히테 철학체계와 쉘링 철학체계의 차이』(*Differenz des Fichteschen und Schellingschen Systems der Philosophie*). 생일인 8월 27일에 『행성궤도론』이라는 논문을 제출하고 구두시험 치름. 교수자격[Habilitation] 취득 및 대학의 교원자격[Venia legendi oder Venia docendi] 취득. 겨울학기부터 예나대학 사강사私講師[Privatdozent. 당시에는 무급(無給)임]로 강의 시작.

• 1802년: 쉘링과 함께 『철학비평잡지』(*Kritisches Journal der Philosophie*) 발행. 여기에 『상식은 철학을 어떻게 받아들이는가』(*Wie der gemeine Menschenverstand die Philosophie nehme*), 『회의론과 철학의 관계』(*Verhältnis des Skeptizismus zur Philosophie*), 『신앙과 지식』(*Glauben und Wissen*) 등 발표.

• 1805년: 원외교수員外教授가 됨.

• 1806년: 나폴레옹군軍이 1806년 10월 13일, 예나 중심가에 들어왔고, 다음날 14일 예나와 아우어슈태트(Auerstädt)전투에서 승리한 후 바

이마르를 거쳐 베를린 점령. 마침내 신성로마제국을 해체함. 『정신현상학』(*Phänomenologie des Geistes*) 집필 끝내고 10월 20일에 최종원고를 출판사에 넘김[1차 원고는 1806년 2월에 서론[Einleitung]과 함께 넘김]. 헤겔은 후에 "나는 예나 전투가 시작되기 직전에 간신히 탈고했습니다"라고 셸링에게 편지를 써 보냈다. 헤겔이 『정신현상학』을 출판하여 원고료를 벌어야 했던 이유는 예나대학의 사강사 수입이 너무도 빈약했기 때문이었다. 심지어 예나 대학은 폐쇄되려 하고 있었다. 안정된 직장을 구하기 위해 그는 작센-바이마르-아이제나흐(Sachsen-Weimar-Eisenach)공국公國의 괴테에게도 원조를 호소했고, 뮌헨으로 간 셸링의 우정에도 호소했다. 이에 대해 괴테는 10탈러(Taler)를 보냈고 셸링은 란스프트에 교수직이 있다는 소식을 알려주었다. 그러나 (Kuno Fischer에 의하면) 이때에도 역시 니이트하머가 그에게 가장 도움을 주는 친구임이 입증되었다. 이 가장 독실한 헤겔의 친구는 그의 결혼 때에도, 저서 출판 때에도 자신의 희생을 감수하면서까지 헤겔을 도왔으며, 이때에도 헤겔에게 구체적인 생활방편을 제시했다. 그것은 밤베르크Bamberg에서 신문을 발행하는 일로서, 교직에 미련이 많았던 헤겔은 한동안 주저했다.

• 1807년: 1월 4일, 『정신현상학』 서문[Vorrede] 완성. 서문을 쓰고 난 4주 후인 1807년 2월 5일, 헤겔보다 여덟 살 젊은 가정부이자 집주인인 부르크하르트(Christina Charlotte Johanna Burkhart. 남편에게 버림받은 유부녀)가 헤겔의 사생아 루드비히Georg Ludwig Friedrich Fischer 출산(어머니의 결혼 전 성이 Fischer임). 이 아이는 그에게는 최초이며 그녀에게는 세 번째 자식이었다. 아들이 태어났다는 것을 안 헤겔은, 밤베르크에서 기다리는 1,300굴덴[2]의 연봉이 꼭 필요했다. 밤베르크의 신문 편집장(1807.03-1808.11). 4월: 『정신현상학』 발간. 「누가 추상적으로 사유하

는가?」(Wer denkt abstrakt?) 씀(4월부터 7월까지 쓴 것으로 추측됨). 영국에서 통조림 발명.

• 1808년: 11월, 역시 니이트하머[당시 뮌헨에서 상급 시학관視學官[3]으로서 새로운 교육계획을 입안하고 있었다]의 주선으로 뉘른베르크Nürnberg의 애기디엔Ägidien김나지움 교장 겸 철학교수(-1816).

• 1811년: 9월 16일, 41세의 철학자는 20세의 소녀 마리 투허Marie Helena Susanne von Tucher (1791-1855)와 결혼식을 올림. 그녀는 뉘른베르크의 시의회 의원인 저명한 귀족의 딸이었음. 이 소녀와 헤겔은 그해 봄, 사교장에서 알게 되었고 헤겔은 그녀에게 정성어린 연애시를 바치기도 함. 그녀 쪽에서도 이 철학자에게 마음을 깊이 바쳐서 순조롭게 약혼에서 결혼까지 발전했다. 이 결혼생활은 뉘른베르크에서 5년, 하이델베르크에서 2년, 그리고 베를린에서 13년 동안 지속되었으니, 헤겔의 나머지 생애의 20년간이나 지속되었으며 '생각할 수 있는 최고의 행복을 누린 결혼생활'이었다고 알려져 있다.

• 1812년: 『논리학』(*Wissenschaft der Logik*) 제1권 제1책[Seinslehre: 존재론] 출간.

• 1813년: 『논리학』 제1권 제2책[Wesenslehre: 본질론] 출간

• 1816년: 『논리학』 제2권[Begriffslehre: 개념론] 출간. 하이델베르크대학 정교수에 취임(1816겨울학기-1818 여름학기).

• 1817년: 『철학강요哲學綱要』(*Enzyklopädie der philosophischen Wissenschaften*)[4] 출간.

• 1818년: 가을에 피히테의 후임으로 베를린Berlin대학 교수 취임. 10월 22일에 취임강연[Antrittsvorlesung]. 겨울학기부터 강의 시작. 베를린에 익숙해지기까지에는 얼마간의 시간이 필요했음. 베를린이 하이델베

르크에서 너무 멀리 떨어져 있다는 것과, "지겹도록 많은 술집"이 있다는 점이 그의 마음에 들지 않았고, 꽤 비싼 생계비와 방세 때문에 걱정함. 그러나 그는 곧 베를린에서 편안함을 느끼게 됨.

• 1821년: 『법철학강요』(*Grundlinien der Philosophie des Rechts*) 출간. 종교철학 강의함.

• 1829/30: 베를린 대학교 총장 역임.

• 1831년: 11월 14일 사망[40년 후인 1871년: 비스마르크(Bismarck)가 독일 통일].

• 헤겔은 두 자식을 훌륭하게 키웠다. 장남은 카알인데Karl Friedrich Wilhelm Hegel (1813-1901), 에얼랑엔Erlangen Rohstock대학의 교수가 되었고(역사가, 정치작가). 차남은 이마누엘Thomas Immanuel Christian Hegel, (1814-1891)이고 법률가인데, 브란덴부르크 주의 종교국장이 되었다. 그러나 헤겔에게는 이 두 적자 이외에도, 결혼 후 곧 태어나 죽은 딸도 있었다. 그리고 헤겔의 서자 루드비히도 바타비아[Batavia: 옛 네덜란드령 동인도 제도, Netherlands East Indies=현재의 인도네시아]의 수도. 현재는 자카르타 시(市)]에서 네덜란드 군으로 복무하다가, 헤겔이 죽기 직전에 사망함.

사상

Ⅰ. 철학의 과제

1. 철학의 과제와 신

헤겔은, 철학의 유일한 대상이 신이며, 따라서 신을 다루고 인식하는 것이 철학의 과제라고 말한다.[5] 그런데 신은 정신이며[6] 생(무한한 생)이다.[7] 따라서, 철학의 과제는 바로 정신과 생을 파악하는 것이라고 할 수 있다.[8] 헤겔은 신을 '절대이념'[die absolute Idee]이라고도 부른다. 따라서 "절대이념은 철학의 유일한 대상이며 내용이다. 철학의 일이란, 그것들의 상이한 형태들에서 절대이념을 인식하는 것이다."[9] 그리고 "철학사는 철학의 대상인 절대자에 대한 사상思想의 발견의 역사다"(*Enz* Ⅰ. *TW* 8, 22).

그런데 헤겔이 말하고 있는 신은 삼위일체인 신이다. 삼위일체로서의 신이란, 세 분의 신이 있다는 것이 아니라 한 분이신 신이 세 위位를 가지고 있다는 뜻이다. 세 위位란 바로, 성부, 성자, 성신(성령)인데, 이러한 신의 존재방식 내지는 존재구조가 바로 생의 구조인 것이다. 즉, 헤겔이 말하고 있는 생이란 우선, '동일과 비동일의 동일', '결합과 비결합의 결합', '통일과 다양의 통일' 또는 '구별이 아닌 구별', '내적인 구별(=무한성)' 등으로 표현되는 바, 삼위일체인 신의 구조가 바로 이를 분명히 보여주고 있다. 다시 말하면 삼위일체인 신은 성부 하나님, 성자 하나님, 그리고 성령 하나님으로 구별되지만, 그러나 이것은 구태여 구별을 하려고 할 때 그렇게 (역할 또는 기능 면에서) 구별될 수 있다는 것이지, 다른 역할로 나타나는 하나님이 세 분의 다른 하나님이라는 말은 아니다. 그러므로 이러한 하나님이야말로 위의 표현으로 표상되는 '생'의 전형典型인 셈이다.[10]

2. 철학의 과제와 생

헤겔은 또한 "순수한 생을 사유하는 것이 (...) 과제다. (...) 순수한 생의 의식은, 인간이 무엇인가에 관한 의식이 될 것이다."[11] "순수한 생은 Sein이다"[12]라고 말하고 있는데, 순수한 생은 여기서 차이[Verschiedenheit] 및 현실적인 다양성과 대립된 상태로 나타나며, 그러므로 하나[Einheit], 통일[Vereinigung]이라는 양상으로 다시 나타난다.[13] 순수한 생이란, '그 자체로 있는 생', '즉자적인 생'을 뜻하는 말이며, 이는 또한 세계창조 이전에 홀로 존재하는 정신[Geist]의 존재방식을 가리키고 있다. 정신은 홀로 존재할 경우에도, 그 성격상 대자존재자이므로 생의 존재방식(구별 아닌 구별)을 지닐 수밖에 없다. 따라서 정신은 생인

데, 세계창조 이전에는 오직 정신 홀로 존재하므로 이러한 정신은 '순수한 생'이다. 그러면 왜 순수한 생은 Sein인가? 순수한 생은 생 자체로 존재하여 자기의 타자가 아직 존재하지 않기에, 둘이 아닌 '하나'이므로 헤겔이 이런 표현을 사용하고 있는 것으로 생각된다. 이러한 사실은 그의 『논리학』(*Wissenschaft der Logik*)에서도 잘 나타나 있는데, 이 책의 제1부인 〈객관적 논리학〉의 제1권이 바로 'Die Lehre vom Sein'이며, 헤겔은 자신의 『논리학』의 내용을 "자연과 유한한 정신의 창조에 앞서서, 자기의 영원한 본체本體로 존재하는 신神의 서술"[14]이라고 말하고 있는 것을 보아도 잘 알 수 있다.

또한 헤겔은 이미 프랑크푸르트시절에, 철학의 사명을 '결합과 비결합의 결합으로서의 생'을 파악하는 데에 두고 있었는데[15], 다른 말로 하면 이것은 "유한자를 무한자 안에 생으로서 정립하는 것"[16] 이라고 할 수 있다. 또한 예나시절에 헤겔은 칸트, 피히테, 셸링, 야코비 등의 철학과 대결하면서 자신의 철학의 기능을 자각하게 되었는데, 철학은 비록 비사유적인 방식에서일지라도 유한자와 무한자의 생동적인 관계를 파악해야 한다.[17]

II. 절대자 · 무한자

—

1. 헤겔 이전의 절대자관

·

• 헤겔에 의하면, 칸트와 셸링이 말하는 '절대자'[18]는 절대자가 아닌 '상대자'相對者다. 왜냐하면 만약 이들이 생각하는 '절대자'가 존재한다

면, 유한자와 대립해서 존재할 것이기 — '서로[상相]' '대립해 있는[대對]' '자者'는 절대자가 아니라 상대자다 — 때문이다. 뿐만 아니라 그것은 무한자가 아닌 유한자, 혹은 '추상적인 무한자'에 불과하다. 왜냐하면 그것은 유한자와 대립하여 존재하기에, 한계를 지닐 수밖에 없기 때문이다. 진정한 절대자, 진정한 무한자는 단순히 유한자의 피안이나 근저에서 자기동일성을 보지保持하면서 고정 불변적으로 존재하는 것이 아니라, 자신 속에 유한자를 내포하고 있으면서 유한자의 변화를 통하여 자신을 전개하는 동시에 자기동일성을 유지하는, 실체實體이자 주체主體인 절대자다.[19] 또한 칸트에 있어서는, 만약에 절대자가 존재한다 하더라도 물 자체계에 존재할 것이므로, 신은 우리의 인식대상이 될 수 없으며, 그러한 신 역시 절대자가 아닌 상대자요, 무한자가 아닌 유한자일 것이다.

• 헤겔에 의하면 이들이 말하는 무한자는 실은 유한자일 뿐이며, 이런 유한자가 지니는 성질을 '위무한僞無限' 혹은 '악무한惡無限'[die schlechte Unendlichkeit][20]이라고 부르며, 자신과 대립되는 것 내지 한계를 지니고 있지 않은 무한자가 지니고 있는 성질을 진무한眞無限[die wahre (wahrhafte) Unendlichkeit][21]이라고 부른다. 만일 절대자가 악무한자라면, 유한자에 대한 인식을 아무리 심화시켜도 절대자 인식에 도달하지 못한다. 그러나 쉘링은 천재天才의 예지적 직관에 의해 절대자 파악이 가능하다고 주장한다. 그런데 헤겔에 있어서 진리란, "권총에서 총알이 발사되듯"(PG, § 27) 단박에 얻어지는 것이 결코 아니라, 매개와 부정과 도야의 과정을 거쳐 가는 '개념의 노동'을 통해서만 획득되는 것이다. 쉘링이 말하는 예지적 직관이란, 마치 선불교에서 말하는 '돈오점수頓悟漸修'에서의 '돈오頓悟'와 같이 '단박에 깨닫는 것'[sudden enlightenment]이다.

2. 헤겔의 절대자관

진무한자는 자신 속에 유한자를 포함하고 있으면서, 유한자 전체 속에서 자신을 실현해 나가는 절대자이므로, 우리가 절대자를 인식하기 위해서는 유한자에 대한 인식에서 출발해야 한다. 그리고 유한자에 대한 인식을 심화시켜 나가면 언젠가는 진무한자에 대한 인식에 도달할 수 있다는 것이 — 물론, 이를 위해서는 절대자편으로부터 내려오는 사다리가 필요할 것이지만 — 헤겔의 생각이다. 그러나 이러한 유한자는 정지停止 · 고정固定되어 있는 것이 아니라 끊임없이 유동流動 · 변화變化한다. 그러므로 이렇게 유동 · 변화하는 유한자를 파악하기 위해서는 우리의 사유도 고정되어 있어서는 안 되고 유동 · 변화해야 하는 바, 바로 이렇게 변화하는 대상을 파악하기 위한 인식의 방법, 사유의 방법이 변증법이다[인식(사유)의 변증법]. 요컨대 헤겔의 변증법은 운동 · 변화하는 유한자를 파악함으로서 마침내 "절대자의 내적 본질파악"[22]에 이르고자 하는 사유의 방법이다.

• 그러나 헤겔에 있어서는 인식의 변증법만이 존재하는 것이 아니다. 유한자 자체가 끊임없이 운동 · 변화하고 있는데, 이 과정 자체 역시 변증적으로 진행한다고 그는 생각한다[자연(물질 · 실재)변증법]. 그것은 또한 절대자가 자기 자신을 전개하는 방식이기도 하다. 로고스의 학으로서의 Logik만이 이 변증법을 적절하게 제시할 수 있다고 헤겔은 생각한다(*GW 11*, 24 f. 참조). 그의 이러한 생각은, 자연(물질)도 정신과 마찬가지로 절대정신으로부터 발현發現[외화(外化, Entäußerung)]되어 나온 것이기 때문에 정신적인 성격을 갖는다는 형이상학적인 전제에 근거해 있다. 이는, 마치 고대古代의 애니미즘(animism)이나 물활론物活論

[hylozoism: 물질에 생명 · 활력이 깃들여 있다는 주장]과도 흡사한 생각이다. 예컨대 헤겔은 『정신현상학』의 서문序文[Vorrede]에서 다음과 같이 말하고 있다: "싹(꽃봉오리)은 꽃이 피어남으로써 사라지며, 우리는 꽃봉오리가 꽃에 의해 부정된다고 말할 수 있을 것이다. 이와 마찬가지로 꽃은 열매로 인하여 식물의 거짓된 현존재로 밝혀지면서 열매가 꽃을 대신하여 식물의 진리로 등장한다."[23]

요컨대 헤겔에 있어서는 1) 이러한 절대자의 자기 전개과정(존재자의 변증법) 및 2) 절대자 파악의 방법(인식의 변증법)이 바로 〈변증법〉[Dialektik]이다.

III. 변증법

—

1. 변증법[Dialektik]의 어원 및 의미

·

- dialectic (Dialektik) 〈 he dialektike techne (변증적 기술)
  he dialektike episteme (변증적 인식)
  he dialektike methodos (변증적 방법)
- dialektike 〈 dialegesthai (διαλέγεσθαι)

'dia': '분할', '임무의 완수', '경쟁', '하나의 사실에 많은 사람이 참여한다'는 의미를 포함하고 있음.

'legesthai ': '말하다'라는 뜻

→ dialegesthai = 대화하다. (명사) dialogos: 대화 = dialogue (Dialog)

2. "Dialektik"을 '변증법'으로 번역한 유래

·

• 변辨: 나누(이)다. 분별하다, 밝히다. 따지다, 논쟁하다 / 예) 변명辨明, 변별辨別, 분변分辨, 논변論辨, 論辯

• 증證: 증명하다, 증거하다, 깨닫다 / 예) 증명證明, 증득證得

• Dialektik의 일본어 번역어가 벤소호辨證法인데, 벤소辨證라는 말을 창조한 이는 문화文化, 역사歷史, 철학哲學 등의 한자 개념을 만든 니시 아마네西周로 1874년 그의 「논리와 계몽」이라는 논문에서 처음 사용했다. 니시는 영어 discursive의 번역어로 변辨이란 말을 채택하고, 구별과 논쟁의 의미를 가진 증證을 덧붙여 변증을 만들었다고 한다.

변증법이란 말을 처음 사용한 사람은 사카이 토시히토堺利彦로 1906년 『사회주의 연구』라는 잡지에 카우츠키Karl Kautsky가 쓴 엥엘스F. Engels의 문장을 번역하면서 맑스와 엥엘스가 헤겔의 변증법을 계승했다고 쓴 데서 유래했다. 변증법이란 용어가 중국에 들어온 것은 1920년대다. 1921년 엥엘스의 『사회주의의 발전』 완역본이 나오면서 시작되었고, 1923년 『신문화사서新文化辭書』(唐敬杲 저)에 헤겔의 변증법이란 말이 자연스럽게 쓰이고 있었다. 유물변증법의 특징 등 변증법에 대한 항목을 설정하고 설명한 것은 1929년의 『신술어사전新述語辭典』이었다. 『당서唐書』(177권)에서 동사인 변辨과 증證을 조합, "예술성을 갖춘 논증", "각종 어휘를 동원한 변호"의 특수한 의미로 쓰인 것에서 니시가 힌트를 얻은 것 같다.[24]

3. 절대자의 전개과정으로서의 변증법

• 로고스(Logos,)[하나, das Sein]인 절대자가 자신을 근원분할根源分割[urteilen] 혹은 외화外化하고[entäussern] 소외疎外시켜[entfremden] 이루어진 것이 자연[Natur]과 유한한 정신[der endliche Geist]이다. 로고스의 전개과정 일반을 다루고 있는 것이 헤겔의 『논리학』이고, 자연의 전개과정을 다루는 것이 〈자연철학〉이며, 정신의 전개과정을 다루는 것이 〈정신철학〉이다.

4. 절대자를 인식하는 방법으로서의 변증법

• 헤겔은 『철학강요』 중의 〈논리학〉에서의 「예비개념」(§ 19-83, 특히 § 79-81)에서 변증적 사유에 대해 설명하고 있다. § 79에서, 논리적인 것은 그 형식에 따라 세 가지 측면을 가지며, 이것은 모든 논리적 · 실재적인 것의 제계기諸契機가 된다고 말한다.

① 추상적 · 지성적 단계 (추상적인 면이거나 지성적인 면)
② 부정적 이성의 단계 (변증적인 면이거나 부정적 · 이성적인 면)
③ 긍정적[혹은 사변적思辨的] 이성의 단계 (사변적인 면이거나 긍정적 · 이성적인 면)

• 이 구별에 따르면 '변증적'이라는 말은 모든 존재자의 발전 — 이 전체는 광의廣義의 변증법이다 — 의 제2단계이며, '부정적 · 이성적'으로

특징지을 수 있다. 협의俠義의 변증적 단계는 존재자가 자기를 부정하고 타자로 전화轉化하는 단계, 즉 대자對自의 단계에 해당한다. 이 대자對自를 다시 부정하여 자기를 회복하여 더욱 높은 차원의 동일성(구체적 동일성)을 얻는 즉자대자의 단계가 세 번째의 〈사변적 단계〉다. 다시 말하면 '동일→대립'은 협의의 변증적 과정이고, '대립→통일'은 사변적 과정이며, 이 두 과정을 결합한 것이 광의의 변증적 과정이다.

①단계는, 문제되고 있는 사상事象에 관해서 어떤 사유규정을 정립하고 그것을 고집하며, 오직 그것만을 진리라고 주장하는 입장이다. 그러나 우리가 경험의 대상을 온전하게 알려고 할 때에, 하나의 규정은 그것과 대립되는 규정에로 이행하며, 그 어떤 하나의 규정만으로는 진리라고 주장될 수 없다. 그러나 어떤 한 규정만을 진리라고 주장하는 것이 바로 '독단주의'다: "이 형이상학은 독단주의가 되어 버렸다. 왜냐하면 이것은 유한한 규정의 본성에 의하여 상술한 제명제도 이러한 주장에 불과했기 때문이다. 따라서 부득이 두 가지 정반대되는 주장 중 하나가 진리라면 다른 하나는 오류가 분명할 것이라고 생각하지 않을 수 없기 때문이다"(*Enz* § 32).

②단계는 하나의 규정이 자신을 넘어서 반대의 규정으로 이행하는 것을 나타내며, 바로 여기에 '독단주의'를 부정하는 회의주의[der Skeptizismus]의 의의가 있으며, 이 입장은 철학적 인식에 불가결한 계기다. 그러나 회의주의와, 헤겔이 말하는 부정否定의 차이점은, 회의주의가 행하는 부정은 '전면적인 부정'인 데 반하여, 헤겔에 있어서의 부정은 '제한적 부정'·'규정적 부정'[die bestimmte Negation, the determinate negation]이라는 점이다.

여기서 또한 놓쳐서는 안 될 점은, 이 ② 단계가 단지 1회에 걸쳐서만 발생하는 것으로 보아서는 안 된다는 사실이다. 부정은 단 한 번만 이루어지는 것이 아니다. 참된 옳음인 진리에 도달하기 위한 부정의 과정은 무수히 반복될 수 있다. 헤겔의 변증적 사유를 '정-반-합'이라는 단조로운 3항1조 도식[Triade]으로 규정해버린 오류는 바로 이 ②단계를 '단 하나의 것'으로 생각한 데서 발생하는 것이다.

③의 단계는 대립이 통일되는 단계다. 이 단계에서는 통일 속에 존재하는 대립을 파악할 수 있다. 대립이 통일되었다고 해서 대립이 완전히 사라진 것이 아니라 통일을 이루는 계기들로서 '지양止揚되어' 있다. 로미오와 줄리엣이 사랑할 때, 그들은 이 사랑 속에서 '하나로' 통일되지만, 그럼에도 불구하고 로미오는 로미오대로, 줄리엣은 줄리엣대로 여전히 존재하는 것이다. 이것이 바로 '사변'[Spekulation]의 단계다. 그런데 이러한 통일 내지 동일성에서 구별 내지 차이의 측면을 사상捨象할 때에 성립하는 것이 바로 신비주의神秘主義[Mystizismus]다(*Enz* § 82. Zus. 참조).

• 인식의 방법으로서의 변증적 사유를 예를 들어 생각해보자. A, B, C 세 사람이, 혹은 한 사람이 A, B, C 상이한 세 관점에서 하나의 사물을 관찰하고 다음과 같이 주장할 수 있다.[25]

A. "저것은 원형圓形이다.": 정립定立(These), 즉자卽者(an sich, in itself)

B. "저것은 직사각형이다.": 반정립反定立(Antithese), 대자對自(für sich, for itself)

C. "저것은 원통형이다.": (종)합(綜)合[Synthese], 즉(자)대자卽(者)對自[an und für sich, in and for itself]

• '~을 두다, ~을 놓다', '~으로 간주하다', '주장하다' 등의 의미를 지니고 있는 헬라스어 'τίθημι'에서 유래하는 'These'라는 용어는 '정립' 혹은 '명제命題' 등으로 번역되는데, 이것은 바로, '어떤 진술을 둠(놓음)' 혹은 '제시된 진술'을 의미한다. 이 사실 또한, 변증법이 진술陳述과 관계있음을 말해주고 있다.

• 여기서 C의 입장을 'Aufheben [지양止揚, 양기揚棄]'라고 한다.

Aufheben의 세 가지 의미
① 폐지廢止, 폐기廢棄, 부정否定 [Beseitigen, Negieren 〈 tollere]
② 보존保存, 유지維持[Aufbewahren 〈 reservare]
③ 고양高揚 [Hinaufheben 〈 elevare]

여기서 니시 아마네[서주西周]는, '폐지한다'에서의 '지'와 '고양한다'에서의 '양'을 가져와 '지양'止揚이라는 번역어를 만들었다. 또한 여기서 생각할 점은, A ↔ B, B ↔ C의 관계는 논리적 '모순관계'가 아니라, '반대관계' 혹은 B가 A를, 그리고 C가 A나 B를 '부정否定하는 관계'라는 사실이다. 이처럼, 변증법이란, 우리의 인식이 저차적인 단계에서 고차적인 단계로 발전해 나가기 위한 사유의 방법 · 인식의 방법이다. 이때, 변증법에서 중요한 것은 바로, "① 타자他者를 매개로 한 ② 부정"인 바, A와 B와 C는 서로에게 타자이며, 부정은 각자에 매개된 부정으로서, 전면적全面的인 부정이 아닌 제한적制限的 부정, 규정된 부정[bestimmte Negation, determinate negation]이다.

IV. 논리학[*Wissenschaft der Logik*]

—

1. 헤겔 논리학의 성격과 구성

·

• 헤겔은 자신의 논리학에 관한 책의 제목을 Wissenschaft der Logik이라고 붙였다. 왜 그랬을까? 독일어 Logik은 두 가지 뜻을 갖는데, 하나는 〈논리〉라는 뜻이고, 다른 하나는 〈논리학〉이라는 뜻이다. 그렇다면 Wissenschaft der Logik은, 〈논리(의) 학〉 혹은 〈논리학의 학〉이라는 의미를 지닐 수 있다. 그렇다면 헤겔이 뜻하고자 한 것은 전자일까 후자일까? 만약 전자라고 하면, 헤겔은 그냥 Logik이라고 하면 될 것을 왜 굳이 Wissenschaft der Logik이라고 했을까? 물론 헤겔이 〈논리학〉을 뜻하고자 하면서 이 표현을 사용했을 수도 있다. 그러나 우리는 후자의 가능성을 함께 고려해야 할 것이다. 후자의 견해를 우리가 취할 때, 이 표현은 〈논리학의 학〉이라는 의미를 지니게 된다. 즉 〈논리학에 대한 비판〉, 더 자세히 말하자면 〈전통논리학에 대한 비판〉이라는 의미를 지닐 수 있는 것이다.

• 이 후자의 해석 가능성은 헤겔의 〈논리학관論理學觀〉을 살펴보면 납득될 수 있다. 즉 그의 논리학은 전통논리학이 — 넓게 말해서 존재자에 관한 이론이 아니라 — 〈사유에 관한 이론〉인 데 반해서, 사유와 존재(자) 모두를 포괄하는 이론인 것이다. 이 점은 헤겔 논리학의 구성을 보면 알 수 있다. 즉 그의 논리학은 크게 2권으로 구성되어 있는데, 제1권이 〈객관적 논리학〉으로서 이것은 다시 1) 존재론과 2) 본질론으로 나뉘어 있고, 제2권이 〈주관적 논리학〉으로서 곧 3) 개념론이다.

앞서 말했듯이 헤겔 이전의 논리학은 〈사유에 관한 이론〉이었다. 따라서 당연히 논리학은 〈주관적〉 — 존재자들의 객관세계 · 대상세계를 다룬다는 의미에서의 객관적인 학과는 다른 — 인 것이었다. 따라서 '객관적 논리학', 다시 말하면 '대상세계를 다루는 논리학'이라는 표현은 성립할 수 없는 것이다. 그러나 헤겔에 있어서는 논리학이 두 분야, 곧 객관적 논리학과 주관적 논리학이라는 두 분야로 나누어진다. 어떻게 이런 일이 가능한 것인가?

• 이것은 헤겔의 철학의 기본신조와 관련되어 있다. 즉 헤겔에 의하면 이 세계는 로고스(Logos)인 절대정신[der absolute Geist] — 절대이성[die absolute Vernunft], 절대이념[die absolute Idee] — 이 자신을 외화外化하여 드러난 결과물이다.[26] 그래서 이 세계, 온 우주는 정신적인 성격을 지니게 된다 — 이것이 정신주의[Spirtualism]다 — 헤겔의 논리학[Logik]은 바로 이 로고스의 전개과정을 다루는 학이다. 독일어 Logik이나 영어의 logic은 모두 헬라스어 logos에서 나온 말이다. 로고스가 자신을 전개하여 이루어진 것이 정신과 물질로서의 세계다. 이것을 파악하는 것이 헤겔 Logik의 과제이므로, 그의 Logik은 일반적인 의미의 논리학이기 이전에 이미 〈형이상학形而上學〉인 것이다. 그래서 헤겔은 논리학의 서문에 자신의 논리학의 책무를 다음과 같이 말하고 있다: "그리하여 마침내 우리는 이 논리학의 내용이 곧, 자연과 유한한 정신의 창조에 앞서서 자기의 영원한 본체로 존재하는 신의 서술[die Darstellung Gottes (...), wie er in seinem ewigen Wesen, vor der Erschaffung der Natur und eines endlichen Geistes ist]이라고 말할 수가 있는 것이다"(*GW 11*, 21).

• 이 점에 관하여 헤겔은 『철학강요』에서 다음과 같이 말한다: "사변적 논리학은 이전의 논리학과 형이상학을 포함하며, 동일한 사유형식 법칙 및 대상을 보존하는 것이지만, 이와 동시에 더욱 고차적인 범주들

로서 이 범주들을 전개하고 변형한다"(*Enz* § 9, S. 53). 또 다른 곳에서도, "따라서 논리학은 형이상학과 일치한다. 형이상학이란, 사상思想에 있어서 파악된 사물의 학이다. 사상思想은 사물의 본질을 표현하는 것으로 생각되어 왔다"(*Enz* § 24, S. 83)라고 말하기도 한다.

→ 그러나 1812년 대논리학 〈존재론〉이 출간되기 전, 예나시절의 헤겔은 논리학을 형이상학과 구별하고 있었다. 즉 그는 1802년부터 1806년까지 예나대학에서 자신의 철학체계를 논리학, 형이상학, 자연철학 그리고 정신철학으로 구분하여 강의하였다. 이 강의는 현재 보존된 초고草稿에 의하면 세 권으로 출판되었는데, 그것은 1) 『예나시절의 논리학, 형이상학 및 자연철학』, 2) 『예나시절의 실재철학(1) (1803/04)』, 3) 『예나시절의 실재철학(2) (18005/06)』이다. 그런데 여기서 〈실재철학〉이란, 당시의 헤겔의 강의제목표에 의하면 〈자연철학〉과 〈정신철학〉을 가리킨다.[27]

① 대논리학: 1812-16에 쓰임. 헤겔이 죽기 직전에 재판再版을 위해 부분적으로 수정됨.

② 소논리학: 『철학강요』에 포함되어 있는, 학의 체계 제1부의 논리학. 1817년에 하이델베르크에서 출간되고 후에 개정됨.

2. 『논리학』의 문제들

·

• 헤겔 논리학의 출발점인 이념은 단지 즉자의 단계에 있으며, 천지창조 이전의 단계에서 서술된다. 이 이념은 현실적 사물의 세계, 즉 자

연, 사회, 정신의 현실 속에 대상화되고 다시 자기 자신에로 복귀하는 논리적 귀결을 보여준다.

1) "(순수)존재는 (순수)무다."

• 『논리학』의 단초는 '순수한 하나[28][das reine Sein]'다. 이것은 "자연과 유한한 정신의 창조 이전에 자기의 영원한 본체로 존재하는 신"(*TW* 5, 44)을 가리킨다. 우주를 창조하기 전의 신은 홀로 존재하고 있었기에 그것의 타자가 존재하지 않으므로 그 어떤 것에도 매개되어 있지 않은 "단적으로 직접적인 것"(*GW 11*, 33) 혹은 "직접적인 것 자체"(ebd.)이고, "타자에 대한 아무런 규정도 가질 수 없을 뿐만 아니라, 자신 속에 아무런 규정이나 어떤 내용도 지닐 수 없다"(ebd.). 이런 '순수한 하나'로서의 절대자에 대해 우리가 내리는 규정이 바로 '순수하게 존재함', '순수존재', 혹은 '순수유純粹有'다. 그러므로 우리는 두 가지 용어를 명확히 구별해야 한다. 즉, 논리학의 단초가 되는 우주 창조 이전의 신에 대해서는 '순수한 하나'라고 불러야 하며, 이 '순수한 하나'가 갖는 규정이 '순수존재'인 것이다.

• '있다'는 동사형을 명사형으로 만든 '있음'[有]이라는 술어형 명사나 '존재存在'는 학의 시원으로서의 자격이 없다. 즉, 시원을 가리키는 용어인 Sein에 대한 번역어로 '存在'나 '有' 혹은 '있음'이 채택된다면, "시원이 존재한다"고 우리가 말할 때, 이 진술은 "존재가 존재한다"나 "있음이 있다"라고 하는, 이상한 진술이 되어버린다. 그러나 헤겔이 사용한 독일어 Sein은 '있음'이라는 의미로 사용된 것이 아니라, 거기에서 주관과 객관이 온전히 통일되어 '하나를 이루고 있는 절대자'를 가리키는 용어다.

• 이런 '순수한 하나'에 대해서 우리는 그것이 '순수하게 존재한다', '그저 있다'는 규정만을 부여할 수 있다. 그러나 어떤 것이 '그저 있다'고 하는 것은 — 그것에 대한 아무런 추가적인 규정을 결여하고 있기 때문에 — 없는 것과 마찬가지라는 것이다. 왜냐하면 "규정은 부정否定"이며, 일자一者의 타자他者를 필요로 하는 것인데, 순수한 하나의 타자는 존재하지 않으므로 부정이 존재하지 않고, 따라서 규정도 존재하지 않기 때문이다.

• 존재와 무에는 각각 두 종류로 구분되어, 네 가지 경우가 생긴다. 즉, 존재는 ① 단적인 존재(순수존재, 그저 있음)와 ② 규정된 존재[~이 있음(예: "여기에 탁자가 있다"고 할 때의 "탁자의 있음")]로 구별되고, 무는 ③ 단적인 무(순수무, 그저 없음)와 ④ 규정된 무[~이 없음(예: "여기에 탁자가 없다"고 할 때의 "탁자의 없음"]로 구분된다.[29] 헤겔은, "그러므로 순수존재와 순수무는 동일하다"(*TW* 5, 83)[30]고 말한다. 이것은 ①과 ③이 동일하다는 말이다. 그러나 어떤 특정한 존재자가 존재하는 것, 즉 ②와 어떤 특정한 존재자가 존재하지 않는 것, 즉 ④는 전혀 다른 것이다. 예컨대, '~이 있다'고 말하는 것이 아니라, 아무런 주어나 주체가 없이 '있다'라고만 말하는 것은 아무런 지시대상이 없기 때문에, 아무 것도 없는 것이나 마찬가지라는 것이다. 따라서 순수존재와 순수무, 이 양자는 동일한 것이다.[31] 그러나 양자가 동일하다는 것은, 이 양자의 지시대상의 동일성을 가리키는 것이며, 양자는 전적으로 동일한 것이 아니라 서로 구별되기도 하는 상이성을 지니고 있다. 즉, 이들은 그 외연은 동일하지만 그 내포, 곧 그 의미는 상이하다. 이에 대해 헤겔은 다음과 같이 말한다:

> 그러므로 '존재와 무는 동일하다'[32]는 명제가 이 규정들(존재라는 규정과 무라는 규정: 필자 첨가)의 동일성을 표현하고 있지만, 사실은 이와 마찬가지로 이 두 규정들을 구별된 것으로 포함하고 있는 한, 이 명제는 그 자체로 모순되어 해체된다. 이것을 좀 더 상세히 검토해보면 요컨대 여기에는 자기 자신으로 말미암아 사라지는 운동을 지니고 있는 명제가 정립되어 있다. 그런데 이로써, 이 명제에는 자기의 본래적인 내용을 이루는 것, 즉 Werden이 발생한다(*TW* 5, 93).

여기서 헤겔이 말하고자 하는 사태는 분명하다. 그러나 그는 표현에 있어 오류를 범하고 있다. 헤겔이 볼 때 위의 명제는 ① "존재와 무는 동일하다"와 ② "존재와 무는 동일하지 않다"[33]라는 두 개의 명제로 분리된다는 것이다. 그러므로 이들 두 명제는 (만약 두 문장의 주어가 동일하고 동일한 관점에서 주장된 것이라면) 모순되므로 해체된다는 것이다. 우리는 위의 원초적인 명제를 위의 두 명제들로 분석할 수 있다. 그러나 이 두 명제들은 모순관계에 있지 않다. 왜냐하면 그것들의 '관점'이 상이하기 때문이다. 명제 ①은, "존재와 무는 (그들의 지시대상에 있어서) 동일하다"는 것이고, 명제 ②는 "존재와 무는 (그들의 의미에 있어서) 동일하지 않다"는 것을 주장하는 명제이기 때문이다. 이 두 명제들은 그래서 모순관계에 있지 않고 상보적·부연적 관계에 있다.[34] 헤겔 자신이 논리학의 최초의 명제로 제시한 명제를 자체 모순된 명제이기에 해체된다고 하는 주장은 도저히 용인될 수 없는 것이다. 헤겔은 "그러나 그리하여 이 두 명제가 결합될 수 없어서 이율배반 속에서만 그 내용을 드러낸다는 추가적인 결합이 발생한다"[35]고 말하지만, 이 두 명제는 모순관계에 있는 명제가 아니며, 따라서 이율배반도 발생하지 않는다.[36]

• 이렇게 볼 때, "(순수)존재는 (순수)무다"라는 진술은 불가佛家에서 말하는 "색즉시공. 공즉시색色卽是空. 空卽是色"과는 전혀 다른 의미를 지니고 있다는 것을 알 수 있다. 불가의 이 진술의 의미는, 이 세상의 그 어떤 것도 변치 않고 자기동일적으로 존재하는 '실체'가 아니라는 것이다. 그야말로 그것은 '제법무아'諸法無我, '제행무상'諸行無常을 가리키는 말이다.

2) 존재-무-됨[유-무-성, Sein-Nichts-Werden]: 두 종류의 'Werden'

① 사유의 이행으로서의 Werden

• 존재와 무가 전적으로 동일하여, 양자 사이에 아무런 구별이나 차이가 존재하지 않는다면 존재로부터 무에로의 이행이나 무로부터 존재에로의 이행은 발생하지 않는다.[37] 이행이나 운동이 발생할 수 있는 이유는, 양자 사이에 구별이 존재하기 때문이다. 그래서 많은 사람들이 이러한 운동을 현실세계에서의 특정한 규정적 존재자가 무에로 이행하는 운동과 무로부터 특정한 존재자가 발생하는 운동이라는 두 종류의 운동으로 생각하고, 전자에 대해서 소멸이라는 표현을, 후자에 대해서 발생이라는 표현을 사용한다. 그러나 헤겔이 여기서 말하고 있는 이행 및 운동은 현실세계에서 발생하는 것이 아니라 현존재[Dasein][38]의 발생 이전의 순수유와 순수무 사이에서 이루어지는 운동이다. 그렇다면 어떻게 순수유와 순수무 사이에서 운동이 일어날 수 있는가? 그것은 바로 양자가 (그 지시대상에 있어서는) 동일한 것이지만, (그 의미에 있어서는) 상이한 것이기 때문이다. 이해를 돕기 위하여 "순수유는 순수무다"라는 헤겔의 주장을 다음의 네 진술로 분석해 보겠다:

ⓐ 순수유는 순수유다 (A=A).

ⓑ 순수무는 순수무다 (B=B).

ⓒ 순수유는 순수무와 동일하지 않다 (A≠B)

ⓓ 순수유는 순수무와 동일하다 (A=B)

이 네 개의 진술은 모두 옳은 진술이다. ⓐ는 주어의 동일성에 관한 진술이고, ⓑ는 술어의 동일성에 관한 진술이며, ⓒ는 주어와 술어의 의미의 비동일성에 관한 진술이고, ⓓ는 주어와 술어의 지시대상의 동일성에 관한 진술이다. 그런데 여기서 통상적으로 우리는 ⓐ와 ⓑ 는 당연한 것으로 전제하기 때문에 논의할 필요가 없고, 다만 ⓒ와 ⓓ만이 우리의 중심고찰대상이 된다. 여기서, ⓓ의 경우에는 A와 B가 동일한 것이므로 이 양자 사이에서 이행, 즉 Werden이 발생할 수 없다. 그럼에도 불구하고 Werden이 가능한 것은, 바로 헤겔의 원초적 진술이 지니고 있는 ⓒ의 측면 때문이다. A와 B의 이러한 비동일성 때문에 바로 A로부터 B에로의, 그리고 B로부터 A에로의 이행이 가능하다.

그런데 이러한 이행 혹은 운동이 뜻하는 바는 과연 무엇인가? 헤겔의 이 원초적인 진술의 구조와 의미, 특히 헤겔이 〈존재론〉의 '존재'장章에서 말하고 있는 Werden의 올바른 의미는, 『논리학』에 5년 앞서 간행된 『정신현상학』에서 그가 말하고 있는 '사변적 진술'[39]의 의미를 제대로 이해할 때에만 명확히 드러날 수 있을 것이다. 사변적 진술은 "주어와 술어의 내포는 다르지만 외연은 동일하면서 절대자를 서술하는 진술"[40]이라고 할 수 있다. 이러한 기준에 따라서 볼 때, ⓐ와 ⓑ는 절대자에 관한 진술이기는 하지만, 주어와 술어의 외연뿐만이 아니라 내포까지도 동일한 동치진술이고 지성의 동일성의 명제에 불과할 뿐, 결코 사변적 진술이 되지 못한다. 그러나 헤겔의 원초적 진술 속에는 ⓒ와 ⓓ가 함께 포함되어 있으므로, ⓒ에서는 주어와 술어의 내포의 비동일성을, 그리고 ⓓ에서는 주어와 술어의 지시대상의 동일성을 주장하고 있는 동시에, ⓒ와 ⓓ는 절대자에 관한 주장이므로 헤겔의 원초적 진술은 사변적 진술이다.[41] 헤겔이 또한 다른 곳에서 제시하고 있는, "신은 하나님[一者]이다"("Gott ist das Sein" *PG*, 51 § 62)나, "절대자는 하나님이다"("Das Absolute ist das Sein")라는 진술(*Enz.* § 86 Anm.[42])도, 술어가 주어와는 다른 표현임에도 불구하고 술어가 주어와의 동일성을 지시하는 절대자에 관한 진술인 사변적 진술이다. 추상적 · 지성적 동일성의 진술인 ⓐ와 ⓑ는 고정된 점에 관련된 진술이어서 그 속에서는 결코 이행운동이 발생할 수 없다. 그것은 아무런 생명력 · 활력이 없는 동어반복에 불과하다. 그러나 사변적 진술에서는 주어로부터 술어에로의 이행 및 다시 술어로부터 주어에로의 이행 · 복귀운동이 존재한다. 'Werden'은 바로 이 운동에 대해 헤겔이 붙인 이름이다.

• "(순수)존재는 (순수)무다"라는 진술의 의미는 이 진술은 불가佛家에서 말하는 "색즉시공. 공즉시색色卽是空. 空卽是色"과 동일한 의미를 지니고 있는 것으로 오해되어서는 안 된다. 후자의 진술은, 존재하는 것은 모두 유동 · 변화하는 것으로, 자기동일적인 실체가 아니라는 것을 가리키고 있다. 이 진술은 "제법무아諸法無我", "제행무상諸行無常"과 대동소이한 의미를 지니고 있다.

② 생성과 소멸의 상위개념으로서의 Werden

• '무로부터 규정된 유'에로의 이행에 대해서 우리는 생성(혹은 발생)이라는 표현을 사용하고, 이에 반하여 '규정된 유로부터 무'에로의 이행

에 대해서는 소멸이라는 용어를 사용하여 구별한다.

ⓐ 에서 말한 Werden은 순수유로부터 순수무에로의 이행 및 그 역방향의 이행, 즉 우리의 사유 속에서 이루어지는 운동에 해당하는 용어이고, 지금 여기서 말하는 Werden은 물리적인 시·공간 속에서의 구체적인 현존재(자)에게서 일어나는 운동, 즉 '규정적 유로부터 무에로의 이행' 및 '무로부터 규정적 유에로의 이행'을 가리킨다.

이렇게 볼 때, 애당초 헤겔이 지금 말하는 Werden에 대해서만 Werden이라는 용어를 사용하고, 전자에 대해서는 '이행'이나 '운동'으로만 표현하는 편이 더 나았을 것이다.[43] 그 이유는, "존재와 무는 동일하다"는 명제로 정립되는 것은, "자기 자신으로 말미암아 사라지는 운동"(*TW* 5, 93)이며, "결국 이 양자의 진리는 한쪽이 다른 한쪽 속에서 직접적으로 사라지는 이 운동, 즉 Werden이다. 다시 말해서 이것은 양자가 구별되면서도 또한 직접적으로 해소된 그러한 구별의 과정을 거쳐가는 운동이다"(*TW* 5, 83)라고 헤겔 자신이 분명히 말하고 있기 때문이다. 그러나 이미 헤겔이 양자를 구별하지 않고, 양자에 동일한 Werden이라는 용어를 사용한 이상, 전자를 '이행', 혹은 '운동'으로 부르는 것이 적절하다고 생각한다.[44] 그리고 후자의 Werden에 대해서는 '됨'이라는 용어가 적절할 것이다.

3) 추상抽象과 구체具體

• '추상抽象'이라는 것은, 어떤 '대상[상(象)]'을 '추출抽出해 내는 것'을 의미한다. 어떤 것이 다른 어떤 것들과 더불어 있는 상태에서 어떤 것을 '뽑아낸다'든가, 아니면 아예 처음부터 어떤 것 홀로 고립하여 존재하

는 것을 가리킨다. 영어로 '추상적'인 것은, 'abstract'인데 이 단어는 'ab'(from) + 'tract'(draw)로 이루어져 있고, 그것은 '어떤 것으로부터 끌어냄', '타자로부터의 이탈'을 뜻한다. 이 경우에는 이미 타자(의 존재)를 전제하고 있다. 그러나 타자와 통일되지 못하고 분리된 채로 있는 채로 존재하는 상태를 가리킨다. 나의 머리카락이 다른 머리카락들과 더불어 나의 두피에 존재하다가 빠지게 되면, 즉 다른 머리카락들로부터 이탈하게 되면, 그것은 추상된 것, 추상적인 것이다. 예컨대 우리가 논문을 쓰고 논문의 전체 내용 중 핵심적인 내용을 추출해서 정리해 놓은 것을 '논문초록論文抄錄'이라고 하는데, 이것도 영어로 'abstract'다. 이에 반해, '구체적'인 것은 영어로 'concrete'라 하는데, 이 말은 'con' (together) + 'crescere' (grow)로 구성되었다. 이것은 '타자와 더불어 성장함'을 의미한다. 헤겔은 '추상적인 것'이 아니라 '구체적인 것'을 진정한 존재방식으로 본다. 따라서 '동일성'[Identittät] 역시 추상적인 동일성이 아닌 구체적인 동일성이 참된 동일성이다.

→ '추상적 동일성'[die abstrakte Identität]과 '구체적 동일성'[die konkrete Identität], 그리고 추상적 자기의식과 구체적 자기의식(의 명제)

• "A = A" / "나 = 나"

① 동어반복[Tautology]: 그르지는 않지만, 세계에 대해 아무런 정보도 제공해주지 않는 의미 없는 말, 하나마나 한 말[meaningless / sinnlos] → 추상적 동일성 / 공허한 동일성 / 절대적 동일성

② 구체적 동일성의 명제: 자신 속에 차이를 내포한 동일성의 명제를 나타냄. "A = (B, C, D, ... Z가 아닌) A" / "나 =(너, 그, 그녀, ... 가 아닌) 나"

→ "규정은 부정이다"(Determinatio est negatio)라는 스피노자의 진술을 헤겔은 『논리학』에서 "모든 규정은 부정이다"(Omnis determinatio est negatio)로 바꾸어서 표현하고 있다 → 일자는 타자에 매개되어 있다[땅 위에도, 하늘에도, (...) 직접성이라는 규정과 더불어 매개라는 규정을 갖지 않은 것은 하나도 없다].

→ 우리는 어떤 것을 언급할 때 〈부정의 부정 = 이중부정〉을 사용하여 강조하기도 한다: 예) "아닌 게 아니라 ~"[~ (~)] / "다름이 아니라 ~"[~ (~)]

• 헤겔은 이렇게 말한다: "여기서 취해지는 이러한 변증적인 것 속에, 그리고 대립자를 그 통일성 속에서 파악하는 데에 혹은 긍정적인 것을 부정적인 것 속에서 파악하는 데에 사변적인 것이 존립한다. 이것은 가장 중요한, 그러나 능숙하지 못하고 부자유로운 사유력에게는 가장 어려운 측면이다"[45] 이 진술이 뜻하는 바를, 다음과 같은 예를 통해 살펴보자. 헤겔에 있어서 동일성의 명제는 두 가지로 나누어진다. 즉 첫째로, 추상적[지성知性의] 동일성[=형식적 동일성=무구별적 동일성], 그리고 둘째로, 구체적[이성理性의] 동일성[=실질적 동일성=구별[타자, 부정]이 매개된 동일성=사변적 동일성]이 그것이다. 추상적인, 지성의 동일성은 반성反省[Reflexion]의 동일성이다. 이러한 동일성은 사변적 동일성이나 이성개념으로서의 절대적 동일성과는 근본적으로 다르다.[46] 예컨대, "나는 나다"라는 진술 내지는 판단의 경우, "대립자를 그 통일성 속에서 파악하는" 것이란, '나'에 '나의 타자인 대립자'가 매개되어 있는 것으로 생각하고 이 양자를 통일적으로 파악하는 것을 의미하며, 그리고 "긍정적인 것을 부정적인 것 속에서 파악하는" 것이란 마찬가지로, '나'를 '나의 부정태로서의 나의 타자' 속에서 파악하는 것을 의미한다. 이렇게 함으로써 비로

소 구체적 동일성이 파악되며, 이것이 바로 사변적 사유의 작용이다. 또한, "애들은 애들이다"("Kids are kids")라는 진술을 생각해 보자. 이것을 헤겔이 말한 논리적인 것의 3단계에 적용시켜 보면, 제1단계: 추상적 지성적 측면 — "애들은 애들이다" 이 단계는, 애들의 타자가 매개되어 있지 않고 단지 추상적 동일성만을 언급하는 단계다. 제2단계: 변증적 혹은 부정적 이성적 측면 — "애들은 어른이 아니다" 이 단계는, 제 1단계의 추상성을 부정하는 단계다. 제3단계: 사변적 혹은 긍정적 이성적 측면 — "애들은 (어른이 아닌) 애들이다" 이 단계는 제1단계와 제2단계를 종합한 단계다. 이러한 사변적 단계 혹은 사변적인 것은 "지성이 머물러 있는 저 대립을(그러므로 따라서 주관적인 것과 객관적인 것의 대립도) 지양하여 자신 속에 포함하고, 바로 그럼으로써 구체적인 것, 그리고 총체임이 입증되는 것이다.

→ 헤겔에 있어서 참된 것은 추상적인 것이 아닌 구체적인 것, 즉 '매개된 것'[das Vermittelte]이라는 점, 그리고 참된 것은 부분적인 것이 아닌 '완전한 것'[das Ganze]이라는 점이다. 이 점을 '절대자'에 적용해보면, 만약에 절대자가 점點인 상태로 존재하여 전혀 자기를 전개하지 않는다면, 그리고 자기의 타자를 만들어내지 않고 자기 자신만으로 고립해서 존재한다면, 그것은 추상적인 절대자요, 사실은 절대자가 아닌 것이다. 이 점과 관련하여 우리는 『신의 현존 증명에 관한 강의』(*Vorlesungen über die Beweise vom Dasein Gottes*)에 서술된 헤겔의 주장에 주목할 필요가 있다. 여기서 그는 "하늘에서나 땅 위에서나 그리고 땅 아래에서도, 직접성이라는 규정만이 아니라 매개라는 규정을 자신 속에 지니지 않은 그 어떤 자연의 대상이나 정신의 대상도 존재하지 않을 뿐만 아니라, 매개되지 않

거나 매개하지 않는 지知, 감각, 표상, 의욕 등 정신에 귀속되는 그 어떤 활동도 존재하지 않는다"[47]라고 말하고 있다. 따라서 만약에 그 자체로서만 존재하는 것으로 생각되는 신은 헤겔에 의하면 신이 아니다. 신은 자기의 피조물이면서 타자인 세계(인간을 포함한 넓은 의미의)에 매개됨으로써만, 추상적이고 관념적인 신이 아닌 진정한 신일 수 있는 것이다. 이로써 헤겔은 '신에 의한 세계창조의 필연성'을 설명하고 있는 셈이다. 그에 의하면, 신 없는 세계는 세계가 아니듯이, 세계 없는 신도 신이 아니다. 『신의 현존 증명에 관한 강의』의 본문에서 헤겔은, "신은 활동, 즉 자기 자신에 관계하며 자기 자신에 머무르는 자유로운 활동"[48]이라고 말하는데, 활동 역시 타자를 통해 매개된 것이며 "구별된 것에 대한 관계"[49]이므로, 신에게는 신의 타자가 필요한 것이다. "나=나"라고 하는 추상적인 자기의식이 "운동 없는 동어반복"(*PG*, 134)인 것 처럼, "신=신"이라고 하는 추상적인 신은 아무런 활동이 없는 것이고 죽은 것이요, 따라서 신이 아니다.

• 따라서, 신은 자기를 전개해나가야 한다. 그래서 '절대자는 종국에 가서야 비로소 자기의 참된 모습이 드러난다'고 말할 수 있는 것이다. 신이 지니고 있는 최초의 통일의 상태는 '전개되지 않은 통일'이어서 참된 통일이 아니다. 이제 신이 자기를 온전히 전개하고 난 뒤 자기 자신에게로 돌아옴으로써 이루어지는 통일은 '완성된 통일'[die vollendete Vereinigung]이다. 절대자가 돌아오는 지점은 동일한 지점이지만, 그것이 지니고 있는 내용은 상이하다. 탕자는 집을 나갔다가 다시 집으로 돌아오지만, 그는 '아픈 만큼 성숙해진' 내용을 안고 복귀한다.

4) 결절선結節線[Knotenlinie]

• 『논리학』 〈존재론〉에서 이야기하고 있는 소위 "양의 질에로의 전화轉化 및 그 역逆의 법칙"으로서, 『논리학』의 제1권의 제3편: 〈도량度量〉[Das Maß] 중의 제2장: 〈독립적인 도량들의 비례〉[Das Verhältnis selbständiger Maße]에서 서술하고 있다. 존재자의 변화과정에서 그것의 양적 변화가 어떤 지점에 도달하면 양의 변화는 중지되고 전격적電擊的 — 본문의 표현으로는 '번개[Blitz]'다 — 으로 질의 변화가 초래된다. 이 지점을 헤겔은 "결절선結節線"[der Knotenlinie]이라고 불렀다. 예컨대 순수한 물을 가열하면 섭씨 100도가 될 때까지 물의 분자의 운동량은 계속 증가한다. 그러다가 100도에 이르면 물은 더 이상 물로 머물러있지 않고 수증기水蒸氣와 김으로 변화한다. 액체가 기체로 변화한 것이다. 액체인 '물'에서 기체인 '수증기'와 '김'으로 그 이름이 바뀌었다. 이름이 바뀐다는 것은 '질적 변화'를 가리킨다.[50] 이 경우 '섭씨 100도'라는 지점이 바로 '결절선'이다. 그것은 어떤 것의 질이 바뀌는 '경계선'인 것이다. 그리고 이러한 사태를 가리켜 헤겔은 '질적 비약'이라고 부른다.

• 이제 인간의 변화를 살펴보자. 인간의 발생과정에서 처음에 정자精子[spermatozoon]와 난자卵子[ovum]가 있다. 난자가 정자를 자신 속에 받아들이면 '정자를 받아들인 난자', 즉 '수정란受精卵'[fertilized ovum]이 된다. 수정란이 모태母胎에 착상着床[implantation]되어 이루어지는 다음 단계는 '태아胎芽'[embryo][51]이며, 그 다음에는 '태아胎兒'[fetus]가 된다. 그리고 보통은 약 280일이 지나면 엄마의 '태에서 나온다', 즉 '태어난다'. 이 갓난아기 — 즉, '갓 태어난 아기 — 를 'baby born' 이라고 한다. 좁은 의미의 baby는 엄마의 뱃속에서 나온 갓난아기로부터 영 · 유아를 가리키

지만, 넓은 의미로는 수정란으로부터 죽을 때까지의 자기 자식을 가리킨다. 수정란으로부터 성인까지의 인간의 발전의 경우에도 마찬가지로 '양질전화의 법칙'이 적용된다. 그리고 이름이 바뀌는 각 단계가 바로 '결절선'에 해당한다.

Ⅴ. 『정신현상학』(*Phänomenologie des Geistes*)

—

1. "참된 것은 완전한 것이다"
("Das Wahre ist das Ganze"): 과정[Prozess]과 전체[System]

·

참된 것은 완전한 것이다. 그러나 완전한 것이란, 자기를 전개함으로써 자기를 완성하는 실재자일 뿐이다. 절대자에 관해서 우리는 '절대자는 본질적으로 결과(성과)다'라고, 즉 '절대자는 종국에 가서야 비로소 자기의 참된 모습이 드러난다'라고 말해야 하며, 바로 이 점에 현실적인 것(참된 것), 주체, 자기 자신으로 됨이라고 하는 절대자의 본성이 존재한다. 절대자는 본질적으로 결과로서 파악되어야 한다는 것이 아무리 모순되는 것처럼 보일지라도, 그러나 조금만 숙고해 보면 이러한 모순의 외관外觀은 바로잡힌다(*PG*, 21).

• 예컨대 A라고 하는 사람은 1, 2, 3, (...), n이라는 여러 측면 내지는 기능 · 역할들을 지니고 있다. 이 때, A는 1의 속성을 지닌 동시에 2, 3, (...), n이라는 속성을 가지고 있다고 말할 수 있다. 어떤 사람은 'A는 속성 1을 지니고 있다'고 말하는 데 반해서, 다른 어떤 사람은 '아니야, A는 속성 2를 지니고 있다'고, 그리고 또 다른 사람은 '아니야, 둘 다 틀렸

어, A는 속성 3을 지니고 있다'고 하는 등, A에 대해 상이한 여러 진술들이 대립할 수 있다. 이 경우 어떤 사람의 진술이 참인 것일까? 만약 각각의 사람이 자신의 관점에서 A를 올바로 판단했다면 그들 모두의 진술이 옳을 수 있다. 이 경우 각각의 진술은 '상대적인 진리'가 된다. 그러나 각자가 자신의 입장에서 판단하여 이루어진 A에 관한 진술만이 진리라고 주장할 경우, 그 진술은 거짓이 된다. 우리가 잘 알고 있는 예를 생각해 보자. 석가모니 부처는 장님과 코끼리에 관한 다음과 같은 이야기를 우리에게 들려주고 있다. 즉, 옛날 사바티 성시城市의 전왕前王이 장님들을 모두 모아 여러 무리로 나누어 놓으라고 명한 다음, 각 무리에게 코끼리를 데려가 코끼리의 서로 다른 부분 — 머리, 귀, 다리, 이빨, 꼬리 등을 만져보게 했다. 그런 다음 각 장님 무리에게 코끼리의 특징을 이야기해 보라고 했다. 머리를 만졌던 사람들은 코끼리를 물 항아리 같다고 했다. 귀를 만진 사람들은 삼태기같이 생긴 동물이라고 했다. 다리를 만진 사람들은 기둥 같다고 했고, 이빨을 만진 사람들은 코끼리가 뿔난 소같이 생겼다고 했고, 꼬리를 만진 사람들은 뱀같이 생겼다고 했다. 그 무리들은 서로 자신들의 주장만이 옳고 다른 사람의 주장은 틀렸다며 다투었다"[52] 이 경우, 장님들의 잘못은, 부분을 전체로 착각한 점이다. 즉, "코끼리는 전체모습이 물 항아리와 같다"라는 식으로 주장한 것이 잘못이다. 그러나 만약에 그들이, 코끼리라는 동물은 물 항아리같이 생긴 측면도 있고, 삼태기같이 생긴 측면, 기둥처럼 보이는 측면 혹은 뿔난 소 같은 측면, 그리고 뱀 같은 측면도 있다는 식으로 말했다면 아무런 문제가 없었을 것이다. 이론적으로는, 한 사람의 장님 또는 여러 명의 장님들이 코끼리 전체를 그 부분을 나누어 순차적으로 살펴보고 그 모양을 순차적으로 부가 · 종합해 나간다면, 마침내 코끼리의 온전한 모습을 파악할 수도 있을 것이다. 이러한 대상파악 방법이야 말로 본래의 변증적인 사유방식이며, 이는 바로 우리의 인식이 부분적 · 저차적인 단계로부터 점차로 고차적 내지는 온전한 인식에로 이르는 과정이며 방법인 것이다. 이 경우, 그 각각의 모습인 '1, 2, (...) n'은 프레게Gottlob Frege (1848-1925)의 지시론적 의미론으로 말하면 의미[Sinn]에, 그리고 A라는 물체는 지시대상[Bedeutung]에 해당하는 것으로 볼 수 있다.[53] 또한 '1, 2, (...) n'의 각각은 부분적 진리라고 할 수 있다. A에 대한 전체적 진리 · 온전한 진리는 우리가 1부터 n까지를 모두 파악함으로써 얻을 수 있다. 이런 의미에서 헤겔은 "참된 것은 완전한 것("Das Wahre ist das Ganze", *PG*, 21)"이라고 말했다. 아울러 헤겔은 부분적인 진리에 대해서는 '올바름'[Richtigkeit]이라는 용어를 사용하고, 온전한 진리에 대해서만 '진리'[Wahrheit]라는 표현을 사용하였다.

또한 A라는 사람은 '선생인 동시에, 학생이며, 아버지이기도 하고 아들'이기도 하다. 이 진술들 가운데 모순이 발생하지는 않는다. 예컨대 이 진술들 가운데 앞의 진술이, 'A라는 사람은 선생인 동시에, 선생이라는 그 점에서 선생이 아닌 학생이다'라는 의미로 사용되었다면, 모순이 발생한다. 왜냐하면 뒤의 진술이 앞의 진술을 전면적으로 부정하고 있기 때문이다. A는 동시에 동일한 관점에서 a이기도 하고 a가 아니기도 할 수는 없다. 그러나 '동시에'라는 표현은 액면 그대로 'simultaneously'라는 의미가 아니라, '그뿐만 아니라 다른 측면(한편)에서는'[on the other hand]이라는 뜻으로 사용될 수도 있다. 위의 진술은 이런 의미로 사용된 것이며, 따라서 이 진술은 자체 모순된 표현이 아니다. 우리의 사유는 부분적 · 일면적 · 편협한 사유로 머물러서는 안 되며, 부분적인 것으로부터 전체적인 것에로 나아가야 한다. 우리는 우리의 시선 및 관심을 어느 한 부분에만 국한하여 집중시켜서는 안 되고, 그것과 동시에 다른 부분들도 잘 살펴보아야 한다. 이러한 총체적 · 변증적 사유의 특성을 잘 나타내는 것으로, "이것도, 그리고 저것도"[sowohl ~ als auch], 혹은 "그렇기도 하고 아니기도 하다"[Jain = Ja und Nein]라는 표현이 있다. 즉, 어떤 대상을 한편에서 보면 그러하지만, 다른 한 편에서 보면 그렇지 않다는 말이다. 그렇기 때문에 우리는 한 대상을 제대로 파악하려면 그 대상을 가능한 한 모든 면에서 보려고 노력해야 한다.

• 헤겔에 있어서 참된 것이란 부분적인 것이 아니라 완전한 것, '전체'다. 주관적인 것(형식)만으로도, 또한 객관적인 것(내용)만으로도 완전한 것이 되지 못한다. 이 양자가 통일되어야 비로소 완전함을 이룰 수 있다. 표상들을 따라 전진하는 습관(경험주의적인 사유방식)이나, 현실의 내용을 무시하고 이론만을 내세우는 형식적인 사유 내지는 추론도 모두 참된 것이 아니다.

2. 숙지된 것과 인식된 것

숙지熟知된 것은 일반적으로, 그것이 숙지되었다고 해서 인식된 것은 아니다. 인식에 있어서 어떤 것을 숙지된 것으로 전제하고 그와 마찬가지로 그것을 시인하는 것은 타인에 대한 기만欺瞞일 뿐만 아니라 가장 흔한 자기기만이다.[54]

• "숙지熟知된 것은 일반적으로, 그것이 숙지되었다고 해서 인식된 것은 아니다." 숙지된 것을 인식하기 위해서는 '개념의 노동'이 필요하다. '숙지된 것'[Das Bekannte]이란 무엇인가? 글자 그대로 '우리에게 잘 알려

져 있는 것'이다. 그러나 어떤 것이 우리에게 잘 알려져 있어서 친숙親熟하다 하더라도, 그것이 곧 인식된 것은 아니다. 예컨대 우리는 '시간'이 무엇인지 잘 알고 있다. 그래서 우리는 한 해가 가기 전 제야除夜의 종소리를 들으며 새해를 맞기 위해 "열, 아홉, 여덟, (...)"이라고 외치면서 새로 시작되는 새해의 시각을 기다리기도 하고, "약속시각이 10분 남았다"거나 "강의는 오전 9시에 시작한다"라는 등의 말을 너무도 당연히 하고 산다. 그러나 누가 만약 "시간이 무엇입니까?"라고 나에게 묻는다면 대답하기 아주 난처해진다. 이 물음은 아직까지도 해결되지 않은 철학의 문제요, 물리학의 문제다.

• 하이데거는 『존재와 시간』(*Sein und Zeit*, 1927)[55]을 시작하는 첫 페이지에서 플라톤의 대화편 『소피스트』를 인용하고 있다: "그래서 지금 우리는 어려움에 빠져있으니 여러분은 '존재하는 것'이라고 말할 때마다 대체 그 말로 무엇을 지시하려 하는지 우리에게 충분히 해명해주세요. 우리는 전에는 안다고 생각했지만 지금은 어리둥절한 상태에 있는 것이 분명하니까요"(Platon, *Sophistes*, 244 a). 우리는 '존재'라는 말의 의미에 친숙해 있다[vertraut]. 그러나 그것을 이해하고 있지는[verstehen] 못하다. 숙지된 것, 즉 우리에게 잘 알려져 있어서 친숙한 것이라고 해서 우리가 그것을 '인식한' 것은 아니다. 그래서 예컨대 '시간', '공간', '존재'라는 개념들을 우리가 숙지하고 있는 것으로 전제할 뿐만 아니라 그것들을 그대로 시인하고 받아들이는 것은 — 일상생활에서는 아무런 문제가 되지 않지만 — "인식에 있어서는"["beim Erkennen"] 자기를 속이는 일일 뿐만 아니라 남도 속이는 행위다. 예컨대 헤겔은 『철학강요』에서, 우리가 유(존재), 무, 규정성, 양, 즉자존재, 대자존재, 일一, 다多 등의 개념을 숙지하고 있다는 사실 자체가 오히려 논리학 연구를 곤란하게 만든다고 말하고 있다.[56]

3. 실체와 주체[57]

“체계 자체의 서술을 통해서만 정당화되어야 한다는 나의 견해에 따라 볼 때, 모든 것은, 진정한 것을 실체로서가 아니라(실체로서만이 아니라) 마찬가지로 주체로서(도) 파악하고 표명하는 것에 달려 있다.”[58]

• ‘실체實體’[Substanz]는 그 어떤 내외의 상황변화에도 불구하고 변치 않고 동일하게 존속하는 존재자를 가리키며 ‘주체主體’[Subjekt]란, 활동하는 자를 가리킨다. 헤겔이 말하는 “참된 것은 완전한 것”이기 때문에 만약에 어떤 존재자가 자기동일성만을 유지한 채 운동 · 변화하지 않는 실체로만 존재해도 참된 것의 자격이 없고, 이와는 반대로, 자기동일성을 유지하지 못하고 계속 운동 · 변화해 나간다고 해도 참된 것이 될 수 없다. 왜냐하면 그것은 완전한 것이 아니라 부분적인 것이기 때문이다.

• 따라서, 헤겔이 말한 대로 참된 것은 실체일 뿐만 아니라 동시에 주체이기도 해야 한다. 즉, 참된 것은 부동의 자기동일자로 존재하는 실체의 측면을 지니고 있을 뿐만 아니라, 다른 한편으로는 부단히 운동 · 변화하는 주체의 측면도 지니고 있어야 하는 것이며, 헤겔은 이러한 존재자를 한 마디로 ‘자기自己’[Selbst]라고 부르고, 또한 “생동하는 실체”라고 부르기도 한다. 일견 모순되는 것으로 보이는 이 표현은 이미 “주체로서의 실체”를 가리키고 있다. 예컨대 우리 자신을 살펴보자. 우리는 하나의 주체다. 하나의 주체로서 우리는 하루하루 많은 변화를 겪으며 생활하고, 이러한 변화는 사는 동안 계속된다. 그러나 그렇다고 해서 우리는 아무런 동일성도 없이 변화만 겪는 유동적인 존재자인가? 그렇지 않다. 우리가 드러내 보이는 변화는 동일성을 기반으로 한 변화다. 만약에 동

일성이 없다면 변화를 변화로 인지하지 못할 것이다. 이 경우, 주체라는 표현에 이미 실체의 의미가 포함되어 있다.

4. "자기의식은 욕망 일반이다."

• 대상만을 의식하는 대상의식에 있어서나, '나=나'라는 추상적인 자기의식, 절대적인 자기의식, 정험적인 자기의식에 있어서는 대상과 자아가 구별되지 않지만, 구체적인 자기의식은 대상에로 나아갔다가 자아 자신에게로 복귀한 의식이므로 이 때, 대상과 자아 사이에 그리고 대상의식과 추상적인 자기의식 사이에는 구별 및 구별의 감정이 생기고, 자기의식은 이러한 구별(의 감정)을 철폐하려고 하는데, 이러한 자기의식의 운동이 바로 헤겔에 있어서는 욕망[Begierde]이다. 다시 말해 욕망이란, 자기의식과 대상의식 사이의 분열, 자기의식의 그 자신과의 내적 대립, 또는 자아와 세계의 대립을 지양하려는 자기의식의 운동이다. 헤겔의 주장을 알아보자.

> 따라서 자기의식에게는 타재가 하나의 Sein으로서, 혹은 구별된 계기로서 있는 것이지만, 자기의식에게는 또한 이러한 구별과 자기 자신과의 통일이 두 번째의 구별된 계기로서 존재한다. 저 첫 번째의 계기에서 자기의식은 **의식**으로 존재하는 것이며, 이러한 의식에게서는 감각적 세계에 펼쳐진 모든 것들이 보존되어 있다. 그러나 동시에 그것은 두 번째의 계기, 즉 자기의식의 자기 자신과의 통일이라는 계기와 관계되는 한에서만 보존되는 것이다. 이렇게 볼 때, 감성적 세계에 펼쳐진 모든 것들은 자기의식에 대해서 존립해 있는 것이지만,

이것은 **현상**에 불과한 것, 또는 **그 자체로는** 아무런 Sein도 지니지 못한 구별이다. 그러나 자기의식의 현상과 진리의 이러한 대립은, 자기의식의 자기 자신과의 통일이라는 진리만을 자기의 본질로 삼고 있고, 이러한 통일이 자기의식에 있어서 본질적인 것으로 되어야 하는데, 이것이 곧 **욕망** 일반이다. 자기의식으로서의 의식은 이제부터 二重的인 대상을 갖게 되는데, 그 하나는 직접적인 성격을 지닌, 감각적 확신과 지각의 대상으로서, 이러한 대상은 **의식**에 대해 **부정적인 성격**을 지닌 것으로 표현된다. 다음 두 번째 대상은 **자기 자신**으로서, 이것은 참된 **본질**인데 처음에는 첫 번째의 대상과 대립된 상태로만 비로소 나타난다. 이때에 자기의식은 운동으로서 나타나며, 이 운동 속에서는 이러한 대립이 지양되며 자기의식에 있어서는 자기 자신과의 동등성이 형성된다 (*PG*, 134 f.)

• 욕망이란, 자아가 자기의 대상(타자)을 지양하여 자기와 대상의 분열상태를 극복하고(타자의 타자성을 철폐하고) 양자를 통일하려는 의식의 운동인데, '타재(타자성)'[Andersheit]는 『철학예비학』(*Philosophische Propädeutik*)[59]에서는 '결핍'[Mangel]으로 표현되고 있다. 『정신현상학』에서의 '타재'는 두 가지를 가리킨다. 첫 번째로 그것은, 자아에게 결핍되어 있는 어떤 것(의 존재)이다. 두 번째로는, 결핍된 어떤 것이 자아에 채워져서 욕망이 충족된 상태의 '나'(의 존재)를 가리킨다. 이 둘 모두, 현재의 나와는 다른 것, 즉 나의 타자이며 이들의 존재방식이 곧 타재이며 결핍이다. 여기서 전자가 바로, 헤겔이 말한 첫 번째의 구별된 계기이며 후자가 두 번째의 구별된 계기다. 이러한 타재, 결핍, 또는 부재不在, 무無, 정확히 말하면 타재의 감정, 결핍의 감정, 부재의 감정이 욕망의 단초가 된다고 헤겔은 이야기하고 있다.

자기의식은 욕망을 발생하게 하는 결핍의 감정으로 인하여, 불만족스런 상태의 자기의식1과 미래에 욕망이 충족된 상태의 자기의식2로 이분된다. 자기의식이 이렇게 양분됨으로써 자기의식은 안정된 상태, 평형상태를 잃어버리고 불안정한 상태, 불균형상태에 빠지게 된다. 우리가 욕망을 가질 때의 상태는 바로 이러한 상태이며, 욕망이란 바로 이러한 불안한 상태, 불균형상태로부터 안정된 상태로 나아가려는 의식의 운동, 다시 말하면 자기의식1과 자기의식2를 통일하여 하나인 자아를 회복하려는 의식의 운동이다. 즉, 욕망과 그 충족의 과정은 자기동일의 상태로부터 자기분열의 상태를 거쳐 다시 자기동일의 상태에 이르는 과정이라 할 수 있다. 이를 생물학의 용어로 말하면 homeostasis [항상성恒常性, 평형상태]로부터 homeorhesis [항류성恒流性]를 거쳐 다시 homeostasis를 회복하는 과정이라 할 수 있다. 이러한 욕망과 그 충족의 과정은 인간이 살아 있는 한 멈추지 않는다.

그런데 이러한, 욕망의 "충족 속에서 자기의식은 자기의 대상의 자립성을 경험한다. 욕망과 그 충족을 통해 성취된 자기 자신의 확신은 대상의 제약을 받는데, 왜냐하면 이러한 확신은 이 타자의 지양을 통해 성립하며, 이러한 지양이 존재하기 위해서는 이 타자가 존재해야만 하기 때문이다. 따라서 자기의식은 자기의 부정적 관계를 통해서는 대상을 지양할 수 없고, 오히려 자기의식은 욕망과 마찬가지로 대상을 거듭 산출할 뿐이다"(*PG*, 139).

욕망이 발생하는 까닭은 바로, 자아의 타자 혹은 자기의식의 타자가 존재한다는 사실에 있다. 만약에 대상이 존재하지 않는다면 이 대상에 대한 의식이 존재할 수 없고, 대상의식이 존재하지 않는다면 자기의식은 단지 "나=나"라는 동어반복적이고 추상적인 자기의식에 불과할 것이고, 따라서 여기서는 아무런 결핍의 감정 및 이를 지양하려는 의식의 운동도 발생할 수 없기 때문이다. 그런데 문제는, 자기의식이 '욕망'으로 특징지어지는 한, 욕망의 대상은 궁극적으로 충족될 수 없다는 점이다. 왜냐하면, 욕망대상 없는 욕망이란 존재하지 않기 때문이다. 따라서 "욕망의 본질은 자기의식과는 다른 어떤 것, 즉 욕망된 대상"(ebd.)이다.

욕망의 경험은 항상 주객관계 속에서 정립되므로 대상이 궁극적으로 지양될 수는 없기 때문에, 욕망으로서의 자기의식은 이러한 경험 속에서 대상의 자립성을 경험하게 된다. 자기의식은 욕망의 경험 속에서, 대상이 궁극적으로 부정될 수 없다는 사실을 깨닫게 되었으므로, 헤겔은 '주체에 의한 대상의 부정'을 '대상의 자기부정'으로 대치하려고 한다. 그러므로 자기의식의 만족은 "대상 자체가 스스로 자기에 있어서 부정을 수행할 때에만 가능하며"(ebd.), 이러한 "대상은 자기 자신에 있어서의 부정이며 그와 동시에 자립적이기도 함으로써 대상은 곧 의식"(ebd.)인 것이다. 따라서 "자기의식은 오직 다른 또 하나의 자기의식 속에서만 스스로의 만족을 누리며"(ebd.), 그리하여 "하나의 자기의식을 대하는 또 하나의 자기의식이 존재하는"(ebd., 140) 것이다. 이렇게 헤겔은 하나의 자기의식에 대립하는 또 하나의 자기의식을 내세우고 있다.

5. "자기의식은 다른 하나의 자기의식 속에서만 만족을 얻는다" : 승인과 욕망

• 헤겔은 인간을 유적 존재자[Gattungswesen]로 전제하고 있다. 즉, 하나의 자기의식에 대한 다른 하나의 자기의식의 존재는 이미 전제되어 있다. 그런데 욕망의 대상은 자기의식에 의하여 궁극적으로 부정될

수 없으므로, 대상이 궁극적으로 부정되기 위해서는 이 대상 자체가 자기부정을 수행해야만 하며, 따라서 그것은 자기의식의 성격을 지닌 대상이어야만 한다고 헤겔은 주장한다. 그리고 이러한 자기의식의 새로운 대상과의 만남에서 일어나는 문제를 승인운동을 통해 살피고 있다. 자기의식은 사회적인 방식으로만 존재한다: "자기의식은 그것이 다른 자기의식에 대해 즉자대자적으로 존재하는 가운데, 그리고 그러한 사실을 통해서 즉자대자적으로 존재한다. 즉, 자기의식은 오직 승인된 것으로서만 존재한다"(ebd., 141). 타인에 의해 승인받고자 하는 욕망은 반대로, 또 다른 자기의식을 승인할 것을 요구한다. 다시 말하면, 승인행위는 완전한 상호성 속에서만 타당성을 갖는다. "나=나"라고 하는 자기의식의 확신 및 자유는 주관적인 것에 불과하고, 아직까지 객관성을 확보하지 못했다. 따라서 이러한 주관적 확신은 객관적 진리로 고양되어야 한다.

여기서 우리 앞에는, 상이한 자기의식들의 통일인, "우리는 나, 나는 우리"(ebd., 140)라고 하는 정신[Geist] 개념이 등장한다. 그런데 이러한 정신 개념은 승인이 실현된 상태, 혹은 순수 승인개념과 동일하다. 이렇듯, 하나의 자기의식은 다른 하나의 자기의식에 대해서만 존재한다는 것은, 자기의식은 자기의 타자를 자기와 대등한 자기의식으로서 승인하고 또 자기 자신도 타자에 의해 자기의식으로서 승인받음으로써만 진정한 자기의식으로서 존재할 수 있다는 것을 뜻한다.

헤겔은 〈자기의식〉장에서 사회 성립 이전의 인간의 원초적인 상태를 서술한다. 이때, 욕망으로서의 자기의식은 '개별자(개인)'로 등장하는데, 타자 또한 하나의 자기의식이므로, 결국 하나의 개인과 다른 하나의 개인이 대립하게 된다. 따라서 최초의 상태는 하나의 욕망이 다른 하나의 욕망과 대립되는 상태를 형성한다. 자기의식들이 최초에 이렇게 욕망으로 나타남으로써 자기의식들 상호 간에 대립과 투쟁이 불가피한 것으로 헤겔은 보고 있다. 이러한 상태는 마치 홉스가 말한 '만인에 대한 만인의 투쟁'과도 같다. 이러한 생사를 건 승인투쟁[Kampf um Anerkennung auf Leben und Tod]은 "인간이 단지 개별자로서만 존재하는 자연상태 속에서만 발생할 수 있다"(*Enz* § 432 Zus.)고 헤겔은 말하며, 이러한 투쟁은 자기가 자유로운 자라는 것을 타인으로부터 승인받으려는 욕망으로부터 발생한다.

승인받기 위한 생사를 건 투쟁의 결과, 승자와 패자가 생기게 된다. 승자는 패자의 생명을 살려두고자 한다. 왜냐하면, 패자가 죽어버리면 자기가 승자로 승인받을 수 없기 때문이다.[60] 패자 가운데는, 죽음(자유)보다는 육체적 생을 택하는 사람이 생기게 되는데, 이러한 자는 결국 승자의 노예로 전락한다. 그러면 과연 생사를 건 승인투쟁을 통해, 타인으로부터 승인받으려는 자기의식의 욕망은 충족되는가? 헤겔의 승인개념에 따르면 승인이란, 자기의식이 즉자대자적으로 존재함을 대타적으로 보증받는 것(ebd., 141)인데, 노예는 이러한 보증을 받지 못하기 때문에 승인받지 못한 것이다. 실로 헤겔이 말하는 승인이란, 진정한 인간·자유로운 자로 승인받는 것을 뜻하며, 비자립적인 노예로 승인받는다는 의미는 아니다. 따라서 노예는 승인받지 못하고, 오직 주인을 승인하기만 한다. 그러면 승인받으려는 주인의 욕망은 만족되었는가? 헤겔에 의하면 주인은 '주인→물物→노예'의 관계에서는 '지배', '주인→노예→물物'의 관계에서는 '향유享有'라는 두 계기 속에서, 자기가 다른 또 하나의 자기의식인 노예로부터 승인받고 있다는 것을 의식한다고 말한다(ebd., 147 참조). 그러나 여기에는, "진정한 승인을 위하여, 주인이 자기에게 행하는 것을 타자에게도 행하며, 노예가 자기에게 행하는 것을 타자에게도 행하는 계기가 결여되어 있다"(ebd., 143 참조). 즉, 주인은 자기를 주인으로 규정하지만 노예를 주인으로 규정하지는 않는다. 그리고 노예는 자기를 노예로 규정하지만 주인을 노예로 규정하지는 않는다. 이 관계는 상호성이 결여된 불평등한 관계다(ebd., 147쪽 참조). 또한 주인이 지니고 있는, 대자존재로서의 자기확신의 진리를 보증하고 있는 것은 비본질적인 노예의 의식인데(ebd., 147), 노예에 의한 이러한 승인은 진정한 승인이라고 할 수 없다. 왜냐하면 승인은 하나의 자유로운 인격체가 다른 하나의 자유로운 인격체의 가치를 인정하고 존중하는 것이며, 따라서 상호성 속에서만 그 의미를 갖기 때문이다.

VI. 『법철학』(*Philosophie des Rechts*)

1. "이성적인 것, 그것은 진정한 것이고, 진정한 것, 그것은 이성적인 것이다"

("Das Vernünftige, das ist wirklich;
Das Wirkliche, das ist vernünftig." *TW* 7, 24)

• 헤겔은 철학의 과제를, 이성적인 것을 철저하게 파헤치는 것이라고 생각한다. 그런데 이성적인 것은 피안의 세계에 있는 것, 혹은 칸트가 말하는 물 자체와 같은 것이 아니라, 우리가 살고 있는 이 현실세계에 실현될 수 있는 것이다. 따라서 철학은 '지금 · 여기에' 존재하는 현실을 올바로 파악해야 한다. 여기서 헤겔이 말하고 있는 '현재적인 것'[Gegenwärtigen]은 바로 뒤에 이어지는 '현실적인 것'[Wirklichen]과 같

은 것이다. 이 경우의 'Wirklich'라는 용어는 '현실적인'[사실적인, faktisch]이라는 의미로 사용되고 있다. 그러나 이 말은, 현재 현실에 존재하는 모든 것이 '이성적인'[vernünftig] 것이라는 뜻이 아니다. 즉, 위의 명제는, "이성적인 것, 그것은 진정한 것이고, 진정한 것, 그것은 이성적이다"라는 의미이지, "이성적인 것, 그것은 현실적인 것이고, 현실적인 것, 그것은 이성적이다"라는 뜻이 아니다. 이 점에 대해 좀 더 상세히 설명하겠다.[61]

헤겔은 『논리학』에서 현존[Existenz], 현존재[Dasein]이나 현상[Erscheinung]과 진정성[Wirklichkeit]을 구별하고 있다. 헤겔은 이러한 진정한 것[dieses Wirkliche]을 "손에 잡히는 것이나 직접적으로 지각될 수 있는 것들과"[62]혼동하지 말라고 경고한다. 현실적인 것은 가능적인 것이 물리적인 시·공간 속에 실현되어 있는 것에 불과하며, 그것이 그대로 진정한 것, 참된 것은 아니다. 그것은 그래서 현상이라고도 한다. 현상, 현존, 혹은 현실은 이성적인 것이 될 때까지 변화되어야 한다. 그렇게 될 때에만 현실은 비로소 참된 것, 이성적인 것이라 말할 수 있게 된다. 그는 또한 "우리가 세계를 주의 깊게 고찰한다면, 광대한 영역의 내적·외적 현존재로부터 현상에 불과한 것, 일시적이고 무의미한 것과, 그 자신 참으로 Wirklichkeit라는 이름에 합당한 것을 구별할 수 있다"[63]고 말한다. 요컨대 Wirklichkeit는 "본질과 현존의, 혹은 외부와 내부의 직접적으로 이루어진 통일"[64]이다. 존재자는 그것의 현존이 그것의 본질과 조화를 이룰 때에만, 그것의 현존이 그것의 고유한 개념, 기능 혹은 관념과 일치할 때에만 참되다. 그러고 보면 Wirklichkeit는 진리[die Wahrheit], 참된 것[das Wahre]과 관계되어 있음을 알 수 있다.[65]

헤겔은 "이념과 동의어인 이성적인 것은 (...)"(*TW* 7, 25)이라고 말하는데, 이념은 "개념과 그것의 실현"(*TW* 7, 29 § 1)을 지시한다. 이때의

'개념'은 '본질'을 뜻하므로 이념은 어떤 존재자가 그것의 본질에 합치할 경우에 그 존재자에 대해 적용될 수 있는 표현이다. 따라서 '이성적인 것' 역시 단순히 어떤 현존재자를 지시하는 것이 아니라, 자기의 본질에 합치한 현존재자를 가리킨다. 그런데 바로 이러한 것은, '현실적인 것'이 아니라 '진정한 것'이다. 그러므로 이성적인 것과 현실적인 것이 동치관계에 있는 것이 아니라, 진정한 것과 이성적인 것이 동치관계에 있는 것이 분명하다.

2. "여기가 로도스다. 여기서 뛰어라(Ἰδοὺ ἡ Ῥόδος, ἰδοὺ καὶ τὸ πήδημα. Hic Rhodus, hic saltus. *TW* 7, 26)

• "Hic Rhodus, hic saltus!"는 "여기가 로도스다, 여기서 뛰어라!"라는 뜻이다. 이것은, "네가 할 수 있는 것을 여기서 보여라!"라는 것을 뜻한다. 이 말은 원래 이솝의 "허풍쟁이 5종 경기[66] 선수"라는 우화에서 유래하는데, 어떤 5종 경기 선수가 자기가 로도스 섬에서 멀리 뛰기에서 거듭 탁월한 업적을 이뤘다고 자랑하자 그와 대화하던 사람은 그의 허풍을 충분히 알아차리고 그가 성취한 바를 지금 여기서 반복해줄 것을 이 말로 그에게 요구한 것이다.

• 우리는 '우리 집에 금송아지가 있다'는 등의 허황된 주장을 하는 사람들을 가끔 볼 수 있다. 학문의 영역에서도 예외는 아니다. 그러나 철학은 이런 터무니없는 주장을 일삼아서는 안 된다. 철학의 활동무대는 '지금 · 여기'라는 현실이다. 그리고 철학은 존재하는 것들을 개념적으로 파악해야 한다. 철학이 자기가 처한 시대와 상황을 벗어나 미래를 예언

한다든가 하는 것은 망상妄想일 뿐이다. 개인과 철학은 각각 그 시대의 아들이자 산물인 것이다.

• 헬라스어로 Rhodos (Ῥόδος, ἡ)는 로도스 섬[Rhodes]을 가리키고 Rhodon (Ῥόδον, τό)은 장미[rose]를 가리킨다. 그리고 라틴어로 saltus는 '뛰다'[salire]의 명령형인 '뛰어라'[jump]를 뜻하며 salta는 '춤추다'[saltare]의 명령형인 '춤추어라'[dance]를 뜻한다. 그래서 헤겔은 "앞에 인용된 어투를 조금 바꾸어보면 이렇게 말할 수도 있을 것이다: "여기에 장미가 있다. 여기서 춤추어라"("Hier ist die Rose, hier tanze")고 말하는 것이다. 이 재담才談은 현실적인 것의 이성성理性性을 이해하려는 도전을 충족시키는 일은 또한 현재에 즐거워하는 방법을 발견하는 일이기도 하다는 점을 헤겔에게 제시하고 있다. 장미는 기쁨의 상징이며, 철학자의 임무란 현재 속에서 장미를 발견함으로써 현재 속에서 기쁨을 찾는 일이다. 다른 말로 하면, 철학은 현세에서 기뻐서 춤출 수 있다. 철학은 그 어떤 다른 곳에서 이상理想을 세울 때까지 춤추는 일을 미룰 필요가 없다.[67]

3. "(...) **그리하여 또한 철학은 사상으로 포착된 그의 시대다**" ["(...) so ist auch die Philosophie ihre Zeit in Gedanken erfaßt." *TW* 7, 26]

·

• "개인에 관해서 말하자면, 각 개인은 어쨌든 자기 시대의 아들이다. 그리고 또한 철학도 사상으로 포착된 자기의 시대다. 이와 마찬가지로, 그 어떤 철학도 자기의 현재의 세계를 넘어설 수 있다고 생각하는 것은, 이는 마치 한 개인이 자기의 시대를, 즉 Rhodus 섬을 뛰어넘을 수 있다고 생각하는 것만큼 어리석다"(*TW* 7, 26). 현실을 긍정하고 있는 듯이

보이는 이 구절은, 앞에서 이미 설명한 것처럼, 헤겔이 이념이라는 용어를 이중적인 의미로 사용하고 있다는 점을 염두에 두고 있다면 문제없이 이해될 수 있다. 즉 헤겔은 이념이 지니고 있는 비현실성이라는 의미를 인정하고 있기는 하지만, 다른 사람들과는 달리, 이러한 이념이 결코 피안과 이상의 세계에서만 존재할 수 있는 것이 아니라 현실 속에서 이루어질 수 있는 것으로 생각한다. 즉 어떤 것의 존재상태가 그것의 개념에 부합하게 될 때, 그것은 이념이 되는 것이다. 그리고 우리는 이념을, 피안의 것, 이룰 수 없는 것으로만 생각해서는 안 되고, 그것을 현실 속에서 성취하도록 노력해야 한다는 것을 헤겔은 말하고 있다.

4. "미네르바의 올빼미는 황혼이 깃들 무렵에야 비로소 날기 시작한다"

["(...); die Eule der Minerva beginnt erst mit der einbrechenden Dämmerung ihre Flug." *TW* 7, 28]

• 헤겔은 철학의 과제를, 미래를 예언하는 일이라고 보지 않는다. 철학의 과제는 지금 우리 눈앞에 일어나고 있는 일이나 이미 일어난 일들을 개념적으로 파악하는 것이다. 이미 일어난 일들을 그대로 세세히 서술하고 그들 간의 인과관계를 분석한다거나 하는 일은 — 이것은 역사학에서 할 일이다 — 철학의 업무가 아니다. 철학은 그것들 속에 있는 '이성적인 것'을 포착해내야 한다. 이것을 헤겔은 '이상적인 것' 혹은 '세계의 실체' 등으로 표현하고 있다. 이것들을 개념적으로 포착해낸다고 해서 세계의 모습 자체가 변하는 것은 아니고 세계가 올바로 인식될 뿐이다. 이러한 사실을 헤겔은, "철학이 자기의 회색灰色빛을 또 다시 회색

으로 칠할 때, 생生의 모습은 늙어버리게 되어, 회색에 회색칠을 한다 할지라도 생의 모습이 젊어지는 것이 아니라 다만 인식될 뿐이다. 미네르바의 올빼미는 황혼이 깃들 무렵에야 비로소 날기 시작한다"라고 설명하고 있는 것이다. 올빼미[Eule]는 로마신화 속의 지혜의 여신 미네르바 — 헬라스신화에서는 아테나Athena — 가 항상 데리고 다니는 신성한 새로서, 여기서는 철학자를 상징한다. 따라서 철학자(미네르바의 올빼미)는 역사적 사건들이 발생한 후에야(황혼이 깃들 무렵에야 비로소) 사건들을 개념적으로 파악하기 시작한다(날기 시작한다)는 것이다.

• 여기서 헤겔이 '회색빛', '생', '인식'이라는 단어들을 포함하고 있는 문장은 괴테의 『파우스트』의 다음 구절을 연상케 한다:

"(메피스토펠레스)
소중한 친구여, 모든 이론이란 회색빛이고,
푸르른 것은 생生의 황금나무라네."
"(Mephistopheles)
Grau, teurer Freund, ist alle Theorie,
Und grün des Lebens goldner Baum."[68]

• 이 유명한 격언의 분명한 의미는, 문화에 대한 철학적 이해는 문화가 쇠락衰落할 때에만 정점에 도달한다는 것이다.[69]

• '황혼黃昏'이라는 한자에는 '노랗다'[황黃]는 단어가 포함되어 있지만, 이 번역어에 대응하는 원문 속의 독일어 단어는 'Dämmerung' 인데, 이 단어가 가리키는 대상은 '회색빛'을 띠고 있다. 그러므로 헤겔이 "철학이 자기의 회색灰色빛을 또 다시 회색으로 칠할 때"라고 말하는 것과, "황혼

이 깃들 무렵에야 비로소"라고 말하는 것은 잘 대응하고 있는 것이다. 그러나 메피스토펠레스가 한 위의 말이 이 대목에서 어울리지 않는 점도 있다. 왜냐하면 메피스토펠레스는 분명히 이론을 평가절하하고 있는 반면에 헤겔은 이론이나 이성을 결코 평가절하하지 않기 때문이다.

• 그런데 우리는 이와 관련하여, 철학의 임무 내지 과제에 대한 몇몇 철학자들의 입장을 살펴볼 필요가 있다. 비트겐슈타인Ludwig Wittgenstein (1889-1951)의 초기입장에 의하면 "철학의 목적은 생각(사상)의 논리적 명료화다."[70] 이 입장을 논리실증주의자들도 따르고 있다. 한편, 이런 견해와는 달리 맑스는 『포이어바흐에 대한 테제들』(Thesen über Feuerbach, 1845)의 제11테제에서 다음과 같이 말하고 있다: "철학자들은 세계를 다양하게 해석했을 뿐이다. 그러나 중요한 것은 세계를 변화시키는 것일 것이다"[71]라고 주장함으로써 철학의 실천성을 중시한다. 시대를 좀 더 거슬러 올라가면, 아리스토텔레스는 『시학詩學』(*Peri Poiētikēs, ΠΕΡΙ ΠΟΙΗΤΙΚΗΣ*) 제9장에서 다음과 같이 말한다:

> 지금까지 말한 여러 사실에서 알 수 있는 것은, 시인의 과제는 실제로 무엇이 발생했는지를 알리는 것이 아니라 무엇이 발생할 수 있을 것인가, 즉 개연성과 필연성의 규칙에 따르는 가능한 것을 알리는 것이다. 역사가와 시인의 차이점은 운문韻文을 쓰느냐 산문散文을 쓰느냐 하는 점에 있는 것이 아니다. 예컨대 헤로도토스의 작품은 운문으로 고쳐 쓸 수도 있으나, 운율韻律이 있든 없든 그것은 역시 역사임에는 변함이 없다. 왜냐하면 역사기술자와 시인이 서로 구별되는 점은, 전자는 실제로 발생한 것을 알리는 데 반해, 후자는 발생할 수 있는 것을 알리기 때문이다. 따라서 시는 역사기술보다 더 철학적이고 더 진지한 것이다. 왜냐하면 시는 보편적인 것에 대해 더 많은 것을 말하는 데 반해 역사기술은 특수한 것에 대해 말하기 때문이다(*Peri Poiētikēs*, 51a36-b8).

여기서 아리스토텔레스는 시詩와 역사기술歷史記述의 차이를 말하면서, 시는 앞으로 발생할 수 있는 것, 즉 미래를 알려주고, 특수한 것이 아니라 보편적인 것에 대해 더 많은 것을 말하기 때문에 철학적이라고 주장한다. 아리스토텔레스의 견해에 의하면 철학은 미래에 대해서 알려주고 보편적인 것에 대해서 말하고 있다. 그러나 헤겔의 생각은 이와는 다르다. 물론 철학이 지나간 특수한 사건들을 일일이 기록하고 그 의미를 검토하는 것은 아니다. 철학이 역사기술과 달리 보편적인 것을 언급한다는 점은 헤겔도 인정하는 바다. 그러나 그렇다고 해서 철학이 미래에 대해 무엇을 예측하거나 예언하는 것은 아니다. 이 점이 헤겔과 아리스토텔레스의 큰 차이점이다.

• 그렇다면 과연 우리는 철학의 과제 내지 임무를 무엇이라고 말할 수 있는가? 이 질문에 대한 대답은, 우리가 철학을 어떻게 정의하느냐에 따라 다를 수 있다. 이 점과 관련하여 피히테의 견해를 살펴보자. 피히테에 의하면 우리가 어떤 철학을 택하는가 하는 문제는 우리의 "성향과 관심에 의해"[72] 결정될 수밖에 없다. 그러므로 그는 다음과 같이 말한다.

> 우리들이 어떤 철학을 택하는가 하는 것은 우리가 어떤 인간인가에 달려 있다. 왜냐하면 하나의 철학체계는, 우리들이 마음대로 떼어내고 취할 수 있는 죽은 가구家具가 아니라, 그 체계를 가지고 있는 사람의 혼에 의해 생명이 주어져 있기 때문이다. 본래 맥 빠진 인격 혹은 정신의 예속에 의해, 그리고 사치와 허영을 배워 무기력해지고 왜곡된 인격으로는 결코 관념론에로 고양될 수 없다.[73]

그런데 피히테는 자아의 근원적인 활동성 및 자발성을 굳게 믿고 있는 매우 실천적인 사람[74]이었으므로 후자의 입장을 택한다. 물론 여기서 피히테가 말하고 있는 점은, 우리가 여러 가지의 철학, 특히 관념론과 (독단적) 실재론 가운데 어떤 입장을 택할 것인가 하는 문제와 관련하여 자신의 입장을 피력한 것이지만, 이것은 우리가 철학의 과제 내지 목표를 무엇으로 생각하고 있는가 하는 문제와 결코 분리될 수 없는 것이다. 이처럼, 철학의 과제와 임무에 대한 견해도 각 철학자에 따라 다를 수 있기에 그 가운데 어떤 하나의 입장만이 옳다고 할 수는 없을 것이다.

VII. 『역사철학 강의』 (*Vorlesungen über die Philosophie der Geschichte*)

—

1. 세계사의 궁극목적과 그 실현수단: 이성理性과 정열情熱

·

• 헤겔에 의하면 세계사의 궁극목적은 자유의 실현인데, 이 목적을 위하여 "지상地上의 광대한 제단祭壇에서, 또 오랜 시간의 경과 중에서 모든 희생이 바쳐졌다." 그런데 세계사의 목적을 정립한 자는 신적 정신이다.

• 신적 정신이 자유를 실현하기 위하여 수단으로 사용하는 것은 바로 인간의 〈의지와 활동〉이다. 역사를 만드는 것은 인간이다. 헤겔은, 인간의 의지와 활동을 통하지 않고서는 세계사의 궁극목적, 즉 자유의 이념이 실현될 수 없다고 한다. 그런데 개별적인 "인간의 행동은 욕망[필요], 정열, 관심[흥미], 성격, 재능 등에서 발현하는"[75] 것인 바, 헤겔은 이것을 정열이라는 말로 포섭하여 이 정열이 인간활동의 근본동기가 되는 것이라고 한다. 정열이란, "사람들이 그것과 동시에 가지고 있고, 또 가질 수

있는 다른 모든 관심과 목적을 무시하고서 개인 전체에 내재한 의욕의 전 혈관全 血管[소질素質(Ader)]을 동원해서 하나의 대상에 몰두하고, 그 개인의 모든 욕망과 힘을 이 목적에 집중하는 한, (...) 그러한 관심"(*TW 12*, 37-8)을 가리킨다.

여기서 헤겔은 다음과 같이 말한다: "세상의 어떤 위대한 일도 정열 없이 이루어진 것은 없다. 여기에 두 계기가 우리의 대상으로 되게 된다. 그 하나는 이념이고 다른 하나는 인간의 정열이다. 한쪽은 우리 앞에 펼쳐져있는 세계사라는 큰 양탄자의 날실[종사縱絲]이고, 다른 한 쪽은 씨실[횡사橫絲]이다. 그리고 이 양자의 구체적인 중심이고 통일이 국가에 있어서의 인륜적 자유다"(*TW 12*, 38). 세계사라는 양탄자는 이념이라는 날실과 정열이라는 씨실이 엮어져 만들어지는 것이라는 말이다. 헤겔은 이미 『논리학』에서도 이와 유사한 언급을 한 바 있다. 즉, 마치 이성이 동일과 구별이라는 날실[종사縱絲]과 무늬를 서로 결합하고 엮어서 직물을 만드는 베틀인 것처럼,[76] 이념과 정열의 "한 쪽은 우리의 눈앞에 널리 펼쳐져 있는 세계사라는 거대한 양탄자[77]의 날실이고 다른 한 쪽은 그 무늬"(*TW 12*, 38)라는 것이다. 즉 역사의 목적은 이념 그 자체에 의해서만은 실현될 수 없고 "인간의 욕구[Bedürfnis], 충동[Trieb], 경향[Neigung], 그리고 정열[Leidenschaft]"(*TW 12*, 36)에 의한 활동을 필요로 한다고 말한다.

이처럼 헤겔은, 이성에 비해서 상대적으로 인간의 감정을 경시하는 계몽주의의 견해와, 그런 입장에 반대하는 낭만주의의 견해를 통합하는 입장에 서 있다고 하겠다.

2. 이성의 꾀[die List der Vernunft]

• “이런 엄청나게 많은 의욕, 관심, 활동은 세계정신이 자기목적을 달성하고 그 목적을 의식에로까지 높여서 실현하기 위한 도구요 수단이다”(*TW 12*, 40). 즉, 절대자는 개개인으로 하여금 자유롭게 행위하도록 해놓고, 어떤 것은 실패하게 하고 어떤 것은 성공하게 함으로써 자기의 목적을 실현해 간다. 인간이 정열을 가지고 자기의 목적을 추구하고 이루는 가운데, 자기가 전혀 관여하지 않은 결과를 낳는다. 인간은 정열에 의해 움직이며 행동한다. 그러나 그 결과까지도 개인적인 것은 아니다. 인간이 개인적인 요소를 추구하고 만족시켜나감과 동시에 인간의 행동은 무의식 중에 보다 높은 것, 보다 이상의 것을 향한 수단과 도구가 되어 있다

• 인간은 정열에 의하여 행동한다. 그리고 많은 사람들의 행동이 모여서 역사가 운전運轉되는데, 결과로서의 역사는 주관적 · 개인적인 정열, 욕망, 의도 등과는 별도의 것이다. 실은 배후에 이성이 존재하고 있어서 인간을 조종하고 있다. 인간들끼리는 전력을 다하여 다투고 싸워서 몰락해 가는데, 세계정신은 망하지 않고 오히려 그러한 싸움을 통해서 자기를 실현해 간다. 그러므로 역사는 개인적 · 주관적 정열을 통해서는 이해하지 못한다. 역사는 인간의 개인적인 행동과는 독립적인 것이다. 따라서 역사를 이해하려면 독특한 역사적인 안식眼識이 필요하다. 역사는 이와 같은 것인데, 개인은 이성의 꼭두각시[괴뢰傀儡]이기는 하지만 무의미한 존재자는 아니다. 개인의 행동도 보다 높은 것을 실현해 가므로, 여기에 개인의 가치는 존재하는 것이다.

• 그렇다면, 세계사의 궁극목적인 자유의 이념도 정열을 수단으로 사

용하지 않고서는 실현될 도리가 없음이 분명하다. 그러므로 세계사의 과정에서는 "보편적인 것은 특수목적에 내재하며, 이것을 통해서만 비로소 완성된다"고 한다. 보편적인 것은 특수한 것을 통해서만 실현된다.[78] 그러면 세계의 궁극목적이 어떻게 특수한 목적들을 수단삼아서 제 자신을 실현하는 것일까? 헤겔에 의하면, 세계사에 있어서는 일반적으로 인간의 행위에 의해 초래된 것이, 처음에 목적으로 추구된 것 또는 직접 욕구하고 의식하던 것과 전혀 다른 것이다. 헤겔은 이와 관련하여, 여러 가지 재료와 원소를 가지고 집을 짓는 경우와 방화의 예를 들어 설명하고 있다.

1) 첫 번째 예: "마찬가지로 정열도 제각기 자기의 만족을 구하여 움직이는데, 그의 자연적 성능에 응해서 자기 자신의 역할과 자기의 목적을 완수하여, 그 결과로 인간사회라고 하는 건물을 만들어 올린다. 그러나 그렇게 되면 이번은 또 이 사회 안에서는 법률이라든가 제도로부터 자기가 구속받게 된다. 위에서 든 예는 또 다음과 같은 의미까지도 포함하고 있다. 즉 세계사에서는 인간의 행위를 통해서 생기는 것은 그 인간이 목표로 하여 달성한 것, 인간이 직접적으로 의식하여 의욕하고 있는 것과는 전혀 다른 어떤 것이라고 하는 것이다. 인간은 제각기 자기의 관심을 추구한다. 그러나 그것과 더불어 그 밖에 확실히 그들의 관심 안에 내면적으로 포함되어 있기는 했지만 그들의 의식과 의도 속에는 나타나 있지 않았던 그 이상의 어떤 것이 이루어진다"(*TW 12*, 42 f.).

2) 두 번째 예: 헤겔은 여기서, 상대방에 대한 복수심에 불타서 그 사람의 집에 불을 질렀는데, 뜻하지 않게 그 사람과는 관계없는 옆집으로 불

이 옮겨 붙어 피해를 주게 된 예를 들고 있다. 그런데 이런 결과는 행위자의 의식에도 없었고, 더구나 의지에도 없었던 것이다. 이런 일은, 인간의 행위가 행위자의 의식이나 의지에 없는 그 이상의 큰 결과를 가져온다는 것을, 그리고 특수한 정열이 어떤 보편적인 것의 실현과 불가분적인 것임을 실증하는 것이다. 이것은 개인이 자기의 어떤 특수목적을 실현하기 위하여 온갖 정열을 바쳐서 활동하지만, 그 개인의 활동에서 그가 예기치도 않았던 보편적 이념이 실현된다는 것을 뜻하는 것이다.

• 그러므로 "정열이라는 특수한 관심과 보편적인 것을 실현하는 것은 서로 떼어놓을 수 없다. 왜냐하면 보편자의 실현은 특수자의 부정을 통해서 이루어지기 때문이다. "그러므로 정열의 특수한 관심과 보편자(일반자)의 실행은 불가분의 것이다. 왜냐하면 보편자는 특수한 규정된 관심과 그것의 부정否定에서 생기는 결과이기 때문이다. 특수한 것은 서로 투쟁하여 한쪽이 몰락한다. 보편적 이념은 결코 대립이나 투쟁에 휩쓸려서 위험을 무릅쓰지 않는다. 보편적 이념은 공격을 받지 않고 피해를 입지도 않은 채 배후에 자리 잡고 있다. 그것은 정열로 하여금 스스로 활동하게 하지만, 이 경우에 정열에 의해 존재하게 되는 것이 벌을 받고 피해를 입는다"(*TW* 12, 49). 헤겔은 이것을 "이성의 꾀"(*TW* 12, 49)라고 부른다. 다시 말하면 세계정신은, 개인이 자기의 목적을 추구하고 자기의 욕구를 만족시키기 위한 정열을 수단으로 하여 자기를 실현한다. "개인들은 희생되며 또 포기된다. 이념은 삶의 허무함에 대한 공물貢物을 스스로 바치지 않고 개인의 정열로 하여금 지불支拂하게 한다"(*TW* 12, 49). 이로 볼 때 세계정신은 냉혹하고 무자비하다. 왜냐하면, 그것은 개인의 희생을 요구하기 때문이다. 이처럼 자기의 개인적인 목적 속에 세계사적 목적이 깃들어 있는 개인을 헤겔은 "세계사

적 개인"[die welthistorischen Individuen](*TW 12*, 45, 46) 혹은 "영웅"[die Heroen, Held(en)](*TW 12*, 46, 48)이라 부르며, 역사상 이런 인물로 대표적으로 알렉산더Alexander (BC 356-323), 시이저Cäsar (BC 100-BC 44), 그리고 나폴레옹Napoleon (1769-1821)을 제시한다. 이런 역사적 인물은 역사적 전환기에 처하여 '무엇이 그 시대에 성숙하고 있는가', '무엇이 필연적인 것인가'를 통찰하여 그것을 자기의 목적으로 삼고 그것을 실현하려고 혼신의 정열을 기울이는 사람이다.

• 그러나 역사 속에서 인간의 행위가 보편자로서의 이념의 도구적인 역할을 한다고 해서 헤겔이 인간 개개인의 자율성을 부인한 것은 아니다. 인간 한 사람 한 사람을 놓고 볼 때 개개의 인간은 분명히 자신의 신념이나 정열, 욕망, 목적에 따라 행동한다. 그러나 이러한 개별적인 행위 속에는 보이지 않는 세계정신의 의도가 내포되어 있다. 단지 인간은 그것을 의식하지 못했을 뿐, 결과적으로는 세계정신의 보편적인 목적을 수행하고 있다는 것이다. 예컨대, 나폴레옹은 자신의 정치적인 야심野心에 의해, 그리고 정복욕에 의해 알프스를 넘어 이탈리아를 침공하고 유럽제국을 정복했다. 그러나 이와 같은 나폴레옹의 개인적인 행위 속에는 유럽의 절대왕정체제 를 종식시키고 근대 시민사회를 탄생시키려는 세계정신의 숨은 의도가 내포되어 있다는 것이다. 근대 시민사회의 탄생, 그것이 곧 당시의 시대정신이었다. 물론 나폴레옹 자신은 근대 시민사회를 탄생시키기 위해 이탈리아를 침공하고 유럽제국을 정복한 것은 아니었다. 오히려 자신의 황제의 위치를 더욱 확고히 하기 위해 전쟁을 일으켰다. 그러나 결과적으로는 자기도 모르게, 그리고 자신의 의도와는 달리 그의 행동이 유럽 근대 시민사회를 탄생시킨 하나의 수단적인 역할을 하게 된 것이다.

• 그러나 이런 세계사적인 인물들의 운명을 주목할 때 그것은 결코 행복한 것은 아니었고, 그들의 전全생애는 힘겨운 수고와 노고뿐이었다. 그리고 그들의 목적이 이루어졌을 무렵에는 그들은 열매 없는 껍질처럼 시들어 떨어진다. 그들은 "알렉산더처럼 요절하거나 시이저처럼 살해되거나 아니면 나폴레옹처럼 세인트 헬레나Saint Hellena로 유배된다"(*TW* 12, 47)[토사구팽兎死狗烹].

주석 및 참고문헌

머리말

1 Ernst Bloch, *Zwischenwelten in der Philosophiegeschichte: aus Leipziger Vorlesungen*. Bd. 12, Ffm., 1985, 163.

2 Stephan Otto, "Nikolas von Kues," in: *Klassiker der Philosophie* I , Ottfried Höffe (hg.), München, 1981 (245-261), 261.

3 W. 바이셰델, 『철학의 뒤안길』, 이기상 · 이말숙 역, 서광사, 1990, 162 참조.

4 슈퇴릭히, 『세계철학사, 하권』, 임석진 역, 분도출판사, 1978, 36 참조.

5 이에 관해서는 2006년 5월 19일 서울에서 열린 '서울 디지털포럼 2005'에서 한 엘 고어 전 미국 부통령의 기조연설과 오세영 작가의 『구텐베르크의 조선』(예담, 2008. 전 3권)을 참조.

서양근대철학이란 무엇을 가리키는가?

1 중국 남동부의 푸젠성福建省 · 광둥성廣東省 · 광시좡족廣西壯族 자치구가 포함되는 지구의 총칭.

2 『파스칼세계대백과사전』, 동서문화사, 1999, 4427 참조.

3 華: 중화 화, 화려할 화, 꽃필 화, 고을 화.

4 이숭녕, 『국어대사전』, 숭문사, 1990, 183 참조.

5 이숭녕, ebd., 386 참조.

6 Orient [〈 lat. (sol) oriens = aufgehend (-e Sonne) / oriri = to arise]. 1. vorder- u. mittelasiatische Länder, 2. (veraltet) Osten (Duden in 6 Bdn, Bd. 5, 1930); Okzident [〈 lat. (sol) occidens = direction of the setting sun 〈 occidere = to fall, to set 〈 ob- = under + cadere (to fall) or cide (to die)]. 1. (bildungsspr.) Abendland, 2. (veraltet)

Westen (ebd., 1919).

7 『파스칼세계대백과사전』, ebd., 11204 참조.

8 김용옥, 『東洋學 어떻게 할 것인가』, 통나무, 1993, 113 f. 참조.

9 차하순, 『역사의 이해』, 탐구당, 1979, 23-6 참조.

10 modern 〈 modo (=just now, lately).

중세철학으로부터 근대철학에로의 전환

1 스털링 P. 램프레히트, 『서양철학사』, 을유문화사, 2002, 289 참조.

2 우리말 번역서의 제목은 『신기관新機關』인데, 이는 적절하지 않다.

3 이 책은 소위 『방법서설方法敍說』이라는 우리말 제목으로 많이 알려져 있다.

4 예컨대 이들은 베이컨이 말한 네 가지 우상偶像들 가운데 '극장의 우상'에 해당한다. 나머지는 '종족의 우상', '동굴의 우상', 그리고 '시장의 우상'이다.

5 램프레히트, ebd., 290 f. 참조.

6 Renaissance < F. rebirth < renaître [rəne:trə] = be born again.

7 아리스토텔레스는 "동물들 가운데 인간만이 이성적인 능력을 가지고 있다"("λόγον δὲ μόνον ἄνθρωπος ἔχει τῶν ζῴων" Politika Ⅰ. 1, 1253a 10-11)고 말한다. 이 진술형태에 따라 인간의 본질에 대한 다음과 같은 표현이 생긴다: "이성(로고스)을 지닌 동물"[zōon logon echon, ζῷον λόγον ἔχον]. 또한 "인간은 이성적 동물이다"("ὁ ἄνθρωπος ἐστι τὸ λογικὸν ζῷον")라는 표현도 있다. 아리스토텔레스는 또한 인간을 '사회적(정치적)인 동물'이라고 한다: "(...) 인간은 본래 사회적(정치적)인 동물이다"["(..) ὁ ἄνθρωπος φύσει πολιτικὸν ζῷον" *Politika* Ⅰ. 1, 1253a 2-3]. 또한 *Nichomachean Ethics* 1097b 11; 1162a 16; 1169b18도 참조.

8 램프레히트, ebd., 293 ff.; T.Z. 래빈, 『소크라테스에서 사르트르까지』, 문현병

외 역, 동녘, 1993, 97 f. 참조.

9 한 페이지에 42행 2단으로 구성. 약 10만개의 활자 주조함. 피지본皮紙本과 종이본 두 가지로 총 180질 제작. 한 질당 평균 사무원의 3년 치 봉급에 해당하는 30 florin에 팔림. cf. 구텐베르크의 36행 성서도 있음. Gutenberg의 Mazarin Bible: Latin Vulgata성서.

10 세계 최고最古 금속활자로 추정되는 고려활자. 『남명천화상송증도가南明泉和尙頌證道歌』(보물 758호·삼성출판박물관 소장)와 서체가 같아 붙인 이름이다. 증도가證道歌는 중국 당나라 때의 승려 영가永嘉 현각(玄覺, 665-713)이 남종선의 시조인 6조 혜능慧能에게서 선요禪要를 듣고 하룻밤에 증오證悟하여 증도證道의 요지를 247구 814자의 고시체로 읊은 시로서, 705년경에 발표되었는데, 여기에 송나라의 남명천 선사가 희영 9년(1076)에 풀이하고 뒷글을 적어 찍어낸 책이다.

11 이것은 고금의 예의 자료를 두루 수집해 엮은 데서 붙여진 서명이고, 정식 서명은 『상정예문』이다. 『고금상정예문』이라고도 한다. 고려 인종仁宗 때의 학자로 문하시랑평장사門下侍郎平章事를 지낸 최윤의崔允儀가 왕명을 받아 고금古今의 예문을 모아 편찬하였다. 모두 50권으로 되었다고 하나 지금은 전해지지 않는다. 그러나 고려 고종 때의 문신·문인 이규보李奎報가 엮은 『동국이상국집東國李相國集』에 이 책을 1234년(고종 21)에 금속활자로 찍어냈다는 기록이 있다. 그런데 이 증도가 말미에 "이 책의 원본은 남명선사가 문종 30년(1076)에 주자(鑄字.금속활자)로 편찬했지만 더 전해지지 않아 목판으로 복각해 찍었다"는 기록이 있다.

12 애초 금속활자로 인쇄한 것(1076년)을 1239년 목판에 옮겨 새긴 번각飜刻본이다.

13 고려 우왕(1365-1389, 고려 제 32대 왕) 3년인 1377년에 청주 인근 홍덕사에서 금속활자로 인쇄한 불교서적. '백운화상'(1299-1375)은 이 책을 펴낸 저자로서, 전라도 고부에서 태어나 출가한 승려로 호는 백운이고 법명法名은 경한景閑. 백운화상은 별칭임. '화상'은, 수행을 많이 한 승려 혹은 승려를 높이는 말임. 그 당시 중국 유학까지 마친 몇 안 되는 고승高僧 중의 고승. '초록抄錄'이

란 핵심만 골라 기록했다는 뜻. '불조 직지심체요절'이란, '부처佛와 조사(祖師, 사람들을 깨달음으로 이끌 만큼 수행했거나 그런 자격을 갖춘 고승)의 가르침을 새기고 참선하여 사람의 마음을 직시하면 그 심성이 곧 부처의 마음임을 깨닫게 된다'는 것이며, '요절要節'이란, 요점을 추려놓은 것이라는 뜻. 1967년 프랑스 국립 도서관의 한국연구원인 박병선 씨가 옛 책들을 뒤적이는 가운데 발견(上下 두권 중 하권만 발견). 겉장은 떨어져 나가 누군가가 '직지'라고 붓으로 써 넣었으며, 다시 프랑스어로 간단한 책 정보가 쓰여 있었다. 모두 38장으로 된 이 책의 맨 뒷장에는 한자漢字로 '선광 7년 정사 7월 청주목의 흥덕사 주자인시鑄子印施', 곧 '1377년 고려 우왕 3년, 청주 변두리 흥덕사 금속활자鑄子로 인쇄印施'라고 쓰여 있었다. 이 책의 발견은, 구텐베르크로 대표되는 기존의 관점과 이론을 송두리째 바꾸는 커다란 사건이었다. 2001년 9월, 『직지심체요절』은 유네스코 세계 기록 유산으로 등재되었다.

14 라틴어명은 'De libertate christiana'다. 30개의 테제로 이루어져 있다.

15 "Ein Christenmensch ist ein freier Herr über alle Dinge und niemand untertan. Ein Christenmensch ist ein dienstbarer Knecht aller Dinge und jedermann untertan"(*Von der Freiheit eines Christenmenschen*. Bd. 2 der Calwer Luther-Ausgabe, Stuttgart, 1977, 162).

16 종교개혁 당시의 슬로건 중 하나가 바로 "오직 믿음!"[Sola fide!]이었다. 나머지는 예컨대, "오직 성서!"[Sola scriptura!], "오직 은혜!"[Sola gratia!], "오직 예수!"[Sola Christus!], 그리고 "오직 하나님께 영광을!"[Soli Deo gloria!] 등이다.

17 이에 관해서는, 진정한 믿음은 행위를 동반한다고 주장하는 기독교 신약성서의 「야고보서」를 참조할 것.

18 Double-predestination: 사람의 '삶'과 '구원'은 신에 의해 2중으로 예정되어 있다는 생각. 깔뱅(Calvin, 1509년 프랑스 생)의 『기독교 강요』에서 나옴.

19 '직업'을 뜻하는 독일어 'Beruf'는, '곁에 다가가서 부르다'를 뜻하는 'berufen'에서 나온 말이다. 이때의 'be'는 '곁에'[=bei=by]를 뜻하며 'rufen'은 '부르다'[=call]를 뜻한다. 즉, 하늘의 부르심. 천직天職]을 가리킨다. 직업을 뜻하는 영어 'vocation'도 '부른다'를 뜻한다.

20 램프레히트, ebd., 296 f. 참조.

21 헬: Κλαύδιος Πτολεμαῖος (Klaúdios Ptolemaîos), 라: Claudius Ptolemaeus, 영: Claudius Ptolemy, c. AD 100 – c. 170).

22 두 번째로 생각할 수 있는 점은, 기독교에서 다음과 같은 성서의 구절을 인용하여 천동설을 지지하는 경우인데, 히브리의 지도자 여호수아가 전쟁에서 완전히 승리하기 위해서 낮을 연장시키고자 했을 때, 그가 태양더러 머무르라고 명했지 지구더러 머무르라고 하지는 않았으므로, 많은 기독교인들은 지구가 아니라 태양이 회전한다고 생각했다. 그러나 우리는 이 구절을 두 가지로 분석해 볼 수 있다. 첫째로는, 이 구절이 신의 영감으로 기록되어 오류가 없다고 생각할 경우, 이미 천동설은 오류로 밝혀졌으므로, 적어도 성서의 이 구절은 사실을 서술한 표현이 아니라 시적詩的인 표현으로 보아야 하고, 두 번째로는, 여호수아 개인의 생각을 기록한 것이라면, ⓐ 이것이 서술적이고 사실적인 표현이라면, 천동설을 이야기한 것이므로 오류이며, ⓑ 시적詩的인 표현 내지는 우리가 일상생활에서 쓰는 상식적인 표현이라면, 천동설을 주장했다고 단정할 수는 없을 것이다. 그렇다면, 이 경우에는 성서는 천동설을 주장하고 있다거나 지동설을 천명하고 있다고 결론내릴 수 없을 것이다. 참고로, 이들이 인용하는 전거는 다음과 같다: "주께서 아모리인을 이스라엘 자손 앞에 넘겨주시던 날에 여호수아가 주께 고하였으니, 그가 이스라엘의 목전에서 말하기를 '태양아 너는 기브온 위에 머무르고, 달아 너는 아얄론 골짜기에 머무르라' 하자, 태양이 멈추고 달리 머물렀으니 백성이 그 원수에게 원수를 갚기까지 하였느니라. 해가 하늘 중간에 멈추어서 거의 종일 속히 내려가지 아니하였다고 야셀의 책에 기록되지 아니하였느냐"?(여호수아 10: 12-13).

23 브루노(Giordano Bruno, 1548-1600) 역시, 우주는 무한하므로 '중심은 어디에나 있고, 어디에도 없다'고 주장했다.

24 T.Z. 래빈, ebd., 99 f. 참조.

25 램프레히트, ebd., 299 ff. 참조.

26 강대석, 『서양근대철학. 베이컨에서 칸트까지』, 서광사, 1985, 32 참조.

27 램프레히트, ebd., 301 ff. 참조.

니콜라우스 쿠자누스(Nikolaus Cusanus, 1401-1464)

1 고대에 있어서 자유로운 신분을 가진 시민을 위한 기본적인 교양과목에서 나온 학예. 서양의 중세, 근세에 많은 도상圖像이 나왔다. 문법, 웅변술, 변증법의 3학예와 산술, 기하학, 음악, 천문학의 4학예로 이룩되고, 또 문서학이나 철학이 그 위에 여왕처럼 추가된다[네이버 지식백과].

2 카탈류냐. 주도主都: 바르셀로나.

3 1426년에 사제서품을 받았다는 주장도 있고, 1436-40년에 받았다는 주장도 있다. 이에 대해선 쿠자누스, 『신의 바라봄』(김형수 역, 가톨릭출판사, 2014, 22)을 참조.

4 이탈리아의 남부 티롤(Tirol) 지역, 이태리어로는 Bressanone이라고 함.

5 볼링은 돌을 던지거나 굴려서 표적에 맞추려는 인간의 본능에서 발생된 것으로 보인다. BC 5200년 무렵의 이집트 유적에서 돌로 된 핀이 발견되었는데, 이것이 고대 볼링 용구가 아닌가 생각된다. 또 중세 유럽에서 종교적인 의식으로서 승려나 교구민들이 나뭇조각 쓰러뜨리기를 했는데, 이것이 현재의 볼링의 원형이라 알려져 있다. 16세기 독일의 종교개혁가 M. 루터가 현대와 같은 볼링 경기규칙의 기초를 만들었다고 하며 17세기에는 아메리카대륙에 전해져 급속히 퍼졌다. 1895년 미국볼링협회가 발족하면서 전 세계로 보급되어, 현재 국제볼링연맹(FIQ)에는 수많은 국가들이 가맹되어 있다[네이버 지식백과].

6 독일어로 Inkunabeln (〈 lat. incunabula) 혹은 Wiegendrucken이라고 함. 구텐베르크가 인쇄술을 발명한 1450년부터 1500년까지 유럽에서 활자로 인쇄된 서적을 가리키는 말. '요람搖籃'을 뜻하는 라틴어에서 유래한 명칭으로, 이 말을 창안한 17세기의 프랑스 서지학자 필립 라베는 활자 인쇄술의 유년기幼年期라는 뜻으로 사용하였으나, 18세기의 후반부터는 15세기 말까지 인쇄된 서적을 가리키는 말로 전의轉義되었다. 그러나 독일에서는 지금도 라베의 원의原義대로 사용하며, 15세기 중에 인쇄된 서적을 가리킬 때에는 '요람기본搖籃期本'을 뜻하는 독일어 'Wiegendruck'으로써 구별한다. 활자 인쇄본이 서사본書寫本으로부터 독립해서 오늘날의 서적과 같은 체재를 갖추게 된 것은 16세기를 맞이하면서부터이다. 그

러나 초기의 활자 인쇄업자 중에는 학예에 통달한 사람이 많았기 때문에 이른바 '인큐내뷸라'에는 16세기 이후의 활자본에서는 볼 수 없는 독특한 품격과 아름다움을 지니고 있어서 그 내용이 무엇이든 간에 항상 귀중시 되어 시장가치도 높다. 1판의 부수가 300부를 넘는 일은 아주 드물고, 16세기에 이르러서도 기껏 500부에 머물렀다. 현재 남아 있는 수는 적지만, 3만 이상의 서적이 15세기 중에 간행된 것으로 추정되고 있다.

7 http://de.wikipedia.org/wiki/Nikolaus_von_Kues; http://plato.stanford.edu/entries/cusanus/.

8 '쿠자누스'는 라틴명이고, 독일명은 Kues다. Kues는 니콜라우스가 태어난 트리어(Trier) 근방의 마을 이름이고 현재는 행정구역상으로 Bernkastel-Kues다. 지명地名이 성姓이므로 앞으로는 '니콜라우스'로 부른다.

9 이 점에 관해서는 이미 〈머리말〉에 밝혀놓은 바 있다.

10 J. Hopkins, "Nicholaus of Cusa (1401-1464): First Modern Philosopher?," in: *Midwest Studies in Philosophy*. Vol. 26, 2002 (13-29)].

11 정달용, 「니콜라우스 쿠사누스의 "神-論" — *De docta ignorantia* 제1권과 *De non-aliud* 를 중심으로 — 」, 『중세철학』 Vol.7, 한국중세철학회, 2001 (3-31), 4 참조. 물론 칸트는 니콜라우스와는 달리, 이성의 기능을 추론기능과 규제적 기능에 한정하였다는 점을 덧붙여야 하겠다.

12 '다른 것이 아닌 것'에 관한 서술은 백훈승, 「니콜라우스 쿠자누스와 헤겔의 절대자관」『동서철학연구』 제70호, 한국동서철학회, 2013.12 (343-373)]을 부분적으로 수정한 것이다.

13 빌퍼트는 여러 정황증거를 들어 이 대화가 1462년 1월 초에 있었다고 추론하고 있다(Paul Wilpert, übers. und mit Einführung und Anmerkungen. hg., *Nikolaus v. Kues, Vom Nichtanderen*, Hamburg, 19873, XIX 참조). 대화 참가자들에 대해서는 Wilpert, ebd., 99 참조.

14 원래의 제목은 *Directio speculantis seu de li non-aliud* (『사변적 사유를 위한 안내 혹은 다른 것이 아닌 것에 관하여』)이고, 이를 줄여서 *de non aliud* (『다른 것이 아니 것에 관하여』)라고 하는데, 여기서는 우리말로는 『다른 것이 아닌 것』으로 부르고 인용

할 경우에는 *NA*로 줄인다. 니콜라우스는, 'non aliud'와 더불어 'li'(=the)를 사용하여, 'non aliud'가 명사표현으로 간주된다는 것을 보여준다(Clyde Lee Miller, *Reading Cusanus: Metaphor and Dialectic in a Conjectural Universe*, Catholic Univ. of America Pr., 2002, 180 참조. 이에 관해서는 다음의 자료들을 참조할 것: J. Hopkins, *Nicolas of Cusa on God as Not-Other: A Translation and an Appraisal of "De li non-aliud"*, 3rd ed., Minneapolis, 1999, 23-25; Wilpert, ebd.; G. Schneider, *Gott, das Nichtandere, Münster*, 1970; P. Bolberitz, *Philosophischer Gottesbegriff bei Nikolaus Cusanus in seinem Werk: "De non aliud"*, Leipzig, 1989, etc.

15 Nikolaus von Kues, *NA*, in: *Philosophisch-theologische Schriften*, hg. und eingeführt Leo Gabriel, übers. und kommentiert von Dietlind und Wilhelm Dupré. Sonderausgabe zum Jubiläum Lateinisch-Deutsch (PTS로 줄임), Bd.Ⅲ. 2. Nachdruck der 1964 erschienenen 1. Aufl., Wien 1989 (443-566), 446.

16 Nikolaus von Kues, PTS Bd. Ⅱ, XXIX (Aufbau, Text und Übersetzung) 참조. 또한 *De venatione sapientiae* (VS로 줄임), in: *PTS* Bd.Ⅲ. (1-190), 66 참조.

17 VS, 62. 여기서 우리는 니콜라우스가 최근류[genus proximum] + 종차[differentia specifica]를 통한 아리스토텔레스의 정의 — 이른 바, 본질적 정의[essential definition] — 방식을 따르고 있다는 것을 알 수 있다. 아리스토텔레스 이후 이런 정의방식은 가장 모범적인 정의방식으로 받아들여져, 고전적인 중세 스콜라 논리학의 정의방식으로 채택되었다[예): "인간은 이성적 동물이다"]. 그러나 정의를 이처럼 '최근류'와 '종차'를 통해 기술하는 일은 자칫 오도誤導하기 쉽고, 완전히 불필요한 존재론적인 연상聯想을 불러일으킬 수 있다. 대체 누가 '말'은 유類이고 '희다'는 것은 '차이'라고 말할 수 있는가? 이 같은 관계 바뀔 수 있다. 즉 우리는 백마를 '말 모양의 흰' 어떤 것이라 규정할 수도 있는 것이다. 그러면 이 경우에는 '희다'는 것이 최근류가 되고, '말'이 종차가 될 것이다. 따라서 자이퍼트는, '백마'라는 술어는 '말'과 '희다'라는 동등한 '술어-좌표'의 교점에 놓여있는 셈이라고 말하는 것이 한층 유의미하고 중립적인 것으로 본다(Helmut Seiffert, 『학의 방법론 입문 I』, 전영삼 역, 교보문고, 1992, 46 참조). 같은 식으로 말하면, '정사각형'의 유개념이 무엇인지를 결정할 수 있는 정해진 기준은 없다: 예) ① 등변의 도형, ② 등각의 도

형, 혹은 ③ 직각의 도형 등이 '정사각형'의 유개념이 될 수 있다[Martin Gessman (neu hg. v.), *Philosophisches Wörterbuch*, Stuttgart, 2009, 148 참조]. 이런 정의방식을 따를 경우, 최고의 유類[개념]인 'Sein'은 최근류가 없으므로 정의가 불가능하다. Heidegger가 『존재와 시간』(*Sein und Zeit*)에서 'das Sein'을 정의할 수 없기에 정의를 통해서는 그것을 파악할 수 없다고 보고 '현존재'[das Dasein]를 통한 우회로를 택한 것도 바로 이런 이유에서다.

18 *Dialogus de Genesi* (*De Gen*으로 줄임), in: *PTS* Bd. II (387-442), 390: "quomodo idem ipse est omnium causa, quae adeo sunt diversa et adversa."[어떻게 동일자(같음) 자체가 상이하고 대립하는 모든 것의 원인인지"].

19 정달용, ebd., 23 참조. 플라톤에 의하면, "어떤 것을 정의한다"는 것은, "그것이 그것이며, 다른 것이 아니라는 것"을 말한다(Platon, Sophistes, 257a). 즉, "다른 것과 구분하는 것"(διαίρεσις)이다(정달용, ebd., 11 참조). 이러한 니콜라우스의 사상은 근대의 네덜란드의 유태계 철학자인 스피노자(1632-1677)에게 영향을 미쳐서 "규정은 부정이다"(Determinatio est negatio)라는 주장에 이르게 하였을 뿐만 아니라 "모든 규정은 부정이다"(Ominis determinatio est negatio)라고 하는 헤겔의 변증적 사유의 형성에 영향을 미쳤음을 알 수 있다.

20 이와 관련해서는 헤겔의 다음과 같은 주장을 참고할 것: "1. 어떤 것과 다른 것(타자)은 모두, 첫째로 현존재자 혹은 어떤 것이다. 둘째로, 각자는 마찬가지로 다른 것(타자)이다. 어떤 것이 먼저인가는 상관없고, 단지 그 때문에 어떤 것이라고 불린다[라틴어로, 이 둘이 한 문장에 등장하면, 양자는 다른 것[*aliud*]이라고 불리거나 혹은 일자[Einer]는 타자에(den Anderen)에 대해 다른 것의 다른 것[*alius alium*]이라고 불린다; 대립되는 경우에 이 표현은 타자의 타자[*alter alterum*]와 유사하다]. 만약에 우리가 어떤 현존재를 A라고 부르고 그것의 타자를 B라고 부르면, 우선 B가 타자로 규정된다. 그러나 이와 마찬가지로 A도 B의 타자다. 이 둘은 동일한 방식으로 타자인 것이다. 차이를 그리고 긍정적으로 취해져야 할 어떤 것을 확정하기 위하여 이것이 소용된다. (...)"[*Wissenschaft der Logik* I, in: *Theorie Werkausgabe in zwanzig Bänden*, Redaktion von Eva Moldenhauer und Karl Markus Michel, Ffm., 1969 ff. (*TW*로 줄임) Bd. 5 (*TW* 5로 줄임), 125 f.].

21 니콜라우스 자신도 이에 해당하는 라틴어 표현을 사용하고 있다: "unus et omnia"[*De docta ignorantia* (*DI*로 줄이고, 인용된 쪽수만 기입), in: *PTS*, Bd. I (191-298), 280].

22 "(...) non aliud est non aliud quam non aliud"(*NA*, 462). 또한 NA, 446의 훼르디난두스의 진술도 참조. 이 진술의 논리적 형식은 "X ≡ ~ (~X)"다. 그롯쯔도 말하듯이 '다른 것이 아닌 것'이라는 표현은 단순히 각각의 대상의 내적인 자기동일성이나 통일과 꼭 같이 이해될, 각각의 대상의 형식적 조건만을 나타내는 동어반복적 정의가 아니다(Stephan Grotz, *Negationen des Absoluten. Meister Eckhart · Cusanus · Hegel*, Hamburg, 2009, 212 f. 참조).

23 Dionysius는 *De div. nom.* I , 7에서 "ὑπερούσιας"라고, 그리고 I , 36에서 "ὑπερώνύμος"라고 말하고 있다. 신을 "초실체적인(현실개체를 넘어서 있는)"[hyperousias], "모든 이름들 위에 있는"[hyperonymos]이라고 표현하는 것은 전적으로 신플라톤주의 전통에 뿌리박고 있는 위 디오니시우스로부터 유래한다.(De div. nom. I , 1, 2; V, 2; *Myst. Theol.* III PL 3, 588 A; C; 596 C; 1033 A; De div. nom. I , 5, 7 PG 3, 593 AB; 596 D) (Wilpert, ebd., 127 참조).

24 Wilpert, ebd., 134 참조. 플라쉬(K. Flasch)는 다음과 같이 말한다: "쿠사누스는 '다른 것이 아닌 것'이라는 개념을 만듦으로써, '하나'[일자一者, unum]'라는 이름이 지니고 있는 결핍을 개선한다. (...) 그리하여 더 나아가, '하나'는 '다른 것이 아닌 것' 바로 다음에 오고, 신플라톤주의의 전통에 서 있는 대가大家들에게 있어서도 이미, '다른 것이 아닌 것'이라는 의미로 이해된 이름으로 유효하다. 그러므로 '하나'가, 이미 『박학한 무지』 제1부 제24장에서 요구된 것처럼, 절대적인 일자一者로, 즉 일一과 다多의 대립으로부터 이끌어 내어진[herausgehobenes] 일자一者로서만 이해된다면, 실질적으로는, '다른 것이 아닌 것'을 통해 분명히 드러나는 '하나'의 우위優位가 지속된다. 쿠자누스에게 있어서 형이상학은 이러한 일자의 이론 외에 다른 것이 아니다(Kurt Flasch, *Die Metaphysik des Einen bei Nikolaus von Kues*, Leiden, 1973, 242 참조).

25 *Liber Primus* (erstes Buch), X XIV.

26 이 구절은 다음과 같은 사도 바울의 말을 연상케 한다: "지금은 우리가 거울을 통

해 희미하게 보지만 그때에는 얼굴과 얼굴을 마주볼 것이요, 지금은 내가 부분적으로 아나 그때에는 내가 알려진 것처럼 알게 될 것입니다"(고린도전서 13:12).

27 C.E. Rolt (tr.), *Dionysius the Areopagite: On the Divine Names and the Mystical Theology*, London, 1920, 144. 그리고, 위 디오니스우스, 『위 디오니시우스 전집』, 엄성옥 역, 은성출판사, 2007, 220도 참조.

28 노자老子의 "道可道非常道, 名可名非常名"도 이런 의미로 이해할 수 있다.

29 스피노자도 능산적 자연인 신을 존재 및 인식의 원리라고 주장한다. 그리하여 그는 존재론적으로 독립적일 뿐만 아니라 개념적으로도 독립적인 자인 실체를 철학의 제1원리로 삼고 자신의 철학을 전개해 나갔다: "나는 실체를 그 자체로(즉자적 · 독자적으로) 존재하며, 자신을 통하여 파악되는 자라고 이해한다. 즉, 그 개념이 그것으로부터 자기가 형성되어야만 할 다른 어떤 것의 개념을 필요로 하지 않는 자라고 이해한다"(Baruch de Spinoza, *Ethik in geometrischer Ordnung dargestellt*. Neu übersetzt, herausgegeben, mit einer Einleitung versehen von Wolfgang Bartuschat. Lateinisch-Deutsch, Hamburg, 2010, 제1부. 정의 3).

30 훼르디난두스도 이 점을 인정하고 있다: "왜냐하면 다른 것은 다른 것 이외의 것이 아니기 때문에, 그것은 분명히 '다른 것이 아닌 것'을 전제하고 있습니다. '다른 것이 아닌 것'이 없다면 다른 것은 다른 것이 아닐 것입니다. 그러므로 '다른 것이 아닌 것'이라는 표현과 다른 모든 표현은 원리[始原]와는 다른 것을 가리킵니다."; "'다른 것이 아닌 것'이라는 표현[명칭]과 다른 모든 표현들은 원리로서의 '다른 것이 아닌 것'을 가리키고 있습니다"(*NA*, 450). 니콜라우스도 〈다른 것이 아닌 것〉의 의미 있는 힘에 대한 20개의 명제 가운데서 다음과 같이 말한다: "왜냐하면 다른 것은 '다른 것이 아닌 것'에 대립해 있는 것이 아니라 '다른 것이 아닌 것' 속에 존재하기 때문이다. (...)"(*NA*, 562. Propositiones XVIII).

31 빛깔은 물체에 반사된 빛이 우리의 시각을 자극한 후 우리의 시신경의 흥분상태를 뇌가 해석해 낸 결과물이다. 영국의 대표적인 경험주의 철학자인 로크(J. Locke)의 구분에 의하면 빛깔은 객관인 물物체에 존재하는 '객관적' 성질[제1성질, the primary quality]이 아니라 객관을 지각하는 인식주관 쪽에 존재하는 제2성질[the secondary quality]이다.

32 “이는 하나님을 알 만한 것이 저희 속에 보임이라. 하나님께서 이를 저희에게 보이셨느니라. 창세로부터 그의 보이지 않는 것들, 곧 그의 영원하신 능력과 신성神性이 그 만드신 만물에 분명히 보여 알게 되나니, 그러므로 저희가 핑계치 못할지니라”(로마서 1:19-20). 피조물은 우리를 창조자에게로 인도한다는 주장이다.

33 *De Principio*, in: *PTS* Bd. II (211-266), 242.

34 “나는 당신을 감추어지지 않은 채로 발견할 수 있는 장소를 찾았습니다. 그 장소는 모순의 일치로 둘러싸여 있습니다. 이 장소는 당신이 거주하고 계신 낙원의 담장입니다. 낙원의 문을 지키고 있는 것은 최고의 지성의 정신입니다. 우리가 지성의 정신을 극복하지 못하면 그 입구는 열리지 않습니다. 모순의 일치의 저편에서 우리는 당신을 볼 수 있으나, 모순의 일치의 이편에서는 당신을 볼 수 없습니다(Et repperi locum, in quo revelate reperieris, cinctum contradictorium coincidentia. Et ista est murus paradisi, in quo habitas; cuius portam custodit spiritus altissimus rationis, qui nisi vincatur non patebit ingressus. Ultra igitur coincidentiam contradictoriorum videri poteris et nequaquam cirta.)”[*De visione Dei*, *PTS* Bd. III (93-220), 132]. Thomas Schumacher, *Trinität. Zur Interpretation eines Sturukturelements Cusanischen Denkens*, München, 1997, 72 f. 참조.

35 Rudolf Haubst, “Die erkenntnistheoretische und mystische Bedeutung der ‘Mauer der Koinzidenz’,” in: Haubst (hg), *Das Sehen Gottes nach Nikolaus von Kues* (Akten des Symposions in Trier vom 25.-27. Sep. 1986. Mitteilungen und Forschungsbeiträge der Cusanus-Gesellschaft 18), Trier, 1989 (167-195), 173 참조.

36 에른스트 카시러, 『르네상스 철학에서의 개체와 우주』, 박지형 역, 민음사, 1996, 31 f. 참조. 또한 김형수, 『니콜라우스 쿠자누스의 신 인식과 자기인식』, 누멘, 2012, 57 ff. 참조.

37 W. 바이셰델, ebd., 167 f. 참조.

38 W. 바이셰델, ebd., 166 참조.

39 http://de.wikipedia.org/wiki/Coincidentia_oppositorum.

40 예컨대 다음과 같은 구절들을 참고하시오: “그러므로 모든 것이 신 속에 존재한다는 점에서 신은 모든 것을 함축하고 있다. 그리고 신 자신이 모든 것 속에 존재

한다는 점에서 그는 모든 것을 전개한다("Deus ergo estomnia complicans in hoc, quod omnia in eo; est omnia explicans in hoc, quia ipse in omnibus)"(*DI*, 332; 그리고 336도 참조); "무한한 하나는 모든 것의 집약이다(Unitas igitur infinita est omnium complicatio)"(*DI*, 330).

41 니콜라우스의 신학 견해에 대해 또 신랄하게 반대한 사람은 카르토우센스 교단의 수도사인 악스바흐(Vinzenz von Aggsbach)였는데, 그는 나중에 『"박학한 무지"에 대한 칭찬에 대한 공격』(*Impugnatorium laudatorii doctae ignorantiae*)으로 알려진 편지를 1454년에 썼다. 그 편지에서 그는, 1451/52에 『"박학한 무지"에 대한 칭찬』(*ein Laudatorium doctae ignorantiae*)을 쓴 니콜라우스의 신봉자인 베네딕트 수도회의 바깅(Bernhard von Waging)에 반대했다. 바깅은 1459년에 『"박학한 무지"에 대한 칭찬을 옹호함』(*Defensorium laudatorii doctae ignorantiae*)이라는 글로 대답했다. 논쟁은, 『박학한 무지』를 반대하는 주요인물들인 벵크와 악스바흐가 게다가 공의회주의자들이라는 사정으로 인해 더욱 첨예화되었다(http://plato.stanford.edu/entries/cusanus/; http://de.wikipedia.org/wiki/Nikolaus_von_Kues).

42 조규홍, 「니콜라우스와 플로티누스의 절대자 개념 비교 연구」, 『중세철학』 Vol. 10, 한국중세철학회, 2004, (159-205), 169 참조.

43 *Apologia doctae ignorantiae*, in: PTS Bd. I (519-591), 550 ff. 참조.

44 *Apologia doctae ignorantiae*, in: PTS, Bd. I , 552: "Nam dicere imaginem coincidere cum exemplari et causatum cum sua causa potius est insensati hominis quam errantis." 이 저술에 대해 벵크는 다시, 수신受信되지 않은 항변으로 대답하였다.

45 "모든 것은 신 안에 있는데, 물物의 원형原型인 신 안에 있다(Omnia in Deo sunt, sed ibi rerum exemplaria;)"(*idiota de mente*, in: PTS Bd.III (479-610), 504). III. 합치론에 관한 이상의 서술은 백훈승, 「니콜라우스 쿠자누스와 헤겔의 절대자관」, ebd., 365 f.에서 가져온 것임.

46 http://de.wikipedia.org/wiki/Nikolaus_von_Kues; http://plato.stanford.edu/entries/cusanus/; http://de.wikipedia.org/wiki/Coincidentia_oppositorum.

47 Cusanus, Apologia doctae ignorantiae; I , 548 f.
http://de.wikipedia.org/wiki/Coincidentia_oppositorum.

48 http://de.wikipedia.org/wiki/Nikolaus_von_Kues; http://plato.stanford.edu/entries/cusanus/.

49 이것이 보편구원론, 만인구원론이다.

50 마이클 피터슨 외, 『종교의 철학적 의미』, 하종호 역, 이대출판부, 2006, 428 ff. 참조.

대륙의 이성주의

1 he empeiria (ἡ ἐμπειρία): experience / empirical: (L. empiricus 〈 Gr. empeirikos, empeiros (experienced) 〈 em: (in) + peira (trial) + al)

데카르트(Rene Descartes, 1596-1650)

1 예컨대 "y=3x"라는 대수식代數式을 '데카르트의 축'[Cartesian axes]인 x · y축을 이용한 좌표계에 표시한다.

2 Global Positioning System.

3 1618-1648년 독일을 무대로 개신교(프로테스탄트)와 구교(가톨릭) 간에 벌어진 종교전쟁.

4 앙리 4세에 의해 1604년에 개교된 왕립王立학교임. 프랑스 명문가 출신의 총명한 자제들이 이곳에 지원하도록 장려함.

5 어깨 끝이나 소매 끝에 주름을 넣어 약간 부풀게 한 소매.

6 재판은 1642년에 출간됨. 데카르트가 직접 감수한 불역판은 1647년에 출간됨. 〈제6성찰〉까지로 구성됨.

7 북위 59도 21분(cf. 블라디보스톡: 약 45도 / 모스크바: 약 55도).

8 methodos의 경우에는, 'meta'가 가지고 있는 '~을 초월하여'[beyond]라는 의미는 없다.

9 '의심疑心'에 해당하는 'doubt'나 'Zweifel' 모두, 우리의 마음이 분열된 상태를 가리키고 있다. 'doubt'은 'double'이나 'duo' 등과 동계어로, '둘'을 지시하며, 'Zweifel'에도 역시 '둘'[Zwei]이 포함되어 있다.

10 유클리드는 '자명한 것'으로 생각되는 명제, 즉 증명을 요하지 않는 명제 중, 기하학 특유의 명제를 〈공준公準〉[postulate], 보다 일반적인 것을 〈공리公理〉[axiom]이라고 함("임의의 두 점을 연결하는 직선을 그을 수 있다"는 등의 기하학적인 5개의 공리). 점차로 공리에서 '자명한 이치'라는 뜻이 약해지고, 단지 〈이론의 기초〉로 가정한 명제를 그 이론의 〈공리〉라고 하게 됨.

11 라틴어 초판은 1641년에, 재판은 1642년에 출간됨. 데카르트가 직접 감수한 불역판은 1647년에 출간. 〈제6성찰〉까지로 구성됨.

12 『방법서설 · 정신지도를 위한 규칙들』, 이현복 역, 문예출판사, 1997, 168-9 (필자가 번역을 부분적으로 수정함).

13 R. Descartes, *Meditations on First Philosophy: With Selections from the Objections and Replies*, trans. & ed. J. Cottingham, Cabridge, Cambridge University Press,1996, 63 참조.

14 fiction: 허구虛構 / fact + fiction = faction.

15 『성찰 · 자연의 빛에 의한 진리탐구 · 프로그램에 대한 주석』, 이현복 역, 문예출판사, 1997, 36-7.

16 물론 여기서 이종교배異種交配의 성공으로 인한 새로운 종의 출현 가능성은 배제된다.

17 '연장'의 철학적 정의는 '공간을 차지함'이다. 물체는 그 크기와 관계 없이, 모두 공간을 점유하고 있다. 영어로는 'extension'[〈ex (밖으로) + tendere (뻗어나가다)]이라 한다.

18 이 명제는 1647년에 라틴어로 발표한 『철학의 원리』에 나오는 "ego cogito, ergo sum"의 생략된 표현인데, 오늘날에는 이 약식표현이 가장 많이 알려져 있다. 그런데 라틴어 'cogito' 자체가 '나는 생각한다'라는 의미를 가지고 있으므로 굳이 'ego'라는 1인칭 대명사를 쓰지 않아도 된다. 데카르트는 이 명제를 처음에는 『방법

서설』에서 프랑스어 "Je pense, donc je suis"로 표현한 바 있다. 그리고 나서 1647년의 『철학의 원리』에서는, "Ac proinde haec cognitio, ego cogito, ergo sum, est omnium prima & certissima, quae cuilibet ordine philosophanti occurrat"("말하자면, 이러한 '나는 생각한다. 그러므로 나는 존재한다'라는 지식은 철학에서 주어지는 가장 확실한 제1의 지식이다"(제1부 제7장)라고 하는가 하면, 이 명제가 속한 문단의 각주에서는 "dubito, ergo cogito, ergo sum"("나는 의심한다. 그러므로 나는 생각한다. 그러므로 나는 존재한다"라는 말을 덧붙이고 있다.

19 "그렇다면 이제 나는 무엇인가? 사유하는 것이다. 사유하는 것이란 무엇인가? 의심하고 이해하며 긍정하고 부정하며, 의욕하고 의욕하지 않으며, 상상하고 감각하는 것이다"(〈제 2성찰〉).

20 이해: 지知 / 의욕意慾=의지意志+욕망慾望: 의意 + 정情 / 느낌: 정情

21 "Zweite Einwände (von Mersenne und seinen Bekannten) und Erwiderungen Descartes'" in: *Rene Descartes, Meditationen über die Grundlagen der Philosophie mit den sämtlichen einwänden und Erwiderungen*. Zum erstenmal vollständig übersetzt und herausgegeben von Artur Buchenau, Hamburg, 1954, 127 f.

22 아리스토텔레스에서는 '형이상학=존재론=신학'이었으나 오늘날은 반드시 그렇지는 않고, 예를 들면, 근대 독일의 철학자인 볼프(Christian Wolff, 1679-1754)의 구분을 따르기도 한다. 그는 형이상학을 일반형이상학과 특수형이상학으로 나누었다. 그리하여 모든 존재자에 일반적으로 해당되는 근거문제를 다루는 존재론을 일반형이상학이라고 하고, 특수형이상학을 다시 세 영역으로 나누었는데, 살아있는 모든 것들의 혼魂 내지는 정신을 다루는 이성적 심리학[rational psychology]과, 정신이 아닌 자연의 근거에 대해 탐구하는 이성적 자연철학 내지는 이성적 우주론[rational cosmology], 그리고 마지막으로, 정신과 자연의 성립근거로서의 신의 문제를 다루는 이성적 신학[rational theology] 내지는 자연신학[natural theology] 혹은 철학적 신학[philosophical theology]이 바로 그것이다. 여기서 우리가 주의할 것은 '이성적'이라는 표현인데, 이것은 '(감각)경험적'과 상반되는 용어다. 즉, 혼(정신), 자연 그리고 신에 대해 탐구하지만, 감각경험에 의존하지 않고 순전히 이성적인 사유에 의해서만 그렇게 한다는 것이다(백훈승, 『철학입문』, 전북대학교출판

문화원, 2015, 24 참조).

23 "Meditationes de Prima Philosophia in Quibus Dei Existentia et Animae Humanae A Corpore Distinctio Demonstrantur," in: René Descartes, *Philosophische Schriften in einem Band*. Mit einer Einführung v. Rainer Specht und "Descartes' Wahrheitsbegriff" von Ernst Cassirer, Hamburg, 1996, 66-67.

24 레기우스는 1647년, 「인간정신 혹은 이성적 영혼이 무엇이고 또 무엇일 수 있는지에 대한 설명」이라는 제목이 달린 총 21개항으로 구성된 어떤 강령을 발표했는데, 데카르트는 이 각항에 대해 주석을 달아 발표했다. 이 글이 바로 「프로그램에 대한 주석」이며, 마찬가지로 1647년에 발표되었다. 여기 인용된 내용은 레기우스의 강령 중 "정신은 본유적인(혹은 자연적으로 새겨진) 관념, 개념 혹은 공리를 필요로 하지 않는다. 자신의 활동을 하기 위해서는 사유능력만으로 충분하다"는 제12항에 대한 데카르트의 주석이다.

25 E.S. Haldane and G.R.T. Ross (rendered into English), "Notes directed against a certain Programme," in: *The Philosophical Works of Descartes*, in two volumes, Vol. I , Cambridge Univ. Pr., 1979 (429-450), 442.

26 "Dritte Einwände (von Hobbes) und Erwiderungen Descartes'" in: *Rene Descartes, Meditationen über die Grundlagen der Philosophie mit den sämtlichen einwänden und Erwiderungen*. Zum erstenmal vollständig übersetzt und herausgegeben von Artur Buchenau, Hamburg, 1954, 171. 그리고 E.S. Haldane and G.R.T. Ross, ebd., 444, 448 참조.

27 C. Adam, P. Tannery, (ed.), *Oeuvres de Descartes*, Paris, 1897, 1913, Ⅲ, 303(안쏘니 케니, 『데카르트의 철학』, 김성호 역, 서광사, 1991, 117에서 재인용).

28 C. Adam, P. Tannery, (ed.), ebd., Ⅲ, 424(안쏘니 케니, ebd.에서 재인용).

29 '내 자신이 만들어 낸'

30 '제작하다', '짜맞추다', '(이야기, 거짓말 따위를) 지어내다, 위조하다(forge)'.

31 영: hippogriff; 독: Hippogryph. 헬라스 신화에서 말 몸에 독수리 머리와 날개를 가진 괴물.

32 "Regulae ad directionem ingenii / Regeln zur Ausrichtung der Erkenntniskraft," in:

René Descartes, *Philosophische Schriften in einem Band*. Mit einer Einführung v. Rainer Specht und "Descartes' Wahrheitsbegriff" von Ernst Cassirer, Hamburg, 1996 (1-222), 16 ff. 참조. 그리고 르네 데카르트, 『방법서설. 정신지도를 위한 규칙들』, 이현복 역, 문예출판사, 2006, 248 f.의 주석 참조.

33 "Per substantiam nihil aliud intelligere possumus, quam rem quae ita existit, ut nulla alia re indigeat ad existendum"(R. Descartes, *Die Prinzipien der Philosophie*, Lateinisch-Deutsch. Über. und hg.v. Christian Wohlers, Hamburg, 2005, Erster Teil § 51).

34 K. 아두키에비츠, 『철학, 그 문제와 이론들』, 송병옥 역, 서광사, 1988, 104 참조.

35 Descartes, "Notes directed against a certain Programme," in: E.S. Haldane and G.R.T. Ross (rendered into English), *The Philosophical Works of Descartes*, in two volumes, Vol. I, Cambridge Univ. Pr., 1979 (429-450), 435.

36 R. Descartes, *Die Prinzipien der Philosophie*, Lateinisch-Deutsch, ebd., Erster Teil. § 53.

37 속성과 본질에 관한 설명은 백훈승, 『철학입문』, ebd., 183 ff.에서 가져온 것이다.

38 뵈메(Jakob Böhme)는 Qualität을 Qual [고통苦痛]과 연결시키고 Qualierung과 Inqualierung이라는 단어를, 어떤 질質이 자신을 산출하고 유지하는 투쟁鬪爭을 가리키기 위해 만들었다. 그런데 이러한 연결은 어원학적 근거가 없다(Michael Inwood, A Hegel Dictionary, Oxford, 1993, 238 참조).

39 "'본질'이라는 말로 번역된 용어 quidditas는 헬라어로 'ti esti?'라는 질문에 대한 대답인 'to ti en einai'(the what-is-it to be) ('바로 그렇게 무엇인가로 존재하는 바')의 라틴어 번역이다. 이것은 '티 에스티?"라는 헬라어 질문의 라틴어 번역인 '퀴드 에스트?(Quid est?)'에서 유래한다. 많은 영어권 학자들은 이것을 '본질(essence)'로 번역하는데, 이는 충분히 가능한 일이다. 그런데 이것을 'quiddity'로 번역할 수도 있다. '본질(essece)'도 라틴어에 어원을 두고 있다. '존재'에 해당하는 헬라어로부터 '실체'에 해당하는 헬라어 '우시아(ousia)'가 유래하였듯이, '본질(essence)' 또한 '존재'를 의미하는 'esse'에서 유래하였다. 하지만 '우시아'에 대한 전통적인 번역어는 '실체(substance)'이며, 이 번역어는 충분한 근거를 지닌다"(앤서니 케니, 『고대철학』, 김성호 역, 서광사, 2008, 353).

40 혹은 extentio (=extension). extensio는 'distance streched by ~', 'span'의 뜻으로 주로 쓰임.

41 "Meditationes de Prima Philosophia in Quibus Dei Existentia et Animae Humanae A Corpore Distinctio Demonstrantur," in: René Descartes, *Philosophische Schriften in einem Band*. Mit einer Einführung v. Rainer Specht und "Descartes' Wahrheitsbegriff" von Ernst Cassirer, Hamburg, 1996, 144 f. 참조. "제1철학에 관한 성찰. 여기서 신의 현존 및 인간영혼과 신체의 구별이 증명됨"(재판의 제목임). cf. 초판의 제목: "제1철학에 관한 성찰. 여기서 신의 현존 및 인간영혼의 불멸성이 증명됨". 여기서 데카르트는 인간의 정신과 육체의 관계를 선원과 배의 관계에 비유한 플라톤을 염두에 두고 있는 것으로 보인다.

42 Descartes, "The Passions of the Soul," in: E.S. Haldane and G.R.T. Ross (rendered into English), *The Philosophical Works of Descartes*, in two volumes, Vol. Ⅰ, Cambridge Univ. Pr., 1979 (329-428), 345. Article XXXⅠ.

43 골윗샘[pineal gland]을 가리킨다. 작은 솔방울 모양이라서 이런 이름이 붙여짐. 저녁이 되면 피곤해지고, 아침에 잠이 깨는 것도 송과선 때문이다. 골밑샘은 뇌하수체腦下垂體다.

44 정신과 육체는 상호 독립적으로 존재하지만, 서로가 운동할 때마다 그 기회에 상대방에도 그에 상응하는 운동이 일어나도록 신이 매개한다고 생각했다. 그러나 후에 이 생각을 다소 수정하여, 신은 정신과 육체가 그때그때마다 상응하도록 관여하는 것이 아니라 처음부터 그렇게 되도록 창조했다고 주장했다. 그에게 있어서는 기회원인[causa occasionalis]이 여태까지 전해 내려오던 작용인[causa efficiens]을 최종적으로 몰아냈다. 그에 의하면 신이 우리의 의지의 작용을 기회로 삼아[occasione] 우리의 육체에 작용하는데, 이것은 신이라는 장인匠人이 영혼과 육체를 두 개의 시계처럼 서로 맞춰놓았기 때문이라는 것이다.(최재희, 『서양철학사상』, 박영사, 1976, 136 참조; J. Hirschberger, *Geschichte der Philosophie. II. Neuzeit und Gegenwart*, Zweite Auflage, Freiburg, 1955, 112 ff. 참조).

45 파리에서 태어나 라 마르셰(La Marche)대학에서 철학을 공부했으나 그곳에서 배운 아리스토텔레스주의에 전혀 호감을 갖지 못하고, 소르본에서 신학을 공부했

다. 1660년 오라토리오 수도회에 입회하여 1664년에 사제로 서품되었다. 1664년에 데카르트의 『인간론』(*Traité de l'homme*)을 읽고 큰 감명을 받았다. 10년 후 그는 데카르트 철학에 대한 저술인 『진리의 탐구』(*De la recherche de la vérité*)를 썼다. 예컨대 우리가 팔을 움직이려고 할 때 팔이 움직이는데, 팔을 움직이려고 하는 생각(의지)은 팔을 움직이게 한 '자연적' 원인 내지 '기회'원인이다. 그러나 자연적 원인이나 기회원인은 참된 원인이 아니며, 팔을 움직이게 한 진정한 원인은 신이다. 즉, 팔을 움직여야겠다는 나의 의지작용을 기회로 삼아 신이 나의 팔을 움직인다는 것이다. 그러므로 그는 정신과 물체는 서로에게 영향을 미치지 않으며 병행관계에 있다고 주장했다(F. Copleston, S.J., *A History of Philosophy. Vol.4: Descartes to Leibniz*, Westminster, Maryland, 1961, 180 ff. 참조).

46 '신의 조력이론'[die Theorie des göttlichen Beistandes]이라고도 한다(Otfried Höffe (hg.), *Klassiker der Philosophie* I. *Von den Vorsokratikern bis David Hume*, München, 1981, 349 참조).

스피노자(Baruch, 또는 Benedictus de Spinoza 1632-1677)

1 바루흐(Baruch)는 히브리어이고, 베네딕투스(Benedictus)는 라틴어인데, 모두 '축복받은 자'[the blessed]라는 뜻이다. 스피노자라는 성은 '가시 돋다'를 뜻하는 스페인어에서 유래한 것이다(영어 'spine'에 해당).

2 독일초기 낭만파의 대표적 시인이자 철학자로, 노발리스는 예명이고 본명은 하르덴베르크(Georg Philipp Friedrich von Hardenberg)다.

3 "Spinoza ist ein gotttrunkener Mensch"(Novalis, *Fragmente*, Jess Verlag, 1929, Kapitel 21).

4 Giordano Bruno (1548~1600): 우주의 무한성·지동설·범신론을 주장함. 『무한자, 우주와 세계/원인과 원리와 일자』(한길사)

5 이런 사람들을 마라노(Marranos)라고 부른다. 한편, 콘베르소(Converso)라는 용어는, 여전히 비밀리에 유대교 의식儀式을 실천하는가와는 관계없이, 카톨릭으로 개종한 광범한 유대인 주민들에 대해 사용되었다(https://en.wikipedia.org/wiki/Marrano).

6 세파디(sephard) 유대인들은 1492년 페르디난트 국왕과 이사벨라 여왕에 의해 추방되기 전까지 스페인과 포르투갈에 살던 유대인들의 후손임. 이들은 Ladino 또는 유대-스페인어라고 불리는 독특한 언어를 사용했다. 이 말은 히브리어와 터키어의 요소를 포함하는 카스티야 스페인의 방언이다(네이버, 스피노자 · 스페인어).

7 그가 유대교 회당을 떠나기로 한 것은 "극장을 나서던 도중 한 유대인이 배신자를 처단하겠다며 그에게 칼부림을 한 일"이 있은 다음이었다. 다행이 스피노자는 가벼운 상처만 입었지만, 그 사건 이후 스피노자는 유대교 회당과 모든 인연을 끊었다.

8 그러나 램프레히트는 누이와의 재판에서 승소한 후, 누이를 위해 유산의 대부분을 포기했다고 쓰고 있다.

9 'corollary'는 기하학의 체계 밖에서는 '보충', '여론餘論' 등의 의미로도 사용된다.

10 대상에 의해 촉발觸發[affizieren]된 것을 가리킴. 'affectus [affect (영), Affekte (독) 〈 af (to) + facere (do)].

11 제1부의 공리1: "Omnia, quae sunt, vel in se, vel in alio sunt." Baruch de Spinoza, *Ethik in geometrischer Ordnung dargestellt*. Neu übersetzt, herausgegeben, mit einer Einleitung versehen von Wolfgang Bartuschat. Lateinisch-Deutsch (*Ethik*으로 줄임. 그리고 별다른 표기가 없는 경우의 인용은 모두 이 책에 의함), Hamburg, 2010, 6.

12 제1부. 정의 3: "Per substantiam intelligo id, quod in se est et per se concipitur; hoc est id, cujus conceptus non indiget conceptu alterius rei, a quo formari debeat"("Unter Substanz verstehe ich das, was in sich ist, und durch sich begriffen wird, das heisst das, dessen Begriff, um gebildet werden zu können, den Begriff eines anderen Dinges nicht bedarf" Otto Baensch 역, Hamburg, 1905[1], 1976).

13 이러한 정의와 비교하여, 실체에 대한 데카르트의 정의는 존재론적 정의다: "실체라는 말로 우리는, 그것이 존재하기 위하여 다른 아무 것도 필요로 하지 않는 것이라고 이해할 수밖에 없다"["Per *substantiam* nihil aliud intelligere possumus, quam rem

quae ita existit, ut nulla alia re indigeat ad existendum"(R. Descartes, *Die Prinzipien der Philosophie*, Lateinisch-Deutsch. Über. und hg.v. Christian Wohlers, Hamburg, 2005, Erster Teil § 51)].

14 Olli, Koistinen, "Causation in Spinoza," in: *Spinoza. Metaphysical Themes*, ed. by Olli Koistinen and John Biro, Oxford, 2002 (60-72), 63 f. 참조.

15 제1부 정리5: "우주에는 같은 본성이나 속성을 지닌 두 개 이상의 실체가 존재할 수 없다."("In rerum natura non posunt dari duae aut plures substantiae ejusdem naturae sive attributi.").

16 그러나 이에 대한 반론이 가능하다. 예컨대, 헤겔이 악무한이라고 불렀던 내용을 생각해 보자. 즉, 그것은 무한수열이다. 우리는 자연수의 수열(1, 2, 3, 4 ....)을 생각할 수 있고, 짝수인 자연수의 수열(2, 4, 6, 8 ....)과 홀수인 자연수의 수열(1, 3, 5, 7 ....)도 생각할 수 있다. 이 경우에, 첫 번째 수열에만 마지막 수가 없는 것이 아니라 두 번째, 세 번째의 수열에도 마지막 수는 없고, 그러나 그들은 서로 구별된다. 이 수열들 중 하나를 우리가 아무리 멀리까지 진행시킨다고 해도 결코 다른 수열에 도달하지 못한다. 이 양자 중 어떤 것도 다른 것과 결합하거나 그것을 제한하지 않는다. 따라서 이들 역시 무한하다. 이에 대해 스피노자는 무어라고 대답할 것인지 궁금하다(Michael J. Inwood, Hegel, London, etc., 1983, 362 및 Ivan Soll, *An Introduction to Hegel's Metaphysics*, Chicago, 1969, 118 참조. 이점과 관련하여 백훈승, 『헤겔과 절대자』, 『범한철학』 제 32집, 2004, 283 f. 참조.

17 "신 또는 자연"이라는 표현은 제4부의 머리말과 정리4의 증명에서 발견되는데, '신'과 '자연'을 연결하는 단어는 주로 'seu'이고, 'sive'는 "바로 신 혹은 자연의 능력(ipsa Dei sive Naturae potentia)"(정리4의 증명)에서만 사용되고 있다.

18 Wolfson은 아리스토텔레스의 『범주론』 Kap. 2, 1a 24-25에 의존하고 있다(Robert Schnepf, *Metaphysik im ersten Teil der Ethik Spinozas*, Würzburg, 1996, 85 참조).

19 Valtteri Viljanen, "Spinoza's Ontology," in: *The Cambridge Companion to Spinoza's Ethics*, ed. by Olli Koistinen, Cambridge Univ. Pr., 2009 (56-78), 57 참조. 그리고 Harry Austryn Wolfson, *The Philosophy of Spinoza*. Two Volumes in One, Cambridge, Mass./ London, 1983, 68 ff. 참조.

20 Harry Austryn Wolfson, ebd., 66, 76.

21 제1부. 정의4: "Per attributum intelligo id, quod intellectus de substantia percipit tanquam ejusdem essentiam constituens"("Unter Attribut verstehe ich das, was der Verstand an der Substanz als deren Wesenheit ausmachend wahrnimmt").

22 라: attributum (=to be given) / 영: attribute 〈 at (=ad=to) + tribure=give.

23 이 점에서는 스피노자와 데카르트가 같은 생각을 가지고 있다. 즉, 데카르트도 속성[attributum]을 본질로 이해했고, 양태[modus]를 실체의 우유적 성질로 이해했다. 정신의 속성은 사유이고, 그 양태는 감정, 의지, 상상력 등이다. 물체의 속성은 연장이고, 양태에 속하는 것으로 생각되는 것은, 연장물의 형태[figura], 그것의 양量[quantitas], 즉 그것의 크기[magnitudo]와 수數[numerus], 그것이 존재하는 장소[locus], 그것이 지속하는 시간[tempusque] 등이다("Meditationes de Prima Philosophia in Quibus Dei Existentia et Animae Humanae A Corpore Distinctio Demonstrantur," in: René Descartes, *Philosophische Schriften in einem Band*. Mit einer Einführung v. Rainer Specht und "Descartes' Wahrheitsbegriff" von Ernst Cassirer, Hamburg, 1996, 34).

24 "Cogitatio attributum Dei est, sive Deus est res cogitans."

25 "Extensio attributum Dei est, sive Deus est res extensa." 그러나 신을 인간과 꼭 같이 '신체와 정신을 가지고 있고 정열에 종속된' 자로 간주하는 것은 신에 대한 참된 인식으로부터 벗어난 것이라고 스피노자는 말한다(『윤리학』 제1부 정리 15 주석).

26 "(...) substantia cogitans et substantia extensa una eademque est substantia, quae jam sub hoc, jam sub illo attributo comprehenditur"(제2부 정리7 주석).

27 램프레히트, ebd., 337.

28 "Ordo et connexio idearum idem est ac ordo et connexio rerum"(제2부 정리7). 예컨대 'y=2x'라는 대수학代數學의 수식을 해석(분석)기하학에서의 좌표로 나타낼 수 있다. 이 주장은 비트겐슈타인의 '그림이론'[Bildtheorie]을 연상케 하는데, 우리의 관념이 대상을 있는 그대로 묘사해 낼 수 있는가 하는 점은 문제로 남는다.

29 "Per modum intelligo substantiae affectiones, sive id, quod in alio est, per quod etiam concipitur"(제1부 정의5). 변용變容[affectio]이란, 어떤 것이 자극되거나 촉발됨으

로써 원래의 상태와 다르게 나타난 것을 의미한다.

30 이러한 사상은 사도 바울이 기독교의 경전 중에서 다음과 같이 인간이 신에 의존하고 있다고 말하고 있는 바와도 일맥상통한다: "우리는 그 분 안에서(그 분을 힘입어) 살고 움직이고 존재합니다"(사도행전 17:28).

31 "Deus est omnium rerum causa immanens, non vero transiens"(제1부 정리18). 내재적인 원인이란, 그 결과가 자기에게 속하거나 자기의 일부분인 경우라고 보통 이해되며, 초월적인 원인이란, 자신과 존재론적으로 구별되는 결과들을 산출하는 원인을 말한다(야구공이 유리창이 깨진 것의 원인이고, 태양열이 녹은 아이스크림의 원인인 것처럼)[Steven Nadler, "'Whatever is, is in God': substance and things in Spinoza's metaphysics," in: *Interpreting Spinoza. Critical Essays*, ed. by Charlie Huenemann, Cambridge Univ. Pr., 2008 (53-70), 61 참조].

32 Spinoza, *Kurze Abhandlung von Gott, dem Menschen und dessen Glück*, Auf der Grundlage der Übersetzung von Carl Gebhardt neu bearbeitet, eingeleitet und hg. v. Wolfgang Bartuschat, Hamburg, 1991, 34 ff. 참조.

33 "신 또는 자연"이라는 표현은 제4부의 머리말과 정리 4의 증명에서 발견되는데, '신'과 '자연'을 연결하는 단어는 주로 'seu'이고, 'sive'는 "바로 신 혹은 자연의 능력"[ipsa Dei sive Naturae potentia](정리 4의 증명)에서만 사용되고 있다. 강영안은 "Oldenburg에게 보낸 편지(서신6과 73)에도 신과 자연을 동일시하는 언급이 발견된다"(강영안, 「스피노자의 〈신 또는 자연〉」, 서강대학교인문과학연구소, 『서강인문논총』 제 4집, 1995, 15)고 말하는데, 지금까지의 서술로 밝혀졌듯, 스피노자가 신과 동일시하고 있는 자연은 '낳는 자연'이지, '낳아진 자연'이 아니다. 그런데 서신6에 언급된 '자연'은 '낳아진 자연'으로 해석하는 것이 자연스러우며, 서신73의 '자연'은 '낳아진 자연'이 분명하다. 그러므로 위의 주장은 재고되어야 한다.

34 natura naturans와 natura naturata라는 용어의 사용은 아리스토텔레스의 텍스트를 아베로이스와 스코투스(Michael Scottus)가 라틴어로 번역하고 주석을 단 일에로 소급된다. 본래의 구별은, 발전의 원천을 자신 속에 지니고 있는 자연산물과, 그것의 발생이 다른 원인들을 통해 설명되어야만 하는 인공산물의 구별에 관계된다. 그런데 이 짝개념은 신과 세계의 관계를 나타내기 위하여 이미 스코투스가 사용

하였다. 스콜라철학에서는 이미 보바이(Vincent von Beauvais)가 이 용어들을 사용했고, 토마스 아퀴나스도 신학대전에서 신은 natura naturans로 불릴 수 있을 것이라고 말하고 있다(*S. Theol. I/II*, 85-6). 스콜라적인 전통에서 논의되었던 문제는 무엇보다도, 이 짝개념이 기독교적·삼위일체적인 창조사건에 적용될 수 있는가 하는 문제였다. 알버투스 마그누스와 토마스 아퀴나스는 제한적으로만 이것을 허용하는 데 반하여, 에크하르트(Meister Eckhart)와 룰루스(Raymundus Lullus)는 이 개념들을 창조과정을 해석하는 데 사용하고 있다(Joachim Ritter und Karlfried Gründer (hg.), *Historisches Wörterbuch der Philosophie*, Bd. 6, Basel/Stuttgart, 1984, 504 ff. 참조. 또한 HolmBräuer, http://www.philosophie-woerterbuch.de/online-woerterbuch/?tx_gbwbphilosophie_main%5Bentry%5D=586&tx_gbwbphilosophie_main%5Baction%5D=show&tx_gbwbphilosophie_main%5Bcontroller%5D=Lexicon&cHash=645905602a939b036a3e1b3d8cdf2305 참조). 쿠자누스와 브루노도 이 표현을 사용했는데, 스피노자는 이들로부터 이 표현을 가져왔다(Windelband, ebd., 343 그리고 Frederick Copleston, S.J., *A History of Philosophy. Vol.IV. Descartes to Leibniz*, NY. u.a., 1971, 209 참조).

35 "(...) alle Modi der Attribute Gottes, insofern sie als Dinge angesehen werden, die in Gott sind und ohne Gott weder sein noch begriffen werden können"(제1부 정리29 주석).

36 이 점과 관련하여 하이데거는 다음과 같이 말하고 있다: "우리는 '스스로의 원인'[causa sui]을 경외하여 그 앞에 무릎을 꿇을 수도 없고, 그 앞에서 음악을 연주하거나 춤출 수도 없다."(M. Heidegger, *Identität und Differenz*, Tübingen, 1957, 70). 인격人格=person〈 persona 〈 per (=through) + sona (sound).

37 "Porro infra absque ope hujus propostitionis ostendam ad Dei naturam neque intellectum neque voluntatem pertinere"("Ferner werde ich unten, ohne dessen Lehrsatz heranzuziehen, zeigen, dass zur Natur Gottes weder Verstand noch Wille gehört" 제1부 정리17 주석).

38 정리17: "신은 다만 자기 본성의 법칙들에 따라서 행위하며, 어떠한 것에도 강제되지 않는다"("Deus ex solis suae naturae legibus et a nemine coactus agit").

39 "Intellectus actu, sive is finitus sit sive infinitus, ut et voluntas, cupiditas, amor etc. ad Naturam naturatam, non vero ad naturantem referri debent"(정리31).

40 "Per intellectum enim (ut per se notum) non intelligimus absolutam Cogitationem, sed certum tantum modum cogitandi, qui modus ab aliis, scilicet cupiditate, amore etc. differt, adeoque (per defin. 5) per absolutam Cogitationem concipi debet, nempe (per prop. 15 et defin. 6) per aliquod Dei attributum, quod aeternam et infinitam Cogitationis essentiam exprimit, ita concipi debet, ut sine ipso nec esse nec concipi possit; ac propterea (per schol. prop. 29) ad Naturam naturatam, non vero naturantem referri debet, ut etiam reliqui modi cogitandi. Q.e.d."(정리31 증명).

41 "왜냐하면 신이 어떤 목적을 위해 행동한다면, 그는 자신이 결여하고 있는 것을 필연적으로 욕구하는 것이기 때문이다. (...) 그러므로 신이 어떤 것을 위하여 수단을 마련하려고 했다면, 신에게는 그 어떤 것이 없기 때문에 그것을 욕구한다는 것을 그들은 반드시 인정해야만 한다."("Nam, si deus propter finem agit, aliquid neccessario appetit, quo caret. (...) adeoque neccessario fateri, coguntur Deum iis, propter quae media parare voluit, caruisse eaque cupivisse, ut per se clarum."(제1부, 부록).

42 Spinoza, *Descartes' Prinzipien der Philosophie in geometrischer Weise dargestellt mit einem Anhang, enthaltend Gedanken zur Metaphysik*, Neu über. hg. und mit einer Einleitung und Anmerkungen versehen von Wolfgang Bartuschat, Hamburg, 2005, 60.

43 램프레히트, ebd., 334 f. 참조.

44 1675년 7월 29일에 슐러(Schuller)에게 보내는 편지 64. '얼굴'이라는 표현보다 덜 비유적인 표현을 사용하자면 '구성'이나 '모습'이라고 할 수 있을 것이다[Michael Ayers, "Spinoza, Platonism and Naturalism," in: *Rationalism, Platonism and God*, ed., by Michael Ayers, Oxford/NY., 2007 (53-78), 65 f. 참조].

45 Spinoza, *Kurze Abhandlung von Gott, dem Menschen und dessen Glück*, ebd., 51 ff. 참조. 그리고 박삼열, 『스피노자의 〈윤리학〉 연구』, 선학사, 2002. 31 f. 참조. 그런데 여기서 스피노자가 직접적이고 무한한 양태들 중 하나를 '움직이거나 정지해 있는 물질'이라 하지 않고, '물질 속에 있는 운동'[motion in matter]이라고 말하는 점은 이

상하다.

46 램프레히트, ebd., 336. “이에 반하여 나는, 신의 최고능력 또는 신의 무한한 본성으로부터 무한히 많은 것이 무한히 많은 방식으로 즉, 무릇 모든 것이 필연적으로 유출되었다는 것, 혹은 항상 동일한 필연성을 지니고 동일한 방식으로 따라 나온다는 것, 그리고 이것은 삼각형의 본성으로부터 그 세 각의 합은 2직각과 같다는 것이 영원에서 영원에 걸쳐 따라 나오는 것과 결국 같다는 것, 이러한 점을 충분히 명료하게 제시했다고 믿는다(정리 16 참조)”[Verum ego me satis clare ostendisse puto (vid. prop. 16) a summa Dei potentia sive infinita natura infinita infinitis modis, hoc est omnia, necessario effluxisse vel semper eadem necessitate sequi, eodem modo ac ex natura trianguli ab aeterno et in aeternum sequitur ejus tres angulos aequari duobus rectis”](정리 17의 주석). 또한 제1부 정리 16에서도 이렇게 말한다: “신의 본성의 필연성으로부터 무한히 많은 것들이(즉, 하나의 무한한 지성에 속할 수 있는 모든 것들이) 무한히 많은 방식으로 따라 나오는 것이 분명하다”(“Ex neccessitate divinae naturae infinita infinitis modis (hoc est omnia, quae sub intellectum infinitum cadere possunt) sequi debent.”). 신의 본성의 완전함으로부터 다양한 것들이 흘러나온다는 스피노자의 설명은, 애이어스(Ayers)가 말하는 것처럼 바로 또 하나의 신플라톤주의적 신학으로 보일 수 있다(Michael Ayers, ebd., 63 참조). 이러한 스피노자의 실체1원론은 신플라톤주의의 유출철학[philosophy of emanation]이라고도 해석될 수 있고, “표현의 철학”(G. Deleuze, *Spinoza et le problème de l'expression*, Paris, 1968)이라고 해석되어 왔는데, 이 철학에서는 개별적인 힘의 역량力量[quanta]이 하나의 포괄적인 잠재력[potentia]이나 실체를 표현한다[Robert Schnepf, “The One Substance and Finite Things (1P16-28),” in: *Spinoza's Ethics. A Collective Commentary*, ed. by Michael Hampe, Ursula Renz & Robert Schnepf, Leiden·Boston, 2011 (37-56), 37 참조].

47 컬리(Curley)도 스피노자가 신을 “자연의 근본법칙들”[the fundamental laws of nature] 혹은 “사물들에 의해 예화된 가장 일반적인 질서의 원리들”[the most general principles of order exemplified by things]과 동일시한 것으로 본다(Curley, *Behind the Geometrical Method*, Princeton, 1988, 42). Curley는 또한 *A Spinoza Reader*,

Princeton Univ. Pr., 1994, XXV에서도 같은 주장을 반복하고 있다.

48 Baruch de Spinoza, *Theologisch-Politischer Traktat*. Auf der Grundlage der Übersetzung von Carl Gebhardt neu bearbeitet, eingeleitet und hg. v. Günter Gawlick, Hamburg, 1984, 94 f. 참조.

49 박삼열, 『스피노자의 〈윤리학〉 연구』, 선학사, 2002. 39 ff. 참조. 그리고 박삼열은 만유내재신론도 넓은 의미에서는 범신론에 포함된다고 하면서 29, 48쪽 등에서 스피노자의 신관에 범신론이라는 명칭을 부여해도 무방할 것이라고 말한다.

50 성회경, 『스피노자와 붓다』, 한국학술정보, 2010, 75 f. 참조.

51 加地伸行, 『유교란 무엇인가』, 김태준 역, 지영사, 1999, 41 f. 참조.

52 아바타는 분신分身·화신化身을 뜻하는 말로, 산스크리트어 '아바따라(avataara)'에서 유래한 말이다. 아바따라는 '내려오다'라는 뜻을 지닌 동사 '아바뜨르(ava-tr)'의 명사형으로, 신이 지상에 강림함 또는 지상에 강림한 신의 화신을 뜻한다. 요즈음엔 사이버공간에서 사용자의 역할을 대신하는 애니메이션 캐릭터의 의미로 사용되기도 한다(네이버백과사전: http://100.naver.com/100.nhn?docid=746590 참조).

53 "Quicquid est, in Deo est, et nihil sine Deo esse neque concipi potest."(제1부 정리 15). 이밖에 정리14 계; 정리17 증명; 정리18 증명; 정리23; 정리24; 정리29 주석; 정리29 증명 등에서도 이와 유사한 주장들을 발견할 수 있다.

54 "Res particulares nihil sunt nisi Dei attributorum affectiones sive modi, quibus Dei attributa certo et determinato modo exprimuntur. Demonstratio patet ex propositione 15 et definitione 5"(정리25 계).

55 원어는 "massam quandam, sive materiam corporem"이다.

56 Spinoza, *Briefwechsel*. ebd., 276.

57 Alan Donagan, *Spinoza*, NY., 1988, 90.

58 램프레히트, ebd., 336 참조.

59 Spinoza, *On the Improvement of the Understanding* (*Tractatus de Intellectus Emendatione*), ed. with an Introduction by James Gutmann, NY., 1949, 7-8. 여기서 말하는 네 종류의 지식 중, 첫 번째 두 가지는 『윤리학』에서 말하는 세 종류 중 첫 번째 것에 해당한다.

60 심상心象, 상상(력), 공상

61 "사물을 관찰하는 이 두 방식을 나는 앞으로 제1종의 인식, 의견 혹은 상상표상이라고 부를 것이다."(제2부 정리40 주석2).

62 기표記標. 시니피앙(signifiant, the signifier) → 기의記意. 시니피에(signifié, the signified)

63 '어떤 영원한 상相 아래에서'[sub quadam aeternitatis specie]. 때때로 'quadam'[어떤, 하나의]을 생략해서 사용하기도 한다.

64 이것은 다음과 같은 제3부, 정의3에 의거한다: "나는 정동을 신체의 활동능력을 증대시키거나 감소시키고, 촉진하거나 저해하는 신체의 변용인 동시에 그러한 변용의 관념으로 이해한다. (...)".

65 램프레히트, ebd., 344 f. 참조; 스티븐 내들러, 『에티카를 읽는다』, 이혁주 역, 그린비, 2014, 323 참조.

66 이런 스피노자의 심리학적 이기주의는 홉스의 그것과 유사한데, 내들러의 지적에 의하면 스피노자는 1660년대에 『윤리학』을 집필하는 동안 홉스의 작품을 읽었으며, 홉스는 『리바이어던』에서 "모든 자발적 행위는 자신의 이익을 목적으로 한다"(Hobbes, Leviathan, XIV, 8(『리바이어던』 제14장, 180)라고 주장했다(스티븐 내들러, ebd., 346 참조).

67 Isaac Newton, Newton's *Principia: The Mathematical principles of natural philosophy*, tr. by Andrew Motte, NY., 1848, 83. 라틴어 원문은 다음과 같다: "Corpus omne perseverare in statu suo quiescendi vel movendi uniformiter in directum, nisi quatenus a viribus impressis cogitur statum illum mutare."

68 제3부 정리9 주석 참조.

69 Baruch de Spinoza. *Sämtliche Werke in sieben Bänden und einem Ergänzungsband. Bd. 6. Briefwechsel*, Übersetzung und Anmerkungen von Carl Gebhardt, Dritte Auflage, hg., mit Einleitung, Anhang und erweiterter Bibliographie von Manfred Walther, Hamburg, 1986, 235-6.

라이프니쯔(Gottfried Wilhelm Leibniz, 1646-1716)

1 Leibnitz라고도 씀.

2 요즘은 독일의 인문·사회분야에서 40이 넘어야 됨. 최근에는 Junior Prof. 제도로, Habilitation 없이도 교수가 되는 경우도 있음.

3 Gottfried Wilhelm Leibniz, *Principes de la nature et de la Grâce fondés en raison*, in: *Gottfried Wilhelm Leibniz. Philosophische Schriften. Bd.1. Opuscules Metaphysiques* (*Kleine Schriften zur Metaphysik*), hg. u. übers. v. Hans Heinz Holz, Darmstadt, 1985 (414-439), 414.

4 G.W. Leibniz, *Discours de Métaphysique* (*Metaphysische Abhandlung*). Übersetzt und mit Vorwort und Anmerkungen hg.v. Herbert Herring, Hamburg, 1958, § 12. / G.W. Leibniz, *Discours de Métaphysique et Correspondance avec Arnauld*, *Introduction*, Texte et Commentaire par Georges Le Roy, Sixième édition, Paris, 1993, XVII. Leibniz A Arnauld. A Hanovre, 28. nov./8 déc. 1686., 144 ff. 실체가 '형상形相'이며 '활동성'을 지니고 있다는 주장은 아리스토텔레스의 영향을 받은 것으로 생각된다. 아리스토텔레스에게 있어서 형상(Eidos)은 바로 '활동하는 존재자'(energeia on)이기 때문이다.

5 Gottfried Wilhelm Leibniz, *La monadologie / Monadologie*, in: *Monadologie und andere metaphysische Schriften*, hg., übers., mit Einleitung, Anmerkungen und Registern versehen von Ulrich Johannes Schneider. Französisch-deutsch, Hamburg, 2002 (110-151), § 1. 앞으로 『단자론』(*La monadologie*)의 인용은 '*La monadologie*' 뒤에 '§'의 숫자를 병기한다. monade라는 용어는 라이프니츠가 1696년(50세)에 처음으로 사용했다(독: die Monade, 영: monad).

6 entelecheia란, 헬라스어로, en (=in) + telos (=goal, completion) + ekhein (=to have)으로 구성된 용어로, '자신 속에 목적을 가지고 있는 것'을 뜻한다.

7 사물事物과 현상現象.

8 G.W. Leibniz, "Das neue System," in: *Gottfried Wilhelm Leibniz. Philosophische Schriften. Bd.1. Opuscules Metaphysiques* (*Kleine Schriften zur Metaphysik*), hg. u. übers. v. Hans

Heinz Holz, Darmstadt, 1985 (191-319), 218 (XIV).

9 atom 〈 ⓐ atomos (ἄτομος) 〈 ἀ + τομος [(〈 τέμνω = cut / τομος = ① a cut, slice, ② cutting (동사형 형용사)] / ⓝ atomon (ἄτομον), pl. atoma (ἄτομα)

10 맑스(K. Marx)의 박사학위 논문 『데모크리토스와 에피쿠로스의 자연철학의 차이』는 이 점을 상세하게 다루고 있다.

11 G.W. Leibniz, "Das neue System," in: *Gottfried Wilhelm Leibniz. Philosophische Schriften. Bd.1*, hg. u. übers. v. Hans Heinz Holz, Darmstadt, 1985 (191-319), 214 (X I).

12 영) appetition, appetite, desire / 독) Begehren, Streben

13 Albert Heinekamp, "Gottfried Wilhelm Leibniz," in: Nobert Hoerster (hg.), *Klassiker des philosophischen Denkens, Bd 1* (274-320), München, 1992, 295 참조.

14 서울대학교교양교재편찬위원회(편), ebd., 445 f. 참조.

15 Leibniz, *Nouveaux Essais sur L'entendement humain. Livre I - II. Neue Abhandlungen über den menschlichen Verstand. Buch I - II*, in: Hans Heinz Holz (hg. u. übers. v.), Vorwort. cf. 로크(Locke)의 『인간지성론』은 1690년에 발간되었다.

16 Hans Poser, "Gottfried Wilhelm Leibniz," in: *Klassiker der Philosophie.* Erster Band, hg.v. O. Höffe, München, 1981 (378-404), 396 참조.

17 Leibniz, *Nouveaux Essais sur L'entendement humain. Livre I - II. Neue Abhandlungen über den menschlichen Verstand. Buch I - II*, in: Hans Heinz Holz (hg. u. übers. v.), Vorwort, X X III.

18 제임스 콜린스 저, 『합리주의. 데카르트·스피노자·라이프니쯔』, 이성환 · 박은옥 역, 백의, 1999, 229-231, 그리고 Hans Poser, "Gottfried Wilhelm Leibniz," in: *Klassiker der Philosophie*, hg. v. O. Höffe, München, 1981, 378-404, 참조.

19 "das vielsagende Wort Ich zu sagen", *Discours de Métaphysique* § 34. Albert Heinekamp, ebd., 296 참조. 그러나 이런 주장에 맞서서, 인간이 아닌 영장류靈長類에게도 자기의식이 있다는 반론이 제기될 수 있다.

20 le sentimént: Gefühl, Empfindung, bewusste Wahrnehmung, Meinung, Ansicht. 감각, 감정, 의식된 지각

21 이것은 라틴어로는 'anima', 헬라스어로는 'psychē '에 해당하는 것으로, '목숨'이나

'생명'을 뜻한다.

22 통각統覺을 가리키는 'apperception'은 'ap (=ad) + perception'으로서, '지각에 대한 지각)' 혹은 '의식에 대한 의식', 즉 자기의식이라고 할 수 있다.

23 보세(Bosses)신부에게 보내는 편지. C.I. Gerhardt (hg.), *Die philosophischen Schriften* (=GP), 7Bde., Berlin, 1875-1880, zweite Aufl., Hildesheim, 1973, Bd. 2, 520.

24 Hans Poser, ebd., 396 참조.

25 라이프니츠는 '이성'[raison]이라는 표현이 아니라 '추론'을 뜻하는 raisonnement 이라는 표현을 사용하였다. 영어번역본은 'truths of reasoning'으로, 원문 그대로 번역하였으나[Robert Latta (London, 1951) 역, C.R. Morris (1950, NY.) 역, G.R. Montgomery (Lasalle, Illinois, 1962) 역, L.E. Loemker (Dortrecht/Boston, 1976) 역], 독어번역본은 '이성의 진리'[Vernunftwahrheiten]로 번역하고 있다[H. Glockner (Stuttgart, 1954) 역, A. Buchena (Darmstadt, 1960) 역, A. Buchenau und E. Cassirer (Hamburg, 1966) 역, G. Krüger (Stuttgart, 1967) 역]. 추론은 결국 이성이 하는 작업이니 이것을 '이성의 진리'라고 옮긴 것으로 생각된다. 그런데 라이프니츠 자신의 구분에 의하면 예컨대 'A=A'라는 논리적 진리가 이에 속한다. 그러나 'A=A'라는 진리는 추론에 의해 얻은 진리가 아니라 직관적 진리라고 보아야 한다. 그렇다면 라이프니츠 자신의 견해에 입각해볼 때, 이것을 '추론의 진리'가 아니라 '이성의 진리'라고 하는 것이 더 적절할 것 같고, 원문과는 다르게 번역한 독일어번역본이 오히려 라이프니츠의 진의眞意를 잘 나타낸 것이 아닌가 생각한다.

26 라이프니츠는 '순수한 사유가능성', 즉 '논리적 가능성'을 possibilitas라고 부르고, '실현가능성'을 compossibilitas라고 한다. 이에 관해서는 G.W. Leibniz, *Sämtliche Schriften und Briefe*, ed. by the Deutsche Akademie der Wissenschaften, Darmstadt & Berlin:Akademie-Verlag (1923 ff.)[=AA]. VI, iv, 867; IV, iv, 407. 그리고 *De Summa Rerum. Metaphysical Papers*, 1675-1676, hg. u. übers. von George H. R. Parkinson, New Haven (1992)[=DSR], 105 그리고 *Philisophical Writings*, ed. and trans. by M. Morris & G. H. R. Parkinson (1973)[=MP], 145 등을 참고할 것.

27 작용인作用因, 수행인遂行因, 실현인實現因이라고도 한다.

28 프: l'harmonie préétablie, 라: harmonia praestabilita, 독: prästabilierte Harmonie, 영:

preestablished harmony)

29 서울대학교교양교재편찬위원회(편), ebd., 447 참조.

30 optimus=best; pessimus=worst.

31 슈퇴릭히, ebd., 87 참조.

32 변신론은 'theodicy'['Theodizee']를 번역한 용어다. 이것은 'thos'[신]와 'dikē'[정의]로 이루어진 복합어로, '신이 정의롭다'라는 의미다. 따라서 글자 그대로는 '신의론'神義論이라고 하는 것이 가장 적절하다. 그러나 '신정론'神正論이라는 번역어는 적절하지 않다. 왜냐하면 '정의正義롭다'를 줄이면 '의義롭다'가 되어야지 '정正하다'라고 해서는 안 되기 때문이다. 오늘날 사용되는 '변신론'이라는 말은 라이프니츠가 1697년에 처음 사용했다가 『변신론』(Essais de Theodicee, 1710)을 출판한 뒤 철학적·신학적 용어로 정착된 것이다.

33 "우리는 악을 형이상학적, 물리적, 그리고 도덕적 악으로 파악할 수 있다"["On peut prendre le mal métaphysiquement, physiquement et moralement" Gottfried Wilhelm Leibniz, *Philosophische Schriften. Band* II. *Erste Hälfte. Essais de Théodicée sur la bonté de dieu, la liberté de l'homme et l'origine du mal*, hg. u. übers. v. Herbert Herring, Darmstadt, 1985, 240. § 21. 앞으로 이 저술은 Théodicée로 줄여 표현하고, 인용은 이 약어 뒤에 단락(§)을 표기한다].

34 존 힉, 『신과 인간 그리고 악의 종교철학적 이해』, 김장생 역, 열린책들, 2007, 174 참조.

35 물론 본문에는 "신이 존재한다면 악은 어디서 오며, 신이 존재하지 않는다면 선은 어디서 오는가?"("*Si Deus est, unde malum? si non est, unde bonum?*")로 되어 있다. 이 표현은 보에티우스(Boetius)의 『철학의 위안』(*De Consolatione Philosophiae*), i, 105-106에 근거한 라틴 경구에서 나오는 표현이기도 하다.

36 Hegel, *Vorlesungen über die Geschichte der PhilosophieIII*. TW 20, 238.

37 마이클 피터슨 외, 『종교의 철학적 의미』, 하종호 역, 이대출판부, 2006, 221 f. 그리고 노르만 가이슬러, 『기독교철학개론』, 위거찬 역, 기독교문서선교회, 1990, 374 f. 참조.

38 'moral'과 'ethical'(그리고 'immoral'과 'unethical')은 일상어에서 서로 바꿔 쓸 수 있

다. 그리하여 이들과 관련된 용어들은 다음과 같은 의미를 갖는다.

- 'immoral (unethical)': '비도덕적·비윤리적인'
- 'amoral ': '도덕감(moral sense)이 없거나 옳고 그름에 무관심한, 도덕이 없는'
- 'nonmoral (nonethical)', 'unmoral (unethical)': '도덕의 영역 밖에 있음을 뜻함. 도덕(윤리)과 무관한

39 그러나 측은지심 발동을 위해 무고無辜한 수백만 명이 죽을 필요가 있는가!?

40 노르만 가이슬러, 『기독교철학개론』, 위거찬 역, 기독교문서선교회, 1990, 372 ff. 참조.

41 존 힉, 『종교철학』, 황필호 역, 종로서적, 1993, 77 참조.

로크(John Locke, 1632-1704)

1 폭정暴政에 불만을 품고 제임스 2세를 폐위하고 윌리엄과 메리 부처夫妻를 왕으로 세움.

2 United Kingdom of Great Britain and Nothern Ireland. 북 아일랜드(L)+스코틀랜드(O)+웨일즈(V)+잉글랜드(E)+ ⇨ 'LOVE'

3 Brandenburg. 브란덴부르크의 주도州都는 Potsdam. 1990년에 신설된 주州. 중심부에 Berlin 주州가 독립되어 있음. 중세에는 브란덴부르크 공국公國 선제후의 영토였다. / 공국公國: 군주가 아닌 공公[대공大公, 공작公爵]이 통치하는 소국小國. 유럽이 봉건제후封建諸侯의 영지로 분할되던 시대의 유물이며, 세습적으로 통치하는 것이 관례였음.

4 Kurfürst. 선제후選帝侯 혹은 선정후選定候. 중세 독일왕국, 즉 신성로마제국에서 봉건제후 중 특히 1356년의 황금문서에 의해, 황제 선거의 권한을 부여받은 사람. / 황금문서=금인칙서金印勅書. 황제선거의 수속과 선제후의 지위를 성문화成文化함. 선거는 원래 전원일치제였으나, 금인칙서에 의해 다수결제가 채택됨.

5 영국의 정치가이자 군인으로, 1642-1651년의 청교도 혁명에서 왕당파를 물리치고

공화국을 세우는 데 큰 공을 세움.

6 네덜란드의 빌럼 2세와 영국 찰스 1세의 딸 메리(Mary)의 아들. 영국의 요크공公(뒤의 제임스 2세)의 딸 매리(Mary)와 결혼. 영국에서 의회를 중심으로 제임스 2세 비판의 움직임이 커지자, 1688년 11월, 토리·휘그 양당의 요청에 따라 군대를 이끌고 영국에 상륙함. 다음해, 의회가 제출한 〈권리장전〉을 승인하고 매리와 함께 즉위하여 명예혁명을 이룸. 즉위 후 영국 내정을 오로지 의회에 맡김.

7 헨리 7세(재위 1485~1509)-엘리사벳 1세(재위 1558~1603).

8 1640~1660년 청교도가 중심이 되어 일으킨 최초의 시민혁명. 1649년 찰스 1세를 처형하고 군주제와 귀족원이 폐지되어 공화국共和國이 됨.

9 위법이나 부당한 행정처분으로 자신의 권리나 이익이 침해되었다고 생각한 사람이, 그 취소나 변경을 행정기관에 청구하는 일.

10 장원[manor]: 봉건사회의 경제적 단위를 이루는 영주領主의 토지소유 형태.

11 "The Epistle to the Reader," in: *An Essay concerning Human Understanding*, ed. with an introduction, critical apparatus and glossary by Peter H. Nidditch, Oxford, 1975, 7. 앞으로 이 책에서의 인용은 〈권 · 장 · 절〉의 순서로 이루어진다.

12 강재륜, ebd., 123 f. 참조.

13 '윤리'와 '도덕'에 관한 설명은 백훈승, 『철학입문』, ebd., 240 ff.에서 가져왔다.

14 그러나 이성주의자들의 〈생득관념, 본유관념〉설을, 〈날 때부터 갖고 있는〉이라는 뜻으로 해석하면 로크의 주장이 옳지만, 그것을, 〈저절로 생기는〉이라는 뜻으로 생각하면 그의 주장은 틀리다.

15 http://de.wikipedia.org/wiki/Tabula_rasa-, 그리고 http://dictionary.reference.com/browse/tabula+rasa 참조.

16 "§ 2. 그렇다면 마음이, 말하자면, 아무런 문자도 적혀있지 않고 어떤 관념도 없는 백지라고 생각해보자. 어떻게 해서 마음은 관념을 갖추게 되는가?"(§ 2. Let us then suppose the Mind to be, as we say, white Paper, void of all Characters, without any *Ideas*: — How comes it to be furnished?"(Book II. Ch. I, § 2).

17 'tabula rasa'에 관한 설명은 백훈승, 『철학입문』, ebd., 113 f.에서 가져왔다.

18 re+flectere (bend, turn)

19 불교에서 말하는 12처處 혹은 12입入[ayatana: ayat (들어오는, 入) + ana (것, 곳)]= 6근根 [안근眼根, 이근耳根, 비근鼻根, 설근舌根, 신근身根, 의근意根 등 6개의 감각기관]과 이에 상응하는 6개의 대상[색경色境, 성경聲境, 향경香境, 미경味境, 촉경觸境, 법경法境]. 6근은 6개의 기관器官이라는 의미 외에도 기관이 가지고 있는 기능도 포함한다. 안근이라고 해서 안구만을 가리키는 것이 아니라 볼 수 있는 눈의 기능까지 포함한다. 6내처內處라고도 한다. 6근에 상응하는 외계의 대상, 즉 빛깔과 형태, 소리, 냄새, 맛, 닿을 수 있는 것, 생각[색성향미촉법色聲香味觸法]을 6경 또는 6외처外處라고 한다. 이 중, 법法은 마음으로 생각할 수 있는 모든 것, 즉 12처 가운데서 11처에 포함되지 않는 모든 현상을 가리킨다.

20 "왜냐하면 이것들은 눈과 촉각 양쪽에 지각 가능한 인상들을 주기 때문이다. 그리고 우리는 연장, 모양, 물체의 운동과 정지의 관념을 시각과 촉각 양쪽에 의해서 받아들이고 우리 마음에 전달할 수 있기 때문이다."

21 성질이 인식주관 쪽이 아니라 객관(대상) 쪽에 있다는 의미의 '객관적'임.

22 인식객관 쪽이 아니라 인식주관 쪽에 있다는 뜻. 주관(주체): subject 〈 L. subjectus 〈 subjicere 〈 sub (under) + jacere (throw) / 객관(객체): object 〈 L. objectare 〈 objicere 〈 ob (in the way of) + jacere (throw)

23 ① 관념의 결합: 달다+희다+견고하다 → '설탕'(복합관념), ② 관념의 비교: "풀은 나무보다 푸르다." → '풀' (비교) '나무', ③ 관념의 추상: 김씨+이씨+박씨 → '인간'

24 그러나 로크에 있어서의 단순관념과 복합관념의 구별의 불철저성에 대해서는 에컨대 램프레히트, 『서양철학사』, 413 이하를 참조할 것. '모양'은 단순관념 중 제1성질에 속하는 것으로 로크는 분류한 바 있다.

25 sub (under) + portare (=bear)

26 demonstrate 〈 L. demonstrare (show fully) 〈 de-: utterly + monstrare: show.

27 종교·도덕상의 죄

28 sanction: ① 제재, ② 인준(認准, 허용)이라는 정반대의 뜻을 가지고 있다. 이와 유사하게 'virtual'이라는 단어도 ① 현실적, ② 비현실적[가상(假想, 可想)의]이라는 두 가지 의미를 지니고 있다.

29 인위적인 제도를 만들기 이전의 원초적인 상태.

30 John Locke, *The Second Treatise of Government. An Essay Concerning the True Original, Extent, and End of Civil Government*, Chap. II. 4, in: *Two Treatises of Government*, Cambridge Univ. Pr., Second Edition, 1967. 로크의 『통치론』에서의 인용은 이 텍스트로부터 하며, 장章과 절節의 숫자만을 표기한다(예: Ch. II. § 4).

31 이 셋을 합하여 '소유'[property]라고 한다.

32 로크는 인간의 자연상태를 자유로운 조화의 상태로 보는 점에 있어서 홉스와 다르고, 그러한 자연상태가 인위적인 국가형태에 넘어가서도 타락하지 않는다고 본 점에 있어서 루소와 다르다.

33 이 점은 헤겔에 있어서도 마찬가지다. 정복과 폭력은 국가발생의 우연한 원인일 수는 있으나, 국가성립을 정당화할 수 있는 근거는 아니다.

34 F. Copleston, S.J., *A History of Philosophy. Vol.5: Hobbes to Hume*, ebd., 137 참조.

35 우리나라에서 찾아볼 수 있는 저항권 행사의 사례로는 예컨대 1979년의 부마釜馬 사태, 1980년의 광주민주화운동, 그리고 1987년의 6월 혁명 등이다. 1979년의 김재규의 박정희 시해사건은, 만약에 그것이 개인의 정권욕에 의한 행위가 아니라, 부당한 독재자의 처단을 통해 민주화를 앞당기고자 한 행위라면 국민적인 저항권이 일개인에게 집약된 것이라고 볼 수도 있을 것이다.

버클리(George Berkeley, 1685-1753)

1 cf. 화란和蘭=홀란드(Holland). 일어: 오란다 / 영국= 일어: 이기리스(イギリス) ← 포르투갈어 Inglez에서 옴

2 『신新시각론』과 『인간지식의 원리론』에 대한 준비작업은 1707년과 1708년에 쓴 그의 공책들에 담겨있다. 이것들은 1871년에 Fraser에 의해서 『비망록』(*Commonplace Book of occasional Metaphysical Thoughts*)이라는 제목으로, 그리고 1944년에는 Luce 교수에 의해 『철학적 주석』(*Philosophical Commentaries*)이라는 제목으로 출간

됨.

3 수필가, 시인, 정치가

4 언론인, 정치가

5 시인, 비평가

6 아일랜드의 더블린 생. 목사이기도 함.

7 University of California (UC)는 여러 곳에 있다: 버클리, 산타크루즈, 샌 디에고, 데이비스, LA, 산타 바바라, 리버사이드 캠퍼스 등. 동부 매서추셋 주 보스턴에는 버클리 음대가 있다.

8 *Philosophical Commentaries*, 751 ; A. A. Luce and T. E. Jessop (ed.)에 의한 버클리 저작 I , 91. F. Copleston, S.J., *A History of Philosophy. Vol.* V : *Hobbes to Hume*, ebd., 205에서 재인용.

9 George Berkeley, *An Essay towards a New Theory of Vision*, in: *Berkeley's Philosophical Writings*, edited with an introduction by David M. Armstrong, NY/London, 1974 (274-352), 316. § 57.

10 김여수 · 차인석 · 한전숙, 『철학개론』, 한국방송통신대학, 1983, 52 참조.

11 George Berkeley, *The Principles of Human Knowledge* (*PHK*로 줄임), in: *Berkeley's Philosophical Writings*, edited with an introduction by David M. Armstrong, NY/London, 1974 (41-128), 65. § 10.

12 F. Copleston, S.J., *A History of Philosophy. Vol. V* : *Hobbes to Hume*, ebd., 222 참조.

13 철학자들이 주장하는 물질적 실체, 즉 미립자微粒子[corpuscle]를 부정한 것임. / 미립자: 원자를 포함한 그 이하의 단계를 가리킴(원자핵: 1908년에 러더퍼드가 발견 / 전자: 1897년에 Thomson이 발견).

14 이것이 바로 실재론實在論의 입장이다.

15 "Exitence is percipi or percipere ∧. the horse is in the stable, the Books are in the study as before." *Philosophical Commentaries or Commonplace Book*, in: *Berkeley's Philosophical Writings*, edited with an introduction by David M. Armstrong, NY/London, 1974 (353-376), 356. entry 429.

16 Moritz Schlick: "한 명제의 의미는 그 명제의 검증방법에 있다."

17 percipi를 가리킨다.

18 percipere를 가리킨다.

19 *Works of G. Berkeley*, ed Luce and Jessup, vol 2, 237.

20 Ebd., 233.

21 "(...) that consequently so long as they are not actually perceived by me, or do not exist in my Mind or that of any other created Spirit, they must either have no Existence at all, or else subsist in the Mind of some *Eternal Spirit*"(*PHK* § 6).

22 image라는 의미로서의 관념[idea]과 개념[concept, notion]의 구별.

23 F. Copleston, S.J., *A History of Philosophy. Vol. V: Hobbes to Hume*, ebd., 216 참조.

24 램프레히트, ebd., 435 f. 참조.

25 『인간지식의 원리론』 및 『하일라스와 필로누스의 세 대화』의 부제가 각각 이러한 점을 보여주고 있다.

26 램프레히트, ebd., 436 ff. 참조.

흄(David Hume, 1711-1776)

1 제1권과 제2권: 1739년 간행. 제3권: 1740년 간행.

2 피뢰침 등 많은 발명을 함. 계획적인 생활(프랭클린 다이어리), 『프랭클린 자서전』→ 세계 3대 자서전(고백록): 아우구스티누스, 『고백록』, 룻소, 『고백록』, 톨스토이, 『참회록』

3 Edward Gibbon (1737-1794). 『로마제국 쇠망사』(*The Fall and Decline of the Roman Empire*, 1787)의 저자.

4 David Hume, *A Treatise of Human Nature*. Reprinted from the original edition in three volumes and edited, with an analytical indes, by L.A. Selby-Bigge, Oxford, 1951(*Treatise*로 줄임), Introduction. X X 참조.

5 *Treatise*, Introduction. XIX.

6 서울대학교교양교재편찬위원회 철학분과위원회 편, ebd., 461 참조.

7 지각작용이 아닌, 지각내용으로서의 지각

8 로크와 버클리에 있어서 의식의 전체내용은 〈관념〉이었다.

9 인상印象: impression 〈 im (속으로) + press (누르다, 찍다) ; Eindruck 〈 ein (속으로) + drucken (누르다, 찍다)

10 그리고『인간지성에 관한 탐구』제2장: '관념의 기원에 관하여'도 참조. 흄은 로크가 관념이라는 용어를 모든 지각을 대표하는 것으로 만들어 그 의미를 왜곡했다고 말하면서, 관념이 지닌 본래의 의미를 복원한다고 말한다. 즉, 우리말 관념觀念에 해당하는 영어 idea는 '본다'라는 의미를 지니고 있는데, 이 본래적인 의미에 따르면 idea는 심상心象이나 이미지에 해당한다. 그리고 흄은 인상이라는 용어를 〈지각 자체〉로 이해하고 있다고 말한다(같은 곳의 각주).

11 포이어바흐(L. Feuerbach): "신이 자신들의 형상대로 인간을 만든 것이 아니라, 인간이 자기의 형상대로 신을 만들었다."

12 그러나 기억도 오류를 범할 수 있다.

13 서울대학교교양교재편찬위원회 철학분과위원회 편, ebd., 462 참조.

14 이러한 표현은 기독교성서에서 가져온 것이다: "그 성곽城郭은 벽옥碧玉으로 지어졌고 그 도성都城은 순금으로 맑은 유리琉璃 같고, 그 도성의 성곽의 기초석基礎石은 각양各樣 보석寶石으로 단장端裝되었으며 (...)"(요한계시록 21:18).

15 공상물空想物도 분석해보면 단순인상들의 상상적 복합체다. 마치 신화 속의 character들[Satyros, Siren...]처럼.

16 이것은 곧 언어 상호간의 관계라고도 할 수 있다. 왜냐하면 관념이 언표된 것이 〈언어·문자〉이기 때문이다.

17 이 책은『인성론』의 제1권「지성에 관하여」(*Of the Understanding*)의 내용을 엣세이 형식으로 쓴 것이다.

18 D. Hume, *An Enquiry Concerning Human Understanding*, ed. by Stephen Buckle, Cambridge Univ. Pr., 2007, section 4. Sceptical doubts concerning the operations of the understanding, 28-29.

19 David Hume, *Enquiries concerning the human understanding and concerning the principles of morals* (*Enquires*로 줄임), reprinted from the posthumous edition of 1777 and edited with introduction, comparative tables of contents, and analytical index by L.A. Selby-Bigge, second edition, Oxford, 1951, 25. SectionⅣ. Sceptical Doubts Concerning the Operations of the Understanding. PartⅠ.

20 흄은 이 문제를 『인간지성에 관한 탐구』 Ⅴ. '이러한 의심들의 회의적 해결', Ⅵ. '개연성에 관하여', Ⅶ. '필연적 연관성이라는 관념에 관하여', Ⅷ. '자유와 필연성에 관하여'에서 다루고 있다.

21 conjunction 〈 con (together) + jungere (join)

22 connect 〈 con + nectere (bind).

23 흄의 인과성 비판에 관해서는 『인간지성에 관한 탐구』 제7장 「필연적 연관이라는 관념에 대하여」(Of the Idea of necessary Connexion)와 『인성론』 제1권, 「지성에 관하여」(Of the Understanding)의 제3부. 지식과 개연성에 관하여, 특히 제14절. "필연적 연관성이라는 관념에 관하여"(Of the Idea of necessary Connexion)를 참고할 것.

24 "오비이락烏飛梨落."

25 전칭판단全稱判斷이기 때문.

26 *Treatise*, 251-2.

27 *Treatise*, 253 참조.

28 aus dogmatischem Schlummer: dogma (δόγμα) = opinion. / dokein = think, seem / dogmatic 〈 dogmatikos (Gr)

29 서울대학교교양교재편찬위원회 철학분과위원회 편, ebd., 466 참조.

30 검은말로 상징됨. 고귀하지 못한 것. 영혼의 충동적인 부분.

31 흰말로 상징됨. 고귀한 것. 영혼의 용감한 부분. 보통, 이성의 편에 서서 욕망을 억제하는 역할을 함.

32 cf. Freud: 인격이 ego, id, superego의 세 부분으로 구성되어 있는 것으로 봄. ego는 〈현실원리〉의 지배를 받고, id는 〈쾌락원리〉의 지배를 받으며, superego는 현실이나 쾌락보다는 완성을 지향하며, 인격의 도덕적 · 사법적司法的 측면 · 이성

적인 것을 대표한다. 플라톤의 비유에서 흑마黑馬는 id에, 백마白馬는 ego에, 그리고 이성理性은 superego에 대응한다.

33 영국 Carlisle의 부주교副主教. 흄(1711-1776)과 동시대인.

34 *Natural Theology, or Evidences of the Existence and Attributes of the Deity collected from the Appearances of Nature*, illustrated by a series of Plates, and Explanatory Notes, by James Paxton, Vol. I , Oxford, 1826, (18021), 1-2.

35 John H. Hick, *Philosophy of Religion* (third edition), Englewood Cliffs, New Jersey, 1983, 24 참조.

36 이 저작은 저자와 출판자의 이름이 익명으로 간행된 흄의 유작이다.

37 이 대화에서 필로는 고대 회의주의학파의 태두泰斗인 퓌론(pyrrhon)의 역할을 하고 있다.

38 Hume, *Dialogues concerning natural religion*, in: Hume, *A Treatise of Human Nature and Dialogues concerning natural religion. in two volumes. Vol.II*. Reprint of the new edition London 1886, Scientia Verlag Aalen, 1964 (380-468), PartVII. 420 f.

39 Hume, ebd., Part V (411-415)와 *Enquiries*, 136 f. 참조.

40 흄은 1748년에 『기적에 대하여』라는 글을 썼는데 그 책에서, 기적과 예언의 진리를 수용하는 전통적인 기독교를 공격했다.

41 그러나 브로드(C. D. Broad)는 위와 같은 흄의 입장이 일관성을 결여하고 있다고 비판한다("Hume's Theory of the Credibility of Miracles," in: *David Hume: Critical Assessments*, 1995, 454 참조).

42 "원초적인 본능은 아니지만 적어도 인간본성의 일반적인 수반물인, 비가시적이며 지적인 힘을 믿는 보편적인 성향은, 신적인 작업자가 자기의 작품에 놓아둔 일종의 표시나 흔적[mark or stamp]으로 간주될 수 있다"(Hume, *The Natural History of Religion*, ed. H.E. Root, Stanford Univ. Pr., 1956, 75). "자연신학의 전체가 어떤 사람들이 주장하는 것처럼 다소 애매하지만 하나의 단순하며 분명치 않은 명제, 즉 궁극적인 질서의 원인이나 원인들이 아마도 인간지성과 먼 유비관계를 가진다는 것으로 귀결된다면, (...) 가장 호기심이 많고 사변적이며 철학적인 사람이 그 명제에 대해 솔직한 철학적 동의를 표하는 것 외에 무엇을 할 수 있을까?"(*Dialogues*

Concerning Natural Religion, 1947, 227).

43 예) '심장 박동': '자연적으로' 이루어진다. 이 말은, "신에 의해 이루어진다"라고 표현할 수도 있다. 그러나 그 메카니즘은 우리에게 '신비神秘'다.

44 Hume, "Essay I . on Suicide," in: *Essays on Suicide and The Immortality of the Soul by the late David Hume, Esq.* Library of Alexandria, 1799 (London, 17771), 4-5.

45 백훈승, 『철학입문』, ebd., 275 참조.

칸트와 독일 관념론

1 이와 관련된 이하의 논의는 백훈승, 『피히테의 자아론: 피히테철학 입문』, 신아출판사, 2004, 16 ff.를 참조한 것이다.

칸트(Immanuel Kant, 1724-1804)

1 Königsberg: 동프로이센의 영토였음. 1946년부터 소련에 속함. 현 러시아의 Kaliningrad.

2 말이나 수레, 마차, 썰매 등에 쓰이는 가죽끈이나 가죽띠를 생산하고 판매함(만트레트 가이어, 『칸트 평전』, 김광명 역, 미다스북스, 2004, 40). 그러나 칸트의 아버지가 조마사(調馬師, 말을 길들이는 일을 직업으로 하는 사람)라는 주장도 있고, 슐쯔(Uwe Schultz)는 칸트의 아버지의 직업은 마구 제조업자가 아니라 피혁세공업자였다고 한다. 피혁세공업자와 마구제조업자 사이에는 칸트가 어렸을 때 면허분쟁이 터졌다고 한다(우베 슐쯔, 『칸트』, 한국신학연구소, 1976, 6).

3 헬라스어임. 히브리어로는 '이마누엘'(이사야 7:14; 8:8). 'Immanuel' 〈 Im (in) +

manu (man) + el (God) → Manu: 인도신화에 나오는 인류의 조상. 신들에게 최초의 희생을 바친 사람으로, 마누法典의 저자 / 원래 '인간'이라는 뜻으로, 영어의 man과 관계가 있다.

4 Ludwig Ernst Borowski, "Darstellung des Lebens und Charakters Immanuel Kants (1804)," in: Felix Groß (hg): *Immanuel Kant. Sein Leben in Darstellungen von Zeitgenossen*, Darmstadt, 1993, (1-102), 14.

5 만프레트 가이어, ebd., 67 참조.

6 폴란드어: 비스트루치(Wystruć), 러시아어: 체르냐홉스크. 칼리닌그라드州의 도시. 1945년까지는 독일영토. 1946년부터 소련 영토. cf. Danzig (독) ⇨ Gdansk (폴)

7 쇼펜하우어는 시가(Zigarre)만 피웠는데, 절반만 피우고 버림.

8 쇼펜하우어도 맥주는 마시지 않고 포도주만 마심.

9 *Vorlesung zur Logik*, Akademieausgabe (AA로 줄임) IX, de Gruyter, Berlin, 1968, 25. 『형이상학 강의』(AA XXVIII, 533 f.)에서 칸트는 동일한 네 물음을 제기하였고, 『순수이성 비판』에서는 자신自身의 이성의 모든 관심(사변적 관심과 실천적 관심)은 (네 번째 물음을 제외한) 앞의 세 물음 속에 통합된다고 말하고 있다(KrV B 832 f.참조).

10 *KrV*는 Kritik der reinen Vernunft (『순수이성 비판』)의 약자이며, A는 초판을 B는 재판을 가리킨다. 앞으로 칸트의 인식론에 관한 서술에서는 *KrV*도 생략하고, 초판과 재판만을 구별하여 쪽수를 기입한다.

11 일반적으로는 개념概念[concept, Begriff]이 언표된 것이 명사名辭[term, Terminus]이고, 판단判斷[judgment, Urteil]이 언표된 것이 진술陳述[statement, Satz]이며, 추론推論[inference, reasoning, Schluß]이 언표되면 논증論證[argument, Argument]이 된다. 그러나 칸트는 여기서 판단과 진술을 구별하여 사용하고 있지 않다. 프레게(G. Frege)가 말하듯, 분석판단과 종합판단의 구별은 '정당화'와 관련되어 있다: "따라서 우리가 어떻게 판단에 도달했는가 하는 물음은, 그 주장의 정당성을 우리가 어디에서 이끌어냈는가 하는 물음과는 일반적으로 구별되어야 한다"(Frege, *Die Grundlagen der Arithmetik*, 『산수의 기초』, 박준용·최원배 역, 아카넷, 2004, 44).

12 이점에 관해서는 C.D. Broad, *Kant. An Introduction*, ed. by C. Lewy, Cambridge Univ. Pr., 1978, Ch. 1. General Introduction의 2 'Kant's notion of the a priori'를 참조할 것.

13 여기에 든 예들은 B 15-17에 있다.

14 그러나 이들을 '선험적 종합판단'이라고 할 수 있을까? 칸트는 필연적 종합판단이라고 해야 할 것을 선험적 종합판단이라고 잘 못 생각한 것 같다.

15 〈감성〉은, "대상에 의하여 촉발되는 방식에 의해 표상을 받아들이는 능력(수용성)"(A 19, B 33)이며, 〈감각〉은 "우리가 대상으로부터 촉발되는 한, 대상이 표상능력에 미치는 결과"(A 19, B 34)를 가리킨다. '촉발觸發하다' = affizieren [=affect 〈ad +facere (do), 영향을 미치다].

16 이 뿌리는 '정험적 구상력'[transzendentale Einbildungskraft]이다.

17 "Ohne Sinnlichkeit würde uns kein Gegenstand gegeben, und ohne Verstand keiner gedacht werden. Gedanken ohne Inhalt sind leer, Anschauungen ohne Begriffe sind blind"(A 51, B 75).

18 범주範疇: Kategorie 〈 griech. katēgoría, katēgorein의 명사형. 본래는 '소송하다'라는 뜻. 넓은 의미로는 '진술하다'라는 뜻. '카테고리'는 아리스토텔레스가 만든 용어인데, 그는 카테고리라는 표현을, 어떤 것에 대한 언사言辭를 표시하기 위해서 즉, 서술을 위해서 사용했다. 나중의 언어사용에 따르면 아리스토텔레스의 카테고리들[lat. praedicamenta]을 아리스토텔레스 자신은 "진술의 도식들"(*Metaphysica* V7, 1017a23) 혹은 "진술들의 類"(*Topica* I, 9, 103b20)라고 불렀다. 그리고 완전성을 요구하지 않고 그는 그 가운데서 10개의 카테고리를 구별했다: 실체, 양, 질, 관계, 장소, 시간, 상태, 소유, 능동과 수동[M. Gessmann (hg.), *Philosophisches Wörterbuch*, Darmstadt, 2009, 380]. '범주'라는 용어는 '홍범구주'洪範九疇에서 가져온 말인데, 홍범구주란, 중국 하夏나라 우왕禹王이 남겼다는 정치이념으로서, 홍범은 대법大法을 말하고, 구주는 9개 조條를 말한다.

19 '정험적'이라고 번역된 원어는 'transzendental'이다. 'transzendental'은 '① 경험에 앞서서(先驗的으로), ② 경험을 가능케 함'이라는 의미를 지니고 있다. '경험을 규정한다'는 뜻에서 '定驗的'이라고 옮겼다. transzendent(al) 〈 transcendere 〈 trans

(over)+ scandere (climb).

20 '장소場所'는 ① 공통적인 장소[topos koinos, τόπος κοινός]와 ② 개별적인 장소[topos idios, τόπος ἴδιος]로 구분되는데, ①을 '공간'[space, Raum], ② 를 '장소'[place, Ort]로 세분하여 말하기도 한다.

21 岩崎武雄, 岩崎武雄著作集 제4권. 『カント・ヘーゲルとその周辺』, 新地書房, 1982, 45 ff. 및 한단석, 『칸트철학사상의 이해』, 양영각, 1983, 100 ff. 참조. 칸트는 여기서 '직관형식'으로서의 공간과 '우리의 외부에 존재하는 공간'을 혼동하고 있는 것 같다.

22 환각幻覺: halluncination / 착각錯覺: illusion

23 그러나 외부의 공간에, 이 상象을 유발하는 담지자擔持者 내지 실재자가 존재하는 것은 아니다.

24 岩崎武雄, ebd., 50 ff. 및 한단석, ebd., 103 ff. 참조.

25 문성학, 『인식과 존재』, 서광사, 1991, 22 f. 참조.

26 岩崎武雄, ebd., 51 f. 및 한단석, ebd., 109 f. 참조.

27 존재론적 연역이라고 할 수도 있다. 판단표(인식문제임)로부터 범주표(존재문제임)를 연역함.

28 '비한정성'[indefiniteness, indeterminateness], 혹은 '제한적 무한'으로 생각해야 함.

29 *Prolegomena*에서는 Einschränkung으로 표현함.

30 *Prolegomena*에서는 Substanz라고 표현함.

31 *Prolegomena*에서는 Ursache라고 표현함.

32 *Prolegomena* § 20 Fußnote. IV, S 302. 여기서 칸트는 "(단칭판단에서의) 단일성에서 출발하여 총체성에로 나아갈 때에 (...)"[(Wenn ich aber von der Einheit (in einzelnen Urteilen) anhebe un so zur Allheit fortgehe, (...)]는 표현을 사용하고 있는데, 여기서 그는 단칭판단에 대응하는 범주가 단일성이라는 점을 말하고 있다.

33 岩崎武雄, ebd., 51 ff. 및 한단석, ebd., 113 ff. 참조.

34 岩崎武雄, ebd., 54 ff. 및 한단석, ebd., 115 ff. 참조.

35 Vorrede zur 1. Ausgabe der KrV. A XVI 참조.

36 한단석, ebd., 121 참조.

37 Justus Hartnack, ebd., 47.

38 한단석, ebd., 121 ff. 참조.

39 백훈승, 『칸트와 독일관념론의 자아의식이론』, 서광사, 2013, 70 참조.

40 '통각[Apperzeption]'이라는 용어는 라이프니쯔로부터 빌려온 것이다. 그에게 있어서 지각[Perzeptionen]은 "외계의 사물을 나타내는 단자의 내적 상태"이고, 통각은 "자기의식 혹은 이 내적 상태의 반성적 인식[connaissance reflexive]"(Gottfried Wilhelm Leibniz, *Vernunftprinzipien der Natur und der Gnade*, Hamburg, 2002, § 4)인데, 칸트는 그의 용어를 받아들여 지각을 표상[Vorstellungen, repraesentatio]이라고 부르고 있다(Schnädelbach, ebd., 112 참조).

41 Justus Hartnack, ebd., 47 ff. 참조.

42 한단석, ebd., 130 참조.

43 岩崎武雄, ebd., 60 ff. 및 한단석, ebd., 131 ff. 참조.

44 Justus Hartnack, ebd., 54 참조.

45 그런데 여기서 칸트가 말하고자 하는 진정한 요점은 '나는 생각한다'에 그 이상의 어떤 표상이 동반될 수 없다는 것이 아니라, '나는 생각한다'는, 그 이상의 어떤 표상으로부터 도출될 수 없다는 것, 혹은 다른 어떤 표상에 의하여 주장될 수 없다는 점이다. '동반되다[begleitet]' 라는 표현 대신 '도출되다[abgeleitet]'라는 표현으로 대치하자는 제안이 Goldschmidt에 의해 이루어졌다(B 132 Fussnote2) (Jonathan Bennett, Kant's Analytic, London, 1966, 109 참조).

46 가상假象: 영) semblance, show, seeming.

47 이 무제약자가 찾아질 때, 비로소 인식의 최후정초[Letztbegründung]가 이루어진다.

48 cf. 경험적 가상: 물속의 곧은 막대기가 굽어보이는 현상.

49 岩崎武雄, ebd., 96 ff. 및 한단석, ebd., 188 ff. 참조.

50 이때의 'para'는 'ver-', 'miss-'의 뜻, 즉 '부정否定, 과실過失, 착오錯誤'의 뜻. Paralogismus는 오류추리, 논과論過, 배리背理 등으로 번역된다.

51 岩崎武雄, ebd., 101 ff. 및 한단석, ebd., 193 ff. 참조.

52 정립定立과 반정립反定立 모두 꼭 같은 정도의 설득력을 지닌 증명들을 산출해

낼 수 있는 것처럼 보이는 경우가 Antinomie임. / 이율배반: "선험적 이념들의 대립"(B 454).

53 岩崎武雄, ebd., 103 f. 및 한단석, ebd., 195 f. 참조.

54 창조를 인정하는 입장.

55 헬라스인의 생각: "우주는 영원하다."

56 모든 종류의 원자原子나 단자單子의 존재를 주장함.

57 비결정론의 입장(자유를 인정.)

58 신神을 인정하는 입장.

59 다른 것에 의해 제약되지 않는 무제약자.

60 전적으로 필연적이며, 다른 것에 의해 제약되지 않는 무제약자의 존재는 〈자연인과율〉에 위반되므로 불합리하다는 주장.

61 $\sim p \supset (q \cdot \sim q) \therefore p$

62 岩崎武雄, ebd., 109 f. 및 한단석, ebd., 202 f. 참조.

63 이 항목에 관한 서술은 백훈승, 「존재론적 신 존재 증명에 관한 칸트와 헤겔의 견해」[『철학논총』 제36집, 새한철학회, 2004.04 (323-338)]을 참조함.

64 데카르트는 자신의 신 존재 증명을 *Meditationes* (『성찰』)의 제5성찰: 〈물질적 사물의 본성에 관하여, 그리고 다시 신의 현존에 관하여〉에서 다음과 같이 서술하고 있다: "삼각형의 세 각의 합이 2직각이라는 것이 삼각형의 본질과 분리될 수 없고, 골짜기 관념이 산 관념과 분리될 수 없듯이, 신의 현존이 그 본질과 분리될 수 없다는 것 또한 분명하다. 그러므로 현존이 결여된, 즉 어떤 완전성이 결여된 신, 즉 최고 완전 존재자를 생각하는 것은 골짜기 없는 산을 생각하는 것과 마찬가지로 모순이다"(Meditationen über die Grundlagen der Philosophie, in denen das Dasein Gottes und die Verschiedenheit der menschlichen Seele vom Körper bewiesen werden, 119-121, in: *René Descartes Philosophische Schriften in einem Band*, Hamburg, 1996). 칸트는 데카르트의 논증을 그대로 인용하지 않고 약간 수정하여, 삼각형의 세 각의 합이 2직각이라는 필연성을 예로 들지 않고, 세 각을 가지고 있다는 점을 들고 있다.

65 이렇게, 이성이 신에 대해 갖는 선험적 가상을 칸트는 순수이성의 이상理想[Ideal]

이라고 한다. 이것은 '실재의 총체[omnitudo realitatis]' — 이것은 '최고 실재자[ens realissimum]', '최고 존재자[ens summum]', '근원적 존재자[ens originarium]', 혹은 '모든 존재자들의 존재자[ens entium]' 등으로도 불린다 — 라는 이상이 현실에 실체로 존재한다고 생각함으로써 생기는 가상假象이다(A 576-579, B 604-607 참조).

66 "그러나 판단의 무조건적 필연성이 사물의 절대적 필연성은 아니다"(B 621). 우리는 be동사나 sein동사의 두 가지 기능을 구별해야 한다. 첫째로, 이들이 주어와 술어를 결합하는 계사로 사용될 경우, 주어와 술어의 결합은 논리적 관계다('~이다'라는 뜻임). 그러나 이들이, '존재한다'라는 의미를 넘어서, '실재한다'는 뜻을 지닌 동사로 사용될 경우reales Sein], 이것은 개념 혹은 관념으로서의 주어가 관념이나 개념과는 독립적으로 존재함('진정하게 존재함'과 '현실적으로 존재함'이라는 두 가지 의미를 다 포함함)을 의미한다.

67 100탈러의 예는 마부르크(Marburg)대학의 철학교수였던 Johann Bering (1748-1825)이 최초로 든 것이다. 그의 책 *Prüfung der Beweise für das Dasein Gottes aus den Begriffen eines höchst vollkommenen und nothwendigen Wesens* (『최고 완전자 및 필연적 존재자라는 개념들로부터 신의 현존을 증명하는 것에 대한 조사』)는, 칸트가 *Kritik der reinen Vernunft*를 출간하기 1년 전에 출간되었고, 이때 Bering의 나이는 32세였다(Dieter Henrich, *Der Ontologische Gottesbeweis. Sein Problem und seine Geschichte in der Neuzeit*, Tübingen, 1960, 115, 120 및 203 참조. 그리고 Bering의 존재론적 논증에 관해서는, ebd. 115-123 참조).

68 lat. copulare (=verbinden).

69 칸트는 이것을 실천적 인간학이라고 부른다. 이것을 다루고 있는 저술은, 『실용주의적 관점에서 본 인간학』(*Anthropologie in der pragmatischen Hinsicht*)이다.

70 칸트는 이것을 윤리형이상학(도덕의 근거에 대한 철학적 물음)이라고 부른다. 이것을 다루고 있는 저술은, 『윤리형이상학의 정초』(*Grundlegung zur Metaphysik der Sitten*, 1785)와 『윤리형이상학』(*Metaphysik der Sitten*, 1797), 그리고 『실천이성 비판』(*Kritik der praktischen Vernunft*, 1788)이다. 독일어 Sitte는 '윤리'로, Moral은 '도덕'으로 번역했다. 따라서 'Metaphysik der Sitten'은 '윤리형이상학'으로 'das moralische

Gesetz'는 '도덕법칙'으로 옮긴다. 그리고 헤겔에서 사용되고 있는 'Sittlichkeit'는 '인륜人倫'으로 옮긴다.

71 앞의 쪽수는 Akademieausgabe VI, 203-493의 쪽수고, 뒤의 쪽수는 Immanuel Kant, *Grundlegung zur Metaphysik der Sitten* (Mit einer Einleitung hg.v. Bernd Kraft und Dieter Schönecker, Hamburg, 1999)의 쪽수임. 탐색[Aufsuchung]은 원리의 정확한 진술[Formulierung]과 동일시될 수 있고, '확립'[Festsetzung]은 원리의 정초[Begründung]와 동일시될 수 있다. 물론, 칸트가 도덕원리의 정초라는 말로 도대체 무엇을 뜻하는지를 이해하기란 단순하지 않다. 칸트에게 있어서 이것은, 정언명법이 어떻게 가능한가 하는 물음과 아마 같을 것이다. 이 물음에 대한 대답은 칸트에 의해서『윤리형이상학의 정초』의 제3장에서야 비로소 시도된다. 그런 한에서 분명히 동의할 수 있는 것은, 처음의 두 장은 '탐색'을 다루고 비로소 제3장이 원리의 '확립'을 다룬다는 점이다. 더욱이 칸트는『실천이성 비판』서문에서 회고하면서 다음과 같이 말한다. "『윤리형이상학의 정초』는 (...) 의무의 원리를 앞서 알게 하고 의무에 관한 특정한 정칙定則을 진술하고 정당화한다"(*KpV*. A14: 'A'는 원전 초판본을 가리킨다). [Christoph Horn, Corinna Mieth und Nico Scarano (Kommentar von), *Immanuel Kant. Grundlegung zur Metaphysik der Sitten*, Ffm, 2007, 163 참조].

72 이론적 측면.

73 실천적 측면.

74 '정언명령定言命令'이라고도 한다. 그런데 이것은 도덕적 명령인 동시에 도덕법칙이기도 하므로 '정언명법定言命法'으로 표기한다.

75 랄프 루드비히,『쉽게 읽는 칸트. 정언명령』, 이충진 역, 이학사, 1999, 53 f. 참조.

76 일상적인 의미로는 '선의善意의 거짓말'이 있을 수 있지만, 칸트가 말하는 '선의지'로는 어떤 거짓말도 할 수 없다.

77 Neigung, inclination.

78 (18세기에) 그림형제의『독일어사전』은 의도[intentio]로서의 "Absicht"와 "~와 관련하여"['mit Bezug auf', 'hinsichtlich']라는 의미의 "in Absicht auf"(auch: Absicht plus Genitiv)을 구별한다. 그런데 393과 394에서의 "Absicht"는 "~와 관련하여"["in

Absicht auf"]라는 의미가 아니다. 그래서 칸트는 의도를 생각하고 있다(영어번역에서 'Absicht'는 종종 'respect'로 잘못 번역되고 있다). 다시금 이 문맥에서 우리는 의도[Intention]를 "추구하는 목표"[angestrebtes Ziel]라고 이해하는 것이 가장 잘 이해하는 것이다(Dieter Schönecker/Allen W. Wood, *Kants "Grundlegung zur Metaphysik der Sitten". Ein einführender Kommentar*. 3. Auflage, Paderborn u.a., 2007, 42 f. 참조).

79 불가佛家에서는 '무주상보시無住相布施'가 최고의 보시布施라고 한다('相': 밖으로 드러나는 구별/실체가 있는 것인 양 집착하는 것). 예수는 '왼 손이 하는 일을 오른 손이 모르게 하라'고 말한다.

80 준거할 기준이 되는 규칙이나 법칙. 격률格率이라고도 한다. 격률이란, 행위의 규범이나 윤리의 원칙을 말한다[格: '바로 잡다', '겨루다', '치다(때리다)'; 법, 법식, 표준(예: 格式)) / 率: '헤아리다(률)', '거느리다, 이끌다(솔)', '경솔하다', '비례하다, 좇다'].

81 "의욕의 주관적 원리"(AA 401 Fußnote 1/20); "행위의 주관적 원리"(AA 420 Fußnote 2/44). 『실천이성 비판』 A 35에도 준칙에 관한 설명이 있다.

82 랄프 루드비히, ebd., 67 ff. 참조.

83 'kategorisch'는 'Kategorie'라는 명사의 형용사·부사형으로, '진술(주장)하는', '무조건적인', '무조건 타당한' 등의 의미를 지니고 있다. 그리고 'Imperativ'는 라틴어 'imperare'(명령하다)에서 나왔다.

84 랄프 루드비히, ebd., 84 참조.

85 이 표는 W.O. 되에링, 『칸트철학 입문』, 김용정 역, 중원문화, 1985, 135에서 가져왔다.

86 칸트에 있어서 〈의지〉 내지 〈자유의지〉는 '이미 실천법칙에로 향해 있는 의지, 실천법칙에로 장차 향해질 의지'를 뜻하며, 칸트에 있어서 〈자유로운 자의恣意〉[freie Willkür]는 오늘날 우리가 일상적으로 말하는 자유의지에 해당한다.

87 랄프 루드비히, ebd., 80-81 참조.

88 Formel (eng. formular)을 일본에서는 '법식法式'으로, 우리 학계에서는 보통 '정식定式'으로 번역하지만, 나는 '정칙定則'으로 사용한다.

89 "*Handle nur nach derjenigen Maxime, durch die du zugleich wollen kannst, daß sie ein allgemeines*

Gesetz werde"(AA 421/45).

90 "*Handle so, als ob die Maxime deiner Handlung durch deinen Willen zum allgemeinen Naturgesetz werden sollte*"(AA 421/45).

91 마찬가지로, 또한, 역시, 동시에.

92 "keine Handlung nach einer anderen Maxime zu tun, (...) nur so, *daß der Wille durch seine Maxime sich selbst zugleich als allgemein gesetzgebend betrachten könne*"(AA 434/60 f.).

93 "Handle so, dass die Maxime deines Willens jederzeit zugleich als Prinzip einer allgemeinen Gesetzgebung gelten könne"(*KpV* A 54).

94 "Demnach muss ein jedes vernünftiges Wesen so handeln, als ob es durch seine Maximen jederzeit ein gesetzgebendes Glied im allgemeinen Reiche der Zwecke wäre"(AA 438/66).

95 칸트가 말하는 '행복'이란, 물질적인 것이다.

96 이에 관해서는 『순수이성 비판』의 「II. 선험적 방법론」, 제2장 제1절 〈우리의 이성의 순수사용의 궁극목적에 관하여〉와 제2절 〈순수이성의 궁극목적의 규정근거인 최고선의 이상에 관하여〉[KrV B 825 ff.], 그리고 『실천이성 비판』의 제1편, 제2권 〈순수 실천이성의 변증학〉의 제2장. 〈V. 순수 실천이성의 요청으로서의 신의 현존〉 및 〈VI. 순수 실천이성의 요청들 일반에 관하여〉[KpV. A 224 ff.]를 참고할 것.

97 〈판단력 비판〉에 대한 서술은 岩崎武雄저작著作집集 제4권. 『カント・ヘーゲルとその周辺』, 新地書房, 1982, 159-180을 정리한 것이다.

98 *Kritik der Urteilskraft* (*KU*로 줄임), Einleitung, XIX.

99 '아름답다'의 어원에 관해서는 일치된 견해를 발견할 수 없으나, 옛 우리말 '아름답다'[美]는, '아름'의 명사에 '답다'라는 접미사가 붙어 만들어진 형용사로서, '아름'은 나[私]의 뜻을 지니는 명사로 해석될 수 있다. 이렇게 보면, '아름답다'라는 것은 '나답다'라는 것이다. 그렇다면 어떤 대상이 나의 주관적인 기준에 들어맞을 경우, 그것은 '나 다운 것', 즉 '아름다운' 것이 된다고 해석해볼 수 있다. "제 눈에 안경"이라는 말도 이 점을 나타내고 있다(백훈승, 『철학입문』, ebd., 39 참조).

피히테(Johann Gottlieb Fichte, 1762-1814)

1 사도세자가 뒤주에서 사망한 해이자, 다산(茶山, 1762~1836)이 태어난 해.

2 라우짓즈(Lausitz) 지역은 괴얼릿즈(Görlitz), 비숍스베르다(Bischofswerda), 풀스닛즈(Pulsnitz), 라메나우(Rammenau) 등이 속해 있는 오버라우짓즈(Oberlausitz) 지역과, 코트부스(Cottbus)가 중심인 니더라우짓즈(Niederlausitz)로 구분되는데, 니더라우짓즈는 오버라우짓즈의 북쪽지역이다.

3 다른 자료에 의하면 피히테의 어머니는 1741년 7월 18일에 태어났다.

4 피히테 탄생 250주년이 되던 2012월 4월에 필자가 피히테의 생가 터를 찾아갔을 때도 라메나우는 역시 한적한 시골마을이었다. 라메나우는 드레스덴의 동쪽, 바웃쩬의 서쪽에 있다.

5 'Miltiz'라고도 쓴다. 이것은 마치, 라이프니쯔를 'Leibnitz'혹은 'Leibniz'로 쓰는 것과 마찬가지다.

6 'Siebeneichen'은 '일곱 그루의 떡갈나무'라는 뜻이다. 밀팃쯔는 이 성에서 1757년부터 1774년까지 살았다. 그리고 그가 사망한 1774년부터 1853년까지는 그의 아들 Dietrich v. Miltitz (1769-1853)가 살았다(http://www.freizeit-objekte.de/objk_auf.php?ID=01-662-54). 현재의 지도로 보면 Siebeneichen성城은분명히 마이쎈에 있는데, 당시에는 마이쎈 행정구역 밖에 있었기 때문에 "마이쎈 근처에 있는 성"이라고 표현한 것으로 보인다.

7 포르타 학교는 모든 학생이 기숙사에서 생활하는 〈기숙사 김나지움〉[Internat gymnasium]임. 포르타 학교에서는 많은 위대한 인물들이 교육받았다. 예컨대 클롭슈톡(Friedrich Gottlieb Klopstock, 1724-1806: 피히테의 장래의 부인의 삼촌이자 덴마크의 외교참사관을 지냈다), 쉴러(Schiller), 그리고 뫼비우스의 띠로 알려진, 천문학자이자 수학자인 뫼비우스(Augustus Ferdinand Möbius, 1790-1868), 역사학자 랑케(Leopold von Ranke, 1795-1886), 그리고 니체(Nietzsche) 등이 있다. 'Pforta': '문門'이라는 뜻. 예) Pforta Nigra (= black gate) in Trier / Pforta 〉 portal.

8 당시 란은 35세, 피히테는 28세였음.

9 작센(Sachsen)의 선제후 프리드리히(J. Friedirch)가 1548년에 세운 아카데미가 전신前身임. 고유명칭은 Friedrich-Schiller Univ. 1558년에 개교. 현재는 튀링엔(Thüringen)주州에 속함.

10 1918년까지는 작센 · 바이마르 · 아이제나흐 공국公國의 수도였음.

11 예나대학에 부임하고 얼마 안 되어 피히테는 모든 학생이 다른 강의에 방해받지 않고 자기 강의를 들을 수 있게 하려고 일요일 오전 중의 한 시간을 강의시간으로 정했다. 그는 물론 교회의 예배시간을 피해서 강의시간을 정했는데, 그래도 피히테의 이 행동은 물의物議를 일으켜, 피히테는 공식적인 사유서를 써야 했다.

12 백일천하. cf. 3일천하: 김옥균 등의 갑신정변.

13 대안학교인 발도르프 학교[Waldorfschule]의 창립자.

14 이 부분은 백훈승, 『피히테의 자아론. 피히테철학 입문』(신아출판사, 2004)와 백훈승, 「피히테는 무신론자인가?」[『동서철학연구』 제81호, 2016.9 (329-353)]를 부분적으로 수정한 것이다.

15 "Das Ich setzt ursprünglich schlechthin sein eingenes Seyn"[*Grundlage der gesamten Wissenschaftslehre*, 1794/95(*GdgWL*로 줄임), in: *J. G. Fichte-Gesamtausgabe der Bayerischen Akademie der Wissenschaften* (GA로 줄임) I /2, 261, hg. v. R. Lauth, H. Jacob und H. Gliwitzky, München, 1962 ff. in vier Reihen: I (Werke), II (Nachgelassene Schriften), III (Briefe), IV (Kollegnachschriften). 그리고 SW I , 98. 뒤에 병기하는 것은 피히테의 아들이 편집한 다음의 전집이다: *Johann Gottlieb Fichtes sämmtliche Werke* (*SW*로 줄임). hg. v. I. H. Fichte, Berlin, 1845-1846(I -VIII), 그리고 *Johan Gottlieb Fichtes nachgelassene Werke*, hg. v. I. H. Fichte, Bonn 1834-1835(IX-XI). Nachdruck der Ausgabe Berlin (de Gruyter), 1971].

16 *GdgWL*, in: *GA I /2*, 261 f.; *SW I* , 99 참조.

17 *GdgWL*, in: *GA I /2*, 270 f. 276 f.; *SW I* , 109, 116 참조.

18 *Erste Einleitung in die Wissenschaftslehre* (*EEWL*로 줄임), in: *GA I /4*, 194; *SW I* , 433 f..

19 "(...) *wird dem Ich schlechthin entgegengesetzt ein Nicht-Ich*"(*GdgWL*, in: *GA I /2*, 266,

SW I , 104).

20 Gerhard Gamm, ebd., 52 참조.

21 *Wissenschaftslehre nova methodo* (WLnm로 줄임), in: *GA IV/2*, 40 참조.

22 Alois K. Soller, ebd., 42 참조.

23 *WLnm*, in: GA *IV/2*, 38; *Vorlesung über Logik und* (...), in: *GA IV/1*, 203 참조.

24 'Tätigkeit'와 'Aktivität'은 '활동'으로, 'Handlung'은 '행위'로, 그리고 'Tun'은 행동으로 각각 옮겼다.

25 *WLnm*, in: *GA IV/2*, 39. 그리고 *Brief von Fichte an Schiller v.* 27.06.1795, in: *GAIII/2*, 338 참조.

26 "*Ich setze im Ich dem teilbaren Ich ein teilbares Nicht-Ich entgegen*"(*GdgWL*, in: *GA I /2*, 272; *SW I* , 110).

27 칸트에 있어서는 질質 범주임.

28 Gerhard Gamm, ebd., 52 참조.

29 "(...) *das Ich setzt sich selbst, als beschränkt durch das Nicht-Ich.*" *GdgWL*, in: *GA I /2*, 285; *SW I* , 126. 피히테는 이것을 또한 "자아는 자신을 비아를 통해 규정된 자로 정립한다."("Das Ich setzt sich, als *bestimmt durch das Nicht-Ich.*." *GdgWL*, in: *GA I /2*, 287과 385; *SW I* , 127과 246)라고도 표현한다.

30 "*Das Ich setzt das Nicht-Ich, als beschränkt durch das Ich.*" 같은 곳. 피히테는 이것을 또한, "(...) 자아는 비아를 규정하는 자로 자신을 정립한다." ("(...) *das Ich setzt sich als bestimmend das Nicht-Ich.*" *GdgWL*, in: *GA I /2*, 385, 386; *SW I* , 246, 247, 248.라고도 표현하고 있다.

31 추구, 노력, 분투 등으로 번역될 수 있다.

32 Gerhard Gamm, ebd., 53; Peter Kunzmann/Franz-Peter Burkard/Franz Wiedmann, ebd., 147 참조.

33 '추구'와 '저지'[Anstoß]의 문제에 관해서는 제 3부에서 상론할 것이다.

34 Gerhard Gamm, ebd., 54 참조.

35 'Anstoß'는 'anstossen'이라는 동사의 명사로서, '~에 부딪힘', '~와 충돌함'을 뜻한다. 글자 그대로의 의미에 따르면 '충돌'이라고 번역하는 것이 적절하겠으나, 피히

테는 이 용어를, 자아의 추구가 비아에 충돌하여 발생한 상태인 '저지沮止'라는 의미로 사용하고 있으므로 앞으로 이렇게 번역하기로 한다.

36 intellektuale Anschauung이라고도 함.

37 Gerhard Gamm, ebd., 49 참조.

38 훗설의 현상학에서는 우리의 의식의 본질이 '지향성'[Intentionalität]이어서, 아무런 대상도 갖고 있지 않은 의식은 존재할 수 없다고 말한다. 따라서 예를 들면 우리는 '어떤 책상에 관한 의식'[Bewußtsein von einem Tisch], 혹은 더 정확하게는 '어떤 책상의식'[Tisch-Bewußtsein]을 갖는다고 말한다.

39 Hartmann, ebd., 64; Kopleston, ebd., 54 참조.

40 'Aufforderung'은 촉구促求, 요구要求, 요청要請, 부름, 소환召喚, 재촉, 명령命令, 권유勸誘, 초청招請 등의 의미를 지니고 있는 용어다. 예컨대, "eine Dame (zum Tanzen) auffordern"이라고 하면, "어떤 부인에게 춤추기를 청하다"라는 뜻이고, "jn. zur nochmaligen Überlegung [Erwägung] auffordern"은 "재고하기를 권하다"라는 뜻이며, "jn. auffordern zu bezahlen"라고 하면, "지불을 청구하다"라는 뜻이다. 독일의 작곡가 베버(Carl Maria von Weber, 1786~1826)의 작품인 *Aufforderung zum Tanzen*은 『무도(회)[舞蹈(會)]에의 권유』로 보통 번역되고 있지만, 사실 이것은 "춤추기를 청함"이라는 뜻이다. 이에 대한 영어 번역어로는 invitation, prompt request, challenge, injunction, summons, incitement, instigation, call, demand, affordance 등이 사용될 수 있으나, 실제로 대부분의 철학자들은 'summon'을 사용하고, 때로는 'elicitation'[예컨대 Douglas Moggach, "Reciprocity, Elicitation, Recognition: The Thematics of Intersubjectivity in the Early Fichte," in: *Dialogue* 38, 1999 (271-96)]이 채택되기도 한다. 피히테가 말하는 요점은, 타인은 자기 자신의 존재에 의해서 나의 자유에 대하여 주장을 함으로써, 나로 하여금 자유로운 행위, 책임 있는 행위 등을 하도록 요청하거나 명령한다는 것이다(Robert R. Williams, *Recognition. Fichte and Hegel on the Other*, Albany, 1992, 67 참조).

41 Williams, ebd., 56 참조.

42 사르트르는 이런 사태와 관련하여, 인간은 늘 보름달처럼 만족한 즉자의 상태로 존재하고자 하나, 자신 속에 결핍과 불만족 · 불안을 지닌 대타로 머물 수밖에 없

는 존재방식을 지니고 있다고 말하면서, 끊임없이 대타로부터 즉자로 이행하고자 하는 인간의 운동을 "무익한 정열"(J.-P. Sartre, *Being and Nothingness. An Essay on Phenomenological Ontology*, tr. by Hanzel E. Barnes, London and NY., 1989, 615라고 말한다.

43 Peter Baumanns, *Fichtes Wissenschaftslehre. Probleme ihres Anfangs mit einnem Kommentar zu* § 1 *der "Grundlage der gesamten Wissenschaftslehre"*, Bonn, 1974, 78 f. 및 90 f. 참조.

44 Wilhelm G. Jacobs, *Trieb als sittliches Phänomen. Eine Untersuchung zur Grundlegung der Philosophie nach Kant und Hegel*, Bonn, 1967, 81 참조.

45 피히테가 타아에 대한 선험적 논증들을 『자연법의 기초』(1796)에서 전개하기 시작했지만, 그는 이미 『전 학문론의 기초』에서 "너 없이는 내가 없고, 나 없이는 네가 없다"(SW1, 189)고 선언하고 있다. 뿐만 아니라, 『전 학문론의 기초』와 같은 해(1794년)에 쓰인 『학자의 사명에 대한 몇 차례의 강의』(*Einige Vorlesungen über die Bestimmung des Gelehrten*)에서도 피히테는 "인간의 외부에 자기와 같은 이성적 존재자가 주어져 있다(daß vernünftige Wesen seines Gleichen außer ihm gegeben seyen)"(I /3, 36)는 것은 "인간의 필요"[seine Bedürfnisse]에 속하며, 또한 그렇게 가정할 수 있는 것은 "인간의 근본충동"(ebd., 37)에 속한다고 말하기는 하지만, 그가 본격적으로 실천철학에 관해 발표하기 이전부터 사물로서의 비아뿐만 아니라 타인으로서의 비아도 늘 염두에 두고 있음을 생각할 때, 자아가 스스로 자신을 단적으로 정립한다고 표현되어 있는 피히테의 『학문론』(1794)의 변증법이 고독한 반성이라는 관계에 결합되어 있다고 보는 하버마스(Jürgen Habermas, "Arbeit und Interaktion. Bemerkungen zu Hegels Jenenser Philosophie des Geistes," in: *Technik und Wissenschaft als Ideologie*, Ffm., 1969, 13 ff. 참조)의 주장은 적절하지 않다.

46 촉구는 이런 의미에서, "주체로부터 실천적인 응답을 야기하는 실천적인 '저지'"(-James Alexander Clarke, *Fichte"s theory of Intersubjectivity*, Durham theses, Durham University, 2004, 138)라고 할 수 있다.

47 승인承認 혹은 인정認定으로 번역된다. 독일어 erkennen은 '어떤 대상을 인식한다'는 뜻을 지니고 있는데 비하여, anerkennen은 '어떤 대상을 존중하고 소중히 생각하고 어떤 가치를 용인한다'는 의미를 지니고 있다. 영어의 recognize는 이 양자 모

두의 의미로 사용되며, acknowledge는 후자의 의미로 사용된다.

48 Hirschberger, *Geschichte der Philosophie. II.Teil. Neuzeit und Gegenwart.* Zweite Auflage, Freiburg, 1955, 340 참조.

49 Edith Düsing, *Intersubjektivität und Selbstbewußtsein. Behavioristische, phänomenologische und idealistische Begründungstheorien bei Mead, Schütz, Fichte und Hegel*, Köln, 1986, 251 f. 참조.

50 Williams, ebd., 68 참조.

51 피히테는 "촉구" 개념을 명령[Imperativs]이라는 강한 의미가 아니라 단순한 말을 걺[Anrede]이라는 약한 의미로 사용한다[Axel Honneth, "Die transzendentale Notwendigkeit von Intersubjektivität (Zweiter Lehrsatz: § 3)," in: *Klassiker Auslegen. Johann Gottlieb Fichte. Grundlage des Naturrechts*, hg.v. Jean-Christophe Merle, Berlin, 2001 (63-80), 75 참조].

52 *Grundlage des Naturrechts nach den Principien des Wissenschaftslehre* (*1796/97*) (*GN*으로 줄임), in: GA I /3, 345; SWIII, 36.

53 Williams, ebd., 59 참조.

54 Clarke, ebd., 136 참조.

55 Williams, ebd., 참조.

56 그런데 상황은 좀 복잡하다. 왜냐하면, 『자연권의 기초』의 제1부는 『도덕 형이상학』의 전체보다는 앞서 출간되었지만, 『윤리형이상학』의 제1부인 「권리론의 형이상학적 출발근거」["Metaphysische Anfangsgründe der Rechtslehre"]는 1797년 1월에 나왔기 때문에, 같은 해 가을에 이루어진 『자연권의 기초』의 제2부의 출간에 앞서 나온 것이다. 이로 인해 피히테는 『자연권의 기초』 제 2부(§ 20. V)에서, 『도덕 형이상학』의 제1부에서 한 칸트의 몇몇 주장들을 언급할 수 있었다(J.G. Fichte, *Foundations of Natural Right. According to the Principles of the Wissenschaftslehre*, ed. by F. Neuhouser, tr. by M. Baur, Cambridge, 2000, Introduction, vii 참조).

57 여기서 '영향력'으로 번역한 용어는 'Wirksamkeit'다. 'Wirksamkeit'는 영어로는 'efficacy'로, 일본어로는 '실동성實働性'으로 번역되고 있다. 호네트는, 방금 위에 인용된 『자연권의 기초』의 두 번째 정리(定理, Lehrsatz)가 등장하는 § 3에서 피히테는 법(권리) 개념을 연역하려는 목적을 가지고 처음으로 자기의 초기의 학문론

의 독백적인 틀을 붕괴시킨 것으로 보인다고 해석하고 있는데[Honneth, ebd., 63], 이는 잘못된 견해다. 타아에 의한 자아의 촉구 내지는 상호주관성의 구성은 이미 초기의 학문론에 내재되어 있다고 보아야 한다. 그러나 이 정리가 오늘날까지 피히테 철학 내에서 하나의 돌파력을 지닌 명제로 계속 작용하였고, 한편으로는 헤겔의 승인이론을 예비하는 요소로 해석되었을 뿐만 아니라, 금세기의 대화철학과의 비교를 일깨웠다는 그의 주장은 설득력이 있다(Honneth, ebd., 65 참조).

58 Gerhard Gamm, *Der Deutsche Idealismus. Eine Einführung in die Philosophie von Fichte, Hegel und Schelling*, Stuttgart, 1997, 57 참조.

59 여기서 피히테가 '요구한다'는 의미로 사용한 단어는 'anmuten'이다. 이 단어는 '요구한다' 혹은 '기대한다'는 뜻을 가지고 있다.

60 또는 이렇게도 말한다: "나는 분할되지 않는 동일한 행위 속에서, 다른 자유로운 존재자들을 동시에 정립한다. 따라서 나는 나의 구상력을 통하여, 여러 존재자들이 분할되는 자유를 위한 영역을 기술한다. 나는 내가 정립한 모든 자유를 나 자신에게 귀속시키는 것은 아니다. 왜냐하면 나는 다른 자유로운 존재자들도 정립하고, 그들에게도 자유의 부분을 귀속시켜야 하기 때문이다. 나는 다른 존재자들을 위해서도 자유를 남겨놓음으로써, 자유를 전유專有함에 있어서 나 자신을 제한한다"(*GN GA I* /3, 319; *SW III*, 8).

61 Hansjürgen Verweyen, *Recht und Sittlichkeit in J.G. Fichtes Gesellschaftslehre*, Freiburg/München, 1975, 92 f. 참조.

62 Gamm, ebd., 58 그리고 Peter Rohs, *Johann Gottlieb Fichte*, München, 1991, 87 참조.

63 그러나 피히테에 있어서는, 관계를 결합하는 지체가 신神이거나 그 속에서 신적인 것이 드러나는, 부버가 말하는 나와 너의 관계가 문제되는 것이 아니다[Siegfried Reusch, *Subjektivität–subjectum der Macht*, Universität Stuttgart (Doktorarbeit), 2004, 69 참조].

64 Düsing, ebd., 274. 그리고 Wolfgang H. Schrader, *Empirisches und absolutes Ich*, Stuttgart-Bad Cannstatt, 1972, 78도 참조.

65 헤겔도 피히테와 이와 동일한 생각을 공유하고 있다. 일방적이고 불평등한 승인에 관하여 헤겔은 『정신현상학』에서 언급하고 있는데, 승인을 위한 생사를 건 투쟁

[Kampf um Anerkennung auf Leben und Tod]의 결과로 발생한 주인과 노예 사이에서 이루어지는, 주인으로부터 진정한 자유로운 인간으로 승인받지 못한 노예에 의한 주인의 일방적인 승인은 진정한 의미의 승인이 아니라는 점을 밝히고 있다.

66 *GN*. GA I /3, 354; *SWIII*, 47 f. 참조.

67 Williams, ebd., 61 ff. 참조.

68 *GN. GA I /3*, 347 f.; *SWIII*, 39 참조.

69 Nedim Nomer, "Fichte and the Relationship between Self-Positing and Rights," in: *Journal of the History of Philosophy*, Volume 48, Number 4, October 2010 (469-490), 485 ff. 참조.

70 Düsing, ebd., 258 f. 참조.

71 *Über den Begriff der Wissenschaftslehre oder der sogenannten Philosophie, als Einladungsschrift zu seinen Vorlesungen über diese Wissenschaft*, in: *GA I /2*, (91-172), 110.

72 Daniel Breazeale (tr. and ed.), *Fichte: Early Philosophical Writings*, Ithaca and London, 1993, 7 참조.

73 1792년에 출간된 『모든 계시에 대한 비판의 시도』는, 이 제목으로 표시된 문제에 대한 당시의 유일한 책이 아니다. 같은 해에 마아스(Johann Gebhard Ehrenreich Maaß, 1766-1823)의 『비판적 계시론. 그리스도와 이성이라는 저술을 바로잡는 일을 포함하여』(*Kritische Thoerie der Offenbarung. Nebst Berichtigung der Schrift: Christus und die Vernunft*, Halle, 1792)가 출간되었다. 당시 신학대학 졸업시험 수험생이었던 피히테는 칸트의 『실천이성 비판』을 읽은 것을 정신적인 해방으로 경험하였고, 자기의 처녀작을 쓸 때에 자기를 "비판의 제자"(Schüler der Critik, GAIII/1, 167, 254) 라고 고백했다. 칸트 자신은 『모든 계시에 대한 비판의 시도』를 — 단지 시작부분만을 읽은 것을 근거로 하긴 했지만 — "잘 썼고, 종교적인 문제들을 연구하기 위한 현재의 분위기에 잘 맞는다"(AA XI, 284)고 평가했고 그것이 출판되도록 애써 주었다. 사실 피히테의 저술에서 다루어진 문제는 칸트적인 것으로부터 일관적으로 성장한 것이다(Walter Jaeschke, Andreas Arndt, *Die Klassische Deutsche Philosophie nach Kant. Systeme der reinen Vernunft und ihre Kritik* 1785-1845, München, 2012, 133 참조). *Versuch einer Kritik aller Offenbarung, in: Fichtes Werke*, hg. v. Immanuel

Hermann Fichte, Berlin, 1971, Band V. *Zur Religionsphilosophie*, ein fotomechanischer Nachdruck von: *Johann Gottlieb Fichtes sämmtliche Werke*, hg. v. I. H. Fichte, Berlin, 1845-1846 (I -VIII), (11-174). 이후로 *VKO*로 줄이고 이 전집(이 전집은 *SW*로 줄임)의 쪽수를 기입함.

74 Wilhelm G. Jacobs, *Johann Gottlieb Fichte. Eine Biographie*, Berlin, 2012, 48 참조.

75 1785년부터 예나에서 칸트철학을 확산하기 위해 발간되던 기관지인 『일반문예신문』(*Allgemeine Literatur-Zeitung*) — 이 신문은 당시에 가장 많은 독자를 가진 서평지다 — 에 칸트는 1792년 7월 31에 이 저술의 저자는 자기가 아니라는 점을 해명하는 글을 보냈고, 8월 22일에는, 『일반문예신문』에 추가로 발행되는, 『지성인의 신문』[*Intelligenzblatt*]에 다시 한 번 이점을 밝혔다(Wilhelm G. Jacobs, ebd., 48 f. 참조). 칸트의 종교철학 저서인 『단순한 이성의 한계 내에서의 종교』(*Die Religion innerhalb der Grenzen der bloßen Vernunft*)는 다음해인 1793년에 출간된다. 물론 피히테는 『모든 계시에 대한 비판의 시도』를 저술하기 전인 1790년에 「종교와 이신론에 대한 잠언」("Aphorismen über Religion und Deismus," in: SWVI, 1-8)이라는 단편을 발표한 바 있는데. 이 글을 쓸 당시에 그는 스피노자식의 결정론에 머물러 있었다.

76 Friedrich Karl Forberg, "Entwicklung des Begriffs der Religion," in: *Philosophisches Journal einer Gesellschaft Teutscher Gelehrten 8/1*, Jena und Leipzig, 1798, 21-46. 포어베르크의 논문은 Fritz Medicus (hg.), *Johann Gottlieb Fichte. Ausgewählte Werke in sechs Bänden*, auf der 1. Auflage, Leipzig, 1911, Darmstadt, 2013, III, 135-150에 실려 있다.

77 예컨대 포어베르크는 자신의 글을 "종교란 도덕적인 세계통치에 대한 실천적 신앙 외에 다른 것이 아니다. 혹은 같은 개념을 잘 알고 있는 거룩한 말로 표현하면, 이 땅위에 도래할 신의 나라에 대한 생동적인 믿음 외에 다른 것이 아니다. 도덕적인 세계통치를 믿는 사람은, 그리고 더욱이 그것을 실천적으로 믿는 사람은 종교를 가지고 있는 것이며, 오직 그런 사람만이 종교를 가지고 있는 것이다"라는 주장으로 시작하고 있다("Entwicklung des Begriffs der Religion," in: Fritz Medicus (hg.), *Johann Gottlieb Fichte. Ausgewählte Werke in sechs Bänden*, auf der 1. Auflage, Leipzig,

1911, Darmstadt, 2013, III, (135-150), 135.

78 "Über den Grund unseres Glaubens an eine göttliche Weltregierung," in: SW V (177-189). *GG*로 줄임.

79 Björn Pecina, *Fichtes Gott. Vom Sinn der Freiheit zur Liebe des Seins*, Tübingen, 2007, 76 참조; Fritz Medicus, *Fichtes Leben*, Leipzig, 1922, 111 ff. 참조; Heinrich Rickert, "Fichtes Atheismusstreit und die Kantische Philosophie. Eine Säkularbetrachtung," in: *Kant-Studien*, Bd. 4, Berlin, 1899, 10 참조. 그리고 이와사끼 다께오, 『칸트에서 헤겔까지』, 한단석 역, 신아출판사, 2005, 95 f. 참조.

80 "(...) und dieses absolute Seyn ist eben die Welt; beide Begriffe sind identisch"(GG, 179).

81 *GA, III/3*: Briefe 1796 - 1799, 330 참조.

82 Walter Jaeschke, Andreas Arndt, ebd., 147 ff. 참조. 경과에 대해서는 피히테의 논문의 편집자의 서론을 볼 것(GA I /5, 331-345, 그리고 *Fichtes Entlassung. Der Atheismusstreit vor 200 Jahren*. Edd. Klaus-M. Kodalle und Martin Ohst. Würzburg, 1999도 참조할 것. 포어베르크와 피히테의 두 논문은 익명으로 출간된, 「피히테와 포어베르크의 무신론에 대해, 대학에 다니는 아들에게 보내는 한 아버지의 편지」("Schreiben eines Vaters an seinen studierenden Sohn über den Fichtischen und Forbergischen Atheismus," 1798)를 야기하였는데, 이 글 또한 무신론 논쟁 및 대학으로부터의 피히테의 퇴출의 동인이 되었다. 이 글은 저자의 이름도 출판자의 이름도 밝히지 않은 채 뉘른베르크에서 1798년에 출간되었으며, *GA I /6* (121-138)에 수록되어 있고, 영어번역은 "A Father's Letter to his Student Son about Fichte's and Forberg's Atheism," in: Yolanda Estes and Curtis Bowman (ed.), *J.G. Fichte and the Atheism Dispute* (1798-1800), Farnham, England/Burlington, USA, 2010 (57-75)에서 확인할 수 있다.

83 "Appellation an das Publikum, 1799," in: *SW V* (193-238). 이 글의 본래 제목은 다음과 같다: "작센 선제후의 몰수재결서沒收裁決書를 통해 그에게 부여된 무신론의 표명에 대해 대중에게 호소함. 몰수하기 전에 우선 읽기를 청하는 저술"["Appellation an das Publikum über die durch ein Churf. Sächs. Confiscationsrescript

ihm beigemessenen atheistischen Äusserungen. Eine Schrift, die man erst zu lesen bittet, ehe man sie confiscirt"(*APP*로 줄임)이다.

84 "Gerichtliche Verantwortungsschriften gegen die Anklage des Atheismus, 1799," in: *SW V* (241-333). *GV*로 줄임.

85 Alexander Ulfig, *Lexikon der philosophischen Begriffe*, Wiesbaden, 1997, 418 참조. 그리고 마이클 피터슨 외, 『종교의 철학적 의미』, 하종호 역, 이화여자대학교출판부, 2006, 24 참조.

86 https://en.wikipedia.org/wiki/Theism 참조.

87 힌두교에는, '아그니(불)', '유사스(새벽)', '마루츠(폭풍)', '나디[하천河川]', '인드라(비, 천둥, 하늘)', 'vayu (바람)' 등의 신들이 있으며, 지속적으로 최고신의 위치를 누리는 신이 없다.

88 Helmut Seidel, *Johann Gottlieb Fichte zur Einführung*, Hamburg, 1997, 113 f. 참조.

89 백훈승, 「헤겔 『정신현상학』의 생 개념」, 『헤겔연구』 제12권, 2002.12 (53-77), 56 참조.

90 Jaeschke und Arendt, ebd., 150 f. 참조.

91 "Intellectus actu, sive is finitus sit sive infinitus, ut et voluntas, cupiditas, amor etc. ad Naturam naturatam, non vero ad naturantem referri debent."(정리 31), in: Baruch de Spinoza, *Ethik in geometrischer Ordnung dargestellt*. Neu übersetzt, herausgegeben, mit einer Einleitung versehen von Wolfgang Bartuschat. Lateinisch-Deutsch (*Ethik*으로 줄임. 그리고 별다른 표기가 없는 경우의 인용은 모두 이 책에 의함), Hamburg, 2010.

92 "왜냐하면 신이 어떤 목적을 위해 행동한다면, 그는 자신이 결여하고 있는 것을 필연적으로 욕구하는 것이기 때문이다. (...) 그러므로 신이 어떤 것을 위하여 수단을 마련하려고 했다면, 신에게는 그 어떤 것이 없기 때문에 그것을 욕구한다는 것을 그들은 반드시 인정해야만 한다"(*Ethik*, 제1부, 부록). 이상은 백훈승, 「스피노자는 범신론자인가?」, 『동서철학연구』 제64호, 한국동서철학회, 2012 (303-325), 318 f.를 참조함.

93 Jaeschke und Arendt, ebd., 151 참조.

94 "Aus einem Privatschreiben (Im Jänner 1800)," in: *SW V* (377-396), 394 f. 'Jänner'는, 오스트리아, 스위스, 남부독일, 그리고 남부티롤지방에서 1월[Januar]를 뜻하는 말이다.

95 Frederick Charles Copleston S.J., *A History of Philosophy. Vol.7: Fichte to Nietzsche*, London, 1965, 81 참조.

96 "Aus einem Privatschreiben (Im Jänner 1800)," ebd., 381.

97 "Aus einem Privatschreiben (Im Jänner 1800)," ebd., 382.

98 "Anerkennung einer Offenbarung aus theoretischen Gründen ist unmöglich"(*VKO*, 162).

99 *Versuch einer Kritik aller Offenbarung*, in: Johann Gottlieb Fichte. *Ausgewählte Werke in sechs Bänden*, hg. v. Fritz Medicus, Basiert auf der 1. Auflage, Leipzig, 1911, Darmstadt, 2013, Erster Band, 8. 메디쿠스(Meidicus)가 편집한 『피히테 선집』에 실린 『모든 계시에 대한 비판의 시도』(*Versuch einer Kritik aller Offenbarung*)는 1792년의 초판본인데 비하여, 피히테의 아들의 편집본에 실린 글은 1793년에 수정 · 증보된 제2판이다. 따라서 지금 인용한 글은 메디쿠스판에만 실려 있다. 메디쿠스판에 실린 글은 VKOM로 인용한다. 제1판과 제2판에 공통으로 있는 내용은 두 판본을 병기한다.

100 Helmut Seidel, ebd., 115 참조.

101 "Das Wesesn des Ich besteht in seiner Thätigkeit; (...)"(*GdgWL*, in: *GA I/2*, 405; *SW I*, 272).

102 백훈승, 『피히테의 자아론: 피히테철학 입문』, ebd., 123 ff. 참조.

103 피히테에 있어서는 Handlung, Tun, Tat, Akt라는 유사한 의미를 지닌 용어들이 자주 발견된다. 나는 Handlung을 '행위'로, Tun과 Tat은 '행동'으로, Tätigkeit는 '활동'으로, 그리고 Akt는 '작용'으로 옮긴다.

104 "Aus einem Privatschreiben (Im Jänner 1800)," in: *SW V* (377-396), 381.

105 "Rückerinnerungen, Antworten, Fragen (ungedruckt, aus dem Anfange 1799)," in: *SW* V (337-373), 366.

106 많은 철학자들이 그러하듯 피히테도 신을 "절대자"라고도 표현한다[*Die*

Wissenschaftslehre. Vorgetragen im Jahre 1804, in: *SWX* (87-314), 94. 그리고 『복된 삶에로의 안내 혹은 또한 종교론』(*Die Anweisung zum seligen Leben oder auch die Religionslehre. ASL*로 줄임), in: *SWV* (399-580), 443. '신'과 '절대자'라는 "두 단어는 하나이며 동일한 것을 뜻한다"(*Über das Wesen des Gelehrten, und seine Erscheinungen im Gebiete der Freiheit*, 1805, in: *SWVI* (349-447) 361.

107 *ASL*, 447참조. 피히테는 이렇게 말한다: "순수하게 내재적인 Sein은 절대자, 신이다"(*SW*X, 223). 이에 상응하게 피히테는 "절대적 Sein"(*ASL*, 452), "신적인 Sein"(*ASL*, 444), "신적이고 진정한 Sein"(*ASL*, 457)과 같은 표현들도 사용한다.

108 이에 대한 짧지만 핵심적인 사상을 횔더린의 다음과 같은 글에서 찾아볼 수 있다: Friedrich Hölderin, "Seyn, Urtheil, Modalität," in: Friedrich Hölderlin, *Sämtliche Werke und Briefe. BdIII*, hg. v. Michael Knaupp, Darmstadt, 1998, 384 ff.; Friedrich Hölderlin, "Seyn, Urtheil, Modalität," in: *Sämtliche Werke und Briefe. BdII*, hg. v. Michael Knaupp, Darmstadt, 1998, 49 f.

109 *Darstellung der Wissenschaftslehre. Aus dem Jahre 1801*, in: *SWII* (3-163), 17.

110 Ebd.

111 Hegel, *Phaenomenologie des Geistes*, hg.v. J. Hoffmeister, Hamburg, 1952, 19.

112 Hegel, ebd., 22.

113 Helmut Seidel, ebd., 114 참조.

114 그는 이렇게 말한다: "그날에 많은 사람이 나더러 이르되 '주여, 주여, 우리가 주의 이름으로 선지자 노릇하며 주의 이름으로 귀신을 쫓아내며 주의 이름으로 많은 권능을 행치 아니하였나이까?' 하리니 그때에 내가 저희에게 밝히 말하되 불법을 행하는 자들아 내게서 떠나가라 하리라"(마태복음 7:22-23).

115 고트홀트 에프라임 레싱, 『현자 나탄』, 윤도중 역, 지식을 만드는 지식, 2011, 119 ff. 참조.

116 Peter Kunzmann u.a., *dtv-Atlas zur Philosophie*, München, 1995, 149 참조.

셸링(Friedrich Wilhelm Joseph Schelling, 1775-1854)

1 셸링의 사상에 대해서는 백훈승,『칸트와 독일관념론의 자기의식 이론』, 서광사, 2013, 181-268과 로타 엘라이,『피히테, 셸링, 헤겔. 독일관념론의 수행적 사유방식들』, 백훈승 역, 인간사랑, 2008, 149-174를 토대로 하여 수정 · 보충하였다.

2 Wilhelm Windelband, *Lehrbuch der Geschichte der Philosophie*, hg.v. Heinz Heimsoeth. 16. Aufl., Tübingen, 1976, 530. 프로테우스는 헬라스신화에 나오는, 자유자재로 늘 변신하는 바다의 신. 천변만화의 사람, 정견定見이 없는 사람.

3 그러나 슐쯔(Walter Schulz)같은 연구자는, 셸링에 대한 지금까지의 독일관념론연구자들의 판단은 수정되어야 할 것이라고 말한다. 즉, 예컨대 셸링은 평생을 대중 앞에서만 철학을 했기 때문에 체계적인 깊이가 없는 "독일관념론의 프로클레스"이며 "생동적이고 다면적으로 자극적인[anregbare]" "천재"였다는 헤겔의 선판단(선입견)을 수정하고자 하며, 셸링[셸링 후기철학]을 독일관념론의 완성자로 평가한다(Walter Schulz, *Die Vollendung des Deutschen Idealismus in der Spätphilosophie Schellings*, Pfullingen, 1975 (Stuttgart, 19551).

4 Nicolai Hartmann, *Die Philosophie des deutschen Idealismus*, Berlin/NY., 1974, 112.

5 J. Hirschberger, *Geschichte der Philosophie. II. Neuzeit und Gegenwart.* Zweite Auflage, Freiburg, 1955, 353 f. 그리고 김계숙, 『서양철학사』, 일조각, 1996, 347 참조.

6 II, 58. 셸링의 인용은 다음의 전집에 의거한다: F.W.J.v. *Schellings sämtliche Werke*, hg.v. K.F.A. Schelling, Stuttgart, 1856-61(로마숫자는 전집의 권수를 가리킨다)

7 로타 엘라이, ebd., 157.

8 서울대학교교양교재편찬위원회(편), ebd., 481 참조. 岩崎武雄, 岩崎武雄著作集 제3권,『西洋哲學史』, 新地書房, 1981, 212 ff. 참조.

9 H.J. 슈퇴릭히,『세계철학사. 하권』, 임석진 역, 분도출판사, 1978, 218 f. 참조.

10 셸링 자신의 표현에 의하면, 자연은 "눈에 보이는 정신"이며 정신은 "눈에 보이지 않는 자연"이다.

11 최재희,『서양철학사상』, 박영사, 203 참조.

12 로타 엘라이, ebd., 2008, 163-4; Franz Josef Wetz, *Friedrich W.J. Schelling zur Einführung*, Hamburg, 1996, 73; Frederick Copleston S.J., *A History of Philosophy. Vol.7: Fichte to Nietzsche*, London, 1965, 114; Ulrich Claesges, *Geschichte des Selbstbewusstseins. Der Ursprung des spekulativen Problems in Fichtes Wissenschaftslehre von* 1794-95, Den Haag, 1974, 185 참조.

12 헤겔은 쉘링이 말하는 자연에 대해 다음과 같이 말한다. "그러나 자연은 즉자적인 이념이다. 그러므로 쉘링은 그것을 경직된(화석화된)[versteinerte] 지성이라고 불렀고, 다른 사람들은 심지어 얼어붙은 지성이라고까지 불렀던 것이다."[『철학강요』 II, § 247 보유補遺].

14 이 용어는 '가능태', '잠재태', '잠재력', '힘' 등을 뜻하는 라틴어 potentia에서 유래한 것으로, 힘, 전상展相, 혹은 활력活力[김계숙, ebd., 351]이라고도 번역한다.

15 정진일, ebd., 244-5; 최재희, 『서양철학사상』, ebd., 203-4; 서울대학교교양교재편찬위원회, ebd., 482-3 참조.

16 Gerhard Gamm, *Der Deutsche Idealismus. Eine Einführung in die Philosophie von Fichte, Hegel und Schelling*, Stuttgart, 1997, 206 참조.

17 Walter Schulz, "Einleitung zu Schellings System des transzendentalen Idealismus," In: *Schelling, F.W.J., System des transzendentalen Idealismus*, hg. v. Horst D. Brandt und Peter Müller, Hamburg, 2000, XXXV 참조.

18 *Briefe von und an Hegel*, hg. v. Johannes Hoffmeister. Hamburg 1952. Band I, 22. 백훈승, 『칸트와 독일관념론의 자기의식이론』, 서광사, 2013, 189 ff. 참조.

19 이 용어와 관련해서 언급되어야 할 점은, 쉘링은 자신의 초기저술들에서 'intellekt*uale* Anschauung'이라는 표현을 사용하고 있고, 『정험적 관념론의 체계』에서는 'intellekt*uelle* Anschauung'이라는 표현을 사용하고 있다는 사실이다. 이 두 표현이 지니고 있는 동일한 의미에도 불구하고 쉘링은 칸트와 관련된 'intellektuelle Anschauung'에 관한 주장을 가지고 이 표현의 의미를 다음과 같은 방식으로 명확하게 규정하고자 한다. 즉, 이러한 직관은 칸트가 말하는 의미로 'intellektual'하지 않다는 것, 즉 지성에 근거해 있지 않다는 것(*KrV B* 150)이다[Siegbert Peetz, "Voraussetzungen und Status der intellektuellen Anschauung in Schellings ≫System

des transzendentalen Idealismus≪," in: *System als Wirklichkeit: 200 Jahre Schellings System des transzendentalen Idealismus*, Christian Danz, Claus Dieksmeier, Christian Seysen (hg.), Würzburg (23-40), 2001, 24 참조].

20 Frederick Copleston S.J., *A History of Philosophy. Vol.7: Fichte to Nietzsche*, London, 1965, 115 참조.

21 주지하듯이 칸트는 철학에서 이성의 직관적 사용을 단호히 거부했고, 그렇게 함으로써 논증성[Diskursivität]의 이상理想에 의해 전적으로 단호히 규정되는 근대의 자기이해를 위한 예비작업을 하였다. 이와는 반대로 피히테와 셸링의 철학은 칸트와 맞서서, 이성의 논증적 사용과 결별하지 않고 철학에서의 이성의 직관적 사용을 위한 체계적으로 적절한 자리를 확보하려는 시도를 하였다. 그리고 이런 시도에 있어서는, 예지적 직관의 정리定理가 중심적인 역할을 한다[Siegbert Peetz, ebd., 23 참조]. 피히테와 셸링뿐만 아니라 노발리스(1772-1801, Novalis 본명 Friedrich von Hardenberg)와 횔더린도 우리 인간이 절대적 자아, 이성 혹은 신적인 것을 정신적으로 볼 수 있다는 것을 확신했다. 그러나 물론 헤겔은 예지적 직관을 자의적인 것이라고 비난했다(Franz Josef Wetz, *Friedrich W.J. Schelling zur Einführung*, Hamburg, 1996, 28 참조).

22 백훈승, 『칸트와 독일관념론의 자기의식 이론』, ebd., 251 ff. 참조.

23 강영안, 『자연과 자유 사이』, 문예출판사, 2001, 258 ff. 참조.

24 백훈승,『칸트와 독일관념론의 자기의식 이론』, ebd., 212 ff. 참조.

25 최재희, ebd., 205 참조.

26 H.J. 슈퇴릭히, 『세계철학사. 하권』, 임석진 역, 분도출판사, 1978, 221 참조.

27 백훈승,『칸트와 독일관념론의 자아의식 이론』, ebd., 257 ff. 참조.

28 "Unterscheidung zwischen dem Wesen, sofern existirt, und dem Wesen, sofern es bloß Grund von Existenz ist"(*SWVII*, 357). 그런데 이러한 구별은 이미 『나의 철학 체계의 서술』에서 이루어진 바 있다.

29 바이쉐델, 『철학자들의 신』, 최상욱 역, 동문선, 2003, 378 f. 참조.

30 정확히 말하자면 이러한 존재자는 '무차별자'이고, 무차별자가 지니는 성격이 '무차별(성)'이다.

31 Christian Iber, *Das Andere der Vernunft als ihr Prinzip*, Berlin, Walter de Gruyter, 1994, S. 198.

32 "그 기원은 오직 이탈 속에, 절대자로부터의 타락[Abfall] 속에 있을 것이다"(VI, 38). 그런데 이러한 이탈은 "절대자로부터 현실로 나아가는 연속적인 전이"가 아니며 "감성계의 근원은 비약을 통한 절대자로부터의 완전한 단절로서만 고려될 수 있다"(VI, 38).

33 Horst Fuhrmans, Einleitung, ebd., 35. 그리고 『세계의 시대들(*Weltalter*)』에서도 쉘링은, "어떻게 즉자적으로 비계시적이며 자신 속에 닫혀 있는 신성이 계시적이며 외적으로 되는가"라는 물음을 던짐으로써 신의 세계창조에 관해 말하고 있다(VIII, 255 f.).

34 Platon, Der Staat, BuchIX, 1; Aristoteles, *Nikomachische Ethik*, Buch I , 13. Franz Josef Wetz, *Friedrich W.J. Schelling zur Einführung*, Hamburg, 1996, 146 ff. 참조.

35 바이쉐델, 『철학자들의 신』, ebd., 380 참조.

36 쉘링은 『브루노』에서도 "자유는 선과 악의 능력"이라고 말한 바 있다(IV, 244).

헤겔(Georg Wilhelm Friedrich Hegel, 1770-1831)

1 독일에서는 여섯 살에서 아홉 살까지 Grundschule [기초(초등)학교: 4년 과정]를 다닌 후에 Gymnasium [10세~18세, 5학년부터 13학년까지 9년 과정의 중고등학교에 해당]에 가는 학생이 있고, 김나지움에 가지 않는 학생은 Hauptschule [기본학교: 제5학년~제9학년, 즉 15~16세까지]를 거쳐 Berufschule [직업학교]로 가거나, 아니면 Grundschule에서 Realschule [실업학교]로 간다.

2 Mozart (1756-1791)의 1회 연주비演奏費: 1,000굴덴 (=약 1천 3백만원).

3 학사學事를 시찰視察하는 관리. 학무국에 속해있던 고등관高等官의 하나.

4 『철학적 제학문諸學問의 집대성集大成』, 『철학대계哲學大系』 혹은 그냥 『엔쮜클

로패디』라고도 부른다.

5 “철학이 다루는 유일한 대상은 신이다. 즉, 신을 다루고, 신 안에서 모든 것을 인식하고, 신에게로 모든 것을 소급시키며, 또한 모든 특수자를 신으로부터 도출하는 것이 철학의 과제다. 또한 모든 것이 신으로부터 나오고, 신과 연관되어 자신을 유지하고, 신으로부터 오는 광채에 의해 살고 신의 영혼을 갖게 되는 한에서만 모든 것을 정당화하는 것이 철학의 과제다”(G.W.F. Hegel, *Religionsphilosophie*, in *Gesammelte Werke* (=*GW*) Bd. 17[=*Vorlesungsmanuskripte* I (*1816-1831*)], hg.v. W. Jaeschke, Düsseldorf, 1987, 6, in Verbindung mit der Deutschen Forschungsgemeinschaft, hg.v. Rheinisch-Westfälischen Akademie der Wissenschaften, Hamburg, 1968 ff.

6 G. W. F. Hegel, *Vorlesungen über die Philosophie der Religion* I , *in Theorie Werkausgaben* (=*TW*), Bd. 16, Redaktion von Eva Moldenhauer und Karl Markus Michel, Ffm., 1969 ff., 94, 102 참조. “정신 자체는 우선은 직접적이다; 정신은 자기에게로 되돌아옴으로써 대자적으로 존재한다. 그리고 정신의 생동성Lebendigkeit이란, 자기 자신으로 말미암아 대자적으로 된다는 사실이다”(ebd., 111). 바로 정신의 이러한 대자적 성격 때 문에, 정신은 ‘구별 아닌 구별’이라는 생의 성격을 지니는 것이다.

7 “무한한 생은, (죽은 것의) 추상적인 다多와는 대립해 있는 정신이라고 부를 수 있다. 왜냐하면, 정신이란 (...) 다양한 것의 살아있는 통일체이기 때문이다”[G. W. F. *Hegel*, *Systemfragment von 1800*, in *Frühe Schriften*. *TW1*, 421. 그리고 또한 Herman Nohl (hg.), *Hegels Theologische Jugendschriften* (=Nohl)(Unveränderter Nachdruck der Ausgabe. Tübingen 1907), Ffm., 1991, 347]. Nohl이 편집한 책에는 괄호 속의 표현이 각주에 기록되어 있다.

8 헤겔은 초기에 사용된 ‘생’이라는 표현은 나중에 ‘정신’으로 대치된다(Richard Kroner, *Von Kant bis Hegel*, Zweiter Band, Tübingen, 1961, 145쪽 참조). 그러면 헤겔이 ‘생’을 ‘정신’을 대치할 수 있었던 이유는 무엇일까? 그것은 우선, 양자 모두 ‘통일과 구별의 통일’, ‘결합과 비결합의 결합’, ‘동일과 비동일의 동일’이라는 구조를 갖고 있기 때문일 것이고, 또 한 가지 이유로 생각할 수 있는 것은, 아리스토텔레스에 의하면, “생(명)이란, 스스로를 유지할 수 있는 능력, 성장능력 및 소멸능

력"("ζωὴν δὴ λήγομεν τὴν δι' αὐτού τροφήν τε καὶ αὔξησιν καὶ φθίσιν." *ΠΕΡΙ ΨΥΧΗΣ*, in: *Aristotle. On the Soul. Parva Naturalia. On Breath*, tr. by W. S. Hett, Havard Univ. Pr., 1964, B 1, 412 a 14)을 뜻하는데, 정신도 그 자신으로 말미암아[δι' αὐτού] 자기를 보존하고 성장할 수 있기 때문이 아닐까?(Heidegger, *Hegels Phänomenologie des Geistes*, Ffm., 1980, 206쪽 이하 참조).

9 *Wissenschaftder Logik. Zweiter Band. Die subjektive Logik* (1816), hg.v. F. Hogemann und W. Jaeschke (*GW 12*), Düsseldorf, 1981, 236.

10 C. G. Schweitzer는, 헤겔의 변증법적 체계가 신의 삼위일체의 비밀을 숙고함으로써 얻어진 결과이며, 헤겔철학의 처음과 마지막은 삼위일체인 신의 정신(성령)이고, 바로 이러한 신의 정신이라는 개념이 헤겔이 말하는 '정신'개념과 동일하다고 주장하고 있다(Carl Gunther Schweitzer, "Die Glaubensgrundlagen des Hegelschen Denkens," in: *Hegel-Studien Beih.* 1, 2. Aufl., hg. v. Hans-Georg Gadamer, Bonn, 1984, 236쪽 참조; ders., "Geist bei Hegel und Heiliger Geist", in: *Neue Zeitschrift für Systematische Theologie und Religionsphilosophie*, 6. Bd., 1964, 321 및 328쪽 참조).

11 Nohl, 302. 헤겔은 원래의 원고에서는 "순수한 생"이라는 표현 대신 "자기의식"[SelbstBewußtsein] 또는 "순수한 자기의식"[reines SelbstBewußtsein]이라고 적었다가 지워버렸는데, 왜 그랬을까? 그 이유는 정확히 알 수 없으나, 한 가지 말할 수 있는 점은, 이러한 표현들이 대치 가능하다는 사실일 것이다. 즉, "순수한 생"이라고 말하든지 "순수한 자기의식."이라고 말하든지 결국 이들은 동일한 사태를 표현하는 용어라는 점이다. 그러면 어떻게 이 양자가 동일한 것인가? 앞 서 말한 것처럼 "순수한 생"이란, 바로 세계창조 이전의 절대자를 가리키는 표현이다. 세계창조 이전의 절대자가 왜 "순수한 생"인가? 첫째로, 그가 순수한 것은, 자신自身 이외의 타자(여기서는 세계)가 존재하지 않기 때문이다. 여기서의 '순수한'이라는 표현은 따라서, '절대적인'이라는 말로 대신할 수도 있을 것이다. 두 번째로, 그를 '생'이라 칭할 수 있는 이유는, 신이 아무런 구별도 없는 무차별적 동일성의 성격을 지닌 자가 아니라 자신 속에 구별(성부, 성자, 성령)을 지닌 동일자이기 때문이다. 이러한, 세계창조 이전의 신은 바로, 자기 자신만을 사유하므로[νόησις νοήσεως] 자기의식이고, 더욱이 자기의 타자가 매개되지 않은, 오로지 자기 자신만에 대한 의

식이기 때문에, '구체적인' 자기의식이 아닌 '추상적' 또는 '순수한' 자기의식이라고 말할 수 있는 것이다.

12 Ebd., 303. 여기서 필자는 '존재存在'라 옮기지 않았다. 왜냐하면 우리말 '존재'에는 '있음'이라는 뜻 밖에 없기 때문이다. 영어의 be동사나 독어의 Sein동사에는 이 밖에도 '~임'[시是]'이라는 뜻도 포함되어 있지만 우리말은 그렇지 않다. 더군다나, 여기서는 'Sein'이 '신神' 또는 '절대자' 혹은 '하나'를 뜻하고 있기 때문에 이것을 '존재'라고 옮기는 것은 더욱 부당하다. 'Sein'은 문법적으로는 주어와 술어를 결합하는 계사繫辭의 역할을 하므로, 이러한 의미가 확장되어서 주관과 객관을 통합하는 자로서의 절대자를 가리키는 용어로 사용되기도 하는 것이다. 이런 맥락에서 헤겔은 다음과 같이 말하고 있다: "Sein은 그 속에서 주관과 객관이 자신들의 대립을 잃어버린, 그러한 주관과 객관의 종합이다"(Nohl, 268). "통합과 Sein은 같은 의미를 지니고 있다; 계사 'ist'는 모든 명제에서 주어와 술어의 통일, 곧 Sein을 나타낸다"(ebd., 383).

13 Herbert Marcuse, *Hegels Ontologie und die Grundlegung einer Theorie der Geschichtlichkeit*, Ffm., 1932, 236 참조.

14 G. W. F. Hegel, *Wissenschaft der Logik. Erster Band. Die Objektive Logik (1812/1813)*, in GW11, hg. v. F. Hogemann und W. Jaeschke, Düsseldorf, 1978, 21.

15 Günter Rohrmose, *Subjektivität und Verdinglichung*, Gütersloh, 1961, 60 참조.

16 Hegel, *Differenz des Fichte'schen und Schelling'schen Systems der Philosophie*, in *GW 4*, 16. 헤겔은 성서의 포도나무의 비유를 통해(예컨대 Nohl., 314, 391), 그리고 무한한 삶의 나무의 비유를 통해(예컨대 ebd., 307), 유한한 생과 무한한 생의 관계, 생의 전체성 등을 표현하고 있는데, Manfred Baum에 의하면, 신과 세계의 관계에 대한 철학적 이론을 설명하기 위한 무한한 삶의 나무의 비유를 헤겔이 독창적으로 사용한 것이 아니라, 그의 활력적인 스피노자주의에 대해 Herder의 『신. 몇 개의 대화들』(Gott. Einige Gespräche)(1. Auflage 1781)이라는 저술이 모범적으로 기여했다(Manfred Baum, "Das Lebendige in Hegels früher Metaphysik.", in: *Die Naturphilosophie im Deutschen Idealismus*, hg.v. Karen Gloy und Paul Burger, Stuttgart-Bad Cannstatt, 230 참조).

17 Jean Hyppolite, 『헤겔의 정신현상학』, 이종철 · 김상환 역, 문예출판사, 1986, 188 참조. 절대자를 나타내는 최고의 표현은 "동일과 비동일의 동일이며, 절대자 속에는 대립과 하나임[Einssein]이 동시에 존재한다"(*GW 4*, 64). 이러한 동일성은 그 속에 차이를 내포하고 있는 '살아있는 동일성'인데 반하여, 쉘링이 말하고 있는 동일성은 생동성이 없는 형식적 동일성, 공허한 동일성에 불과하다.

18 '절대絶對'라는 것은 '대립'[대對]이 '끊어져 있다'[절絶]는 것, 즉 '대립되어 있지 않다'는 것을 뜻한다. 이에 대응하는 서양어 'absolute' 혹은 'absolut'라는 형용사는, 라틴어 'absolvere'(풀다, 떼다, 완성하다)의 과거분사인 'absolutus'(풀린, 떨어져 나온, 완성된 혹은 완전한)에서 유래한다. 따라서 영어의 the Absolute나 독어의 das Absolute (〈absolutum)는 모두, '~로부터 풀려나온 자' 혹은 모든 제약과 제한에서 풀려나와 아무런 구속과 의존이 없는 자, 완전자, 독자적 존재자, 자기 자신에 의해 규정되는 자, 그리하여 타자와의 관련 없이 존재하고 타당하고 정의될 수 있는 자를 뜻한다. 모든 유한자나 상대자는 타자에 의해 야기되고, 따라서 어떤 원인과 관계되므로, 절대자는 원인을 갖고 있지 않고 무한함에 틀림없다. 니콜라우스(Nicholaus Cusanus)가 『박학한 무지』에서, 다른 어떤 것에 의해서 제약되지 않거나 다른 어떤 것과도 비교될 수 없는 자인 신을 언급하기 위해 absolutum이라는 명사를 최초로 사용했다(Alexander Ulfig, *Lexikon der philosophischen Begriffe*, Wiesbaden, 1997, 9 그리고 Michael J. Inwood, *A Hegel Dictionary*, Cambridge, Massachusetts, 1992, 27 참조).

19 헤겔에 있어서 '절대자'에 대한 다른 표현들은 절대 이성[die absolute Vernunft], 절대이념[die absolute Ideel, 절대정신[der absolute Geist], 혹은 로고스(Logos) 등이다.

20 "부정적 무한"["die *negative* Unendlichkeit" Enz. § 94, *TW8*, 199] 혹은 "경험적 무한"[eine empirische Unendlichkeit" *Diffenrenz des Fichte'schen und Schelling'schen Systems der Philosophie*, 29, in: *Jenaer Kritische Schriften*, hg.v. H. Buchner und O. Pöggeler, Hamburg, 1968 (=*TW 4*), 1-92]이라고도 부른다. 그리고 이에 상응하는 무한자를 "유한화된 무한자"["das *verendlichte* Unendliche"], "추상적, 일면적인 무한자"["das abstrakte, *einseitige Unendliche*" *Wissenschaft der Logik* Ⅰ. *TW 5*, 149], "규정된, 그 자체

로 유한한 무한자"["ein bestimmtes, *selbst endliches Unendliches*"] 또는 "위(악)무한자"["das Schlecht- *Unendliche*"] 혹은 "지성의 무한자"["das Unendliche des *Verstandes*"]라고 부른다(ebd., 152)(ebd., 157-159도 참조).

21 *Enz* § 95. TW8, 200과 201. "긍정적 무한"["die affirmative Unendlichkeit" *TW*5, 156]이라고도 부르며, 이에 대응하는 무한자를 "진무한자"["das wahrhafte Unendliche"], "이성의 무한자"["das Unendliche der Vernunft"(ebd., 149)라고 말한다.

22 Niclolai Hartmann, *Die Philosophie des Deutschen Idealismus*, Berlin/NY., 1974, 375.

23 *Phänomenologie des Geistes*, hg. v. Johannes Hoffmeister, Hamburg, 1952, 10. 파라그랖의 숫자와 쪽수는 이 책에 따르며, *PG*로 약한다.

24 http://blog.daum.net/ex-nihilo/2217 참조.

25 이 예는 고사카 슈헤이[小阪修平], 『서양철학사』, 서계인 · 문상련 역, 동환출판사, 1986, 307에서 가져왔다.

26 기독교에서 말하는 '로고스'도 하나님을 가리킨다: "태초에 로고스가 있었는데, 이 로고스는 하느님 곁에 있었고 하느님은 로고스였다"("Ev ἀρχῇ ἦν ὁ λόγος, καί ὁ λόγος ἦν πρὸς τὸν θεόν, καί θεὸς ἦν ὁ λόγος. 요한복음 제1장 1절).

27 서동익, 「Hegel의 변증법존재론의 정초」, 『철학연구』 Vol. 6, 철학연구회, 1971, (1-71), 22 참조.

28 필자가 채택한 '하나'라는 말은 수사數詞로서의 '하나'가 아니라 '하나인 (어떤) 것'의 축약어縮約語로서의 '하나'다. 여기에 대응하는 한자어는 '일자一者'라고 할 수 있다. 그리고 이때의 '일자' 역시, 헤겔이 〈존재론〉 제3장의 〈대자존재〉에서 말하고 있는, 물리적 시공간에서의 '일자'와는 구별되는, 원초적 존재자를 뜻한다. 서양철학사에서 헤라클레이토스나 플로티노스 같은 철학자들은 절대자를 뜻하는 용어로 '일자'("Ev)라는 용어를 사용했다. 그리고 '하나'라는 말에 '님'이라는 어미를 붙이면 종교적인 의미의 절대자를 가리키는 '하나님'이 된다. 그리고 필자가 다른 곳에서도 이미 지적한 바 있듯이[「헤겔과 사변적 진술: 『정신현상학』 서문 §§ 58-66의 분석과 비판」, 『철학연구』 제118집, 대한철학회, 2011 (123-147), 128], 'Sein'의 앞에 있는 'S'를 맨뒤로 옮기면 'Eins', 즉 '하나'가 된다. '하나'라는 표현 외에 우리는, 헤겔의 신관을 잘 나타내고 있는 헬라사상의 'hen kai pan'("Ev καὶ Πᾶν)

과 같은 의미를 지니고 있는 우리말 '훈'을 사용할 수도 있을 것이다. 'hen'에서 'h'을 취하고, 'pan'에서 'an'을 취하여 둘을 합하면 'han'이라는 단어가 만들어지는데, 이 단어는 '하나이면서 전체'를 뜻한다.

29 헤겔은 〈존재론〉 제1장의 주석1에서 무를 두 가지로 구분하고 있다. 즉, 그 하나는, "어떤 것에 대립되는 무"["das dem Etwas entgegengesetzte Nichts"], "그 어떤 것의 무"["das Nichts von irgend Etwa"s]인데 이것을 그는 "어떤 규정된 무"["ein bestimmtes Nichts"](*TW* 5, 84)라고 부른다. 그러나 〈존재론〉의 첫 부분에서 헤겔이 다루고 있는 Sein-Nichts-Werden의 경우의 '무'[Nichts]는 두 번째의 '무', 즉 "자기의 무규정적인 단순성 속에서 취급된 무"["das Nichts in seiner unbestimmten Einfachheit zu nehmen(ebd.)], "즉자대자적으로 순수한 무"["das Nichts rein an und für sich"](*GW11*, 45)다.

30 앞으로 나는 이 진술을 헤겔의 '원초적 진술'이라고 부르겠다.

31 김옥경은 이러한 순수유의 무규정성은 내용의 공허성 또는 무의 개념을 이미 암시적으로 시사하고 있기 때문에 그 자체로 부정적일 수 있다고 말한다(김옥경, 「헤겔철학에 나타난 존재와 무」, 『철학논집』 제18집, 서강대학교 철학연구소, 2009, 111 참조).

32 물론 헤겔이 여기서 말하고 있는 존재와 무는 순수유와 순수무이며, 따라서 나는 이 명제 또한 원초적 명제로 간주한다.

33 헤겔의 원초적 명제에는 이 두 번째의 명제가 이미 포함되어 있다. 원초적 명제에 포함되어 있는 이 명제를 헤겔은 다음 쪽(*TW* 5, 94)에서 제시한다.

34 Mctaggart도 이것을 모순관계로 잘못 파악하고 있다(John Ellis Mctaggart, *A Commentary on Hegel's Logic*, NY., 1964, 17). 그가 'contradiction'을 논리적인 모순이 아닌 '대립'이라는 의미로 사용하였다면 그의 주장은 용인될 수 있겠지만, 그는 같은 쪽에서 "contradicitons, which prove its falsity"라고 쓰고 있는 것을 보면, 그가 말하고 있는 contradiction은 "자기의 거짓(오류)을 입증하는 모순"이라는 의미로 보아야 한다. 이렇게 잘못된 견해를 가진 학자들은 무척 많다. Wirtz (Markus Wirtz, *Geschichten des Nichts. Hegel, Nietzsche, Heidegger und das Problem der philosophischen Pluralität*, Freiburg/München, 2006, 190 f. 참조)도 마찬가지이며, Lakebrink의 주장

과는 반대로, 존재와 무의 동일성은 "논리적 역설"(Bernhard Lakebrink, *Kommentar zu Hegels Logik. in sener Enzyklopädie von 1830. Band* I : *Sein und Wesen*, München, 1979, 111)도 아니고, 헤겔의 진술이 "존재와 무의 비동일성에 관한 아리스토텔레스 진술에 대립해 있는"(ebd., 114) 것도 아니다. 이와는 대조적으로 Wieland는 올바른 견해를 표명하고 있다[Wolfgang Wieland, "Bemerkungen zum Anfang von Hegels Logik," in: *Wirklichkeit und Reflexion. Walther Schulz zum 60. Geburtstag*, Pfullingen, 1973 (395-414), 398 참조].

35 "Allein so entsteht der weitere Mangel, daß diese Sätze unverbunden sind, somit den Inhalt nur in der Antinomie darstellen, (...)"(*TW* 5, 94).

36 Wandschneider도 헤겔의 생각을 그대로 따르면서, 'Werden'으로 범주화된 운동은 사실은 존재로부터 무에로, 그리고 그 역방향에로의 "이율배반적인 전화현상"[das Phänomen antinomischen Umschlagen](Dieter Wandschneider, *Grunzüge einer Theorie der Dialektik. Rekonstruktion und Revision dialektischer Kategorienentwicklung in Hegels "Wissenschaft der Logik"*, Stuttgart, 1995, 68) 외에 다른 것이 아니라고 주장하는데, 이는 명백한 오류다. Schulz-Seitz도 이런 오류를 범하고 있다[Ruth-Eva Schulz-Seitz, "≫Sein≪ in Hegels Logik: ≫Einfache Beiziehung auf sich≪," in: *Wirklichkeit und Reflexion. Walther Schulz zum 60. Geburtstag*, Pfullingen, 1973 (365-384), 378 참조].

37 물론 이 이행과 운동은 유와 무를 사유하는 인간의 의식 속에서 일어나는 이행과 운동이다.

38 헤겔은 '현존재[das Dasein]'와 '현존재자[das Daseiende]'를 구별하지 않고 사용하고 있다. 여기서의 '현존재'는 '현존재자'라는 의미로 이해해야 한다. Heidegger가 *Sein und Zeit*에서 인간을 "탁월한 현존재"[das ausgezeichnete Dasein]라고 부르는데, 이것도 마찬가지로 "탁월한 현존재자"로 이해해야 한다.

39 헤겔이 『정신현상학』에서 사변적 진술의 예로 제시하고 있는 것은, "신은 Sein [하나님: 필자 첨가]이다"와 "진정한 것은 보편적인 것이다"라는 두 진술이다.

40 백훈승, 「헤겔과 사변적 진술: 『정신현상학』 서문 §§ 58~66의 분석과 비판」, ebd., 127 f. 참조.

41 헤겔은 "유는 무이며 또한 무는 유다"("*Das Sein ist Nichts, das Nichts ist Sein*" *GW* 11, 54)

라고 말한다. 물론 여기서의 유와 무는 순수유와 순수무를 가리킨다. 따라서, "순수유는 순수무다"라는 진술은 동치진술이다. 뿐만 아니라, '순수유'는 헤겔에 있어서 절대자[das Absolute]를 가리키는 또 다른 표현이기도 하다. 아울러 이 진술은 "A=A"라는 동어반복이 아니므로, 이것은 바로 헤겔이 『정신현상학』에서 말하고 있는 사변진술에 해당한다.

42 헤겔은 "하나님은 절대자다"("*Das Sein ist das Absolute*" *GW11*, 52)라고도 표현하고 있다.

43 Wandschneider는 전자의 Werden을 빼버리고, 현존재의 범주를 X로 표기할 것을 제안하는데(Wandschneider, ebd., 69 참조), 그의 주장의 앞부분에는 동의할 수 있지만, 현존재를 X로 표기하자는 제안은 받아들이기 곤란하다. X는 오히려, (현존재로서의 어떤 것이 아니라) 시원을 가리키는 '(어떤) 것'(아무런 규정도 지니고 있지 않은 것)을 지시하는 표현으로 사용되는 것이 옳을 것이다.

44 이렇게 볼 때, 헤겔이 여기서 말하는 'Werden'은 『정신현상학』에서 말하고 있는 사변적 진술에서 이루어지는 개념의 통일에 해당한다. 헤겔은 이러한 개념의 통일을 율동[Rhythmus]에 비유한다. 율동은 박자[동일]와 강세[비동일]라는 두 요소를 자신 속에 통일하고 있는 통일체[동일과 비동일의 동일]다. 사변적 동일성 혹은 구체적 동일성은 동일과 비동일의 두 축 내지 두 극단 사이에서 "부동浮動하는 중심으로부터, 그리고 양자의 통일로부터 발생한다"(PG, 51 § 61)[백훈승, ebd., 139 참조].

45 *TW* 5, 52. 그리고 *TW* 5, 168도 참조.

46 셸링은 이에 대해, 잠정적인 동일성[die vorläufige Identität]은 "헤겔이 아주 잘 표현한 것처럼 추상적인, 지성의 동일성이다"(Schelling, *Über das absolute Identitätssystem*, 147)라고 말한다.

47 *Vorlesungen über die Beweise vom Dasein Gottes*, hg.v. Georg Lasson, Leipzig, 1930, 3. Vorlesung, 26. 이와 유사한 내용이 *Wissenschaft der Logik* (*TW* 5, 66)에도 서술되어 있다.

48 "Gott ist die Tätigkeit, freie, sich auf sich selbst beziehende, bei sich bleibende Tätigkeit; (...)"(ebd., 27. 또한 27의 Nachschrift 참조).

49 Ebd., 27 Nachschrift.

50 화학에서는 이것을 질의 변화라고 하지 않고 '물질의 상태의 변화'라고 부른다.

51 수정 후 각 배엽胚葉으로부터 분화分化가 끝나는 8주 혹은 3개월 전반까지.

52 데미엔 키언, 『불교란 무엇인가?』, 고길환 역, 1998, 16쪽을 참조하여 필자가 부분적으로 수정함.

53 백훈승, 「자연변증법 비판」, 『범한철학』 제28집, 2003 (235-255), 245 ff. 참조. Frege의 『의미와 지시대상에 대하여』(*Über Sinn und Bedeutung*)의 주장에 의하면, 이순신(1545-1598)이라는 지시대상(Bedeutung, denotation, reference)은 ① 시호諡號가 충무忠武인 사람, ② 난중일기의 저자, ③ 한산대첩을 승리로 이끈 장군, ④ 삼도수군통제사를 지내다 백의종군한 장군, ⑤ 노량해전에서 전사한(1598.11.19) 장군 등의 의미[Sinn, meaning, sense]를 지니고 있다.

54 "Das Bekannte überhaupt ist darum, weil es *bekannt* ist, nicht erkannt. Es ist die gewöhnlichste Selbsttäuschung wie Täuschung anderer, beim Erkennen etwas als bekannt vorauszusetzen, und es sich ebenso gefallen zu lassen;"(*PG*, 28 f.).

55 *Sein und Zeit*, Tübingen, 1972.

56 "이러한 사유규정은 유(존재), 무, 규정성, 양, 즉자존재, 대자존재, 일一, 다多 등, 우리에게 가장 숙지되어 있는 것들이다. 그러나 이러한 숙지성은 오히려 논리학의 연구를 곤란하게 한다. 왜냐하면 한편으로 이러한 숙지된 사실은 애써 연구할 필요가 없다고 생각하기 쉽고, 또 다른 한편으로는, 문제가 종래의 방식과는 전혀 다른 방식, 아니 그와 정반대의 방식으로 숙지되기를 요구하기 때문이다."(Enz § 19).

57 이 항목은 백훈승, 「헤겔 『정신현상학』에서의 자기[Selbst]의 의미」[『동서철학연구』 제83호, 한국동서철학회, 2017.03.31. (409-430)]을 요약한 것이다.

58 "Es kömmt nach meiner Einsicht, welche sich durch die Darstellung des Systems selbst rechtfertigen muß, alles darauf an, das Wahre nicht als *Substanz*, sondern ebensosehr als *Subjekt* aufzufassen und auszudrücken"(*PG*, 19 f.).

59 헤겔이 뉘른베르크의 애기디엔 김나지움의 교장 및 교수로 있으면서 김나지움 학생들을 가르친 기초적인 철학내용으로, *TW 4*에 실려 있음.

60 Iring Fetscher, op. cit., 113쪽 및 L. Siep, "Der Kampf um Anerkennung. Zu Hegels

Auseinandersetzung mit Hobbes in den Jenaer Schriften". In: *Hegel-Studien*, Bd. 9, 1974, 392쪽 참조.

61 아래의 설명은 필자의 글, 「"이성적인 것은 현실적이고, 현실적인 것은 이성적인가?」, 『범한철학』 제 33집, 범한철학회, 2004 (153-171)를 부분적으로 수정한 내용이다.

62 *Enz* § 142 Zus. TW 8, 281.

63 *Enz* § 6. *TW 8*, 47. 또한 『법철학』에서도 진정성과 현존 사이에 이와 유사한 구분을 하고 있다: "철학은 (...) 오직 개념만이 (...) 진정성을 갖고 있다는 것을 ,그리고 개념이 자신에게 진정성 자체를 부여한다는 것을 보여준다. 개념 자체를 통해 정립된 이 진정성이 아닌 모든 것은 무상한 현존재, 외적인 우연, 사념私念, 본질 없는 현상, 비진리, 기만이다"(TW 7, 29 § 1).

64 *TW 8*, 279. 그리고 *TW 8*, 280, 281 및 284도 참조; 또한 『법철학』(*TW 7*, 30. Handschriftliche Notiz zu §1); 『논리학』에서는 다음과 같이도 표현한다: Wirklichkeit는 "자기의 현상과 하나가 된"[*Wissenschaft der Logik. Erster Band. Die objektive Logik. Zweites Buch. Die Lehre vom Wesen (1813)*, Nach dem Text von *GW*11 neu herausgegeben von Hans-Jürgen Gawoll, mit einer Einleitung von Walter Jaeschke. PhB 376. 2., verbesserte Auflage, Hamburg, 1999, 6, 14-15] 본질이며, 타자에로의 반성과 자신 속으로의 반성의 "완전한 침투[vollkommene Durchdringung]"(ebd. 105, 8-10). 그리고 "직접적인 현존과 반성된 현존의 절대적인 통일"(ebd., 142, 28-29). 또한 다음과 같이 말하기도 한다: "본질과 현존의 통일"(*GW11*, 369). "내부와 외부의 통일"(같은 곳). "내부 혹은 본질과 현상의 동일"(*GW 11*, 368). 이때 본질은 내부에, 그리고 현존은 외부에 각각 해당한다. 내부와 외부가 통일될 때, 즉 본질과 현존이 통일될 때, 그것을 참되다[wirklich]고 한다. 이러한 사상은 우리말이 간직하고 있는 사상과 동일하다. 즉, 참된 것은 글자 그대로 '참[fullness]'을 뜻한다. 겉 다르고 속 다른 것도 아니고 겉은 멀쩡한데 속이 텅 비어있거나 훼손된 것이 아니라 꽉 차있음을 말한다. 이에 반해 거짓된 것이란 — 이 말은 '가죽', '거죽', '껍질' 등과 동계어다 — 겉과 속이 일치하지 않은 것, 거죽만 번드르르한 것을 말한다. 우리말의 참, 거짓은 인식론적 용어이기 이전에 존

재론적 용어임을 알 수 있다. 또한 참된 것은 좋은 것이고 거짓된 것은 나쁜 것이다. 좋은 친구란 어떤 친구인가? 그것은 친구[friend]의 본질[우정, friendship]을 잃어버리지 않은 사람인 것이다.

65 이렇게 볼 때, "Das Wahre ist das Ganze"(*PG*, 21)라는 헤겔의 유명한 진술은 아주 쉽게 이해된다. 이 말은 "참된 것은 완전한 것이다" 혹은 "참된 것은 전체다"로 번역될 수 있다. 이 진술은 사변적 진술로서, 어떤 의미에서는 동어반복이다. 왜냐하면 '빈 곳이 없이 꽉 차 있는 것'이 '완전한 것' 내지는 '전체'이기 때문이다. 또한 참된 것이란, 주관적인 것만이거나 객관적인 것만이 아닌 완전한 것[das Ganze]이다.

66 5종경기: 창던지기 · 멀리뛰기 · 192m(1주) 경주 · 원반던지기 · 레슬링.

67 *Hegel*, *Elements of the Philosophy of Right*, Edited by Allen W. Wood, tr. by H.B. Nisbet, Cambridge, 2004, 391; T.M. Knox (Tr. with notes), *Hegel's Philosophy of Right*, Oxford, 1953, 303 참조.

68 Goethe, *Faust I undII* , *in*: *Goethe Werke*, hg.v. Friedmar Apel u.a., Darmstadt, 1998, dritter Band, 72. 번역은 요한 볼프강 폰 괴테 저, 외젠 들라크루아 · 막스 베크만 그림, 『파우스트』, 이인웅 역, 문학동네, 2008, 53 f.를 참조하여 수정함.

69 Nisbet, 392 참조. VG 66, 178-180 참조.

70 "Der Zweck der Philosophie ist die logische Klärung der Gedanken."(*Tractatus Logico-Philosophicus*, NY. and London, 1961, 4.112.)

71 "Die Philosophen haben die Welt nur verschieden *interpretiert*; es kömmt drauf an, sie zu *verändern*." [*Marx Engels Werke* (*MEW*) Bd. 3, Berlin, 1983 (5-7), 7].

72 "durch *Neigung* und *Interesse*"(*GA I /4*, 194; *SW I* , 433).

73 『학문론의 새로운 서술의 시도』(*Versuch einer neuen Darstellung der Wissenschaftslehre*), in: *GA* I /4, 195; *SW I* , 434.

74 피히테는 실로 실천적이고, 때로는 과격하기까지 한 인물이었다. 주지하듯이 그는 나폴레옹이 독일을 점령하고 있을 때, 국민적인 저항운동의 선두에 서서 위험을 무릅쓰고 1807년부터 1808년에 이르는 겨울동안 『독일민족에게 고함』(*Reden an die deutsche Nation*)이라는 연설을 하여 독일인의 각성과 단결을 호소했을 뿐만이 아

니라, 1806년과 1813년 두 차례에 걸쳐 나폴레옹에 대항하는 전쟁에 종군목사로 복무하고자 하였으나 뜻을 이루지 못한 적도 있다.

75 *Vorlesungen über die Philosophie der Geschichte II* (=*TW* 12), 34.

76 *Wissenschaft der Logik*. *GW 11*, 261. 피륙=직물織物: cloth (옷감).

77 양洋탄자= 융단絨緞: carpet, Teppich.

78 소위, 〈구체적 보편〉 또는 〈진무한〉의 자기전개.

생애와 저작에 관해 참고한 자료

· 金森誠也, 『철학자의 私생활』, 김하림 역, 열린책들, 1986.

· 가이어, 만트레트, 『칸트 평전』, 김광명 역, 미다스북스, 2004.

· 다마이시게루(玉井茂), 『엥겔스의 아내. 철학자의 사랑과 사상』, 정석암 역, 도서출판 친구, 1989.

· 비이트만, 프란츠, 『헤에겔』, 장일조 역, 한국신학연구소, 1977.

· 사카베메구미 외, 『칸트사전』, 이신철 역, 도서출판b, 2009.

· 스튜어트, 매튜, 『스피노자는 왜 라이프니츠를 몰래 만났나』, 석기용 역, 교양인, 2011.

· 악젤, 아미르 D., 『데카르트의 비밀노트』, 김명주 역, 한겨레출판, 2007.

· 이와사끼 다께오, 『칸트에서 헤겔까지』, 한단석 역, 신아출판사, 2005.

· 프라우제, 게르하르트, 『천재들의 학창시절』, 최상안 역, 푸른미디어, 1998.

· 핀카드, 『헤겔, 영원한 철학의 거장』, 전대호 · 태경섭 역, 이제이북스, 2006.

· 회페, 오트프리트, 『임마누엘 칸트』, 이상헌 역, 문예출판사, 1998.

· Kühn, Manfred, *Johann Gottlieb Fichte. Ein deutscher Philosoph*, München, 2012.

· Parkinson, G.H.R. (ed.), *The Renaissance and Seventeenth-century Rationa lism. Routledge History of Philosophy. Vol.IV*, London/NY., 1993.

· Pinkard, Terry, *Hegel. A Biography*, Cambridge Univ. Pr., 2001.

· Wiedmann, Franz, *Hegel*, Hamburg, 1981.

서양 근대철학

지은이 백훈승
펴낸이 이남호
펴낸곳 전북대학교출판문화원

초판 1쇄 인쇄 2017. 8. 25
초판 1쇄 발행 2017. 9. 1

전북대학교출판문화원 전라북도 전주시 완산구 어진길 32 (풍남동2가)
전화 (063) 219-5321~2
FAX (063) 219-5323
출판등록 2012년 8월 20일 제465-2012-000021호

값 20,000원

ISBN 979-11-87892-48-9 03160

이 도서의 국립중앙도서관 출판예정도서목록(CIP)은 서지정보유통지원시스템 홈페이지(http://seoji.nl.go.kr)와 국가자료공동목록시스템(http://www.nl.go.kr/kolisnet)에서 이용하실 수 있습니다. (CIP제어번호 : CIP2017021470)